Eric Hilgendorf, Benno Zabel

Die Idee subjektiver Rechte

Eric Hilgendorf, Benno Zabel

Die Idee subjektiver Rechte

DE GRUYTER

Dr. Dr. *Eric Hilgendorf*, Professor an der Universität Würzburg
Dr. *Benno Zabel*, Professor an der Universität Bonn

ISBN 978-3-11-070391-7
e-ISBN (PDF) 978-3-11-070401-3
e-ISBN (EPUB) 978-3-11-070407-5

Library of Congress Control Number: 2020940732

Bibliografische Information der Deutschen Nationalbibliothek
Die Deutsche Nationalbibliothek verzeichnet diese Publikation in der Deutschen Nationalbibliografie; detaillierte bibliografische Daten sind im Internet über http://dnb.dnb.de abrufbar.

Druck und Bindung: CPI books GmbH, Leck

www.degruyter.com

Inhalt

Eric Hilgendorf / Benno Zabel

Die Idee subjektiver Rechte

Subjektive Rechte sind spätestens seit Hobbes Gegenstand der politischen Philosophie.[1] Ihre heutige Ausprägung ist das Ergebnis einer Entwicklung, die von einer inklusiven Gerechtigkeitsordnung – etwa der antiken Polis oder der christlichen Heilsgemeinschaft – zur modernen funktional organisierten Gesellschaft verläuft.[2] Subjektive Rechte sind Ausdruck individueller Gestaltungsmacht. „Ein jedes subjektive Recht", so heißt es bei Max Weber „ist eine Machtquelle, welche durch die Existenz des betreffenden Rechtssatzes im Einzelfall auch dem zufallen kann, der ohne ihn gänzlich machtlos wäre. Schon dadurch ist er Quelle gänzlich neuer Situationen innerhalb des Gemeinschaftshandelns. ‚Freiheit' heißt im Rechtssinn: Rechte haben, aktuelle und potentielle".[3]

Subjektive Rechte sollen innerhalb liberal und demokratisch konfigurierter Ordnungen *zwei Funktionen* erfüllen. Sie sollen einerseits Räume der Entlastung von politischen und moralischen Ansprüchen eröffnen, in denen sich die Einzelnen privatisieren, sich selbst verwirklichen und ihren eigenen Willen ausbilden können. Sie definieren damit sozusagen *Zonen des Erlaubten.* Und sie sollen andererseits politische Räume eröffnen, aus denen heraus gesellschaftliche Probleme thematisiert und auf ihre Lösung hingewirkt werden kann, also *Zonen des kritischen Handelns.* Subjektive Rechte ermöglichen damit individuelle Lebensformen und garantieren doch – gerade aufgrund der Gewährleistung „entpolitisierter Autonomie" – die Voraussetzung von Politik und Politisierung.[4]

Allerdings können Recht und (subjektive) Rechte in einem Spannungsverhältnis zueinander stehen und auf diese Weise die liberale Idee torpedieren. Moderne soziale Gemeinschaften beruhen auf einem Legitimationskonzept, das die unterschiedlichen Gestaltungsinteressen in einer kohärenten Ordnung zu bündeln und auszumitteln verspricht. Das betrifft nicht nur die Autorität des

1 *Hobbes*, Leviathan: Oder Stoff, Form und Gewalt eines kirchlichen und bürgerlichen Staates S. 173 ff.; *Ockham*, Opera Politica, Bd. 1: Octo quaestiones de potestate papae; an princeps pro suo succursu ... possit recipere bona ecclesiarum, etiam invito papa; consultatio de causa matrimoniali; opus nonaginta dierum (chapters I to VI), hrsg. von Sikes, Bd. 1, Kap. 1 und 2; zum Ganzen *Strauss*, Naturrecht und Geschichte, S. 188 ff.; *Tierney*, The Idea of Natural Rights. Studies of Natural Rights, Natural Law and Church Law, S. 1150 – 1625, Kap. II und *Villey*, La formation de la pensée juridique moderne. Vgl. dazu aber auch die Beiträge von Christoph Horn und Kurt Seelmannn in diesem Band.

2 *Luhmann*, Gesellschaftsstruktur und Semantik, Bd. 2, S. 45 ff.

3 *Weber*, Rechtssoziologie, S. 106 f.

4 Ausführlich dazu *Brown*, Die schleichende Revolution, passim.

https://doi.org/10.1515/9783110704013-001

Rechts und die Funktion der subjektiven Rechte, sondern auch die Handlungsspielräume von Politik und Politisierung, wie sie einerseits durch hoheitliche Intervention, andererseits durch bürgerschaftliches Engagement bis hin zum sozialen Ungehorsam zur Geltung kommen.[5]

Indem die subjektiven Rechte der individuellen Freiheit die Form einer privaten, selbständigen Eigenmacht, d. h. ein normatives Koordinatensystem geben[6] und auf diese Weise das von seinem Willen maßgeblich bestimmte Subjekt erst hervorbringen, setzen sie der Politisierung durch Staat und Gesellschaft auch Grenzen. Das Subjekt der subjektiven Rechte ist das *Legitimationszentrum* der Moderne (Luis Dumont).[7] Politische Interventionen müssen die private Willensbildung unberührt lassen und die Sphären, in denen sie sich vollzieht, etwa die private Verfügung über Eigentum, die Unverletzlichkeit der Wohnung, den Schutz der Familie oder – besonders aktuell und umstritten – die Religionsfreiheit respektieren. Überschreitet die Politisierung diese Grenzen, droht sie, aus liberaler Perspektive, paternalistisch oder totalitär zu werden. Dann steht aber immer schon die Gestaltungsmacht des Einzelnen, insbesondere aber sein „autonomes Selbstkonzept" auf dem Spiel.

Damit wird deutlich, dass subjektive Rechte die Zonen des Erlaubten von einer Idee der negativen Freiheit, nämlich der Legalität privatisierter Autonomie her bestimmen und von dort auch die Gestaltungsmacht und die Gestaltungsmöglichkeiten des Einzelnen ausbuchstabieren. Das juristische (und bis heute gültige) Vokabular dafür hat bekanntermaßen Georg Jellinek zur Verfügung gestellt, in dem er die Gestaltungsmacht und die Gestaltungsmöglichkeiten des Einzelnen in ein Ensemble von Statusgarantien überführt hat. Näher konturiert werden so die private Relation der Individuen untereinander, aber auch das Verhältnis von Einzelnem und Staat, also das Verhältnis von Machtbegrenzung und Teilhabe.[8]

Die Jellinieksche Statuslehre – und deren Weiterentwicklung im modernen Verfassungsstaat – beruht nicht bloß auf dem Theoriedesign eines liberalen Rechts- und Rechtedenkens, wie es seit dem 19. Jahrhundert mehrheitsfähig geworden ist, sondern definiert auch den ordnungspolitischen Rahmen, innerhalb dessen über die konkreten Gehalte von Autonomie und Freiheit verhandelt wird.[9]

---

5 Vgl. dazu nur *Rancière*, Das Unvernehmen und *Agamben* u. a. (Hrsg.), Demokratie?. Vertiefend dazu die Beiträge von Christoph Menke, Michael Reder und Christian Schmidt in diesem Band.

6 *Weber*, Wirtschaft und Gesellschaft, S. 398.

7 Luis Dumont spricht mit Blick auf das Individualitätsparadigma sogar von *der* „Ideologie der Moderne", *Dumont*, Individualismus; vgl. aber auch *Berlin*, Freiheit. Vier Versuche, S. 250 ff.

8 *Jellinek*, System der subjektiven öffentlichen Rechte.

9 *Möllers*, Die drei Gewalten.

Genau dieser ordnungspolitische Rahmen forciert aber ein zentrales *Legitimations- oder jedenfalls Gerechtigkeitsproblem* liberaler Gesellschaften: Die strikte Einhaltung der durch die Rechtsordnung, namentlich durch die subjektiven Rechte gesetzten Grenzen führt dazu, dass die *gesellschaftlichen Vorbedingungen des Rechts* und sich daraus ergebende Konflikte – etwa Fragen der sozialen Ungleichbehandlung, des Eigentums- und Einkommensregimes oder generell Kontroversen um die Zuerkennung von Menschenrechten – *mediatisiert*, d.h. nicht oder nur begrenzt direkt (und damit praktisch besonders wirksam) kritisiert werden können.[10]

In der Sache zeigt sich hier ein Dilemma moderner demokratischer Gesellschaften: Das geltende liberale Recht kann sich nicht mehr auf sittliche (naturrechtliche) Hintergrundannahmen berufen, wie das antike oder christliche Ordnungen vermochten, um von da aus Praktiken der Gerechtigkeit zu entwickeln. Es bezieht sich stattdessen in seinem normativen Kern auf die *Form bürgerlicher Gleichheit.*[11] Diese Form bürgerlicher Gleichheit, wie sie in den meisten Verfassungen verankert ist, beharrt zwar auf dem universellen Freiheitsversprechen der Moderne und wendet sich damit gegen die Entgrenzungen von Recht, Religion und Politik im Gefolge einer schrankenlosen souveränen Macht.[12] Allerdings erfolgt die Kopplung von Individuum und Recht(en) ihrerseits unter den Voraussetzungen *nichtegalitärer* Freiheitsmöglichkeiten (in der Tradition jedenfalls seit John Locke), was die oben genannten Konflikte erst provoziert.[13] Wir können auch sagen: Die Absicherung der faktisch nichtegalitären Vorbedingungen in der Normativität des egalitären Rechts ist der Preis für die Rechtesicherung liberaler Gesellschaften in Gestalt subjektiver Rechte. *Subjektive Rechte bezeichnen insofern die Gerechtigkeitsstandards, aber auch die Grenzen der Gerechtigkeit liberaler Gesellschaften.*

Dieser Primat der subjektiven Rechte und das damit verknüpfte Gerechtigkeitskalkül verändern zugleich die Funktionsweise politischer Herrschaft in der Moderne. Indem Staat und Gesellschaft die individuelle Gestaltungsmacht des Einzelnen respektieren, und im Subjekt der subjektiven Rechte das zentrale Legitimationszentrum erblicken, „verdoppelt" sich die Stoßrichtung hoheitlichen

---

10 Siehe hierzu bereits *Arendt*, Elemente und Ursprünge totaler Herrschaft, S. 614; darüber hinaus *Badiou*, Theorie des Subjekts; *Benhabib*, Die Rechte der Anderen; *Lefort*, L'invention démocratique; zusammenfassende Darstellung bei: *Menke/Raimondi* (Hrsg.), Revolution der Menschenrechte, passim.

11 *Menke*, Kritik der Rechte. Zu Menkes Konzeption vgl. Tim Wihls Beitrag.

12 Instruktiv *Legendre*, Das politische Begehren Gottes; *Prodi*, Eine Geschichte der Gerechtigkeit und *Foucault*, Geschichte der Gouvernementalität, Bd. 1 und 2.

13 *Colliot-Thélène*, Demokratie ohne Volk.

Handelns. Neben die durch den Abwehranspruch der Rechte motivierte Selbstbegrenzung hoheitlichen Handelns tritt – gleichberechtigt – eine *gesteigerte Interventionsmacht.* Zugespitzt könnte man sagen, dass die beschriebene Subjektivierung des Rechts die Funktionserweiterung politischer Herrschaft – des Staates – erst hervorbringt.[14] In Gang gesetzt wird diese Eigendynamik politischer Herrschaft vor allem deshalb, weil die rechtliche *Anerkennung* des Subjekts der Rechte unmittelbar mit einer rechtlichen *Anpassung* und *Sicherung* des Sozialen verbunden ist – kein Individuum, keine Gesellschaft ohne staatlichen Schutz.[15]

In der rechts- und sozialwissenschaftlichen Forschung kennen wir dieses bereits bei Durkheim analysierte Phänomen unter den Titeln der Vorsorge und Prävention. Diese Verknüpfung des Vorsorge- und Präventionsgedankens mit der individuellen Gestaltungsmacht der Akteure ist aber selbst ambivalent. Gerade der Anspruch moderner Gemeinwesen, die Gestaltungsrechte der Individuen durch soziale Regulierungs- und Interventionstechniken garantieren zu wollen, bewirkt ein neues Bewusstsein für bestehende oder zu schaffende Handlungsspielräume. Nicht selten werden das Verhalten und die Interessen Einzelner, von Gruppen oder Gesellschaften mit Rücksicht auf damit einhergehende *Kontingenzwahrnehmungen* beurteilt. Man denke nur an die Karriere des Versicherungswesens oder die Neuausrichtung des staatlichen Sicherheitsregimes. Als kontingent gilt dabei dasjenige, was unsicher und veränderlich ist. Kontingenzen bezeichnen deshalb nicht nur die positive Erweiterung individueller Handlungs- und Freiheitsoptionen, sondern rücken auch die (negativ bewerteten) Phänomene des Bedrohlichen, der Angst und des Nicht-Gewollten in den Blick, die ein Vorsorgemanagement unabdingbar machen sollen.[16] Der Kern des Vorsorgemanagements besteht insofern in der kontinuierlichen Verarbeitung gesellschaftlich relevanter Risiken.[17]

Die Verarbeitung von Risiken geschieht insbesondere dadurch, dass zukünftig erwartete oder befürchtete Zustände an gegenwärtige Entscheidungen gekoppelt werden. Pointiert ausgedrückt: Wo Vorbeugung möglich erscheint, ist es riskant, darauf zu verzichten. Gesellschaftliche und staatliche Regulierungen

---

14 Treffend bereits bei *Durkheim*, Physik der Sitten und des Rechts, S. 85.

15 *Zabel*, Rechtssicherheit und Prävention. Über ein Dilemma des modernen Strafrechts, in: Schuhr (Hrsg.), Rechtssicherheit durch Rechtswissenschaft, S. 219 ff. Vgl. auch den Beitrag von Jochen Bung.

16 *Bröckling*, Vorbeugen ist besser... Zur Soziologie der Prävention, in: Behemot – A Journal on Civilisation, 1. Jg., Nr. 1, S. 38 ff.

17 *Luhmann*, Risiko und Gefahr, in: Luhmann, Soziologische Aufklärung 5, 2. Aufl., S. 131 ff.; siehe auch *Hilgendorf*, Strafrechtliche Produzentenhaftung in der „Risikogesellschaft", S. 29 ff., 40 ff.

versuchen das Eintreten zukünftiger unerwünschter Ereignisse – man denke an Krankheiten und Epidemien, an Armut oder Kriminalität – zu verhindern oder Vorsorge zu treffen, dass im Fall der Statusminderung der Schaden kompensiert wird. Erklärtes Ziel ist die Einhegung von (individuellen) Unsicherheiten und damit ein effektiver Rechtsschutz, wie beispielhaft im Gesundheitswesen mit Blick auf die so genannte Patientenautonomie oder im Sozialwesen mit Bezug auf die Daseins- oder Altersvorsorge zu beobachten ist.

Spätestens hier zeigt sich aber deutlich, dass der Glaube an eine zumindest auch *präventiv zu sichernde Autonomie* im Bewusstsein vieler Menschen die Stelle eingenommen hat, die vormals naturrechtlich-theologischen Gerechtigkeitsvorstellungen vorbehalten war. Ob man darin nur eine Anpassung institutionalisierter Wissensordnungen an den Fortschritt der Wissenschaften sieht oder ob darin, wie Foucault vermutet, „Machtfelder" (oder „Dispositive der Macht") zur Geltung kommen, die eine neue Qualität der Biopolitik ankündigen,[18] hängt wesentlich davon ab, welches Normierungs- und Gestaltungspotential dem Recht zugestanden wird. Unbestritten dürfte allerdings sein, dass mit der Logik der Vorsorge eine Idee des *Offenen und Unabschließbaren* Eingang in das Projekt der Moderne gefunden hat.[19] Gleichzeit wird die Tür zu einer Einbeziehung naturwissenschaftlichen Sachverstands eröffnet, indem Vorsorge auf wissenschaftlich gesicherte Prognosen gestützt und somit rationalisiert werden kann. Weder Rechtswissenschaft noch Rechtspolitik haben das darin liegende Potential bislang ausgeschöpft.

Diese Idee des Offenen und Unabschließbaren, in Kombination mit der Erfahrung immer neuer wissenschaftlicher Möglichkeiten, dynamisiert das Recht und die Rechte. Vorsorge wird damit zu einer Chiffre für die Spannungen, die in der Gegenwart zwischen dem Individuum als dem Subjekt der Rechte und dem (objektiven) Recht der Ordnung bestehen. Die einfache Gleichung des politischen Liberalismus: dem Individuum müssen (moralische) Rechte zugesprochen werden, damit es sich selbst verwirklichen, damit es den Respekt als Person und Subjekt genießen kann (so etwa Locke und Rawls, aber auch die moderne Rechts- und Verfassungstheorie[20]), ist nur die halbe Wahrheit, denn die durch die sub-

---

18 *Foucault*, Die Geburt der Biopolitik. Geschichte der Gouvernementalität, Bd. 2, S. 377 und öfter (dort insb. die These vom „Rückgang des Rechtlichen" entwickelnd).

19 *Sunstein*, Gesetze der Angst.

20 *Locke*, Zwei Abhandlungen über die Regierung, § 44; *Rawls*, Eine Theorie der Gerechtigkeit, S. 81 ff. und öfter; *Rawls*, Gerechtigkeit als Fairness, S. 282 ff. und öfter; für die moderne Rechts- und Verfassungstheorie bereits *Forsthoff*, Begriff und Wesen des sozialen Rechtsstaats, in: VVdStRL 12 (1954), S. 8 ff. und *Häberle*, in: VVdStRL 30 (1972), S. 43 ff.; einen repräsentativen Überblick über die aktuelle Debatte bieten *Isensee/Kirchhof* (Hrsg.), Handbuch des Staatsrechts

jektiven Rechte selbst forcierte Funktionserweiterung hoheitlicher Interventionsmacht ermöglicht und motiviert nun ihrerseits umfassende Kontroll-, Überwachungs- und Transparenzregime.[21] Gerade die Entwicklung digitalisierter Service- und Überwachungstechnologien zeigt dies überdeutlich. Die Ambivalenz (manche werden sogar sagen: das Paradox) des Vorsorge- oder Präventionsgedankens besteht gerade darin, dass die Idee der subjektiven Rechte – also das „autonome Selbstkonzept" der Individuen – über sich hinausgetrieben und in Form einer Neucodierung des Privaten und Öffentlichen, des Subjekts und der Gesellschaft, massiven Gefährdungen ausgesetzt wird.

Der demokratische Rechtstaat versucht durch ein dichtes Netz institutioneller Gewaltenbindungen, den subjektiven Rechten die ihnen versprochene Geltung zu verschaffen und das Paradox der Vorsorge, einschließlich der potentiellen Gefährdungen, in den Prozeduren einer objektiven Werteordnung aufzulösen. Auf diese Weise wandelt er sich zum *Abwägungs- und Vorsorgestaat.*[22]

*

Ausgehend von den skizzierten rechtswissenschaftlichen, rechtsphilosophischen und rechtssoziologischen Überlegungen haben die beiden Herausgeber im Juni 2018 in Bonn eine Tagung zum Thema *Die Idee subjektiver Rechte* durchgeführt, deren Beiträge im vorliegenden Band abgedruckt sind.

Unser Ziel war es, genauer zu verstehen, auf welche Weise und wie weitgehend subjektive Rechte überhaupt für die Möglichkeit von Politik entscheidend sind, aber auch, wo sie den politischen Raum in welcher Form wieder beschränken (müssen), etwa indem sie politische Forderungen an die Prozeduren demokratischer Willensbildung verweisen oder ihnen unter Rekurs auf die normativen Kernaussagen des Grundgesetzes entgegentreten. Genauer untersucht werden sollten in diesem Kontext insbesondere die verschiedenen Schranken, die die subjektiven Rechte der Politisierung setzen (können). Zugleich sollte das Projekt bezogen auf die subjektiven Rechte ein angemessenes Verständnis der immer schon vorausgesetzten Begriffe der Politik und des Politischen herausarbeiten und davon ausgehend einen Beitrag zur Erörterung der aktuellen Konzepte der Politisierung und Entpolitisierung leiten.

Allgemeine Grundrechtslehren, Bd. 9, 3. Aufl.; kritisch zum traditionellen Konzept *Teubner*, Verfassungsfragmente.

21 *Daase* (Hrsg.), Sicherheitskultur.

22 *Ewald*, Der Vorsorgestaat, passim; aus verfassungstheoretischer Sicht bereits *Schmitt*, Die Tyrannei der Werte.

Diskutiert werden sollte darüber hinaus, ob die Wirkung der subjektiven Rechte, die ja auch darin besteht, der Politik Raum zu geben, in modernen Gesellschaften unmittelbar mit deren repressiven oder gar autoritativen Aspekten verknüpft sein muss oder ob sich die beiden Effekte auch voneinander trennen ließen. Vor diesem Hintergrund sollten dann Ansätze erörtert werden, die den Konflikt zwischen beiden Funktionen der subjektiven Rechte aufzulösen versuchen. In einem weiteren Schritt galt es zu untersuchen, welche sozialwissenschaftlichen und rechtsphilosophischen Möglichkeiten des Umgangs mit dem Präventions- und Vorsorgemanagement bestehen, die gleichermaßen der Freiheitsgarantie der subjektiven Rechte und dem Formierungsziel moderner Rechtsordnungen gerecht zu werden versprechen.

Ausgangspunkt einer vertieften Analyse muss die basale Kategorie der *Menschenwürde* sein. Diese Kategorie gilt heute, so das Bundesverfassungsgericht, als „tragendes Konstitutionsprinzip und oberster Wert der Verfassung".[23] Sie bezeichnet, wenn man so will, die „rote Linie", die auch der Eigendynamik des Vorsorgeprinzips ein Ende setzt. Theoretisch weithin ungeklärt ist aber, wie innerhalb der Verfassung und damit auch des geltenden Rechts ein oberster Wert[24] begründet werden und seine kritische Wirkung entfalten kann. Die Konfrontation des Vorsorgeprinzips mit dem Menschenwürdeparadigma soll demnach verdeutlichen, dass damit immer schon auf normative Ressourcen zurückgegriffen werden muss, die das (positive) Recht nicht selbst mobilisieren kann, sondern die einem Bewusstsein für etwas Gültiges und *Unverfügbares* entspringen, in die jedes subjektive Recht und jede Verfassung eingebettet ist. Dabei stellt sich erneut das Grundproblem, welches sich bei der Rede von Menschenrechten und Menschenwürde stets ergibt, nämlich ob uns derartige Rechte und Werte vorgegeben sind und von uns nur *entdeckt* werden müssen, oder ob wir es sind, die, ausgehend von konkreten historischen Unrechtserfahrungen, unsere normativen Positionen erst konstruieren. Letzteres würde bedeutet, dass der Schutz durch Menschenrechte und Menschenwürde auch neu gestaltet werden könnte, wenn gesellschaftliche Bedürfnisse dies erfordern.[25]

Die Analyse der Wechselwirkungen zwischen subjektiven Rechten und geltender Rechtsverfassung, zwischen den verschiedenen Formen staatlicher Politik und gesellschaftlicher Politisierung kann dafür sensibilisieren, dass normative

---

23 BVerfGE 6, 32, 36, 40.

24 Menschenwürde lässt sich als ein Ensemble subjektiver Rechte deuten, dazu *Hilgendorf*, Problem Areas in the Dignity Debate and the Ensemble Theory of Human Dignity, in: Grimm/Kemmerer/Möllers (Hrsg.), Human Dignity in Context. Explorations of a Contested Concept, S. 325 ff.

25 Vgl. dazu auch den Beitrag von Georg Lohmann.

Ordnungen permanente Spannungen innerhalb ihrer Legitimationskultur zu bewältigen haben, die sich nicht einfach durch Verweis auf die *Rechtsstaatlichkeit des Rechts* stillstellen lassen. Theoretisch scheint es vielmehr geradezu unumgänglich, die sich daraus ergebenden Dynamiken zu reflektieren und Perspektiven neuer Rechtsgestaltungen auszubuchstabieren. Ob dies gelungen ist, mögen die geneigten Leserinnen und Leser nach Lektüre der hier abgedruckten Texte selbst beurteilen.

*

Den philosophiehistorischen Kontext beleuchtet zunächst Christoph Horn mit seinem Beitrag „Gibt es subjektive Individualrechte bei Aristoteles?“. Die Überlegungen Horns wenden sich namentlich gegen solche Positionen, die für die antike politische Philosophie die Vorstellung subjektiver Rechte dezidiert ablehnen. Dabei konzediert Horn, dass es einen Begriff der Menschenrechte tatsächlich nicht gibt, was ganz offensichtlich mit der fehlenden universalistischen Perspektive der politischen Philosophie zusammenhängt. Diese fehlende universalistische Perspektive spricht für Horn aber nicht gegen die Idee subjektiver Rechte. Horn, der sich auf einschlägige Forschungen und die bekannte Position Hohfelds bezieht, will vielmehr verdeutlichen, dass dem freien Bürger bei Aristoteles unterschiedlichste Status zukommen oder durch die Ordnung der Polis zugestanden werden. Zeigen ließe sich danach, dass Aristoteles Anspruchs- und Freiheitsrechte ebenso kannte, wie Kompetenz- und Immunitätsrechte. Jede Theorie, die sich mit dem (Natur-)Recht der antiken Philosophie beschäftige, müsse sich, so Horn, mit den jeweils spezifischen Fragestellungen auseinandersetzen; nur dann werde auch das ausdifferenzierte Herrschafts- und Gerechtigkeitskonzept der Philosophie der Antike verständlich.

Kurt Seelmann untersucht mit einer historischen Perspektive die Semantik der subjektiven Rechte in der mittelalterlichen und frühneuzeitlichen Rechtsgeschichte und fragt nach ihrer Bedeutung für die Gegenwart. Seelmann weist zunächst darauf hin, dass die aktuelle Debatte stark von den konkreten Erkenntnisinteressen geprägt sei, also etwa davon, ob man wort- oder begriffsgeschichtlich argumentieren oder rechtsphilosophischen bzw. rechtspolitischen Zeitdiagnosen den Vorzug geben wolle. Seelmann entscheidet sich für ein begriffsgeschichtliches Vorgehen, um die Tiefenstrukturen der Rechte-Semantik ausleuchten zu können. Sichtbar wird in der anschließenden Analyse, wie stark sich in diesen Epochen verschiedene Wissenschaftssprachen (Theologie, Rechtswissenschaft, Philosophie), und verschiedene Begriffsfelder (dominium, libertas, potestas, facultas, jus) überlagern und wechselseitig beeinflussen. Was Seelmann zeigen kann ist, dass sich ein Verständnis für die subjektive Seite des

Rechts in dem Maße ausbildet, in dem auch dem Individuum eine Gestaltungsmacht zugestanden wird. Gleichzeitig, so Seelmann, lasse sich gut beobachten, wie das subjektive Recht in den verschiedenen Epochen und Denksystemen immer wieder neu entdeckt und begründet werde.

Georg Lohmann behandelt in seinem Beitrag „Menschenrechte als subjektive Rechte des öffentlichen Rechts". Er beginnt mit einem Überblick über Genese und Begriffsgeschichte des subjektiven Rechts. Wie der Autor betont, werden Menschenrechte nicht „entdeckt", sondern vor der Folie einer konkreten historischen Situation „gemacht". Dabei unterscheidet er drei Konzeptionen von Menschenrechten: 1. Nationale Konzeptionen wie die US-Amerikanische Erklärung aus dem Jahr 1776 oder die Menschenrechtserklärung der Franzosen von 1789; 2. Internationale Konzeptionen im neu konzipierten Völkerrecht nach 1945, und 3. Transnationale Konzeptionen, wie sie sich derzeit im Zuge der Globalisierung herausbilden. Die Garantie der Menschenwürde habe erst nach 1945 ihren Siegeszug angetreten; sie sei im Kern „antitotalitaristisch" konzipiert. Ausführlich setzt sich Lohmann mit Habermas' These von der „Gleichursprünglichkeit" von Menschenrechten und Volkssouveränität auseinander, der er begriffliche Unschärfe bescheinigt, ohne sie jedoch in toto ablehnen zu wollen. Lohmann stellt eine transnationale Konzeption von Menschenrechten in Aussicht, „in denen die demokratische Konstitution von Menschenrechten sich auch in transnationalen Verhältnissen Geltung verschaffen soll". Abschließend plädiert er für eine „geläuterte, nüchterne Einschätzung der Menschenrechte: Sie sind spezialisiert auf den rechtlichen Schutz des individuell einzelnen Menschen, sie schützen ihn in seinen, auch sozialen fundamentalen Belangen, geben ihm rechtlich für alle gleiche Freiräume, [und] gewähren einen angemessenen Lebensstandard, kurz, ein Leben in Würde".

Jochen Bung diskutiert in seinem Beitrag das Verhältnis von subjektivem zum objektiven Recht im Ausgang von Hegels Theorie der bürgerlichen Gesellschaft. Subjektives Recht und bürgerliche Gesellschaft, so Bung, sind bereits bei Hegel – und bis in die Gegenwart – Ausdruck für das Kraftfeld, das sich aus den individuellen Bedürfnissen und den sozialen, vor allem aber ökonomischen Austauschbeziehungen ergibt. Subjektive Rechte stehen insofern für das emanzipatorische und regressive Moment moderner Freiheitsverwirklichung. Dieser Grundwiderspruch der bürgerlichen Gesellschaft, so Bungs These, soll durch ein normatives Gegengewicht, das objektive Recht, eingehegt werden. Im objektiven Recht manifestiere sich aber nicht nur ganz allgemein die Sicherungsaufgabe des modernen Staates. Zum Vorschein komme zudem die Idee einer umfassenden Regulierung verschiedenster Lebensformen. Regulierung sei aber weder bei Hegel noch in heutigen Gemeinwesen ein Instrument reiner Intervention. In der (staatlichen) Regulierungskultur würden sich vielmehr kontroverse Interessen reflektieren, womit auch ein Bewusstsein für die Erarbeitung und den Wandel von Freiheitsniveaus, d. h. für die politische Dimension des Rechts zur Geltung komme.

Eric Hilgendorf stellt in seinem Text „Subjektive Rechte bei Jeremy Bentham. Versuch einer Rehabilitierung“ die Analyse subjektiver Rechte bei Jeremy Bentham dar. Wie er herausarbeitet, war die Rezeption Benthams in Deutschland seit jeher politisch belastet, was sich gerade bei der Lektüre von Benthams Menschenrechtskritik zeige. Schon beim frühen Bentham findet sich eine eingehende semantische Analyse der Begriffe „Recht“ und „Pflicht“, die er auf das Konzept der Strafe zurückführt, welche wiederum als Übelszufügung verstanden wird. Bentham ist einer der Hauptrepräsentanten der Aufklärung im England des späten 18. und beginnenden 19. Jahrhunderts, er teilt die politischen Ziele der liberalen Aufklärer und nimmt zunächst auch an der Französischen Revolution lebhaft Anteil. Als einer der Ersten plädiert er für allgemeine und gleiche Wahlen und will Frauen das Wahlrecht geben. Allerdings kritisiert er die französischen Menschenrechtskataloge wegen zahlreicher sprachlicher Ungenauigkeiten, etwa der Konfundierung von „soll“ und „kann“, also normativen und faktischen Aussagen. Die Vorstellung, Menschenrechte seien „angeboren“, hält er für „Unsinn auf Stelzen“; alle Rechte, auch Menschenrechte, seien Schöpfungen des Gesetzgebers. Viele Elemente der Bentham'schen Menschenrechtskritik sind heute noch aktuell; andere haben sich historisch erledigt.

Christoph Menkes Beitrag beschäftigt sich mit dem Verhältnis von Verfassung und subjektiven Rechten. Moderne liberale Verfassungen haben die Aufgabe, so Menke, die Selbstartikulation und Selbstregierung eines Gemeinwesens zu ermöglichen. Zur Erfüllung dieser Aufgabe verwenden sie subjektive Rechte. Subjektive Rechte gelten insofern als Garanten politischer Freiheit. Menke will in seinem Beitrag an verschiedenen klassischen und aktuellen Positionen zeigen, dass subjektive Rechte das Versprechen, die Verwirklichung politischer Freiheit zu ermöglichen, nicht einlösen und auch nicht einlösen können. Zwar haben subjektive Rechte gerade in der liberalen Tradition die Funktion, individuelle Ansprüche auf politische Teilhabe zu sichern. Sie tun dies jedoch, indem sie zugleich ein vorpolitisches Wollen anerkennen. Diese Entpolitisierung des Wollens, so Menke, bringt die Differenz von Zivil- und kapitalistischer Gesellschaft hervor. Soll der herrschaftskritische Impuls der Selbstregierung erhalten werden, so könne politische Freiheit nicht durch subjektive Rechte verwirklicht, vielmehr müsste eine neue Form politischen Urteilens gefunden werden.

Der Beitrag von Christian Schmidt beschäftigt sich ebenfalls mit der Rolle subjektiver Rechte bei der Gestaltung politischer Ordnungen und knüpft damit an die Stoßrichtung Menkes an. Schmidt unterscheidet zwischen einer revolutionären Politik und einer Politik der subjektiven Rechte. Während erste die bestehende

Ordnung umgestaltet, indem sie sich von den legalen und gesellschaftlich wirksamen Fesseln befreit, will eine Politik der subjektiven Rechte klar begrenzte Zonen individueller Willkür etablieren. Am Beispiel der Familie zeigt Schmidt aber auch, welche Dynamiken die Inanspruchnahme subjektiver Rechte erzeugen. Indem die Rechte eine Entpolitisierung ermöglichen, ermöglichen sie andererseits auch eine Politik, die darauf ausgerichtet sei, die Bedingungen der Interessenverfolgung oder des gemeinsamen Lebens neu auszuhandeln. Dennoch, so Schmidt unter Verweis auf Althusser, bliebe die ideologische und juridische Basis der (familiären) Lebensform erhalten, sie stehe außerhalb der Diskussion. Schmidts Vorschlag besteht hingegen darin, die Ermöglichung von Politik und Veränderung von der juridischen Verwirklichung zu trennen, um damit auch eine politische Auseinandersetzung über die bestehende Ausgestaltung von Freiheitsspielräumen zu ermöglichen.

Dan Wielsch setzt in seinem Beitrag über „Die Praxis der Rechte" beim Eigentum als Paradigma für die Struktur subjektiver Rechte an. Bei Hobbes und Locke werde das Individuum als Eigentümer seiner Person konzipiert, und Freiheit werde als Schutz vor willensgesteuerten Zugriffen Anderer verstanden. Auf diese Weise werde Freiheit zu einer „Funktion des Eigentums". Kant stelle zwar nicht das Eigentum, sondern die Freiheit an den Beginn der Rechtsbegründung, verkürze jedoch den Freiheitsbegriff nach Maßgabe des Eigentumskonzepts. Im Ergebnis präge die Idee des Sacheigentums in problematischer Weise Begriff und Struktur sämtlicher subjektiver Rechte. Eine solche „Modellierung von subjektiven Rechten als gegenstandsbezogene Ausschließungsbefugnisse" müsse aber dort an Grenzen stoßen, wo die freie Entfaltung des Einzelnen von vornherein nicht über die Sicherung eines exklusiv zugewiesenen Herrschaftsbereichs gewährleistet werden könne. Deshalb sei es vorzugswürdig, Rechte wie das allgemeine Persönlichkeitsrecht als Rechte auf „Mitgestaltung der sozialen Erzeugung sozialer Personen" zu konzipieren. Eine derartige Deutung empfehle sich auch beim Recht auf informationelle Selbstbestimmung und beim Datenschutzgrundrecht des Art. 8 GR-Charta. Aus diesem Modell lassen sich, wie Wielsch zeigt, weitreichende Folgerungen für ein Verständnis privater Rechte als Rechte auf Teilhabe an der Gestaltung sozialer Institutionen ziehen.

„Menschenrechte als subjektive Rechte" sind das Thema von Andreas Funke. Im Mittelpunkt stehen dabei ihre Positivierung, Dogmatisierung und Interpretation. Funke kritisiert die übliche Vorstellung, es ließen sich moralische von juridischen Menschenrechten unterscheiden, und die moralischen Rechte müssten in juridische überführt, also „positiviert", werden, um juristische Geltung zu erlangen. Wie Funke betont, liegen der „Positivierungsidee" aber „bestimmte Prämissen über das Verhältnis von Recht und Moral" zugrunde, die nicht selbstverständlich sind. Auch die Gegenüberstellung von „Naturrecht" und „positivem

Recht" hält er für problematisch und plädiert stattdessen für einen einheitlichen „monistischen" Rechtsbegriff. Unter der „Dogmatisierung" der Menschenrechte versteht Funke ihre begrifflich orientierte Systematisierung. Eines ihrer Ergebnisse sei die Unterscheidung von drei Arten von Verpflichtungen: Achtungs- und Unterlassungspflichten, Schutzpflichten und Gewährleistungspflichten. Bei den Menschenrechten trete zunehmend der Charakter des Subjektiven in den Hintergrund; die Menschenrechte würden damit zu objektiven Gütern gerinnen. Menschenrechte seien „in einer solchen Schutzperspektive nicht Rechtspositionen von Subjekten, die von diesen Subjekten geltend gemacht werden, sondern Objekte staatlichen Schutzes".

Thomas M. Schmidt befasst sich in seinem Text mit der Religion als Gegenstand, Grund und Grenze subjektiver Rechte. Mit dieser Perspektivierung will Schmidt die normative Bedeutung und die Funktionen von Religionsfreiheit in modernen Gemeinwesen rekonstruieren. So werde Bedeutung und Funktion der Religion teilweise in ihrer öffentlichen und gesellschaftlichen Rolle gesehen; teilweise, so Schmidt, werde Religion aber auch als sinnstiftende Bedingung pluralistischer Gemeinwesen aufgefasst, insofern auch für das religiöse Bekenntnis gilt, dass es nicht nur öffentlich geäußert, sondern als Beitrag öffentlichen Vernunftgebrauchs verstanden werden kann. Schmidt betont jedoch, dass Religion und Religionsfreiheit im Rechtsstaat ihre Bedeutung daraus gewinnen, nicht (mehr) das Integrationsmedium für eine plurale und ausdifferenzierte Gesellschaft sein zu müssen. Vielmehr würden sie ermöglichen, unter Bedingungen anhaltender Säkularisierung auf einem Differenzierungsbewusstsein zu beharren.

Unter dem Titel „Freiheit und Leben" will der Beitrag von Benno Zabel auf die Paradoxien rechtlicher Freiheitsverwirklichung aufmerksam machen. So ist im liberalen Legitimationsnarrativ zwar unbestritten, dass die individuelle Freiheit in Form subjektiver Rechte zur Geltung gebracht werden muss. Legitimation können Recht und Staat aber nur dann für sich in Anspruch nehmen, wenn sie diese Freiheit auch effektiv absichern. Diese Hervorbringung und Absicherung der individuellen Freiheit führt, so Zabel, zu einer unaufhaltsamen Regulierung und Intervention in die Rechtssphären der Gesellschaftssubjekte. Das Rechtsparadox besteht folglich darin, dass die dem Staat vorgegebenen natürlichen Freiheiten – die gesellschaftlichen Lebensverhältnisse – garantiert und abgesichert werden, indem er beständig auf sie einwirkt, sie mit einem dichten Netz von Schutz- und Sorgetechniken überzieht. Zabel benennt diesen Effekt als *Sorge des Rechts*. Mit der Sorge des Rechts, so Zabel, kommt indes ein Phänomen der Moderne zum Tragen, etwa in der Gefahren- oder Verbrechensvorsorge, das nicht selten falsch gedeutet wird. Denn richtig ist zwar, dass Staat und Recht ihre Interventions- und Regulierungsmacht ins Spiel bringen. Richtig ist allerdings auch, dass seitens der

Gesellschaftssubjekte ein Schutz- und Interventions*verlangen* artikuliert wird. Regulierungsmacht und Interventionsverlangen sind die zwei Seiten einer fragilen Rechtssubjektivität. Ein Recht, das sich dieser fragilen Subjektivität bewusst ist, wird die Sorgetechniken nicht verleugnen. Es wird aber, so die Schlussfolgerung Zabels, die Bedingungen dieser Techniken reflektieren und sie dadurch zum Gegenstand von Kritik machen.

Unter dem Titel „Subjektive Rechte und die Politik der Differenz" wendet sich Michael Reder der Frage zu, unter welchen Voraussetzungen in einer liberalen Demokratie überhaupt von Religionsfreiheit als einem subjektiven Recht gesprochen werden kann (oder auch sollte) und welche Konsequenzen das für den Umgang mit Religion haben muss. Zentraler Fokus der Analyse ist die in der gegenwärtigen politischen Philosophie bestehende Kontroverse um das Verhältnis von Religion und Recht. Reder zeigt, dass auf der einen Seite die gesellschaftliche Bedeutung der Religionsfreiheit anerkannt, im Gegenzug aber, wie bei Habermas, die Deutungsmacht des Rechts herausgestellt wird. Die Voraannahmen, die das Recht in den Diskurs hinein trage, und die das liberale Religionsverständnis wesentlich bestimmten, würden so aber nicht mehr auf den politischen Prozess zurückbezogen. Genau diese Einbeziehung des politischen Prozesses forderten Reder zufolge radikaldemokratische Konzeptionen, etwa die Asads oder Butlers. Gerade weil das Recht nicht neutral sei, müsse offen gelegt werden, welche politischen Interessen mit der Anerkennung der Religionsfreiheit kommuniziert und normativ durchgesetzt werden sollen. Reder hält diese Position deshalb für triftig, weil damit verdeutlicht wird, dass die Religionsfreiheit Ergebnis politischer Auseinandersetzungen ist und der normative Gehalt deshalb umstritten und immer wieder neu ausgehandelt werden muss. Zudem erscheint sie Reder auch demokratisch attraktiv. Denn mit der Politisierung des Rechts könnte eine größere Offenheit und Pluralität beim Umgang mit Religionsfreiheit erreicht werden.

Stephan Kirste unternimmt es in seinem Artikel „Zur Begründung subjektiver öffentlicher Rechte", einen gegenüber naturalistischen und etatistischen Modellen „breiteren Rechtsbegriff" zu entwickeln, ein Ansatz, für den er die Bezeichnung „Rechtsidealismus" vorschlägt. Unter einem „naturalistischen" Ansatz versteht er die Vorstellung, subjektive Rechte sollten die natürliche Freiheit des Menschen gegenüber anderen Personen und dem Staat schützen. Dagegen verstehe die etatistische Theorie subjektive Rechte als Gewährleistungen des Staates, deren Inhalt der Staat souverän bestimmt. Dem setzt Kirste ein anderes Rechtsverständnis gegenüber: „Recht ist eine Norm, deren Setzung und Durchsetzung normiert sind". Recht bestehe also aus „normierten Normen". Dieser Ansatz wird von ihm auf subjektive Rechte, auch auf subjektive öffentliche Rechte, übertragen. Das subjektive öffentliche Recht sei vom objektiven öffentlichen Recht abhängig, ebenso aber auch die Realisierung des objektiven öffentlichen Rechts von der aktiven Behauptung des subjektiven.

Tim Wihl setzt sich in seinem Beitrag „Die Politisierung des Legalen" konstruktiv-kritisch mit dem Werk Christoph Menkes über die „Kritik der Rechte" auseinander. Menke habe sich auf eine Form des subjektiven Rechts fokussiert, welche einerseits am dem deutschen Zivilrecht entstammenden Leitbild des privaten Ausschluss- und Verfügungsrechts orientiert sei, andererseits an der Naturalisierung des Willens in der angelsächsischen politischen Theorie. Es existierten aber auch noch andere Formtypen subjektiver Rechte, auf die Menkes Kritik so nicht zuträfe. Wihl schlägt vor, insbesondere drei solcher Typen zu unterscheiden: 1. den „absoluten Typus", wie er im angelsächsischen Raum vorherrsche und für den eine „Vorliebe für strikte rechtliche Garantien" kennzeichnend sei, 2. den „abstrakten Typus", der sich vor allem in der französischen Verfassungskultur fände und sich durch eine Präferenz „für das Rechte ausgestaltende demokratische Gesetz" auszeichne, und 3. den „relativen Typus", wie er sich im deutschen Verfassungsraum finde und für den eine „Präferenz für Abwägungslösungen" kennzeichnend sei.

Ein besonders aktuelles Thema diskutiert Saskia Stucki in ihrem Beitrag. Sie behandelt „Menschenrechte für Tiere: Von der theoretischen Begründung zur praktischen Verrechtlichung". Ausgangspunkt der Autorin ist die Entscheidung eines argentinischen Gerichts im November 2016, der im Zoo von Mendoza in einem Käfig gehaltenen Schimpansin Cecilia ein Recht auf Freiheit zuzusprechen. Mit dieser Entscheidung stelle sich das Gericht in Gegensatz zu einer jahrhundertealten Rechtstradition, die Tiere als Sachen behandelt wissen wollte. Nur Menschen sind danach autonome, vernunft- und moralfähige Wesen und können Rechtsträgerinnen bzw. Rechtsträger sein. Die Vorstellung von „Tierrechten", so die Autorin, geht über die Forderungen nach einem „Tierschutz" hinaus. Beides wird in der modernen Tierethik reflektiert, deren Beginn in den späten 70er Jahren des vergangenen Jahrhunderts liege (Peter Singer, Tom Regan). Kennzeichnend für die Tierrechtsbewegung sei die konzeptionelle Anknüpfung an die Idee der Menschenrechte. Problematisch bleibe dabei immer die Begründung für die Anerkennung bzw. Zuerkennung von Menschen- und Tierrechten. Viele der Fähigkeiten, die traditionell die Menschenrechte begründen sollten – etwa Leidensfähigkeit – kommen auch Tieren zu. Andere Konzepte, etwa Autonomie, fehlen bei bestimmten Menschen. So wie die Menschenrechte, argumentiert Stucki, müssten auch die Tierrechte positiviert werden. Die Autorin sieht dafür viele Möglichkeiten, angefangen von internationalen Verträgen über Tierrechtskonventionen und Verfassungen bis hin zur Ausweitung bestehender Rechtsvorschriften auf Tiere. Insgesamt ist die Autorin der Meinung, ein „Paradigmenwechsel" hin zur Formierung von Grundrechten für Tiere sei bereits angelaufen.

Susanne Beck gibt in ihrem Beitrag „Über Sinn und Unsinn von Statusfragen – zu Vor- und Nachteilen der Einführung einer elektronischen Person“ einen Ausblick in die Zukunft der Debatte um subjektive Rechte. Sie beginnt mit einem Überblick über aktuelle Statusdebatten, etwa im Hinblick auf Tiere, Embryonen und juristische Personen. Sie legt dar, dass man einen derartigen moralischen oder rechtlichen Status als gesellschaftliche Zuschreibung verstehen kann, also als Setzung, oder man nehme an, der „Status“ von Entitäten sei in irgendeinem Sinne vorgegeben. Ersteres ließe sich in der traditionellen Sprache der Rechtsphilosophie als eine rechtspositivistische Position verstehen, letzteres als eine naturrechtliche. Statuseinstufungen erleichterten, so die Autorin, trotz einiger Nachteile, die Regelung neue Phänomene. Für Roboter werden verschiedene Statuskonzepte diskutiert: als Werkzeuge/Sache, als Bote, als Stellvertreter, als indirekter Rechteinhaber, als Entität mit spezifischen Rechten und Pflichten, oder als „Person“ mit umfassenden Rechten und Pflichten analog dem Status eines Menschen. Die Verfasserin plädiert dafür, die Debatte um den Status des Roboters nicht auf die Frage zu reduzieren, ob einer Maschine menschenähnliche Rechte und Pflichten zustehen können; vielmehr gehe es um die pragmatische Zuschreibung eines Sonderstatus mit dem Ziel, aktuelle Probleme, etwa die Gefahr von Haftungslücken bei der Bewirkung von Schäden durch Roboter, zu schließen. Deshalb sei es zumindest diskutabel, einer Maschine den Status einer „elektronischen Person“ zuzuerkennen.

Literatur

Agamben, G. u.a. (Hrsg.), Demokratie?, 3. Aufl., Berlin 2012.
Arendt, H., Elemente und Ursprünge totaler Herrschaft (1951), München 2001.
Badiou, A., Theorie des Subjekts, Berlin 2014.
Benhabib, S., Die Rechte der Anderen, Frankfurt am Main 2008.
Berlin, I., Freiheit. Vier Versuche (1969), Frankfurt am Main 2006.
Brown, W., Die schleichende Revolution, Berlin 2015.
Bröckling, U.,Vorbeugen ist besser... Zur Soziologie der Prävention, in: Behemot – A Journal on Civilisation, 1. Jg., Nr. 1, 2008, S. 38–48.
Colliot-Thélène, C., Demokratie ohne Volk, Hamburg 2011.
Daase, C. (Hrsg.), Sicherheitskultur, Frankfurt am Main 2012.
Dumont, L., Individualismus, Frankfurt am Main/New York 1991.
Durkheim, É., Physik der Sitten und des Rechts, Frankfurt am Main 1991.
Ewald, F., Der Vorsorgestaat, Frankfurt am Main 1993.
Forsthoff, E., Begriff und Wesen des sozialen Rechtsstaats, in: Veröffentlichungen der Vereinigung der Deutschen Staatsrechtslehrer 12, Begriff und Wesen des sozialen Rechtsstaates. Die auswärtige Gewalt der Bundesrepublik Berichte und Aussprache zu den Berichten in den Verhandlungen der Tagung der Vereinigung der Deutschen

Staatsrechtslehrer zu Bonn am 15. und 16. Oktober 1953. (Nachdr. d. Ausg. 1954) 1966, S. 8–36.
Foucault, M., Geschichte der Gouvernementalität, Bd. 1 und 2, Frankfurt am Main 2004.
Häberle, P., Grundrechte im Leistungsstaat, in: Veröffentlichungen der Vereinigung der Deutschen Staatsrechtslehrer 30, Grundrechte im Leistungsstaat. Die Dogmatik des Verwaltungsrechts vor den Gegenwartsaufgaben der Verwaltung Berichte und Diskussionen auf der Tagung der Vereinigung der Deutschen Staatsrechtslehrer in Regensburg vom 29. September bis 2. Oktober 1971, 1972, S. 43–141.
Hilgendorf, E., Strafrechtliche Produzentenhaftung in der „Risikogesellschaft", Berlin 1993.
Hilgendorf, E., Problem Areas in the Dignity Debate and the Ensemble Theory of Human Dignity, in: Grimm, D./Kemmerer, A./Möllers, C. (Hrsg.), Human Dignity in Context. Explorations of a Contested Concept, Baden-Baden 2018, S. 325–344.
Hobbes, Th., Leviathan: Oder Stoff, Form und Gewalt eines kirchlichen und bürgerlichen Staates, Frankfurt am Main 1984.
Isensee, J./Kirchhof, P. (Hrsg.), Handbuch des Staatsrechts. Allgemeine Grundrechtslehren, Bd. 9, 3. Aufl., Heidelberg 2011.
Jellinek, G., System der subjektiven öffentlichen Rechte (1892), 2. Aufl., Tübingen 1905.
Lefort, C., L'invention démocratique, Paris 1981.
Legendre, P., Das politische Begehren Gottes, Wien 2012.
Locke, J., Zwei Abhandlungen über die Regierung, Frankfurt am Main 1977.
Luhmann, N., Gesellschaftsstruktur und Semantik, Bd. 2, Frankfurt am Main 1981.
Luhmann, N., Soziologische Aufklärung 5, 2. Aufl., Wiesbaden 1993.
Menke, C./Raimondi, F. (Hrsg.), Revolution der Menschenrechte, Frankfurt am Main 2011.
Menke, C., Kritik der Rechte, Berlin 2015.
Möllers, C., Die drei Gewalten, Weilerswist 2008.
Ockham, W., Opera Politica, Bd. 1: Octo quaestiones de potestate papae; an princeps pro suo succursu ... possit recipere bona ecclesiarum, etiam invito papa; consultatio de causa matrimoniali; opus nonaginta dierum (chapters I to VI), hrsg. von Sikes, J. G., Manchester 1940.
Prodi, P., Eine Geschichte der Gerechtigkeit, München 2003.
Rancière, J., Das Unvernehmen, Frankfurt am Main 2002.
Rawls, J., Eine Theorie der Gerechtigkeit, Frankfurt am Main 1975.
Rawls, J., Gerechtigkeit als Fairness, 2. Aufl., Frankfurt am Main 2003.
Schmitt, C., Die Tyrannei der Werte, Berlin 1979.
Strauss, L., Naturrecht und Geschichte, Hamburg 1956.
Sunstein, C. R., Gesetze der Angst, Frankfurt am Main 2007.
Tierney, B., The Idea of Natural Rights. Studies of Natural Rights, Natural Law and Church Law 1150–1625, Michigan 2001.
Teubner, G., Verfassungsfragmente, Berlin 2012.
Villey, M., La formation de la pensée juridique moderne, Paris 2003.
Weber, M., Rechtssoziologie, Neuwied 1960.
Weber, M., Wirtschaft und Gesellschaft (1921), Köln 1964.
Zabel, B., Rechtssicherheit und Prävention. Über ein Dilemma des modernen Strafrechts, in: Schuhr, J. C. (Hrsg.) Rechtssicherheit durch Rechtswissenschaft, Tübingen 2014, S. 219–242.

Christoph Horn

Gibt es subjektive Individualrechte bei Aristoteles?

Immer wieder kommt es vor, dass bedeutende Forschungsresultate an der breiteren wissenschaftlichen Öffentlichkeit vorbeigehen und sich nicht durchsetzen. Dies kann auch dann geschehen, wenn die entsprechenden Erkenntnisse bereits über mehrere Jahrzehnte diskutiert wurden und inzwischen als sehr gut bestätigt gelten können. Exakt um einen solchen Fall handelt es sich bei der Frage nach dem Vorkommen subjektiver Individualrechte in der Rechtswirklichkeit der Antike und in der antiken Philosophie. Verfügte man im Altertum – sei in der konkreten Rechtspraxis, sei es in der philosophischen Rechtstheorie – über den Begriff subjektiver Individualrechte? Alte Vorurteile erweisen sich hier als so hartnäckig, dass man sie bis heute ständig wiederholt findet – obwohl es problemlos möglich wäre, sich besser über den Forschungsstand zu informieren. Insbesondere in der deutschsprachigen Rechtsgeschichte geistert noch immer ein altes Vorurteil über die Griechen im Allgemeinen und Aristoteles im Besonderen herum, an dessen Aufkommen insbesondere Hegel nicht unschuldig ist. In seinen *Vorlesungen über die Geschichte der Philosophie III*[1] schreibt Hegel über subjektive Individualrechte und ihre naturrechtliche Fundierung:

> „Aus diesen wenigen Zügen erhellt, dass Aristoteles nicht den Gedanken eines sogenannten Naturrechts [...] haben konnte, – d. h. eben Betrachtung des realen Menschen außerhalb der realen Verbindung. [...] Kein Land war so reich als Griechenland an mannigfaltigen Verfassungen zugleich und Abwechslung derselben in *einem* Staate [...], allein zugleich unbekannt mit dem abstrakten Recht unserer modernen Staaten, das den Einzelnen isoliert, ihn als solchen gewähren lässt (so dass er wesentlich als Person gilt) und doch als ein unsichtbarer Geist alle zusammenhält [...].“

Hegel zufolge existiert bei Aristoteles kein Naturrechtsbegriff, d. h. hier: keine Rechtsvorstellung, die die subjektiven Ansprüche von Individuen zur konstitutiven normativen Basis des Staates erklären würde. Nach seiner Auffassung macht Aristoteles „nicht den Einzelnen und dessen Recht zum Ersten, sondern erkennt den Staat für das, was seinem Wesen nach höher ist als der Einzelne und die Familie und deren Substantialität ausmacht“.[2] Das ist natürlich geradezu paradigmatisch falsch. Aristoteles kennt – wie im Übrigen auch die Rechtspraxis

1 *Hegel*, Vorlesungen über die Geschichte der Philosophie III, Bd. 19, in: Glockner (Hrsg.), S. 227.
2 *Hegel*, Vorlesungen über die Geschichte der Philosophie III, Bd. 19, in: Glockner (Hrsg.), S. 226.

https://doi.org/10.1515/9783110704013-002

seiner Zeit – individuelle Rechtsansprüche, die die Rechtsstellung des Individuums gegen staatliche und nichtstaatliche Übergriffe sichern. Dies haben grundlegende Forschungen aus den vergangenen drei Jahrzehnten ergeben. Um zu verstehen, wie dieser Punkt von Aristoteles behandelt wird, muss man sich einige historische Fakten vergegenwärtigen.[3]

I

Zunächst, was es in der Antike tatsächlich nicht gibt, ist die *Idee der Menschenrechte.* Solange man bei der Suche nach einem Äquivalent neuzeitlicher subjektiver Individualrechte in der griechisch-römischen Antike nach dem Auftreten von Menschenrechten fahndet, bleibt man in der Tat erfolglos. Weder existierte im Altertum ein präzises Äquivalent für den Ausdruck Menschenrechte, noch gibt es einschlägige theoretische Reflexionen bei einem der Philosophen, noch finden wir irgendeine politisch-soziale Bewegung, die sich der Idee der Menschenrechte verschrieben hätte. Dazu fehlt es u. a. an der universalistischen Perspektive, aber auch an der Idee der Menschenwürde. So wurde etwa ein Abolitionismus, also die Forderung nach grundsätzlicher Abschaffung der Sklaverei, in der Antike weder philosophisch noch politisch je vertreten, nicht einmal von aufständischen Sklaven selbst.[4] Menschenrechtskataloge liegen uns aus dem Altertum weder im Sinn von individuellen Schutz- oder Abwehrrechten gegen den Staat vor noch gar im Sinn von Teilnahmerechten oder Sozialrechten.

Dennoch, die systematische Suche nach einem möglichen Äquivalent zum modernen Menschenrechtsbegriff im Altertum hat interessante Tatsachen zutage gefördert. So hat Gregory Vlastos bereits im Jahr 1978 den Versuch unternommen, die Idee subjektiver Individualrechte bei Platon zu identifizieren. Dabei definiert er ‚Recht' als den moralischen oder legalen Code, der jeden Akteur *B* strikt dazu verpflichtet, das anspruchsberechtigte Individuum *A* beim *X*-en wenigstens gewähren zu lassen, wenn nicht gar zu unterstützen – sei es, dass *A* selbst zu *X*-en beabsichtigt, sei es, dass andere dies in seinem Namen tun wollen.[5] Hierbei muss

3 In seiner umfassenden Monographie zeigt Harris, dass subjektive Individualrechtee durchaus zur historischen Rechtswirklichkeit verschiedener griechischer Poleis gehörten, vgl. *Harris*, The Rule of Law in Action in Democratic Athens.

4 *Welwei*, Ius naturale und ius gentium in der antiken Beurteilung von Sklaverei und Freiheit, in: Giraredet/Nortmann (Hrsg.), Menschenrechte und europäische Identität. Die antiken Grundlagen, S. 81.

5 *Vlastos*, The Rights of Persons in Plato's Conception of the Foundations of Justice, in: Engelhardt, H. T./Callahan, D. (Hrsg.), Morals, Science, and Society, S. 124. ^{2}1995: 124.

die Tätigkeit des *X*-ens eine relevante Weise bezeichnen, wie *A* sein Leben führt oder seine Freiheit nutzt: gemeint ist also ein *Freiheitsrecht*. Es gelingt Vlastos sicherlich nicht, bei Platon ein volles Äquivalent eines derartigen menschenrechtlichen Freiheitsrechts auszumachen; aber was er zweifellos zeigen kann, ist, dass es wesentliche Begriffsanteile subjektiver Individualrechte gibt. Diese sind deswegen so schwer zu identifizieren, weil sie sich im Werk Platons – besonders in der *Politeia* und den *Nomoi* – auf die Ausdrücke ‚das Geschuldete' (*ta opheilomena*), ‚das Gerechte' (*ta dikaia*) und ‚das Seine haben' (*ta heautou echein*) verteilen. Die Zuschreibung von Rechten an ein Individuum beruht bekanntlich auf einem komplexen Bündel von Einzelvorstellungen, die in der analytischen Rechtstheorie besonders auf der Basis von Wesley N. Hohfelds klassischem Aufsatz *Fundamental Legal Conceptions as Applied in Judicial Reasoning*[6] differenziert worden sind.

Ähnlich wie Vlastos, aber mit wesentlich mehr Erfolg, geht Fred D. Miller Jr. für Aristoteles vor. Angelehnt an Hohfelds Unterscheidung zwischen (a) Anspruchsrechten (*claim rights*) und (b) Freiheitsrechten (*liberties*) differenziert Miller zwischen einem Anspruchsrecht auf etwas, bei dem irgendwelche Personen oder Institutionen jemandem den fraglichen Rechtsinhalt gewährleisten müssen, und einem Freiheitsrecht auf etwas, für das gilt, dass keine Person oder Institution jemandem die Inanspruchnahme oder Ausübung des betreffenden Rechtsinhalts verweigern darf. Miller glaubt nun, dass (a) den *claim rights* bei Aristoteles eine bestimmte (nach seiner Meinung keineswegs selten vorkommende) Verwendung des Begriffs *to dikaion* entspricht, während wir es (b) mit den *liberties* (*privileges*) unter der Bezeichnung *exousia* oder *eleutheria* zu tun haben sollen. Daneben kennt Aristoteles, so Miller, auch (c) noch die von Hohfeld beschriebenen Autoritätsrechte (*powers*, *authority rights*), die mit den Begriffen *kyrios* sowie *dynamis* zum Ausdruck gebracht würden, sowie (d) Immunitätsrechte (*immunity rights*), für die er sich auf die aristotelischen Begriffe *adeia* sowie *akyros* stützt.[7] Auf dieser Grundlage plädiert Miller in seiner Studie für die Ansicht, Aristoteles verfüge sprachlich wie sachlich über ein Konzept individueller Rechte; dabei soll es sich keineswegs nur um konventionelle oder juridische, sondern um natürliche Rechte handeln. Nach Miller kann man unter ‚natürlichen Rechten' einerseits solche Ansprüche verstehen, die jemandem gemäß der Vorstellung von einer ‚natürlichen Gerechtigkeit' zukommen, und andererseits Rechte, die jemand im Naturzustand besitzen würde, in einem Hobbesschen oder Lockeschen vorpolitischen Zustand. Miller beansprucht für Aristoteles lediglich die erste Theorie-

6 *Hohfeld*, The Yale Law Journal 26 (1917), 710.
7 *Miller*, The Review of Metaphysics 49 (1996), 882.

variante, nicht aber die zweite: Aristoteles ist bekanntlich Gegner der politischen Vertragstheorie, wie in *Politik* III.9 deutlich wird. Nach Millers Interpretation besitzen somit bestimmte Personen im aristotelischen Rechtsmodell das natürliche Recht, von der Polis anspruchsgemäß behandelt zu werden – und dies nötigenfalls auch gegen die bestehende positive Gesetzeslage. Was Aristoteles demnach nicht im Sinn hätte, wäre die Vorstellung, dass diese Personen auch dann noch über solche Rechte verfügten, wenn keinerlei politische Gemeinschaft bestehen würde, die sie zu gewährleisten hätte – außer im Sinn ihrer prinzipiellen Geltung (s. unten S. 31). Die bei Aristoteles auftretenden natürlichen Rechte sind nach Miller weder für alle Personen gleichermaßen vorgesehen, noch werden sie unter allen Umständen und zu allen Zeiten gefordert.

Bevor ich Millers Beobachtungen eingehender behandle (in Abschnitt II), hier noch einige weitere Forschungsresultate, die in dieselbe Richtung weisen. In der jüngeren Aristoteles-Forschung gibt es mehrere Ansätze dazu, die Frage nach den natürlichen subjektiven Rechten bei Aristoteles positiv zu beantworten: außer bei Miller Jr.[8] gilt dies für den Beitrag von Richard Kraut[9] sowie die Arbeiten von John M. Cooper,[10] R.T. Long[11] und A.S. McGrade[12]. Im deutschen Sprachraum ist die Monographie von S. Weber[13] hervorzuheben. Hinzu kommen mehrere Aufsätze von Martha C. Nussbaum[14], die den Akzent besonders auf die sozioökonomischen Anspruchsrechte legt.

Die Interpretation von Kraut[15] fällt teils anspruchsvoller, teils defensiver aus als diejenige Millers.[16] Kraut vertritt einerseits die These, Aristoteles erkenne bestimmte Rechte tatsächlich allen Menschen oder bestimmten Menschen unter allen Umständen zu, akzeptiere also den Gedanken natürlicher Rechte in der zweiten der soeben unterschiedenen Bedeutungen. Diese starke Behauptung wird von Kraut daran festgemacht, dass es nach Aristoteles vorpolitische Gerechtigkeitsphänomene gibt wie das Verhältnis zwischen Herr und Sklave im Familien-

---

8 *Miller*, Nature, Justice and Rights in Aristotele's Politics; *Miller*, The Review of Metaphysics 49 (1996), 873; *Miller*, Sovereignty and Political Rights, in: Höffe (Hrsg.), Aristoteles: Politik, S. 107–119.

9 *Kraut*, The Review of Metaphysics 49 (1996), 755.

10 *Cooper*, The Review of Metaphysics 49 (1996), 859.

11 *Long*, The Review of Metaphysics 49 (1996), 775.

12 *McGrade*, The Review of Metaphysics (49) 1996, 803.

13 *Weber*, Herrschaft und Recht bei Aristoteles.

14 *Nussbaum*, Oxford Studies in Ancient Philosophy 6 (1988), 145; *Nussbaum*, Political Theory 20 (1992), 202; *Nussbaum*; Midwest Studies in Philosophy 13 (1988), 32; wiederabgedruckt in: *Nussbaum/Sen* (Hrsg.), The Quality of Life, S. 252–276.

15 *Kraut*, The Review of Metaphysics 49 (1996), 755.

16 S. das Folgende in *Horn*, Geschichte der Menschenrechte, S. 3ff.

kontext und die *zôon politikon*-Anthropologie. Wenn man bedenke, dass Aristoteles den Kreis der freien und im Vollsinn als Menschen zählenden Individuen wesentlich enger fasse, als wir dies tun würden, könne durchaus von vorpolitischen Rechten die Rede sein, etwa von dem Recht eines ‚von Natur aus Freien', sich Sklaven anzueignen und nicht umgekehrt zum Sklaven gemacht zu werden. Krauts wichtigstes Beispiel für ein Recht, das Aristoteles allen Menschen bloß aufgrund ihres Menschseins zuerkennt, findet sich in Kapitel VII.2 der *Politik*; dort verbietet Aristoteles die Jagd auf Menschen zu Zwecken der Ernährung oder der religiös motivierten Tötung.[17] Andererseits verweist Kraut darauf, dass die Bedeutung dieses Rechtskonzepts für Aristoteles' politische Philosophie geringer gewesen sei, als wir dies erwarten würden. Unserer Erwartung nach müsse ein Autor, wenn er überhaupt bereit ist, eine solche Konzeption zu akzeptieren, daraus auch Grundlegendes für sein politisches Denken ableiten. Genau dies sei bei Aristoteles nicht der Fall. Das bedeutet: Selbst wenn man wie Kraut meint, dass Aristoteles menschenrechtliche Ansprüche zumindest in Betracht zieht, erhalten diese im Corpus Aristoelicum dennoch auf keinen Fall die zentrale Stellung, die Aristoteles ihnen sinngemäß zugestehen müsste, hätte er ihre voll Bedeutung erfasst.

Bei Aristoteles finden sich zudem wenigstens Spuren eines normativen Universalismus: so ist es bemerkenswert, dass er in seine Bestimmung der bestmöglichen Verfassung in *Politik* VII.2 ‚jeden Beliebigen' (*hostisoun*) als Nutznießer einbeziehen möchte. M.C. Nussbaum sieht hierin tatsächlich einen Universalismus, und zwar mit dem Argument, dass die von Aristoteles faktisch vorgenommene Restriktion des Adressatenkreises kein wirklicher Theoriebestandteil ist. Aristoteles nimmt an, dass jedes Individuum zur Entfaltung seiner kognitiven und moralischen Fähigkeiten, also zum Tugenderwerb, bestimmter äußerer Güter bedarf, die er individuell besitzen muss. Insofern dies nun auf (nahezu) jeden Menschen zutrifft, scheint auch nahezu jeder aus Aristoteles' Perspektive einbezogen werden zu müssen. Menschenrechtsaffine Feststellungen bei Aristoteles sind zusätzlich folgende: In *Politik* VII.2[18] verwirft er die Vorstellung, Staatskunst sei eine despotische Disziplin, die im Dienst der Machtexpansion einer Polis stehen sollte. Abgelehnt wird damit der Versuch eines Staates, fremde Bürger durch Erweiterung des eigenen Machtbereichs willkürlich unter seine Kontrolle zu bringen. Aristoteles kennzeichnet politische Imperialisten ausdrücklich als ungerecht, indem er feststellt: „Denn sie selbst suchen bei sich nach einer gerechten Regierung, aber mit Blick auf die anderen liegt ihnen nichts an Gerechtigkeits-

---

17 Pol. 1324b: 39 – 41.
18 Pol. 1324b: 22 – 36.

aspekten".[19] Ebenso wird in VII.14[20] eine Art von Kriegspolitik und Militarismus zurückgewiesen, die nicht auf die Selbstverteidigung eines Staates beschränkt bleibt. Beide Textpassagen setzen voraus, dass auch Fremde einen Anspruch auf Gerechtigkeit haben.

Als menschenrechtsaffin kann zudem die Ablehnung der gesetzesbasierten Sklaverei aus *Politik* I.6 gelten. Denn Aristoteles' problematische Theorie natürlicher Sklaverei hat die positive Kehrseite, dass jedem, der nicht als Sklave von Natur aus zu betrachten ist, ein Recht auf Nicht-Versklavtwerden zukommen soll. Aristoteles konstatiert, dass manche Menschen ‚unter allen Umständen' (*pantachou*) Sklaven seien, andere aber ‚in keinem Fall' (*oudamou*).[21] Ausgeschlossen wird auf diese Weise, dass ein gerechtfertigter Krieg als Legitimationsbasis für die Versklavung einer Person herangezogen werden kann. Nach Aristoteles besteht der einzige Grund, der Sklaverei rechtfertigt, in der entsprechenden natürlichen Veranlagung einer Person. Als ‚naturwidrig' erscheint mithin sowohl der Zustand, bei dem ein natürlicher Sklave frei ist, wie auch der, bei dem ein natürlicher Freier versklavt wird. Nimmt man nun Aristoteles' Feststellung ernst, der natürliche Sklavenstatus treffe nur auf diejenigen zu, die kognitiv minderveranlagt sind und fremder Leitung bedürfen, dann erscheint seine Gesamtposition in einem anderen Licht. Dann nämlich müsste sich der Kreis der legitimen Sklaven auf jene Personengruppe beschränken, die aufgrund kognitiver Mängel kein autonomes Leben führen könnten. Ein solche Wendung der Theorie erscheint menschenrechtlich betrachtet immer noch als inakzeptabel; allerdings würden wir einen so bestimmten Personenkreis auch in der Gegenwart unter Betreuung oder Vormundschaft stellen (was aber immerhin einen gewissen Vorzug gegenüber der antiken Sklaverei darstellen dürfte). Während Personen, die Sklaven von Natur aus sind, mit Recht unfrei sein sollen, wäre es ein erhebliches Unrecht, Nicht-Sklaven ihrer Freiheit zu berauben.

M.C. Nussbaum hat sich für die These stark gemacht, Aristoteles verfüge über eine sozioökonomische Distributionstheorie: auf eine Konzeption, die sich eng an die Funktionsbestimmung des Menschen und somit an den eudämonistischen Perfektionismus anschließt. Das Ziel des Staates werde bei Aristoteles dahingehend bestimmt, die Voraussetzungen für das Wohlergehen seiner Bürger zu schaffen. Die beste *politeia* sei diejenige Ordnung, der zufolge es jedem bestmöglich gehe und jeder ein glückliches Leben führen könne (vgl. u. a. *Politik* VII 2).[22] Ich komme später auf Nussbaums Argumentation zurück (Abschnitt II.).

19 Pol. 1324b: 35 f.
20 Pol. 1333b: 26 – 40.
21 Pol. 1255a: 32.
22 Pol. 1324a: 23 – 25.

In meinem eigenen Debattenbeitrag[23] weise ich besonders auf die wichtige Thematisierung des Egalitätsproblems bei Aristoteles hin. Dabei muss man zwischen drei Aspekten differenzieren: (a) dem der fundamentalen Rechtsgleichheit, (b) dem des gleichen Zugangs zu Ämtern und (c) dem der Besitzgleichheit.

(a) Ausdrücklich wird Freiheit in *Politik* III.8[24] ‚allen' konzediert. Jeder freie Bürger soll sie offenbar im selben Maß besitzen. Für unsere Frage zentral sind ferner die Bücher VII und VIII der *Politik*, in denen die ideale Polis weitgehend als egalitäre Polis dargestellt wird. Aber auch die realitätsnähere von *Politik* IV.11 ist deutlich egalitär konzipiert. Aristoteles konstatiert: „Es soll aber die Polis soweit wie möglich aus Gleichen und Ähnlichen bestehen, und dies trifft am meisten auf die mittleren (Verfassungen) zu".[25] (b) Der wichtigste Text für eine (relativ) egalitäre Ämterdistribution findet sich in *Politik* III.12. Bei oberflächlicher Lektüre gewinnt man den Eindruck, Aristoteles befürworte eine inegalitäre Verteilung, nämlich eine nach dem Prinzip der Würde (*kat' axian*). Doch weist er die Vorstellung zurück, alle möglichen Differenzen ließen sich zugunsten eines Vorrangs geltend machen. Aristoteles schränkt die Kriterien, nach denen man zur Amtsbewerbung besonders geeignet sein soll, auf adlige Herkunft, Freiheit und Reichtum ein.[26] Man könnte von einem ‚Prinzip der qualifizierten Gleichheit' sprechen, dem zufolge die Egalität in der Ämterverteilung nur durch wenige Ausnahmetatbestände modifiziert werden kann. Aristoteles dehnt den Eignungsgrundsatz soweit aus, dass er sogar den Erwerb des Bürgerrechts in einer Polis nicht an das Abstammungsprinzip oder *ius sanguinis* binden will, sondern an die Eignung eines Individuums, Bürger zu sein (*Politik* III.2).[27] (c) Aristoteles lehnt im Unterschied zu Platon eine völlige Abschaffung des Privateigentums ab. In *Politik* VII.10 beschreibt Aristoteles zumindest eine egalitäre Distribution des Landbesitzes, von der er ausdrücklich konstatiert, sie sei Ausdruck von Gleichheit und Gerechtigkeit (*to te gar ison houtôs echei kai to dikaion*).[28] Dabei will er jedem Bürger Landbesitz zuweisen sowohl in Stadtnähe als auch am Rand des politischen Territoriums, plant aber gleichwohl auch Land zur Kollektivbewirtschaftung ein. Entscheidend dabei scheinen zwei Aspekte zu sein: der der Egalität und der der Grundversorgung. Denn Aristoteles sieht eine Art von Gleichverteilung vor, die insofern stabil sein soll, als eine Veräußerung der Grundstücke unzulässig ist;

---

23 *Horn*, Menschenrechte bei Aristoteles?, in: Girardet/Nortmann (Hrsg.), Menschenrechte und europäische Identität – Die antiken Grundlagen, S. 105 – 122.
24 Pol. 1280a: 4 – 6.
25 Pol. 1295b: 25 – 27.
26 Pol. 1283a: 16 f.
27 Pol. 1275b: 22 – 34.
28 Pol. 1330a: 16 f.

die Grundstücke sollen groß genug sein, um ihre Besitzer zu versorgen.[29] Einen strikten und auf alle Güter bezogenen verteilungstheoretischen Egalitarismus, wie ihn Phaleas von Chalkedon vertrat, lehnt Aristoteles in *Politik* II.7 jedoch ab.[30] Die gebildeten Bürger, so Aristoteles, würden durch Gleichverteilung ungebührlich zurückgesetzt, während bei einfachen Leuten durch Besitzzuteilung nur die Habgier angefacht werde; die Gebildeten sollten stattdessen zur Einsicht in den Wert der Mäßigung geführt werden, während die Ungebildeten vom Besitz ganz ferngehalten werden müssten.

Was Aristoteles dagegen nicht kennt, so betone ich weiter, ist der Begriff der Menschenwürde. Er verfügt nicht über die Vorstellung, jeder Mensch weise einen gleich großen, unüberbietbaren, unaufwiegbaren, sowohl unerwerbbaren als auch unverlierbaren, nicht graduierbaren und nicht numerisch angebbaren Wert auf. Wenn es richtig ist zu sagen, dass der Menschenrechtsgedanke erst auf der Basis dieser Idee von Menschenwürde formuliert werden kann, dann besitzt Aristoteles keine Menschenrechtskonzeption. Man könnte daher mit einiger Berechtigung einwenden, dass ein Aristotelisch verstandenes Konzept subjektiver, natürlicher Rechte auch im Sinn eines natürlichen Rechts des Stärkeren, das von Kallikles in Platons *Gorgias* ja ebenfalls als *to tês physeôs dikaion*[31] bezeichnet wird, zu verstehen sein könnte. Die Idee der Menschenwürde entstammt aber erst der späten hellenistischen Philosophie, nämlich der mittleren Stoa. Der erste, der uns einen solchen Begriff überliefert hat, ist Cicero in der Schrift *De officiis*, er spricht von *hominis praestantia* und von *excellentia et dignitas*[32]. Bei Cicero steht der Begriff im Kontext einer Ethik der Selbstwahl und hat insofern mit der ältesten griechischen Ethik zu tun. Nach dieser Tradition liegt die Menschenwürde in der Fähigkeit begründet, etwas Vernünftiges aus seinem Leben zu machen, die Zeit zu nutzen und sich nicht wie die Tiere auf den Genuss sinnlicher Freuden zu beschränken. Folgt man der antiken Ethik der Selbstwahl, so bildet menschliches Leben für uns deswegen eine so grundlegende ethische Norm, weil wir dem Gedanken, wir könnten unserem Leben eine rationale Form verleihen, also etwa einer Aufgabe, einem Ziel oder einem Ideal widmen, einen hohen Wert beimessen.

Die wichtige These, die Simon Weber[33] in Fortschreibung des Miller'schen Ansatzes verteidigen möchte, lautet, dass der Bürger von Aristoteles als ein von Natur aus freier Mensch gesehen wird und dass darin *die Basis der politischen*

---

29 Vgl. die Diskussionen dieses Themas bei *Kraut*, Aristotle: Political Philosophy, S. 322 ff.

30 Dazu *Nussbaum*, Oxford Studies in Ancient Philosophy 6 (1988), 145 (150).

31 Gorg. 484b: 1.

32 Off. 106.

33 *Weber*, Herrschaft und Recht bei Aristoteles.

Obligation bei Aristoteles liegt. Um dies plausibel zu machen, muss Simon Weber allerdings eine ganze Reihe naheliegender Bedenken ausräumen, etwa das Bedenken, das sich aus der Abwesenheit eines gesellschaftlichen Pluralismus in der Antike ergibt, das Bedenken gegen den angeblich kollektiven Freiheitsbegriff der antiken Philosophie oder das wichtige Bedenken gegen die Sklaverei-Theorie des Aristoteles. Gegen diese und weitere gewichtige Einwände unternimmt Simon Weber in seiner Einleitung den großangelegten historischen Versuch zu zeigen, dass eine scharfe Kontrastierung der politischen Philosophie des Aristoteles mit der des Liberalismus inadäquat ist. Zugleich macht die Einleitung verständlich, wie es zur reduzierten Sicht des Aristoteles als eines anti-liberalen und anti-modernen politischen Denkers kommen konnte.

Was sich an der Frage nach natürlichen Rechten (im Sinn subjektiver Individualrechte) also entscheidet, ist nichts Geringeres als das Problem, wie nahe oder fern Aristoteles dem politischen Liberalismus steht, der scheinbar spezifisch neuzeitlich ist und durch Autoren wie Locke, Kant, Mill und Rawls repräsentiert wird. Weber geht es darum zu zeigen, „dass Aristoteles in der Politik die Idee des von Natur aus freien und deshalb selbstzwecklichen Individuums zum Ausgang seines politischen Ordnungsdenkens nimmt und dass diese Konzeption des von Natur aus freien Menschen die über die Bürger etablierten politischen Herrschafts- und Rechtsverhältnisse normativ anleitet“[34]. Weber hebt – m. E. zu Recht – heraus, dass Aristoteles als „Vordenker des liberalen Gedankens individueller Rechte“ angesehen werden kann.

Hier ist die Idee des politischen Perfektionismus von zentraler Bedeutung. Unter das Stichwort des ‚Politischen Perfektionismus‘ fallen philosophische Modelle, die ihre normativen Grundlagen aus teleologischen Gütertheorien gewinnen. Für Perfektionisten besteht die normative Basis des Politischen darin, dass menschliche Individuen eine (mehr oder minder) stabile Natur besitzen, welche nach bestimmten Grundgütern verlangt und auf bestimmte Erfüllungszustände hin angelegt ist. Es soll sich dabei um notwendige, basale oder wenigstens um besonders relevante Güter handeln sowie um intrinsisch wertvolle Erfüllungszustände; diese Güter sind aber nicht zwangsläufig mit jenen ‚objektiven Gütern‘ gleichzusetzen, welche etwa nach der aristotelischen Tradition konstitutiv für Glück oder Wohlergehen sind (vgl. die Unterscheidung eines *human nature perfectionism* und eines *objective goods perfectionism*). Menschliche Individuen, so die Grundaussage des Perfektionismus, sind dazu disponiert, gewisse für ihre Natur grundlegende Ziele zu verfolgen und bestimmte Formen der Exzellenz auszubilden. Hieraus ergibt sich die perfektionistische Überzeugung, dass die

34 *Weber*, Herrschaft und Recht bei Aristoteles, S. 28.

Aufgabe des Staates in der Realisierung oder zumindest Begünstigung irgendeines menschlichen Vollkommenheitsideals liegt. Weber wendet sich gegen die bekannten Standardeinwände, Perfektionismus impliziere stets einen lebensweltlichen Uniformismus und einen Paternalismus, und betont zusätzlich mit vollem Recht, dass ein politischer Perfektionismus ohne Weiteres mit einem normativen Individualismus vereinbar ist; für Simon Weber ist auch der aristotelische Staat als freiheitsfunktionales Instrument im Dienst der Individuen zu sehen. Politischer Perfektionismus im wohlverstandenen Sinn dient exakt auch hier der Ausformung der individuellen Autonomie. Zusammen mit der Untersuchung der aristotelischen Gemeinwohlthese gelingt es Weber zu zeigen, dass Aristoteles mitnichten als ein illberaler Herrschaftstheoretiker angesehen werden darf. Er zeigt eine geradezu überraschende Affinität mit Ansätzen, die man in der frühen Neuzeit als ‚republikanisch' charakterisieren würde.

II

Es ist insbesondere das Verdienst von Fred. D. Millers Monographie,[35] die aristotelischen Texte und ihr Grundvokabular auf die Hohfeld'sche Rechtssystematik hin untersucht und dabei genaue Entsprechungen identifiziert zu haben. In kritischer Anlehnung an diesen Versuch versuche ich in diesem Abschnitt, das aristotelische Modell von individuellen Rechten textnah zu rekonstruieren. Zunächst muss man sich klarmachen, wie Aristoteles im ersten Buch der *Politik* sein Grundaxiom zur Rechtsstellung des Individuums formuliert:[36]

> Daraus ist offensichtlich, dass die Despotie und die politische Herrschaft nicht identisch sind und dass nicht alle Herrschaftsformen einander gleichen, wie es manche sagen. Denn die eine besteht *von Natur aus über Freie*, die andere *über Sklaven*, Hausverwaltung ist aber eine Monarchie (jedes Haus wird nämlich monarchisch verwaltet); die politische Herrschaft hingegen ist *über Freie und Gleiche.*[37]

Für Aristoteles gilt die Ausgangsannahme, dass es einerseits „von Natur aus freie Individuen" und andererseits „Sklaven von Natur aus" gibt. Während die Ersteren eine grundrechtlich abgesicherte Bürgerstellung garantiert bekommen müssen, ist für die Letzteren, so meint er, eine sozial abhängige Stellung angemessen. Der entscheidende Punkt des gesamten ersten Buchs der aristotelischen *Politik* be-

35 *Miller*, Nature, Justice and Rights in Aristotle's Politics.
36 Pol. I.7, 1255b: 16–20.
37 Übersetzungen der ‚Politik' auf Grundlage von O. Gigon.

steht nun aber darin, dass Despotie (also die Herrschaft über abhängige Personen) von grundlegend anderer Art ist als die politische Herrschaft, die als Regierung über Freie und Gleiche definiert wird (*Politik* III.4):[38]

> Aber es gibt auch eine Herrschaftsform, in der man über *Gleiche und Freie* regiert. Diese nennen wir die *politische Herrschaft.*

Besteht in der Polis eine Despotie, so ist diese folgerichtig ‚unnatürlich' und normativ strikt abzulehnen. Exakt hieraus folgen nun für Aristoteles subjektive Individualrechte, und zwar – wenn Miller Recht hat – alle vier von Hohfeld unterschiedenen Rechtstypen.

Der Hohfeld'sche Begriff von Anspruchsrechten ist, wie bereits erwähnt, so definiert, dass Andere gegenüber dem Rechteinhaber Verantwortlichkeiten haben und Pflichten erfüllen müssen. Und tatsächlich gesteht Aristoteles in diesem Sinn dem freien Vollbürger eine durch die politische Herrschaft zu sichernde Rechtsstellung zu. Eine Passage, in der sich dieser Begriff von *claim rights* eindeutig formuliert findet, ist die Stelle, in der bei Aristoteles das Prinzip der Ämterverteilung diskutiert wird (*Politik* III.12):[39]

> Vielleicht könnte einer sagen, man solle die Ämter im Hinblick auf die Exzellenz an Gutem ungleich verteilen, wenn sich die Betreffenden denn in allem Übrigen nicht unterscheiden, sondern gleich sind. Denn *das Recht* (*to dikaion*) sei für die, die sich unterscheiden, ein anderes und ebenso das Würdegemäße. Wenn dies aber zuträfe, so müssten auch diejenigen, die sich durch den Mehrbesitz an Farbe, Größe oder eines anderen der Güter einen *Vorrang an politischen Rechten* (*pleonexia tis politikôn dikaiôn*) erhalten.

In dem zitierten Text wird die Frage erörtert, welche Güter jemand aufweisen muss, um als anspruchsberechtigter Rechtsträger zu gelten. Aber welcher Güterbesitz zählt bei der Zuweisung von Rechten? Offenbar will Aristoteles hier die Vorstellung *ad absurdum* führen, politische Rechte seien abstufbar je nach Beistz bestimmter individueller Eigenschaften.

Anders als Anspruchsrechte stellen Freiheitsrechte (*liberties*) oder Privilegien (*privileges*) nach Hohfeld Berechtigungen des Rechtsinhabers dar, ungestört seine Interessen wahrzunehmen oder seine Handlungsmöglichkeiten zu vollziehen. Ein solches Recht findet sich bei Aristoteles ebenfalls klar formuliert, etwa im Recht auf Teilnahme an politischen Verfahren der Meinungsbildung und Entscheidungsfindung (*Politik* III.1):[40]

---

38 Pol. 1277b: 7 f.

39 Pol. 1282b: 23–30.

40 Pol. 1275b: 17–21.

> Wer also ein Bürger ist, das wird aus dem Gesagten deutlich: Denjenigen nämlich, der das *Recht* (*exousia*) hat, an der beratenden und entscheidenden Gewalt teilzunehmen, nennen wir einen Bürger der betreffenden Polis, eine Polis aber diejenige Menge, welche zur Autarkie des Lebens ausreicht, um es einfach auszudrücken.

Alle Bürger, so der Text, haben das Recht zur unbehinderten Teilhabe an Beratung und Entscheidung.

Überdies kann kein Zweifel daran bestehen, dass Aristoteles über einen Begriff rechtlicher Kompetenzen verfügt. Für diese nimmt Hohfeld die englischen Termini *authorities* oder *powers* in Anspruch. Wer bestimmte rechtliche Kompetenzen innehat, darf ungestört (meist auf geregelte Weise) in dem betreffenden Feld Macht ausüben. Aristoteles diskutiert die Kompetenz (*kyrios einai*) des Volkes etwa in folgender Passage (*Politik* II.12):[41]

> Solon aber scheint dem Volk nur die notwendigste Macht gegeben zu haben, die Amtsträger zu wählen und zur Verantwortung zu ziehen (wenn nämlich das Volk nicht einmal darüber die *rechtliche Kompetenz* (*kyrios ôn*) hätte, wäre es ein Sklave und würde feindselig werden), die Amtsträger nahm er aber alle aus den Angesehenen und Reichen, den Pentekosiomedimnern, den Zeugiten und aus der dritten Steuerklasse der sogenannten Ritter.

Und schließlich lässt sich auch ein aristotelisches Pendant zum Hohfeld'schen Begriff der Immunitätsrechte identifizieren: *adeia*. Arme Bürger, so Aristoteles, werden im Fall ihrer Nichtbeteiligung an der Rechtsprechung – anders als Reiche – nicht finanziell belangt, sondern stehen unter dem Prinzip der Straffreiheit oder Immunität (*Politik* IV.13):[42]

> [...] und bei den Gerichten werden die Reichen bestraft, wenn sie sich nicht an der Rechtsprechung beteiligen, die Armen dagegen genießen *Immunität* (Straffreiheit), oder zumindest gibt es eine große Strafe bzw. eine kleine, wie bei den Gesetzen des Charondas.

Die bislang zitierten Stellen scheinen mir begrifflich allesamt beweiskräftig im Sinn von Millers These zu sein. Aber sie wirken inhaltlich nicht gerade extrem spannend. An dieser Stelle scheint es daher nützlich, sich auch nochmals Aristoteles' Formulierung des Rechts auf Nichtversklavung sowie des Verbots der Menschenjagd im Wortlaut vor Augen zu führen – eine Stelle, die tatsächlich dem Inhalt nach von Bedeutung ist (*Politik* VII.2):[43]

---

41 Pol. 1274a: 15 – 21.

42 Pol. 1297a: 21 – 24.

43 Pol. 1324b: 36 – 40.

> Wenn ferner der Natur nach die einen offenbar zum Beherrschtwerden bestimmt sind und die anderen nicht, und es sich faktisch so verhält, so darf man nicht versuchen, über alle zu herrschen, sondern nur über die zum Beherrschtwerden Bestimmten, sowie man auch nicht zur Ernährung oder zum Opfer auf Menschen Jagd machen darf.

Aristoteles benutzt in diesem Passus zwar nicht direkt Rechtsvokabular, aber es geht doch eindeutig aus der Formulierung hervor, dass den von Natur aus Freien ein Abwehrrecht, also ein *claim right*, gegen das Beherrschtwerden (im Sinn der individuellen Versklavung und der staatlichen Despotie) zugesprochen werden soll. Beachtenswert ist auch folgende Formulierung des Bürgerrechts: Sie enthält zwar keine substantivische Nennung von Anspruchsrechten, wohl aber eine adverbiale (*Politik* III.1):[44]

> Bei diesen ist die Frage nicht, wer ein Bürger sei, sondern ob es jene mit Recht sind oder zu Unrecht (*poteron adikôs ê dikaiôs*). Überdies ließe sich weiter fragen, ob einer, der nicht rechtmäßig Bürger ist, nun überhaupt kein Bürger sei, so dass also Unrechtmäßigkeit dasselbe zu bedeuten hätte wie Nichtigkeit (Täuschung).

Zumindest einmal nimmt Aristoteles auch explizit affirmativ auf die Idee eines Naturzustands Bezug. Dabei drückt er eindeutig die naturrechtliche Vorstellung aus, Recht gebe es bereits bei der Etablierung einer Polis (*Eudemische Ethik* VII.10):[45]

> Der Mensch ist nämlich nicht allein ein politisches, sondern auch ein in Haushalten lebendes Wesen, und er verbindet nicht wie die anderen zufällig Weibliches und Männliches, vielmehr ist der Mensch auf besondere Weise kein solitäres, sondern ein kommunitäres Lebewesen in Bezug auf seine natürlichen Artgenossen. Daher gäbe es auch dann eine Gemeinschaft und ein Recht (*dikaion*), wenn es keine Polis gäbe.

Interessant für unseren Zusammenhang ist, dass ‚Recht' hier erneut mit dem Begriff des *dikaion* ausgedrückt wird. Die Stelle mag andererseits als zu offen erscheinen, um ihr eindeutig einen Beleg für Anspruchsrechte bei Aristoteles zu entnehmen.

Umso klarer scheint mir dagegen eine Passage zu sein, in der die Gemeinwohlorientierung als Natürlichkeitskriterium herangezogen wird (*Politik* III.6):[46]

> Daraus ergibt sich klar, dass die Verfassungen, die auf das allgemeine Wohl ausgerichtet sind, *nach dem absoluten Begriff von Recht* (*kata to haplôs dikaion*) jeweils richtige Verfas-

44 Pol. 1275b: 37–1276a: 2.
45 Pol. 1242a: 22–28.
46 Pol. 1279a: 17–21.

> sungen sind, diejenigen aber, die nur auf den Eigennutz der Regierenden ausgerichtet sind, alle als verfehlt und Entartungen der richtigen Verfassungen gelten müssen; sie sind nämlich despotisch, ein Staat ist jedoch eine Gemeinschaft freier Menschen.

Existiert bei Aristoteles möglicherweise auch die naturrechtliche Vorstellung eines zivilen Ungehorsams sowie ein Widerstandsrecht? In seiner eindrucksvollen Monographie[47] hat Andres Rosler darauf verwiesen, dass man zwei Schlüsselpassagen zusammenlesen muss, um bei Aristoteles die Idee eines Widerstandsrechts identifizieren zu können. Die erste dieser Stellen handelt von der Unerträglichkeit der extremen Tyrannis und lautet wie folgt (*Politik* IV.10):[48]

> Eine dritte Art der Tyrannis scheint in höchstem Grad Tyrannis zu sein und bildet das Gegenstück zum vollständigen Königtum. Zu einer solchen Art von Tyrannis gehört notwendig eine Monarchie, die unverantwortlich über alle Gleichen und Besseren regiert, zu ihrem eigenen Nutzen und nicht zum Nutzen der Regierten. Darum ist sie unfreiwillig. Denn kein freier Mensch wird freiwillig eine solche Herrschaft ertragen.

Ein freier Mensch hat nach Aristoteles, wie wir sahen, dass Anspruchsrecht darauf, unter einer politischen Herrschaft zu stehen. Was aber, wenn er von einem extremen Tyrannen regiert wird? Er wird, so unser Text, diese nicht freiwillig ertragen. Bedeutet dies, dass er gewaltsam Widerstand leisten wird? Ja, so zumindest Rosler. Den Beleg findet er in einem zweiten Text, der ausdrücklich davon handelt, dass man einen schlechten Herrscher entmachten darf. Die Stelle zur Absetzung eines üblen Königs lautet (*Politik* III.15):[49]

> Eine Schwierigkeit ergibt sich aber aus der Frage nach der (bewaffneten) Macht, ob nämlich derjenige, der im Begriff steht, König zu werden, um sich eine Streitmacht haben soll, mit der er diejenigen zwingen kann, die ihm nicht gehorchen wollen, oder wie er seine Herrschaft (sonst) ausüben kann. Wenn er nämlich Herr gemäß dem Gesetz sein sollte und nichts nach seinem eigenen Willen täte, was gegen das Gesetz ist, dann müsste ihm doch eine (bewaffnete) Macht zur Verfügung stehen, mit der er die Gesetze schützt. Die Frage nach einem solchen König ist wohl nicht schwer zu beantworten. Er muss nämlich eine Streitmacht haben; diese Streitmacht muss so groß sein, dass sie jedem Einzelnen und auch einer Mehrheit überlegen ist, dagegen schwächer als die Volksmenge [...].

Die Idee des Textes ist nach Roslers überzeugender Interpretation folgende: Sofern verfassungstreue Könige das Recht schützen, müssen sie über eine hinreichend große bewaffnete Truppe verfügen, das Recht auch durchzusetzen. Hin-

47 *Rosler*, Political Authority and Obligation in Aristotle.
48 Pol. 1295a: 17–23.
49 Pol. 1286b: 27–37.

gegen darf die Truppenstärke nicht so groß sein, dass sie die Macht des Volkes übertrifft. Mit anderen Worten, das Volk muss immer die letzte Gewalt innehaben, um einen nicht-verfassungstreuen König stürzen zu können.

Schließlich sei noch ein Blick auf eine Passage geworfen, in der möglicherweise die Idee von Sozialrechten entwickelt wird (*Politik* VII.10):[50]

> Denn das Grundeigentum soll nach unserer Ansicht nicht gemeinsam sein, wie einige dies gesagt haben, sondern soll durch großzügigen Gebrauch gemeinsam werden, noch soll irgendeiner der Bürger Mangel an Nahrung leiden.

Der Begriff des Gemeinwohls gehört zum normativen Zentrum der politischen Theorie des Aristoteles. Klar ist bereits, dass Aristoteles darunter keine radikal egalitäre Verteilung von Ämtern oder Besitz versteht, wenn auch das Gleichheitsprinzip grundsätzlich ein wichtiges Anliegen des Aristoteles darstellt. Besonders aussagekräftig ist die Stelle *Politik* III 13, wo es heißt, der Staatsmann dürfe Gesetze nicht allein zum Wohl der Bessergestellten erlassen, sondern müsse das Gemeinwohl im Auge behalten.[51] Klar in die Richtung einer gemeinwohlorientierten Distributionstheorie weisen die Aussagen von *Nikomachische Ethik* II 1[52] und von *Politik* III 9[53]. Beide Passagen erklären das gute Leben seiner Bürger zum Ziel der Güterverteilung des Staates.

Es war vor einigen Jahren insbesondere Martha C. Nussbaum, die sich für die These stark gemacht hat, Aristoteles verfüge über eine sozioökonomische Distributionstheorie. Sie versucht nachzuweisen, dass sich Aristoteles' Konzeption eines gerechten Staates auf eine bestimmte Verteilungstheorie gründet: auf eine Konzeption, die sich eng an die Funktionsbestimmung des Menschen und somit an den eudämonistischen Perfektionismus anschließt. Nussbaum behauptet mit Blick auf die einschlägigen Passagen der *Politik* und der *Nikomachischen Ethik*, dass der Aristotelische Staatsentwurf an der Frage orientiert sei, wie eine Polis das volle menschliche Leben ihrer Bewohner garantieren könne. Das Ziel des Staates werde bei Aristoteles dahingehend bestimmt, die Voraussetzungen für das Wohlergehen seiner Bürger zu schaffen. Die beste *politeia* sei diejenige Ordnung, der zufolge es jedem bestmöglich gehe und jeder ein glückliches Leben führen könne (vgl. *Politik* VII.2)[54]. Indessen, Nussbaum räumt ein, dass Aristoteles neben dieser eudämonistisch orientierten distributiven Konzeption wenigstens implizit

---

50 Pol. 1329b: 41–1330a2.
51 Pol. 1283b: 36–42.
52 Pol. 1103b: 2–6.
53 Pol. 1280a: 31–32
54 Pol. 1324a: 23–25.

noch von zwei weiteren Bestimmungen des guten Staates Gebrauch macht: einer ‚holistischen Konzeption' zufolge sollen Staaten dann gut sein, wenn sie guten individuellen Seelen gleichen, z. B. hinsichtlich Tapferkeit, Gerechtigkeit oder Einsicht (Vgl. VII.1[55]); einer ‚Teil-Ganzes-Konzeption' zufolge sollen dagegen diejenigen Staaten gut sein, deren Bürger es sind (VII.9 – 10[56]). Nussbaum versucht nun zu zeigen, dass diese mit der erstgenannten Definition (also der Distributionstheorie) weitgehend unvereinbaren Bestimmungen mit Aristoteles' Äußerungen insgesamt nicht soweit in Einklang stehen, wie dies für die Distributionstheorie gilt. Alle klar affirmativen Textpassagen begünstigten diese; die Definitionsvarianten seien daher als Platonische Einflüsse zu kennzeichnen und zurückzustellen.[57] Grundsätzlich scheint mir diese Argumentation triftig zu sein: Wenigstens im Prinzip scheint Aristoteles staatliche Güterverteilung im Sinn von positiven Sozialrechten zu verstehen.

III

Abschließend soll noch ein knapper Blick auf das Naturrechtsproblem bei Aristoteles erfolgen. Wie wir anfangs sahen, hat Hegel die Idee subjektiver Individualrechte für Aristoteles genau mit der Begründung abgelehnt, dieser verfüge nicht über einen Begriff des Naturrechts. Doch auch das ist sicherlich falsch, ebenso wie die daraus abgeleitete These, es gebe keine subjektiven Individualrechte. Aristoteles' Konzept des *physikon dikaion* in Kapitel V.10 der *Nikomachischen Ethik* führt die von den Sophisten angestoßene (und von Platon u. a. im *Gorgias* aufgegriffene) Naturrechtsdebatte fort. Die klassische Stelle dazu lautet:[58]

> Das Gerechte im politischen Sinn ist teils von Natur aus gegeben, teils durch das Recht gesetzt. Von Natur aus gerecht ist, was überall mit gleicher Kraft gilt und nicht davon abhängt, was die Menschen für richtig halten oder nicht. Durch Gesetz gegeben ist das, bei dem es ursprünglich nicht darauf ankommt, ob es so oder anders bestimmt ist. Wenn es aber erlassen ist, kommt es darauf an, dass zum Beispiel das Lösegeld für einen Kriegsgefangenen eine Mine betragen soll, oder dass man eine Ziege und nicht zwei Schafe opfern soll. Ferner auf die Gesetze, die für spezielle Fälle erlassen wurden, dass zum Beispiel dem Brasidas zu

---

55 Pol. 1323b: 33 ff.

56 Pol. VII.9 – 10.

57 In vorsichtiger Anlehnung an Jaeger – wenn auch mit anderer Begründung – favorisiert Nussbaum daher die Annahme, bei *Pol. VII* handle es sich um einen „primitiveren" Entwicklungsstand der aristotelischen Staatstheorie (vgl. *Nussbaum*, Oxford Studies in Ancient Philosophy 6 (1988), 145 (159), Anm. 18).

58 NE V.10, 1134b: 18 – 1135a: 5.

> opfern ist, und Erlasse, die die Form von Volksentscheiden haben. Manche sind nun der Meinung, die Gerechtigkeit sei immer von dieser Art des gesetzten Rechts, weil das, was von Natur aus ist, unveränderlich ist und überall dieselbe Kraft hat (wie das Feuer sowohl hier als auch in Persien brennt), während sie sehen, wie die Dinge, die gerecht sind, sich verändern. Dies verhält sich jedoch nicht so, oder allenfalls auf gewisse Weise. Bei den Göttern allerdings ist es vielleicht niemals so, bei uns dagegen gibt es auch solches, was von Natur aus ist, jedoch ist dies alles veränderlich (*kinētos*). Trotzdem ist das eine von Natur aus, das andere nicht von Natur aus. Was von dem, was anders sein kann, das von Natur aus Gerechte ist, und was vielmehr gesetzt ist und auf Übereinkunft (*synthēkē*) beruht – wenn doch beides gleichermaßen veränderlich ist -, ist klar. Diese Unterscheidung passt auch auf die übrigen Fälle. Von Natur aus nämlich ist die rechte Hand stärker, und doch ist es möglich, dass alle Menschen beidhändig werden. Was aber aufgrund von Übereinkunft oder im Hinblick auf das Förderliche gerecht ist, verhält sich ähnlich wie die Maße. Denn die Maße für Wein und Getreide sind nicht überall gleich, sondern größer, wo man kauft, und kleiner , wo man verkauft, Ähnlich ist nun auch das, was nicht von Natur aus, sondern durch menschliche Setzung gerecht ist, nicht überall dasselbe, da auch die Staatsverfassungen (*politeia*) nicht dieselben sind; aber nur eine ist überall die der Natur nach beste.[59]

Nach aristotelischer Auffassung gibt es eine natürliche Gerechtigkeit, welche sich dadurch auszeichnet, dass sie überall gleich ausfällt und weder durch die Zustimmung irgendwelcher Personen etabliert noch durch Ablehnung anderer verworfen werden kann. Einerseits konzediert er, dass es ein Gesetzesrecht (*nomikon dikaion*) gibt, welches durch die bloße Autorität seiner Setzung gültig ist. Andererseits spricht Aristoteles vom Naturgesetz mitunter auch so, dass er dieses als ‚gemeinsames Gesetz' (*koinos nomos*) auszeichnet (gemeint ist: das allen Menschen gemeinsame Gesetz) und es dem in bestimmten politischen Gemeinschaften geltenden eigentümlichen Gesetz (*idios nomos*) gegenüberstellt. Während das einer politischen Gemeinschaft eigentümliche Gesetz konventionell (*kata synthêkên*) sein soll und sowohl in geschriebener als auch in ungeschriebener Form in Erscheinung tritt, handelt es sich beim universellen Naturgesetz um ein ‚ungeschriebenes Gesetz' (*agraphos nomos*)[60]. Es könnte sein, dass Aristoteles hier den historischen Ursprungspunkt der dichotomischen Naturrechtsidee markiert. Trotz mancher Bedenken gegen diese Interpretation bleibt an einer naturrechtlichen Deutung des Aristoteles zweierlei richtig: zum einen, dass er einen Vorrang des gemeinsamen gegenüber dem eigentümlichen Gesetz konstatiert, und zum anderen, dass er dabei eine moralische gegenüber einer juridischen Ebene im Sinn haben dürfte. Nicht zuletzt kommt genau dies ja in der (problematischen) naturrechtlichen Legitimation der Sklaverei in *Politik* I.6[61] zum Ausdruck.

---

59 (Übers. U. Wolf)
60 *Rhetorik* I.10 und 13.
61 Pol. 1255a: 3–12.

Zudem lässt sich mit dem zentralen Kapitel *Politik* I.2 argumentieren. Aristoteles argumentiert dort so, dass er die Polis als eine Art natürliches Habitat des Menschen beschreibt (*Politik* I.2):[62]

> Daraus geht nun klar hervor, dass der Staat zu den Dingen zu zählen ist, die von Natur sind, und dass der Mensch nach (der Bestimmung) der Natur ein Lebewesen ist, das zum staatlichen Verband gehört, und dass derjenige, der aufgrund seiner Natur, und nicht durch eine Schicksalsfügung, außerhalb des staatlichen Verbandes steht, entweder minderwertig – oder übermenschlich – ist, wie derjenige, der von Homer geschmäht wurde: „ohne Geschlechterverband, ohne Recht, ohne Herd". Denn wer von Natur so ist, der sucht zugleich Streit, da er ohne Verbindung dasteht wie (ein Stein) auf dem Spielbrett.

Wahrscheinlich die bekannteste Stelle zur These von der Natürlichkeit der Polis beruht auf der aristotelischen Naturteleologie und lautet wie folgt (*Politik* I.2):[63]

> Dass aber die Bezeichnung ‚zu einer Polis gehörend' eher für den Menschen als für jede Biene und jedes Herdentier zutrifft, ist klar. Denn die Natur schafft, wie wir sagen, nichts ohne Zweck. Nun hat der Mensch als einziges Lebewesen Sprache; die Stimme gibt zwar ein Zeichen von Schmerz und Freude, deswegen ist sie auch den übrigen Lebewesen verliehen, denn ihre Natur gelangte bis zu der Stufe, dass sie Empfindung von Schmerz und Lust haben und sich diese untereinander anzeigen, die Sprache dient aber dazu, das Nützliche und Schädliche, und daher auch das Gerechte und Ungerechte, darzulegen. Denn dies ist den Menschen gegenüber den anderen Lebewesen eigentümlich, allein ein Empfinden für Gut und Schlecht, Gerecht und Ungerecht und anderes zu haben. Die Gemeinschaft in diesen Dingen begründet aber Haushalt und Staatsverband.

‚Natürlichkeit' als normatives Angemessenheitskriterium erscheint im zuletzt zitierten Text so, dass Menschen von ihrer naturalen Disposition her auf ein Zusammenleben in der Polis hin angelegt sein sollen.

Ein wichtiger Punkt zum Schluss: Man kann auch keineswegs behaupten, die Naturrechtstheorie bleibe für Aristoteles politisch folgenlos; im Gegenteil, sie bildet eines seiner zentralen normativen Instrumente. In *Politik* III.17[64] werden natürliche und entartete (deviante) Staatsverfassungen gemäß dem Kriterium ihrer Gemeinwohlorientierung bzw. Der Herrscherwohlorientierung voneinander unterschieden.

---

62 Pol. 1253: a1–7.
63 Pol. 1253a: 7–18.
64 Pol. 1287b: 39–41.

Literatur

Aristoteles, Eudemische Ethik, übers. und komm. F. Dirlmeier, Berlin/Boston 1962.
Aristoteles, Nikomachische Ethik, Hg. und übers. U. Wolf, Hamburg 2006.
Aristoteles, Rhetorik I, übers. u. erläut. C. Rapp, Berlin 2002. *Aristoteles*, Politik, hg. u. übers. O. Gigon, 7. Aufl., München 1996.
Cooper, J. M., Justice and Rights in Aristotle's Politics, The Review of Metaphysics 49 (1996), S. 859–872.
Harris, E. M., The Rule of Law in Action in Democratic Athens, Oxford 2013.
Hegel, G. W. F., Vorlesungen über die Geschichte der Philosophie III, Bd. 19, in: Glockner, H. (Hrsg.), Stuttgart 1965.
Hohfeld, W. N., Fundamental Legal Conceptions as Applied in Judicial Reasoning, The Yale Law Journal 26 (1917), S. 710–770.
Horn, C., Menschenrechte bei Aristoteles?, in: Girardet, K. M./Nortmann, U. (Hrsg.), Menschenrechte und europäische Identität – Die antiken Grundlagen, Stuttgart 2005, S. 105–122.
Horn, C./Honnefelder, L./Kaufmann, M. u. a., Geschichte der Menschenrechte, in: Pollmann, A./Lohmann, G. (Hrsg.), Menschenrechte. Ein interdisziplinäres Handbuch, Stuttgart/Weimar 2012, S. 1–128.
Kraut, R., Are There Natural Rights in Aristotle?, The Review of Metaphysics 49 (1996), S. 755–774.
Kraut, R., Aristotle: Political Philosophy, Oxford/New York 2002.
Long, R. T., Aristotle's Conception of Freedom, The Review of Metaphysics 49 (1996), S. 775–802.
McGrade, A. S., Aristotle's Place in the History of Natural Rights, The Review of Metaphysics 49 (1996), S. 803–829.
Miller, F. D. Jr., Nature, Justice, and Rights in Aristotle's Politics, Oxford 1995.
Miller, F. D. Jr., Aristotle and the Origins of Natural Rights, The Review of Metaphysics 49 (1996), S. 873–907.
Miller, F. D. Jr., Sovereignty and Political Rights, in: Höffe, O. (Hrsg.), Aristoteles: Politik, Berlin 2001, S. 107–119.
Nussbaum, M. C., Nature, Function, and Capability: Aristotle on Political Distribution, Oxford Studies in Ancient Philosophy 6 (1988), S. 145–184.
Nussbaum, M. C., Aristotelian Social Democracy, in: Douglass, R. B./Mara, G. R./Richardson, H. S. (Hrsg.), Liberalism and the Good, New York/London 1990, S. 203–252.
Nussbaum, M. C., Human Functioning and Social Justice: In Defence of Aristotelian Essentialism, Political Theory 20 (1992), S. 202–247.
Nussbaum, M. C., Non-Relative Virtues: An Aristotelian Approach, Midwest Studies in Philosophy, Bd. 13 1988, S. 32–53.
Nussbaum, M. C./Sen, A. (Hrsg.), The Quality of Life, Oxford 1993, S. 242–276.
Rosler, A., Political Authority and Obligation in Aristotle, Oxford 2005.
Schütrumpf, E., Aristoteles. Werke in deutscher Übersetzung, Politik, Buch I, Berlin 1991.
Schütrumpf, E., Aristoteles. Werke in deutscher Übersetzung, Politik, Buch II–III, Berlin 1991.
Schütrumpf, E., Aristoteles. Werke in deutscher Übersetzung, Politik, Buch IV–VI, Berlin 1996.
Schütrumpf, E., Aristoteles. Werke in deutscher Übersetzung, Politik, Buch VII–VIII, Berlin 2005.

Tessitore, A. (Hrsg.) Aristotle and Modern Politics. The Persistence of Political Philosophy, Notre Dame 2002.

Vlastos, G., The Rights of Persons in Plato's Conception of the Foundations of Justice, in: Engelhardt, H. T./Callahan, D. (Hrsg.), Morals, Science, and Society, Hastings 1995.

Weber, S., Herrschaft und Recht bei Aristoteles, Berlin/New York 2015.

Welwei, K.-W., Ius naturale und ius gentium in der antiken Beurteilung von Sklaverei und Freiheit, in: Girardet, K. M./Nortmann, U. (Hrsg.), Menschenrechte und europäische Identität. Die antiken Grundlagen, Stuttgart 2005, S. 81–93.

Kurt Seelmann

Subjektives Recht

Der Streit um die historischen Quellen

I Kontroverse historische Festlegungen

Wann man zum ersten Mal der Auffassung war, es gebe so etwas wie ein subjektives Recht, ist eine der umstrittensten Fragen der insbesondere mittelalterlichen und frühneuzeitlichen Rechtsgeschichte – der heute darüber ausgetragene Streit beschäftigt zudem aber richtiger Weise auch die Zeitgeschichte des Rechts im 20. und 21. Jahrhundert.

Welche Positionen werden in diesem Streit eingenommen?

Da gibt es zunächst die Position, das subjektive Recht als Denkfigur sei ein Resultat der großen frühneuzeitlichen Naturrechtstradition der Mitte des 17. Jahrhunderts mit Grotius, Hobbes und Pufendorf?[1] Oder vielleicht war es doch die spanische Spätscholastik an der Wende vom 16. zum 17. Jahrhundert, allen voran Molina und Suárez, die diesen Gedanken entwickelte?[2] Oder verdanken wir die Vorstellung eines subjektiven Rechts der Subjektphilosophie des franziskanischen Spätmittelalters um Wilhelm von Ockham im 14. Jahrhundert?[3] Oder ist es das hochmittelalterliche Kirchenrecht des 12. und 13. Jahrhunderts, das in seinem Modernisierungsschub zuerst von einem Recht im subjektiven Sinn sprach?[4] Oder schließlich ist der Gedanke eines Suchens in Mittelalter und früher Neuzeit von vornherein hoffnungslos, weil bereits das römische Recht oder gar schon Aristoteles ganz selbstverständlich den Gedanken eines Rechts im subjektiven Sinn

1 *Fortin*, Communio 26 (1999), 55 (60): Vor Hobbes sei kein wirkliches Konzept subjektiver Rechte entstanden, vor allem hätten die mittelalterlichen Autoren nicht von Naturrecht gesprochen.

2 Zum subjektiven Recht in der Spanischen Spätscholastik vgl. *Kaufmann*, Das Verhältnis von Recht und Gesetz bei Luis de Molina, in: *Fidora* u.a. (Hrsg.), Lex und ius, S. 369–391, bes. S. 372ff.; *Brieskorn*, *Lex* und *ius* bei Francisco Suárez, in: Fidora u.a. (Hrsg.), Lex und ius, S. 430–463, bes. S. 447ff., 452ff.

3 So *Villey*, Droit subjectif I, in: Villey, Seize Essais de philosophie du droit, S. 141; vgl. auch *Villey*, La formation de la pensée juridique moderne, S. 239, Anm. 2.

4 So *Tierney*, The Idea of Natural Rights, S. 43ff.

https://doi.org/10.1515/9783110704013-003

vertraten?[5] Alle diese Behauptungen wurden und werden bis heute mit großer Überzeugung und vielen Textreferenzen vertreten.

In einer solchen Situation spricht einiges dafür, dass ein Missverständnis vorliegen könnte, ja dass vielleicht sogar mehrere Faktoren unseren Blick trüben.

II Wortgeschichte und Begriffs-/Ideengeschichte

Bei genauerem Hinsehen auf die modernen Texte fällt nämlich auf, dass die heutigen Autoren mitunter nach Unterschiedlichem suchen – dass missverständlich also schon die Vorstellung ist, alle suchten nach demselben Objekt.

Da findet sich zum einen eine Suche nach einzelnen Vokabeln, also nach der Wortgeschichte. Man fragt etwa danach, wie „ius" verwendet wurde, wann und wo es in einem subjektiven Sinn von Macht, Herrschaft, Anspruch, Haben- oder Seindürfen verwendet wird und wann gar im Wortlaut von einem „ius subjectivum" oder einem „ius subjective sumtum" die Rede ist. Man fragt teils, ab wann man sich einer subjektiven Bedeutung von ius konkludent bedient hat, teils, ab wann man sie explizit verwendet, und schließlich mitunter auch, von welchem Moment an man den Umstand der subjektiven Verwendung auch ausdrücklich reflektiert oder eine objektive und eine subjektive Bedeutung von ius zum Gegenstand von Einteilungen und Differenzierungen gemacht hat.

Weitere wortgeschichtliche Untersuchungen neben denen zu „ius" gibt es für die Wortfelder von „facultas" oder „potestas", mit oder ohne Bezug auf „ius". Auch diese Wörter betreffen den Begriff des subjektiven Rechts, ebenso wie drittens das Wortfeld von „dominium", mit dem man ebenfalls die Vorstellung von einer Herrschaftsmacht im Sinne des subjektiven Rechts verbindet.

Mitunter sind die Untersuchungen zur Entstehung des subjektiven Rechts aber auch von vornherein nicht wortgeschichtlich, sondern begriffs- und ideengeschichtlich und man schaut gar nicht nach einzelnen Termini, sondern will sich an einem begrifflichen Sinnganzen von „subjektivem Recht" unabhängig von verschiedenen dafür verwendeten Wörtern orientieren, seien diese nun „ius", „facultas/potestas" oder „dominium" oder andere wie etwa das moderne „right". Nicht hilfreich für eine begriffsgeschichtliche Differenzierung dürfte aber für die Ursprungsdebatte Hohfelds Unterscheidung von „rights" mit oder ohne korrespondierenden Pflichten oder von handlungs- bzw. rechtsetzungsbezogenen

5 *Pugliese*, „Res corporales", „res incorporales" e il problema del diritto soggettivo, in: Lauria (Hrsg.), Studi in onore di Vincenzo Arangio-Ruiz, S. 244 ff., 257. Zu Aristoteles vgl. den Beitrag von Christoph Horn in diesem Band.

Rechten sein. Alle diese verschiedenen Bedeutungen von subjektiven Rechten werden in der hier näher zu betrachtenden Ursprungsdebatte gleichermaßen verwendet – mit einem Schwerpunkt, wie in der heutigen Debatte auch – auf den mit Pflichten korrespondierenden Rechten.

Je nachdem, ob man den Begriff im Sinne der Denkfigur oder einzelne Wörter zugrunde legt, können Aussagen über die erstmalige Verwendung eines subjektiven Verständnisses von Recht also ganz unterschiedlich ausfallen.

III Hintergrundannahmen

Eine weitere Schwierigkeit für die Festlegung einer Genealogie des subjektiven Rechts fällt beim Lesen moderner Texte auf: Manche der Untersuchungen zu den angesprochenen Fragen, die den Anspruch historischer Darstellung erheben, haben gar keinen wirklichen Schwerpunkt in der historischen Analyse, sondern verfolgen eher rechtsphilosophische oder rechtspolitische Ziele, die sie mit historischen Ausgriffen zu fördern suchen.

So ist etwa für Michel Villey, der das subjektive Recht mit Ockham beginnen lässt, der Hintergrund eine große Sorge, die Sorge um das aristotelisch-thomistische Naturrecht, das Villey nicht nur durch seine Zeitgenossen im 20. Jahrhundert, sondern schon durch Ockham und die Franziskaner des 14. Jahrhunderts in Frage gestellt sieht.[6] Die Entstehung der Denkfigur des subjektiven Rechts ist so für Villey eine Art Sündenfall, da Villey ein subjektives Recht nicht für kompatibel mit seinem Verständnis des Naturrechts hält. Ockham eignet sich für Villey offenbar am besten als „Schuldiger“ für diese Entwicklung, da Ockham Thomas von Aquin auch sonst in wichtigen Punkten widerspricht.

Demgegenüber greifen Autoren wie Crawford Brough MacPherson[7] und Christoph Menke[8] in ihren Gesellschaftstheorien u. a. Marxsche Diagnosen auf. Sie verorten auf dem Weg einer Kritik des Besitzindividualismus bzw. des asozialen Freiheitsgebrauchs den Schwerpunkt der Entwicklung zum subjektiven Recht eher bei Autoren von Hobbes bis Locke, also im 17. Jahrhundert. Denn schließlich gelten diese uns schon etwas näheren Autoren doch als Initiatoren von

---

6 Zu diesem Hintergrund bei Villey vgl. *Nörr*, Zur Frage des subjektiven Rechts in der mittelalterlichen Rechtswissenschaft, in: Medicus u. a. (Hrsg.), FS für Hermann Lange, S. 198 f.

7 *Macpherson*, Die politische Theorie des Besitzindividualismus.

8 *Menke*, Kritik der Rechte: faktische Interessen des Bourgeois werden Recht, S. 55; Recht als bloße Abgrenzung der Sphären von Willkürfreiheit, S. 58; kurze Zusammenfassung dieses Typs von Kritik auch bei *Auer*, Der privatrechtliche Diskurs der Moderne, S. 55 f. (gleiche Freiheitsrechte, die aber unfrei und ungleich machen).

außerrechtlich untermauerten individuellen Besitzansprüchen und von Freiheitsforderungen auf ausgedünnter Gerechtigkeitsbasis. Diese Besitz- und Freiheitsindividualisten lassen sich so den Marxschen Ansätzen prägnanter gegenüberstellen als Autoren früherer Epochen.

Aber auch schon in der ersten Hälfte des 20. Jahrhunderts finden wir, etwa bei Karl Larenz, Vermutungen über den Ursprung des subjektiven Rechts, die in seinem Fall rechtshegelianisch eingefärbt werden. Es sei der „ethische(n) Individualismus zumal der kantischen Rechtsphilosophie“, der den Einzelnen zum „Atom der sozialen Welt“ und zum Träger subjektiver Rechte gemacht und seine „konkrete(n) Persönlichkeit“ zu wenig berücksichtigt habe.[9]

So zeigt sich uns, um es im Moment bei diesen drei Beispielen zu belassen, der Versuch einer Rettung des thomistischen Naturrechts durch Zuordnung des subjektiven Rechts zu Ockham; demgegenüber gibt es für eine politisch-ökonomische Kritik von Rechten mehr Sinn, den entscheidenden Schritt zur Subjektivierung des Rechts bei Hobbes und seinen Nachfolgern anzusetzen; und das konkrete Ordnungsdenken rechtshegelianischer Provenienz belastet damit Kant. Also nicht nur unterschiedliche methodische Vorgehensweisen von Wort-, Begriffs- und Ideengeschichte vermessen das Feld der Entstehung des subjektiven Rechts unterschiedlich, sondern auch rechtspolitische Hintergrundannahmen oder Fokussierungen bestimmen die zeitlichen Präferenzen mit.

IV Was verändert sich tatsächlich?

Die folgenden Überlegungen verstehen sich als Vorstudien zu einem genaueren Verständnis der insoweit geführten Kontroversen im 20. und 21. Jahrhundert. Sie suchen einzugrenzen, was es wirklich an Veränderungen beim subjektiven Recht in der Zeit von der römischen Antike bis zum 17. Jahrhundert gab und welche zeitliche Festlegung dieser so viele Autoren faszinierenden Subjektivierung der Realität am nächsten kommt. Die drei vielleicht wichtigsten Entwicklungen seien hier herausgegriffen. Es sind dies der Siegeszug des „dominium“ und seine schließlich erfolgende Gleichsetzung mit Freiheit (1), die Verwendung der Wörter „facultas“ und „potestas“ in Zusammenhang mit dem Recht als individueller Macht (2) und schließlich die *ausdrückliche* Ergänzung eines subjektiven Typus von „ius“ im Katalog der Differenzierungen (3).

9 *Larenz*, Rechtsperson und subjektives Recht, in: Dahm u. a. (Hrsg.), Grundfragen der neuen Rechtswissenschaft, S. 228 f.

Bei all dem handelt es sich um Jahrhunderte übergreifende Entwicklungen, die auch noch miteinander verzahnt und aufeinander bezogen sind.

1 „dominium“ und „libertas“

Zunächst also zum „dominium“. Die Verwendung des Wortes „dominium“, wörtlich „Herrschaft“, in Zusammenhang mit dem Recht ist für den Gedanken eines „subjektiven Rechts“ schon auf den ersten Blick von großer Relevanz. Nicht selten wird allerdings in der deutschsprachigen Literatur „dominium“ mit „Eigentum“ übersetzt, was den Verwendungskreis des Wortes zwar für das klassische und das postklassische römische Recht erfasst, aber für das Mittelalter und die frühe Neuzeit bei weitem nicht ausschöpft.[10] Betrachten wir das Wort zunächst in der juristischen Verwendung (a) und anschließend im moraltheologischen Verständnis (b).

a Die juristische Bedeutung von „dominium“

Die juristische Befassung mit dem „dominium“ hatte schwerpunktmässig zwei miteinander verbundene Themenbereiche zum Gegenstand. Zum einen ging es – wir würden heute sagen zivilrechtlich – um die Frage, ob nur das Eigentum ein dominium sei oder auch die beschränkt dinglichen Rechte wie etwa der Nießbrauch, so bezeichnet werden könnten oder sollten. Damit befassen sich schon die Glossatoren sowie Bartolus und seine Zeitgenossen. Damit hing die andere Frage zusammen, die wir aus unserer heutigen Sicht in einen Grenzbereich von Zivilrecht und öffentlichem Recht einordnen würden und die zugleich auch den praktischen Grund für die Kontroverse angibt: wie sehr das jeweilige Recht gegenüber der Obrigkeit geschützt sein sollte – eine zentrale Frage modernen Wirtschaftens. Denn in dominium durfte nur „cum causa“, aus einem guten Grund, eingegriffen werden.

In diesen Zusammenhängen gibt es dann schon früh vor allem dominium-Definitionen, die darunter jedes Recht an körperlichen oder nicht körperlichen Gegenständen zählten, wie etwa die Bedeutung „largissime“ bei Bartolus: „Quero

---

10 Übersicht bei *Vandenliessche*, Possessio und Dominium im postklassischen römischen Recht, auch *Tellkamp*, Rights and Dominium, in: Kaufmann/Aichele (Hrsg.), A Companion to Luis de Molina, S. 128.

quid sit dominium. Potest appellari largissime pro omni iure incorporali...".[11] Spätere juristische Autoren bedienen sich überwiegend der weiteren Bedeutung und verwenden den Begriff des „dominium" für jedes Recht: „dominium est ius libere & perfecte disponendi de re sua" schreibt Jason de Mayno.[12] Wie bei Bartolus wird „dominium" als eine besonders ausgeprägte Form von „ius" mit dem Schwerpunkt bei der Dispositionsfähigkeit angesehen. Bartholomaeus Socinus verwendet ebenfalls den Begriff des dominium für alle dinglichen und obligatorischen Rechte, also in der Sprache der Zeit für alle körperlichen oder nichtkörperlichen Rechte. Am weitesten geht Fernando Vázquez de Menchaca, der sich für dominium derselben Definition bediente wie der antike Autor Florentinus sie bereits in den Institutionen und in den Digesten Justinians für „libertas" verwendet hatte: Libertas ist in Florentinus' Definition die natürliche Macht zu all dem, „quod cuique facere libet, nisi si quid (aut) vi aut iure prohibeatur."[13]

b Das moraltheologische Verständnis von „dominium"

Auch die Moraltheologen lassen sich im Mittelalter von ganz ähnlichen Vorstellungen vom dominium leiten wie die Juristen und stellen das dominium nicht selten schon in eine große Nähe zu „ius". So finden wir etwas bei Jean de Gerson im frühen 15. Jahrhundert das dominium als „potestas propinqua assumendi res alias ... in sui facultatem vel usum licitum..."[14] und Domingo de Soto nennt das dominium im frühen 16. Jahrhundert „propria cuiusque facultas et ius in rem quamlibet..." Jeder Gegenstand kann also danach ein Objekt jener Herrschaftsmacht werden, die man als dominium bezeichnet.

Doch wie weit zurück können wir dieses Verständnis von dominium in der Theologie verfolgen? Eine ausdrückliche Gleichsetzung von ius und dominium gibt es, soweit ersichtlich, nicht vor Conrad Summenhart[15] im späten 15. Jahrhundert und Johannes Major[16] im frühen 16. Jahrhundert, d. h. lange nachdem in der Rechtswissenschaft schon ein weiter Begriff von dominium diskutiert wurde. Noch Thomas von Aquin hatte dominium nicht einmal definiert.

---

11 *Bartolus*, Anm. 3 zu D.45.1.58.

12 *Jason*, Anm. 28 zu D.41.2.12.1.

13 *Florentinus* in Inst. 1.3 und D 1.5.4.; vgl. *Vázquez*, Contr. Ill. liber 1, cap.17, nu. 4.

14 *Gerson*, De potestate ecclesiastica, cons. 13 S. 210 ff.

15 *Summenhart*, De contractibus tract. 1.q.1.

16 *Maior*, in IV Sent. Dist. 15 q.11.

Die Theologen steuern allerdings eine andere Bedeutungsausweitung bei, indem sie zum dominium externarum rerum ein dominium actionum suarum hinzufügen und beides in ein Verhältnis miteinander setzen: Nur derjenige könne ein dominium externarum rerum haben, der über ein dominium actionum suarum verfüge, der seine Handlungen zweckgerichtet planen könne. Der Gedanke war für die spanischen Spätscholasiker wichtig für die Unterscheidung von Menschen und Tieren, welch letzteren man eine solche Zweckorientierung von Handlungen nicht zuordnete.[17] Die späteren Autoren beziehen sich dabei auf Thomas von Aquins Prima Secundae, wo es heißt: „Unde illae solae actiones vocantur proprie humanae, quarum homo es dominus – wobei allerdings der Aquinat nicht den Bezug zum dominium externarum rerum erwähnt, sondern das dominium actionum suarum in Kontext der Debatte über die Willensfreiheit anspricht.[18] Für die Theologen ist letztlich hier der entscheidende Referenzpunkt für den Begriff des dominium, für den sie sich auf Thomas und seine Willensfreiheitsthese berufen konnten und auf seinen Begriff des „dominium sui actus“[19]. Auch Thomas allerdings hat dieses Verständnis entlehnt, nämlich von Bonaventuras Willensfreiheitskonzept, wo es zur Interpretation derselben Sentenzenstelle heisst: „Unde illa sola potentia dicitur libera, quae dominium habet plenum tam respectu objecti, tam respectu actus proprii.“[20] „Liberum arbitrium“ oder „servum arbitrium“ – das war im Zeitalter der Reformation wieder aktuell.

Die Auseinandersetzung mit dem dominium dürfte also ihre juristische Quelle beim Thema der Einteilung dinglicher Rechte und der Sicherung privatrechtlicher Positionen unter den Glossatoren und Kommentatoren, ihre theologische Quelle in der Willensfreiheitsdebatte seit Bonaventura haben. Sie sickerte wohl von den Juristen kommend auch langsam bei den Theologen ein.[21] Spätestens in der spanischen Spätscholastik, bei einzelnen Autoren aber schon früher, werden die Entwicklungslinien wechselseitig wahrgenommen.

2 facultas und potestas

Neben „dominium“ sind „facultas“ und „potestas“ häufig verwendete Ausdrücke für rechtlich relevante individuelle Machtpositionen. Auch diese Ausdrücke gel-

---

17 *Vitoria*, De indis relectio prior nu. 20 S. 348 ff; *Soto*, Libri decem de Iustitia et Iure, liber IV, qu.1, a. 2.

18 *Thomas v. Aquin*, I II, q. 1, a. 1.

19 *Thomas v. Aquin*, In II Sent, d. 25, q. 1, a. 1.

20 *Bonaventura*, In II Sent, d. 25 pars 1, a. 1, q. 1.

21 *Reid jr.*, Cornell Law Review 83 (1998), 437 (445).

ten als frühe Manifestationen eines subjektiven Verständnisses von Recht. Betrachten wir zunächst das Haupt-Anwendungsfeld der beiden Wörter im spätmittelalterlichen Diskurs um das Recht (a), sodann den Streit um die etymologische Herkunft (b) und schließlich die Anwendung im franziskanischen Armutsstreit (c).

a Haupt-Anwendungsfeld im Spätmittelalter

Sowohl „facultas" als auch „potestas" treten in Zusammenhang mit Rechtstheorien der Theologen im Spätmittelalter hauptsächlich zum Zweck der Definition von „dominium" als dessen genus proximum auf. Das enge Zusammenwirken der unterschiedlichen Disziplinen in der spanischen Spätscholastik zeigt sich aber auch hier darin, dass Legisten durchaus im selben Zusammenhang das Vokabular aufgreifen.[22]

In dieser Theologie des Spätmittelalters begegnen uns zur Dominium-Definition beide Wörter, „facultas" und „potestas". Ockham spricht von der „potestas humana principalis rem temporalium in iudicio vendicandi et omni modo , qui non est a iure naturali prohibitus, pertractandi ...".[23] Weiter findet sich bei Gerson die Definition „potestas propinqua assumendi res alias vel ut alias in sui facultatem vel usum licitum secundum iura vel leges rationabiliter institutas."[24] Soto definiert „propria cuiusque facultas et ius in rem quamlibet, quam in suum ipsius commodum usurpare potest quocumque usu lege permisso."[25] Kein Zweifel, dass hier zentrale Begriffe für ein subjektives Verständnis von Recht entwickelt werden.

Aber auch der hochmittelalterlichen Theologie etwa des Thomas von Aquin war die Begrifflichkeit von „facultas" und „potestas" schon geläufig. Thomas verwendet sie, wenn er von Herrschafts- und Eigentumsbeziehungen spricht, etwa in folgendem Satz: „Ad secundum dicendum, quod facultas, secundum communem usum loquendi, significat potestatem qua aliquid habetur ad nutum, unde et possessiones facultates dicuntur, quia in dominio sunt possidentis..."[26]

So sehr die Verwendung der Wörter „facultas" und „potestas" als rechtlich relevante Kategorien im Spätmittelalter zunimmt, so weit zurück reicht anderer-

---

22 Vgl. etwa *Vázquez de Menchaca*, der das dominium als „naturalis facultas eius quod facere libet, nisi quod vi aut iure prohibeatur" definiert, Contr. Ill. liber I, cap. 17, nu. 4.

23 *Ockham*, OND S. 310.

24 *Gerson*, De potestate cons.13.

25 *de Soto*, Iustitia, liber IV, q.1, art. 1.

26 *Thomas*, In II Sent. dist 24, q. 1, a. 1.

seits die Verwendung dieser Ausdrücke. Schon das römische Recht arbeitete mit beiden Wörtern[27], bezieht sich dabei aber soweit ersichtlich nie auf eine Identität mit „ius" im subjektiven Sinn.[28]

b Zur Bedeutung von „facultas"

Fragen wir nach diesem Überblick zur Verbreitung der Bezeichnungen in Antike und Mittelalter nach der genauen Bedeutung. Während „potestas" als Machtstellung, als eine Position dessen, der eine Machtposition innehat, sich noch vergleichweise einfach erschliesst, gestaltet sich die Bedeutung von „facultas" etwas schwieriger. Hierzu gab es nämlich eine Kontroverse unter den mittelalterlichen Autoren. In Frage stand, ob das Wort von „fas", also dem göttlichen Recht, oder von „facilis", also von „einfach, leicht", hergeleitet werden könne. Im ersten Fall ist die facultas eine rechtlich gesicherte Machtstellung, die etwa dem Straßenräuber oder dem Tyrannen nicht zukommt, in letzterem Fall, den etwa Soto stützt, ist die facultas das Gegenteil von difficultas: „Sunt enim contraria, facultas et difficultas."[29]

Indessen ist diese Interpretation von facultas auch schon im Hochmittelalter verbreitet. Schon in einer Summe des Etienne von Langton vom Ende des 12. Jahrhunderts ist zu lesen, dass die „facultas volendi bonum et malum" nichts anderes sei als eine „facilis voluntas ad bonum vel ad malum..." und auch an anderen Stellen ist von „facultatem sive facilitatem" die Rede.[30] Auch Thomas von Aquin schliesst sich dieser Etymologie an[31] und versteht unter der facultas im Sinne von facilitas ein nicht durch Zwang von dritter Seite behindert-Werden.[32]

Mit facultas und potestas werden also im rechtlichen Kontext stark subjektive Bezüge auf den Gegenstand eines Rechts formuliert – bei potestas eine Machtstellung, bei facultas, jedenfalls nach Auffassung der Mehrheit der Autoren, ein Können auf der Basis des nicht behindert-Werdens.

---

27 *Brito*, Revista de estudios histórico-jurídicos 2003, Historia, 407 (497).

28 *Brito*, Revista de estudios histórico-jurídicos 2003, Historia, 407 (407).

29 *de Soto*, Iustitia, liber IV, q.1, a. 1.

30 *Lottin*, Psychologie et morale aux XIIIe et XIIIe siècles. Tome I: Problèmes de psychologie, S. 49.

31 *Thomas v. Aquin*, De veritate, q. 24, a. 4.

32 Ausführlich dazu *Seelmann*, Die Lehre des Fernando Vázquez de Menchaca vom dominium, S. 91.

c Der franziskanische Armutsstreit

Betrachten wir noch einen praktischen Kontext, in dem „facultas" und „potestas" in der Argumentation eine Rolle spielen, den franziskanischen Armutsstreit. Dieser Streit zwischen der Kirchenspitze und dem Franziskanerorden erreichte seinen Höhepunkt im frühen 14. Jahrhundert und betraf die Frage der Armut der einzelnen Mönche und des Ordens insgesamt. Beides wurde vom Orden postuliert, da ihm die absolute Armut und das Leben allein vom Betteln in der Nachfolge Christi verpflichtend erschien.

Juristisch versuchte man dies so zu konstruieren, dass der Orden an den Gebrauchsgegenständen wie Essen und Kleidung kein dominium besitzen sollte, sondern nur einen nackten Gebrauch („nudum facti usum"), der gar nicht in Rechtskategorien gefasst werden konnte. Ein Juristenpapst, Johannes XXII, verurteilte solche Vorstellungen, da ihn ein Verbrauch ohne Herrschaftsmacht unmöglich erschien.[33]

Die Verteidiger des Armutskonzepts im Orden mussten nun den Unterschied zwischen dominium und usus in ihren Theorien möglichst groß erscheinen lassen. Dazu mussten mit dem Begriff der „facultas" die einzelnen mit dem dominium verbundenen Rechte so umfassend sein, dass dazu das blosse Gebrauchenwollen nicht mehr passte. Damit befasste sich insbesondere Wilhelm von Ockham in seinem „Opus nonaginte dierum" von 1333. So definiert Ockham das dominium „pro facultate quadam speciali vindicandi rem temporalem aliquam et defendendi ac tenendi et disponendi."[34] Dieses Herausarbeiten einer absoluten Macht über den Gegenstand des Rechts sollte also eine solche Art von Herrschaftsbeziehung geradezu diskreditieren und als etwas kenntlich machen, das von den Franziskanern zu recht abgelehnt wurde. Die facultas als facilitas, also als völlige Leichtigkeit und damit Beliebigkeit im Umgang mit den Gegenständen der Welt, wurde so dem angemessenen usus, also dem Gebrauch der für das Leben notwendigen Dinge allein im Umfang ihrer Notwendigkeit gegenüber gestellt. „..., abuti vero, prodigere, pro derelicto habere nequeant"[35] meint noch Vázquez über die Bettelmönche, also missbrauchen, verschwenden und derelinquieren können sie nicht.

Man wird also sagen können, dass es ein praktisches Bedürfnis in einer kirchenpolitischen Auseinandersetzung war und nicht etwa ein voluntaristischer

33 Bulle „Ad conditorem canonum" von 1322, Extravag. Jo. XXII.14.3 (*Friedberg* II 1226).

34 *Ockham*, OND, cap. 2, S. 305, Zeile 171 f.

35 *Vázquez*, Contr. Ill., liber I, cap. 17, nu. 10.

theologisch-philosophischer Hintergrund, der diese weite (und kritisch gemeinte!) Ausdehnung der facultas als facilitas primär bewirkt hat.

3 Ausdrückliche Subjektivierung von „ius“

Kommen wir zum Abschluss, nach unseren Betrachtungen zu dominium und facultas/postestas, nun zur subjektiv unterlegten Wortgeschichte von „ius“. Hier ist schon lange mit Verwunderung festgestellt worden, dass es bereits im römischen Recht stellenweise eine Verwendung von „ius“ auch im subjektiven Sinn gegeben hat – Charles Donahue zählt in den Digesten 191 mal ein subjektives „ius“.[36] Diese Verwendung hat aber nicht in Definitionen und Systematisierungen von „ius“ Eingang gefunden, ja sie wurde nicht einmal reflektiert und durch andere, subjektbezogene Wörter ersetzt. Der römische Jurist Paulus geht in den Digesten (D.1.1.11) zwar auf Differenzierungen beim Wort „ius“ ein, unterscheidet dabei aber nur zwischen einer Verwendung nach „ius naturale“, „ius civile“ und „ius honorarium“ – und eben nicht zwischen einer Verwendung von ius in einem objektiven und einem subjektiven Sinn. Es gibt also bereits im klassischen römischen Recht ius im subjektiven Sinn, aber keine ausdrückliche Reflexion auf diese subjektive Bedeutung.

Dem entspricht auch zunächst die mittelalterliche und auch noch die frühneuzeitliche Situation – sogar noch bei Luis de Molina werden ohne eigenständige Adjektive die beiden Typen von ius unterschieden.[37] Allerdings finden wir schon ab dem 13. Jahrhundert immerhin eine ausdrückliche Unterscheidung von „ius“ als „lex“ und „ius“ als „facultas“, der Sache nach also unsere Unterscheidung zwischen Recht im objektiven und Recht im subjektiven Sinn.[38] Aber nicht

---

36 *Donahue jr.*, Jus in Roman Law, in: Witte jr./Alexander (Hrsg.), Christianity and Human Rights, bes. S. 68 f.; vgl. auch, etwas zurückhaltender in der Einschätzung, *Kaser*, Das altrömische ius, S. 97 f.: „In den juristischen Quellen haben die Römer von ‚ius' im subjektiven Sinn nur begrenzt Gebrauch gemacht. Sie verwenden es nur selten für Forderungen, wohl nie für Eigentum. Häufig steht es dagegen zur Bezeichnung der Familiengewalt, mithin als Gleichwort für ‚potestas'“.

37 *Ludovicus de Molina*, De Iustitia et Iure, liber I, cap. 2, §§ 1–4; dazu *Kaufmann*, Das Verhältnis von Recht und Gesetz bei Luis de Molina, S. 107, S. 369–391, 372 ff.; zur Bestimmung des subjektiven Rechts bei Molina danach, ob eine Verletzung des jeweiligen Rechts ein Unrecht gegenüber einer bestimmten Person sei, vgl. *Brett*, Luis de Molina on Law and Power, in: Kaufmann/Aichele (Hrsg.), A Companion to Luis de Molina, S. 164 f.

38 Vgl. die Nachweise von *Brito*, Historia de la denominación del derecho-facultad como „subjetivo“,Revista de estudios histórico-jurídicos, 2003, 407 (410) unter Hinweis u. a. auf die Summa in nomine, auf Johannes Monachus und auf Marsilius von Padua.

vor Francisco Suárez im frühen 17. Jahrhundert gibt es für ius in der subjektiven Bedeutung ein kennzeichnendes Adjektiv.

Suárez nun sucht nach passenden Adjektiven und bezeichnet das „ius" im objektiven Sinn als „ius honestum" oder „ius legale", das „ius" im subjektiven Sinn als „ius utile" oder „ius reale".[39] Dass er nicht auf die Idee kam, bei ius von „objectivum" und „subjektivum" zu sprechen, wie es der heutigen Terminologie entspricht, liegt daran, dass diese Wörter zu seiner Zeit und auch im Mittelalter etwas gänzlich anderes bedeuteten: objectivum verwendete man für etwas, das (nur) im Geist war, in der Vorstellung, subjectivum für etwas der Aussenwelt angehörendes.[40]

Eine weitere Besonderheit bei Suárez besteht darin, dass er wohl als erster für „ius" ausdrücklich von einer „facultas quaedam *moralis*" spricht, einer moralischen Herrschaftsposition – eine Diktion, die sich bei seinen Nachfolgern durchsetzt. Was ist damit gemeint?

Das subjektive Recht für die Tradition ab Suárez ist im frühen 17. Jahrhundert keineswegs an moralische Regeln im Sinne eines Gegensatzes zu rechtlichen Regeln gebundene Freiheit, sondern „moralis" meint hier wie schon im spätmittelalterlichen Sprachgebrauch beim „ens morale", dass etwas dem Reich der – von der Moral beurteilbaren – Gründe und nicht der physischen Ursachen zugehört. In der Zeit von Suárez hat man sich eben noch nicht an einer möglichst klarer Trennung von Recht und Moral orientiert, wie man es später seit der Frühaufklärung zu tun begann. „Moralis" wird man hier im Sinne eines Messens der „facultas" an einschränkenden normativen Regeln überhaupt, wie bei Gersons „...secundum iura vel leges rationabiliter institutas"[41] verstehen müssen.[42]

Eine solche Bindung an Regeln war auch für frühere Autoren von Bedeutung, wurde aber gewöhnlich eher allgemein als eine Bindung an die „lex", formuliert – wie schon das Beispiel des Bartolus zeigt: Er definierte dominium (in der engeren Bedeutung) als „ius de re corporali perfecte disponendi nisi lege prohibeatur".[43] Auch den Moraltheologen war eine solche Beschränkung des subjektiven „ius" selbstverständlich. „...quocumque usu lege permisso" war etwa für Soto der

---

39 *Suárez*, DL, liber II, cap. 17, § 2.

40 Dazu *Mautner*, ratio iuris 26, S. 113 f.: Erst mit Darjes und Achenwall entstand die heutige Terminologie, vgl. bei Mautner die Nachweise S. 114–116.

41 *Gerson*, De potestate cons. 13.

42 Zu den Vernunftbezügen in Zusammenhang mit den dominium-Definitionen vgl. *Tellkamp*, Vitorias Weg zu den legitimen Titeln der Eroberung Amerikas, in: Bunge u. a. (Hrsg.), Normativität des Rechts, S. 151.

43 *Bartolus*, Anm. 4 zu D.41.2.17.

selbstverständliche Abschluss seiner Definition.[44] So gesehen schafft die Bindung an „ius“ als „faculta *moralis*“ ab Suárez noch keine Neuerung gegenüber der mittelalterlichen Debatte.[45] Fragen kann man sich allerdings, ob eine weitere leichte Veränderung im Fall von Hobbes nicht dann doch die Entwicklung in eine andere Richtung drängt. Hobbes lässt nämlich als Einschränkung des subjektiven Rechts nur noch die recta ratio gelten, die man auch instrumentell sehen kann. Er schreibt: „Neque enim iuris nomine aliud significatur quam libertas. Quam quisque habet facultatibus naturalibus secundum rectam rationem utendi.“[46] Eine Kritik des subjektiven Rechts, die sich gegen den ausserrechtlich vorgegebenen Inhalt dieser Herrschaftsmacht richtet, kann hier also wohl zu Recht einen Ansatzpunkt suchen.

V Zusammenfassung

Kommen wir am Ende zurück zur übergreifenden begriffs- und Ideengeschichtlichen Frage nach dem zeitlichen Beginn des subjektiven Rechts. Wir haben gesehen, dass man zunächst die methodische Frage klären muss, ob man wort- oder begriffsgeschichtlich vorgehen will. Hat man sich wie hier für ein begriffsgeschichtliches Vorgehen entschieden, beschränkt man also die Entstehungsfrage nicht allein auf die Vokabel des „ius“, sondern berücksichtigt auch Wörter wie „dominium“, „facultas“ und „potestas“, und sie alle in ihrem Zusammenhang, so muss man weiter fragen, welcher „Bias“ bei der Festlegung des Entstehungszeitpunkts durch die rechtspolitische Agenda beispielsweise der Rettung des Naturrechts, der politisch-ökonomischen Kritik der Rechte oder des konkreten Ordnungsdenkens entstehen kann. Schaut man dann, welche Wörter in welchen Kontexten für den Begriff dessen, was wir heute subjektives Recht nennen, verwendet worden sind, so zeigen sich vielfältige theoretische und praktische Bezüge. Zu beachten sind etwa die spätmittelalterliche wirtschaftliche Notwendigkeit der Einteilung dinglicher Rechte und der Sicherung privatrechtlicher Positionen, oder die in der in der Reformationszeit wieder erstarkende Streit über die Bedeutung des liberum arbitrium, oder die frühneuzeitliche Reflexion auf

---

44 *de Soto*, Iustitia, liber IV, q. 1, a. 1.

45 Zur Rückbindung der „facultas moralis“ bei Suárez an die Gerechtigkeit vgl. *Brieskorn*, *Lex* und *ius* bei Francisco Suárez, in: Fidora u. a. (Hrsg.), Lex und ius, S. 452 f.; vgl. dazu auch *Walther*, Facultas moralis. Die Destruktion der Leges-Hierarchie und die Ausarbeitung des Begriffs des subjektiven Rechts durch Suárez, in: Walther u. a. (Hrsg.), Transformation des Gesetzesbegriffs, S. 150 f.

46 *Hobbes*, De Cive, I, 2, in: Molesworth, Opera Latina Bd. 2.

Subjektivierungsschübe und Ordnungsbedürfnisse, aber auch auf normative Gründe und Vernunftgründe für das Innehaben von Rechten, oder sei es die fundamentale Rechtskritik der franziskanischen Armutssehnsucht. Jeder der zu Beginn aufgezählten Zeitpunkte, vom römischen Recht der Antike und vom kanonischen Recht des 12. Jahrhunderts bis zu Kant, steuert unterschiedliche Facetten zur Figur des heute so genannten subjektiven Rechts bei.

Viel spricht nach all dem dafür, dass die Behauptung, die Brian Tierneys über das Individuum macht, grundsätzlich auf das subjektive Recht übertragen werden kann: „...you can find", meint Tierney, „the individual dicovered or invented in any century you look at from the twelfth century onward."[47] Für das subjektive Recht müsste man, wie gezeigt, sogar noch weiter zurückgehen.

Literatur

Auer, M., Der privatrechtliche Diskurs der Moderne, Tübingen 2014.

Bartolus a Saxoferrato, Bartoli a Saxoferrato Omnium Iuris Interpretum Antesignani, Commentaria, Venetiis 1602.

Bonaventura, Bonaventurae ex ordine Minorum... Opera omnia. Tomus Tertius. In secundum librum Sententiarum, Parisiis 1865.

Brett, A., Luis de Molina on Law and Power, in: Kaufmann, M./Aichele, A. (Hrsg.), A Companion to Luis de Molina, Leiden/Boston 2014, S. 155–181.

Brieskorn, N., Lex und ius bei Francisco Suárez, in: Fidora, A. u. a. (Hrsg.), Lex und ius, Beiträge zur Begründung des Rechts in der Philosophie des Mittelalters und der Frühen Neuzeit, Reihe II: Untersuchungen, Bd. 1, Stuttgart 2010, S. 430–463.

Donahue jr., C., Jus in Roman Law, in: Witte jr., J./Alexander, F. S. (Hrsg.), Christianity and Human Rights, Cambridge 2010, S. 64–80.

Fernandi Vasquii Menchacensis, Pinciani Hispani iure consulti... Controveriarum Illustrium aliarumque usu frequentium libri tres, Venetiis 1564.

Fortin, E. L., On the Presumed Medieval Origin of Individual Rights, Communio 26 (1999), S. 55–79.

Gerson, J., De potestate ecclesiastica, in: Oeuvres complètes (Ed. Glorieux). Bd. VI, l'OEuvre ecclesiologique, Paris u. a. 1965.

Guzmán Brito, A. G., Historia de la denominación del derecho-facultad como „subjetivo",Revista de estudios histórico-jurídicos, 2003, S. 407–443.

Hobbes, Th., De Cive, in: Molesworth, W., Opera Latina Bd. 2, London 1834, Nachdruck Aalen 1966.

Jason de Mayno, Jasoni Mayni ... in primam Digesti veteris ... secundam Digesti novi partem Commentaria, Venetiis 1573.

Kaser, M., Das altrömische ius. Studien zur Rechtsvorstellung und Rechtsgeschichte der Römer, Göttingen 1949.

47 *Tierney*, Ave Maria Law Review 2005, 23 (27).

Kaufmann, M., Das Verhältnis von Recht und Gesetz bei Luis de Molina, in: Fidora, A. u. a. (Hrsg.), Lex und ius, Beiträge zur Begründung des Rechts in der Philosophie des Mittelalters und der Frühen Neuzeit, Reihe II: Untersuchungen, Bd. 1, Stuttgart-Bad Cannstatt 2010, S. 369 – 391.
Larenz, K., Rechtsperson und subjektives Recht, in: Dahm, G. u. a. (Hrsg.), Grundfragen der neuen Rechtswissenschaft, Berlin 1935, S. 225 – 259.
Lottin, O., Psychologie et morale aux XIIe et XIIIe siècles. Tome I: Problèmes de psychologie, Louvain/Gembloux 1942.
Macpherson, C. B., Die politische Theorie des Besitzindividualismus, Frankfurt am Main 1973.
Major, J., Joannis Maiori ... in quartum Sententiarum quaestiones utilissimae, Parrhisiis 1516.
Mautner, T., How Rights became „subjective",ratio iuris 26 (2013). S. 111 – 132.
Menke, C., Kritik der Rechte, Frankfurt am Main 2015.
Molina, L. de, Ludovici Molinae... e Societate Iesu de iustitia et iure, Moguntiae 1603.
Nörr, K. W., Zur Frage des subjektiven Rechts in der mittelalterlichen Rechtswissenschaft, in: Medicus. D. u. a. (Hrsg.), Festschrift für Hermann Lange, Stuttgart u. a. 1992, S. 193 – 204.
Ockham, W. v., Opus nonaginta dierum (OND). Recognoverunt R. F. Bennet & J. G. Sikes, in: Guillelmi de Ockham Opera Politica. Accuravit J. G. Sikes, Bd. I, Manchester 1940.
Pugliese, G., „Res corporales", „res incorporales" e il problema del diritto soggettivo, in: Lauria, M. (Hrsg.), Studi in onore di Vincenzo Arangio-Ruiz nel XLV anno del suo insegnamento, Napoli 1953, S. 223 – 260.
Reid jr., C. J., Medieval Origins of the Western Natural Rights Tradition: The Achievement of Brian Tierney, Cornell Law Review 83 (1998), S. 437–463 ff.
Seelmann, K., Die Lehre des Fernando Vázquez de Menchaca vom dominium, Köln u. a. 1979.
Soto, D. de, Libri decem de Iustitia et Iure, Lugduni 1569.
Suárez F., DL (De legibus ac Deo legislatore). Edition critica bilingüe, in: Luciano Pereña u. a. (Hrsg.), Bd. 8, Madrid 1971 – 1981.
Summenhart, C., Septipertitum opus de contractibus pro foro conscientiae atque theologico per Conradum Summenhart ... compilatum, Hagenau 1515.
Tellkamp, J. A., Rights and Dominium, in: Kaufmann, M./Aichele, A. (Hrsg.), A Companion to Luis de Molina, Leiden/Boston 2014, S. 125 – 153.
Tellkamp, J. A., Vitorias Weg zu den legitimen Titeln der Eroberung Amerikas, in: Bunge, K. u. a. (Hrsg.), Die Normativität des Rechts bei Francisco de Vitoria, Stuttgart-Bad Cannstatt 2011, S. 147 – 169.
Thomas von Aquin, Thomae Aquinatis... Opera Omnia, Volumen octavum, Commentum in Lib II Sententiarum, Parisiis 1873.
Thomas von Aquin, *Thomae Aquinatis*... Quaestiones duodecim quodlibetales ad fidem optimarum editionum diligenter recusae, Volumen III, De Veritate 1, Taurini 1924.
Thomas von Aquin, Thomae Aquinatis... Summa Theologiae, pars Ia IIae, Taurini/Romae 1952.
Tierney, B., Historical Roots of Modern Rights. Before Locke and after, Ave Maria Law Review 2005, S. 23 – 43.
Tierney, B., The Idea of Natural Rights. Studies on Natural Rights, Natural Law and Church Law, Atlanta 1997.
Vandenliessche, S., Possessio und Dominium im postklassischen römischen Recht, Hamburg 2006.
Villey, M., Droit subjectif I (La genèse du droit subjectif chez Guillaume d'Occam), in: Villey, M. (Hrsg.), Seize Essais de philosophie du droit, Paris 1969, S. 140 – 178.

Villey, M., La formation de la pensée juridique moderne. Cours d'histoire de la philosophie du droit, Paris 1975.

Vitoria, F. de, De indis insulanis relectio prior. In: Relecciones Teólogicos del Maestro Fray Francisco de Vitoria. Edición crítica … por el P. Mtro. Fr. Luis G. Alonso Getino, Tom. I, Madrid 1933, S. 348 ff.

Walther, M., Facultas moralis. Die Destruktion der Leges-Hierarchie und die Ausarbeitung des Begriffs des subjektiven Rechts durch Suárez. Ein Versuch, in: Walther, M. u. a. (Hrsg.), Transformation des Gesetzesbegriffs im Übergang zur Moderne? Von Thomas von Aquin zu Francisco Suárez, Stuttgart 2008, S. 125–159.

Georg Lohmann

Menschenrechte als subjektive Rechte des öffentlichen Rechts

Für Jürgen Habermas zum 90. Geburtstag

I Einleitung
Historische und begrifflichen Entwicklungen der „subjektiven Rechte"

Die begriffliche Bestimmung des Wortes „Rechte" im Begriff „Menschen*rechte*" ist von Beginn an und bis heute umstritten. Im Deutschen hat das Wort „Recht" zwei wesentlich unterschiedene Bedeutungen: Einmal meint es ein objektives Rechtssystem (engl. *law*), dann aber auch ein besonderes Recht einer Person (engl. *right*), eine Unterscheidung, die häufig als die zwischen „objektivem Recht" und „subjektivem Recht" verdeutlicht wird. Typischer Weise gibt es aber nicht bloß ein (subjektives) Recht einer Person, sondern immer mehrere Rechte, wie auch der Begriff „Menschenrechte" immer eine Mehrheit von Menschenrechten umfasst. Ich gehe davon aus, dass im Ausdruck „Menschenrechte" von „Rechten" im Sinne von „subjektiven Rechten" die Rede ist, und enge deshalb meine Überlegungen von Beginn an auf die Frage ein, was mit dem Ausdruck „Rechte" im Sinne eines „subjektiven Rechts" beim Kompositum „Menschenrechte" gemeint ist?

Ich kann auf die überaus spannenden, aber eben komplexen Begriffsgeschichten dieser unterschiedlichen Bestimmungen von „Recht" und „Rechten" hier nicht eingehen, sondern muss mich auf eine resümierende Kurzfassung einiger Aspekte beschränken. Von „subjektiven Rechten" ist nicht schon im römischen Recht die Rede, sondern erste Ansätze dazu sind relativ spät, vorbereitet bei den Bologneser Juristen (seit ca. 1100) und in der wissenschaftlichen Jurisprudenz des Privatrechts des 16. Jahrhunderts entwickelt. Aber erst Wandlungen in den Konzeptionen von (objektiven) „Recht" (Rechtsordnungen): Trennung des Prozessrechts vom Privatrecht, die Differenzierung von Privatrecht und öffentlichem Recht, zwischen Naturrecht und positivem Recht, später nationalem und Völkerrecht, initiiert und legitimierend unterstützt durch das neuzeitliche rationale

https://doi.org/10.1515/9783110704013-004

Naturrecht, haben die Grundbestimmungen eines „subjektiven Rechts“ *im modernen Sinne* entwickelt.[1]

Nun bedeutet Trägerin eines subjektiven Rechtes zu sein, dass die Rechtsinhaberin sich als freie Person selbst schätzen und von anderen als solche geachtet werden kann; sie ist anerkanntes Mitglied (Bürger) einer Rechtsgemeinschaft. Die subjektiven Rechte werden ihr mit/unter bestimmten Bedingungen zugeschrieben, sind an die Beachtung gleicher Rechte von anderen gebunden, und die „geschuldeten“ korrespondierenden Verpflichtungen anderer können nötigenfalls eingeklagt und mit Zwangsmitteln der Rechtsordnung durchgesetzt werden. Die begriffliche Bestimmung und die Wahrnehmung von subjektiven Rechten setzen so notwendig objektive Rechtsordnungen (law) mit entsprechenden Rechtsorganen voraus, die sich historisch und systematisch unterscheiden lassen. Ein subjektives Recht geltend zu machen ist freie Entscheidung der Rechtsinhaberin, d. h. der Person. Diese Entscheidungsfreiheit muss grundsätzlich eine negative Freiheit sein, d. h. die Person wird äußerlich nicht daran gehindert, zu entscheiden, wie sie will. Ob die Freiheit der Rechtsperson noch qualitativ weitere Bedingungen erfüllt oder erfüllen muss, und wie sie sich zur moralisch bestimmten Freiheit verhält, ist eine offene (und umstrittene) Frage. Kant bestimmt deshalb die Freiheit der Rechtsinhaberin als Willkürfreiheit. Willkür ist ein graduelles Vermögen: vom unbegründeten Wollen zu überlegender (kluger) Zweckrationalität bis zu moralisch begründeter Selbstbestimmung. Der begrifflichen Formbestimmung subjektiver Rechte nach ist offen, welche „Variante“ der Willkür die Verwirklichung eines subjektiven Rechts bestimmt. Die Inhalte subjektiver Rechte sind vielfältig; sie können sich einmal auf Realisierung und den Schutz individueller Interessen der Person beziehen, können Kompetenzen der Person betreffen, oder auch Gemeinwohl orientiert sein und ein öffentliches Interesse betreffen.

Die „Form“ subjektiver Rechte wurde historisch in einigen Rechtsbereichen nach und nach, und auch ungleich institutionalisiert, bevor sie auf die Bestimmung von Menschenrechten übertragen wurde. Deshalb gab es Situationen, in denen privilegierte Träger ungleiche subjektive Rechte (z. B. Adelsgruppen) hatten, dann können wir Gleichverteilungen innerhalb beschränkter Gruppen (z. B. das Besitzwahlrecht) beobachten, bevor dann, mit der (naturrechtlichen) Unterstellung, dass alle Menschen gleich und frei seien, allen Menschen mit den Erklärungen der Menschenrechte am Ende des 18. Jahrhunderts gleiche und universelle subjektive Rechte als Menschenrechte zugeschrieben wurden. D. h.:

---

1 *Coing*, Zur Geschichte des Begriffs „subjektives Recht“, in: Stephanians (Hrsg.), Individuelle Rechte, S. 33–50.

Universalität und Egalität der Menschenrechte sind nicht in der begrifflichen „Formbestimmung" von subjektiven Rechten enthalten, sondern werden als zusätzliche (politisch gewollte und moralisch begründbare) Bestimmungen der Menschenrechte mit ihnen verbunden, so dass wir Prozesse der *Universalisierung und Egalisierung von subjektiven Rechten als Menschenrechten* historisch feststellen können und systematisch beachten müssen.

Menschenrechte sind nicht ewig, sie werden nicht „entdeckt", sondern in konkreten historischen Situationen „gemacht". Sie müssen politisch gewollt und erklärt werden, sind rechtlich gefasst (juridische Rechte), und müssen in ihren normativen Behauptungen moralisch begründbar sein. Sie erfordern daher Analysen in den nicht aufeinander reduzierbaren Gebieten der Politik, des Rechts, der Moral und auch der Historie.[2] Die inhaltlichen Bestimmungen der einzelnen, unterschiedlichen Menschenrechte antworten auf spezifische historische Unrechtserfahrung oder Gefährdungen, sind nicht inhaltlich aus einer „Quelle" (Freiheit, Leben, Würde) ableitbar, und ihre Liste ist historisch offen.[3] Man kann historisch und systematisch drei *Konzeptionen der Menschenrechte* unterscheiden. 1. *Nationale Konzeptionen* (Erklärungen in Amerika, 1776, und im Rahmen der französischen Revolution, 1789); 2. *Internationale Konzeption* des neu konzipierten Völkerrechts der Vereinten Nationen (VN) nach 1945); 3. *Transnationale Konzeption* (bildet sich durch Globalisierung etc. und erfordert transnationale neue Rechtsordnungen/Verfassungen („Konstitutionalisierung des Völkerrechts")[4].

Ich will mit einer ersten Sichtung der historisch ersten Menschenrechtserklärungen in Amerika und in Frankreich am Ende des 18. Jahrhunderts beginnen. In diesen *nationalen Konzeptionen* der Menschenrechte lassen sich drei unterschiedliche Aspekte des Rechtscharakters der Menschenrechte unterscheiden (II.). Ich befrage dann Auffassungen, die die Menschenrechte als rein „moralische Rechte" (III.), oder als privatrechtlich konzipierte Rechte verstehen (IV.), um dagegen die Auffassung der Menschenrechte als „subjektive Rechte des öffentlichen Rechts" zu verteidigen (V.). Hier diskutiere ich zunächst den Vorschlag von Jürgen

---

2 Siehe dazu ausführlicher *Lohmann*, Zur moralischen, juridischen und politischen Dimension der Menschenrechte, in: Sandkühler (Hrsg.), Recht und Moral, S. 135–150; *Lohmann*, DZPh 64 (2016), 465 – Zu vielen der hier angeführten Überlegungen und Thesen habe ich ausführliche Aufsätze geschrieben; ich bitte mir daher nachzusehen, dass ich auf sie, mehr als sonst schicklich, im Folgenden verweisen werde, um meine Ausführungen überprüfbar, aber nicht zu lange werden zu lassen.

3 *Lohmann*, Die unterschiedlichen Menschenrechte, in: Fritzsche/Lohmann (Hrsg.), Menschenrechte zwischen Anspruch und Wirklichkeit, S. 9–23.

4 *Lohmann*, Fudan Journal of the Humanities and Social Science 8 (2015), 369.

Habermas einer „Gleichursprünglichkeit" von Menschenrechten und Volkssouveränität (V.1.), um dann eine „*historische* Genese" von Menschenrechten als subjektive Rechte des öffentlichen Rechts zu erläutern (IV.2). Schließlich verfolge ich die drei Aspekte des Rechtscharakters der Menschenrechte zunächst im Kontext der gegenwärtigen *internationalen Konzeption* der Menschenrechte, mit einem sehr kurzen Ausblick auf eine *transnationale Konzeption* (VI.), um dann abschließend die Stärken und Schwächen der unterschiedlichen Auffassungen des Rechtscharakters der Menschenrechte zusammen zu fassen. Auf diese Weise ergibt sich ein historisch ernüchtertes Verständnis der Menschenrechte, aber auch Argumente für den normativen Vorrang der Auffassung der Menschenrechte als subjektive Rechte des öffentlichen Rechts (VII.).

II Nationale Konzeptionen der Menschenrechte (Amerika/Frankreich im 18. Jahrhundert.)

Weil Menschenrechte als subjektive Rechte Konzeptionen eines objektiven Rechts voraussetzen, sind für ihren Charakter entscheidend, wie sie durch einen dazu legitimierten und ermächtigten Gesetzgeber deklariert, rechtlich in Geltung gesetzt und damit in eine Rechtsordnung/Verfassung eingefügt und dabei begründet werden. In den *nationalen Konzeptionen* der Menschenrechte in Amerika und Frankreich am Ende des 18. Jahrhunderts waren es jeweils revolutionäre verfassungsgebende Versammlungen, die mit den neuen Demokratien zugleich die Menschen- *und* Bürgerrechte deklarierten.[5] Zugleich glaubten diese revolutionären Versammlungen, dass die Menschenrechte selbst natur- oder vernunftrechtlich begründet (wenn auch in unterschiedlicher Weise) und ihren politischen Setzungen vorgegeben oder eingeschrieben seien. Im amerikanischen Fall dominiert eine liberale Konzeption des Naturrechts, nach der die deklarierten Menschenrechte vorstaatliche, „natürliche Rechte" sind, die extern die politischen Gewalten des neuen Staats regulieren und den konstituierenden und später gesetzgebenden Gewalten „vorgegeben" sind. Im französischen Fall dominiert eine republikanische Variante des Vernunftrechts, nach der im Konstitutionsprozess selbst, in der Bildung des „allgemeinen Willens", die universellen Men-

5 *Brunkhorst*, „Die amerikanische Unabhängigkeitserklärung und die Virginia Declaration of Rights von 1776" und „Die Französiche Revolution und die Erklärung der Rechte des Menschen und des Bürgers von 1789", in: Pollmann/Lohmann (Hrsg.), Handbuch Menschenrechte, S. 91–98, 99–105.

schenrechte erst gesetzt werden.[6] Die unterschiedlichen natur- oder vernunftrechtlichen Begründungen der Menschenrechte und damit der Charakter ihrer „Erklärungen“[7] sind dabei politisch, nicht philosophisch motiviert. Im ersten Fall wird eine liberale Spielart des demokratischen Republikanismus entwickelt, im zweiten Fall scheint es sich um ein im engeren Sinne republikanisches Demokratiemodell zu handeln.[8] Im liberalen amerikanischen Fall ist der Charakter der Menschenrechte als subjektive, negativen Rechte bestimmt, die dem Bürger erlauben, im Rahmen der Gesetze seine privaten Interessen zu verfolgen. Im französischen Fall sind die Staatsbürger- und die Menschenrechte „in erster Linie … politische Teilnahme- und Kommunikationsrechte“, also positive Rechte, „durch deren Ausübung die Bürger sich erst zu dem machen können, was sie sein wollen – zu politisch verantwortlichen Subjekten einer Gemeinschaft von Freien und Gleichen“.[9] Das eine Mal ist der aktive Bürger mehr *Bourgeois und* das Rechtssystem (in der Tradition der liberalen Gesellschaftsvertragstheorien von Hobbes und Locke) durch privatrechtliche Verträge autonomer Bürger konzipiert, das andere Mal sind die Bürger mehr *Citoyen* und das Rechtssystem (in der Tradition von Rousseau) nach dem Modell einer öffentlichen, allgemeinen Gesetzgebung konstruiert. Aber in beiden demokratischen Varianten wird der aktive Bürger als autonom unterstellt, das eine Mal seinen Interessen folgend, das andere Mal tugendhaft und gemeinwohlorientiert.[10]

Zwischen Bürgerrechten und Menschenrechten bestanden aber von Beginn an zwei unterschiedliche Spannungen. Die notwendige *Partikularität* einer besonderen Bürgerrepublik eines gegebenen Volkes stand in Spannung mit der *Universalität* der Menschenrechte; dort waren Träger der Rechte nur die jeweiligen Staatsbürger, hier sind es alle Menschen. Und darüber hinaus war der Anspruch einer *egalitären* Trägerschaft von Rechten *faktisch* weder für die Bürgerrechte noch für die Menschenrechte eingelöst. Sowohl in Amerika wie in Frankreich wurden Frauen, Sklaven, Farbige, Ureinwohner und große Teile der Arbeiterschaft nicht als gleichwertige Bürger, und entsprechend auch nicht als Träger von Menschenrechten angesehen. Die als universal deklarierten Menschenrechte wurden daher faktisch nicht allen Menschen und nicht allen Bürgern in glei-

6 *Habermas*, Theorie und Praxis, Kap. 2 (Naturrecht und Revolution), S. 89 – 127.

7 *Habermas*, Theorie und Praxis, Kap. 2 (Naturrecht und Revolution), S. 93 ff.

8 *Habermas*, Die Einbeziehung des Anderen, Kap. 9 (Drei normative Modelle der Demokratie), S. 277 – 292.

9 *Habermas*, Die Einbeziehung des Anderen, Kap. 9 (Drei normative Modelle der Demokratie), S. 279.

10 Und wichtig für die spätere Entwicklung ist, dass die Menschenrechte hier weder explizit noch implizit mit Bezug auf einen Begriff von „Würde“ begründet wurden.

cherweise zu gesprochen. In beiden Fällen bestand schon damals eine nicht aufgelöste Spannung zwischen dem egalitären Universalismus der Menschenrechte und dem notwendig partikularen, aber egalitären Ansprüchen einer konkreten, demokratischen Gesetzgebung.

Schauen wir auf den Rechtscharakter der in diesen komplizierten Deklarationen und Institutionalisierungen verwandten Begriff der Menschen*rechte*, so lassen sich analytisch drei Bedeutungsaspekte unterscheiden. In allen Aspekten kann man sie zwar als subjektive „Rechte" autonomer Personen (Subjekte) auffassen, doch unterscheidet sich ihr besonderer Rechtscharakter nach der jeweiligen Rechtsordnung, auf die sie bezogen sind und die sie voraussetzen müssen. Insofern die Menschenrechte in Amerika als vorstaatliche, *naturrechtlich* begründete „natural rights" verstanden werden, und auch insofern in Frankreich die Menschenrechte *vernunftrechtlich* begründet werden, werden sie im Rahmen von moralischen Ordnungen angesiedelt und können als *moralische Rechte* aufgefasst werden. In dieser Perspektive erheben sie die moralisch begründeten Ansprüche *universell, egalitär, individuell und kategorisch*[11] zu sein. Insofern sie, besonders in Amerika, in der Tradition der Gesellschaftsvertragstheorie John Lockes und der Uminterpretation durch Thomas Paine den „Gesetzen von Handel und Verkehr"[12] entsprechen, werden die Menschenrechte als Ergebnis von wechselseitigen Vertragsbeziehungen zwischen autonomen Bürgern konzipiert, d. h. als *privatrechtlich konstituierte subjektive Rechte,* deren Geltung sich auf die Vertragspartner beschränkt. Und schließlich, insofern die Bürger sie sich erst durch die öffentliche, allgemeine Gesetzgebung zuschreiben, werden sie als *subjektive Rechte des öffentlichen Rechts* aufgefasst und gelten für alle im Geltungsbereich der öffentlichen Rechtsordnung, d. h. des Staates. Diese analytischen Unterscheidungen erfassen jeweils Bedeutungsaspekte, die mit der jeweiligen Verwendungsweise von „Rechte" verbunden waren oder sind[13]. D. h. in den jeweiligen historischen Konzeptionen verbinden sich mit unterschiedlicher Gewichtung alle drei Bedeutungen von „Rechte" miteinander, und es ist daher Aufgabe einer theoretischen Analyse, sie jeweils genauer herauszuarbeiten, ihre Vor- und Nachteile zu benennen und zu überprüfen, ob die jeweils mitlaufenden Begründungen und systematischen Einrahmungen überzeugen können. Die Frage nach dem Rechtscharakter der Menschenrechte als subjektive Rechte ist dabei immer auch

11 Siehe hierzu *Lohmann*, Was muss man wie bei den „Menschenrechten" begründen?, in: Demko/Brudermüller/Seelmann (Hrsg.), Menschenrechte. Begründung – Bedeutung – Durchsetzung, S. 23–43.

12 *Habermas*, Die Einbeziehung des Anderen, S. 66.

13 Das gilt auch für die *internationale* und eine zu erstrebende *transnationale Konzeption* der Menschenrechte.

eine Frage nach dem Charakter des jeweiligen objektiven Rechts. Erst wenn beide Fragen beantwortet sind, kann über den Rechtscharakter der Menschenrechte angemessen und vielleicht hinreichend eine Antwort gefunden werden.

Schaut man auf die gegenwärtige Literatur zu den Menschenrechten, so scheinen die oben genannten drei Bedeutungsaspekte von „Rechten" in ihr unverbunden zu konkurrieren. Einige verstehen die Menschenrechte vornehmlich oder ausschließlich als moralische Rechte,[14] andere ordnen sie ganz wesentlich in den systematischen Rahmen des Privatrechts ein[15], schließlich bestehen einige darauf, sie als Rechte des öffentlichen Rechts, d. h. als demokratisch bestimmte Menschenrechte zu verstehen[16]. Ich werde im Folgenden diese unterschiedlichen Positionen gewissermaßen idealtypisch analysieren, um ihre jeweiligen Eigenarten und Schwächen, aber auch Stärken herauszuarbeiten. Dabei wird sich zeigen, dass erst die Auffassung von Menschenrechten als subjektive Rechte des öffentlichen Rechts die normativen und begrifflichen Forderungen eines *unverkürzten* Begriffs der Menschen*rechte* erfüllen kann, sie also den beiden anderen Auffassungen vorzuziehen ist, die sie zugleich als Teilaspekte integrieren kann.

III Menschenrechte als rein moralische Rechte?

Eine Reihe von klassischen Autoren halten den *Begriff* eines (subjektiven) rein „moralischen Rechts" für „Unsinn auf Stelzen"[17] oder für ein redundantes „Reflexrecht"[18], weil er nichts anderes beinhalte, als dass jemand (Person B) moralische Pflichten gegenüber der „Rechts"-Inhaberin (Person A) habe. Und in der Tat wird er von vielen gegenwärtigen Moralphilosophen auch so verstanden, auch wenn diese Positionen sich im Einzelnen unterscheiden. Solche Auffassungen stützen sich auch häufig auf die sogenannte Interessen-Theorie, nach der ein wohlbegründetes Interesse von A schon ausreicht, dass A auch ein Recht habe,

14 So z. B. *Feinberg*, Oxford Journal of Legal Studies 12 (1992), 149; *Gewirth*, Human Rights. Essay on Justification and Applications; *Gosepath*, Universalität der Menschenrechte – ein Erklärungsansatz, in: Nooke/Lohmann/Wahlers (Hrsg.), Gelten Menschenrechte universal?, S. 195–203; *Griffin*, On Human Rights; *Ladwig*, PVS 2014, 472; *Tasioulas*, On the Nature of Human Rights, in: Gerd/Heilinger (Hrsg.), The Philosophy of Human Rights: Contemporary Controversies, S. 17–59, 40–43.

15 Exemplarisch *Menke*, Kritik der Rechte.

16 Exemplarisch *Habermas*, Faktizität und Geltung.

17 *Bentham*, in Niesen (Hrsg.), Unsinn auf Stelzen. Schriften zur Französischen Revolution.

18 *Kelsen*, Subjektives Recht: Berechtigung und Ermächtigung, in: Stephanians (Hrsg.), Individuelle Rechte, S. 96–112.

sein Interesse zu verwirklichen.[19] Letztlich scheint es für sie keinen Unterschied mehr zu machen, ob man von Pflichtenrelationen oder von Rechte-Pflichten-Relationen spricht. Solche Auffassungen von Menschenrechten als reine „moralischen Rechten“ erschienen mir von Beginn[20] an einseitig und, wenn exklusiv vertreten, irreführend und, wenn ich so sagen darf, „moralfundamentalistisch“[21]. Ich habe in mehreren Arbeiten diese Position kritisiert und kann an dieser Stelle nur auf eine jüngste Auseinandersetzung und Diskussion mit den moral- und rechtsphilosophischen Voraussetzungen und Konsequenzen eines „Rechtscharakters der Menschenrechte als ‚moralische Rechte'“ verweisen. Hier muss eine kurze Zusammenfassung der wichtigsten Punkte genügen.

Versteht man Menschen*rechte* rein als „moralische Rechte“, so können sie, im Unterschied zu legalen Rechten, nicht mit einer institutionalisierten und mit legitimem Zwang versehenen Durchsetzungsmacht rechnen, und im Falle der Verletzung eines „moralischen Rechts“ gibt es keine institutionalisierte Klagemöglichkeiten bei unparteilichen Dritten. Dabei werden „moralische *Rechte*“ zumeist als „moralische *Ansprüche*“ verstanden, und der Sache nach auf Relationen wechselseitiger moralischer Pflichten reduziert. Eine genaue begriffliche Bestimmung der Unterschiede zwischen asymmetrischen und symmetrischen „moralischen Pflichten“, „moralischen Ansprüchen“, „moralischen Rechten“ und „legalen Rechten“ und den jeweils korrespondierenden moralischen oder normativen Gemeinschaften kann dann aber deutlich machen, was die „Rechts“-charaktere von Menschenrechten sind, wenn sie als „moralische Rechte“ bestimmt werden[22]: Zur Durchsetzung können sie sich (nur) auf moralische Gefühle, wie Schuld-und Schamvorwürfe, als „interne Sanktionen“[23] stützen. Im Falle von Verletzungen eröffnen sie die Möglichkeit, durch moralische Appelle und geäußerte Empörung eine moralische Öffentlichkeit zu sensibilisieren und ggf. zu Reaktionen zu motivieren. Dabei sind sie „Rechte“ nur im Rahmen einer mora-

---

19 Exemplarisch R. von Ihering in der späten Auflage 1906: *v. Ihering*, Der Geist des römischen Rechts auf verschiedenen Stufen seiner Entwicklung; zur „neuen Interessentheorie“: *Raz*, Mind 93 (1984), 194.

20 *Lohmann*, Menschenrechte zwischen Moral und Recht, in Gosepath/Lohmann (Hrsg.), Philosophie der Menschenrechte, S. 62–95.

21 Darunter verstehe ich Auffassungen, die die Menschenrechte wesentlich als moralische Rechte verstehen, und die Politik dann nur ein bloßes Mittel ist, und ihnen eine rechtliche Form zu geben, die aber nichts wesentliches mehr dem moralischen Verständnis hinzufügt.

22 Dazu ausführlich, mit Berücksichtigung der jeweiligen „Subjektivierungen“ der normativen Gemeinschaften, *Lohmann*, Über den Rechtscharakter von Menschenrechten als „moralische Rechte“, in: Simmermacher/Krause (Hrsg.), Denken und Handeln. Perspektiven der praktischen Philosophie und der Sprachphilosophie, FS für Matthias Kaufmann, S. 255–274.

23 *Tugendhat*, Vorlesungen über Ethik, S. 60.

lischen Gemeinschaft, benötigen keine objektive Rechtsordnung mit entsprechender rechtsstaatlicher Gewaltenteilung. Eines ihrer Handikaps ist, wie bei moralischen Pflichten, die Verhinderung von moralischer Trittbrettfahrerei und sie können ungleiche „Rechts"-anwendung" und komplexe Pflichtenabfolgen nicht angemessen kompensieren oder organisieren.[24] Insgesamt also unterscheiden sie sich nicht von einem System moralische Pflichten.

Aber: Die nicht auf rechtliche oder politische Entscheidungen zurückführbaren oder durch sie ersetzbaren *moralischen Begründungen der universellen, egalitären, individuellen und kategorischen Ansprüche* der Menschenrechte sind der unaufgebbare normative Maßstab für das begriffliche Verständnis und die Realisierung der Menschenrechte.[25] Auf sie können sich und berufen sich historische Akteure und theoretische Kritiker, wenn sie die Universalisierung und Egalisierung der Menschenrechte fordern. Dieser, begrifflich gesehen, moralische Teilaspekt des Rechtscharakters der Menschenrechte erhält daher eine große politische Bedeutung, wenn Menschenrechte noch nicht oder nicht mehr angemessen rechtlich institutionalisiert sind.

IV Menschenrechte als privatrechtliche subjektive Rechte?

Versteht man die Menschenrechte als „reine" subjektive Rechte des Privatrechts, so ist ihr Rechtscharakter durch die Auffassung und Logik des Privatrechts (oder Zivilrechts) bestimmt. Natürlich gibt es subjektive Rechte im Privatrecht, und in der deutschen Rechtsphilosophietradition sind subjektive Rechte auch vornehmlich zivilrechtlich diskutiert worden.[26] Auch in der anglo-sächsischen Welt überwiegt eine privatrechtliche Situierung der „subjektiven Rechte", die seit Thomas Hobbes und John Locke als „natürlich Rechte" im Naturzustand konzipiert und dann im „gesellschaftlichen Zustand" im Wesentlichen in diesem

---

24 Siehe *Alexy*, Die Institutionalisierung der Menschenrechte im demokratischen Rechtsstaat, in: Gosepath/Lohmann (Hrsg.), Philosophie der Menschenrechte, S. 244–264.

25 Siehe dazu ausführlich *Lohmann*, Was muss man wie bei den „Menschenrechten" begründen?, in: Demko/Brudermüller/Seelmann (Hrsg.), Menschenrechte. Begründung – Bedeutung – Durchsetzung, S. 23–43; *Lohmann*, „Nicht zu viel – nicht zu wenig!" Begründungsaufgaben im Rahmen der internationalen Menschenrechtskonzeption, in: Wasmaier-Sailer/Hoesch (Hrsg.), Die Begründung der Menschenrechte. Kontroversen im Spannungsfeld von positivem Recht, Naturrecht und Vernunftrecht, S. 181–205.

26 *Coing*, Zur Geschischte des Begriffs „subjektives Recht", in: Stephanians (Hrsg.), Individuelle Rechte, S. 33–50; *Habermas*, Faktizität und Geltung, S.112ff.

Charakter beibehalten werden. Nach diesen Auffassungen sind „subjektive Rechte" Rechte, die voneinander unabhängige, autonome Personen entweder von Natur aus besitzen oder die sie sich wechselseitig durch Verträge zuschreiben. Die Einhaltung der korrespondierenden Verpflichtungen liegt im wechselseitigen Vorteil, solange die jeweiligen Interessen wechselseitig und gemäß einer unterstellten Tauschgerechtigkeit befriedigt werden. Eine solche Auffassung subjektiver Rechte und dann auch der Menschenrechte beschreibt das herrschende Rechtsverständnis kapitalistischer Marktwirtschaft, in der subjektive Rechte negative Freiheiten der Akteure (Personen) und ihre Eigentumsverhältnisse sichern. Kommt es aber zu Verletzungen oder Nichteinhaltung der korrespondierenden Verpflichtungen, so hat jede Seite das Recht, ihr Recht mit eigenen Mitteln, nötigenfalls mit Gewalt durchzusetzen, muss sich dabei aber, weil keine dritte, unparteiliche Instanz zur Verfügung steht, „als Richter in eigener Sache" verstehen.

Diese Strukturaffinität der privatrechtlich aufgefassten Menschenrechte mit den Anforderungen kapitalistischer, privatwirtschaftlicher Wirtschaft ist ambivalent zu sehen. Einmal ermöglicht und fördert sie die kapitalistische Wirtschaftsentwicklung. Sie ermöglicht sogar durch die Etablierung formalrechtlich konstituierter Strukturen und Institutionen eine „systemadäquate" Umwandung von traditionalen sozialen und kulturellen Verhältnissen, die – nicht ohne eigene Verluste – gezwungen werden, sich mehr oder weniger in marktförmige Konkurrenzverhältnisse zu wandeln. Sie fördert dadurch nicht nur ein subjektives, individualisiertes Freiheitsbewusstsein von Rechtspersonen, die ihre negativen Freiheiten zur Sicherung und Mehrung ihres privaten Eigentums nutzen, sondern sie erlaubt auch eine Indifferenz gegenüber oder ideologische Umdeutung von der traditionell und sozialintegrativ notwendigen Gemeinwohlorientierung wirtschaftlichen Handelns und führt so zu einer defizienten Form gesellschaftlicher Allgemeinheit.[27] Sie fördert, fordert und ermöglicht die funktionale Ausdifferenzierung und Verselbstständigung eines kapitalistischen Wirtschaftssystems, das sich moralischen, rechtlichen oder politischen Regelungen indifferent gegenüber

27 Adam Smith bekanntes Theorem von der „unsichtbaren Hand", mit der die ungehinderte Verfolgung von Privatinteressen das Gemeinwohl sichert, ironisiert Karl Marx: „Die einzige Macht, die sie zusammen und in ein Verhältnis bringt, ist die ihres Eigennutzes, ihres Sondervorteils, ihrer Privatinteressen. Und eben weil so jeder nur für sich und keiner für den anderen kehrt, vollbringen alle, infolge einer prästabilierten Harmonie der Dinge, oder unter den Auspizien einer allpfiffigen Vorsehung, nur das Werk ihres wechselseitigen Vorteils, des Gemeinnutzens, des Gesamtinteresses", *Marx*, Das Kapital, Bd. 1, in: Marx Engels Werke, Bd. 23, S. 190; siehe zur durch „systemische Indifferenz" ermöglichten ideologischen Umdeutung sozialintegrativer Anforderungen, *Lohmann*, Indifferenz und Gesellschaft. Eine kritische Auseinandersetzung mit Marx.

verhält.[28] Da diese privatrechtliche Rechtsauffassung *für alle Menschen gültig sein soll* und die kapitalistische Wirtschaftsentwicklung „von Haus aus", weil der *angestrebte* abstrakte Reichtum keine inhaltlichen und materiellen Beschränkungen kennt, *unbegrenzt* ist[29], können die, freilich nur auf die Sicherung negativer Freiheiten und Privateigentum einseitig eingegrenzten subjektiven Rechte *als globale Menschenrechte* postulierten und verstanden werden.

Schlagwortartig könnte man diese Entwicklung aber auch entgegengesetzt bewerten: Weil der Kapitalismus die Menschenrechte als privatrechtliche, subjektive Rechte einseitig und nur formal benutzt und benötigt, generalisiert er sie; zugleich aber verletzt er sie und provoziert einen Kampf um die institutionelle Verbesserung und Universalisierung der Menschenrechte. In dieser Hinsicht will ich auf Marxens Auseinandersetzung mit den Menschenrechten hinweisen.

Marx *scheint* in seiner Kritik der Menschenrechte diese als rein funktionale Rechte des Kapitalismus zu bestimmen und sie, sowohl in seiner frühen Menschenrechtskritik in „Zur Judenfrage" wie in seinen späteren Werken und „offiziellen" Selbstinterpretationen auf ein rein privatrechtliches Verständnis zu reduzieren. Mit dieser Reduktion und zugleich inhaltlich auf die Sicherung negativer Freiheiten, formeller Gleichheit und privaten Eigentumsansprüche beschränkt, glaubt Marx dann zeigen zu können, dass das „wahre Eden der Menschenrechte" auf dem kapitalistischen Arbeitsmarkt nur die rechtliche Ermöglichung und ideologische Verschleierung von Ausbeutung und kapitalistischer Herrschaft ist. Diese, auch bei Marx einseitige (!), Ansicht der Menschenrechte ist zum Ausgangpunkt einer dann orthodox geworden Leseart der Menschenrechtskritik von Marx geworden, und ihr folgt noch die jüngste „Kritik der Rechte", die Christoph Menke vorgelegt hat. Auch er versteht die, wie er sagt, „Form subjektiver Rechte" als privatrechtlich konstituiert, und kritisiert auf dieser Basis dann die Menschenrechte als letztlich Herrschaft und Ausbeutung ermöglichende Rechte. Menke, und viele andere auch, sehen aber nicht, dass Marx selbst (verdeckt und verdrängt) Ansätze einer Ergänzung oder Kritik einer solchen, rein privatrechtlichen Auffassung der Menschenrechte durch Elemente des öffentlichen Rechts anführt.

Insbesondere sind es zwei Punkte, die seit Kant den prekären und unvollständigen Rechtscharakter eines reinen Privatrechts kennzeichnen: Die vorausgesetzte Gleichheit der für einander unabhängigen Rechtspersonen und der unsichere Charakter der Durchsetzungs-, Klage- und Schutzmöglichkeiten von

---

28 *Lohmann*, Marktwirtschaft und Menschenrechte, in: Vanberg (Hrsg.), Marktwirtschaft und Gerechtigkeit, Schriftenreihe des Walter Eucken Instituts, S. 11–24.
29 *Lohmann*, Indifferenz und Gesellschaft. Eine kritische Auseinandersetzung mit Marx, S. 119 ff.

Rechten, die den Zustand eines reinen Privatrechts analog zu Rechtsverhältnissen im „Naturzustand" erscheinen lassen. Sie bringen die Gründe für eine Einbettung des Privatrechts in eine öffentliche Rechtsordnung hervor.[30] Marx verfolgt, wenn man seine Texte kritisch liest, in seiner *vollständigen* „kritischen Darstellung" der Rechtsverhältnisse des Kapitalismus, ohne explizit auf Kant Bezug zu nehmen, diese Punkte. Ich habe diese *erweiterte* Behandlung der Menschenrechte bei Marx in einem jüngsten Aufsatz ausführlich rekonstruiert[31], und kann (muss) mich auch hier auf eine kurze Benennung der wichtigsten Punkte beschränken.

Marx ist (mit Aristoteles!) der Meinung, dass man die vorausgesetzte Gleichheit aller Menschen, respektive aller Waren austauschenden Personen, nicht erklären kann, wenn nicht der „Begriff der menschlichen Gleichheit bereits die Festigkeit eines Volksvorurteils besitzt".[32] Den unüblichen Begriff eines „Volksvorurteils" verstehe ich als eine allgemeine, *vom Volk deklarierte Überzeugung.* Damit bezieht sich Marx, ohne es explizit kenntlich zu machen, auf die Menschenrechts*erklärungen in Amerika und Frankreich.* „Festigkeit" referiert dann, in Anlehnung an Kant, auf ein historisches Ereignis, dass in seiner normativen Bedeutung nicht historisch vergessen und argumentativ verleugnet werden kann. Damit steht ein politischer Konstitutionsakt des *öffentlichen Rechts* am systematischen Beginn der kapitalistischen Epoche. Im Zuge seiner immanent ansetzenden Kapitalkritik überprüft Marx dann dieses *Vor*urteil einer vorausgesetzten normativen Gleichheit an den Konflikten zwischen Kapitalist und Lohnarbeiter. Auf dem Arbeitsmarkt reklamieren beide Seiten gleiche Freiheiten als Privateigentümer und „gleiche Rechte" und es scheint so, als ob Marx eine privatrechtliche Lösung vertritt: „Zwischen gleichen Rechten entscheidet die Gewalt"[33]. In der dann folgenden *historischen Darstellung* der Kämpfe um die Länge des Arbeitstages, zeigt Marx aber, dass es die *rechtsstaatlichen Gewalten: Legis-*

---

30 Eine ähnlich Argumentation dann auch bei *Jellinek*, System der subjektiven öffentlichen Rechte, der sehr überzeugend zeigt, warum „ohne öffentliches Recht kein Privatrecht" (S. 17) sein kann. Wohl mit Rücksicht auf die preußischen Verhältnisse und monarchistisches Staatsverständnis erkennt er dann aber ein subjektives Wahlrecht für alle nicht an, sondern behauptet, dass „der Wähler selbst im Wahlakt als Theilorgan des ... Wahlkollegiums zu betrachten" sei. „Der Berechtigte wird im Augenblick der Wahl staatlicher Funktionär, um sofort nach Ausübung dieser Funktion in den Stand des Privaten zurückzufallen" (S. 155). „Das Wahlrecht besteht ...keines Wegs in dem Recht zu wählen. Das Subjekt dieses Rechts ... ist ausschließlich der Staat und nur Reflexwirkung ist es, wenn der Einzelne als solcher ein derartiges Recht zu besitzen scheint" (S.156). Das subjektive Wahlrecht wird so zu einer Wahlpflicht eines „Teilorgans" des objektiven Staatsrechts.

31 *Lohmann*, DZPh 66 (2018), 429.

32 *Marx*, Das Kapital, Bd. 1, in: Marx Engels Werke, Bd. 23, S. 74.

33 *Marx*, Das Kapital, Bd. 1, in: Marx Engels Werke, Bd. 23, S. 249.

lative, Exekutive und Judikative sind, die zwischen gleichen Rechten entscheiden. So zeigt er, wenn auch zugleich kritisch gegenüber den Mängeln des englischen Parlamentarismus, dass die Rechtsverhältnisse und mit ihnen auch die Realisierung der entsprechenden Menschenrechte nicht vollständig privatrechtlich bestimmt und bestimmbar sind, sondern *durch die öffentliche Meinungsbildung,* die Marx ausführlich dokumentiert, *und die daran anschließende öffentliche Willensbildung* des Parlaments in eine öffentliche Rechtsordnung eingebettet sind.[34] Ohne dass Marx sich explizit auf Kant bezieht, folgt er damit Kants Argumentationen. Das prekäre Privatrecht muss, nach Kant, in einen Zustand es öffentlichen Rechts überführt werden, und damit auch sollten Menschenrechte als subjektive Rechte solche des öffentlichen Rechts sein.

V Menschenrechte als subjektive Rechte des öffentlichen Rechts.

Versteht man die Menschenrechte nun als subjektive Rechte des öffentlichen Rechts, so ist der entscheidende Unterschied zu einem rein moralischen oder privatrechtlichen Verständnis der Menschenrechte die Forderung, dass der juristische Sinn von subjektiven Rechten, subjektive Rechte mit Zwangsbewehrung und Klagebefugnis zu sein, so erfüllt werden muss, dass die Menschenrechte im Verlauf eines Rechtssetzungsprozesses geschaffen werden müssen, in dem die Träger der Menschenrechte auch ihre Mitautoren sein können. Diese Forderung wird erst in der Moderne erhoben, in der religiöse, gewissermaßen vertikale Legitimationen politischer Herrschaft suspekt werden, und der Rechtssetzungsprozess auf Basis eines horizontalen Verhältnisses zu konzipieren ist, und das heißt, dass eine öffentliche, demokratische Rechtsordnung mit Gewaltenteilung, d.h. eine Verfassung, geschaffen werden muss. Die Prozesse einer *Positivierung* von Menschenrechten und Verfassung sind von ihren *Durchsetzungen* durch verfassungsrechtlich organisierten politischen Macht und Gewaltenteilung und von den Prozessen der *Rechtsanwendung* von Menschenrechten innerhalb einer schon gegeben Verfassung zu unterscheiden. Ich beschränke mich im Folgenden auf die Rechts*setzung* und *-anwendung* der Menschenrechte und muss weitere Aspekte einer Verfassungsgesetzgebung und -anwendung weitgehend unbehandelt lassen.

---

34 Ausführlicher, auch zu der gleichzeitigen Verdrängung dieses Ergebnisses seiner Kritik durch Marx, *Lohmann*, DZPh 66 (2018), 429.

1 Jürgen Habermas Theorie einer Gleichursprünglichkeit von Menschenrechten und Volkssouveränität

Jürgen Habermas hat diese Probleme in mehreren Arbeiten behandelt. Gegenüber einer liberalen Version, in der die Menschenrechte der Verfassungsgesetzgebung („naturrechtlich") vorgeordnet werden, und gegenüber einer (vernunftrechtlichen) republikanischen Version, die der „öffentlichen Autonomie der Staatsbürger" Vorrang vor den Menschenrechten „einräumt"[35], vertritt er in mehreren Ausführungen die diskurstheoretisch erläuterte These der „Gleichursprünglichkeit" von Menschenrechten und Volkssouveränität.[36] Nun ist der Begriff der „Gleichursprünglichkeit" nicht leicht zu verstehen. Er bedeutet nicht einfach, „dass sich die Idee der Menschenrechte und das Prinzip der Volkssouveränität *wechselseitig* interpretieren" (S.130), sondern, wenn man die Begriff „Ursprung" ernst nimmt, dass für beide ein *arche*, ein *principium*, ein *Ursprung* angegeben werden kann, ein „Erstes, von dem her etwas ist oder wird oder erkannt wird: d. h. der Seinsgrund, Entstehungsgrund oder Erkenntnisgrund von etwas."[37] Wenn daher von Zweien ausgesagt wird, dass sie „gleichursprünglich" sind, kann das einmal heißen, dass jedes *in der gleichen Weise* ursprünglich ist, also keines auf das andere als seinen Ursprung zurückgeführt werden kann, sondern jedes einen, vom anderen zu unterscheidenden Ursprung habe[38], oder aber, dass beide *aus dem gleichen* Ursprung ihr Sein, ihre Genese und ihre Erkennbarkeit haben. Ganz offensichtlich vertritt Habermas die zweite Interpretation, wenn er „diese Verschränkung ... als eine *logische Genese von Rechten*" versteht, die „einen Kreisprozeß" bildet, „in dem sich der Kode des Rechts und der Mechanismus für die Erzeugung legitimen Rechts, also das Demokratieprinzip, *gleichursprünglich* konstituieren."[39]

Die differenzierte Darstellung und Rekonstruktion dieses „internen Zusammenhangs zwischen Menschenrechten und Volkssouveränität", die Habermas

35 *Habermas*, Über den internen Zusammenhang von Rechtsstaat und Demokratie, in: Preuss (Hrsg.), Zum Begriff der Verfassung, S. 88. Zwar räumt er Rousseau und Kant ein, „Volkssouveränität und Menschenrechte" als sich „wechselseitig" interpretierend zu denken, doch lege Rousseau „eher eine republikanische, Kant eher eine liberale Lesart nahe", S. 89.

36 *Habermas*, Faktizität und Geltung, S. 155 u.ö. Seitenzahlen in Klammern beziehen sich im Folgenden auf diesen Text.

37 Diese Formulierung verdanke ich Emil Angehrn; zum Problem des „Ursprungs" siehe *Angehrn*, Die Frage nach dem Ursprung. Philosophie zwischen Ursprungsdenken und Ursprungskritik.

38 Das trifft auf die von Habermas kritisierten liberalen oder republikanischen Auffassungen zu.

39 *Habermas*, Faktizität und Geltung, S. 155.

dann in „Faktizität und Geltung" vornimmt[40], weist m.E. zwei Grundzüge auf: Erstens dekonstruiert er die oben genannten metaphysischen Ursprungsbedeutungen metaphysikkritisch, d.h. von seiner Position des nachmetaphysischen Denkens, so dass die gesuchte Ursprünglichkeit (*ontologisch*) nicht mehr auf eine substantielle Einheit (z.B. *volonté générale* oder *eine* Moral) gründet, sondern sich als Vielheit, d.h. unterschiedliche, differenzierte Prozesse (z.B. Meinungs- und Willensbildungsprozesse, Differenz von Moral und Recht etc.) darstellt, und ihre (*epistemische*) Erkenntnis nicht mehr eine transzendentale Notwenigkeit oder absolute Wahrheit beansprucht, sondern sich mit einer fallibelen, detranszendentalen Rekonstruktion von Wahrheits- und Geltungsansprüchen begnügen muss. Hinsichtlich der *genetischen* Dimension der Ursprünglichkeit aber scheint sich Habermas (in *Faktizität und Geltung*) auf die Rekonstruktion der *„logischen* Genese" zu konzentrieren.

So stellt er zunächst die Konstitution des „Systems der Rechte" von außen dar,[41] aus der *Perspektive eines Theoretikers*, der durch Vergleich konkreter Verfassungsgebungen herausfindet, „worin die verschiedenen Explikationen ... einer solchen Praxis übereinstimmen."[42] Die Wahl dieses abstrakten „Systems der Rechte" oder „eher Rechtsprinzipien"[43], auf deren Darstellung[44] ich unten nochmal kurz eingehen kann, steht nach Habermas den Autoren der Rechte „nicht mehr frei. ... Der Rechtskode ist Rechtssubjekten vielmehr als die einzige Sprache, in der sie ihre Autonomie ausdrücken können, vorgegeben."[45] Aus dieser „logischen" Perspektive" ergibt sich dann auch seine (umstrittene[46]) These, dass diese Rechte „notwendige Bedingungen" sind, „die die Ausübung politischer Autonomie erst *ermöglichen*", aber „nicht *einschränken*".[47] Die dann folgende Darstellung aus der *Perspektive der Bürger*, die sich eine konkrete Verfassung geben, ist dann aber eher erläuternd und *scheint* die logische Genese auf konkrete Fälle nur *anzuwenden*.

---

40 *Habermas*, Faktizität und Geltung, S. 155.

41 *Habermas*, Faktizität und Geltung, S. 155.

42 *Habermas*, Faktizität und Geltung, S. 163.

43 *Habermas*, Faktizität und Geltung, S. 160.

44 *Habermas*, Faktizität und Geltung, S. 155–160.

45 *Habermas*, Faktizität und Geltung, S. 160. Man kann fragen, ob diese „vorgegeben" faktisch oder normativ zu verstehen ist, und wenn normativ, mit welcher Begründung?

46 Dazu *Wellmer*, Freiheitsmodelle in der modernen Welt, in: Wellmer (Hrsg.), Endspiele: Die unversöhnliche Moderne, S. 47f.; *Gosepath*, Das Verhältnis von Demokratie und Menschenrecht, in: Brunkhorst (Hrsg.), Demokratischer Experimentalismus, S. 215ff.

47 *Habermas*, Faktizität und Geltung, S. 162.

Das ist freilich in dem Aufsatz „Volkssouveränität als Verfahren" von 1988[48] anders. Zwar verfolgt Habermas auch hier auf der „Ebene der politischen Theorie" eine „normative Frage"[49], doch rekonstruiert er die Wandlungen der genetischen „Gleichursprünglichkeit" von Menschenrechten und Volkssouveränität an historischen Ereignissen seit der Französischen Revolution, paradigmatisch in der brillanten Interpretation von Julius Fröbels Schriften[50], der vor der 1848 Revolution die Bildung eines „Gesamtwillens ... durch Diskussion und Abstimmung aus dem freien Willen aller Bürger"[51] zu erklären unternimmt. Hier werden gewissermaßen am historischen Material alle begrifflich-systematischen Weichenstellung von Habermas eigener, nachmetaphysischer Analyse der nun differenzierten „Gleich*ursprünglichkeit*" von Menschenrechten und Volkssouveränität angesprochen und deutlich. Den Charakter einer dekonstruierten Ursprünglichkeit bekommt bei Fröbel, und dann ihm folgend bei Habermas, die „Prozedur der Meinungs- und Willensbildung."[52] Nur wenn die öffentliche Meinungsbildung wahrheitsorientiert ist, ist sie mit einer „majoritäre(n) Willensbildung" vereinbar, die aber nur als das „rational motivierte, aber *fehlbare* Ergebnis einer unter Entscheidungsdruck *vorläufig* beendeten Diskussion gelten darf."[53] Diese in „vielstimmige" Meinungsbildungsprozesse und fallibele Willensbildungsprozesse differenzierte Prozedur ist durch weitere, fundamentale Differenzierungen gekennzeichnet. Die wahrheitsorientierte (deliberative) öffentliche und, wie Habermas später formuliert, „anonyme"[54] *Meinungsbildung* kann nur ihre „Ursprünglichkeit" einlösen, wenn sie erstens von etwas anderem, nämlich Volkbildung und argumentierenden Parteien (so Fröbel), also von Leistungen und historischen Errungenschaften einer von Politik, Recht und wirtschaftlicher Gesellschaft zu differenzierenden *Kultur*, unterstützt wird *und* zweitens die *Willensbildung* „gleiche Freiheiten über allgemeine Kommunikations- und Teilnahmerechte sichert."[55] Die hier angesprochen Menschenrechte versteht Fröbel nicht als „natürliche Rechte", sondern, so Habermas' Interpretation, die Menschenrechte „sind mit den konstitutiven Bedingungen einer sich selbst beschränkenden

48 Wieder abgedruckt in *Habermas*, Faktizität und Geltung, S. 600–631. Zitate im Folgenden nach dieser Ausgabe.
49 *Habermas*, Faktizität und Geltung, S. 601.
50 *Fröbel*, Monarchie oder Republik; *Fröbel*, System der socialen Politik.
51 *Habermas*, Faktizität und Geltung, S. 612, vgl. S. 612–616.
52 *Habermas*, Faktizität und Geltung, S. 614.
53 *Habermas*, Faktizität und Geltung, S. 612.
54 *Habermas*, Faktizität und Geltung, S. 626.
55 *Habermas*, Faktizität und Geltung, S. 615.

Praxis öffentlich-diskursiver Willensbildung identisch."[56] Damit sind nun alle „Ursprünglichkeit" beinhaltenden Momente der in sich differenzierten Prozedur der Meinungs- und Willensbildung deutlich: Ein *normativ* Erstes ist die wahrheitsorientierte, deliberative, anonyme Meinungsbildung. Sie begründet und schlägt eine universelle und egalitäre Einbeziehung aller in den Prozess der Verfassungsgesetzgebung vor. Ein *konstitutiv* Erstes ist der *Zusammenhang* zwischen den, eine freie Meinungs- und Willensbildung *ermöglichenden* Menschenrechten (deren konkrete Wahrnehmung freilich historisch geprägt und insofern auch *intern beschränkt ist)* und dem Akt der willentlichen Verfassungsgesetzgebung selbst, durch den erst Menschenrechte zu subjektiven Rechten gemacht werden. Beide, Meinungs- und Willensbildung, aber können nicht gelingen, wenn sie nicht von etwas Anderen, über das sie nicht verfügen können und für das sie daher nicht ursprünglich sind, unterstützt werden: einer *kulturell* gebildeten, rationalisierten Lebensform, die Habermas später als *„entgegenkommend"*[57] bezeichnet. Sie ist Resultat einer sich *direkten* Verfügungen des Rechtsstaates entziehenden geschichtlichen Entwicklung und kann bestenfalls *indirekt* mit Mitteln des formalen Rechts gefördert werden. Die Bezeichnung „entgegenkommend", die ein Begriff der Offenbarungstheologie ist[58], weist auf eine nur *genealogisch* aufklärbare Ursprünglichkeit hin, um deren „semantische() Potentiale" es Habermas am Ende seines Aufsatzes von 1988 geht[59], und die wohl auch einen zentralen Aspekt seines jüngsten Buches[60] zur Genealogie nachmetaphysischen Denkens ausmachen.

2 Eine *historische* Genese von Menschenrechten als subjektive Rechte des öffentlichen Rechts

Der Sache nach unterscheidet sich daher der folgende Vorschlag nicht wesentlich von der These Habermas', doch will ich die systematische These einer „Gleichursprünglichkeit" gewissermaßen am historischen Ablauf einer Verfassungsgesetzgebung verzeitlichen und hoffe so, einige Unklarheiten des Habermas'schen Vorschlags vermeiden und einige Probleme verdeutlichen zu können. Denn Verfassungsgesetzgebungen müssen immer historisch konkrete Verfassungsgesetz-

---

56 *Habermas*, Faktizität und Geltung, S. 616.
57 *Habermas*, Faktizität und Geltung, S. 630.
58 Siehe *Angehrn*, Der entgegenkommende Sinn: Offenbarung und Wahrheitsgeschehen, in: Offenbarung – verstehen oder erleben?: Hermeutische Theologie in der Diskussion, S. 59–76.
59 *Habermas*, Faktizität und Geltung, S. 630.
60 *Habermas*, Auch eine Geschichte der Philosophie.

gebungen sein, eine rein ideale, „logische" Verfassungsgesetzgebung wäre keine[61], weil nicht ein unbestimmt ideales Volk sich eine Verfassung geben kann, sondern nur ein konkretes.

Eine Verfassungsgesetzgebung ist also immer ein historischer, sich zeitlich erstreckender, konkreter Vorgang, bei der eine endliche Gemeinschaft von Bürgern (Volk, Nation) sich eine Verfassung gibt. Ich will, zunächst orientiert an den *nationalen* Menschenrechtskonzeptionen und bei allen historischen Unterschieden[62], einen Zustand *vor* der Verfassungsgesetzgebung (a), den Prozess der Verfassungsgesetz*gebung* selbst und ihre Akteure (b), und dann den Zustand der Rechts*anwendung* der Menschenrechte innerhalb des gegebenen Verfassungsrechts (c) unterscheiden. Ich will diese drei Phasen einer Verfassungsgesetzgebung in Hinsicht auf die dabei zu unterstellenden oder sich ergebenen Bestimmungen des Rechtscharakters der Menschenrechte betrachten, und kann deshalb viele Aspekte, die sonst zu behandeln wären, nicht beachten.

a) In den historischen Entwicklungen *vor* modernen Verfassungsgesetzgebungen werden die überlieferten religiösen, gottgegebenen (vertikalen) Legitimationen politischer Herrschaft brüchig, und in den politischen Naturrechts- und Vernunftrechtstheorien werden Konzeptionen entwickelt, die den Bürgern ein unaufgebbares Recht zusprechen, sich eine Verfassung zu geben. Auf dieses theoretisch formulierte, und politisch und historisch erkämpfte Recht einer verfassungsgebenden Gewalt des Volkes (Emmanuel Joseph Sieyès: *pouvoir constituant* [63]) berufen sich in der amerikanischen Revolution die politischen Akteure, wenn sie das ihnen zu Unrecht vorenthaltendes „common law" des Festlandes einklagen, und in der französischen Revolution die Akteure, wenn sie gegenüber der „derivative(n)", bedingt „absolutistischen" Königsgewalt das „originarie" legitimierte Recht des Volkes behaupten.[64] Die Souveränität des Volkes, sich eine Verfassung zu geben, wurde daher in revolutionären, gewaltsamen Umstürzen realisiert. Kant hielt daher eine *konkrete* Verfassungsgesetzgebung auch durch reine Gewalt für möglich[65] und rechtspositivistische Positionen sprechen von der

61 ",Das' System der Rechte gibt es nicht in transzendentaler Reinheit", *Habermas*, Faktizität und Geltung, S. 163.

62 Zu den in England, Amerika und Frankreich unterschiedlichen Konzeptionen einer Verfassung siehe *Preuß*, Der Begriff der Verfassung und ihre Beziehung zur Politik, in: Preuß (Hrsg.), Zum Begriff der Verfassung.

63 *Sieyès*, Was ist der Dritte Stand?, S. 142.

64 Die Unterscheidung zwischen „originalem" und nur „derivativem" Recht schon bei Kant, siehe dazu *Horn*, Nichtideale Normativität, S. 191 mit ausführlichen Textstellen bei Kant.

65 *Kant*, Refl. 7734: AA XIX.503, S. 6–26. Siehe auch *Horn*, Nichtideale Normativität, S. 190 ff.

völligen Ungebundenheit der verfassungsgebenden Gewalt[66]. Aber die historischen Ereignisse, die die modernen Verfassungsgesetzgebungen initiiert haben[67], haben sich (aus unterschiedlichen kulturellen, politischen und historischen Gründen) gleichzeitig an den Menschenrechten orientiert und die prinzipiell ungebundene verfassungsgebende Gewalt des Volkes, *zunächst*[68] *vorwegnehmend* (!), als ein Menschenrecht aller Menschen verstanden. Sie nahmen also, in normativer Hinsicht (!), eine nichtpositivistische Positionen ein, die eine durch historische Erfahrungen und politische Zielsetzung bestimmte, orientierende „Selbstbindung" der verfassungsgebenden Gewalt an die Menschenrechte kennzeichnete. Aber die Menschenrechte werden in dieser Phase nur als vorverfassungsmäßige Rechtsvorstellungen (z. B. „natural rights") angesprochen, d. h. nicht schon als Rechte im vollen Sinne, sondern ihr Rechtscharakter entspricht dem, was wir oben als „rein moralische Rechte" versucht haben zu bestimmen.[69]

b) Mit Berufung auf die verfassungsgebende Gewalt des Volkes werden dann unterschiedliche Varianten der Prozesse der Verfassungsgesetz*gebung*, je nach den historischen Ausgangslagen[70], eingeleitet und realisiert. *Wie* die Bürger sich zu einem „Volk" (in Frankreich zu einer „Nation") zusammenschließen und verstehen, und *wie* sie dann, je nach der historischen Ausgangslage sich eine Verfassung und damit eine (in der Regel staatliche) Rechtsordnung geben[71], ist ihren souveränen Entscheidungen überlassen. Insofern ist die verfassungsgebende Gewalt prinzipiell ungebunden. Sie ist aber zugleich durch interne, ethisch, religiös, kulturell, politisch und materiell bestimmte *Zielbestimmungen und Beschränkungen* beeinflusst, die den jeweils besonderen Charakter einer Verfassungsgesetzgebung mitbestimmen. Unabhängig von den unterschiedlichen Modi

66 „Jeder beliebige Inhalt kann Recht sein.", *Kelsen*, Reine Rechtslehre, S. 201.

67 Das gilt auch noch zu einem erstaunlichem Teil für die jüngeren Verfassungsgesetzgebungen: nach dem zweiten Weltkrieg, in den Prozessen der Dekolonisation, nach dem Zusammenbruch der Sowjetunion oder sogar noch nach dem „Arabischen Frühling".

68 Nach 1945 ist dies als allgemeiner Grundsatz des Völkerrechts statuiert und international anerkanntes Recht geworden, siehe *Kämpf*, Selbstbestimmung, in: Pollman/Lohmann (Hrsg.), Handbuch Menschenrechte, S. 299–302.

69 Sie werden deshalb nicht schon als vollwertige „subjektive Rechte" vorausgesetzt, so dass der Einwand, in dieser ganzen Überlegung sei ein Zirkel impliziert, entfällt.

70 Siehe dazu mit Betonung der jeweiligen rationalen Begründungen oder Motivationen *Elster*, Die Schaffung von Verfassungen: Analyse der allgemeinen Grundlagen, in: Preuß (Hrsg.), Zum Begriff der Verfassung, S. 37–57.

71 Die Varianten sind vielfältig: gewählte, unmittelbare „verfassungsgebende Versammlung", „verfassungsentwerfende Versammlung" mit anschließender allgemeiner Wahl oder weitere Modi; siehe dazu *Böckenförde*, Die verfassungsgebende Gewalt des Volkes, in: Preuß (Hrsg.), Zum Begriff der Verfassung, S. 67 ff.

kann man allgemeine Charakteristika dieser historisch unterschiedlichen Verfassungsgesetzgebungen festhalten[72], auf die ich mich hier beschränken muss.

Mit diesen Voraussetzungen ist die Verfassungsgesetzgebung freier und gleicher Bürger nicht einfach nur der Akt der Summierung der Willensentscheidungen (*volonté de tous*) der Bürger[73], die jeweils nur ihr individuelles und privates, d. h. andere ausschließendes Wohl zum leitenden Interesse haben, sondern die Bürger sind, sofern sie sich als freie und gleiche Bürger verstehen, *zugleich* am Gemeinwohl und der Bildung einer gerechten, allgemeine und gleiche Rechte für alle (also Menschenrechte) schaffenden Rechtsordnung *interessiert.*[74] Diese, wenn auch manchmal nur vorgegebene Gemeinwohlorientierung[75] schließt zwar einen „Rückfall" in bloße wechselseitige Interessenverfolgung nicht aus, aber die sich eine Verfassung gebenden Bürger *wollen* einen, gewissermaßen nur privatrechtlich bestimmten, prekären „Naturzustand" des Rechts durch eine öffentliche freie Willensbildung und allgemeine Gesetzgebung in einen gesicherten, öffentlichen Rechtszustand überführen.

Der Prozess der Verfassungsgesetzgebung vollzieht sich dabei in zwei Phasen: Erstens ist ein Prozess öffentlicher, deliberativer *Meinungsbildung* (supponiert) freier und gleicher Bürger anzunehmen, in dem um die zukünftige konkrete Ausgestaltung der Verfassung und damit um die Organisation des Rechtsstaates gerungen wird, zweitens folgt dann ein Prozess der *allgemeinen Willensbildung* als Gesetzgebungsakt der Verfassung.

An Ende der Meinungsbildung, die repräsentativ auch in einer verfassungsgebenden Versammlung lokalisiert werden kann, insgesamt aber allgemeiner öffentlicher Kritik und Teilnahme zugänglich sein muss, steht dann ein Verfassungsvorschlag: Neben einem „Grundrechtsteil", in dem die konkreten Bürger- und Menschenrechte aufgeführt sind, sind insbesondere Regelung der Gewaltenteilung und die Sicherung der Unabhängigkeit der Gewalten sowie Angaben für die Änderung der Verfassung Standardbestandteile jeder Verfassung.[76] Erst

---

72 Das betont auch *Elster*, Die Schaffung von Verfassungen: Analyse der allgemeinen Grundlagen, in: Preuß (Hrsg.), Zum Begriff der Verfassung, S. 37–57.

73 *Elster*, Die Schaffung von Verfassungen, Analyse der allgemeinen Grundlagen, S. 44.

74 Hobbes, der versucht, eine Verfassungsgebung rein aus der Verfolgung privater Selbsterhaltungsinteressen der Bürger zu erklären, kann gerade deshalb den Übergang in einen Gesellschaftszustand nicht plausibel herleiten.

75 Jon Elster weist in diesem Zusammenhang auf eine „zivilisierende Macht der Heuchelei" hin, *Elster*, Die Schaffung von Verfassungen: Analyse der allgemeinen Grundlagen, in: Preuß (Hrsg.), Zum Begriff der Verfassung, S. 51.

76 Siehe dazu Kants überzeugende Ausführungen zur Notwendigkeit einer Gewaltenteilung und repräsentativen Struktur des Staates, *Kant*, AA IV, S. 313–318; ausführlicher aus diskurstheoredieser geplante „Organisationsteil" der Verfassung setzt und sichert, dass die anvisierten Menschenrechte subjektive Rechte mit Klagebefugnissen und Durchsetzungsmacht sein können.

Dieser Verfassungsvorschlag enthält, *analytisch gesehen,* unterscheidbare normative Elemente: Einmal stellt sich das Ergebnis der öffentlichen Meinungsbildung normativ unter den *abstrakt* moralisch begründbaren egalitären Universalismus der Menschenrechte, nach dem alle individuellen Menschen, nur weil sie Menschen sind, gleichwertig und gleich an Rechten sind, *und* formuliert dabei diesen *moralischen* Gerechtigkeitsmaßstab *in der Sprache des Rechts* als universellen Anspruch aller auf gleiche subjektive Rechte. Zweitens werden diese abstrakten normativen Forderungen durch die je besondere, öffentliche argumentative Meinungsbildung einer konkreten Gemeinschaft von Bürgern in einer konkrete Liste von Grund- und Menschenrechten ausformuliert, die zugleich drittens mit einem „Organisationsteil" der Verfassung verbunden werden. Durch die beiden letzten Elemente wird der egalitäre *Universalismus* der modernen Moral mit den notwendig *partikularen* Gestalten demokratischer Institutionen oder Rechtssysteme verbunden.[77]

Ein so konzipierter Verfassungsentwurf wird dann zweitens in einer *allgemeinen Willensbildung* (Gesetzgebung) zur Annahme durch alle Bürger gestellt. Im Vollzug dieser Bildung eines allgemeinen Willens (Verfassungsgesetzgebungsakt) nehmen die Bürger ihre in der Phase der Meinungsbildung nur hypothetisch bestimmten Menschenrechte als subjektive Rechte des öffentlichen Rechts wahr, die sie zugleich durch diesen Akt erst schaffen. Mit Berufung auf den egalitären Universalismus der Menschenrechte muss idealerweise, so Rousseau und ihm folgend Kant[78], dieser zweite Prozess der Verfassungsgesetzgebung das Kriterium der Einstimmigkeit erfüllen, um gerecht sein zu können.[79]

---

tischer Perspektive zu den „Prinzipien des Rechtsstaates und der Logik der Gewaltenteilung": *Habermas*, Faktizität und Geltung, S. 208–237.

77 *Wellmer*, Menschenrechte und Demokratie, in: Gosepath/Lohmann (Hrsg.), Philosophie der Menschenrechte, S. 265–291.

78 Kant betont, dass die „gesetzgebende Gewalt ... nur dem vereinigten Willen des Volkes zukomme(n)" kann. „Also kann nur der übereinstimmende und vereinigte Wille Aller, so fern ein jeder über Alle und Alle über einen jeden ebendasselbe beschließen, mithin nur der allgemein vereinigte Volkswille gesetzgebend sein", *Kant*, Metaphysik der Sitten, Akademie Ausgabe (AA), Bd. 6, S. 313f.

79 Doch könnte auch, als Resultat der Meinungsbildung ein differenzierter Abstimmungsmodus (Mehrheitsregelung) im Verfassungsvorschlag enthalten sein, der aber normativ genau den Anforderungen einer idealen allgemeinen Gesetzgebung entsprechen müsste, und deshalb z.B. angemessene Minderheitenrechte für diejenige Minderheit enthalten muss, die bei der originären Verfassungsgesetzgebung nicht zugestimmt hat.

Der systematische Ort daher, an dem zum ersten Mal Menschenrechte als *vollwertige* subjektive Rechte des öffentlichen Rechts „existieren“, ist der Akt der allgemeinen Willensbildung, durch den ein Verfassungsvorschlag vom Volk angenommen wird, d. h. in Bezug auf die Menschenrechte, in dem alle Bürger sich diejenigen Rechte zuschreiben, die sie zugleich in diesem Akt ausüben.[80] Menschenrechte, in ihrer vollen Bedeutung als subjektive Rechte, können daher nur durch eine demokratische Verfassungsgesetzgebung, d. h. im Rahmen des öffentliche Rechts *geschaffen* und damit auch allen Menschen zugeschrieben werden.

c) Sind auf diesem Wege die Menschenrechte durch eine demokratische Verfassungsgesetzgebung *gesetzt*, so geht es im Folgenden, im Rahmen einer Verfassung, um die *Anwendung* und *Durchsetzung* der Menschenrechte im Rechtsstaat. Einklagbarkeit und Durchsetzbarkeit der Menschenrechte als verfasste Grundrechte setzen eine rechtsstaatliche *Gewaltenteilung* voraus, die die politische Macht von Legislative, Exekutive und Judikative an „legitimes Recht“ bindet.[81] Mit den unterschiedlichen Gruppen der Grund- und Menschenrechte[82] gewährt so der Staat den Bürger in der Wahrnehmung ihrer Rechte rechtlich geschützte Freiräume und Handlungsmöglichkeiten, andererseits benötigen sie gegen staatliche Willkür oder Ungleichbehandlung rechtsstaatlichen Schutz. Diese doppelte Rolle rechtsstaatlicher, politischer Macht reformuliert Habermas mit der diskurstheoretischen Unterscheidung von rechtssetzender „kommunikativer Macht“ und rechtsanwendender und -durchsetzender „administrativer Macht.“[83] Mit diesen Unterscheidungen kann er dann die „Prinzipien des Rechtsstaats und Logik der Gewaltenteilung[84] überzeugend entwickeln. Ohne dass ich hier auf Einzelheiten eingehen kann, will ich in diesem Kontext, wieder

80 Man könnte einwenden, dass das nur für die politischen Mitwirkungsrechte (wie Meinungs- und Versammlungsfreiheit, Wahlrechte etc.) gilt, während ja andere, im Verfassungsentwurf formulierte Rechte, nicht aktuell betätig werden. Dieser Einwand lässt sich aber entkräften, weil die angemessene Wahrnehmung politischer Rechte die implizite Beachtung anderer Menschenrechtsgruppen systematisch erfordert und daher auch die nicht aktuell betätigten Rechte durch diesen Rechtssetzungsakt als öffentliche Rechte in Kraft gesetzt werden.

81 *Habermas*, Faktizität und Geltung, S. 169 f.

82 In den *nationalen* Menschenrechtskonzeptionen unterschiedlich formulierte Freiheits-, Gleichheits-, Eigentums- und Teilnahmerechte, in der *internationalen* Konzeption seit 1948 individuelle Freiheits- und Subsistenzrechte, Justizrechte, politische Teilnahme- und wirtschaftliche, soziale und kulturelle Teilhaberechte; siehe dazu ausführlich *Pollmann/Lohmann*, Handbuch Menschenrechte, S. 233–294, mit unterschiedlichen Autoren/innen.

83 *Habermas*, Faktizität und Geltung, S. 182 ff.

84 *Habermas*, Faktizität und Geltung, S. 208–237.

beschränkt auf den *Rechts*charakter der Menschenrechte, einige Punkte herausheben.

Erstens: Die konkret in einer Verfassung genannten Bürger- und Menschenrechte sind abstrakt formuliert; sie werden durch weitere „einfache Rechte" auf unterschiedliche materiale Sachverhalte bezogen und durch (Verfassungs-) Rechtsprechung konkretisiert. Das führt zu, zumeist umstrittenen, Prozessen der Egalisierung, Universalisierung und auch inhaltlichen Erweiterungen der Menschenrechte, die das Recht selbst, aber auch eine eingewöhnte sozialkulturelle Lebensform herausfordern und ggf. verändern. In diesen Prozessen zeigt sich, dass die einmal gegebene Verfassung ggf. geändert werden muss, also Verfahren der Verfassungsänderung enthalten muss, die freilich den normativen Anforderungen der Verfassungsgesetzgebung entsprechen müssen.[85]

Weil die Betätigung der Menschenrechte zweitens als subjektive Rechte des formalen Rechts nur Willkürfreiheit unterstellen, sind Spannungen zwischen dem rechtlich Ermöglichtem und einer intendierten, *gerechten Gemeinwohlorientierung für alle* unausweichlich. Das zeigt sich in der ambivalenten Rolle, die die Menschenrechte in Bezug auf ein sich globalisierendes kapitalistisches Wirtschaftssystem „spielen": Einmal *ermöglichen* auf den Schutz negativer Freiheits- und Eigentumsrechte *beschränkte* Menschenrechte ein ideologisch gerechtfertigtes kapitalistische Wirtschaftssystem, zum anderen aber bieten die uneingeschränkt institutionalisierten Menschenrechte, insbesondere die politischen und sozialen Menschenrechten, Chancen zu politisch zu erkämpfenden Einhegungen und auch sozialstaatlichen Umwandlungen kapitalistischer Marktwirtschaft.

Auch in politischer Hinsicht ist die formalrechtlich ermöglichte Willkürfreiheit nicht ohne ambivalente Bewertung zu sehen. Einmal ermöglichen und schützen die formalen subjektiven Rechte den größten individuellen Freiheitsgebrauch für alle, zum anderen aber können sie nicht ausschließen, dass z. B. durch legale demokratische Wahlen politische Rückentwicklungen möglich sind, die, wie in der Weimarer Republik, ein totalitäres Regime wie die Nazi-Diktatur formal-legal beginnen ließen, oder wie gegenwärtig, populistische und zunehmend illiberal werdende autoritäre „Demokratien" entstehen lassen. In all diesen Fällen fordert die ambivalente Rolle politischer, administrativer Macht (Schutzinstanz und möglicher Gefährder der Menschenrechte zu sein), politische, juristische und besonders öffentliche zivilgesellschaftliche Aktivitäten heraus, durch die Verletzungen der Menschenrechte skandalisiert, korrigiert oder geahndet

---

85 Habermas entwickelt dafür ein „prozeduralistisches Verfassungsverständnis", siehe *Habermas*, Faktizität und Geltung, S. 321–348.

werden können.[86] In diesen Hinsichten zeigt sich, dass die „ursprüngliche", „kommunikative Macht" einer deliberativen Meinungs- und Willensbildung immer wieder neu aktualisiert werden muss, um Miss- und Rückentwicklungen der Demokratie[87] entgegenwirken zu können. Dabei zeigt sich aber auch, wie historisch kontingent das Menschenrechtsprojekt ist, und wie sehr es, trotz und wegen seiner öffentlich rechtlichen Institutionalisierung, von „entgegenkommenden" sozialkulturell geprägten Lebensformen abhängig ist, die es mit den formalen Mitteln des Rechtsstaats nur indirekt beeinflussen kann, und daher nicht ausschließen kann, dass die „entgegenkommenden" Lebensformen *nicht nur unterstützend, sondern auch gefährdend* sein können.

Drittens schließlich führt der notwendig auf eine endliche Anzahl von Bürgen eines Volkes beschränkte Verfassungsgesetzgebungsakt zu einer unaufhebbaren Spannung zwischen dem notwenigen Partikularismus einer demokratischen Gesetzgebung und entsprechender faktischer Geltung und dem egalitären Universalismus der Menschenrechte. Legale nationale Gesetzgebungen können sehr wohl universelle Menschenrechte verletzten. Und grundsätzlich zeigt sich an der Spannung zwischen Bürger- und Menschenrechten innerhalb einer Verfassung[88], dass einige Rechte nur Staatsbürgern, und nicht allen Menschen, die in einem Staatsgebiet leben, in der gleichen Weise zugeschrieben werden.[89] Da so ein uneingeschränkter und voller Rechtsschutz von Menschenrechten erst als verfasste Grundrechte, die Staatsbürgern zukommen, gesichert ist, verschiebt sich die Problematik auf die Bedingungen der Gewährung, des Erwerbs oder Entzugs von Staatsbürgerschaft[90].

Der universelle Geltungsanspruch der Menschenrechte verlangt, dass es auch eine entsprechende globale, staatliche Rechtsordnung geben muss, in der jeder als Weltbürger anerkannt ist, doch ist ganz offen, wie und in welcher objektiven Rechtsordnung denn dieser Anspruch auf Weltbürgerstatus statuiert wird. In den nationalen Konzeptionen der Menschenrechte beschränkt sich dieser universelle Anspruch zunächst darauf, innerhalb des Staatsgebietes die Differenzen zwi-

---

86 *Lohmann*, Yearbook for Eastern and Western Philosophy 2016, S. 219.

87 Hier ist alles anzuführen, was die gegenwärtigen Rückbildungen und Verzerrungen „guter" demokratischer Entwicklungen bestimmt: Ökonomisierung der Politik und des Rechts, Zunahme soziale Ungleichheiten, Schwächung von Minderheitenrechten, Rassismus, restriktive Flüchtlingspolitik und ausgehöhlte Asylpolitik, u.v.m.

88 Siehe dazu *Pollmann*, Menschenrechte, Grundrechte, Bürgerrechte, in: Pollman/Lohmann (Hrsg.), Handbuch Menschenrechte, S. 129 – 136.

89 Z.B. im deutschen Grundgesetz Art. 38, Wahlrecht, aber auch Rechte auf „Berufsfreiheit" (Art. 11) oder „Zugang zu öffentlichen Ämtern" (Art. 33).

90 *Shachar*, The Oxford Handbook of Citizenship.

schen Staatsbürgern und Nichtstaatsbürgern in menschenrechtlichen Hinsichten zu minimieren, aber er scheint nicht über die jeweils einzelstaatlichen Grenzen hinaus zu reichen, und er wäre unter diesen Bedingungen bestenfalls durch eine Umwandlung aller anderen Staaten in Demokratien mit verfassten Grundrechten einlösbar.[91]

Es waren und sind aber historische Ereignisse und Prozesse, die die Einlösung dieses transnational uneinlösbar erscheinenden Versprechens der Menschen*rechte durch massive Verletzungen herausfordern.* Zunächst waren es die europäischen demokratischen Staaten selbst, die als Kolonialmächte zwar *ihren* Bürgern nach und nach, und nicht ohne heftige Kämpfe („soziale Frage", „Frauenwahlrecht"), gleiche subjektive Grundrechte gewährten, zugleich aber in ihren kolonialen Herrschaftsgebieten Sklaverei betrieben und die Menschen dort als „unzivilisierte" Menschen zweiter Klasse entwürdigten und ihnen gleichwertige Rechte absprachen. „Das ‚lange' 19. Jahrhundert und der Erste Weltkrieg"[92] haben dann durch das „Selbstbestimmungsrecht der Völker" (Woodrow Wilson) den Nationalstaatsgedanken bekräftigt, im Völkerbund dann aber erste, wenn auch auf Minderheitenschutz beschränkte, Schritte in Richtung auf einen *internationalen* Rechtsschutz bewirkt. Aber erst die Entstehung totalitärer Regime, Rassismus und das Elend staatenlos gewordener Flüchtlinge, die Barbareien in Zusammenhang mit dem Zweiten Weltkrieg, die monströsen „Verbrechen gegen die Menschlichkeit", aber wohl auch die andauernden Grausamkeiten der Kolonialmächte, haben das Versagen eines durch die Souveränität von Nationalstaaten beschränkten „Völkerbundes" für den rechtlichen Schutzes aller Menschen bewusst gemacht. Deshalb engagieren sich in der Zwischenkriegszeit und im Vor- und Verlauf des zweiten Weltkrieges ganz unterschiedliche Akteure, für einen *neugefassten, nun internationalen, menschenrechtlichen* Schutz Einzelner und minderheitlicher Gruppen zu kämpfen.[93]

---

91 Siehe dazu *Wellmer*, Menschenrechte und Demokratie, in: Gosepath/Lohmann (Hrsg.), Philosophie der Menschenrechte, S. 265–291.

92 Dazu *Hoffmann*, Das ‚lange' 19. Jahrhundert und der Erste Weltkrieg, in: Pollmann/Lohmann (Hrsg.), Handbuch Menschenrechte, S. 106–110.

93 Hierzu und zum Folgenden siehe *Eckel*, Die Ambivalenz des Guten.

VI Zur Internationale Konzeption der Menschenrechte und ein Ausblick auf eine transnationale Konzeption.

So entstehen Forderungen, zunächst gegen den teilweisen Widerstand der Siegermächte, in die neue Nachkriegsordnung eine neue *internationale* Erklärung der Menschenrechte aufzunehmen. Ich kann hier wiederum diese neu entstandene *internationale Konzeption* der Menschentrechte nur in Bezug auf die unterschiedlichen Aspekte des Rechtscharakters der Menschenrechte betrachten und muss deshalb viele weitere Sachverhalte oder institutionelle Neuerungen außen vor lassen.

Gewissermaßen als Kompromiss wurde mit der Gründung der Vereinigen Nationen (VN, 1945) eine zunächst *nur moralisch verpflichtende* „Allgemeine Erklärung der Menschenrechte" (AEMR) von der Generalversammlung der VN (1948) verabschiedet. Sie war zunächst nur ein „zu erreichendes gemeinsames Ideal" (AEMR, Präambel), und konnte erst, nachdem sich durch die Entkolonialisierung die Mehrheitsverhältnisse in der Generalversammlung geändert hatten, in den beiden *Internationalen Pakten über bürgerliche und politische Rechte* (IPbpR) und *über wirtschaftliche, soziale und kulturelle Rechte* (IPwskR) eine völkerrechtliche Verbindlichkeit gewinnen (1966, Ratifizierung 1976). Dies aber auf der Basis völkerrechtlicher Verträge souveräner Staaten, d. h. analog zu den Strukturen einer privatrechtlichen Rechtsordnung. In einigen Staaten, die nach dem Zweiten Weltkrieg eine neue Verfassung sich gaben (wie das deutsche Grundgesetz), wurden Menschenrechte (oft nicht deckungsgleich mit der AEMR) als verfasste Grundrechte, also auch als subjektive Rechte des öffentlichen Rechts, institutionalisiert. Es lassen sich daher alle drei behandelten Aspekte des Rechtscharakters der Menschenrechte auffinden, freilich in einer sich dann auch historisch wandelnden Relation zu einander.

In moralischer und rechtlicher Hinsicht kommt ein neues normatives Element hinzu. Naturrechtliche Begründungen der Menschenrechte erschienen den internationalen Akteuren angesichts der Pluralität unterschiedlicher Rechtskulturen als nicht für alle akzeptabel, und zudem ungeeignet, wirkungslos und diskreditiert[94] und wurden, so kann man es rückblickend verstehen, angesichts der „Verbrechen gegen die Menschheit" totalitärer Regime ersetzt durch den neu

94 Diese Kritik bekanntlich bei *Arendt*, Die Wandlung 4 (1949), 754; siehe auch *Rosenmüller*, Hannah Arendt, in Pollmann/Lohmann (Hrsg.), Handbuch Menschenrechte, S. 79–83.

gesetzten und interpretierten Begriff der Menschenwürde[95]. Mit dieser *antitotalitaristischen* Intention[96] wird jetzt historisch zum ersten Mal der Begriff „Menschenwürde" im Kontext der Menschenrechte verwandt. Und auch wenn weitere Motive diesen Begriff „Würde" gewissermaßen inhaltlich „anreichern"[97], seit den internationalen Menschenrechtspakten von 1966 fungiert „Menschenwürde" international *als historische motivierte, politisch gesetzte, rechtlich gefasste und moralisch begründbare* Basis (*axia*[98]) dafür, dass Menschen, die nicht eigene Staatsbürger sind, gleichwohl als Träger von Rechten von allen Staaten der Welt anerkannt werden müssen. „Menschenwürde" gibt damit souveränen Staaten einen normativen und nun völkerrechtlich verbindlichen Grund, Nichtstaatsbürger als gleiche Träger von Rechten anzuerkennen.

Die international konzipierten Menschenrechte lassen sich so einmal als Resultat privatrechtsanaloger Verträge souveräner Staaten zu Gunsten Dritter, d. h. aller Menschen, verstehen, ergänzt durch Rechtsprinzipien und Gewohnheitsrecht als Rechtsquellen des Völkerrechts. In der Folge verursachen die Spannungen zwischen dem traditionellen staatlichen Souveränitätsanspruch und den deklarierten „subjektiven Rechten" einzelner Menschen eine „stille Revolution des Völkerrechts"[99], durch die – zumindest dem prinzipiellen Anspruch nach, wenn auch oftmals nicht faktisch – der verfasste Menschenrechtsschutz eines Staates nun „im Rahmen seiner bestehenden völkerrechtlichen Verpflichtungen zu einer internationalen Angelegenheit (*international concern*) geworden"[100] ist.

Die Menschenrechte sind insofern gegenwärtig (im Rahmen der *internationalen Konzeption*) auf der einen Seite voll institutionalisierte, subjektive Rechte

---

95 Siehe *Lohmann*, Menschenwürde als „soziale Imagination". Über den geschichtlichen Sinn der Deklaration der Menschenrechte und Menschenwürde nach 1945, in: Knoepffler/Kunzmann/O'Malley (Hrsg.), Facetten der Menschenwürde, S. 54–74; *Lohmann*, Echo des Naturrechts? Menschenwürde, Menschenrechte und Demokratie, in: Stekler-Weithofer/Zabel (Hrsg.), Philosophie der Republik, S. 450–462.

96 Das gilt auch für die Verwendung des Würdebegriffs im deutschen Grundgesetz, siehe *Baldus*, Kämpfe um die Menschenwürde. Die Debatten seit 1949.

97 *Lohmann*, Was umfasst die „neue" Menschenwürde der internationalen Menschenrechtsdokumente?, in: Demko/Seelmann/Becchi (Hrsg.), Würde und Autonomie, S. 15–39.

98 Siehe *Lohmann*, Menschenwürde als „soziale Imagination". Über den geschichtlichen Sinn der Deklaration der Menschenrechte und Menschenwürde nach 1945, in: Knoepffler/Kunzmann/O'Malley (Hrsg.), Facetten der Menschenwürde, S. 54–74.

99 *Klein*, Menschenrechte. Stille Revolution des Völkerrechts und Auswirkungen auf die innerstaatliche Rechtsanwendung.

100 *Klein*, Die völkerrechtliche Entwicklung nach 1948, in: Pollmann/Lohmann (Hrsg.), Handbuch Menschenrechte, S. 123. Siehe dazu auch *Peters*, JöR 59 (2011), 411; *Peters*, Jenseits der Menschenrechte: Die Rechtsstellung des Individiums im Völkerrecht.

des öffentlichen Rechts in *nationalen*, (mehr oder weniger) demokratischen Rechtsstaaten, auf der andern Seite aber vertraglich gesetzte Normen des *internationalen* Rechts[101], die, insofern sie als Gewohnheitsrecht gelten, auch nichtdemokratische Staaten (in unterschiedlicher Weise) binden. In diesen sind institutionelle Klagebefugnisse und Durchsetzungsverfahren oft defizitär oder ganz unzureichend verwirklicht, und hier (wie auch natürlich in gut funktionierenden demokratischen Rechtstaaten) kann der Schutz der Menschenrechte einmal durch engagierte zivile Öffentlichkeiten, insbesondere durch NGOs geleistet werden[102], zum anderen aber durch, wenn auch erst in Ansätzen sich entwickelnde internationale, individuelle Klagebefugnisse und internationale Zwangsverfahren zur Durchsetzung der Menschenrechte.[103] Normativ gefordert werden diese internationalen Weiterentwicklungen des Menschenrechtsschutzes durch die historisch neue, internationale Auffassung von „Menschenwürde". Sie verlangt ein Rechtssystem, in der alle nicht nur als Träger ihrer Rechte gleich sind, sondern alle auch in der gleichen Weise (Mit-)Autoren ihrer Rechte sind oder sein können, Menschenrechte daher nicht nur als „moralische Rechte" aufgefasst werden, sondern als subjektive Rechte des öffentlichen Rechts. „Menschenwürde" enthält daher einen republikanischen (oder demokratischen) Anspruch, wie Menschenrechte gesetzt, angewendet und durchgesetzt werden soll(t)en und geht damit *normativ* weit über den damaligen und gegenwärtigen Stand völkerrechtlicher Institutionen hinaus.[104]

Zugleich entwickeln sich, angestoßen und herausgefordert durch die vielen Prozesse einer ungesteuerten Globalisierung, transnationale, regionale und globale Formen der politischen und privaten Schaffung und Regelung von Rechtsverhältnissen. Dieser Pluralismus globaler Rechtsregime, die durch internationale Staatenverträge, durch Vereinbarungen zwischen Regierungsvertretern, Experten, transnationalen Unternehmen und internationalen Organisationen (oft eher privatrechtlich) zustande kommen, entwickeln Formen transnationaler *governance*, oft ohne demokratische Mitwirkung der Betroffenen.[105] In ihnen tauchen die

101 *Lohmann*, Menschenrechte zwischen Verfassung und Völkerrecht, in: Breuer u.a. (Hrsg.), Der Staat im Recht. FS für Eckart Klein zum 70. Geburtstag, S. 1175 – 1188.

102 Statt vieler anderer siehe *Lohmann*, Yearbook for Eastern and Western Philosophy 2016, 219.

103 Siehe die Beiträge im Abschnitt „Institutionelle Entwicklungen" in *Pollmann/Lohmann*, Handbuch Menschenrechte, S. 390 – 409 (unterschiedliche Autoren/innen); *Tomuschat*, Human Rights. Between Idealism and Realism.

104 *Lohmann*, Kosmopolitismus als uneigelöster Republikanismus von Menschenrechten und Menschenwürde, in: Brudermüller/Demko/Seelmann (Hrsg.), Kosmopolitismus in einer globalisierten Welt. Philosophische und rechtliche Herausforderungen, S. 57 – 70.

105 *Enderlein*, Handbook on Multi-Level Governance.

Menschenrechte in ganz unterschiedlicher Weise auf, mal als freiwillige moralische Standards („Global Compact"), mal als Normen des internationalen Rechts, mal als Zielbestimmungen internationaler Kampagnen (UN Programm 2000), etc., und häufig sind es nur funktional ausgewählte Menschenrechte, um deren bedingte und begrenzte Beachtung es gehen soll und die zumeist umstritten sind.

Hier entstehen nun Forderungen und Ansätze für eine dritte, eine *transnationale Konzeption* der Menschenrechte, in denen die demokratische Konstitution von Menschenrechten sich auch in transnationalen Verhältnissen Geltung verschaffen soll. Dafür ist normativ eine „Konstitutionalisierung des Völkerrechts" notwendig, paradigmatisch wäre das Menschenrechtsregime in der Europäischen Gemeinschaft[106] mit seinen (vorerst gescheiterten) Versuchen einer Europäischen Verfassung. Wie aber kann und soll der universelle Gehalt der Menschenrechte mit dem scheinbar notwendigen Partikularismus demokratischer Selbstbestimmung in diesen transnationalen Verhältnissen vermittelt werden?[107] Und wie sollen und können die auch hier auftretenden Begründungsanforderungen eingelöst werden? Nur *eine* Voraussetzung, um diese Fragen beantworten zu können, ist die hier versuchte Klärung des Rechtscharakters der Menschenrechte.

VII Zur Bedeutung der Menschenrechte als demokratisch gesetzte subjektive Rechte.

Ich will zum Schluss daher nur noch die Stärken und Schwächen der drei unterschiedlichen Aspekte des Rechtscharakters der Menschenrechte zusammenfassend festhalten und auf diesem Hintergrund die These des begrifflichen und normativen Vorrangs der Menschenrechte als subjektive Rechte des öffentlichen Rechts formulieren.

Versteht man die Menschenrechte als *„moralische* Rechte", so liegt die Stärke dieser Teilperspektive sicherlich darin, dass so der egalitäre Universalismus der Menschenrechte mit einem objektiven („bedingt unbedingten"[108]) Anspruch be-

---

106 *Peters/Altwicker*, Europäische Menschenrechtskonvention; *Jarass*, Charta der Grundrechte der Europäischen Union.

107 Siehe dazu die Vorschläge von Habermas, der seine ursprüngliche Frage „Hat die Konstitutionalisierung des Völkerrechts noch eine Chance?", in: *Habermas* (Hrsg.), Der gespaltene Westen, S. 113–193, nun mit Hilfe der Idee einer „gespaltenen Souveränität" eine neue und differenzierte Fassung gibt; siehe *Habermas*, Im Sog der Technokratie. Statt vieler anderer: *Peters/Klabbers/Ulfstein*, The Constitutionalization of International Law; *Lang/Wiener* (Hrsg.), Handbook on Global Constitutionalism.

108 *Lohmann*, ZfMR 2014, 160.

gründet werden kann. Auch wenn man dafür unterschiedliche moralische Begründungen nicht ausschließen will, erscheinen dafür universelle Moralkonzeptionen in der Tradition von Kant die plausibelsten. Die universelle Moral überwindet Landesgrenzen, hat eine globale Geltungsreichweite und fordert die Einhaltung von Gerechtigkeit. Die Schwäche dieser Teilperspektive liegt aber in der Gefahr einer Moralisierung der Menschenrechte, die einerseits die Vorteile einer Differenzierung von Moral und Recht verspielt und anderseits die Leistungsfähigkeit der Institutionen der Menschenrechte überfordert[109].

Versteht man die Menschenrechte als durch wechselseitige Verträge *privatrechtlich* geschaffene Rechte, so liegt die Stärke dieser Teilperspektive darin, dass so die schrittweise Ausdehnung der Menschenrechte auf ganz unterschiedliche kulturelle und soziale Bereiche verständlich wird. Insbesondere die Teilklasse der Menschenrechte, die für ein Funktionieren kapitalistischer Marktprozesse konstitutiv sind, wie Eigentums- und basale, individualisierende negative Freiheitsrechte etc., werden auf diesem Wege globalisiert, dringen, wie Marx das schon gesehen hat, mit der kapitalistischen Entwicklung umwandelnd in traditionelle Lebensformen ein. So können (nicht intendiert) Ausgangsbasen geschaffen werden, von denen aus Kämpfe, die sich oftmals an den Verletzungen dieser Menschenrechte entzünden, um eine inhaltliche Ausdehnung der Menschenrechte möglich werden.

Was in diesen Hinsichten für eine Etablierung und Universalisierung der Menschenrechte als positiv bewertet werden kann, enthält aber zugleich Gefährdungen der Menschenrechte. Sind die Menschenrechte nur Mittel zur markt- und kapitalwirtschaftlichen Entwicklung, so machen sie eine Ökonomisierung des Rechts möglich, nach der die Einhaltung oder Verletzung von Menschenrechte nur noch nach Kosten-Nutzen-Kalkülen berechnet wird, und so der unbedingte, objektiv begründbare Anspruch der Menschenrechte relativiert und opportunistischen Entscheidungen überlassen wird. Auf ähnlichem Wege lassen sich dann die Menschenrechte auch für beliebige Politikprogramme instrumentalisieren, und als Mittel zur ideologischen Stabilisierung ungerechter Herrschaftsverhältnisse missbrauchen. Nicht weniger problematisch sind auch die Versuche großer Unternehmen, durch freiwillige Vereinbarungen (Global Compact) den zwingenden Rechtscharakter subjektiver, öffentlicher Rechte durch Selbstverantwortungen zu umgehen.

Werden die Menschenrechte als subjektive Rechte des *öffentlichen* Rechts verstanden, so fordern sie eine demokratische Institutionalisierung in einem Verfassungsrechtsstaat mit Gewaltenteilung und erreichen auf diesem Wege ihren

---

109 *Lohmann*, ZfMR 2014, 9.

„vollen" rechtlichen Charakter, als subjektive Rechte mit Klagebefugnis und institutionalisierten, legitimen Durchsetzungschancen. Sie umfassen dabei sowohl die moralischen wie die privatrechtlichen Teilaspekte ihres Rechtscharakters, indem sie diese in die demokratische öffentliche Rechtsordnung „aufnehmen", ohne aber die Differenzen zwischen Moral, Recht und Politik zu verschleifen. Sie erlauben so die Einlösung des republikanischen „Stachels" des nach 1945 neu interpretierten Begriffs der „Menschenwürde", nach der alle Menschen gleich*wertig* und gleich-*be-rechtigt* sind, und erfüllen so die universelle Forderung, dass die Träger der Menschenrechte auch ihre Mitautoren (in einer allgemeinen Verfassungsgesetzgebung) müssen sein können. Sie schaffen auf diesem Wege demokratisch zu kontrollierende Verfahren der Setzung, Anwendung und Durchsetzung der Menschenrechte, sind offen für inhaltliche Ausweitungen und opponieren gegen paternalistische Vereinnahmungen oder partikulare Instrumentalisierungen der Menschenrechte.

Sie sind aber, als subjektive Rechte des formalen Rechts, von „entgegenkommenden", historisch entstandenen, rationalisierten kulturellen Lebensformen abhängig, die sie zwar indirekt im Sinne eines egalitären Universalismus beeinflussen können, aber nicht mit Mitteln des formalen Rechts „herstellen" können. Sie müssen daher auch damit rechnen, dass (aus unterschiedlichen Gründen) diese „entgegenkommenden" Lebensformen nicht nur unterstützend, sondern auch *widerständig* sind, wie bei den Fragen einer Einbeziehung ganz unterschiedlicher Kulturen[110], oder aber *gefährdend* sein können, wie man an den jüngsten Entwicklungen einer Renationalisierung und Verzerrungen und Aushöhlungen des demokratischen Rechtsstaates durch autoritäre, rassistische oder populistische Bewegungen sehen kann.

Schließlich ist es eine offene Frage, wie der universelle Anspruch der Menschenrechte auf eine demokratische Konstitution durch eine normativ zu fordernde „Konstitutionalisierung des Völkerrechts" eingelöst werden kann. Die lebhaften Diskussionen um die hier entstehende „transnationale Konzeption" der Menschenrechte zeigen, wie komplex und schwierig, aber auch wie sehr notwendig hier Lösungen sind. Verstärkt werden diese *normativen* Forderungen nach einer global und demokratisch institutionalisierten „Weltverfassung" durch *faktische globale Herausforderungen* wie Umweltschädigungen, Raubbau an natürlichen Ressourcen und Bodenschätzen, gefährdenden Klimaveränderungen, Zunahme globaler Ungleichheiten und Armut, finanzkapitalistisch getriebenes,

110 *Lohmann*, Unterschiedliche Kulturen – warum universelle Menschenrechte?, in: Holderegger/Weichlein/Zurbuchen (Hrsg.), Humanismus. Sein kritisches Potential für Gegenwart und Zukunft, S. 217–232.

nicht-kontrolliertes Wirtschaftswachstum, weltweite Migrations- und Flüchtlingsbewegungen, globaler Terrorismus, Zunahme von kriegerischen Auseinandersetzungen mit der Möglichkeit atomarer Selbstauslöschung der menschlichen Gattung, etc. etc., die die national und die gegenwärtigen internationalen Institutionen überfordern.

Aus alldem ergibt sich eine geläuterte, nüchterne Einschätzung der Menschenrechte: Sie sind spezialisiert auf den rechtlichen Schutz des individuell einzelnen Menschen, sie schützen ihn in seinen, auch sozialen fundamentalen Belangen, geben ihm rechtlich für alle gleiche Freiräume, gewähren einen angemessenen Lebensstandard, kurz, ein Leben in Würde. Ihre Entwicklung ist durch historisch kontingente Fort- und Rückschritte gekennzeichnet, deren normatives Maß aber, zwar historisch herausgebildet, erkämpft und politisch gesetzt, in dem moralisch begründbaren Anspruch einer Gleichwertigkeit und rechtlichen Gleichberechtigung aller Menschen mit Gründen nicht relativiert werden kann.[111] Aber diese normative Zielsetzung erfasst dabei nur einen Teilaspekt eines *umfassenden Guten*, in dessen Horizont die unterschiedlichen Belange von individuellen Menschenrechten mit darüber hinausgehenden Forderungen zum Schutz von Gemeinschaften, Umwelt, Natur, Kulturen, Religion etc. oder Frieden zwischen den Staaten *als solchen* abgewogen werden müssen. Zwar gebührt den Menschenrechten in vielen Abwägungssituationen der Vorrang, doch nicht in allen. Aber wenn abgewogen werden muss, wenn z. B. Fragen des Umweltschutzes mit Fragen des Menschenrechtsschutzes in Konflikt geraten, dann, so fordern die Menschenrechte, kann darüber legitim nur ein rechtlich geregelter, öffentlicher deliberativer Meinungs- und Willensbildungsprozess aller Beteiligten entscheiden, mithin muss die Abwägung unter Einhaltung der gleichen Rechte aller, also demokratisch stattfinden. Das ist m. E. das stärkste Argument, um die Menschenrechte als subjektive Rechte des öffentlichen Rechts normativ auszuzeichnen.

Literatur

Alexy, R., Die Institutionalisierung der Menschenrechte im demokratischen Rechtsstaat, in: Gosepath, S./Lohmann, G. (Hrsg.), Philosophie der Menschenrechte, Frankfurt am Main 1998, S. 244–264.

Angehrn, E., Die Frage nach dem Ursprung. Philosophie zwischen Ursprungsdenken und Ursprungskritik, München 2007.

111 *Lohmann*, Impliziert die Entwicklung der Menschenrechte einen normativen Fortschritt?, in: Rapic (Hrsg.), Die Entwicklungslogik der Normativität, S. 125–155.

Angehrn, E., Der entgegenkommende Sinn: Offenbarung und Wahrheitsgeschehen, in: Offenbarung – verstehen oder erleben? Hermeneutische Theologie in der Diskussion, Neukirchen-Vluyn 2012, S. 59–76.
Arendt, H., Es gibt nur ein einziges Menschenrecht, Die Wandlung 4 (1949), S. 754–770.
Baldus, M., Kämpfe um die Menschenwürde. Die Debatten seit 1949, Berlin 2016.
Bentham, J., in: Niesen, P. (Hrsg.), Unsinn auf Stelzen. Schriften zur Französischen Revolution, Berlin 2013.
Böckenförde, E.-W., Die verfassungsgebende Gewalt des Volkes, in: Preuß, U. K. (Hrsg.), Zum Begriff der Verfassung, Frankfurt am Main 1994, S. 58–82.
Brunkhorst, H., „Die amerikanische Unabhängigkeitserklärung und die Virginia Declaration of Rights von 1776" und „Die Französische Revolution und die Erklärung der Rechte des Menschen und des Bürgers von 1789", in: Pollmann, A./Lohmann, G. (Hrsg.), Handbuch Menschenrechte, Stuttgart/Weimar 2012, S. 91–98, 99–105.
Coing, H., Zur Geschichte des Begriffs „subjektives Recht", in: Stepanians, M. S. (Hrsg.), Individuelle Rechte, Paderborn 2007, S. 33–50.
Eckel, J., Die Ambivalenz des Guten, Göttingen 2014.
Elster, J., Die Schaffung von Verfassungen: Analyse der allgemeinen Grundlagen, in: Preuß, U. K. (Hrsg.), Zum Begriff der Verfassung, Frankfurt am Main 1994, S. 37–57.
Enderlein, H. u. a. (Hrsg.), Handbook on Multi-Level Governance, Cheltenham 2010.
Feinberg, J., In Defence of Moral Rights, Oxford Journal of Legal Studies 12 (1992), S. 149–169.
Fröbel, J., Monarchie oder Republik, Mannheim 1848.
Fröbel, J., System der socialen Politik, Mannheim 1847.
Gewirth, A., Human Rights. Essays on Justification and Applications, Chicago 1982.
Gosepath, S., Das Verhältnis von Demokratie und Menschenrecht, in: Brunkhorst, H. (Hrsg.), Demokratischer Experimentalismus, Frankfurt am Main 1998, S. 201–240.
Gosepath, S., Universalität der Menschenrechte – Ein Erklärungsansatz, in: Nooke, G./Lohmann, G./Wahlers, G. (Hrsg.), Gelten Menschenrechte universal?, Freiburg 2008, S. 195–203.
Griffin, J., On Human Rights, Oxford 2009.
Habermas, J., Theorie und Praxis, Frankfurt am Main 1990.
Habermas, J., Faktizität und Geltung, Frankfurt am Main 1992.
Habermas, J., Über den internen Zusammenhang von Rechtsstaat und Demokratie, in: Preuss, U. K. (Hrsg.), Zum Begriff der Verfassung, Frankfurt am Main 1994, S. 83–94.
Habermas, J., Die Einbeziehung des Anderen, Frankfurt am Main 1996.
Habermas, J., Der gespaltene Westen, Frankfurt am Main 2004.
Habermas, J., Im Sog der Technokratie, Frankfurt am Main 2013.
Habermas, J., Auch eine Geschichte der Philosophie, Berlin 2019.
Hoffmann, S.-L., Das ‚lange' 19. Jahrhundert und der Erste Weltkrieg, in: Pollmann, A./Lohmann, G. (Hrsg.), Handbuch Menschenrechte, Stuttgart/Weimar 2012, S. 106–110.
Horn, C., Nichtideale Normativität, Frankfurt am Main 2014.
Ihering, R. v., Der Geist des römischen Rechts auf verschiedenen Stufen seiner Entwicklung, 2 Bände, II., 5. Aufl., Leipzig 1906.
Jarass, H. D., Charta der Grundrechte der Europäischen Union, 3. Aufl., München 2016.
Jellinek, G., System der subjektiven öffentlichen Rechte, Freiburg 1892 (Nachdruck Elibron Classics Series, Wroclaw 2006).

Kämpf, A., Selbstbestimmung, in: Pollmann, A./Lohmann, G. (Hrsg.), Handbuch Menschenrechte, Stuttgart/Weimar 2012, S. 299–302.

Kant, I., Metaphysik der Sitten, Akademie Ausgabe (AA), Bd. 6, Berlin 1968.

Kant, I., Grundlegung zur Metaphysik der Sitten, Akademie Ausgabe (AA), Bd. 4, Hildesheim u. a. 1992.

Kant, I., Refl. 7734, AA XIX.503.

Kelsen, H., Reine Rechtslehre, 2. Aufl., Tübingen 1960.

Kelsen, H., Subjektives Recht: Berechtigung und Ermächtigung, in: Stepanians, M. S. (Hrsg.), Individuelle Rechte, Paderborn 2007, S. 96–112.

Klein, E., Die völkerrechtliche Entwicklung nach 1948, in: Pollmann, A./Lohmann, G. (Hrsg.), Handbuch Menschenrechte, Stuttgart/Weimar 2012, S. 123–128.

Klein, E., Menschenrechte. Stille Revolution des Völkerrechts und Auswirkungen auf die innerstaatliche Rechtsanwendung, Baden-Baden 1997.

Ladwig, B., Menschenrechte. Institutionen und moralische Arbeitsteilung, Politische Vierteljahresschrift 2014, S. 472–492.

Lang, A. F./Wiener, A. (Hrsg.), Handbook on Global Constitutionalism, Cheltenham/Northampton 2007.

Lohmann, G., Indifferenz und Gesellschaft. Eine kritische Auseinandersetzung mit Marx, Frankfurt am Main 1991.

Lohmann, G., Menschenrechte zwischen Moral und Recht, in: Gosepath, S./Lohmann, G. (Hrsg.), Philosophie der Menschenrechte, Frankfurt am Main 1998, S. 62–95.

Lohmann, G., Die unterschiedlichen Menschenrechte, in: Fritzsche, K. P./Lohmann, G. (Hrsg.), Menschenrechte zwischen Anspruch und Wirklichkeit, Würzburg 2000, S. 9–23.

Lohmann, G., Zur moralischen, juridischen und politischen Dimension der Menschenrechte, in: Sandkühler, H. J. (Hrsg.), Recht und Moral, Hamburg 2010, S. 135–150.

Lohmann, G., Menschenwürde als „soziale Imagination". Über den geschichtlichen Sinn der Deklaration der Menschenrechte und Menschenwürde nach 1945, in: Knoepffler, N./Kunzmann, P./O'Malley, M. (Hrsg.), Facetten der Menschenwürde, Freiburg/München 2011, S. 54–74.

Lohmann, G., Unterschiedliche Kulturen – warum universelle Menschenrechte?, in: Holderegger, A./Weichlein, S./Zurbuchen, S. (Hrsg.), Humanismus. Sein kritisches Potential für Gegenwart und Zukunft, Basel 2011, S. 217–232.

Lohmann, G., Marktwirtschaft und Menschenrechte, in: Vanberg, V. J. (Hrsg.), Marktwirtschaft und Gerechtigkeit, Schriftenreihe des Walter Eucken Instituts, Tübingen 2012, S. 11–24.

Lohmann, G., Menschenrechte zwischen Verfassung und Völkerrecht, in: Breuer, M. u. a. (Hrsg.), Der Staat im Recht. FS für Eckart Klein zum 70. Geburtstag, Berlin 2013, S. 1175–1188.

Lohmann, G., Die Menschenrechte fordern eine bedingte Unbedingtheit. Eine Replik auf Raymond Geuss, Zeitschrift für Menschenrechte 2014, Nr. 1, S. 160–167.

Lohmann, G., Werden die Menschenrechte überschätzt? Über Missbrauch, problematische Ausweitungen und Grenzen der Menschenrechte, Zeitschrift für Menschenrechte 2014, Nr. 2, S. 9–23.

Lohmann, G., Different Conceptions and a General Concept of Human Rights, in: Fudan Journal of the Humanities and Social Sciences 8 (2015), Heft 3, S. 369–385.

Lohmann, G., Was muss man wie bei den „Menschenrechten" begründen?, in: Demko, D./Brudermüller, G./Seelmann, K. (Hrsg.), Menschenrechte. Begründung – Bedeutung – Durchsetzung, Würzburg 2015, S. 23–43.

Lohmann, G., Was umfasst die „neue" Menschenwürde der internationalen Menschenrechtsdokumente?, in: Demko, D./Seelmann, K./Becchi, P. (Hrsg.), Würde und Autonomie, Archiv für Rechts- und Sozialphilosophie, Beiheft 142, S. 15–39.

Lohmann, G., „Menschenrechte" angesichts ihrer Geschichtlichkeit. Über: Jan Eckel. Die Ambivalenz des Guten, Deutsche Zeitschrift für Philosophie 64 (2016), S. 465–479.

Lohmann, G., National and International Public Spheres and the Protection of Human Rights, in: Feger, H./Dikum, X./Ge, W. (Hrsg.), Yearbook for Eastern and Western Philosophy 1/2016, Berlin/Boston 2016, S. 219–229.

Lohmann, G., „Nicht zu viel – nicht zu wenig!" Begründungsaufgaben im Rahmen der internationalen Menschenrechtskonzeption, in: Wasmaier-Sailer, M./Hoesch, M. (Hrsg.), Die Begründung der Menschenrechte. Kontroversen im Spannungsfeld von positivem Recht, Naturrecht und Vernunftrecht, Tübingen 2017, S. 181–205.

Lohmann, G., Impliziert die Entwicklung der Menschenrechte einen normativen Fortschritt?, in: Rapic, S. (Hrsg.), Die Entwicklungslogik der Normativität, Freiburg im Breisgau 2018, S. 125–155.

Lohmann, G., Echo des Naturrechts? Menschenwürde, Menschenrechte und Demokratie, in: Stekler-Weithofer, P./Zabel, B. (Hrsg.), Philosophie der Republik, Tübingen 2018, S. 450–462.

Lohmann, G., Normative und rechtsstaatliche Kapitalismuskritiken und ihre Verdrängung bei Marx, Deutsche Zeitschrift für Philosophie 66 (2018), S. 429–465.

Lohmann, G., Kosmopolitismus als uneingelöster Republikanismus von Menschenrechten und Menschenwürde, in: Brudermüller, G./Demko, D./Seelmann, K. (Hrsg.), Kosmopolitismus in einer globalisierten Welt. Philosophische und rechtliche Herausforderungen, Würzburg 2019, S. 57–70.

Lohmann, G., Über den Rechtscharakter von Menschenrechten als „moralische Rechte", in: Simmermacher, D./Krause, A. (Hrsg.), Denken und Handeln. Perspektiven der praktischen Philosophie und der Sprachphilosophie, Festschrift für Matthias Kaufmann, Berlin 2019, S. 255–274.

Marx, K., Das Kapital, Bd. 1, in: Marx Engels Werke, Bd. 23, Berlin 1968.

Menke, C., Kritik der Rechte, Frankfurt am Main 2015.

Peters, A., Das subjektive internationale Recht, in: Jahrbuch des öffentlichen Rechts der Gegenwart 59 (2011), S. 411–456.

Peters, A./Klabbers, J./Ulfstein, G. (Hrsg.), The Constitutionalization of International Law, Oxford 2011.

Peters, A., Jenseits der Menschenrechte: Die Rechtsstellung des Individuums im Völkerrecht, Tübingen 2014.

Peters, A./Altwicker, T. (Hrsg.), Europäische Menschenrechtskonvention, München 2012.

Pollmann, A., Menschenrechte, Grundrechte, Bürgerrechte, in: Pollmann, A./Lohmann, G. (Hrsg.), Handbuch Menschenrechte, Stuttgart/Weimar 2012, S. 129–136.

Pollmann, A./Lohmann, G. (Hrsg.), Handbuch Menschenrechte, Stuttgart/Weimar, 2012.

Preuß, U. K., Der Begriff der Verfassung und ihre Beziehung zur Politik, in: Preuß, U. K. (Hrsg.), Zum Begriff der Verfassung, Frankfurt am Main 1994, S. 7–36.

Raz, J., On the Nature of Rights, Mind 93 (1984), S. 194–214.

Rosenmüller, S., Hannah Arendt, in: Pollmann, A./Lohmann, G. (Hrsg.), Handbuch Menschenrechte, Stuttgart/Weimar 2012, S. 79–83.
Shachar, A. u. a. (Hrsg.), The Oxford Handbook of Citizenship, Oxford 2017.
Sieyès, E. J., Was ist der Dritte Stand? (1789), Neuausgabe Berlin, 2010.
Stepanians, M. S. (Hrsg.), Individuelle Rechte, Paderborn 2007.
Tasioulas, J., On the Nature of Human Rights, in: Gerd, E./Heilinger, J.-C. (Hrsg.), The Philosophy of Human Rights: Contemporary Controversies, Berlin/Boston 2012, S. 17–59, 40–43.
Tomuschat, C., Human Rights. Between Idealism and Realism, Oxford 2008.
Tugendhat, E., Vorlesungen über Ethik, Frankfurt am Main 1993.
Wellmer, A., Freiheitsmodelle in der modernen Welt, in: Wellmer, A. (Hrsg.), Endspiele: Die unversöhnliche Moderne, Frankfurt am Main, 1993, S. 15–53.
Wellmer, A., Menschenrechte und Demokratie, in: Gosepath, S./Lohmann, G. (Hrsg.), Philosophie der Menschenrechte, Frankfurt am Main 1998, S. 265–291.

Jochen Bung

Hegels bürgerliche Gesellschaft zwischen subjektivem und objektivem Recht

In Hegels *Grundlinien der Philosophie des Rechts* findet sich eine aufschlussreiche Darstellung des Verhältnisses von rechtlicher Subjektivierung und gesellschaftlicher Modernisierung, von Globalisierung und Menschenrechten. Um eine Rekonstruktion dieser Darstellung soll es hier gehen. Das Prinzip des Subjekts ist das allgemeine Prinzip der Moderne, daran lässt Hegel keinen Zweifel. Seine Kritik an Platon enthält vor allem den Punkt, dass Platon sich jener Modernisierung verweigert habe, indem er „mit dem Prinzip der selbständigen Besonderheit [...] nicht anders fertig zu werden [vermochte], als dass er dasselbe [...] ganz ausschloss."[1] In diese Richtung deutet bereits seine Kritik an Platons Nichtanerkennung des Privateigentums.[2] Der anti-modernen Kritik kann das Individuationsprinzip nur als Sittenverfall erscheinen, sie ist nicht in der Lage, sein notwendiges und vernünftiges Moment zu erkennen.[3]

Mit soziologisch sensibilisiertem Blick erfasst Hegel, dass Subjektivierung kein Phänomen ist, das sich auf die Rechtssphäre beschränkt, sie betrifft die Entwicklung moderner Gesellschaften insgesamt und in allen Bereichen: „Das Recht der *Besonderheit* des Subjekts, sich befriedigt zu finden, oder, was dasselbe ist, das Recht der *subjektiven Freiheit* macht den Wende- und Mittelpunkt in dem Unterschiede des *Altertums* und der *modernen Zeit*."[4] Das Recht der Besonderheit des Subjekts wirft die Grundfrage der politischen Philosophie auf, wie diese Besonderheit in einen Zustand der Allgemeinheit überführt werden kann, ohne dabei verloren zu gehen. Rousseau beschreibt die Aufgabe so, dass es darum geht, eine Form des Zusammenschlusses zu finden „durch die doch jeder, indem er sich mit allen vereinigt, nur sich selbst gehorcht und genauso frei bleibt wie zuvor."[5]

Die Probleme, die das Recht der Besonderheit des Subjekts aufwirft, können nicht dadurch gelöst werden, dass man die individuellen Interessen mit dem Interesse des Kollektivs handstreichartig identifiziert, wie man es im Faschismus versuchte, jener bisher radikalsten politischen Antwort auf die Fragen der Moderne, die deren ureigensten Prinzipien, die der Individualität und der Pluralität,

1 *Hegel*, Grundlinien der Philosophie des Rechts, S. 342 (§ 185).
2 Vgl. *Hegel*, Grundlinien der Philosophie des Rechts, S. 108 (§ 46).
3 *Hegel*, Grundlinien der Philosophie des Rechts, S. 341 f. (§ 185).
4 *Hegel*, Grundlinien der Philosophie des Rechts, S. 233 (§ 124).
5 *Rousseau*, Du contrat social/Vom Gesellschaftsvertrag, S. 33 (1. Buch, Kap. IV).

https://doi.org/10.1515/9783110704013-005

den Garaus machen will.[6] In der brutalen Identifikationen der Einzelsubjekte mit dem Kollektiv wird ersichtlich jene Allgemeinheit verfehlt, von der Rousseau und Hegel sprechen, was aus der Identifikation hervorgeht ist eine verzerrte Form, um Kants Ausdruck aufzugreifen, eine *Unform.*[7]

I Die bürgerliche Gesellschaft und das globale subjektive Recht

Autoritäre Regressionen der politischen Verfassung sind jedoch nicht einfach nur eine falsche Antwort auf die schwierige Moderne. Es handelt sich um Abwehrreaktionen, deren Ursache in den unverarbeiteten Konflikten zu suchen ist, die jene zwangsläufige Form der Allgemeinheit generiert, die aus der Aggregation und Kollision der subjektiven Interessen hervorgeht, nämlich das von Hegel so bezeichnete „System der Bedürfnisse", das „System allseitiger Abhängigkeit"[8], jenes globale System der ökonomischen Austauschbeziehungen, der Markt. Auch diese Form ist als solche eine Unform. Hegel äußert zwar mit Blick auf die aufkommende Disziplin der Nationalökonomie eine gewisse Zuversicht, dass die Gesetzmäßigkeiten des Marktes herausgefunden werden können, legt aber in seiner eigenen Analyse, an die nach ihm auch die marxistische Kapitalismuskritik anknüpft, schonungslos die desintegrierenden und destruktiven Kräfte des ungeregelten Systems der Bedürfnisse dar.

Wie Hegel herausarbeitet, ist das subjektive Recht mit der Funktionsweise des Systems der Bedürfnisse ganz eng verbunden. Es führt ins Innerste dessen, was Hegel – wirkungsgeschichtlich folgenreich – die *bürgerliche Gesellschaft* nennt. Damit ist keine bestimmte historische Periode oder Konstellation gemeint, sondern eine ubiquitäre und globale soziale Struktur. Die bürgerliche Gesellschaft basiert auf zwei Prinzipien:

> „Die konkrete Person, welche sich als *besondere* Zweck ist [...], ist das *eine Prinzip* der bürgerlichen Gesellschaft, – aber die besondere Person als wesentlich in *Beziehung* auf andere solche Besonderheit, so dass jede durch die andere und zugleich schlechthin nur als durch

---

6 Das ist natürlich eine sehr grobe Beschreibung, weil auch totalitäre Ordnungen aus funktionalen Gründen keine vollständige Entdifferenzierung anstreben können, vgl. dazu *Teubner*, Verfassungsfragmente, S. 41 ff.

7 *Kant*, Zum ewigen Frieden. Ein philosophischer Entwurf, S. 14.

8 *Hegel*, Grundlinien der Philosophie des Rechts, S. 340 (§ 183).

die Form der *Allgemeinheit, das andere Prinzip, vermittelt* sich geltend macht und befriedigt."[9]

Was die bürgerliche Gesellschaft im Kern ausmacht, Konkurrenz und Kooperation, rührt daher, dass das individuelle Wohl nur in Austauschbeziehungen aller mit allen verwirklicht werden kann. Der Grund sind, wie Hegel in Vorwegnahme materialistischer Gesellschaftstheorien beschreibt, die materiellen Reproduktionsbedingungen moderner Gesellschaften als ihre spezifischen Produktionsbedingungen. Die materiellen Interessen sind im System der Bedürfnisse durch „Tätigkeit und Arbeit"[10] vermittelt und diese Vermittlung unterliegt einer fortschreitenden *Partikularisierung* und *Abstraktion.*[11] Hegel schreibt: „Die Vermittlung, den *partikularisierten* Bedürfnissen angemessene, ebenso *partikularisierte* Mittel zu bereiten und zu erwerben, ist die *Arbeit.*"[12] Die moderne Form der Arbeit steht aber nicht nur für die Partikularisierung, sondern auch für die *Abstraktion* des Produktionsprozesses. Sie geht mit fortschreitender Arbeitsteilung und mit zunehmender Automation einher: „Die Abstraktion des Produzierens macht das Arbeiten [...] immer mehr *mechanisch* und damit am Ende fähig, dass der Mensch davon wegtreten und an seine Stelle die *Maschine* eintreten lassen kann."[13]

Die Partikularisierung und Abstraktion der Produktion sowie die Organisation des Austauschs, der Zirkulation der Produkte unter dem Gesichtspunkt ihres äquivalenten Werts, der durch symbolische Medien generalisiert und räumlich und zeitlich entgrenzt, mithin *globalisiert* wird, ist die materielle Basis für die spezifisch moderne, insbesondere auch die Idee der Menschenrechte begründende Vorstellung der Rechtsform als eines Anerkennungsverhältnisses formal Gleicher. Die „Forderung der Gleichheit"[14], das der Vorstellung von Menschenrechten zugrunde liegende „Konkretum [...] das man *Mensch* nennt"[15], ist nicht denkbar ohne „[d]ie Abstraktion [...] der gegenseitigen Beziehung der Individuen aufeinander"[16] und diese Abstraktion besteht materiell in der Praxis der Produktion und Zirkulation äquivalenter Güter. Die „Allgemeinheit als *Anerkanntsein*" ist nun nicht mehr lediglich jene scharfe metaphysische Entgegensetzung von Warenwert (Marktpreis) und innerem Wert (Würde), als welche sie bei Kant

9 *Hegel*, Grundlinien der Philosophie des Rechts, S. 339 (§ 182).
10 *Hegel*, Grundlinien der Philosophie des Rechts, S. 346 (§ 189).
11 *Hegel*, Grundlinien der Philosophie des Rechts, S. 347 ff. (§§ 190 f.).
12 *Hegel*, Grundlinien der Philosophie des Rechts, S. 351 (§ 196).
13 *Hegel*, Grundlinien der Philosophie des Rechts, S. 352 f. (§ 198).
14 *Hegel*, Grundlinien der Philosophie des Rechts, S. 350 (§ 193).
15 *Hegel*, Grundlinien der Philosophie des Rechts, S. 348 (§ 190).
16 *Hegel*, Grundlinien der Philosophie des Rechts, S. 349 (§ 192).

auftritt[17], sondern Wert und Würde werden in ihrem Zusammenhang, als Bedingungen füreinander sichtbar. Im System der allseitigen Abhängigkeit, in der Pluralisierung, Partikularisierung und Abstraktion der Bedürfnisse und der Mittel der Bedürfnisbefriedigung materialisiert sich das Anerkennungsverhältnis als existenzbedingendes Aufeinanderangewiesensein, das sich in der Austauschbeziehung reflexiv zu sich selbst als einem Rechtsverhältnis von Freien und Gleichen verhält. Niemand hat diesen Gedanken pointierter formuliert als der marxistische Rechtsphilosoph Jewgeni Paschukanis: „Damit sich menschliche Arbeitsprodukte zueinander verhalten können wie Werte, müssen sich Menschen zueinander verhalten können wie unabhängige und gleiche Persönlichkeiten."[18]

Die Reflexion der Austauschbeziehung als rechtliches Anerkennungsverhältnis muss den Akteuren nicht individuell bewusst sein. Im Gegenteil, der ökonomische Erfolg am Markt stellt sich wahrscheinlich eher ein, wenn man sich nicht mit den verpflichtenden Gehalten der gleichberechtigenden Anerkennung in jener Form der Reziprozität aufhält und nur den eigenen Vorteil sucht. Die immanente Vernünftigkeit der bürgerlichen Gesellschaft erscheint daher nicht notwendig im Bewusstsein ihrer Akteure und Agenten: „[D]er *Prozess*, [...] die Willkür der Bedürfnisse *zur formellen Freiheit* [...] zu erheben", so Hegel, „[liegt] nicht im Bewusstsein dieser Mitglieder der bürgerlichen Gesellschaft als solcher."[19]

Das unbewusst Vernünftige der bürgerlichen Gesellschaft ist, dass ihr spezifischer Integrationsmodus der allseitigen Austauschbeziehungen aus sich heraus den Gedanken der Gleichheit der Person und der universellen Geltung des Rechts hervortreibt: „[D]as Prinzip der Besonderheit geht eben damit, dass es sich für sich zur Totalität entwickelt, in die *Allgemeinheit* über."[20] In dieser Allgemeinheit bildet sich der Gedanke der universellen Menschenrechte heraus, die globale Inklusion der Rechte im Sinne des Menschenrechts ist ohne die universelle Form des Marktes, des Güter- und Warentauschs nicht denkbar. Das sieht Hegel in aller Deutlichkeit: „[D]as *Relative* der Wechselbeziehung der Bedürfnisse und der Arbeit für sie hat [...] seine *Reflexion* [...] in [...] *dem* (abstrakten) *Rechte*."[21] In dieser „Sphäre des Relativen"[22] wird das *Absolute* hervorgebracht. Hegel anschaulich:

17 *Kant*, Grundlegung zur Metaphysik der Sitten, S. 72f.

18 *Paschukanis*, Allgemeine Rechtslehre und Marxismus. Versuch einer Kritik der juristischen Grundbegriffe, S. 132.

19 *Hegel*, Grundlinien der Philosophie des Rechts, S. 343 (§ 187).

20 *Hegel*, Grundlinien der Philosophie des Rechts, S. 343 (§ 186).

21 *Hegel*, Grundlinien der Philosophie des Rechts, S. 360 (§ 209).

22 *Hegel*, Grundlinien der Philosophie des Rechts, S. 360 (§ 209).

> „Es gehört der Bildung, dem *Denken* als Bewusstsein des Einzelnen in Form der Allgemeinheit, dass Ich als *allgemeine* Person aufgefasst werde, worin *Alle* identisch sind. *Der Mensch gilt so, weil er Mensch ist*, nicht weil er Jude, Katholik, Protestant, Deutscher, Italiener usf. ist.“[23]

Derart auf die ihr immanenten Voraussetzungen bezogen, offenbart sich in der bürgerlichen Gesellschaft „die Seite der *Befreiung*, dass die strenge Naturnotwendigkeit des Bedürfnisses versteckt wird und der Mensch sich zu [...] einer nur selbstgemachten Notwendigkeit [...] verhält.“[24]

II Der Grundwiderspruch der bürgerlichen Gesellschaft und das objektive Recht

Wie bereits in der Analyse des Vertragsverhältnisses in früheren Partien seiner Schrift von Hegel herausgearbeitet wurde, ist der Ursprung des subjektiven Rechts, der Garant seiner universellen Bedeutung, nämlich der *Vertrag*, die Austauschbeziehung, zum einen eine *Vernunftform*, sie ist zugleich aber auch eine *Interessenform*. Gewinnt das Interesse die Oberhand, was tatsächlich ständig geschieht, stellt die Dysfunktion des Vertragsverhältnisses sich ein, Übermacht einer Vertragspartei, versteckter Zwang, Erpressung, Betrug. Es ist daher richtig, wenn Hegel sagt, dass die bürgerliche Gesellschaft den Naturzwang lediglich „versteckt“. Er ist noch da und das zeigt sich deutlich in jenen Erscheinungsformen, die innerhalb der bürgerlichen Gesellschaft das Bedürfnis der Emanzipation vom Naturzwang in besonderer Weise symbolisieren, nämlich in den Erscheinungsformen des Luxus.[25] Deren schöner Schein kann nämlich nicht dauerhaft aufrechterhalten werden und gerät schließlich in einen noch tieferen Gegensatz zum bloßen Bedürfnis und zur nackten Not. Deswegen radikalisiert Hegel das gesellschaftliche Emanzipationsprogramm wie folgt: „Der Vernunftzweck ist [...] dass die *Natureinfalt* [...] weggearbeitet werde.“[26] Was will Hegel damit sagen?

Läge die Befreiung vom Naturzwang etwa in der Automation der Produktion, der Möglichkeit, dass der Mensch von der reproduktiven Arbeit weg und die Maschine an seine Stelle tritt? Eine solche Vorstellung wäre naiv, weil sie den Grundwiderspruch der bürgerlichen Gesellschaft übersieht, dass die Vermehrung

---

23 *Hegel*, Grundlinien der Philosophie des Rechts, S. 360 f. (§ 209).
24 *Hegel*, Grundlinien der Philosophie des Recht, S. 350 (§ 194).
25 *Hegel*, Grundlinien der Philosophie des Rechts, S. 350 f. (§ 195).
26 *Hegel*, Grundlinien der Philosophie des Rechts, S. 344 (§ 187).

der Selbstbestimmung immer auch die Vermehrung der Abhängigkeit bedeutet. Diesen Grundwiderspruch vermag die bürgerliche Gesellschaft nicht zu lösen:

> „Wenn die bürgerliche Gesellschaft sich in ungehinderter Wirksamkeit befindet [...], vermehrt sich die *Anhäufung der Reichtümer* [...] auf der einen Seite, wie auf der anderen Seite die *Vereinzelung* und *Beschränktheit* der besonderen Arbeit und damit die *Abhängigkeit* und *Not* der an diese Arbeit gebundenen Klasse“[27].

Armut und soziale Exklusion sind durch die bürgerliche Gesellschaft selbst hervorgebracht: „Es kommt [...] zum Vorschein, dass bei dem *Übermaße des Reichtums* die bürgerliche Gesellschaft *nicht reich genug* ist, d. h. an dem ihr eigentümlichen Vermögen nicht genug besitzt, dem Übermaße der Armut und der Erzeugung des Pöbels zu steuern.“[28]

Für Hegel ergibt sich daraus die Notwendigkeit des *Sozialstaats*, die Evolution des subjektiven Rechts vom Freiheitsrecht zum Sozialen Recht. Das nicht nur abstrakte, sondern

> „[d]as *in der Besonderheit wirkliche* Recht enthält [...] sowohl, dass [...] die *ungestörte Sicherheit* der *Person* und des *Eigentums* bewirkt [sei], als dass die *Sicherung* der Subsistenz und des Wohls der Einzelnen, – dass das *besondere Wohl* als *Recht behandelt* und *verwirklicht* sei.“[29]

Sicherheit bedeutet also nicht nur „innere Sicherheit“, sondern auch soziale Absicherung. Der Person und ihrem Eigentum drohen nicht nur Gefahren durch kriminelle Angriffe, sondern vor allem dadurch, dass andere Personen ihr Eigentum im Rahmen des privatrechtlich Zulässigen zum Nachteil anderer gebrauchen und ausdehnen:

„Außer den Verbrechen, [...] der Zufälligkeit als Willkür des Bösen –, hat die erlaubte Willkür für sich rechtlicher Handlungen und des Privatgebrauchs des Eigentums auch äußerliche Beziehungen auf andere Einzelne [...]. Durch diese [...] werden Privathandlungen eine Zufälligkeit, die aus meiner Gewalt tritt und den anderen zum Schaden und Unrecht gereichen kann oder gereicht.“[30]

Der Umfang der Sicherungsaufgabe ist nicht ein für allemal bestimmt, sondern wandelt sich mit den gesellschaftlichen Verhältnissen und den gesellschaftlichen Sicherheitsbedürfnissen:

---

27 *Hegel*, Grundlinien der Philosophie des Rechts, S. 389 (§ 243).
28 *Hegel*, Grundlinien der Philosophie des Rechts, S. 390 (§ 245).
29 *Hegel*, Grundlinien der Philosophie des Rechts, S. 382 (§ 230).
30 *Hegel*, Grundlinien der Philosophie des Rechts, S. 383 (§ 232).

„[E]s ist daher keine Grenze *an sich* vorhanden, was schädlich oder nicht schädlich, auch in Rücksicht auf Verbrechen, was verdächtig oder unverdächtig sei, was zu verbieten oder zu beaufsichtigen oder mit Verboten, Beaufsichtigung und Verdacht, Nachfrage und Rechenschaftgebung verschont zu lassen sei. Es sind die Sitten, der Geist der übrigen Verfassung, der jedesmalige Zustand, die Gefahr des Augenblicks usf., welche die näheren Bestimmungen geben.“[31]

Es ist auf einmal ein anderes Recht, das sich hier auf den Plan begibt und die Form des subjektiven Rechts überformt. Es handelt sich um Polizeirecht im ursprünglichen umfassenden Sinne, der das Recht der Daseinsvorsorge, die Einrichtung wohlfahrtsstaatlicher Vorkehrungen und Institutionen einschließt.

Hegel fasst die umfassende Sicherungsaufgabe, die „Aufsicht und Vorsorge der öffentlichen Macht“[32] überraschend modern im Begriff der *Regulierung* zusammen:

„Die verschiedenen Interessen der Produzenten und Konsumenten können in Kollision miteinander kommen, und wenn sich zwar das richtige Verhältnis *im Ganzen* von selbst herstellt, so bedarf die Ausgleichung auch einer über beiden stehenden, mit Bewusstsein vorgenommenen Regulierung [...] um die gefährlichen Zuckungen und die Dauer des Zwischenraumes, in welchem sich die Kollisionen auf dem Wege bewusstloser Notwendigkeit ausgleichen sollen, abzukürzen und zu mildern.“[33]

Hegel – so viel wird aus der Passage deutlich – entwickelt nicht wie Marx, der an ihn anknüpfte, eine Theorie vom notwendigen Zusammenbruch des kapitalistischen Systems, gleichwohl hält er das System der Bedürfnisse für notwendig krisenhaft und zu einer vernünftigen Selbstregulierung nicht fähig.

Bleibt das System der Bedürfnisse unreguliert, verschärft sich der *Klassengegensatz:* „Das Herabsinken einer großen Masse unter das Maß einer gewissen Subsistenzweise [...] bringt die Erzeugung des *Pöbels* hervor, die hinwiederum zugleich die größere Leichtigkeit, unverhältnismäßige Reichtümer in wenige Hände zu konzentrieren, mit sich führt.“[34] Dieser Klassengegensatz kann innerhalb der bürgerlichen Gesellschaft nicht zur Auflösung gebracht werden, denn dass Lebenserhaltung durch Leistung vermittelt ist, dass zum Konsum nur Arbeit berechtigt, ist ihre Grundüberzeugung.[35] Deswegen kann sie keine sozialen Ansprüche anerkennen, die nicht an den Imperativ einer Aktivierung der Empfänger am Arbeitsmarkt gekoppelt ist. Das System kann jedoch strukturell nicht allen

---

31 *Hegel*, Grundlinien der Philosophie des Rechts, S. 383 (§ 234).
32 *Hegel*, Grundlinien der Philosophie des Rechts, S. 384 (§ 235).
33 *Hegel*, Grundlinien der Philosophie des Rechts, S. 384 f. (§ 236).
34 *Hegel*, Grundlinien der Philosophie des Rechts, S. 389 (§ 244).
35 Vgl. *Hegel*, Grundlinien der Philosophie des Rechts, S. 390 (§ 245).

Arbeit gewähren, denn dann „würde die Menge der Produktionen vermehrt, in deren Überfluß und dem Mangel der verhältnismäßigen selbst produktiven Konsumenten gerade das Übel besteht, das auf beide Weisen sich nur vergrößert."[36]

Die Instabilität dieses Systems aus Überfluss und Mangel kann nicht behoben, sondern der prekäre Zustand lediglich verlängert werden, indem sich das System durch *Kolonisation*[37] über die ganze Erde ausbreitet: „Durch diese ihre Dialektik [von Überfluss und Mangel] wird die bürgerliche Gesellschaft über sich hinausgetrieben [...], um außer ihr in anderen Völkern [...] Konsumenten und damit die nötigen Subsistenzmittel zu suchen."[38]

Wiewohl er hier ganz offenkundig den Grundgedanken einer materialistischen Imperialismustheorie formuliert, bleibt Hegels Kritik der bürgerlichen Gesellschaft stets subtil. Er weiß, dass es einen unauflösbaren Zusammenhang gibt zwischen der Globalisierung von Produktion und Konsumtion, der Globalisierung des Güter- und Warenverkehrs sowie der Globalisierung jener normativen Form, über die diese Transaktionen organisiert werden, nämlich die Form des subjektiven Rechts. Aus den ökonomischen Austauschbeziehungen, dem Verkehr, geht der Vertrag und aus dem Vertrag gehen jene normativen Elementarpositionen, Freiheit und Gleichheit, hervor, die im weltumspannenden Verständnis den Gedanken der Menschenrechte begründen. Die Menschenrechte sind die notwendige Konsequenz der Form des subjektiven Rechts, weil das subjektive Recht aus dem Vertrag und der Vertrag aus dem Verkehr hervorgeht[39], der Verkehr aber nicht territorial in Schranken gehalten werden kann und daher in sich auf Entgrenzung und Einschluss angelegt ist. Handelsbeziehungen sind von Natur aus global und können nur – durch Protektionismus – künstlich behindert, aber grundsätzlich nicht natürlich beschränkt werden. Die Natur des Handels überwindet die räumlichen Grenzen und aufgrund der Abstraktheit jenes Mediums, das die globale Konvertierbarkeit der gehandelten Werte garantiert, der Abstraktheit des Geldes, auch die zeitlichen Schranken. Hier spitzt sich die Ambivalenz der bürgerlichen Gesellschaft zu, indem ihr größtes Destruktionspotential, der freie Handel, zugleich ihr größtes Zivilisierungspotential darstellt. Das *Meer* steht bei

---

36 *Hegel*, Grundlinien der Philosophie des Rechts, S. 390 (§ 245).
37 *Hegel*, Grundlinien der Philosophie des Rechts, S. 392 (§ 248).
38 *Hegel*, Grundlinien der Philosophie des Rechts, S. 391 (§ 246).
39 Hegel deutet eine materialistische Theorie vom Ursprung des Vertrages an, wonach derselbe aus dem Verkehr hervorgegangen ist, „in welchem Verkehr sich zugleich das größte Bildungsmittel und der Handel seine welthistorische Bedeutung findet." (S. 391, § 247).

Hegel nicht nur für den freien Handel, sondern auch für die Bildung der Nationen.[40]

Von Versuchen der Einhegung des kapitalistischen Systems durch die Restauration vormoderner Formen der Vergemeinschaftung hält Hegel nichts. Restaurative, autoritäre oder faschistische Politiken sind typische Regressionsphänomene. Ihr Destruktionspotential ist erheblich und schließt regelmäßig auch die Selbstdestruktion ein. Da diese Politiken entlang scharfer Ungleichheitsmarkierungen regieren und segregieren, beschwören sie Aggression und Abwehr, Kampf und Krieg herauf. Hegels Antwort auf die Systemwidersprüche des modernen Kapitalismus lautet andererseits aber auch nicht Revolution, seine Antwort ist *Regulierung* (s.o.). Die Regulierungsaufgabe ist global und nach Hegels Vorstellung betrifft sie insbesondere transnationales Wirtschaftshandeln[41] und die Frage der sozialen Gerechtigkeit. Die soziale Gerechtigkeit kann – wie bereits *Hobbes* feststellte[42] – nicht von der Hilfsbereitschaft und der Hilfe Einzelner abhängig gemacht werden, sondern erfordert ein von den einzelnen Interessen unabhängiges System der Umverteilung.[43] Bei Hobbes heißt es:

„The OFFICE of the Soveraign [...] consisteth in the end, for which he was trusted with the Soveraign Power, namely the procuration of *the safety of the people* [...]. But by Safety here, is not meant a bare Preservation, but all also all other Contentments of life [...] which every man [...] shall acquire to himselfe. And this is intended should be done, not by care applied to Individualls, further than their protection from injuries, when they shall complain; but by a general Providence, contained in publique Instruction [...] and in the making, and executing of good Lawes [...].“[44]

Durch die Verwirklichung der Regulierungsaufgabe, durch die Schaffung eines Netzes regulierender Bestimmungen und Institutionen, ergibt sich freilich auch eine Verschiebung vom subjektiven zum objektiven Recht. Der regulierte Zustand erfordert, wie von Hobbes klar zum Ausdruck gebracht, eine allgemeine Vorsorge und kann sich nicht aus einzelnen Interessen oder einem Ausgleich solcher Interessen ergeben. Es handelt sich um einen Zustand eigener Verfasstheit, den Hegel kurzerhand auf den Begriff des öffentlichen Zustands bringt. Für die Vernünftigkeit dieses Zustands kann das individuelle Interesse grundsätzlich nicht ausschlaggebend sein. Max Weber bestimmt diesen Zustand im Hinblick auf seinen rechtlichen Charakter derart, dass er „juristisch den Charakter des „Reg-

40 Vgl. *Hegel*, Grundlinien der Philosophie des Rechts, S. 392 (§ 247).
41 Vgl. *Hegel*, Grundlinien der Philosophie des Rechts, S. 384 f. (§ 236).
42 *Hobbes*, Leviathan, S. 730, 732 (2. Teil, Kap. XXX, „Publique Charity“).
43 Vgl. *Hegel*, Grundlinien der Philosophie des Rechts, S. 388 (§ 242).
44 *Hobbes*, Leviathan, S. 706 (2. Teil, Kap. XXX a. Anf.).

lements“ hat, d. h. also: alle privaten Interessen nicht als garantierte subjektive Ansprüche, sondern nur als Reflexe der Geltung jener Reglements die Chance des Schutzes besitzen.“[45] Damit entsteht selbstverständlich auch die Gefahr, dass im Einzugsbereich dieser Reglements rechtsfreie Räume entstehen.

Hegel geht an einer Stelle so weit zu sagen: „Der öffentliche Zustand ist [...] für um so vollkommener zu achten, je weniger dem Individuum [...] in Verbindung mit dem, was auf allgemeine Weise veranstaltet ist, zu tun übrigbleibt.“[46] Das ist eine interessante Bemerkung. Ich verstehe sie nicht im Sinne eines undemokratischen Begriffs der Öffentlichkeit, sondern so, dass es öffentliche Regelungsaufgaben gibt (man kann dafür auch den traditionellen Begriff der *Verwaltung* verwenden), die – gerade auch im Interesse der Individuen – von individueller Einmischung jedenfalls partiell entlastet werden, damit die Individuen ihrerseits entlastet werden und sich um andere Angelegenheiten kümmern können, die sowohl Angelegenheiten des individuellen wie des allgemeinen Interesses sein können.

Damit ist jene entwickelte Verfasstheit in den Blick genommen, die Gegenstand des letzten Abschnitts im dritten Teil der *Grundlinien* ist, nämlich der *Staat*. „Staat“ bedeutet – entgegen einem verbreiteten rechtshegelianischen Stereotyp nichts substantiell Vorgängiges, Konkretes oder Historisches[47], keine bestimmte materielle Ordnung ist gemeint, sondern wortwörtlich und formal meint Staat einen vernünftigen *Status* der Verfasstheit eines Gemeinwesens, das, was Hegel an einer frühen Stelle als „vernünftige Architektonik“[48] bezeichnet. Die Passagen über die *Korporation* (§§ 250 – 256) sowie jene über die *Stände*, §§ 201 – 208, dürfen nicht im Sinne eines statisch-stratifikatorischen Gesellschaftsmodells missdeutet werden. Die Korporation im formalen Sinne Hegels widerspricht nicht dem Gedanken der funktionalen Differenzierung, sondern steht für den Gedanken der Notwendigkeit, das individuelle Bewusstsein in einem Bildungsprozess auf die allgemeinen gesellschaftlichen Interessen auszurichten, was in dem funktionellen Aufgabenkreis eines bestimmten Berufsstandes durch Einbindung in eine Art von genossenschaftlicher Institution gewährleistet wird. Auch Hegels Idee des Beamtenstaats ist keine kafkaeske Vision, sondern Metapher eines aufgeklärt-

---

45 *Weber*, Wirtschaft und Gesellschaft. Grundriss der verstehenden Soziologie, S. 388 f.

46 *Hegel*, Grundlinien der Philosophie des Rechts, S. 388 f. (§ 242).

47 Vgl. *Hegel*, Grundlinien der Philosophie des Rechts, S. 399 f. (§ 258): „Welches [...] der *historische* Ursprung des Staates überhaupt oder vielmehr jedes besonderes Staates, seiner Rechte und Bestimmungen sei oder gewesen sei [...], geht die Idee des Staates selbst nicht an [...]. Die philosophische Betrachtung hat es nur mit dem [...] *gedachten Begriffe* zu tun.“

48 Vgl. *Hegel*, Grundlinien der Philosophie des Rechts, S. 19 (Vorrede).

beruhigten Zustands, in dem das Expressive, Launenhafte und Idiosynkratische der Subjektivität zugunsten der „großen Interessen" zurückgenommen ist.[49]

III Ausblick

Hegels Vorstellung von einer Mediatisierung der Form subjektiver Rechte durch Regulierungsrecht lässt sich nicht das einfache Schema entnehmen, dass in Zukunft objektives das subjektive Recht zunehmend ersetzen wird. Es geht um ein vernünftiges Zusammenspiel beider Rechtsformen und keine Form kann einfach auf die andere reduziert werden. Paschukanis, der das Recht nur aus dem subjektiven Recht denkt[50], kann Modernisierungen des gesellschaftlichen Regelungszusammenhangs nur als Absterben des Rechts begrifflich fassen, was ihn selbst aber offenkundig nicht befriedigt.[51] Die Vorstellung einer Ersetzung der subjektiven Rechte durch technische Optimierungsregeln hätte unerträgliche Konsequenzen.[52] Jellineks Versuch, das subjektive Recht aus dem öffentlichen Recht zu denken, misslingt ebenfalls, denn es bleibt, wie seinen eigenen Ausführungen zu entnehmen ist, die Frage nach der Möglichkeit einer rechtlichen Ordnung auf jenen unableitbaren Gesichtspunkt vom Recht bezogen, wie er aus der Gleichursprünglichkeit der Berechtigung und Verpflichtung im wechselseitigen Eingehen von Verbindlichkeiten hervorgeht. Eine Rechtsordnung kann also legitimationstheoretisch niemals etwas Vorgegebenes sein, sondern im Gegenteil wird ein „faktisches Herrschaftsverhältnis [...] zum rechtlichen nur dann, wenn beide Glieder: Herrschender und Beherrschter als Träger gegenseitiger Rechte und Pflichten sich anerkennen."[53]

Dies gilt im Übrigen ohne Unterschied für innerstaatliche oder internationale und transstaatliche rechtliche Ordnungen, also wenn neue Konfigurationen von Regierten und Regierenden zustande kommen. Dabei darf der Blick nicht auf subjektive öffentliche Rechte verkürzt werden. Im Vollsinne sind diese nur dann

---

49 Vgl. *Hegel*, Grundlinien der Philosophie des Rechts, S. 464 (§ 296).

50 *Paschukanis*, Allgemeine Rechtslehre und Marxismus, S. 75: „Das subjektive Recht ist das primäre [...]".

51 Vgl. seine Bedenken vor allem im Hinblick auf eine Kriminalpolitik, die den Rechtsadressatinnen die Subjektqualität nimmt. Dazu *Bung*, „Geheimnisse der gesellschaftlichen Formen" – Rechtsformanalyse und Rechtskritik bei Paschukanis, in: Steinberg (Hrsg.), Sozialistische Straftheorie und -praxis in Europa, S. 41–64 (60).

52 *Paschukanis*, Allgemeine Rechtslehre und Marxismus, S. 173, bezeichnet das bürgerliche Beharren auf Rechtsgarantien als „sehr vernünftig".

53 *Jellinek*, System der subjektiven öffentlichen Rechte, S. 9.

wirksam, wenn Individualbeschwerdeverfahren eingerichtet sind und in Anspruch genommen werden. An solchen Verfahren fehlt es vielfach noch, wie auch die Verständigung darüber offen ist, was eigentlich zum subjektiven öffentlichen Recht gehört. Die Form subjektiver Rechte braucht aber nicht darauf zu warten, bis hier Abhilfe geschaffen ist und die Diskussionen beendet sind, denn dann müsste sie vielleicht vergebens warten. Ihre Form ist, als ursprünglich selbsterzeugend, nicht auf öffentliche Zertifizierung angewiesen, sondern sie kann sich – in Koordination mit anderen Bedürfnissen und Interessen – selbst ins Recht setzen.

Literatur

Bung, J., „Geheimnisse der gesellschaftlichen Formen" – Rechtsformanalyse und Rechtskritik bei Paschukanis, in: Steinberg, G. (Hrsg.), Sozialistische Straftheorie und -praxis in Europa, Baden-Baden 2018, S. 41–64.

Hegel, G.-W.-F., Grundlinien der Philosophie des Rechts, Werke Bd. 7, in: Moldenhauer, E./Michel, K. M. (Hrsg.), Frankfurt am Main 1986.

Hobbes, T., Leviathan, englisch-deutsche Ausgabe, in: Klein, J. (Hrgs.), übers. v. Hanowell, H., Stuttgart 2013.

Jellinek, G., System der subjektiven öffentlichen Rechte, Freiburg im Breisgau 1982.

Kant, I., Grundlegung zur Metaphysik der Sitten, in: Valentiner, T. (Hrsg.), Stuttgart 2008.

Kant, I., Zum ewigen Frieden. Ein philosophischer Entwurf, in: Malter, R. (Hrsg.), Stuttgart 2008.

Paschukanis, J., Allgemeine Rechtslehre und Marxismus. Versuch einer Kritik der juristischen Grundbegriffe, Nachdruck der deutschen Erstausgabe von 1929, Frankfurt am Main 1969.

Rousseau, J.-J., Du contrat social/Vom Gesellschaftsvertrag, französisch-deutsche Ausgabe, hrsg. und übers. v. Pietzcker, E./Brockard, H., Stuttgart 2010.

Teubner, G., Verfassungsfragmente, Frankfurt am Main 2012.

Weber, M., Wirtschaft und Gesellschaft. Grundriss der verstehenden Soziologie, in: Winckelmann, J. (Hrsg.), 5. rev. Aufl., Tübingen 1980.

Eric Hilgendorf

Subjektive Rechte bei Jeremy Bentham

Versuch einer Rehabilitierung

I Das Feindbild „Utilitarismus“ und sein politischer Hintergrund

Der Utilitarismus, also die Lehre, Handlungen, insbesondere solche des Gesetzgebers,[1] sollten daran gemessen werden, inwieweit sie zum Wohl des Einzelnen und der Gesellschaft beitragen, hat in Deutschland nach wie vor einen schlechten Ruf. Dies gilt – trotz einiger sehr bemerkenswerter deutschsprachiger Neuerscheinungen in den vergangenen 20 Jahren[2] – besonders für den Schulengründer Jeremy Bentham.

Dabei spielt Benthams angebliche Verachtung subjektiver Rechte eine zentrale Rolle.[3] Bentham, so wird geargwöhnt, leugne nicht nur die Existenz subjektiver Rechte,[4] sondern lasse die Interessen des Individuums im Wege einer schrankenlosen Interessenabwägung hinter die des Kollektivs zurücktreten. Im Folgenden soll es darum gehen, diesem Vorwurf näher nachzugehen und Bent-

1 Der Begründer des Utilitarismus, Jeremy Bentham, stellte die Gesetzgebung so sehr in den Mittelpunkt seiner Analysen, dass die von ihm ausgearbeitete Version des Utilitarismus nur mit Einschränkungen als Individualethik angesehen werden kann, vgl. *Harrison*, Bentham, S. 4. Bentham sollte deshalb in erster Linie als Rechtsphilosoph und Rechtspolitiker gelesen werden.
2 *Hofmann*, Politik des aufgeklärten Glücks; *Luik*, Die Rezeption Jeremy Benthams in der Deutschen Rechtswissenschaft; *Marschelke*, Jeremy Bentham – Philosophie und Recht; *Kramer-McInnis*, Der „Gesetzgeber der Welt“ – Jeremy Benthams Grundlegung des klassischen Utilitarismus; *Nasher*, Die Moral des Glücks. Eine Einführung in den Utilitarismus; *Ritschel*, Jeremy Bentham und Karl Marx. Zwei Perspektiven der Demokratie. Hinzu treten zahlreiche fundierte Abhandlungen in Aufsatzform, etwa von Niesen (vgl. unten Fn. 21).
3 Selbst ein dem Utilitarismus im Kern wohlgesonnener Autor wie Gesang fragt skeptisch: „Individualrechte im Utilitarismus – Die Quadratur des Kreises?“, in: *Gesang*, Wirtschaftsethik und Menschenrechte. Ein Kompass zur Orientierung im ökonomischen Denken und im unternehmerischen Handeln, S. 144; vgl. auch *Hart*, Essays on Bentham: Jurisprudence and Political Philosophy, S. 94 ff.
4 So etwa *Mestmäcker*, Mehrheitsglück und Minderheitenherrschaft – Zu Jeremy Benthams Kritik der Menschenrechte, in: Baier/Kepplinger/Reumann (Hrsg.), Öffentliche Meinung und sozialer Wandel, S. 323: „In der Benthamschen Rechtslehre haben Individualrechte keinen Platz.“

https://doi.org/10.1515/9783110704013-006

hams Konzeption subjektiver Rechte im Zusammenhang mit seiner Abwägungslehre zumindest in Grundzügen zu skizzieren.[5]

1 Benthams Grundmotiv: Rechtskritik

Jeremy Bentham, 1748 in London geboren, verknüpft geistesgeschichtlich die Aufklärung mit dem Zeitalter der Industrialisierung und so mit unserer modernen Welt.[6] Bereits im Alter von 12 Jahren begann das Wunderkind ein Studium der Rechtswissenschaft in Oxford. Sein Vater, ein vermögender Jurist, wollte ihm eine glänzende juristische Karriere eröffnen, doch Bentham entschied sich nach einem kurzen Ausflug in die Rechtspraxis dafür, sein Leben der Rechtstheorie und vor allem der Rechtsreform und Gesetzgebungslehre zu widmen.[7] Ausschlaggebend waren dabei wohl die den jungen Bentham außerordentlich frustrierenden Erfahrungen mit dem englischen Recht um die Mitte des 18. Jahrhunderts, welches er schließlich als durch und durch korrupt und ungerecht ansah.[8]

Vor allem die Richter als die höchsten Sachwalter des Rechts wirtschafteten seiner Ansicht nach in die eigene Tasche und hatten ein Interesse daran, das englische Recht so intransparent und unsystematisch wie nur möglich zu halten, um ihre eigene Arbeit umso teurer verkaufen zu können.[9] Bentham setzte dem die Forderung nach sprachlicher Klärung, Systematisierung und Kodifikation des Rechts entgegen. Recht sollte für alle ohne größere Schwierigkeiten zugänglich

---

5 Damit verbunden ist die Hoffnung, auf diese Weise dazu beitragen zu können, dass die deutsche Rechtsphilosophie Anschluss an die im nicht-deutschen Sprachraum in der Tadition Benthams schon lange geführte analytische Diskussion um Rechte finden kann, vgl. etwa *Hohfeld*, Fundamental Legal Concepts as Applied in Judicial Reasoning and other Legal Essays; *Hart*, Essays on Bentham: Jurisprudence and Political Philosophy, S. 79 ff., 162 ff.; *Tusseau* (Hrsg.), The Legal Philosophy and Influence of Jeremy Bentham. Essay on The Limits of the Penal Branch of Jurisprudence; vgl. ferner *Morscher* (Hrsg.), Was heißt es, ein Recht auf etwas zu haben? Zur Menschenrechtssemantik des schwedischen Logikers Stig Kanger.

6 *Hilgendorf*, Jeremy Bentham – Child of the Enlightenment and Father of Modern Legal Policy, in: Hilgendorf/Seminara (Hrsg.), Strafrechtsphilosophie der Aufklärung, S. 95 – 111.

7 Zur Biographie Benthams etwa *Dinwiddy*, Bentham; aus der älteren Literatur *Mack*, Jeremy Bentham, An Odyssey of Ideas. Die derzeit besten Einführungen in Benthams Lehren stammen von *Crimmins*, On Bentham, und *Schofield*, Bentham. A Guide for the Perplexed.

8 *Harrisson*, Bentham, S. 24 ff.; ausführlich *Kelly*, Utilitarianism and Distributive Justice. Jeremy Bentham and the Civil Law; *Postema*, Bentham and the Common Law Tradition.

9 In seinen späteren Werken sprach Bentham geradezu von einem „sinister interest“ der herrschenden Klassen, ihrem (heimlichen) Interesse, Reformen zugunsten des Gemeinwohls aus Eigeninteresse zu verhindern, dazu *Schofield*, Utility and Democracy. The Political Thought of Jeremy Bentham, S. 109 ff.

sein und so das Wohlergehen aller („the greatest happiness of the greatest number“[10]) befördert werden.

Unter seinen zahlreichen Schriften verdienen das „Fragment on Government“ (1775),[11] eine kritische Auseinandersetzung mit William Blackstone und dessen „Commentaries on the Laws of England“, sowie „An Introduction to the Principles of Morals and Legislation“[12] (1780/1789) besondere Hervorhebung. Es handelt sich um die einzigen größeren Schriften, die von Bentham selbst publiziert wurden. Der letztgenannte Text, der bis heute als sein Hauptwerk gilt, ist nur der erste Teil einer weitaus umfassender angelegten Arbeit, zu der Bentham offenbar durch das Berner Preisausschreiben zur Reform des Kriminalrechts 1777[13] angeregt worden war. Allerdings konnte Bentham seine Arbeit nicht rechtzeitig fertigstellen (was in seiner späteren schriftstellerischen Laufbahn immer wieder passierte). Sein Text wurde erst 1780 abgeschlossen und 1789, im Jahr der Französischen Revolution, von Bentham publiziert.

Die Revolution wurde von Bentham zuerst begrüßt; erst unter dem Eindruck der späteren Gewaltexzesse wandte er sich von ihr ab.[14] Angesichts der haarsträubenden Zustände in den englischen Gefängnissen zu Beginn des 19. Jahrhunderts engagierte er sich für eine Reform der Haftbedingungen und entwarf das Modell eines Panoptikons, eines Gefängnisses, in welchem die Gefangenen von den Wärtern und diese wiederum von der Öffentlichkeit kontrolliert werden sollten.[15] Die Architektur des Gefängnisses sollte so gestaltet sein, dass der Wärter im Zentrum eines kreisförmig angeordneten Trakts von Einzelzellen saß und von dort aus alle Zellen einsehen konnte. Selbst wenn er die Zelle nicht wirklich im

---

10 Wegen ihres doppelten Optimanden ist die Formel streng genommen nicht anwendbar. Was Bentham meint, ist das Wohlergehen möglichst Vieler, im Gegensatz zum Wohlergehen nur einiger Weniger („the happy few“, also etwa des Adels und der hohen Geistlichkeit). Im Zeitalter der Französischen Revolution war der Sinn der Formel wohl jedem politisch Interessierten unmittelbar einsichtig.

11 *Bentham*, A Fragment on Government, hrsg. von Burns/Hart, S. 391–551.

12 *Bentham*, Introduction to the Principles of Morals and Legislation, hrsg. von Burns/Hart (The Collected Works of Jeremy Bentham).

13 Dazu *Hilgendorf*, Die geistesgeschichtlichen Grundlagen des heutigen Strafrechts in der Aufklärung, in: Hilgendorf/Valerius/Kudlich (Hrsg.), Handbuch des Strafrechts, Bd. 1, § 6 Rn. 117 ff.

14 Ausführlich zu Benthams Haltung zur Französischen Revolution *Schofield*, Utility and Democracy, The Political Thought of Jeremy Bentham, S. 78 ff.

15 *Bentham*, Panopticon, or, The Inspection-House (1787), in: Božovič (Hrsg.), The Panopticon Writings, S. 31–95. Dazu *Welzbacher* (Hrsg.), Der radikale Narr des Kapitals. Jeremy Bentham, das „Panoptikum“ und die „Auto-Ikone“.

Blick hatte, musste sich der Gefangene immer beobachtet fühlen. Davon versprach sich Bentham eine in hohem Maße präventive Resozialisierungswirkung.

Daneben arbeitete er rastlos an Projekten zur Reform des Straf- und Zivilrechts,[16] später auch des Verfassungsrechts.[17] Mit der Zeit wuchs sein Ruhm weit über England hinaus, er korrespondierte mit ausländischen Staatsoberhäuptern zu Fragen der Rechtsreform und Kodifikation. In seinen späteren Jahren radikalisierte sich Bentham; er wurde zum Demokraten und forderte freie und gleiche Wahlen, wobei er sich als einer der Ersten sogar für das Frauenwahlrecht aussprach.[18] Bis zu seinem Tod war er ununterbrochen publizistisch tätig. Seine Texte werden seit 1968 in einer historisch-kritischen Gesamtausgabe herausgegeben.[19]

2 Zur problematischen Rezeption Benthams in Deutschland

Schon seit dem späten 18. Jahrhundert wurden Benthams Reformideen international intensiv diskutiert, zuerst in Frankreich, dann aber auch in Ländern wie Portugal und Spanien sowie in Lateinamerika. Den schwersten Stand hatten seine Ideen in Deutschland.[20] Bereits die Orientierung von praktischer Philosophie und Gesetzgebungslehre am menschlichen Glück erregte im Lande der Dichter und Denker Missfallen. Kein Geringerer als Immanuel Kant sprach von den „Schlangenwindungen der Glückseligkeitslehre“,[21] und Friedrich Nietzsche formulierte

---

16 Will man Benthams Werke den im kontinentalen Recht üblichen Teildisziplinen zuordnen (was nicht ohne Weiteres möglich ist), so ließe sich sein erstes Hauptwerk, die Introduction to the Principles of Morals and Legislation, am ehesten als theoretische Grundlegung des Strafrechts erfassen.

17 *Mack*, Jeremy Bentham. An Odyssey of Ideas, S. 375 f. vertritt die Ansicht, Benthams Hinwendung zum Verfassungsrecht sei auf eine Intervention seines Mentors Lord Shelburne Anfang der 1780er Jahre zurückzuführen. In der Tat scheint Bentham sich seit dieser Zeit intensiver mit genuin verfassungsrechtlichen Fragen auseinanderzusetzen und sie nicht mehr bloß als Korrelat strafrechtstheoretischer Probleme zu begreifen, etwa in dem 1780 – 1782 niedergeschriebenen Werk *Bentham*, „Of the Limits of the Penal Branch of Jurisprudence“, § 4 und passim, in: Schofield (Hrsg.), The Collected Works of Jeremy Bentham, S. 42 ff.

18 *Schofield*, Bentham, S. 16.

19 Die Herausgabe erfolgt im Rahmen des „Bentham-Projects“ am University College London, vgl. abrufbar unter https://www.ucl.ac.uk/bentham-project/publications/collected-works-jeremy-bentham. Das Projekt wird derzeit von Philip Schofield geleitet.

20 *Luik*, Die Rezeption Jeremy Benthams in der deutschen Rechtswissenschaft (Forschungen zur deutschen Rechtsgeschichte 20).

21 *Kant*, Metaphysik der Sitten (1797), in: Weischedel (Hrsg.), Werkausgabe, Bd. 8, S. 453. Das Bild vom ausnahmslos „glücksfeindlichen“ Kant bedarf aber möglicherweise der Korrektur, dazu ebenso knapp wie durchschlagend: „Der Mensch strebt nicht nach Glück – nur der Engländer tut das.“[22]

In Nietzsches pointierter Abgrenzung vom „Engländer“ – man beachte die abschätzige Verwendung des kollektiven Singulars – schwingt die nationalpolitisch motivierte Ablehnung des englischen und auch französischen Denkens mit, die in Deutschland die Entwicklung der Philosophie geprägt hat. Dabei sollten wenigstens zwei Phasen unterschieden werden: Bentham und sein Schüler John Stuart Mill[23] galten zunächst zu Beginn des 19. Jahrhunderts, als das deutsche Nationalbewusstsein erwachte und das „deutsche Wesen“ leidenschaftlich gegen „undeutschen Geist“ verteidigt wurde, geradezu als Inbegriff „flacher“ britischer Nützlichkeitsapostel. Ähnlich erging es dem Franzosen Voltaire, der noch um die Mitte des 18. Jahrhunderts hatte beanspruchen können, Sprachrohr einer gemeineuropäischen Aufklärung zu sein, und nun als Hauptvertreter französischer Dekadenz und seichter Oberflächlichkeit herhalten musste.[24]

Die politischen Abgrenzungsbemühungen deutscher Intellektueller gegenüber England und Frankreich wiederholten sich in noch schärferer Form zu Beginn des ersten Weltkriegs.[25] Werner Sombart publizierte 1915 seine Schrift über „Händler und Helden“, in welcher Bentham als die Inkarnation der englischen Händlerseele firmiert. Dass Glück als „oberstes Ziel des menschlichen Strebens“ gelten solle, hielt Sombart für geradezu verachtenswert, und fügte hinzu, Bentham habe dieses „hundsgemeine ‚Ideal‘“ in seiner Formel vom „größte(n) Glück der größten Anzahl“ für „ewige Zeiten in Worte geprägt“.[26] „Deutsches Denken und deutsches Empfinden“, so erklärte Sombart, „äußert sich ... in der einmütigen Ablehnung alles dessen, was auch nur von ferne englischem oder insgesamt westeuropäischem Denken und Empfinden nahe kommt. Mit innerstem Widerwillen, mit Entrüstung, mit Empörung, ‚mit tiefem Ekel‘ hat sich der deutsche Geist gegen die ‘Ideen des 18. Jahrhunderts‘, die englischen Ursprungs waren,

Niesen, Kant über den Wert des Glücks, in: Helzel (Hrsg.), Negativität und Unbestimmtheit. Beiträge zu einer Philosophie des Nichtwissens, S. 203–220.

22 *Nietzsche*, Götzen-Dämmerung oder Wie man mit dem Hammer philosophiert; *Colli/Montinari* (Hrsg.), Friedrich Nietzsche, Sämtliche Werke, Kritische Studienausgabe Bd. 6, S. 61.

23 Mill’s Version des Utilitarismus unterscheidet sich in einigen Hinsichten von der seines Lehrers, siehe *Mill*, Der Utilitarismus, Übersetzung, Anmerkungen und Nachwort von Dieter Birnbacher; dazu auch *Birnbacher*, Nachwort zu John Stuart Mill, in: Mill, Der Utilitarismus. Übersetzung, Anmerkungen und Nachwort von Dieter Birnbacher, S. 121ff.

24 *Brockmeier/Desné/Voss* (Hrsg.), Voltaire und Deutschland. Quellen und Untersuchungen zur Rezeption der Französischen Aufklärung.

25 *Böhme*, Aufrufe und Reden deutscher Professoren im Ersten Weltkrieg; umfassend *Hoeres*, Krieg der Philosophen.

26 *Sombart*, Händler und Helden. Patriotische Besinnungen, S. 19.

erhoben; mit Entschiedenheit hat jeder deutsche Denker, aber auch jeder Deutsche, der deutsch dachte, zu allen Zeiten den Utilitarismus, den Eudämonismus, alle Nützlichkeits- und Genußphilosophie abgelehnt“.[27]

Möglicherweise hat die gerade in der deutschsprachigen Rechts- und Moralphilosophie auch heute noch zu spürende Zurückhaltung und teilweise kaum verhehlte Abneigung[28] gegenüber den „Ideen des 18. Jahrhunderts“, der Philosophie der Französischen Aufklärung und ihrer Fortsetzung in England durch Jeremy Bentham und John Stuart Mill, auch in diesen letztlich politisch motivierten Abgrenzungsbestrebungen ihre Wurzeln. Jedenfalls erscheint die rechtsphilosophische und auch die rechtswissenschaftliche Debatte über Bentham und seine Theorien in Deutschland erheblich verzerrt und belastet. Es ist deshalb dringend angebracht, die meist unreflektierte Ablehnung des Utilitarismus in Deutschland kritisch zu prüfen.

Benthams Philosophie fand zunächst vor allem über seinen Schüler Etienne Dumont[29] auch in Deutschland durchaus Anhänger. Zahlreiche Kernbegriffe der deutschen Rechtssprache gehen auf Bentham zurück, so etwa die Begriffe „Kodifikation“ („codification“) und „international“. Der Ausdruck „Abwägung aller Interessen“ findet sich zum ersten Mal in der Vorrede von Friedrich Eduard Beneke zur 1830 erschienenen deutschen Übersetzung der „Grundsätze der Civil- und Criminalgesetzgebung“, die Etienne Dumont aus den Manuskripten von Bentham in französischer Sprache zusammengestellt hatte.[30]

Robert von Mohl widmete Bentham ein ganzes Kapitel seiner „Geschichte und Literatur der Staatswissenschaften“.[31] Rudolf von Jhering wurde geradezu als der

---

27 *Sombart*, Händler und Helden. Patriotische Besinnungen, S. 55. Zur Charakterisierung des deutschen Denkstils *Sombart*, Händler und Helden. Patriotische Besinnungen, S. 64: „deutsch sein, heißt ein Held sein, und dem englischen Händlertum im Geiste und im Leben setzen wir ein deutsches Heldentum entgegen“. Dieselbe Stoßrichtung, allerdings in einem deutlich gemäßigteren Tonfall, besitzen Thomas Manns 1918 erschienene „Betrachtungen eines Unpolitischen“. Im Dritten Reich wurden die anti-britischen und anti-französischen Vorurteile und Stereotype noch einmal aufgewärmt und vergröbert.

28 Diese Abneigung äußert sich z. B. darin, dass die französische Aufklärung in den meisten deutschsprachigen Lehrwerken zur Rechtsphilosophie kaum behandelt wird oder gleich ganz unerwähnt bleibt. Eine der wenigen Ausnahmen bildet *Zippelius*, Rechtsphilosophie, § 14.

29 Zu ihm *Schofield*, Bentham, S. 14 f; 35 f.; *Nielsen*, NPL 54 (2009), 241 (243 f.); ausführlich *Blamires*, The French Revolution and the Creation of Benthamism, S. 95 ff.

30 *Dumont* (Hrsg.), Grundsätze der Civil- und Criminal-Gesetzgebung, aus den Handschriften des englischen Rechtsgelehrten Jeremias Bentham Bd. 1.

31 *v. Mohl*, Die Geschichte und Literatur der Staatswissenschaften, in Monographien dargestellt, Bd. 3, S. 593 – 635.

„deutsche Bentham" bezeichnet;[32] die auf ihn zurückgehende Methode der „Interessen- und Wertungsjurisprudenz" prägt die deutsche Zivilrechtswissenschaft noch heute.[33] Nur im Strafrecht scheint Bentham wenig Einfluss ausgeübt zu haben, und dies trotz der Tatsache, dass sich seine Bemühungen zur Rechtsreform jedenfalls in den ersten Jahrzehnten seines Schaffens auf das Strafrecht konzentrierten. Bei genauerem Hinsehen kann man aber auch in der deutschen Strafrechtswissenschaft Spuren Bentham'scher Gedanken erkennen, etwa in der Theorie der Deliktseinteilungen. Vieles harrt hier freilich noch einer gründlicheren wissenschaftsgeschichtlichen Untersuchung.[34]

Utilitaristen und vor allem ihr Schulengründer Bentham gelten in Deutschland oft als flache Prediger bloßer „Nützlichkeit", auf deren Altar sie alle höheren Werte zu opfern bereit sind. Dem Bentham'schen Konsequentialismus, also der Vorstellung, bei der Bewertung einer Handlung oder einer Regel müsse auf die Folgen der Handlung oder Regelbefolgung für die von ihnen Betroffenen geschaut werden,[35] wird die „deontologischen Lehre" Immanuel Kants gegenübergestellt, der eine Berücksichtigung empirischen Folgen bei der Bewertung von Handlungen oder Regeln ausdrücklich ausgeschlossen wissen wollte.[36] Vor allem im 19. Jahrhundert scheint der Glaube an die Überlegenheit der Kant'schen Position einen festen Platz im deutschen Nationalbewusstsein eingenommen zu haben.

---

32 Dazu *Luik*, Die Rezeption Jeremy Benthams in der Deutschen Rechtswissenschaft, S. 189 f.; siehe auch schon *Coing*, ARSP 1968, 69; auch in *Coing*, Gesammelte Aufsätze zu Rechtsgeschichte, Rechtsphilosophie und Zivilrecht, Bd. 2, S. 177–195 (183 ff. zu Jhering).

33 Speziell vom Verständnis von „subjektivem Recht" *Marschelke*, Subjektive Rechte bei Bentham und Jhering, in: Kaufmann/Renzikowski (Hrsg.), Freiheit als Rechtsbegriff, S. 241–279.

34 Dies gilt etwa für Benthams Lehre von der Beweiswürdigung, dazu *Twining*, Theories of Evidence. Bentham and Wigmore.

35 Der Utilitarismus ist dabei nur eine Unterform des Konsequentialismus, der nicht zwingend das Wohlergehen der Betroffenen berücksichtigen muss, sondern z. B. auf die Folgen für die Macht des Staates oder die Leistungsfähigkeit der Wirtschaft abstellen könnte. Allgemein zur Diskussion um den Konsequentialismus *Scheffler*, The Rejection of Consequentialism; *Scheffler* (Hrsg.), Consequentialism and its Critics; zuletzt *Nida-Rümelin*, Eine Theorie praktischer Vernunft, S. 279 ff.

36 Eingehend zu dieser die ganze praktische Philosophie durchziehenden Dichotomie *Birnbacher*, Analytische Einführung in die Ethik, S. 113 ff., 173 ff., insb. S. 122 ff. Der Verzicht auf jedwede Folgenberücksichtung ist praktisch nicht durchführbar und deswegen oft (und m. E. zu Recht) kritisiert worden, etwa anhand von Kants „Lügenbeispiel" (*Kant*, Über ein vermeintliches Recht, aus Menschenliebe zu lügen, in Weischedel (Hrsg.), Werkausgabe, Bd. 8, S. 637 ff.): Sollte es wirklich moralisch verboten sein, zu lügen, wenn die Gestapo an der Haustür klingelt und nach dem Aufenthaltsort des jüdischen Freundes, der im Haus Unterschlupf gefunden hat, fragt? Vielleicht zählen Handlungsfolgen eben doch.

„Deutsch ist, wer eine Sache um ihrer selbst willen tut" soll kein Geringerer als Richard Wagner erklärt haben.[37]

Besonders suspekt ist die Methode der „Verrechnung" oder besser: „Aggregierung" von Interessen. Damit ist gemeint, dass nach Benthams Vorstellung bei der Folgenberücksichtigung positiv und negativ bewertete Folgen einander gegenübergestellt und einer Gesamtwürdigung unterzogen werden. Durch eine derartige Aggregation von Interessen und ihre wechselseitige „Aufrechnung" könnten basale Rechte von Individuen bedroht sein.[38] Bentham hat das Problem allerdings durchaus gesehen und sich damit auseinandergesetzt,[39] freilich ohne dass seine Positionen und Argumente in der deutschen Diskussion auch nur zur Kenntnis genommen wurden. Bentham und sein Utilitarismus dürften die meistbekämpfte unbekannte rechtsphilosophische Position des deutschen Sprachraums bilden.

Es überrascht deshalb nicht, dass dem Utilitarismus sehr weitgehende und nicht selten geradezu schockierende Positionen zugeschrieben werden. So gilt der Utilitarismus als eine Philosophie, die Menschenrechte leugnet, ja es wird ihr nachgesagt, aus Nützlichkeitserwägungen sogar Menschen opfern zu wollen. In der Auseinandersetzung um „Leben-gegen-Leben"-Konstellationen wie dem Weichenstellerfall (im angelsächsischem Sprachraum als das „Trolley-Problem" bekannt) oder dem Dilemma-Problem beim automatisierten Fahren[40] diente und dient der Utilitarismus als Negativfolie, um die eigene, vermeintlich moralisch weit überlegene Position darstellen zu können.

In der juristischen Ausbildung wird dazu häufig der fiktive Organspender-Fall bemüht, bei dem ein junger Student mit gesunden Organen in ein Krankenhaus geht und dort von einem utilitaristisch eingestellten Arzt „ausgeschlachtet" wird, welcher dann die gesunden Organe an andere Patienten verteilt, um so den Gesamtnutzen der Situation – ein Toter, aber mehrere andere Personen gerettet – zu erhöhen. Eine derartige Abwägung der beteiligten Interessen – Philosophen

---

37 Korrekt zitiert klingt es nicht ganz so martialisch: „Hier kam es zum Bewusstsein und erhielt seinen bestimmten Ausdruck, was deutsch sei, nämlich: die Sache, die man treibt, um ihrer selbst und der Freude an ihr willen treiben." *Wagner*, Deutsche Kunst und Deutsche Politik, S. 82.

38 In der Rechtswissenschaft und praktischen Philosophie wird dieser Gesichtspunkt vor allem bei der Analyse von Notstandssituationen wie dem Weichensteller- oder Trolley-Problem verwendet, dazu *Hilgendorf*, ZStW 130 (2018), 674 (683 f.).

39 Dazu *Hilgendorf*, ZStW 130 (2018), 674 (687 f.).

40 *Hilgendorf*, ZStW 130 (2018), 674 (zum Utilitarismus S. 685 ff.).

sprechen auch von „Interessenaggregation – wird meist als für den Utilitarismus typisch angesehen.[41]

II Benthams Utilitarismus als moderne Form des Eudämonismus und Naturalismus

In derartigen Fällen wird ein Zerrbild des Bentham'schen Utilitarismus gezeichnet, das mit den wirklichen Intentionen und Positionen dieser Denkschule kaum etwas zu tun hat. Der Utilitarismus ist eine philosophische Lehre, nach welcher der Kern der Moral darin besteht, anderen Gutes zu tun und so ihr Glück, ihr Wohlergehen zu erhöhen. Immer wieder ist auf die Nähe dieser Lehre zur christlichen Ethik hingewiesen worden.[42] In der europäischen Aufklärung vertraten Denker wie Helvetius und Beccaria utilitaristische Positionen.[43] Die Formel vom „größten Glück der größten Zahl, scheint zum ersten Mal bei Francis Hutcheson aufzutauchen;[44] gemeint ist damit, dass nicht nur das Wohlergehen einiger Weniger (der „happy few") befördert werden dürfe, sondern das einer möglichst großen Zahl von Menschen. [45]

Den britischen Denker und Rechtsreformer Jeremy Bentham kann man als Kristallisationspunkt und eigentlichen Gründer des Utilitarismus ansehen. Er führte zum einen die Philosophie der Aufklärung weiter, thematisierte andererseits aber bereits überaus modern anmutende moralische und politische Fragen, die im Gefolge der Industriellen Revolution entstanden waren. Bentham ist der

---

41 So auch von *Waldron* (Hrsg.), Theories of Rights, Introduction, S. 18 f.: „We must not let the formal sophistication of modern utilitarianism blind us to the fact that, at the level of content, utilitarians remain perfectly happy about (indeed are necessarily and profoundly committed to) the possibility of trading off the interests in life or liberty of a small number of people against a greater sum of the lesser interests of others." Siehe auch *Paul/Miller/Paul* (Hrsg.), Utilitarianism: The Aggregation Question.

42 Sogar Benthams Meisterschüler John Stuart Mill schreibt: „Wenn es wahr ist, dass Gott vor allem das Glück seiner Geschöpfe will und dass dies seine Absicht war, als er sie erschuf, dann ist die Nützlichkeitslehre nicht nur keine gottlose Lehre, sondern eine, die tiefer religiös ist als jede andere." (*Mill*, Der Utilitarismus. Übersetzung, Anmerkungen und Nachwort von Dieter Birnbacher, S. 37). Vgl. auch *Scarre*, Utilitarianism, S. 33 ff.

43 *Heydt*, Utilitarianism before Bentham, in: Eggleston/Miller (Hrsg.), The Cambridge Companion to Utilitarianism, S. 30 ff.

44 *Hutcheson*, An Inquiry into the Original of our Ideas of Beauty and Virtue in two treaties, S. 125; dazu *Heydt*, Utilitarianism before Bentham, in: Eggleston/Miller (Hrsg.), The Cambridge Companion to Utilitarianism, S. 24.

45 Man könnte auch von „Gemeinwohl" („common good") sprechen.

vielleicht früheste Theoretiker des Wohlfahrtsstaates.[46] Auch deswegen ist er in sehr viel stärkerem Maße unser Zeitgenosse als etwa Immanuel Kant. Über Benthams Schüler John Stuart Mill ist der Utilitarismus zu einer weltweit verbreiteten Lehre geworden, die heute in einer so großen Vielzahl von Varianten vertreten wird, dass es problematisch erscheinen muss, von „dem Utilitarismus" zu sprechen.[47]

Der klassische Utilitarismus[48] bildet ein wesentliches Element des modernen Liberalismus und steht in dieser Hinsicht der Menschenrechtstheorie in nichts nach. Beide – Utilitarismus und Menschenrechtstheorie – sind wie einander entfremdete Schwestern, deren wechselseitige Missverständnisse sich mit ein wenig gutem Willen aufklären und beseitigen ließen. Benthams Utilitarismus stellt die vielleicht wirkmächtigste direkte Fortführung der Aufklärungsphilosophie dar, gleichzeitig verdanken wir ihm die Grundlegung der modernen Kriminalpolitik.[49] Schon aus diesen Gründen lohnt es, sich mit dem britischen Denker näher zu beschäftigen. Ein unvoreingenommener Zugang könnte vielleicht Schätze zutage fördern, die bislang unbeachtet liegengelassen wurden.

Wollte man Benthams Denkstil in wenigen Schlagworten charakterisieren, so böten sich folgende Charakteristika an:

1. *Sprachkritik:* In der Tradition von Locke und Hume betont Bentham die Fehleranfälligkeit der Sprache und fordert, Fiktionen auf Aussagen über reale Entitäten zurückzuführen. Seine Methode der „Paraphrase", die im deutschen Sprachraum bislang kaum zur Kenntnis genommen wurde, erinnert in Vielem an die Metaphysikkritik des „Wiener Kreises" zu Beginn des 20. Jahrhunderts.[50] Mit Benthams *Kritik der Fiktionen*[51] eng verbunden ist ein energischer *Nominalismus*, also die Vorstellung, dass Allgemeinbegriffe lediglich sprachlicher Natur sind und nicht Entitäten der realen Welt entsprechen.
2. Ein zweites Kennzeichen des Bentham'schen Denkens ist ein dezidierter *Naturalismus:* Die Phänomene der uns umgebenden Welt sollen auf der Grundlage unseres Erfahrungswissens und der darauf aufbauenden empirischen Wissenschaften erklärt wer-

---

46 Dazu (mit kritischer Tendenz) *Bahmueller*, The National Charity Company. Jeremy Bentham's Silent Revolution.

47 Exemplarisch *Shaw*, Contemporary Ethics. Taking Account of Utilitarianism; *Sen/Williams* (Hrsg.), Utilitarianism and Beyond; umfassend *Crimmins* (Hrsg.), The Bloomsbury Encyclopedia of Utilitarianism; vgl. ferner *Schroth* (Hrsg.), Texte zum Utilitarismus. Zur Auseinandersetzung um den Utilitarismus auch *Glover* (Hrsg.), Utilitarianism and its Critics.

48 *Gähde/Schrader*, Der klassische Utilitarismus. Einflüsse, Entwicklungen, Folgen.

49 *Hilgendorf*, Jeremy Bentham – Child of the Enlightenment and Father of Modern Legal Policy, in: Hilgendorf/Seminara (Hrsg.), Strafrechtsphilosophie der Aufklärung, S. 111.

50 Einführend *Hilgendorf*, Zur Philosophie des frühen logischen Empirismus. Ein Problemaufriß, in: Hilgendorf (Hrsg.), Wissenschaftlicher Humanismus. Texte zur Moral- und Rechtsphilosophie des frühen logischen Empirismus, S. 378–459, insb. S. 400 ff.

51 Dazu *Harrison*, Bentham, S. 24 ff.; S. 47 ff.

den.[52] „Wunder" gibt es ebenso wenig wie übernatürliche Wesen, die uns sagen, was wir tun sollen. Man kann Bentham damit als einen der ersten Protagonisten einer dezidiert *empirisch fundierten Sozial- und Gesetzgebungswissenschaft* ansehen.[53].

3. Um Benthams Einstellung zur Ethik und Rechtspolitik zu umschreiben, bieten sich die Merkmale *säkularer Humanismus*[54] und *Eudämonismus an:* Die praktische Philosophie soll sich an menschlichen Bedürfnissen, konkret am menschlichen Streben nach Glück, orientieren. Ziel der Rechtspolitik ist die Wahrung und Steigerung des *Gemeinwohls.*
4. Benthams Argumentationsstil bleibt über sein gesamtes Werk hinweg ähnlich: Er weist *Missstände* auf und analysiert die ihnen zugrunde liegende Rechtslage. Sodann entwirft er in großem Detail (und häufig mit Hilfe komplizierter begrifflicher Neuerungen[55]) *Alternativregelungen.*[56] Die meisten dieser Vorschläge sind zeitgebunden und heute nur noch von historischem Interesse, viele wurden zwischenzeitlich in die Praxis umgesetzt, andere aber, etwa seine Ideen zum Schutz der Tiere und zu einer Reform des Sexualstrafrechts, sind von unveränderter Brisanz.
5. Individuelle Akte, aber auch gesetzgeberische Regelungen sind nach Bentham an ihrer Eignung zu messen, individuelles *Glück*[57] *und Gemeinwohl* zu steigern. Dieser Ansatz durchzieht sein gesamtes Lebenswerk. Recht ist dabei ein *Mittel*, um das Gemeinwohl zu erhöhen. Benthams Verständnis von Gesetzgebung und Recht ist durch und durch zweckrational.

---

52 Dazu *Vollmer*, Was ist Naturalismus? Eine Begriffsverschärfung in zwölf Thesen in: *Vollmer*, Auf der Suche nach der Ordnung. Beiträge zu einem naturalistischen Welt- und Menschenbild, S. 21ff.

53 Bentham war überdies sehr kirchenkritisch eingestellt, was auch mit bestimmten Kindheitserlebnissen in Verbindung gebracht werden kann. Als 16-Jähriger wurde er gezwungen, gegen seine Überzeugung einen Eid auf die 39 Artikel der Kirche von England zu leisten. Aus Angst vor seinem Vater unterwarf sich Bentham, doch scheint ihn diese demütigende Erfahrung bis in das hohe Alter verfolgt und gepeinigt zu haben. Näher *Schofield*, Bentham, S. 2.

54 *Hilgendorf*, Humanismus und Recht – Humanistisches Recht? Eine erste Orientierung, in: Groschopp (Hrsg.), Humanismus und Humanisierung, S. 36–56.

55 Dies führt dazu, dass viele Texte Benthams selbst für Muttersprachler keine einfache Lektüre darstellen.

56 Benthams Vorgehen ähnelt stark dem Modell von „Konstruktion und Kritik", welches insbesondere Hans Albert in die Diskussion eingeführt hat, dazu *Hilgendorf*, Konstruktion und Kritik, in: Hilgendorf/Joerden, Handbuch Rechtsphilosophie, S. 216–221.

57 Bentham verwendet in seinen Schriften regelmäßig den Ausdruck „pleasure". In den frühen Übersetzungen ins Deutsche (auf Grundlage der in französischer Sprache verfassten Zusammenfassungen Etienne Dumonts) wird häufig der Ausdruck „Lust" verwendet, was zu Beginn des 19. Jahrhunderts vertretbar gewesen sein mag, heute aber wegen der veränderten Bedeutung von „Lust" (konnotiert v.a. mit „sexueller Lust") den von Bentham gemeinten Sinn verfehlt. In Ausdrücken wie „Gartenlust" oder „Wanderlust" lebt der alte Sprachgebrauch fort.

III Benthams Analyse subjektiver Rechte

Benthams Analyse subjektiver Rechte ist gleich in mehrerer Hinsicht von Interesse. Zum einen ist seine Position geistesgeschichtlich von erheblicher Bedeutung. Bentham ist einer der wichtigsten Repräsentanten der britischen Reaktion auf die Radikalisierung der Französischen Revolution.[58] Obwohl er zunächst mit der französischen Reformbewegung sympathisierte, stieß ihn die Gewalt der Revolutionäre bald ab. Insofern unterscheidet sich Bentham kaum von seinem in Deutschland ebenfalls nicht sonderlich geachteten Landsmann Edmund Burke.[59]

Bentham verdient des Weiteren deswegen besonderes Interesse, weil es ihm gelungen sein dürfte, tatsächliche und noch heute virulente Probleme in der Konzeption subjektiver Rechte herauszuarbeiten.[60] Das Zeitalter der Französischen Revolution war auch ein „Zeitalter der Rechte", in welchem (angeblich) alte Rechte beschworen und neue erfunden und ausformuliert wurden.[61] Oft wird übersehen, dass Bentham eine eigene Konzeption subjektiver Rechte entwickelt hat, die sich von denen der französischen Revolutionäre allerdings in mehreren Hinsichten deutlich unterschied. Beginnen wir mit Benthams begrifflicher Analyse der Konzepte „Pflicht" und „Recht":

> „1. That may be said to be my duty to do ... which you (or some other person or persons) have a right to have me made to do. I then have a duty towards you. You have a right as against me.
>
> 2. What you have a right to have me made to do ... is that which I am liable, according to law, upon a requisition made on your behalf, to be punished for not doing.

---

58 *Schofield*, JBS 13 (2011).

59 Berühmt sind dessen „Reflections on the Revolution in France" (1790), dt. unter dem Titel *Burke*, Betrachtungen über die Französische Revolution.

60 Die heutige Diskussion zu (subjektiven) Rechten ist uferlos, aber einseitig, vgl. nur *Martin/Sprenger* (Hrsg.), Rights. Proceedings of the 17th. World Congress of the International Association for Philosophy of Law and Social Philosophy (IVR), Vol. 1; zur Kritik des vorherrschenden Rechtsdiskurses *Fagan*, Human Rights. Confronting Myths and Misunderstandings; *Dembour*, Critiques, in: Moeckli/Shah/Sivakumaran (Hrsg.), International Human Rights Law, S. 41–59. Benthams Position wird kenntnisreich verteidigt von *Schofield*, A Defense of Jeremy Bentham's Critique of Natural Rights, in: Zhai/Quinn (Hrsg.), Bentham's Theory of Law and Public Opinion, S. 208–230, vgl. auch schon *Schofield*, Utilitas 15 (2003).

61 Für einen Überblick *MacCormick/Bankowski* (Hrsg.), Enlightenment, Rights and Revolution. Essays in Legal and Social Philosophy.

3. I say punished: for without the notion of punishment (that is of pain annexed to an act, and accruing on a certain account, and from a certain source) no notion can we have of either right or duty."[62]

Ganz ähnlich formuliert er in einem seiner Spätwerke, den „Pannomial Fragments" (1831):

> „Obligation (...) is the product of a law. ... A law, when entire, is a command; but a command supposes eventual punishment; without eventual punishment, or the apprehension of it, obedience would be an effect without a cause. ...
>
> Obligation has place, when the desire on the part of the superior, the obliger, being signified to the obligee, he understands that in the event of his failing to comply with such desire, evil will befall him ....
>
> Right – Otherwise than from the idea of obligation, no clear idea can be attached to the word right."[63]

Folgende Elemente sind für Benthams Vorgehen charakteristisch: Er beginnt mit einer sprachlichen Analyse,[64] stellt sodann die logischen Beziehungen zwischen Pflicht und Recht heraus und bindet beide Konzepte zurück an das Konzept „Strafe", wobei Strafe als Leidzufügung definiert wird. Die fiktiven Begriffe „Pflicht", „Recht" und Strafe" werden also auf eine den Sinnen zugängliche Erfahrung, nämlich die Zufügung von Leid, zurückgeführt. Das damit skizzierte Verständnis von „Pflicht" und „Recht" entspricht dem heutigen Verständnis in der Rechtstheorie und auch in der Jurisprudenz.[65] Es kann also keine Rede davon sein, dass Bentham das Konzept des subjektiven Rechts nicht kennt oder ablehnt. Hintergrund seiner analytischen Arbeit[66] ist Benthams Fiktionenkritik, die sich praktisch als Metaphysikkritik auswirkt, in Kombination mit einem strengen

---

62 *Bentham*, A Fragment on Government, in Burns/Hart (Hrsg.), A Comment on the Commentaries and A Fragment on Government, Kapitel V Fn. 6.

63 *Bentham*, Pannomial Fragments, in Bowring (Hrsg.), The Works of Jeremy Bentham, Bd. 3, S. 217.

64 Bentham hat, wie oben II bereits dargelegt wurde, eine besondere Form der Sprachanalyse eingeführt, die, auf Ideen von Locke und Hume aufbauend, fiktive Konzepte auf reale Gegebenheiten zurückzuführen sucht, dazu *Harrison*, Bentham, S. 47 ff.

65 *Marschelke*, Subjektive Rechte bei Bentham und Jhering, in: Kaufmann/Renzikowski (Hrsg.), Freiheit als Rechtsbegriff, S. 241–279.

66 Man kann Bentham als Vater der analytischen Rechtstheorie bezeichnen, die später u. a. von John Austin (1790–1859) ausgebaut wurde, zur Theorie der Rechte *Austin*, The Province of Jurisprudence Determined (1832), S. 158 f., 285 ff. Grundlegend ferner die Analyse von Rechten bei Hohfeld und Hart (zu beiden oben Fn. 5).

Naturalismus.[67] Ein uns vorgegebenes „Naturrecht" oder vorgegebene „moralische Rechte" existieren nicht.[68]

Damit kommen wir zu einem ersten Zwischenergebnis: Bentham erkennt die Existenz subjektiver Rechte durchaus an. Im Mittelpunkt seiner Analyse steht aber nicht angebliches „Naturrecht", sondern die begriffliche Analyse des juristischen Sprachgebrauchs.[69] Das Konzept „subjektives Recht" wird über die Konzepte „Verpflichtung" und „Strafe" präzisiert. Bei Benthams Analyse von subjektiven Rechten dominiert die analytische Perspektive; der Freud-Leid-Topos tritt zurück.

IV Benthams Kritik an der Menschenrechtskonzeption der Französischen Revolutionäre

1 „Unsinn auf Stelzen"

In Benthams Konstruktion von Recht als System – Bentham prägt dafür den Ausdruck „Kodifikation" – spielt das Konzept des subjektiven Rechts eine zentrale Rolle. Es handelt sich aber um von Menschen geschaffene, also „gesetzte", nicht um „natürliche" oder gar „angeborene" subjektive Rechte. Man könnte auch von (für das jeweilige Rechtssystem) „internen" statt „externen" Rechten sprechen. Nach Bentham werden subjektive Rechte vom Gesetzgeber, d.h. vom Staat erzeugt; ihre Existenz setzt die Existenz einer Rechtsordnung voraus. Die Art und Weise ihrer Formulierung hängt von den jeweiligen historischen Gegebenheiten und insbesondere den Unrechtserfahrungen ab, die eine Gesellschaft gemacht hat.[70] Und sie können, wenn dies historisch erforderlich erscheint, verändert und z.B. präzisiert oder ausgeweitet werden.[71]

---

67 Dazu oben II.

68 Der Ausdruck „moralisches Recht" wird in der jüngeren Literatur häufig als Ersatz für den weitgehend diskreditierten Begriff „Naturrecht" verwendet. Zum Für und Wider „moralischer Rechte" siehe die Beiträge in *Sandkühler* (Hrsg.), Recht und Moral.

69 *Marschelke*, Jeremy Bentham, S. 159 schreibt deshalb, „wenigstens unterschwellig (sei) die Perspektive von Benthams Behandlung des Rechtsbegriffs immer die einer Naturrechtskritik"

70 Der Staat schafft Rechte, um als schutzwürdig angesehene Interessen seiner Bürgerinnen und Bürger zu sichern und zu verteidigen. Die Setzung von „Rechten" geht also mittelbar auf die Erfahrung von (moralischem) „Unrecht" zurück. Ganz ähnlich *Dershowitz*, Rights from Wrongs. A Secular Theory of the Origins of Rights (zu Bentham S. 64f.).

71 Das heißt aber offenbar auch, dass sie eingeschränkt und zurückgenommen werden können. Praktisch unterscheiden sie sich darin aber nicht von angeblich „natürlichen" Rechten, die, wie die Geschichte zeigt, sogar besonders leicht verbogen und sogar in ihr Gegenteil verkehrt werden

Natürliche, also von Natur gegebene Rechte existieren nicht. Dies erklärt, warum sich Bentham so entschieden gegen die Konzeption angeborener subjektiver Rechte in den Amerikanischen und Französischen Menschenrechtserklärungen[72] wendet. Er hat seine Position in dem Text „Nonsense upon stilts" von 1795[73] sehr klar und teilweise sogar geradezu polemisch ausgeführt. Cum grano salis lassen sich folgende Stoßrichtungen seiner Argumentation unterscheiden:

Seiner Ansicht enthält die Erklärung zunächst zahlreiche falsche oder zumindest unzweckmäßige Behauptungen. Ein Beispiel ist der Gleichheitssatz. Dazu schreibt Bentham: „Alle Menschen werden gleich an Rechten geboren. Die Rechte des Erben der mittellosesten Familie sind den Rechten des Erben der reichsten gleich. In welchem Sinn ist dies wahr? Ich spreche gar nicht von den erblichen Würden und Amtsgewalten."[74] Nimmt man die fragliche Deklamation wörtlich, hat Bentham zweifellos Recht: Wir werden nicht mit gleichen Rechten geboren. Die Verfassungsgeber meinen „angeborene" Menschenrechte, geben das Gemeinte aber in einer Aussage wieder, die wörtlich genommen unzutreffend ist. Wir haben uns heute an diesen Sprachgebrauch gewöhnt; zu Benthams Zeiten war er neu und musste bei Lesern, die wie Bentham auf sprachliche Nuancen Wert legten, Anstoß erregen.

Ähnlich bewertet Bentham die Formulierung des Gesetzlichkeitsprinzips: „Niemand kann anders als aufgrund eines Gesetzes bestraft werden, das vor Begehung der Tat beschlossen, verkündet und rechtmäßig angewandt wurde. Wenn ... anstelle des zur Auflehnung reizenden „kann" das Wort „sollte" verwandt worden wäre, wäre dieser Satz wohl in Ordnung gewesen."[75] In der Fas-

können. Die Wandelbarkeit und fast beliebige Interpretierbarkeit der Vorstellung „natürlicher Rechte" wird kaum mehr bestritten.

72 Am bekanntesten sind die Virginia Bill of Rights (1776) und die Erklärung der Menschen- und Bürgerrechte der französischen Nationalversammlung vom 26.08.1789, welche später der Französischen Verfassung von 1791 als Präambel vorangestellt wurde. Benthams 1795 verfasste Kritik bezieht sich vor allem auf letztere.

73 *Bentham*, Rights, Representation, and Reform. Nonsense upon Stilts and other Writings on the French Revolution, in: Schofield/Pease-Watkin/Blamires (Hrsg.), The Collected Works of Jeremy Bentham. Die wichtigsten Texte finden sich in deutscher Übersetzung in *Bentham*, Unsinn auf Stelzen. Schriften zur Französischen Revolution, hrsg. von Niesen (danach wird im Folgenden zitiert).

74 *Bentham*, Unsinn auf Stelzen. Schriften zur Französischen Revolution, hrsg. von Niesen, S. 142.

75 *Bentham*, Unsinn auf Stelzen. Schriften zur Französischen Revolution, hrsg. von Niesen, S. 168. Siehe auch *Schofield*, Utility and Democracy, The Political Thought of Jeremy Bentham, S. 66 ff. zu Benthams Kritik des Wörtchens „can". Die Ambivalenz von „kann" und „darf", „kann nicht" und „darf nicht" belastet die Juristensprache noch heute. Dasselbe gilt für die Ange-

sung, die ihm der Verfassungsgeber gegeben hat, sei er jedoch falsch, und in der Tat: ganz offensichtlich „kann" eine Person auch aufgrund eines ad hoc formulierten Gesetzes bestraft werden; sie kann sogar ganz ohne gesetzliche Grundlage bestraft werden. Wäre dies nicht so, würde es gar keinen Sinn machen, dagegen ein Verbot aussprechen zu wollen. Bentham hält die Folgen eines solchen Verfassungssatzes für unglücklich: „So, wie er ist, ... bringt er nicht nur die ewige Gefahr der Auflehnung mit sich, sondern lässt einen beträchtlichen Teil der Gefahr, gegen die er sich wendet, unberücksichtigt und ungebannt."[76]Die Formulierung führt also nicht bloß dazu, dass die darin enthaltene Aussage falsch ist, sondern sie ist auch unzweckmäßig, weil sie Folgen erzeugt, die der Verfassungsgeber gerade nicht intendierte.

Für Bentham kann es ohne Gesetzgeber keine Gesetze und ohne Gesetze keine Rechte geben: „Recht und Gesetz sind Ausdrücke, die aufeinander verweisen wie Sohn und Vater. Ein Recht ist für mich das Kind des Gesetzes".[77] Vorstaatliche „natürliche" Rechte sind deshalb unmöglich. Bentham hält die Rhetorik „natürlicher" Rechte nicht nur für semantisch verfehlt, sondern auch für politisch gefährlich. Da die meisten Formulierungen der Erklärung streng genommen falsch, sinnlos oder zumindest irreführend sind, ist Streit über ihre Auslegung bis hin zu gewalttätigen Auseinandersetzungen vorprogrammiert. Bentham spricht geradezu von einer „Sprache des Terrors".[78] Die Konklusion seiner Analyse ist im berühmten Satz festgehalten: „Natürliche Rechte sind schlichter Unsinn, natürliche und unantastbare Rechte rhetorischer Unsinn, Unsinn auf Stelzen".[79]

2 Bewertung

Was ist von dieser Argumentation zu halten? Bentham argumentiert durchaus vielschichtig. Eine zentrale Rolle spielt bei ihm die Logik; immer wieder verweist er auf die Verwechslung von Sein und Sollen, von „kann" und „sollte": Ob jemand

wohnheit, eine beschreibende Formulierung zu wählen, wenn eine vorschreibende angebracht wäre (etwa in Art. 1 Abs. 1 GG).

76 *Bentham*, Unsinn auf Stelzen. Schriften zur Französischen Revolution, hrsg. von Niesen, S. 168.

77 *Bentham*, Unsinn auf Stelzen. Schriften zur Französischen Revolution, hrsg. von Niesen, S. 194.

78 *Bentham*, Unsinn auf Stelzen. Schriften zur Französischen Revolution, hrsg. von Niesen, S. 147.

79 *Bentham*, Unsinn auf Stelzen. Schriften zur Französischen Revolution, hrsg. von Niesen, S. 147.

wegen einer bestimmten Tat nicht bestraft werden kann, meint etwas völlig anderes als dass er nicht wegen dieser Tat bestraft werden sollte.

Auf einer zweiten Argumentationsebene finden sich primär semantische Argumente. Nach Bentham kann es Rechte ohne Gesetzgeber nicht geben. Das folgt für ihn schon aus dem Begriff „Recht". Die Rede von „natürlichen Rechten" stellt eine sprachliche Verwirrung dar, die für Bentham entweder ideologischer Natur ist oder eine intendierte Täuschung (fallacy) darstellt. Bentham hat eine ausgefeilte Kritik an politischen Irreführungen (fallacies)[80] erarbeitet, die er als Hauptursache für den schlechten Zustand des englischen Rechts seiner Zeit ansah.

Auf einer dritten Ebene argumentiert Bentham politisch. Sprachlicher Nebel, gerade wenn er Grundlagenfragen wie den Schutz basaler menschlicher Interessen und die Wahrung des Gemeinwohls betrifft, erschwert die rationale Diskussion oder macht sie gleich ganz unmöglich. Für ihn ergibt sich aus der Anerkennung logisch fehlerhafter und semantisch konfuser Konstruktionen wie „natürliche Rechte" eine Einladung, inhaltliche Meinungsverschiedenheiten mit Gewalt zu entscheiden.

Hinzu kommt, dass die Vorstellung, bestimmte Inhalte seien von Natur aus ein und für allemal festgelegt, auf eine Festlegung und damit Entmachtung künftiger Gesetzgeber hinausläuft, die Bentham nicht zu akzeptieren bereit ist.[81] In der Tat kann man fragen, inwieweit „unveränderliche Rechte" mit einer Demokratie vereinbar sind.[82] Für Bentham ist das Konzept angeborener und unantastbarer Rechte dem Allgemeinwohl nicht förderlich, weder in der Gegenwart noch in der Zukunft.

Damit kommen wir zu einem zweiten Zwischenergebnis: Bentham lehnt die Konzeption angeborener und unverlierbarer Rechte aus logischen, semantischen und politischen, vor allem demokratietheoretischen Gründen ab. Hinzu tritt die Befürchtung von Auflehnung und Terror im Namen angeblich „unverlierbarer" Menschenrechte. Dies bedeutet aber nicht die Ablehnung der Berechtigung liberaler Forderungen nach Freiheit und Gleichheit. Im Gegenteil kann Benthams Philosophie als eine der wichtigsten Verteidigungen dieser Position angesehen werden. Bentham steht mit seinen Forderungen auch keineswegs in Opposition zu den Forderungen der politischen Aufklärung, vielmehr ist Bentham selbst Ver-

---

80 Überblick bei *Schofield*, Bentham, S. 94 ff. Die Nähe der Vorschläge Benthams zu neueren Ausarbeitungen aus dem Kontext der Argumentationstheorie ist frappierend.

81 *Bentham*, Unsinn auf Stelzen. Schriften zur Französischen Revolution, hrsg. von Niesen, S. 148.

82 In der Verfassungslehre spricht man zurückhaltender von einem „Spannungsverhältnis" zwischen Rechtsstaatlichkeit und Demokratie.

treter und Förderer der politischen Aufklärung seiner Zeit. Wichtig und von einer theoretischen Perspektive aus besonders interessant ist, dass Benthams Kritik an angeborenen Rechten nicht mit Freude-Leid-Erwägungen begründet wird; der utilitaristische Grundtopos einer Interessenabwägung spielt hier keine Rolle. Kosten-Nutzen-Rechnungen zulasten von Einzelnen oder Minderheiten werden nicht als Argumente gegen subjektive Rechte eingeführt.

V Zur bleibenden Bedeutung von Benthams Kritik subjektiver Rechte

Jedenfalls den reflektierteren Leserinnen und Lesern sollte die Vorstellung, Rechte seien angeboren, problematisch erscheinen.[83] Angeboren sind Eigenschaften, die in unserer DNA festgelegt sind und so auf die jeweils neue Generation weitergegeben werden. Dazu gehören etwa das Geschlecht oder die Augenfarbe. Bislang hat m.W. kein Naturforscher die Position vertreten, auch Rechte seien in der DNA festgelegt. Eher vertretbar erscheint ein metaphorisches Verständnis: Jedes Lebewesen, das die Eigenschaften eines Menschen hat, besitzt auch bestimmte basale Rechte. Die Frage ist nur, wer dem Menschen diese Rechte zugeordnet hat. Die Natur? Ein Gott oder eine Göttin? Als erkenntnistheoretischer Skeptiker würde Bentham diese Fragen wohl offenlassen müssen. Oder wäre es nicht besser zu sagen, dass jeder Mensch derartige Rechte besitzen *sollte?* Eine Lösung, der er wohl zustimmen könnte, wäre, basale Rechte dieser Art als *Setzungen* zu bezeichnen, also als Festlegungen, die wir aus moralischen und politischen Gründen treffen. Derartige Setzungen können so ausgestaltet sein, dass sie vom einfachen Gesetzgeber nicht mehr ohne weiteres beseitigt werden können. Dies entspricht, wie wir wissen, dem Weg, den der deutsche Grundgesetzgeber bei den Grundrechten und insbesondere bei der Menschenwürde[84] eingeschlagen hat.

Benthams Argument, nicht hinreichend reflektierte und ungeschickt formulierte Menschenrechtserklärungen könnten leicht zu Gewalt führen, hat sich bekanntlich bewahrheitet.[85] Andere Probleme, die Bentham angesichts der Menschenrechtserklärungen der Franzosen auszumachen glaubte, etwa die Gefahr

83 Sehr klar dazu *Stemmer*, Begründen, Rechtfertigen und das Unterdrückungsverbot, S. 53 ff.
84 *Hilgendorf*, Kritischer Rationalismus und das Recht, in: FS für Reinhard Merkel, S. 213–234 (229 ff.).
85 Allerdings wäre es offensichtlich verfehlt, die Gewaltexzesse der Französischen Revolution ab 1792 unmittelbar auf die Formulierung der Menschenrechte zurückzuführen.

einer „Herrschaft der Toten über die Lebenden", sind dagegen nicht eingetreten. Dies liegt unter anderem daran, dass wir heute bei der Interpretation der Grundrechte, also der positivierten Menschenrechte, über bewährte Methoden verfügen, um Unklarheiten, Meinungsverschiedenheiten und Interessenkonflikte aufzulösen.[86] Die Grundrechte sind so weit und ausdeutbar formuliert, dass der Interpretation ein weiter Spielraum gewährt wird. So ist etwa der Unterschied zwischen „Sein" und „Sollen", zwischen „kann" und „sollte" für einen deutschen Verfassungsinterpreten heute wohl keine besondere Herausforderung mehr.

Dass dies nicht selbstverständlich ist, zeigen die USA: Dort vertritt der sogenannte Originalismus, eine in der US-Verfassungslehre sehr starke Position, die Meinung, dass die Verfassung stets wortwörtlich interpretiert werden müsse.[87] Damit ergibt sich in der Tat etwas, das man als die „Herrschaft der Toten über die Lebenden" bezeichnen könnte. Begründet wird in den USA der Originalismus unter anderem mit dem Argument, dass eine freie Interpretation die verfassungsrechtliche mit der politischen Argumentation unangemessen vermengen würde, ein Hinweis, dem Bentham wohl beipflichten würde.

In der deutschen Verfassungslehre und Verfassungsrechtsprechung wird dagegen der Wortlaut der Grundrechte durch die herrschende Auslegungslehre und nicht zuletzt über die Figur der Abwägung erheblich flexibilisiert.[88] Die Abwägung läuft dabei im Wesentlichen auf Folgenerwägungen hinaus, also auf einen genuin Bentham'schen Topos. Auch der Verhältnismäßigkeitsgrundsatz, der vom Gesetzgeber eine Zieldefinition, die Eignung und Erforderlichkeit der getroffenen Maßnahmen sowie Verhältnismäßigkeit im engeren Sinne[89] verlangt, ist mit Benthams Denken nicht nur ohne weiteres vereinbar, sondern geradezu Grundlage seiner strafrechtlichen Reformvorschläge.[90] Wichtig ist es für Bent-

---

86 *Battis/Gusy*, Einführung in das Staatsrecht, § 1 Rn. 25 ff.

87 Einführend *Bobbit/Graber*, Constitutional Interpretation, in: Hall (Hrsg.), The Oxford Companion to the Supreme Court of the United States, S. 211–219. Wichtige Vertreter dieser Position sind etwa die früheren Richter Antonin Scalia und Clarence Thomas. Von letzterem stammt die Formulierung: „When interpreting (constitutional provisions, E.H.), we must be guided by their original meaning, for the Constitution is a written instrument'" (McIntyre vs. Ohio Elections Commission (1995), S. 359), hier zitiert nach The Oxford Companion to the Supreme Court, a.a.O., S. 212. Dazu sehr kritisch etwa *Posner*, Divergent Paths. The Academy and the Judiciary, S. 86 ff.

88 *Battis/Gusy*, Einführung in das Staatsrecht, § 1 Rn. 36 ff.: Verfassungsgerichtsbarkeit als politische Kraft.

89 *Battis/Gusy*, Einführung in das Staatsrecht, § 12 Rn. 553 ff.

90 *Bentham*, Principles of Penal Law. Part II: Rationale of Punishment, in: Bowring (Hrsg.), The Works of Jeremy Bentham, Bd. 1, Kapitel VI, S. 399 ff.

ham, dass der Gesetzgeber selbst über die Ziele entscheidet und nicht die „Toten". Gemeinwohlorientierung erfordert zu allen Zeiten Flexibilität, um neuen gesellschaftlichen Entwicklungen gerecht zu werden.

Abschließend stellt sich die Frage, wie sich der Utilitarismus zur heutigen Theorie der Menschenrechte verhält. Für Bentham und andere Vertreter des klassischen Utilitarismus gibt es keine vorstaatlichen Rechte. Die Argumente dagegen wurden bereits von Bentham klar ausformuliert. Dennoch sind Menschenrechte durchaus auch im Rahmen des Utilitarismus begründbar[91] und zwar als menschliche Setzungen, die auf bestimmten Unrechtserfahrungen beruhen und bestimmte Aufgaben haben, etwa die Verteidigung basaler menschlicher Interessen. Meines Erachtens lässt sich selbst die Menschenwürde als nicht abwägbares Basisrecht einer Rechtsordnung im Rahmen des Utilitarismus begründen.[92] Die Garantie der Menschenwürde ist danach eine Setzung, die aus bestimmten historischen Gründen veränderungsfest ausgestaltet ist – oder zumindest so veränderungsfest, wie eine rechtliche Regelung überhaupt ausgestaltet werden kann.

VI Ergebnis

Damit komme ich zum Gesamtergebnis: Bentham lehnt subjektive Rechte keineswegs pauschal ab, sondern nur die als „vorstaatlich" und „angeboren" verstandenen Bürger- und Menschenrechte der amerikanischen Unabhängigkeitsbewegung und der französischen Revolution. Er stützt seine Kritik auf logische, semantische und politische Gründe, die zumindest nachvollziehbar erscheinen. Das utilitaristische Nützlichkeitsprinzip spielt in seinem Argumentationsgang keine wesentliche Rolle. Benthams Bedenken gegen die Konzeption unantastbarer Menschenrechte lassen sich entschärfen, wenn man die Menschenrechtskataloge als Setzungen betrachtet, die ihrerseits durch Folgenerwägungen begründet werden. Die offene Verfassungsinterpretation, so wie sie etwa in der Bundesrepublik Deutschland praktiziert wird, nimmt Benthams Argumenten viel von ihrer Schärfe.

Positiv gewendet, könnte man die These aufstellen, dass Bentham zentrale Probleme der modernen Verfassungsinterpretation vorausgesehen hat. Aber auch darüber hinaus findet sich bei Bentham Vieles, was eine nähere Beschäftigung

---

91 *Talbott*, Human Rights and Human Well-Being; S. 4 spricht von „robust rights", die auch innerhalb eines konsequentialistischen Systems nicht ohne Weiteres beiseite geräumt werden können, ferner *Gesang*, Wirtschaftsethik und Menschenrechte, S. 144ff.

92 Siehe oben Fn. 84.

mit seinem Werk lohnend erscheinen lässt. Interessant und weiterführend scheint mir vor allem der Gedanke der Konstruierbarkeit des positiven Rechts: Recht ist uns nicht vorgegeben, sondern beruht auf menschlichen Setzungen, die sich bewähren, aber auch abgeändert werden können. Dafür bedarf es einer rationalen normativen Grundlage. Mit diesem Gedanken ist Bentham zum Vater der modernen Gesetzgebungslehre geworden.

Literatur

Austin, J., The Province of Jurisprudence Determined (1832), Indianapolis/Cambridge 1954/1998.

Bahmueller, C. F., The National Charity Company. Jeremy Bentham‘s Silent Revolution, Berkeley u. a. 1981.

Battis, U./Gusy, C., Einführung in das Staatsrecht, 6. Aufl., Berlin 2018.

Bentham, J., A Fragment on Government (1775, publiziert 1776), in: Burns, J. H./Hart, H. L. A. (Hrsg.), A Comment on the Commentaries and A Fragment on Government, The Collected Works of Jeremy Bentham, London 1977, S. 391–551.

Bentham, J., Introduction to the Principles of Morals and Legislation (1780, publiziert 1789), in: Burns, J. H./Hart, H. L. A. (Hrsg.), The Collected Works of Jeremy Bentham, London 1970, 2. Aufl., Oxford 1996.

Bentham, J., Of the Limits of the Penal Branch of Jurisprudence, in: Schofield, P. (Hrsg.), The Collected Works of Jeremy Bentham, 2010, S. 42 ff. und passim.

Bentham, J., Pannomial Fragments, in: Bowring, J. (Hrsg.), The Works of Jeremy Bentham, Bd. 3, Edinburgh 1843.

Bentham, J., Panopticon, or, The Inspection-House (1787), in: Božovič, M. (Hrsg.), The Panopticon Writings, London/New York 1995, S. 31–95.

Bentham, J., Principles of Penal Law. Part II: Rationale of Punishment, in: Bowring, J. (Hrsg.), The Works of Jeremy Bentham, Bd. 1, Edinburgh 1843.

Bentham, J., Rights, Representation, and Reform. Nonsense upon Stilts and other Writings on the French Revolution, in: Schofield, P./Pease-Watkin, C./Blamires, C. (Hrsg.), The Collected Works of Jeremy Bentham, Oxford 2002.

Bentham, J., Unsinn auf Stelzen. Schriften zur Französischen Revolution, hrsg. von Niesen, P., Berlin 2013.

Birnbacher, D., Analytische Einführung in die Ethik, 3. Aufl., Berlin/Boston 2013.

Blamires, C., The French Revolution and the Creation of Benthamism, New York 2008.

Bobbit, P./Graber, M. A., Constitutional Interpretation, in: Hall, K. L. (Hrsg.), The Oxford Companion to the Supreme Court of the United States, 2. Aufl., Oxford 2005, S. 211–219.

Böhme, K., Aufrufe und Reden deutscher Professoren im Ersten Weltkrieg, 2. Aufl., Stuttgart 2014.

Brockmeier, P./Desné, R./Voss, J. (Hrsg.), Voltaire und Deutschland. Quellen und Untersuchungen zur Rezeption der Französischen Aufklärung, Stuttgart 1979.

Burke, E., Betrachtungen über die Französische Revolution. Mit einer Einleitung von Dieter Henrich, Frankfurt am Main 1967.

Coing, H., Benthams Bedeutung für die Entwicklung der Interessenjurisprudenz und der allgemeinen Rechtslehre, Archiv für Rechts- und Sozialphilosophie 54 (1968), S. 69–88.
Coing, H., Gesammelte Aufsätze zu Rechtsgeschichte, Rechtsphilosophie und Zivilrecht, Bd. 2, Frankfurt am Main 1982.
Colli, G./Montinari, M. (Hrsg.), Friedrich Nietzsche, Sämtliche Werke, Kritische Studienausgabe, Bd. 6, München 1988.
Crimmins, J. E. (Hrsg.), The Bloomsbury Encyclopedia of Utilitarianism, London/New York 2013.
Crimmins, J. E., On Bentham, Belmont u. a. 2004.
Dembour, M.-B., Critiques, in: Moeckli, D./Shah, S./Sivakumaran, S. (Hrsg.), International Human Rights Law, 3. Aufl., Oxford 2018, S. 41–59.
Dershowitz, A., Rights from Wrongs. A Secular Theory of the Origins of Rights, New York 2004.
Dinwiddy, J. R., Bentham, Oxford 1989.
Dumont, E., Grundsätze der Civil- und Criminal-Gesetzgebung, aus den Handschriften des englischen Rechtsgelehrten Jeremias Bentham, Bd. 1, bearbeitet von Beneke, F. E., 2. Aufl., Berlin 1930.
Fagan, A., Human Rights. Confronting Myths and Misunderstandings, Cheltenham 2009.
Gähde, U./Schrader, W. H., Der klassische Utilitarismus. Einflüsse, Entwicklungen, Folgen, Berlin 1992.
Gesang, B., Wirtschaftsethik und Menschenrechte. Ein Kompass zur Orientierung im ökonomischen Denken und im unternehmerischen Handeln, Tübingen 2016.
Glover, J. (Hrsg.), Utilitarianism and its Critics, New York/London 1990.
Harrison, R., Bentham, London 1983.
Hart, H. L. A., Essays on Bentham: Jurisprudence and Political Philosophy, Oxford 1982.
Heydt, C., Utilitarianism before Bentham, in: Eggleston, B./Miller, D. E. (Hrsg.), The Cambridge Companion to Utilitarianism, Cambridge 2014, S. 16–37.
Hilgendorf, E., Die geistesgeschichtlichen Grundlagen des heutigen Strafrechts in der Aufklärung, in: Hilgendorf, E./Valerius, B./Kudlich, H. (Hrsg.), Handbuch des Strafrechts, Bd. 1, Heidelberg 2019, § 6 Rn. 117 ff.
Hilgendorf, E., Dilemma-Probleme beim automatisierten Fahren, Zeitschrift für die gesamte Strafrechtswissenschaft 130 (2018), S. 674–703.
Hilgendorf, E., Humanismus und Recht – Humanistisches Recht? Eine erste Orientierung, in: Groschopp, H. (Hrsg.), Humanismus und Humanisierung, Aschaffenburg 2014, S. 36–56.
Hilgendorf, E., Jeremy Bentham – Child of the Enlightenment and Father of Modern Legal Policy, in: Hilgendorf, E./Seminara, S., Strafrechtsphilosophie der Aufklärung, Berlin 2018, S. 95–111.
Hilgendorf, E., Konstruktion und Kritik, in: Hilgendorf, E./Joerden, J. C., Handbuch Rechtsphilosophie, Stuttgart 2017, S. 216–221.
Hilgendorf, E., Kritischer Rationalismus und das Recht, in: Festschrift für Reinhard Merkel zum 70. Geburtstag, Berlin 2020, S. 213–234.
Hilgendorf, E., Zur Philosophie des frühen logischen Empirismus. Ein Problemaufriß, in: Hilgendorf, E. (Hrsg.), Wissenschaftlicher Humanismus. Texte zur Moral- und Rechtsphilosophie des frühen logischen Empirismus, S. 378–459.
Hofmann, W., Politik des aufgeklärten Glücks, Berlin 2002.
Hohfeld, W. N., Fundamental Legal Concepts as Applied in Judicial Reasoning and other Legal Essays, New Haven 2019.

Hoeres, P., Krieg der Philosophen. Die deutsche und die britische Philosophie im Ersten Weltkrieg, Paderborn u.a. 2004.

Hutcheson, F., An Inquiry into the Original of our Ideas of Beauty and Virtue in two treaties, hrsg. von Leidhold, W., 2. rev. ed., Indianapolis 2008.

Kant, I., Metaphysik der Sitten (1797), in: Weischedel, W. (Hrsg.), Werkausgabe, Bd. 8, Frankfurt am Main 1968. S. 305–634.

Kant, I., Über ein vermeintliches Recht, aus Menschenliebe zu lügen, in: Weischedel, W. (Hrsg.), Werkausgabe, Bd. 8, Frankfurt a.M. 1968, S. 637–643.

Kelly, P., Utilitarianism and Distributive Justice. Jeremy Bentham and the Civil Law, Oxford 1990.

Kramer-McInnis, G., Der „Gesetzgeber der Welt" – Jeremy Benthams Grundlegung des klassischen Utilitarismus, Zürich/St. Gallen 2008.

Luik, S., Die Rezeption Jeremy Benthams in der Deutschen Rechtswissenschaft (Forschungen zur deutschen Rechtsgeschichte 20), Köln u.a. 2003.

MacCormick, N./Bankowski, Z. (Hrsg.), Enlightenment, Rights and Revolution. Essays in Legal and Social Philosophy, Aberdeen 1989.

Mack, M. P., Jeremy Bentham, An Odyssey of Ideas, New York 1963.

Mann, Th., Betrachtungen eines Unpolitischen, Berlin 1918.

Marschelke, J.-C., Jeremy Bentham – Philosophie und Recht, Berlin 2008.

Marschelke, J.-C., Subjektive Rechte bei Bentham und Jhering, in: Kaufmann, M./Renzikowski, J. (Hrsg.), Freiheit als Rechtsbegriff, Berlin 2016, S. 241–279.

Martin, R./Sprenger, G. (Hrsg.), Rights. Proceedings of the 17th. World Congress of the International Association for Philosophy of Law and Social Philosophy (IVR), Bd. 1, Stuttgart 1997.

Mestmäcker, E.-J., Mehrheitsglück und Minderheitenherrschaft – Zu Jeremy Benthams Kritik der Menschenrechte, in: Baier, H./Kepplinger, H.-M./Reumann, K. (Hrsg.), Öffentliche Meinung und sozialer Wandel, Opladen 1981, S. 316–327.

Mill, J. S., Der Utilitarismus. Übersetzung, Anmerkungen und Nachwort von Dieter Birnbacher, Stuttgart 1976, ND. 1994.

Mohl, R. v., Die Geschichte und Literatur der Staatswissenschaften, in Monographien dargestellt, Bd. 3, Erlangen 1858.

Morscher, E. (Hrsg.), Was heißt es, ein Recht auf etwas zu haben?, St. Augustin 2004.

Nasher, J., Die Moral des Glücks. Eine Einführung in den Utilitarismus, Berlin 2009.

Nida-Rümelin, J., Eine Theorie praktischer Vernunft, Berlin 2020.

Niesen, P., Nützlichkeit, Sicherheit, Demokratie: Zur neueren Diskussion um Jeremy Benthams Utilitarismus, Neue Politische Literatur (NPL) 54 (2009), S. 241–260.

Niesen, P., Kant über den Wert des Glücks, in: Helzel, A. (Hrsg.), Negativität und Unbestimmtheit. Beiträge zu einer Philosophie des Nichtwissens, Bielefeld 2009, S. 203–220.

Nietzsche, F., Götzen-Dämmerung oder Wie man mit dem Hammer philosophiert, Leipzig 1889.

Paul, E. F./Miller, F. D./Paul, J. (Hrsg.), Utilitarianism: The Aggregation Question, Cambridge 2009.

Posner, R. A., Divergent Paths. The Academy and the Judiciary, Cambridge 2016.

Postema, G. J., Bentham and the Common Law Tradition, 2. Aufl., Oxford 2019.

Ritschel, G., Jeremy Bentham und Karl Marx. Zwei Perspektiven der Demokratie, Bielefeld 2018.

Sandkühler, H. J. (Hrsg.), Recht und Moral, Hamburg 2010.
Scarre, G., Utilitarianism, New York 1996.
Scheffler, S. (Hrsg.), Consequentialism and its Critics, Oxford/New York 1988.
Scheffler, S., The Rejection of Consequentialism. Erweiterte Aufl., New York 1994.
Schofield, P., A Defense of Jeremy Bentham‘s Critique of Natural Rights, in: Zhai, X./Quinn, M. (Hrsg.), Bentham‘s Theory of Law and Public Opinion, Cambridge 2014, S. 208–230.
Schofield, P., Bentham. A Guide for the Perplexed, London/New York 2009.
Schofield, P., Jeremy Bentham and the British intellectual response to the French Revolution, Journal of Bentham Studies 13 (2011, online erschienen).
Schofield, P., Jeremy Bentham‘s ‘Nonsense upon Stilts‘, Utilitas 15 (2003, online erschienen).
Schofield, P., Utility and Democracy. The Political Thought of Jeremy Bentham, Oxford 2006.
Schroth, J. (Hrsg.), Texte zum Utilitarismus, Stuttgart 2016.
Sen, B./Williams, B. (Hrsg.), Utilitarianism and Beyond, Cambridge 1982.
Shaw, W. H., Contemporary Ethics. Taking Account of Utilitarianism, Oxford 1999.
Sombart, W., Händler und Helden. Patriotische Besinnungen, Berlin 1915.
Stemmer, P., Begründen, Rechtfertigen und das Unterdrückungsverbot, Berlin 2013.
Talbott, W. J., Human Rights and Human Well-Being, Oxford 2010.
Tusseau, G. (Hrsg.), The Legal Philosophy and Influence of Jeremy Bentham. Essay on The Limits of the Penal Branch of Jurisprudence, London/New York 2014.
Twining, W., Theories of Evidence. Bentham and Wigmore, Stanford 1986.
Vollmer, G., Auf der Suche nach der Ordnung. Beiträge zu einem naturalistischen Welt- und Menschenbild, Stuttgart 1995.
Wagner, R., Deutsche Kunst und Deutsche Politik, Leipzig 1868.
Waldron, J. (Hrsg.), Theories of Rights, Oxford 1984.
Welzbacher, C. (Hrsg.), Der radikale Narr des Kapitals. Jeremy Bentham, das „Panoptikum“ und die „Auto-Ikone“, Berlin 2011.
Zippelius, R., Rechtsphilosophie, 6. Aufl., München 2011.

Christoph Menke
Verfassung und subjektive Rechte

I

Warum überhaupt subjektive Rechte? Diese Frage verstehe ich im Folgenden im politischen Sinn. Die Frage lautet daher: Warum subjektive Rechte zur Regulierung des politischen Prozesses? Diese Regulierung ist die Aufgabe der Verfassung. Die Verfassung ist die Gesamtheit, das System der Regeln, die den politischen Prozess der Selbstartikulation und -regierung eines Gemeinwesens organisieren und dadurch das Gemeinwesen als politisches instituieren, also konstituieren. Die Verfassung legt fest, wie – durch welche Verfahren, Instanzen, Regeln – die politische Selbstregierung eines Gemeinwesens erfolgt. Die Verfassung instituiert die politische Freiheit. Die Frage „Warum subjektive Rechte?" lautet daher, weshalb Verfassungen – die darin „liberal" sind – für die Erfüllung *dieser* Aufgabe das Instrument subjektiver Rechte verwenden. Weshalb erklären liberale Verfassungen subjektive Rechte[1], um die Selbstregierung des Gemeinwesens zu organisieren? Das heißt zunächst, nach dem Problem zu fragen, für dessen Lösung die liberale Verfassung auf subjektive Rechte zurückgreift. Von daher lässt sich dann weiter fragen, ob subjektive Rechte ein zur Lösung dieses Problem geeignetes Instrument sind oder im Gegenteil sich dadurch ein neues Problem auftut, das die liberale Verfassung nicht lösen kann – ob also die liberale Einrichtung von subjektiven Rechten eine sich selbst unterlaufende Strategie ist.

II

Die gestellte Frage ernst zu nehmen setzt voraus, dass zwei extreme Positionen zum Verhältnis von Verfassung und Rechten nicht überzeugend sind.

Die erste Position sieht sie als völlig unabhängig voneinander oder äußerlich gegeneinander. Das ist die Position, die Carl Schmitt in seiner *Verfassungslehre*[2] vertritt. Nach Schmitt gibt es einen politischen und einen rechtsstaatlichen „Bestandteil" der Verfassung. Im ersten Teil gibt es keine subjektiven Rechte: Die

1 Solche subjektiven Rechte können als Grundrechte verstanden werden. Umgekehrt sind aber Grundrechte nicht notwendigerweise subjektive Rechte; diese Auffassung ist erst allmählich und verbreitet erst in der zweiten Hälfte des 20. Jahrhunderts entstanden.
2 *Schmitt*, Verfassungslehre.

https://doi.org/10.1515/9783110704013-007

Ordnung des politischen Prozesses operiert mit dem Begriff der (Teilnahme-) Macht. Demgegenüber buchstabiert der rechtsstaatliche Teil die Konsequenzen aus, die sich aus der inhaltlichen Vorentscheidung „im Sinne der bürgerlichen Freiheit" (125) ergeben. Diese Vorentscheidung etabliert ein „Verteilungsprinzip", nach dem die individuelle Freiheit prinzipiell unbegrenzt, die politisch-staatlichen Eingriffe demgegenüber prinzipiell begrenzt sind (126). Die (Grund-)Rechte sichern diese – bürgerlich-liberal-individualistisch behauptete oder geforderte – Verteilung ab.[3] Mit dem politischen Sinn der Verfassung, in dem es um die Bildung oder Organisation der politischen „Identität" geht, hat das nichts zu tun.

Die Gegenposition (für die sich die genannte Frage ebenfalls nicht stellt) ist die sogenannte „liberal-demokratische". Demnach verlangt bereits die Beteiligung am politischen Prozess zwingend die Form der subjektiven Rechte. Politische Teilnahmerechte sind demnach eine weitere Klasse subjektiver Rechte – eine der „Kompetenzen", die der Bürger hat (und die Alexy nach dem privatrechtlichen Modell Hohfelds versteht).[4] Darin unterscheidet sich die liberal-demokratische Position von der klassisch liberalen; denn die klassischen Liberalen waren keine Demokraten. Die liberal-demokratische Gleichsetzung von politischer Ermächtigung und individueller bzw. subjektiver Berechtigung operiert mit der Annahme, dass jemandem einen normativen Status zuzuerkennen überhaupt bedeutet, nichts anderes bedeuten *kann* als dass er oder sie ein subjektives Recht hat. Sie naturalisiert die Form subjektiver Rechte (bzw. sieht in dieser Form die einzige effektive Institutionalisierung von normativem Status). Deshalb kann (oder muss) Ronald Dworkin erklären: „Die Frage, ob Bürger *irgendwelche* moralische Rechte gegen ihren Staat haben, steht selbst nicht in Zweifel."[5]

III

Die Verfassung konstituiert den politischen Prozess. Dabei geht es darum (so Marina Martinez Mateo[6] – der ich hier und im nächsten Schritt folge – im Blick auf

3 Das führt nach Schmitt letztlich zu einer Unterminierung der politischen Sphäre. Insofern sind die Bereiche nicht unabhängig: Die Rechte zerstören das Politische.

4 *Alexy*, Theorie der Grundrechte, S. 222.

5 *Dworkin*, Bürgerrechte ernstgenommen, S. 303. D. führt das als einen empirischen Satz ein, der aber für ihn sogleich einen axiomatischen Status gewinnt. Hier operiert Habermas entschieden vorsichtiger: Für ihn ist es historisch kontingent, dass die politische Teilnahme in die Form der „Sprache der Rechte" gebracht werden muss. Diese Sprache ist nach Habermas kontingent, aber die einzige, die wir haben (um normativ verbindlichen Status zu artikulieren).

6 *Martinez Mateo*, Politik der Repräsentation. Zwischen Formierung und Abbildung.

Schmitt und Hobbes), das Volk zu einer Einheit zu „formieren"; d. h., das Volk so im politischen Prozess zu repräsentieren, dass es eine Einheit bildet. Diese politische Einheit des Volkes ist der Staat. Sie ist die Voraussetzung der Rede von der Selbstregierung. Nur wenn oder weil das Volk, als Staat, eine Einheit bildet, kann man es als ein sich selbst regierendes Subjekt verstehen: Das zum oder im Staat formierte Volk ist das politische Subjekt der Selbstregierung. Die Verfassung organisiert also die Äußerungen, Urteile etc. des Volkes so, dass sie zusammen als Beiträge, als Elemente seiner Selbstregierung verstanden werden können.

Man versteht diesen Prozess der Formierung des Volkes zur Einheit daher falsch, wenn man ihn allein als die Konstitution einer höchsten politischen Macht (mit dem Attribut der Souveränität) begreift. Die Idee der Selbstregierung versteht den Prozess der Formierung normativ: Nur wenn das Volk eine Einheit bildet, kann es sich selbst regieren, wird es also nicht von einem Anderen beherrscht. Ohne die Einheit des Volkes ist alle Regierung bloß die Herrschaft der einen über die anderen. Wenn dagegen alle Urteile so verstanden werden können (und also so vollzogen werden müssen), dass sie als Beiträge jedes einzelnen im politischen Prozess Momente in der Konstitution einer Einheit ist, dann ist jeder einzelne (oder jeder am politischen Prozess Beteiligte) auch ein Teil der Einheit. Also ist das, was sie beschließt, ihm nicht äußerlich, sondern sein eigener Beschluss. Der normative Punkt der Formierung des Volkes zur politischen Einheit („Staat") ist nichts anderes als die Idee der politischen Autonomie: die Überwindung von Herrschaft.[7] Die Einheit ist die Bedingung der Erhaltung der Freiheit im Gemeinwesen.

IV

Die Einheitsidee der Verfassung ist normativ begründet, aber sie ist strukturell unrealisierbar. Wie Martinez Mateo zeigt, registrieren schon die Theoretiker der Verfassung (bzw. der Repräsentation) als Formierung – also Hobbes und Schmitt – selbst, dass die Formierung des Volkes zur Einheit des Staates auf ihrer Rückseite immer einen Rest hervorbringt, der in den politischen Prozess nicht aufgehoben werden kann – ein Moment des Nichtformierbaren: die Menge bei Hobbes, das formlose Volk bei Schmitt.[8] Mit diesem Rest kann die politisch konstituierte

---

7 *Skinner*, Proceedings of the British Academy 162 (2009), S. 325.

8 „Die Notwendigkeit, den Staat immer wieder als Ordnungsgaranten zu inszenieren, inszeniert zugleich mit, dass die Ordnungsgarantie des Staates nie endgültig erreicht werden kann. Damit kann die Transformation von Unordnung in Ordnung nur scheitern, denn es bleibt ein Rest von Unordnung immer in der Ordnung bestehen. Hätte es tatsächlich eine Transformation gegeben,

Einheit unterschiedlich umzugehen versuchen; bei Hobbes ist es Gegenstand der Repression, bei Schmitt auch der politischen Instrumentalisierung (durch charismatische Führer). Das heißt aber nichts anderes als dass der durch die politische Formierung hervorgebrachte Rest des Nichtformierbaren in diesen Konzepten in seiner Notwendigkeit, aber nicht in seinem Recht anerkannt wird: Der Rest hat kein Recht. Denn alles *politische* Recht liegt definitionsgemäß beim Staat als dem Zustand der Einheit des Volkes.

Hier setzt das bürgerlich-liberale Gegenkonzept der Verfassung ein: Es setzt mit der Frage nach der Berechtigung des in der politischen Einheit nicht Repräsentierbaren ein. Die Antwort auf diese Frage gibt das liberale Modell der Verfassung als „Abbildung" (so Martinez Mateo im Blick auf Burke, Madison und Mill[9]). Danach geht es in der Verfassung nicht um die Formierung des Volkes zur politischen Einheit, sondern um die Abbildung der – wie sich gezeigt hat – irreduziblen Differentialität des Volkes *gegenüber* der politischen Einheit.

Der Einsatzpunkt des liberalen Abbildungsmodells ist also herrschaftskritisch. Genauer: Der liberale Einsatzpunkt ist eine Wiederholung und Reformulierung der Herrschaftskritik in zweiter Potenz.[10] Denn herrschaftskritisch war auch bereits das Formierungsmodell. Sein Einsatz besteht in der Einsicht, dass sich die Überwindung der Äußerlichkeit der Herrschaft nur denken lässt, wenn jede Entscheidung, die das Gemeinwesen betrifft, auch von diesem selbst getroffen worden ist, und das setzt voraus, dass das Gemeinwesen eine Einheit bildet, in der jeder als Moment oder Teil enthalten ist. Denn für den, der dies nicht ist, ist die politische Entscheidung (und ihre Durchsetzung) bloß äußerliche Gewalt. Der kritische Einsatz des Abbildungsmodells besteht nun in der Einsicht,

---

dürfte es den Staat nicht mehr brauchen; wäre er erfolgreich, müsste er sich abschaffen. Das ist die Paradoxie einer als Formierung konzipierten Souveränität, die von der Negativität ausgeht. Carl Schmitt geht in seiner in diesem Punkt vergleichbaren Hobbes-Deutung sogar so weit, dass er von einer Wesensgleichheit von Staat und Naturzustand spricht: ‚Der Staat ist nach Hobbes nur der mit großer Macht fortwährend verhinderte Bürgerkrieg.' (Lev, 34). Die Menge stellt die konstitutive Negativität und Unordnung im Staat dar. Sie ist sein Anderes und zugleich der implizite Subtext des Staates." (*Martinez Mateo*, Politik der Repräsentation. Zwischen Formierung und Abbildung, S. 71 f.) Der Effekt der Produktion von Nichtformierbarem durch die politische Formierung ist ein Effekt der *Re*produktion einer anfänglichen, vorpolitischen Differenz. Die politische Einheit muss erst gemacht werden. Sie beginnt daher mit natürlicher Differenz. Gibt man teleologische Naturkonzepte preis, dann gibt es keine Aufhebung des Natürlichen ins Politische. Im Versuch, dem natürlich Differenten vor der Politik die Form einer politischen Einheit zu geben, wird es als Differenz gegenüber der Politik, das heißt seiner Einheit, reproduziert.

9 *Martinez Mateo*, Politik der Repräsentation. Zwischen Formierung und Abbildung, Kap. 3.

10 Das ist offensichtlich weder eine Aussage über die Motive der Formierungstheoretiker noch der liberalen Abbildungstheoretiker.

dass genau dies nicht nur kontingenterweise eintritt (oder aus Egoismus, Bosheit, Dummheit etc.), sondern ein notwendiger Effekt des politischen Einheitsformierung selbst ist. Der herrschaftskritische Impuls, auf den das Formierungsmodell zurückgeführt werden kann, wendet sich damit gegen es selbst: Er bringt das Gegenprogramm der Abbildung hervor.[11]

V

Der Liberalismus setzt mit der Einsicht in das immanente Problem der politischen Einheit ein. Dieses Problem besteht darin, dass die Formierung des Volkes zur Freiheit im Staat in Herrschaft umschlägt. Darin begründet der Liberalismus die Forderung nach Rechten. Was aber sollen Rechte dabei leisten? Und können sie es?

Der Grundgedanke des Liberalismus lässt sich an dieser Stelle so verstehen: Wenn es zum Wesen der politischen Einheitsformierung gehört, dass es Teile des Volkes gibt, die in den Einheits- oder allgemeinen Willen nicht differenzlos eingehen können, sondern ihm gegenüber different bleiben müssen (und dies entgegen dem Autonomieversprechen des Formierungsmodells die Wiederkehr von Herrschaft bedeutet); wenn es zugleich aber keine akzeptable Alternative mehr zu dem politischen Formierungsmodell gibt, weil dies die Preisgabe der Idee der Volkssouveränität (also der Idee, dass die politische Legitimität ihren Grund allein in dem hat, was das Volk will oder wollen kann) bedeutete – dann liegt es nahe, die Form der politischen Repräsentation grundsätzlich anders zu verstehen. Das Formierungsmodell begreift die politische Repräsentation des Volkes so, dass jeder seiner Teile in den Prozess seiner Einheitsbildung eingeht; die Anwesenheit des Volkes im politischen Prozess ist hier transformativ verstanden: als die Verwandlung des Individuums in einen Teil. Dagegen setzt das liberale Abbildungsmodell die These, dass die Anwesenheit des Volkes im politischen Prozess – zumindest *auch* – limitativ zu verstehen ist. Demnach werden die einzelnen Elemente des Volkes im politischen Prozess in ihrem Wollen repräsentiert; es wird also dasjenige Wollen der einzelnen abgebildet, das sie vorher, das heißt: vorpolitisch schon hatten und von dem einiges als so fundamental (und daher allgemein geteilt) angesehen wird, dass jeder einzelne ein unhintergehbares *Recht* auf dessen Berücksichtigung hat. Rechte repräsentieren also das vorpolitische

11 Der Schritt von der Verfassung als Formierung zur Verfassung als Abbildung ist also ein erster Zug in der Dialektik von „Herrschaftsausübung" und „Herrschaftskritik", die nach Kolja Möller die politische Dynamik der Verfassung überhaupt ausmacht. Siehe *Möller*, Formwandel der Verfassung. Die postdemokratische Verfasstheit des Transnationalen, S. 26.

(soziale, ökonomische, kulturelle, etc.) Wollen des Volkes im politischen Prozess.[12] Aber nicht so, dass dieses Wollen bloß die Materie der politischen Formierung bildet. Sondern so, dass ihm der normative Status eines Grundes zukommt, der nur noch durch Gründe derselben Form – andere Rechte – relativiert werden kann. Rechte begrenzen (und begründen zugleich) das, was im politischen Prozess entschieden wird. Rechte sind „Trümpfe“ (Dworkin): Sie stellen sicher, dass in jeder politischen Entscheidung das Wollen des Volkes in bestimmten fundamentalen Gehalten repräsentiert und damit berücksichtigt ist. So relativieren sie die Äußerlichkeit der Herrschaft, die jede politische Einheit ausübt: Die Rechte relativieren die Herrschaft auf Äußerliches (während alles Wesentliche durch Grundrechte garantiert ist).

VI

Grundrechte als subjektive Rechte sind das Ergebnis politischer Festlegungen: der Verfassungsgebung. Zugleich begrenzen und begründen sie die Prozesse der politischen Selbstregierung, die sich innerhalb der Verfassung vollzieht (und grundrechtskonform sein muß). Dass (Grund-)Rechte als Trümpfe funktionieren, heißt, dass sie den Stich machen: Sie beenden den normativen Konflikt. Wenn ich mich zurecht auf mein Recht berufe – das heißt: wenn ich mich zurecht darauf berufe, dass eine Handlung die Ausübung eines Rechts ist, das ich habe –, dann kann politisch nicht mehr urteilend oder steuernd oder verändernd, also regierend in mein Wollen und Handeln eingegriffen werden. Wenn das, was nicht normativ beurteilt und verändert werden kann, „Natur“ genannt werden kann, dann ist der Effekt der subjektiven Berechtigung also eine Naturalisierung des Wollens. Mit dem subjektiven Recht entsteht daher eine radikal neue Kategorie der normativen Geltung. Die subjektive Berechtigung der Person a zum Wollen und Tun von X verpflichtet alle anderen zur bloßen Hinnahme des Wollens und Tuns von X durch Person a als eine für sie nicht zu beurteilende und zu verändernde Tatsache.

Das ist darin anders als im traditionellen Recht, weil dort dieser Typ von Beziehung 1. auf das Zivilrecht begrenzt war (und das Zivilrecht selbst außerordentlich begrenzt war), und 2. in einem geteilten normativen Urteil über das Gute (von X) begründet war. Beides entfällt, wenn Grundrechte als subjektive Rechte begriffen werden:

12 Zu dieser Deutung der modernen oder bürgerlichen Form subjektiver Rechte siehe *Menke*, Kritik der Rechte, v. a. Teil I.

Erstens wird nun die zivilrechtliche Normativität, als Verhältnis zwischen einzelnen Personen, auf das ontologisch ganz andere Verhältnis zwischen den einzelnen und ihrem Gemeinwesen angewandt (mit der Konsequenz der Zerstörung von Institutionalität als solcher);

zweitens tritt an die Stelle eines kollektiv geteilten, also politischen Urteils über das Gute von X die Feststellung seiner Faktizität: dass Menschen faktisch oder von Natur aus X wollen, dass dies – zum Beispiel Ressourcen für ihre Selbsterhaltung – zu wollen also ihre Natur ist. Die Materie der subjektiven Rechte (also das, wozu sie berechtigen) wird konsequenterweise daher auch durch Naturbestimmungen des Wollens ausgedrückt: Willkür (nicht Autonomie) und Interessen (nicht Güter).

Die systemischen Effekte von Grundrechten als subjektiven Rechten sind mithin 1. die Privatisierung und 2. die Naturalisierung des Sozialen.

VII

Die These, dass der Effekt der subjektiven Rechte in der Naturalisierung des Wollens besteht, unterscheidet sich grundlegend von der des jungen Marx', der diesen Effekt – moralistisch – als „Egoismus" beschreibt.[13] Naturalisierung heißt nicht, dass der durch subjektive Rechte autorisierte Wille egoistisch ist, sondern dass die Frage, ob er egoistisch *oder* altruistisch ist, der öffentlichen Beurteilung entzogen wird: Die normative Differenz wird naturalisiert – entnormativiert.[14] Das geschieht dadurch, dass durch die Form der subjektiven Rechte die Entscheidung dieser normativen Frage in der Hand der privaten Rechteträger liegt: Sie können nach Belieben entscheiden, ob sie ihre Rechte so oder so ausüben wollen. Durch die Etablierung einer Ordnung der Rechte hat sich das politische Subjekt – das Gemeinwesen – diese Entscheidung entzogen; die Etablierung einer Ordnung der Rechte ist die politische Entscheidung zur politischen Nichtentscheidung (und zwar gerade der für das Zusammenleben grundlegenden normativen Fragen: wie und was jeder wollen soll).

Das Problem der Naturalisierung zeigt sich zugespitzt an der nichtliberalen Apologie der subjektiven Rechte, die Autoren wie Claude Lefort, Étienne Balibar, Jacques Rancière und Catherine Colliot-Thélène entwickelt haben. Gegen Marx wollen sie zeigen, dass die subjektiven Rechte (als Grund- und v. a. Menschen-

---

13 *Marx*, Zur Judenfrage, S. 347–377.

14 So beschreibt Hegel die Pathologie der Juridifizierung. Siehe *Hegel*, Grundlinien der Philosophie des Rechts, § 37.

rechte) einen politischen Sinn haben. Dazu radikalisieren sie die herrschaftskritische Operation am Grund der Rechte zu einer negativistisch verstandenen „Dekorporierung von Macht und Recht“: Die subjektiven Rechte vollbringen das „Werk der Teilung“.[15] Die Erklärung der Rechte etabliert demnach eine Exterritorialität, eine Äußerlichkeit gegenüber der Macht; die subjektiven Rechte adressieren den Einzelnen nicht als Teil des als Einheit begriffenen Volkes – also: als Glied des Staates –, sondern unterscheiden ihn von sich selbst als Mitglied, teilen ihn von sich als Teil(-nehmer). Dadurch konstituieren die subjektiven Rechte – so Lefort – die von der Macht getrennte politische Öffentlichkeit (als *cité*). In der Erklärung der Rechte geht es – so Balibar – um die „Bekräftigung eines universellen Rechts auf Politik. Formell zumindest [...] eröffnet die Erklärung eine unbegrenzte Sphäre der ‚Politisierung' der Forderungen nach Rechten, die, jedes auf seine Weise, die Forderung nach einer Staatsbürgerschaft oder einer institutionellen, öffentlichen Einschreibung von Freiheit und Gleichheit wiederholen.“[16] Indem die subjektiven Rechte dem Individuum „unabhängig von jeder Zugehörigkeit zukomm[en]“, sprengen sie – so Colliot-Thélène – es aus der „Gemeinschaft“ des Volkes oder der Nation heraus und öffnen den Raum eines politischen „Demos ohne Volk“.[17] Und Rancière schreibt: „[Die] Menschenrechte [sind] die Rechte derer, [...] die entscheiden, ihre Rechte nicht nur zu ‚benutzen', sondern auch einen Tatbestand zu schaffen, der die Macht dieser Einschreibung [in eine Gemeinschaft von Gleichen und Freien durch die Zuschreibung von Rechten] verifiziert. Es handelt sich nicht allein darum zu untersuchen, ob die Wirklichkeit die Rechte bestätigt oder verneint. Die Frage ist vielmehr, was Bestätigung oder Verneinung heißt. Die Begriffe ‚Mensch' und ‚Bürger' bezeichnen keine Gruppen von Individuen. Mensch und Bürger sind politische Subjekte. Politische Subjekte sind keine bestimmten Kollektive. Sie sind die Namen eines Supplements, Namen, die die Frage oder den Streit darüber auslösen, wer in die Zählung aufgenommen wird.“[18]

Das Grundargument ist jeweils dasselbe. Die französische Neudeutung der subjektiven Rechte reaktiviert und radikalisiert den herrschaftskritischen Impuls, der (in der oben vorgeschlagenen Deutung) den Grund des Liberalismus bildet. Dieser Impuls ist staatskritisch. Er richtet sich gegen die Herrschaft, die der Staat gegen Teile des Volkes ausüben muss, als dessen Einheit der Staat sich begreift:

---

15 *Lefort*, „Menschenrechte und Demokratie“, in: Menke/Raimondi (Hrsg.), Die Revolution der Menschenrechte, S. 259, 278.

16 *Balibar*, Die Grenzen der Demokratie, S. 111.

17 *Colliot-Thélène*, Demokratie ohne Volk, S. 11 f., S. 141 ff.

18 *Rancière*, „Wer ist das Subjekt der Menschenrechte?“, in: Menke/Raimondi (Hrsg.), Die Revolution der Menschenrechte, S. 481 f.

Die Einheit des Staats ist als solche Herrschaft. Die subjektiven Rechte adressieren die einzelnen so, dass sie sie aus dieser Einheit heraussprengen: die Einheit des Staates ‚dekorporieren'. Das öffnet den Raum einer anderen, nicht-staatlichen oder nicht-‚polizeilichen' Politik. Die Rechte sind die Mechanismen dieser anderen Politisierung.

Es bedarf nur eines raschen zweiten Blicks in die genannten Texte, um zu sehen, dass die Sache so einfach nicht aufgehen kann. So betont Lefort, dass die politische Kraft nur die „symbolische Dimension der Menschenrechte" sei und sich in ihrem Funktionieren, auf ihrer Rückseite, ungelöste Paradoxien entfalten (zu denen er die der Atomisierung und Vergesellschaftung des Menschen zählt).[19] Auch bei Ranciére, der ansonsten jede gesellschaftstheoretische Perspektive als Reduktion des Politischen zurückweist, ist klar, dass die beschriebene Politisierung nur eine *Möglichkeit* des Gebrauchs der Rechte darstellt, der ihre soziale (und vor allem sozioökonomische) Wirklichkeit gegenübersteht. Unklar bei allen Autoren ist, wie das *Verhältnis* – die Differenz *und* der Zusammenhang – zwischen jener (politischen) Möglichkeit und dieser (sozialen) Wirklichkeit der subjektiven Rechte zu verstehen ist.

Dieses Problem lässt sich in einfacher Weise so formulieren. Subjektive Rechte etablieren eine Differenz („Trennung": Lefort) gegenüber der Einheit des Volkes, als Staat. Diese Differenz bringt die bürgerliche Gesellschaft in ihrer doppelten Bedeutung hervor: als die „Zivilgesellschaft" (Lefort) der entgrenzten, unformatierten, pluralisierten Öffentlichkeit *und* als die kapitalistische Ökonomie mit ihren neuen Formen rechtlich konstituierter Ausbeutung, systemischer Verselbständigung und korrupter sozialer Konstitutionalisierung. Die Politik, also die Politizität, der subjektiven Rechte zu verstehen, heißt zu verstehen, wie sie beides zugleich hervorbringen. Es gibt die eine Leistung der subjektiven Rechte nicht ohne den anderen Effekt geben. Man kann ihre gute Seite nicht von ihrer schlechten trennen (und zwar gleichgültig, worin man jeweils das Gute oder Schlechte sieht). Man kann also zwischen beiden nicht kritisch entscheiden[20] – solange man an der Form der Rechte festhält.

Wenn man in diesem Paradox der Rechte[21] nicht verharren will, muss man zu dem herrschaftskritischen Impuls zurückgehen, der den Grund der subjektiven Rechte bildet, und die Frage stellen, ob dieser Impuls anders, das heißt, nicht in der Form der subjektiven Rechte verwirklicht werden kann. Der herrschaftskriti-

---

19 *Lefort*, „Menschenrechte und Demokratie", in: Menke/Raimondi (Hrsg.), Die Revolution der Menschenrechte, S. 263 u. 261.

20 Siehe *Menke*, DZPh 66 (2018), S. 143.

21 *Brown*, „Die Paradoxien der Rechte ertragen", in: Menke/Raimondi (Hrsg.), Die Revolution der Menschenrechte, S. 454–473.

sche Impuls richtet sich gegen das Diktat der Einheit im politischen Prozess der Formierung (des Volkes zum Staat). Er richtet sich also darauf, den nichtformierbaren Rest zur Anerkennung zu bringen. Martinez Mateo hat gezeigt, dass der Fehler (des Liberalismus) bereits darin liegt, dass er dies als Abbildung, also repräsentationslogisch versteht.[22] Um sich der Paradoxie der subjektiven Rechte zu entwinden, bedürfte es also der Entwicklung anderer nichtrepräsentationaler Logiken der Anerkennung des Nichtformierbaren und Nichtrepräsentierbaren im politischen Urteilen.

Literatur

Alexy, R., Theorie der Grundrechte, 2. Aufl., Frankfurt am Main 1994.
Balibar, É., Die Grenzen der Demokratie, Hamburg 1993.
Brown, W., Die Paradoxien der Rechte ertragen, in: Menke, C./Raimondi, F. (Hrsg.), Die Revolution der Menschenrechte, Berlin 2011, S. 454–473.
Colliot-Thélène, C., Demokratie ohne Volk, Hamburg 2011.
Dworkin, R., Bürgerrechte ernstgenommen, Frankfurt am Main 1984.
Hegel, G. W. F., Grundlinien der Philosophie des Rechts, in: Moldenhauer, E./Michel, K. (Hrsg.), Theorie-Werkausgabe, Bd. 7, Frankfurt am Main 1969–70.
Lefort, C., Menschenrechte und Demokratie, in: Menke, C./Raimondi, F. (Hrsg.), Die Revolution der Menschenrechte, Berlin 2011, S. 253–278.
Martinez Mateo, M., Politik der Repräsentation. Zwischen Formierung und Abbildung, Wiesbaden 2018.
Marx, K., Zur Judenfrage, in: Marx/Engels, Werke, Bd. 1, Berlin 1981, S. 347–377.
Menke, C., Die Kritik des Rechts und das Recht der Kritik, in: Deutsche Zeitschrift für Philosophie 66 (2018), Heft 2, S. 143–161.
Menke, C., Kritik der Rechte, Berlin 2015.
Möller, K., Formwandel der Verfassung. Die postdemokratische Verfasstheit des Transnationalen, Bielefeld 2015.
Rancier, J., Wer ist das Subjekt der Menschenrechte?, in: Menke, C./Raimondi, F. (Hrsg.), Die Revolution der Menschenrechte, Berlin 2011, S. 474–490.
Schmitt, C., Verfassungslehre, 8. Aufl., Berlin 1993.
Skinner, Q., A Genealogy of the Modern State“, in: Proceedings of the British Academy 162 (2009), S. 325–370.

22 *Martinez Mateo*, Politik der Repräsentation. Zwischen Formierung und Abbildung, S. 223 ff.

Christian Schmidt

Ermöglichung und Einhegung

Die Rolle der subjektiven Rechte bei der Gestaltung politischer Ordnungen

I Subjektive Rechte ermöglichen die Politik, indem sie sie begrenzen.

Wenn von Politik im Zusammenhang mit subjektiven Rechten die Rede ist, dann gilt es zuerst festzuhalten, was in diesem Kontext unter Politik verstanden wird. Ganz traditionell kann Politik natürlich als die Regelung der Angelegenheiten einer *polis*, das heißt eines politischen Gemeinwesens, verstanden werden. Der Sinn von Politik, der für die Diskussion der Rolle von subjektiven Rechten interessant ist, wird aber dadurch eingeschränkt, dass es nur um solche Regelungen gehen soll, in denen sich Freie als Freie über ihre gemeinsamen Angelegenheiten verständigen. In einer solchen Verständigung geht es um die Wahrung und Durchsetzung von Interessen und um die dauerhaften Strukturen, mit deren Hilfe eine solche Wahrung bzw. Durchsetzung ermöglicht werden kann. Politik reagiert also nicht nur auf unmittelbar vorliegende Bedürfnisse und Ansprüche, sondern erzeugt auch die Bedingungen, durch die sich solche Ansprüche und Bedürfnisse herausbilden, durch die sie artikuliert werden können und durch die es schließlich möglich ist, ihnen Geltung zu verschaffen.

Eine solche Definition von Politik ist nicht unschuldig. In ihr verbergen sich wesentliche Annahmen, die andere, stärker an Gemeinschaften orientierte Vorstellungen von Politik stillschweigend ausschließen. Das zeigt sich zum Beispiel, wenn von „Freien" die Rede ist oder an der Vorstellung, die sich mit dem verwendeten Begriff von Interessen verbindet.

1 Revolutionäre Politik

Um die hier vorgenommene spezifische Definition von Politik genauer zu verstehen, hilft es, sich die Paradigmen vor Augen zu führen, an die wir denken, wenn wir von Politik sprechen. Eines dieser Paradigmen ist die Revolution. In der Revolution löst sich die Verbindlichkeit der sozialen Ordnung auf. Die Institutionen zur Durchsetzung sozialer und politische Normen verlieren ihre Effektivität

https://doi.org/10.1515/9783110704013-008

und dadurch eröffnen sich neue Handlungsspielräume. Neue Verbindlichkeiten und Orientierungen müssen ausgehandelt und erprobt werden. Das geschieht in revolutionären Clubs, in Versammlungen und Manifestationen, aber vor allem durch gemeinsames Handeln.[1]

Revolutionäre Politik hat alle Merkmale, die die Definition der Politik erfüllen. Die revolutionären Subjekte sind frei. Sie sind – genauer gesagt – vor allem von den Verbindlichkeiten der alten gesellschaftlichen Ordnung befreit. Und es ist ihnen möglich, Formen der Durchsetzung ihrer Interessen zu erfinden. Wobei die Interessen der Einzelnen sich im revolutionären Umsturz als universelle Interessen präsentieren. Denn die Unterdrückung oder Missachtung solcher jetzt als universell geltender Interessen war es, die die Revolution, den Sturz des *Ancien Régime*, als gerechtfertigt und plausibel erscheinen ließ.

Die Politik der Revolution ist dabei aber eine Politik ohne Recht. Sie mag Rechte fordern oder proklamieren, aber sie selbst kann sich keiner Institution unterwerfen, die über sie Recht spricht. Wo das geschieht, unterminiert die Unterwerfung der revolutionären Politik unter ein bestehendes Recht oder die bereits existierende Verfassung den revolutionären Anspruch der politischen Bewegung.

Beispielhaft zeigt das Nimer Sultany in seiner Analyse des Arabischen Frühlings in Ägypten, wo der Oberste Verfassungsgerichtshof einen erheblichen Einfluss auf das Scheitern der Revolution hatte. Die ägyptische Revolution von 2011 begann mit dem Sturz des alten Präsidenten Mohamed Hosny Mubarak und der Aufhebung seines Regimes. Das revolutionäre Gesetz Nr. 17 von 2012 untersagte deshalb den Spitzen der Staats- und Parteiführung von Mubaraks Nationaldemokratischer Partei (NDP) für zehn Jahre die Ausübung ihrer politischen Rechte. Das ägyptische Verfassungsgericht, dem dieses Gesetz vorgelegt worden war, argumentierte jedoch nicht im Sinne der Revolution, sondern prozeduralistisch und vertrat eine formale Auffassung von Gleichheit, als es entschied, das Gesetz wieder aufzuheben. Damit hatte der Oberste Verfassungsgerichtshof zwar scheinbar politische Zurückhaltung geübt und lediglich bestehendes Recht angewandt. In Wahrheit trug das höchstrichterliche Urteil zugunsten der Rechte ehemaliger Amtsträger aber zur Blockade des gesellschaftlichen Wandels bei. Sultany argumentiert über das konkrete Beispiel hinaus: „the effect of the deployment of the power of judical review and the legal arguments of generality,

---

1 Gegen eine solche Darstellung revolutionären Geschehens mag eingewandt werden, dass sie die konstitutive Rolle der Gewalt vernachlässigt, mit der die alte Ordnung zerstört wird. Mit Hannah Arendt lässt sich jedoch darauf hinweisen, dass diese Gewalt noch keine neuen Formen des gemeinsamen Handelns hervorbringt. Wo Gewalt gesellschaftliche Prozesse beherrscht, findet Politik gerade nicht statt.

equality, popular sovereignty, and pluralism is to block a change in the political and social system."[2]

An diesem Befund ändert sich auch dadurch nichts, dass der Oberste Verfassungsgerichtshof auf der Grundlage juristischer Überlegungen genauso gut zu anderen, der Revolution eher entsprechenden Urteilen hätte kommen können (und das andere ägyptische Gerichte in manchen Fragen, wie der Auflösung der NDP oder der Entfernung von Mubarakporträts aus dem öffentlichen Raum, sich tatsächlich stärker am revolutionären Geschehen orientierten).[3] Indem die Entscheidungsgewalt an die Gerichte übergeben wurde, war die revolutionäre Dynamik einem Legalismus ausgeliefert, der ihr fremd und von ihr nicht zu beeinflussen war.

Sultany wendet sich mit seiner Analyse explizit gegen das in der politischen Theorie einflussreiche Modell mehrstufiger revolutionärer Konstitutionalisierung, das Andrew Arato ausgehend von den Transformationsprozessen in Spanien, den ehemaligen Ostblockstaaten und Südafrika entworfen hat.[4] In Aratos Modell spielen die Unterwerfung unter eine Verfassungsgerichtsbarkeit, die politische Ansprüche effektiv beschränken kann, und die „als ob"-Fiktion eines demokratischen Rechtsstaates, der in Wirklichkeit erst durch jene Regeln hergestellt werden muss, die von der Revolution schrittweise in Kraft gesetzt werden, eine entscheidende Rolle.[5] Sie sind für ihn wesentliche Elemente einer Selbstbeschränkung (revolutionärer) Politik, ohne die Politik nur als ein Kampf gedacht werden kann, in dem es jeder Partei darum geht, die anderen möglichst dauerhaft zu unterdrücken.

Doch selbst Arato urteilt mit Blick auf die Geschehnisse in Ägypten, dass die „role of courts and judges in constitution-making [...] helped to disorganize the process."[6] Zwar schränkt er ein, bei den fraglichen Gerichten habe es sich unglücklicherweise um „inherited ones"[7] gehandelt, also nicht um die notwendige „self-limitation of all actors that should be incorporated in rules and procedures"[8], sondern um Beschränkungen, die den revolutionären Prozess von außen

2 *Sultany*, Law and Revolution. Legitimacy and Constitutionalism After the Arab Spring, S. 210.
3 *Sultany*, Law and Revolution. Legitimacy and Constitutionalism After the Arab Spring, S. 212–215.
4 Vgl. *Arato*, Post Sovereign Constitution Making. Learning and Legitimacy, S. 94 ff.
5 Vgl. *Arato*, Civil Society, Constitution, and Legitimacy, S. 101 f.
6 *Arato/Tombuş*, Philosophy and Social Criticism 39 (2013) 4–5, 427 (435).
7 *Arato/Tombuş*, Philosophy and Social Criticism 39 (2013) 4–5, 427 (436).
8 *Arato/Tombuş*, Philosophy and Social Criticism 39 (2013) 4–5, 427 (437).

trafen.[9] Aber das verdeutlicht nur noch einmal den Punkt, dass die Politik der Revolution zwar Rechte fordern, proklamieren und durchsetzen kann, dass sie das aber nicht tut, indem sie sich einer bestehenden Rechtsinstitution unterwirft, sondern indem sie das gültige Recht erst setzt. Diese Setzung ist ihre Selbstbeschränkung.

Gerichte, die nicht „inherited ones" sind, sind Gerichte des neuen Rechts mit seinen neuen Interpretationen und Regeln. Gleichwohl stehen auch solche Gerichte im Gegensatz zur Politik der Revolution. Ihre Einsetzung leitet das Ende der revolutionären Politik ein. Indem sie die revolutionären Organisationen zwingen, sich zu „demobilisieren"[10], schreiben sie bestenfalls das einstmals revolutionäre Recht fest. Für Arato ist das allerdings kein Problem, da sein Revolutionsmodell ohnehin auf die Etablierung eines Rechtsstaates nach den bekannten westlichen Mustern zielt. Allerdings zeigt sich an der Selbstinterpretation der revolutionären Verfassungsgerichtsbarkeit der Widerspruch zwischen Recht und Politik selbst in Fällen wie der ungarischen „rechtsstaatlichen Revolution". „In spite of the fact that the change of systems inaugurates a new legal and constitutional order, from the legal and constitutional point of view the Court seems to argue [...] that it is not a revolution."[11]

2 Politik der subjektiven Rechte

Die revolutionäre Politik, die sich von den legalen und gesellschaftlich wirksamen Fesseln befreit, mag wegen ihrer Unabhängigkeit von allen überkommenen Normen mitunter als die wahre Politik erscheinen und die Freiheit der Revolution als die Freiheit schlechthin. Doch diese Bilder von Freiheit und Politik im Moment der Revolution werfen die Frage nach der Verstetigung solcher Erfahrungen auf. Zerstören die Verbindlichkeiten, die die Revolution neu schafft, nicht notwendigerweise die Bedingungen der revolutionären Politik?

Die bürgerlichen Revolutionen beantworteten diese Frage nicht nur mit der Einsetzung einer Gerichtsbarkeit, die die revolutionären Vereinigungen demobilisierte, sondern vor allem mit der Einführung der subjektiven Rechte und damit

---

9 Überhaupt war für Arato und Tombuş der revolutionäre Prozess in Ägypten davon geprägt, das die Bevölkerung auf eine von außen stammende Garantie der Einheit gesetzt habe. Damit war der revolutionäre Prozess für die beiden Autoren „from the beginning" (ebd., S. 437) defizitär, denn „the populist revolutionary imaginary with its vision of a united people embodied in some actor or other, a vision seemingly pre-supposed on all sides, favors the task of imposition." (ebd., S. 435).

10 Vgl. *Sultany*, Law and Revolution, S. 224 f.

11 *Arato*, Civil Society, Constitution, and Legitimacy, S. 102.

mit einem zweiten, ganz anderen Paradigma von Politik. Garantierte in der Revolution die schwindende Verbindlichkeit der alten sozialen Ordnung die Freiheit der politischen Subjekte, die Regeln ihres Zusammenlebens neu bestimmen zu können, so wird diese Freiheit durch die subjektiven Rechte bewusst eingehegt. Subjektive Rechte definieren klar begrenzte Zonen der Willkür, in denen die Subjekte dieser Rechte ihr Leben gestalten können, weil dort „ihr Wille [...] mit unsrer Einstimmung herrscht“[12]. Was in diesen Zonen passiert, ist dabei „ein Vorgang, [...] der mit dem Genusse des eigenen Weines, dem Spazierengehen auf eigenem Grundstücke auf gleicher Linie steht“[13], wie es bei Georg Jellinek paradigmatisch heißt.

Jürgen Habermas beschreibt das Rechtsverhältnis deshalb im Unterschied zu einem von Moral bestimmten Verhältnis als eine Abstraktion, bei der „von der Fähigkeit einer Person, ihren Willen durch normative Einsichten selbst zu binden“ abgesehen wird; „ihr wird zunächst nur die Fähigkeit, zweckrationale Entscheidungen zu treffen, d. h. Willkürfreiheit zugemutet“.[14] Der ethische und moralische Sinn solcher unter Rechtsgenossen wechselseitig garantierten Zonen der Willkür bestehe aber gerade darin, dass „die rechtliche Gewährleistung subjektiver Freiheiten eine Sphäre für bewusste und autonome Lebensführung sichert.“[15]

Politik im Sinne des bürgerlichen Rechtsstaates ist dann nicht die bewusste und autonome Lebensführung selbst, sondern die Aushandlung und Vermittlung letztlich privater, aber in ihrer Privatheit trotzdem oft geteilter Interessen etwa an öffentlicher Daseinsvorsorge, Infrastruktur, Landesverteidigung und Kriminalitätsbekämpfung oder der Sicherung von Rohstoffversorgung und Absatzmärkten. Diese Aushandlung geschieht unter Wahrung der durch Rechte garantierten Bedingungen individueller Interessenverfolgung und subjektiver Willkür, weil private Interessen und willkürliche Entscheidungen den letzten Legitimationsgrund für politische Regelungen liefern. Öffentlich ausgetragene Kontroversen über die Rationalität und Angemessenheit politischer Vorschläge sind auf diesen letzten Legitimationsgrund zurückverwiesen. Politik ist somit von vornherein an Recht gebunden und wird durch subjektive Rechte ermöglicht, die zudem auch die Beteiligung an politischen Entscheidungsprozessen regeln, welche selbst formalisiert und rechtlich reguliert sind.

---

12 *v. Savigny*, System des heutigen Römischen Rechts, Bd. 1, § 4, S. 7.
13 *Jellinek*, System der subjektiven öffentlichen Rechte, S. 98 f.
14 *Habermas*, Faktizität und Geltung, S. 144.
15 Ebd. (Fn. 35a).

Die Zonen der Willkür, auf denen die Legitimität einer solchen Politik beruht, sind aber ihrerseits zunächst gerade nicht politisch.[16] Vielmehr eröffnen sie die Möglichkeit, sich der Politik bewusst zu entziehen, „sich aus dem öffentlichen Raum wechselseitiger Verpflichtungen auf eine Position der rein privaten Selbstvergewisserung zurückzuziehen: Wie ein Schutzwall legen sich diese Rechte um das einzelne Subjekt, um ihm einen nach außen hin abgesicherten Freiraum zu schaffen, den es für die ungestörte Befragung und Überprüfung seiner eigenen Lebensziele nutzen kann."[17] Ungestört zu sein, sich für die eigenen Überzeugungen, Urteile und Handlungen nicht rechtfertigen zu müssen, heißt nun aber gerade, nicht gezwungen zu sein, auf die Ansprüche anderer zu reagieren. Das Private ist so zunächst einmal abgeschottet gegen die Politik.

Das zeigt sich beispielsweise daran, dass die Familie kein politischer Verband ist. Weder die Liebe noch die innerfamiliären Abhängigkeiten, Gewalt- und Machtverhältnisse sind Gegenstände der Politik. Zwar lassen sich solche Verhältnisse öffentlich thematisieren, kritisieren und sogar politisch regulieren, wie der Tatbestand „Gewalt in der Ehe" oder das Recht von Kindern auf eine gewaltfreie Erziehung zeigen, aber sie werden dadurch noch nicht zu öffentlichen oder in sich politischen Angelegenheiten. „[N]icht alles, was berechtigterweise Gegenstand einer öffentlichen Diskussion ist, wird auch einer politischen Regelung zugeführt. (Und nicht jede politische Regelung berührt private Zuständigkeiten.)"[18] Die rechtliche Regulation von Gewalt in Familien bleibt in diesem Sinne rein negativ. Sie schreibt keine konkrete Weise des familiären Lebens oder der familiären Beziehungen vor. Über das Gewaltverbot hinausgehende öffentliche Diskussionen, etwa über die gerechte Verteilung der häuslichen Tätigkeiten, finden zwar statt, entziehen sich aber der unmittelbaren politischen Regelung durch Gesetze und können höchstens durch äußere Anreize wie jüngst durch die Bedingungen für eine längere Bezugsdauer von Elterngeld indirekt gesteuert werden.

In der Familie, in der Fragen wie die innerfamiliäre Arbeitsteilung geklärt werden müssen, geht es zwar wie auch in der Politik um die Gestaltung der gemeinsamen Angelegenheiten, „die Gemeinsamkeit der ganzen individuellen Existenz"[19], aber der Modus, in dem dies geschieht unterscheidet sich trotzdem deutlich vom Modell der Politik auf Grundlage der subjektiven Rechte. Liebe,

---

16 Diese auf Karl Marx zurückgehende Auffassung der subjektiven Rechte als Quelle einer umfassenden und anhaltenden Entpolitisierung der revolutionären Politik wurde von Christoph Menke wieder aufgegriffen und vertieft. (Vgl. *Menke*, Kritik der Rechte.)

17 *Honneth*, Das Recht der Freiheit. Grundriß einer demokratischen Sittlichkeit, S. 145.

18 *Habermas*, Faktizität und Geltung, S. 381.

19 *Hegel*, Grundlinien der Philosophie des Rechts, Bd. 7, § 163.

Abhängigkeiten, Gewalt- und Machtverhältnisse in einer Familie sind nämlich nicht nur keine Gegenstände der Politik, sie sind auch keine Formen der Politik. Für die familiären Binnenverhältnisse ist die unmittelbare, im Politischen wirksame Freiheit der Beteiligten nämlich nicht entscheidend. Gegenüber anderen Familienmitgliedern kann sich niemand auf subjektive Rechte zurückziehen, denn „der objektive Ausgangspunkt" der Ehe ist – wie es bei Hegel heißt – „die freie Einwilligung der Personen [...] ihre natürliche und einzelne Persönlichkeit in jener Einheit aufzugeben"[20].

Für Hegel, der die sittliche Substanz der Ehe so charakterisiert, ist diese Aufgabe allerdings eine „Befreiung", die im gemeinsamen Leben liegt. Ehe heißt mithin auch schon für Hegel nicht, dass jedes individuelle Selbstbestimmungsrecht hinfällig wird. Obwohl sie im Prinzip auf ein dauerhaftes gemeinsames Leben ausgerichtet ist, kann sich eine Ehe als ausgehöhlte Institution erweisen, sobald dieses gemeinsame Leben nicht mehr oder auch nur nicht mehr gemeinsam verfolgt wird. So wie das Eintreten in eine Ehe (und mithin in eine neu begründete Familie) in modernen Verhältnissen aus den freien Entschlüssen der Beteiligten hervorgegangen ist, ermöglicht ein ebenso freier Entschluss auch den Austritt aus dem ehelichen Verhältnis. Diese Austrittsmöglichkeit mildert bereits die Abhängigkeiten im Inneren einer Ehe. Das gilt besonders für jene Ehepartner – im Gegensatz zu heute in den bürgerlichen Ehen zu Hegels Zeit fast ausschließlich Männer –, die „noch ein anderes Feld [der] Tätigkeit als die Familie"[21] haben („im Staate, der Wissenschaft und dergleichen, und sonst im Kampfe und der Arbeit mit der Außenwelt"[22]). Doch der entscheidende Unterschied zur Politik zeigt sich nicht am von „freier Hingebung"[23] gekennzeichneten Anfang oder am vorzeitigen Ende, sondern innerhalb des Familienverhältnisses, insofern es auf die Einheit und nicht die Entzweiung des gemeinsamen Lebens gerichtet ist. Dort geht es um die Herstellung einer sei es auf Liebe, sei es auf Ökonomie oder die Erziehung von Nachkommen gegründeten Gemeinschaft und nicht um den Interessensausgleich von Gesellschaftern, deren Positionen auch unabhängig vom gemeinsamen Leben existieren.

In der Gegenwart wandern allerdings gelegentlich Formen der politischen Beteiligungsrechte auf informelle Weise in die Familienbeziehungen ein, sodass beispielsweise Kindern Mitsprache bei familiären Entscheidungen ermöglicht

---

20 *Hegel*, Grundlinien der Philosophie des Rechts, Bd. 7, § 162. Deshalb kann die Ehe für Hegel auch kein Vertragsverhältnis sein, „denn sie ist gerade dies, vom Vertragsstandpunkte, der in ihrer Einzelheit selbständigen Persönlichkeit auszugehen, *um ihn aufzuheben.*" (§ 163, Anm.).

21 *Hegel*, Grundlinien der Philosophie des Rechts, Bd. 7, § 164, Zusatz.

22 *Hegel*, Grundlinien der Philosophie des Rechts, Bd. 7, § 166.

23 *Hegel*, Grundlinien der Philosophie des Rechts, Bd. 7, § 168.

wird. Doch solche innerfamiliären Demokratisierungsprozesse können nicht darüber hinwegtäuschen, dass Liebes- und Abhängigkeitsverhältnisse gerade dem entbehren, was für die Politik auf Grundlage der subjektiven Rechte wesentlich ist: der Möglichkeit des Rückzugs auf eine Position, auf der „die Privatleute von der Verpflichtung entbunden sind, für ihr Tun und Lassen öffentlich [und das hieße in diesem Kontext zunächst einmal familienöffentlich – CS] Rede und Antwort zu stehen."[24] Innerhalb einer Familie muss nur nicht Rede und Antwort stehen, wer im Miteinander den eigenen Willen aufgrund von verfestigten Machtpositionen einfach durchsetzen kann.

Der Unterschied familiären Aushandlungsprozessen und der Politik der subjektiven Rechte wird allerdings von feministischer oder anarchistischer Seite angegriffen. Von diesen Kritiken der bürgerlichen Politik, die an die marxschen Frühschriften anschließen, wird die souveräne Selbstständigkeit des Individuums als pure Fiktion infrage gestellt. An die Stelle dieser Fiktion soll die Anerkennung und bewusst solidarische Organisation der vielfältigen, auch und gerade in der Moderne bestehenden Abhängigkeitsverhältnisse treten. Insofern solche Politikvorstellungen aber vom Paradigma der Familien- und Liebesverhältnisse ausgehen, stellt sich die Frage, welches Politikmodell hier eigentlich verfolgt wird. Wenn weder die Befreiung der revolutionären Politik noch die limitierte Freiheit der subjektiven Rechte im Hintergrund stehen, was qualifiziert die Regelungen der gemeinsamen Angelegenheiten dann noch als „frei"? Die Freiheit der subjektiven Rechte mag zwar äußerst limitiert und – gerade im Hinblick auf den damit einhergehenden Anspruch, ein völlig unabhängiges und vollkommen souveränes Individuum zu sein – vor allem eine Fiktion sein, aber sie ist gleichwohl nicht gänzlich ohne befreiende Wirkung. Diese Wirkung drohen die an Liebes- und Familienverhältnissen orientierten Gemeinschaftsvorstellungen abzuwerten. Freiheit droht dann, an den affirmierten Abhängigkeiten zugrunde zu gehen.

Aber so wie die Freiheit in der Gemeinsamkeit untergehen kann, kann der politische Aspekt auch an der rechtlich garantierten Freiheit scheitern. Denn unter Freien, die keine familiäre oder vergleichbare Bindung aneinander haben, ist der rechtliche Standpunkt immer noch der unpolitische Standpunkt. Die Koordination der freien Willkürsubjekte erfolgt dann durch formal freiwillig eingegangene, wechselseitige rechtliche Bindungen. Ihre Standardform ist der Vertrag. Dass auch dem Vertrag Abhängigkeiten und Machverhältnisse zugrunde liegen, die ein Kräfteverhältnis bilden, das durch ihn kodifiziert wird, zeigen Arbeitsverträge ganz deutlich. Verträge sind nicht das Ergebnis politischen Handelns, auch wenn sie als Interessendurchsetzung unter zumindest formal Freien gelten

24 *Habermas*, Faktizität und Geltung, S. 380.

können. Sie haben eine Form, die sie auf das Private beschränkt. Sie fassen die gemeinsamen Angelegenheiten der Vertragsparteien damit gerade nicht als gemeinsame, sondern lassen Gemeinsamkeit nur aus der expliziten Konzentration auf die privat verfolgten Interessen entstehen. Das zeigen schon die klassischen Vertragstheorien von Hobbes und Rousseau, die den bürgerlichen Zustand aus einer Übereinkunft hervorgehen lassen, die nicht darauf ausgerichtet ist, die Bedingungen des gemeinsamen Lebens zu bestimmen, sondern den Schutz des individuellen Leibes und Lebens sowie des persönlichen Eigentums zu gewährleisten.

Die subjektiven Rechte scheinen also vor allem Entpolitisierung zu ermöglichen. Doch indem die subjektiven Rechte Räume der Willkür eröffnen, eröffnen sie auch die Möglichkeit von Politik. Während im Vertrag das Gemeinsam auf einen Effekt zufällig geteilter Interessen reduziert wird und in der Familie, die Freiheit zugunsten des gemeinsamen Lebens aufgegeben wird, ist die Politik der subjektiven Rechte darauf ausgerichtet, die Bedingungen der Interessenverfolgung oder des gemeinsamen Lebens neu auszuhandeln. Sie stützt sich dabei sowohl praktisch als auch theoretisch auf die Figur der subjektiven Rechte. Praktisch, indem die subjektiven Rechte überhaupt erst die Räume eröffnen, in denen das gemeinsame Interesse an einer Veränderung geformt und artikuliert werden kann. Theoretisch, weil das Instrument, dessen sich die Politik der subjektiven Rechte bedient, die Verschiebung der Willkürbereiche, sprich die Durchsetzung neuer oder veränderter subjektiver Rechte ist.

Ein Beispiel für eine solche Politik bietet der vor allem auf die familiären Beziehungen zielende Slogan: „Das Private ist politisch!“, der sich in der oben beschriebenen Weise gegen Gewalt- und Unterdrückungserfahrungen innerhalb eines bereits durch die subjektiven Rechte ausgezeichneten Willkürbereichs richtete. Die Willkür ließ sich im Rahmen des Paradigmas der subjektiven Rechte aber nur einschränken, indem neue Rechte proklamiert wurde, das schon genannte Recht von Kindern auf gewaltfreie Erziehung oder das berufliche, vertragsrechtliche und schließlich auch sexuelle Selbstbestimmungsrecht von Frauen gegenüber ihren Ehemännern. Diese Emanzipationsbewegung, der es gelungen ist, den schon lange vor den bürgerlichen Revolutionen und ihren Rechteproklamationen der Politik entzogenen Bereich der Familie erfolgreich zu politisieren, wäre undenkbar ohne eine erst durch die subjektiven Rechte möglich gewordene Öffentlichkeit, in der gegen die sittliche Ordnung protestiert werden kann. Sie wäre als Emanzipationsbewegung aber auch unmöglich gewesen ohne das Paradigma der individuellen Selbstbestimmung, das nichts anderes ist als eine Reformulierung des Konzepts der durch subjektive Rechte eröffneten Willkürfreiheit.

Wenn hier von der Politik der subjektiven Rechte die Rede ist, dann in diesem Sinn von Politik. Es sei aber noch erwähnt, dass die durch die subjektiven Rechte eröffneten Bereiche der Willkürfreiheit noch eine ganz andere Art von Politik hervorgebracht haben, die sich der Steuerung der freien Subjekte widmet, indem sie durch Anreize und Kontrollen die Entwicklung von Wünschen und subjektiven Überzeugungen steuert. Diese Form der Politik, die eigentlich eine Art der Regierung ist, wird unter dem Titel „Biopolitik" vor allem in Anschluss an die Studien Michel Foucaults diskutiert. Der Paradigmenwechsel der mit diesen Studien, die das Lenken und Leiten von ganzen Bevölkerungsgruppen ins Zentrum ihrer Analysen stellten, eingeleitet wurde, wird häufig mit einer Verabschiedung des eben vorgestellten Modells von Politik identifiziert. Doch eine solche Verabschiedung wäre voreilig. Dass die Willkürbereiche eine Regierungsweise hervorgebracht haben, die statt von der Souveränität des Subjekts auszugehen, dessen Formierung und Gestaltung zum Inhalt hat, heißt nicht, dass die Rechte oder auch nur die politischen Kämpfe um ihre Etablierung, Durchsetzung und Aufrechterhaltung bedeutungslos geworden wären. Vielmehr handelt es sich bei der Biopolitik um eine permanente Krisenbewältigung, die durch nachträgliche Anpassungen jene Unregierbarkeit auszugleichen versucht, die durch die Garantie der Zonen der Willkür und die private Interessenverfolgung entsteht. Biopolitik und die Politik der subjektiven Rechte stehen also nicht gegeneinander. Sie sind koexistierende Umgangsweise mit der Willkürfreiheit, die sich teils ergänzen teils miteinander verschmelzen.

II Der Rahmen der Rechte ist nicht neutral

Die subjektiven Rechte sind eine Antwort auf das Problem der Verstetigung der Ergebnisse der revolutionären Politik. Doch wären sie nur das, wäre es naheliegend, dass die durch sie begründete Ordnung nicht von Dauer ist. Ginge es nur um die Bewahrung eines einmal erreichten Zustandes, wäre die revolutionäre Politik eine allzu naheliegende Alternative, sobald sich die Effekte von Abhängigkeiten, Macht- und Gewalterfahrungen in den durch die subjektiven Rechte begründeten Willkürbereichen zeigen. Das Versprechen, das sich mit der Durchsetzung subjektiver Rechte verbindet, geht aber weit über die Verstetigung hinaus. Zunächst einmal versprechen die subjektiven Rechte ein Ende der revolutionären Gewalt. Die Beschränkung der Politik, die sie ins Werk setzen, ist ganz im Sinne des aratoschen Konstitutionalisierungsmodells eine Beschränkung des Voluntarismus und in diesem Sinne eine Rückkehr der Ordnung – auch wenn es nicht die Ordnung des *Ancien Régime* ist.

Die Beendigung der revolutionären Gewalt darf als Motiv nicht unterschätzt werden. Dieses Motiv ist nicht nur ein Zeichen der Erschöpfung, die die Folge der Umbrüche im Verlauf der Revolution über kurz oder lang auslöst. Es ist vor allem die Hoffnung auf den Schutz gegen die revolutionäre Willkür, die sich in Terror gegen die „Feinde der Revolution“ oder die „Feinde des Volkes“ verwandelt. Gegen die Furcht vor revolutionärem Terror versprechen die subjektiven Rechte Schutz. Doch zugleich – und das ist ein weiterer entscheidender Grund für ihren anhaltenden Erfolg – versprechen sie aus diesem Schutz heraus die Möglichkeit, die Revolution in einer gemäßigten, gegen Exzesse geschützten Form fortzuführen. Die Politik der Revolution soll sich mithilfe der subjektiven Rechte in eine Politik des legalen Reformismus verwandeln.

Die Suche nach dem Schutz vor der außerrechtlichen Willkür der Revolution hat noch einmal an Dringlichkeit gewonnen, nachdem in der Mitte des 20. Jahrhunderts die revolutionären Programme des Stalinismus und des Nationalsozialismus den rechtlichen Schutz von Minderheiten, aber auch völlig willkürlich ausgewählten Individuen aufhoben und sie zuvor unvorstellbaren Exzessen der politischen Gewalt auslieferten. Es ist deshalb kein Wunder, dass die politische Philosophie der zweiten Hälfte des 20. Jahrhunderts zumindest im Westen von Theorien dominiert wurde, die der rechtlichen Ordnung und der in ihr verwirklichten Garantie von Grundrechten eine besondere Aufmerksamkeit widmeten.

Von herausragender Bedeutung sind in diesem Zusammenhang die Überlegungen von Jürgen Habermas, weil er die Einhegung der Politik mit ihrem gesellschaftsverändernden Potential in Einklang zu bringen versucht. Das Fundament der habermas'schen Synthese von rechtlichem Schutz und Politik ist die Annahme, die rechtlich verfasste und die subjektiven Rechte garantierende Verfassung des politischen Prozesses in modernen Gesellschaften sei – zumindest in einer gewissen Hinsicht – gegenüber den politischen Inhalten, über die sich im Rahmen dieser Verfassung verständigt wird, neutral. „Die rechtliche Verfassung greift nicht ins Innere der Argumentation derart ein, daß diese an den Grenzen des positiven Rechts ins Stocken geriete. Das Recht selbst lizensiert und stimuliert eine Begründungsdynamik, die den Wortlaut des geltenden Rechts auf eine von diesem nicht vorhersehbare Weise transzendiert.“[25]

Die rechtliche Verfassung kann jedoch auch nicht vollkommen neutral sein, weil sie erklärtermaßen dazu da ist, Werte wie Freiheit und demokratische Mitbestimmung zu verwirklichen und zu bewahren. Sie soll allerdings neutral sein, wenn es um die darüber hinausgehende inhaltliche Bestimmung dessen geht, was sich die Einzelnen als Verwirklichung des individuellen und gemeinsamen guten Lebens vorstellen. „Die Moralität, die dem Recht nicht nur gegenübersteht, sondern sich auch im Recht selber festsetzt, ist […] rein prozeduraler Natur; sie hat sich aller bestimmten Norminhalte entledigt und zu einem Verfahren der Be-

---

25 *Habermas*, KJ 20 (1987) 1, 1 (15).

gründung möglicher Norminhalte sublimiert."[26] Die rechtliche Verfassung der Politik soll den freien Austausch darüber ermöglichen, was die verschiedenen Vorstellungen des guten Lebens sind und inwiefern sie miteinander in Einklang gebracht werden können, ohne die grundsätzlichen Freiheiten und die Möglichkeit der demokratischen Mitbestimmung zu gefährden.

Die Sprache der subjektiven Rechte ist für ein solches Vorhaben besonders attraktiv. Denn einerseits zeigen die Rechte unmittelbar an, was ihr Schutzgegenstand ist. Und andererseits scheint die inhaltliche Neutralität der so eröffneten Willkürbereiche Gesellschaften Spielraum für die verschiedenartigsten Fortentwicklungen zu lassen. Mehr noch: die Politik der Rechte erlaubt es sogar, auf Fehlentwicklungen zu reagieren, die durch die rechtliche Auszeichnung von Willkürbereichen entstanden sind. Das Modell der subjektiven Rechte passt so hervorragend zu einer Geschichtsphilosophie, die wie die habermasche Rekonstruktion des Historischen Materialismus den Fortschritt als das Überwinden von Schwellen sieht, hinter die – sobald sie einmal genommen wurden – nicht mehr einfach zurückgefallen werden kann.[27] Ein neues gesellschaftliches „Entwicklungsniveau" wird dabei nicht nur durch neue technische Errungenschaften oder die innovative Lösung von sozialen „Steuerungsproblemen" erreicht, sondern setzt nach Habermas voraus, dass „auch in der für die Interaktionsstrukturen ausschlaggebenden Dimension des moralisch-praktischen Bewußtseins"[28] ein Lernprozess stattgefunden hat.[29] Dieses „moralisch-praktische Bewusstsein" ist heute, so muss ergänzt werden, maßgeblich rechtlich kodiert. Die angesprochenen Lernprozesse sind deshalb gegenwärtig vornehmlich Entwicklungsprozesse, die subjektive Rechte etablieren oder ausdeuten.

Hat ein solcher Lernprozess stattgefunden, so etabliert sich durch ihn – um mit Rahel Jaeggis Fortschreibung des habermas'schen Ansatzes zu sprechen – für

26 *Habermas*, KJ 20 (1987) 1, 1 (15).

27 Genauer gesagt lautet die These von Habermas, dass zwar „*Rückschritte* in der Evolution möglich und vielfach empirisch belegt [sind]; allerdings wird eine Gesellschaft hinter ein einmal etabliertes Entwicklungsniveau nicht ohne die Begleitphänomene einer erzwungenen Regression zurückfallen können – wie sich beispielsweise am faschistischen Deutschland zeigen läßt. *Irreversibel* sind nicht die evolutionären Vorgänge, sondern die strukturellen Sequenzen, die eine Gesellschaft durchlaufen muß, *wenn* und *soweit* sie in Evolution begriffen ist." *Habermas*, Zur Rekonstruktion des Historischen Materialismus, in: Habermas, Zur Rekonstruktion des Historischen Materialismus, S. 155.

28 *Habermas*, Zur Rekonstruktion des Historischen Materialismus, in: Habermas, Zur Rekonstruktion des Historischen Materialismus, S. 162 f.

29 Vgl. auch *Habermas*, Entgegnung auf Hauke Brunkhorst, in: Rapic (Hrsg.), Habermas und der Historische Materialismus, S. 413, wo es ausdrücklich heißt, dass „nur ein verändertes moralisch-praktisches Bewusstsein eine Lösung dieser Probleme ermöglicht."

alle folgenden Probleme und gesellschaftlichen Krisen „ein bestimmtes Niveau von Erwartungen, von Ansprüchen an die Bewältigung der entsprechenden Krise, das die jeweilige Lösung [...] nicht unterschreiten darf. [...] Die Etablierung solcher Problemlösungsniveaus und die damit einhergehende Bestimmtheit der Problemstellung schränken nun den Rahmen möglicher Lösungen ein. In Bezug auf historisch situierte reflexive Probleme [...] sind nur *bestimmte* Lösungen möglich. Sie müssen nämlich die normativen Erwartungen erfüllen, die schon dafür verantwortlich sind, dass bestimmte Phänomene überhaupt als Problem oder Anzeichen einer Krise gesehen werden können."[30] In die Sprache der Rechte übersetzt heißt das, einmal etablierte subjektive Rechte können nicht einfach aufgehoben werden. Sie bilden den Hintergrund vor dem neue Problematisierungen stattfinden und neue Lösungen für gesellschaftliche Probleme und Krisen Akzeptanz finden. Durch die Anerkennung und Kodifizierung eines neuen Rechts muss nach diesem Modell also das Überschreiten einer weiteren Schwelle des gesellschaftlichen Fortschritts und normativer Erwartungen als festgeschrieben angesehen werden.

Das Problem mit diesem ausgesprochen attraktiven Modell einer post-revolutionären Politik der subjektiven Rechte ist nur, dass das Gewähren von Schutz und die Beförderung einer offenen gesellschaftlichen Entwicklung – das heißt die beiden, je für sich nachvollziehbaren Effekte, die die subjektiven Rechte hervorbringen sollen – miteinander in Konflikt geraten.

Im Anschluss an Louis Althusser könnte man die Vorstellung, dass die subjektiven Rechte beides zugleich gewährleisten, als „ideologisch" bezeichnen. Während Rechte in ihren Bestimmungen den rechtlichen Rahmen niemals verlassen, besteht die „juristische Ideologie" für Althusser in dem Versprechen, durch die Rechte würden Freiheit und Gleichheit in einem umfassenden Sinn verwirklicht. Althusser erläutert dies im Hinblick auf die Naturrechtstradition: „Die juristische Ideologie [...] sagt: Die Menschen sind *von Natur aus* frei und gleich. In der juristischen Ideologie ist es also die ‚Natur' und nicht das RECHT, welche die ‚Grundlage' der Freiheit und Gleichheit der ‚Menschen' (und nicht der juristischen Personen) bildet."[31] Doch auch der Rechtspositivismus von Habermas spricht den Rechten eine Verwirklichung der Freiheit zu, die den juristischen Rahmen überschreitet. Rechte sollen bei ihm zwar die Grundlage der Freiheit sein, die ohne Rechte gar keine Realität besäße, aber die Rechte sollen trotzdem nicht in der Lage sein, die Freiheit auf ein von ihnen definiertes Feld zu beschränken. Die rechtlich wohldefinierte Freiheit wird so in der juristischen Ideologie zu eine

---

30 *Jaeggi*, Kritik von Lebensformen, S. 339.
31 *Althusser*, Über die Reproduktion, S. 110.

das Recht transzendierenden Freiheit. Der Effekt einer solchen Ideologie ist nicht nur der freiwillige Gehorsam gegenüber dem Recht und die unmittelbare Evidenz seiner Gültigkeit – auf die das Modell der Lernprozesse in besonderem Maße setzt –, sondern vor allem die faktische Identifikation von Freiheit und Gleichheit *tout court* mit ihrer konkreten Verwirklichungsform durch die subjektiven Rechte: rechtliche Freiheit und rechtliche Gleichheit.

Diese auf den ersten Blick vielleicht ziemlich harmlos wirkende Bestimmung, Freiheit und Gleichheit müssen als abstrakte Ideen schließlich immer konkretisiert werden, um wirklich zu sein, impliziert aber eine inhaltliche Vorentscheidung, die die Neutralität der rechtlichen Ordnung grundsätzlich infrage stellt. Für Althusser sind die juristische gefassten Normen und mithin auch die durch Gesetze verbrieften subjektiven Rechte immer das Ergebnis eines gesellschaftlichen Kampfes. Sie verstetigen die Kräfteverhältnisse, die zu ihrer Festlegung führten.[32] Geschützt wir durch die subjektiven Rechte also nicht die freie Entfaltungsmöglichkeit der Mitglieder einer Gesellschaft schlechthin. Geschützt werden eine spezifische Gesellschaftsform und die in ihr angelegten Entwicklungspotentiale.[33]

Das Beispiel der Familie mag das erneut verdeutlichen. Die Familie ist eine rechtlich geschützte Lebensform. Die liberale Politik der Rechte führt dazu, dass diese rechtlich geschützte Lebensform einem weiteren Kreis an Personen offensteht, aber sie erhält die Lebensform, von der sie ausgegangen ist. Statt zu einer Auflösung oder einer fundamentalen Transformation der Familie als Lebensform führt die Politik der subjektiven Rechte zu ihrer Ausbreitung und Verallgemeinerung. Die Tatsache, dass sich in der Familie aufgrund der Durchsetzung anderer subjektiver Rechte, die bereits beschriebenen erheblichen Transformationen vollzogen haben, hat ebenfalls nicht dazu geführt, die Lebensform aufzuheben. Eher sind die Modifikationen und Pluralisierungen des Familienmodells als Adaptionen der vorrechtlichen Lebensform an das Modell der subjektiven Rechte zu deuten. Und auch diese Pluralisierungen haben zu einer Ausweitung der Le-

---

32 Vgl. *Althusser*, Marx dans ses limites, in: Althusser (Hrsg.), Écrits philosophiques et politiques, Bd. 1, S. 480 f.

33 Dies schließt keineswegs alle Formen des Pluralismus bezogen auf gesellschaftliche Entwicklungen aus. Habermas bemerkt ausdrücklich: „Viele Pfade können zu demselben Entwicklungsniveau führen; *unilineare* Entwicklungen sind um so unwahrscheinlicher, je zahlreicher die evolutionären Einheiten sind.“ (*Habermas*, Zur Rekonstruktion des Historischen Materialismus, S. 155) Zugleich zeigt sich an dieser Bemerkung, dass Fortschritt in der habermas'schen Geschichtsphilosophie doch auf identifizierbare Stufen hinausläuft, die zwar auf unterschiedlichen Entwicklungspfaden erreicht werden können, im Zuge eines echten Fortschrittprozesses aber auch tatsächlich erreicht werden müssen. Aus der Perspektive des Paradigmas revolutionärer Politik bedeutet das aber, dass die pluralen Entwicklungen und die verschiedenen Niveaus, zu denen sie führen, derselben Grundordnung zuzuordnen sind.

bensform geführt – etwa wenn uneheliche Lebensgemeinschaften im Sozialrecht als „Bedarfsgemeinschaften“ gefasst und somit als familienartige Versorgungsgemeinschaften interpretiert werden.

Der rechtliche Schutz der Familie ist nicht das Ergebnis einer Deliberation. Er ist das Ergebnis der fortwährenden Tradierung einer dominanten Lebensform. Es mag gute Gründe dafür geben, die Familie für eine herausragend sittliche Lebensform zu halten, aber diese Argumente haben angesichts der rechtlichen Vorrangstellung der Familie keine praktische Bedeutung. Die Familie steht in Recht und Politik als dominante Lebensform außerhalb der Diskussion. Diskutiert wird allenfalls, wer zu ihr Zugang haben soll und welche Lebensformen ganz oder teilweise als analog zur Familie zu betrachten sind.

Aber ist eine solche Bevorzugung tradierter Lebensformen schon ein hinreichendes Argument, um die Neutralität der rechtlich-politischen Ordnung infrage zu stellen? Könnten die Gesetzgebungsorgane nicht zumindest im Prinzip auch ein solches Vorrecht brechen, wenn nur der politische Wille dazu vorhanden wäre? Zur ideologischen Illusion, die die subjektiven Rechte erzeugen, gehört der Glaube, dass eine solche Politik möglich wäre. Die Grundformen des bürgerlichen Lebens, Familie, Eigentum etc., sind jedoch so tief und vielfältig in der rechtlichen Ordnung verankert, dass sie nicht aufgehoben werden können, ohne dass die rechtliche Systematik insgesamt in sich zusammenfällt. Das Recht besteht aber gerade darin, die Systematik der verschiedenen Rechte zu gewährleisten und fortzuentwickeln. Eine Politik, die eine Lebensform wie die Familie angreift, kann daher keine Politik der subjektiven Rechte, keine Politik der Reform sein. Sie kann nur eine Politik der Revolution sein.

III Die Funktion der subjektiven Rechte, Politik zu ermöglichen, lässt sich von ihrer juridischen Verwirklichung trennen

Die Politik der Revolution und die Politik der subjektiven Rechte scheinen wie Scylla und Charybdis den Kurs hin zu einer Politik zu versperren, die weder der willkürlichen Gewalt anheimfällt, von der jede Freiheit unterdrückt zu werden droht, noch durch die ihr immanenten Restriktionen, die gesellschaftlichen Entwicklungsmöglichkeiten so stark beschränkt, dass sich die grundlegenden Herrschafts- und Unterdrückungsformen einer Gesellschaft nur in revolutionären Ausbrüchen überwinden lassen. Der Kurs, der zwischen diesen beiden Gefahren hindurchführt, kann nur darin bestehen, die Funktion der subjektiven Rechte, Politik innerhalb einer bestehenden sozialen und politischen Ordnung zu ermöglichen, anders, das heißt: auf nicht juridische Weise, zu verwirklichen, sodass die Ermöglichung von Politik und die Sicherung gesellschaftlicher Herrschaftspositionen nicht länger zusammenfallen.

Die Politik ermöglichende Funktion der subjektiven Rechte besteht darin, Räume zu eröffnen, in denen für die Einzelnen die Bestimmung und Artikulation ihrer Interessen möglich wird. Mit den subjektiven Rechten hat die Erfüllung dieser Funktion eine formale und eine materielle Dimension. Formal sind die subjektiven Rechte, weil sie unabhängig davon bestehen können, dass die materiellen Voraussetzungen zu ihrer Inanspruchnahme überhaupt gegeben sind. Jedes Mitglied der Gesellschaft hat das Recht auf eigenem Grund und Boden spazieren zu gehen, wie es im beliebt, oder seine politischen Ansichten über Massenmedien zu verbreiten, auch wenn eine Vielzahl der Gesellschaftsmitglieder weder über ein hinreichend großes Grundstück noch über einen aktiven Zugang zu Massenmedien verfügen. Für sie bleiben diese Rechte daher rein formal. Gleichzeitig sind die subjektiven Rechte aber auch materiell, weil sie für diejenigen, die über ein Grundstück oder einen aktiven Zugriff auf Massenmedien verfügen, nicht nur das Recht auf deren Nutzung schützen, sondern vor allem die private Verfügung über die materiellen Grundlagen sicherstellen.

Der juridische Schutz, den die subjektiven Rechte versprechen, ist damit zweigeteilt. Sofern er sich auf die politische Funktion bezieht, bleibt er formal. Das heißt er enthält keinen Anspruch auf die materiellen Voraussetzungen der Rechte, wenn diese nicht schon gegeben sind. Der Schutz der materiellen Basis hingegen erfolgt weitgehend von der politischen Funktion getrennt. Zwar kennt etwa das Wettbewerbsrecht Eingriffe in die Vertragsfreiheit, die funktional begründet werden, aber auch hier muss nicht die Funktionalität eines Vertrags für den Wettbewerb nachgewiesen werden, sondern Eingriffe erfolgen nur, wenn sachliche Gründe für die Annahme bestehen, dass sich eine erhebliche Dysfunktionalität (im Beispiel etwa eine marktbeherrschende Stellung einer der Vertragsparteien) aus dem Vertrag ergeben wird.

Diese weitgehende Blindheit bezüglich der Folgen ist ein konstitutives Merkmal der subjektiven Rechte. Willkür heißt hier – wie gesagt – die Abwehr jedes moralischen oder politischen Rechtfertigungsverlangens. Außerhalb des juridischen Kontextes ließe sich aber die Funktionalität der subjektiven Rechte aufnehmen, indem Sphären der individuellen wie kollektiven Willensbildung ausdrücklich als Zonen einer solchen Willensbildung gesellschaftlich geschützt werden. Ein solcher gesellschaftlicher Schutz ist *per se* nicht schwächer als der rechtliche Schutz, denn auch die Rechtsordnung, das haben die Erfahrungen des 20. Jahrhunderts gezeigt, muss gesellschaftlich getragen werden, um wirksam zu sein. Anders als der juridische Schutz solcher Willensbildungssphären muss ihr gesellschaftlicher Schutz aber nicht bezüglich der Funktion formal und in materiellen Fragen weitgehend blind für ihre Funktionalität sein. Vielmehr erlaubt es eine veränderte Weise der Festlegung auf die Gewährleistung individueller und kollektiver Willensbildungs- und Interessendurchsetzungsprozesse immer wieder nach Kriterien zu fragen, denen die konkrete Organisation des Politischen genügen soll. Das heißt, sie erlaubt es die Sphären der Willensbildung danach zu beurteilen, ob sie formal und materiell allen Menschen in einer Gesellschaft offenstehen. Sie erlaubt, es Konflikte zwischen solchen Sphären selbst als politischen Prozess zu behandeln, während bei Rechten – wie schon Max Stirner und Karl Marx bemerkten – Ansprüche, die sich auf gleich starke Rechte stützen können, dazu führen, dass Zonen des Kriegs aller gegen alle entstehen, in denen letztlich das größere Gewaltpotenzial entscheidend ist.

Ein solcher Vorschlag steht natürlich immer in der Gefahr doch wieder entweder der Scylla oder der Charybdis zum Opfer zu fallen. Was unterscheidet die vorgeschlagene Politisierung der Rechte von ihrer Aufhebung? Und inwiefern unterscheidet sich der Vorschlag überhaupt von der bereits herrschenden Rechtsordnung?

Soll der Schutz von Sphären der Willensbildung und Interessendurchsetzung kein bloßes Lippenbekenntnis bleiben, so bedarf er einer institutionellen Ausgestaltung. Dazu gehört, wie in den modernen Verfassungen üblich, die kodifizierte Festlegung eines solchen Schutzes und seines Zwecks als Ziel des Gemeinwesens. Dazu gehört aber auch die Institutionalisierung von Verfahren zur Bewältigung jener Konflikte, die zwischen den Ansprüchen auf die einzelnen Willensbildungssphären oder konkurrierenden Interessen entstehen. Schon die subjektiven Rechte sind nicht so unbedingt, wie sie auf den ersten Blick erscheinen, sondern erleiden in Konflikten, in denen Rechte gegeneinanderstehen Einschränkungen, ohne ihre Gültigkeit dadurch vollständig zu verlieren. Die Frage, warum ein Recht hinter einem anderen zurückstehen muss, ist dabei nicht rein juristisch zu klären. Vielmehr sind solche Verfahren immer politisch. In ihnen wird mit übergeordneten Zwecken und gesellschaftlichen Grundwerten argumentiert. Was sie von den alltäglichen politischen Entscheidungen unterscheidet, ist vor allem ihre Rhetorik, die sich am Juridischen orientiert, aber letztlich nicht im strengen Sinn juridisch sein kann. Das heißt, es geht bei diesen Entscheidungen nicht bloß um die Interpretation und Anwendung einer Norm im Rahmen eines rechtlichen Diskurses, es geht bei ihnen auch um die Gewichtung der Rechte und den Modus ihrer Koexistenz.

Die Herauslösung einer solchen Diskussion aus dem juridischen Kontext würde es einerseits erlauben, die Funktionalität der einzelnen Schutzgegenstände und ihres Zusammenwirkens zu thematisieren, andererseits müsste einer solchen Thematisierung weiterhin eine besondere Rhetorik vorbehalten bleiben, die anders als der Diskurs der politischen Interessendurchsetzung darauf gerichtet ist, das Feld des Politischen insgesamt und damit die Möglichkeiten vielfältiger individueller und kollektiver Willensbildung zu erhalten. Damit würde das Ziel der liberalen Rechtstheorie aufrechterhalten, keine Vorentscheidung über die inhaltliche Ausgestaltung des guten Lebens der Einzelnen und der Gesellschaft insgesamt zu treffen. Doch dieses Ziel geht nun nicht mehr mit der Illusion einher, die institutionalisierten Formen und Bedingungen der Willensbildung wären inhaltlich neutral. Nicht nur, dass das Ziel der Freiheit als gemeinsames Ziel proklamiert und aufrechterhalten werden muss, indem die Verwirklichungsformen der Freiheit zum Gegenstand des politischen Prozesses selbst werden, wird es auch möglich ihre Effekte zu bewerten und vor diesem Hintergrund auf ihre Veränderung zu drängen. Freiheit ist damit nicht länger ein individueller Naturzustand, sondern wird – so paradox das in unseren Ohren heute klingen mag – als das anerkannt, was sie immer schon ist: eine sittliche Ordnung.

Literatur

Althusser, L., Marx dans ses limites, in: Althusser (Hrsg.), L., Écrits philosophiques et politiques Bd. 1, Paris 1994, S. 367–537.

Althusser, L., Über die Reproduktion, Hamburg 2012.

Arato, A., Civil Society, Constitution, and Legitimacy, Oxford 2000.

Arato, A., Post Sovereign Constitution Making. Learning and Legitimacy, Oxford 2016.

Arato, A./Tombuş, E., Learning from success, learning from failure. South Africa, Hungary, Turkey and Egypt, Philosophy and Social Criticism 39 (2013) 4–5, S. 427–441.

Habermas, J., Entgegnung auf Hauke Brunkhorst, in: Rapic, S. (Hrsg.), Habermas und der Historische Materialismus, Freiburg/München 2014, S. 411–413.

Habermas, J., Faktizität und Geltung. Beiträge zur Diskurstheorie des Rechts und des demokratischen Rechtsstaats, Frankfurt am Main 1998.

Habermas, J., Wie ist Legitimität durch Legalität möglich?, Kritische Justiz 20 (1987) 1, S. 1–16.

Habermas, J., Zur Rekonstruktion des Historischen Materialismus, in: Habermas, J., Zur Rekonstruktion des Historischen Materialismus, Frankfurt am Main 1976, S. 144–199.

Hegel, G. W. F., Grundlinien der Philosophie des Rechts, Bd. 7, Frankfurt am Main 1986.

Honneth, A., Das Recht der Freiheit. Grundriß einer demokratischen Sittlichkeit, Berlin 2011.

Jaeggi, R., Kritik von Lebensformen, Berlin 2014.

Jellinek, G., System der subjektiven öffentlichen Rechte, Freiburg 1892.

Menke, C., Kritik der Rechte, Berlin 2015.

Savigny, F. C. v., System des heutigen Römischen Rechts, Bd. 1, Berlin 1840.

Sultany, N., Law and Revolution. Legitimacy and Constitutionalism After the Arab Spring, Oxford 2017.

Dan Wielsch

Die Praxis der Rechte

I Eigentum als Paradigma für die Struktur subjektiver Rechte

Auch wenn auf der Basis des normativen Individualismus unterschiedliche Varianten der Begründung des Eigentums in der Philosophie existieren, tragen diese doch gleichermaßen eine rechtliche Ausgestaltung, die den politischen Postulaten des Bürgertums und vor allem der frühkapitalistischen Wirtschaft entspricht. So wird im angelsächsischen *possessive individualism* eines Hobbes und Locke das Individuum als Eigentümer seiner eigenen Person oder seiner Fähigkeiten konzipiert.[1] Dem Menschen wird eine natürliche Freiheit zugeschrieben, die als Freiheit von der Abhängigkeit vom Willen anderer verstanden wird. Die angelsächsischen Theorien orientieren sich für die Frage der Institutionalisierung einer solchen Freiheit offenbar selbst schon insgeheim an der Realität einer frühkapitalistischen Gesellschaft, in der das Haben zur wichtigsten Voraussetzung für die Entfaltung der Möglichkeiten des Einzelnen wird, und interpretieren diese Ausrichtung auf das Haben dann zurück in die Natur des Individuums. Auf diese Weise wird Freiheit zu einer Funktion des Eigentums. Auf den ersten Blick scheint die darin liegende Verkürzung des Freiheitsverständnisses freilich dort weniger gravierend, wo – wie bei Locke –„property" im Sinne von „Lives, Liberties, and Estates" und damit letztlich als ein umfassendes Persönlichkeitsrecht konstruiert wird. Die Behauptung, das Sacheigentum sei daher „nur eine sekundäre, aus den personalen Rechten abgeleitete und an deren Schutzwürdigkeit partizipierende Spezies"[2], vernachlässigt jedoch zum einen die Bedeutung, die der im Eigentum real gewordenen Freiheit des Bürgers für die Persönlichkeit im Ganzen zukommt. Die sich als frei und gleich entwerfenden Individuen treten als Eigentümer miteinander in Beziehung und in eine Gesellschaft, die aus Tauschbeziehungen besteht.[3] Zum anderen leitet sich die Bedeutung des „engen" Sacheigentumsbe-

1 Vgl. *Locke*, Two Treatises of Government, § 44 („it is evident, that though the things of Nature are given in common, man (by being a master of himself, and proprietor of his own person, and the actions or labour of it) had still *in himself the great foundation of property*" (Hervorhebung hinzugefügt).

2 Vgl. *Schwab*, Eigentum, in: Brunner/Conze/Koselleck (Hrsg.), Geschichtliche Grundbegriffe, S. 80.

3 Vgl. *Macpherson*, Die politische Theorie des Besitzindividualismus, S. 15.

https://doi.org/10.1515/9783110704013-009

griffs gerade daraus ab, dass dieser das Paradigma für die Struktur subjektiver Rechte bildet und diese eigentumsanalog nach einem Sphärenmodell konstruiert werden. Locke formuliert seinen Begriff von Property im weiteren Sinne gerade am Modell des absoluten Eigentums.[4] Das generische Persönlichkeitsrecht wird als umfassendes Ausschließungsrecht gedacht.[5]

Bei Kant dreht sich die Rechtsbegründung nur scheinbar um. Zwar stellt er nicht das Eigentum, sondern die Freiheit an den Beginn jeder Rechtfertigung. Privates Eigentum muss aus der individuellen Freiheit heraus begründet werden.[6] Doch wird Freiheit als Rechtsbegriff selbst eigentumsanalog verkürzt. Und dies auf eine zweifache Weise. Zum einen wird bei Kant das gesamte Gebiet der Rechte – und nicht nur der Eigentumsrechte – durch das „äußere Mein und Dein" abgespannt. Er konstruiert den Rechtsbegriff als die Bedingungen der Kompatibilität von räumlich-physischen Willkürbereichen, „nach der Analogie der Möglichkeit freier Bewegungen der Körper unter dem Gesetze der *Gleichheit der Wirkung* und *Gegenwirkung*".[7] Zum anderen würde das Ansetzen bei der Freiheit des Einzelnen es eigentlich erlauben, Eigentum politisch autonom zu konfigurieren, da der freie Wille bei Kant auch das Konstitutionsprinzip staatlicher Gesetzgebung ist. Allerdings legitimieren sich die subjektiven Privatrechte in der „Metaphysik der Sitten" noch vor ihrer Ausdifferenzierung in Gestalt öffentlicher Gesetze aus moralischen Grundsätzen und damit unabhängig von der politischen Autonomie der Staatsbürger, die sich erst durch den Übergang in den bürgerlichen Zustand mit dem Gesellschaftsvertrag konstituiert. Als moralische Rechte gehen sie dem vereinigten Willen der Bürger voran und limitieren diesen.[8] Mögliche Divergenzen von politischer und privater Autonomie, von Staat und Gesellschaft, werden so jedenfalls in grundlegenden Fragen der Institutionalisierung von Freiheit von vornherein ausgeschlossen.

4 Dazu auch *Auer*, Der privatrechtliche Diskurs der Moderne, S. 29, 104.

5 Der Grund hierfür ist mit *Marx* in der Arbeitslehre Lockes zu suchen. Sie hebt die „äußerliche gedankenlose Gegenständlichkeit" auf, „indem sich das Privateigentum inkorporiert im Menschen selbst" – mit der Folge, dass „der Mensch selbst in der Bestimmung des Privateigentums" erscheinen muss; vgl. *Marx*, ökonomisch-philosophische Manuskripte aus dem Jahre 1844, in: Marx Engels Werke 40, 2. Aufl. 1990, S. 530.

6 Vgl. *Auer*, Der privatrechtliche Diskurs der Moderne, S. 26.

7 *Kant*, Metaphysik der Sitten, Rechtslehre, in: Weischedel (Hrsg.), Bd. IV, S. 336 f., 339 f.

8 Vgl. *Habermas*, Faktizität und Geltung, S. 131 mit dem Hinweis, dass Kant selbst diese Voranstellung freilich nicht als Einschränkung auffasst, weil er davon ausgehe, dass niemand in Ausübung seiner staatsbürgerlichen Autonomie Gesetzen zustimmen könne, die gegen seine naturrechtlich verbürgte Privatautonomie verstießen. Einer solchen Kant-Interpretation folgt auch *Sheplyakova*, Klagen als Ausübung der „Gegenrechte", in: Fischer-Lescano/Franzki/Horst (Hrsg.), Gegenrechte, S. 216.

Folglich reichert der methodologische Individualismus der Moderne zwar den engen, dogmatischen Sacheigentumsbegriff des römischen Rechts an und schafft einen weiten, vernunftrechtlichen Eigentumsbegriff, der zum generischen Begriff des subjektiven Rechts überhaupt wird. Aber die spezifische Fassung des römischen Sacheigentumbegriffs hat Rückwirkungen auf Begriff und Struktur von anderen subjektiven Rechten als dem Sacheigentum.[9] Ein partikularer Begriff des Eigentums ist bestimmend für die Form des subjektiven Rechts als solche. Oder anders gewendet: Die philosophische Formulierung des Begriffs der Rechte ist ein metonymischer Effekt des Rechts. Das wäre vielleicht nicht besonders interessant für das Recht, wenn nicht seine Grundbegriffe nunmehr transzendental aufgeladen re-importiert würden. Die Gefahr dieses räumlich-gegenständlichen Modells subjektiver Rechte ist die Anknüpfung an ein feststehend Gegebenes, das von allen Einwirkungen Dritter freigehalten (konserviert) werden soll. Auf diese Weise hält eine Metaphysik des Positiven Einzug in das Recht.[10]

Umgekehrt wird damit auch der Eigentumsbegriff nicht gesellschaftsadäquat weitergedacht. Ausreichend ist weder das subjektphilosophisch verankerte Sphären-Konzept des formalen Rechtsmodells noch das inter-personal ansetzende „bundle of rights“-Konzept des materialen Rechtsmodells. Beide können die Normativität emergenter sozialer Systeme und Institutionen methodisch nicht in die Rechtsgewinnung integrieren. Während das Defizit beim personalen Sphären-Modell in einer normativen Überdeterminierung der sozialen Funktion von Eigentum durch eine moralphilosophisch begründete Autonomie des Individuums liegt, besteht es beim inter-personalen Bündel-Modell umgekehrt eher in einer normativen Inhaltslosigkeit; die Auflösung in ein Bündel sehr spezifischer Handlungsrechte bietet sich für die präzise Abbildung sozialer Funktionen in rechtlichen Strukturen an, trägt aber weder etwas zur Aufklärung der je eigentümlichen Normativität dieser Funktionen bei, noch kann es die eigene Normativität des Rechts bei der Entscheidung über kollidierende soziale Normativitäten hinreichend zur Geltung bringen.[11]

Erforderlich ist stattdessen ein Modell, das den Zusammenhang von individuellen Rechten und sozialen Funktionalitäten, die Relation von personaler Autonomie und der von sozialen Systemen, berücksichtigt. Nur so wird deutlich, dass die Konzentration aller Befugnisse im abstrakt formulierten Eigentum des

9 Vgl. *Auer*, Der privatrechtliche Diskurs der Moderne, S. 104.

10 Für *Menke*, Genealogie, Paradoxie, Transformation – Grundelemente einer Kritik der Rechte, in: Fischer-Lescano/Franzki/Horst (Hrsg.), Gegenrechte, S. 19, produziert bereits die Form der subjektiven Rechte als solche den Schein der Gegebenheit.

11 Zu weiteren Defiziten des Bündelmodells vgl. *Goldhammer*, Geistiges Eigentum und Eigentumstheorie, S. 105 ff.

bürgerlichen Formalrechts sich der Sache nach als partikulare Materialisierung der Rechtsform erweist: sie entspricht der Operationslogik eines ganz bestimmten gesellschaftlichen Funktionsbereiches (und dem Interesse einer von dessen konkreter Operationsweise profitierenden gesellschaftlichen Schicht), indem sie „marktkonform" ist: weil es *allgemein* ist, indem es allen Rechtspersonen gleich zugänglich ist und nicht zwischen Individuen differenziert; weil es *universal* ist, indem sich auf alle Ressourcen gleichwelcher Art beziehen kann; und vor allem weil es *abstrakt* ist, indem es die von der Rechtsordnung formulierten Nutzungsrechte nicht an konkrete Verwendungen bindet, sondern grundsätzlich alle denkbaren Verwendungsmöglichkeiten umfasst, da nur so gewährleistet ist, dass die Konkretisierung der in einem Eigentumsrecht enthaltenen Kompetenz ausschließlich dem Rechtsinhaber vorbehalten ist und er nicht schon von vornherein den Einflüssen fremder Präferenzen unterworfen ist.

Der Gehalt von Eigentumsrechten lässt sich nur in Verbindung mit ihrer Funktion für soziale Institutionen bestimmen. Das führt aber auch umgekehrt dazu, dass Eigentumsrechte dem Einzelnen die Teilhabe an der Gestaltung sozialer Institutionen verschaffen. Allgemein gilt: Die normative Kraft von subjektiven Rechten resultiert aus ihrer konstituierenden Funktion für soziale Praxis – die ihrerseits maßgeblich für die Realisierbarkeit von Selbstbestimmung ist. Darin liegt die politische Dimension von privaten Rechten: sie ermöglichen das Operieren sozialer Institutionen, deren Wirkungen eine Vielzahl von (unbeteiligten) Personen treffen.[12]

Im vorliegenden Zusammenhang kommt es vor allem darauf an, dass sich die Reduktion des Begriffs von personaler Autonomie auf eine Funktion von Herrschaftsrechten über Objekte insbesondere auch in anderen Gebieten als dem Eigentumsrecht selbst als nicht angemessen erweist.

Das gilt etwa für die Grundrechtsdogmatik. Dort wird ein Grundrechtverständnis vertreten, das als „personal-possessiv" verstanden werden kann, insofern es die durch die Grundrechte gewährten Handlungs- und Kommunikationsmöglichkeiten als etwas versteht, was der jeweilige Grundrechtsträger „hat" und „benutzt".[13] Grundrechte werden als „Sphären der Freiheit" (C. Schmitt) konzipiert und als Eingriffsabwehrrechte stilisiert. Durch Abstimmung mit den Kategorien Eingriff und Gesetz wird es möglich, Freiheiten allein in Form von Individualgütern zu denken. Dagegen wird der soziale Kontext von individueller Autonomie ausgeblendet. Es kommt zu einer doppelten Unterstellung: Zum einen

---

12 Zur genaueren Entwickelung dieses Gedankens vgl. *Wielsch*, Gesellschaftliche Transformation durch subjektive Rechte, in: Fischer-Lescano/Franzki/Horst (Hrsg.), Gegenrechte – Recht jenseits des Subjekts, S. 154 ff.

13 *Augsberg*, AöR 138 (2013), 493 (527).

wird die Existenz und stabile Identität des Grundrechtsträgers als vorgegeben angenommen. Zum anderen soll das Grundrechtssubjekt lediglich bereits präexistente Handlungs- und Kommunikationsoptionen nur als solche ergreifen und ausüben müssen. Diese zweifache Unterstellung erlaubt es, den jeweiligen Schutzbereich in seinem „objektiven" Gehalt darzustellen und davon sauber getrennt die Frage der subjektiven Grundrechtsträgerschaft zu thematisieren.[14] Die Möglichkeit einer gegenseitigen Konstituierung von Subjekt und Objekt – von personaler Identität und sozialer Praxis – wird so zum Un-denkbaren.

II Relationale Rekonstruktion von subjektiven Rechten

Die Modellierung von subjektiven Rechten als gegenstandsbezogene Ausschließungsbefugnisse muss dort an Grenzen stoßen, wo die freie Entfaltung des Einzelnen von vornherein nicht über die Sicherung eines exklusiv zugewiesenen Herrschaftsbereichs gewährleistet werden kann. Ein solcher Bereich ist die Bildung der Persönlichkeit oder Identität des Einzelnen. Denn Persönlichkeit wird gerade umgekehrt als Voraussetzung des Gebrauchs äußerer Freiheit angesehen.[15]

Das Beispiel der Persönlichkeitsrechte verweist über sich hinaus. Es geht allgemeiner um Konstellationen, in denen das Recht nicht mit der Referenz (allein) auf Willen arbeiten kann, sondern die Konstitutionsbedingungen der Autonomie, die es zu schützen beansprucht, selbst thematisieren muss. In denen die Autonomie des Subjekts nur als Relationsbegriff von sozialer Praxis gefasst und nicht als gegeben angenommen werden kann. Im Vergleich zum *grand récit* der Moderne stellt sich Subjektivität nüchtern als Effekt ihrer Rechte dar, nicht umgekehrt.

1 Allgemeines Persönlichkeitsrecht: Recht auf Mitgestaltung der medialen Erzeugung sozialer Personen

Das erkennen die Vertreter eines um den Anschluss des Rechts an die Gesellschaft und die Herausarbeitung der sozialen Dimension von Rechten bemühten Teils der Rechtswissenschaft (insbesondere Gierke und Kohler), an die der BGH später bei der richterrechtlichen Erschaffung des allgemeinen Persönlichkeitsrechts an-

14 Vgl. *Augsberg*, AöR 138 (2013), 493 (528).

15 Vgl. *Britz*, Freie Entfaltung durch Selbstdarstellung, S. 24 m. w. N.

knüpfen kann.[16] Während die Pandektisten unter der Persönlichkeit die Rechtsfähigkeit des Menschen verstehen und argumentieren, es sei „kein Privatrecht der Person, Person zu sein"[17], wird von den Vertretern einer Theorie der Persönlichkeitsrechte im 19. Jahrhundert gerade eine Unterscheidung zwischen Persönlichkeit und Rechtsfähigkeit eingeführt.[18] Zur Charakterisierung einer ganzen Kategorie von Rechten, die bisher von der Systematik vernachlässigt worden seien, formuliert etwa Gareis: „das Rechtssubjekt hat das Recht, seine Individualität als solche anerkannt zu sehen".[19] Das darf freilich nicht darüber hinwegtäuschen, dass sich auch die Konzeption von Persönlichkeitsrechten im 19. Jahrhundert nicht vom eigentumsrechtlichen Paradigma emanzipieren kann. Selbst Gierke kann Persönlichkeitsrechte nicht anders denken als Rechte, „die ihrem Subjekte die *Herrschaft* über einen Bestandtheil der eigenen Persönlichkeitssphäre gewährleisten".[20]

Die Konzeption von Persönlichkeitsrechten ist ganz Kantisch ausgerichtet. Kant hatte den Rechtsbegriff der Person von dem ethischen Begriff der Persönlichkeit unterschieden, beide aber insofern aufeinander bezogen, als die Person „ihrer eigenen Persönlichkeit unterworfen" sei.[21] Die Persönlichkeit – bei Kant als zum Reich der Zwecke und der intelligiblen Welt gehörig gedacht – stellt die Befähigung zur Selbstgesetzgebung dar und damit die Bedingung für freies Handeln. Die Bedingungen der Möglichkeit, in der Sinnenwelt Vernunft praktisch werden zu lassen, liegen in der ethischen Persönlichkeit.

Ähnlich gelingt es dem Recht mit der Figur des Persönlichkeitsrechts, ein Instrument zu entwickeln, mit dem gleichsam die außerpersonalen Voraussetzungen der Person reflektiert werden können. Freilich geschieht dies rechtsintern und ohne zwingenden Ausgriff gerade auf ein moralisches Fundament. Der rechtlichen Person muss nicht stets die moralische Person zur Seite gestellt werden, wie dies bei Kant der Fall ist und wie es durch die Verankerung des allgemeinen Persönlichkeitsrechts in Verbindung mit Art. 1 I GG nahegelegt wird.[22]

---

16 Vgl. BGH, GRUR 1955, 197 (198) mit Hinweisen auf Gierke und Kohler, aber auch auf *Coing*, SJZ 1947, 641 (642), der seinerseits Gierkes Konzept hervorhebt. – Zur Entwicklung des allgemeinen Persönlichkeitsrechts vgl. *Ehmann*, Das Allgemeine Persönlichkeitsrecht, in: Geiß u. a. (Hrsg.), FS 50 Jahre BGH, Bd. I (2000), S. 613 ff.; *Klippel*, ZNR 1982, 132 (137 ff.).

17 *Böcking*, Einleitung in die Pandekten des gemeinen Civilrechts, S. 332 f. mit Fn. 3.

18 *Klippel*, ZNR 1982, 132 (145).

19 Zit. bei *Klippel*, ZNR 1982, 132 (147).

20 *v. Gierke*, Deutsches Privatrecht I, S. 702 (Hervorhebung hinzugefügt). Näher *Klippel*, ZNR 1982, 132 (148 f.).

21 *Kant*, Metaphysik der Sitten, Rechtslehre, 1797, in: Weischedel (Hrsg.), Bd. IV, S. 210.

22 Den Rückgriff auf Art. 1 I GG zur Begründung des allgemeinen Persönlichkeitsrechts kritisiert indessen *Britz*, Freie Entfaltung durch Selbstdarstellung, S. 25 f.

Mit Blick auf die Innovation im Theorieapparat des Rechts ist allein entscheidend, dass das Recht bei der Bestimmung personaler Autonomie mit mehreren Referenzen zu arbeiten gezwungen ist.

Die Identitätsbildung verläuft über Akte der Selbstdarstellung und Selbstreflexion in Kommunikationsprozessen. Aus handlungstheoretischer Sicht ist Identitätsbildung auf symbolische Interaktionen angewiesen, in denen die Ausbildung von Selbstbewusstsein und praktischem Selbstverhältnis allererst möglich wird.[23] Insbesondere in ihren sozialen Nahbeziehungen sind „Personen auf affektive Anerkennung konkreter anderer angewiesen ..., weil sie im Licht ihrer Reaktionen deliberieren, welche Person sie sind und sein wollen, wie sie leben wollen".[24]

Aber auch eine Theorie sozialer Differenzierung betont die kommunikative Konstituierung der Persönlichkeit, nur aus gleichsam umgekehrter Perspektive „von oben", so dass jetzt nach der Funktion individueller Persönlichkeit für die Gesellschaft gefragt wird. In einer funktional differenzierten Gesellschaft wird das Individuum typisiert. Es zerlegt sich in mehrere Selbste, um der Mehrheit sozialer Umwelten und der Unterschiedlichkeit der Anforderungen gerecht werden zu können.[25] In den verschiedenen Funktionssystemen der Gesellschaft differenzieren sich unterschiedliche Rollen oder Personenbegriffe heraus. Es handelt sich um standardisierte Erwartungscollagen, die je nach sozialem Kontext ein unterschiedliches Verhalten als passend und angemessen vorgeben. Homo oeconomicus, homo politicus, homo scientificus treten auseinander und vor allem nebeneinander. „Das In-dividuum wird durch Teilbarkeit definiert."[26] Diese von unterschiedlichen Kontexten gestellten divergierenden Verhaltenszumutungen können allerdings nicht mehr auf der Ebene der Sozialordnung selbst ausgeglichen werden, so dass individuelle, persönliche Problemlösungen gefunden werden müssen. Der Einzelne muss sich selbst zum Selektionsprinzip machen.[27] Man ist gezwungen, „sich an den Märkten für Produkte zu orientieren, in den politischen Programmen die eigenen Interessen wiederzuerkennen oder mit widerstreitenden wissenschaftlichen Expertisen Kindererziehung, Ernährungs- oder Gesundheitsstrategien zu bewältigen".[28]

---

23 Vgl. *Rössler*, Der Wert des Privaten, S. 239 m. w. N.

24 *Rössler*, Der Wert des Privaten, S. 240.

25 *Luhmann*, Individuum, Individualität, Individualismus, in: Luhmann (Hrsg.), Gesellschaftsstruktur und Semantik, Bd. 3, S. 223.

26 *Luhmann*, Individuum, Individualität, Individualismus, in: Luhmann (Hrsg.), Gesellschaftsstruktur und Semantik, Bd. 3, S. 223.

27 Vgl. *Luhmann*, Grundrechte als Institution, S. 49.

28 *Rost*, DuD 2013, 85 (89).

Um sich nicht zwischen den unterschiedlichen Erwartungen aufzulösen, benötigt der Einzelne ein generalisierendes System, eine individuelle Persönlichkeit, welche eine besondere Kombination der verschiedenen Rollen und Anforderungen als sinnvollen Lebenszusammenhang plausibel machen kann.[29] Dazu muss er sich und seine persönliche Verhaltenssynthese zur sozialen Darstellung bringen können (auf die dann im sozialen Verkehr durch Konsens oder Dissens eingegangen wird).[30] Das setzt wiederum voraus, dass sein Handeln als „frei" und nicht als umweltveranlasst erscheint. Überdies muss dem Einzelnen „Würde" zugeschrieben werden können, so dass die Selbstdarstellung nicht erkennbar widersprüchlich sein darf. In soziologischer Formulierung meint Würde die in sich konsistente, gelungene Selbstdarstellung.[31] Beides – Freiheit und Würde – sind danach Vorbedingungen für die Selbstdarstellung des Einzelnen im Kommunikationsprozess, in dem eine individuelle Persönlichkeit konstituiert wird, oder eben nicht.

„Persönlichkeit" ist demnach nicht in substanzialistischen Kategorien zu denken, sondern prozesshaft. Und dies von beiden Seiten: der des beteiligten psychischen Systems wie der sozialen Systeme. Persönlichkeit wird kommunikativ konstituiert.[32] Es kann dann nicht Funktion von subjektiven Rechten zum Schutz der „Persönlichkeit" des Einzelnen sein, ein vorgegebenes Gut gegen Fremdeinwirkungen abzusichern. Vielmehr sind mit ihrer Hilfe die sozialen Prozesse der Konstruktion von Personen rechtlich zu verfassen, etwa durch die Gewährleistung einer effektiven Selbstdarstellung oder umgekehrt durch das Setzen von Schranken für die Verarbeitung von personenbezogenen Informationen in technischen oder sozialen Systemen. Auch das allgemeine Persönlichkeitsrecht

---

29 *Luhmann*, Grundrechte als Institution, S. 48.

30 Selbst in seiner Einmaligkeit muss das Individuum Konsistenz und Erwartungssicherheit für andere garantieren. „Es muss nicht nur Individuum, es muss auch Person sein." Vgl. *Luhmann*, Individuum, Individualität, Individualismus, in: Luhmann (Hrsg.), Gesellschaftsstruktur und Semantik, Bd. 3, S. 251.

31 *Luhmann*, Grundrechte als Institution, S. 68, der den Würdebegriff damit gezielt anders fasst als die herrschende juristische Interpretation des Art. 1 I GG, die letztlich in Aristotelischer Tradition die menschliche Persönlichkeit als Substanz deutet (vgl. *Luhmann*, Grundrechte als Institution, S. 58, 70 mit Fn. 49).

32 Das ist im Übrigen der Grund für die offene Formulierung des Schutzbereiches des allgemeinen Persönlichkeitsrechts, das Grundbedingungen der Persönlichkeit gewährleisten soll, die nicht bereits Gegenstand der besonderen Freiheitsgarantien des Grundgesetzes sind. Es kann diese Funktion insbesondere angesichts von neuartigen Gefährdungen wahrnehmen, zu denen es im Zuge des wissenschaftlich-technischen Fortschritts und gewandelter Lebensverhältnisse kommt. Und hier wiederum sind es die Innovationen in der Informations- und Kommunikationstechnik, die für die Persönlichkeit und die Entfaltung des Einzelnen eine früher nicht absehbare Bedeutung erlangt haben. Vgl. BVerfGE 120, 274 (303).

ist folglich von der Seite der Gesellschaft her zu denken und nicht ausgehend von einem vermeintlich vor-gesellschaftlichen Individuum.

Persönlichkeitsrechte halten das Recht zur Rekonstruktion der in sozialen Systemen produzierten tatsächlichen Bedingungen für die Entwicklung von Persönlichkeit bzw. personaler Autonomie an. Sie sind daher als Teilnahmerechte an der rechtlichen Verfassung sozialer Institutionen zu verstehen, damit diese neben standardisierten auch individuelle, mit konkreten Adressen verknüpfte Erwartungsbildung zulassen. Es handelt sich um subjektive Rechte, durch die auf eine Praxis der Sozialkonstruktion von Personen Einfluss genommen werden kann. Persönlichkeitsrechte in diesem Sinne konkretisieren sich weniger in inhaltsorientierten als vielmehr in verfahrensorientierten Rechtsbehelfen, die Spielregeln für eine als problematisch erkannte Kommunikationspraxis aufstellen.[33] Sie stellen politische Rechte dar, weil sie den Einzelnen mitbestimmen lassen über die Bildung von Rechtsregeln für eine Sozialpraxis, die ihrerseits die Identität des Einzelnen mitbestimmt.

Persönlichkeitsrechte mögen daher zwar rechtstechnisch häufig durch Unterlassungsansprüche bewehrt sein.[34] Aber diese können zum einen nicht als Abwehr des Eingriffs in eine „natürliche Freiheit“ und gemäß der Vorstellung eines zu schützenden Gutes erklärt werden, sondern gerade umgekehrt als Formulierung von Schranken für personenbezogene Kommunikationsprozesse zur Ermöglichung der Produktion einer Identität. Zum anderen wird nicht selten vom „Verletzer“ kein „einfaches Unterlassen“ verlangt, sondern die Einrichtung und Einhaltung von Verfahren, die im Interesse des Rechtsschutzes von Dritten bestehen, wie etwa bei den von der Rechtsprechung etablierten Grundsätzen der Verdachtsberichterstattung oder dem „quasi-ADR-Verfahren“, das Host-Provider nach Hinweisen auf von ihnen verbreitete rechtswidrige Inhalte einhalten müssen – so dass in beiden Fällen die Rechtsschutzmaxime des „altera pars audiatur“ auf Private übertragen und für sie verbindlich gemacht wird.

Mit Blick auf die Bedeutung der sozialen Umwelt für die Entfaltungsmöglichkeiten des Einzelnen ist daher vorgeschlagen worden, das allgemeine Persönlichkeitsrecht als ein Leistungsgrundrecht zu rekonstruieren, das den Staat verpflichte, die Voraussetzungen freier Persönlichkeitsbildung zu schaffen („Voraussetzungsschutz“).[35] An die Stelle eines auf Abwehr gerichteten Schutz-

---

33 Zur Charakterisierung von verfahrensrechtlichen Rechtsbehelfen wie etwa Gegendarstellungsrechten als Spielregeln und ihrer Entwicklung vgl. *Stürner*, JZ 1994, 865 (872 ff.).

34 Das ist jedoch längst nicht immer der Fall: Vielmehr können Persönlichkeitsrechte u. a. auch Ansprüche auf Gegendarstellung (etwa BVerfGE 97, 125 [146]), auf Kenntnis (etwa BVerfGE 79, 256 [269]) oder auf Anerkennung der geschlechtlichen Identität (etwa BVerfGE 147, 1 Rn. 39) auslösen.

35 *Britz*, Freie Entfaltung durch Selbstdarstellung, S. 31 ff.

bereichs trete ein gefährdungsspezifischer Gewährleistungsgehalt, der dem Einzelnen (selbstreflexive) Identitätszuschreiben möglich machen soll. Der grundrechtliche Schutz setze insbesondere bei strukturellen Gefährdungen des Rechts auf Selbstdarstellung ein, das als verfassungsrechtliche Transformation des sozialwissenschaftlichen Interaktivitätsparadigmas gelten könne.[36] Wie nach der hier vertretenen Konzeption des allgemeinen Persönlichkeitsrechts als Recht auf Mitgestaltung personenbezogener Kommunikationsregeln wird damit die Perspektive vom Grundrechtsträger weg und hin zu den Gefahren gelenkt, die von sozialen Medien für die Persönlichkeitsbildung ausgehen.

Daraus erklärt sich auch die Beobachtung, das allgemeine Persönlichkeitsrecht habe keinen greifbaren Schutzbereich.[37] Denn es geht bei der Anwendung dieses Grundrechts gar nicht um die nähere Bestimmung eines Schutzbereiches, in dem der Grundrechtsträger seine Freiheit entfalten kann, sondern um eine Grenzziehung für die Qualifikation von Personen durch soziale Systeme und Medien. Durch die Einflussnahme auf diese Personenbilder kann das Recht freilich nur die Voraussetzungen für die Herausbildung individueller Verhaltenssynthesen gewährleisten, nicht aber deren Erfolg.[38] Während spezielle Freiheitsrechte die Integrität ausdifferenzierter, bereichsspezifischer Kommunikation sichern,[39] bleibt aus Sicht der Gesellschaft das Individuum gerade unbestimmt und frei.[40] Persönlichkeitsrechte schützen die „selbstreferentiell organisierte Negativität" des Menschen[41] und nicht die freie Anschlussfähigkeit von Kommunikation entlang bestimmter Rationalitäten. Zugespitzt gesprochen, schützen Persönlichkeitsrechte sogar gegen Anschlussfähigkeit.[42] Sie verhindern eine To-

---

36 Weil es ein Mittel des Individuums sei, fremde Identitätserwartungen zu beeinflussen und sich damit mittelbar und unmittelbar Raum für eigene Selbstvergewisserung zu sichern. Die Selbstdarstellung einer Person ist etwa gefährdet, wenn besonders wirkmächtige Stereotype ihre Wahrnehmung durch andere behindern oder wo die „Gegenseite" über quantitativ oder qualitativ besonders wirksame Vorinformationen verfügt, vgl. *Britz*, Freie Entfaltung durch Selbstdarstellung, S. 46, 83 f.

37 So die Feststellung bei *Britz*, Freie Entfaltung durch Selbstdarstellung, S. 82. Zur Unbestimmtheit des allgemeinen Persönlichkeitsrechts vgl. auch *Beater*, JZ 2018, 213 (213 ff.), allerdings mit dem Versuch einer schutzgutbezogenen Bestimmung des Schutzbereichs.

38 Richtige Akzentuierung des prozeduralen Schutzes bei *Britz*, Freie Entfaltung durch Selbstdarstellung, S. 47, 51.

39 Zur Deutung von Grundrechten als Institution der Erhaltung einer differenzierten Kommunikationsordnung vgl. *Luhmann*, Grundrechte als Institution, S. 25.

40 Vgl. *Hellmann*, Systemtheorie und neue soziale Bewegungen, S. 173.

41 Formulierung bei *Luhmann*, Frühneuzeitliche Anthropologie, in: Luhmann (Hrsg.), Gesellschaftsstruktur und Semantik, Bd. 1, S. 176 f.

42 Zu dieser Inkongruenz auch *Luhmann*, Grundrechte als Institution, S. 80: „Eine unbefangene Analyse der menschlichen Persönlichkeit , ihrer Struktur, ihrer Probleme und Bedürfnisse, ihres

talisierung von gesellschaftlichen Personkonstruktionen, durch die der Einzelne nur noch als Adressat optimierter Verhaltenserwartungen im Sinne einer partikularen gesellschaftlichen Rationalität erschiene.[43]

Mit einem Wechsel der Perspektive auf die Verfassung der sozialen Personkonstruktionen wird schließlich auch deutlicher, warum das allgemeine Persönlichkeitsrecht so stark ausdifferenziert ist. Es muss die Vielzahl systemspezifischer Personenbilder und die daraus entstehenden Konfliktlagen für individuelle Persönlichkeitsentwicklung in sich abbilden können. Begreift man die speziellen Grundrechte ihrer Funktion nach als Entdifferenzierungssperren, die den Prozess gesellschaftlicher Differenzierung gegen kolonialistische Expansionstendenzen einzelner Subsysteme absichern, so geht es dem allgemeinen Persönlichkeitsrecht gerade darum, die Zumutungen der solchermaßen abgesicherten autonomen Rationalitäten für den Einzelnen als besonderem System einzuhegen. Ihm müssen Spielräume zur eigenen „freien“ Syntheseleistung verbleiben, die nicht von den verschiedenen sozialen Autonomien überdeterminiert werden dürfen. Die vom Persönlichkeitsrecht angesichts dessen gewährten Partizipationsmöglichkeiten an der Rechtsverfassung sozialer Medien machen es entsprechend häufig zu Grund und Grenze von Rechtsfortbildung.[44]

Als ein wichtiger dogmatischer Baustein erweist sich dabei etwa die Herausbildung von Regeln über die zeitliche Generalisierung von Personen. Seit der „Lebach“-Entscheidung des Bundesverfassungsgerichts wird aus dem Persönlichkeitsrecht ein Gebot der Resozialisierung abgeleitet, das die Medienfreiheit bei der Darstellung von Straftätern einzuschränken vermag. Weil das Medium wesentlich die „Einstellung der Umwelt“ beeinflusst, gewinnt das Interesse zumal des sanktionierten Täters mit zeitlicher Distanz zur Straftat an Gewicht gegenüber dem Informationsinteresse der Öffentlichkeit.[45] Die nach dieser Maßgabe zunächst für analoge Medien konkretisierten Darstellungsregeln sind unter digitalen Bedingungen für Altmeldungen in Online-Archiven neu zu fassen, besonders

Erlebnis- und Erlebensverarbeitungspotentials würde niemals zu dem Grundrechtskatalog mit seinen Aufteilungen und Akzentsetzungen führen“.

43 Für *Simitis*, in: Simitis (Hrsg.), BDSG, § 1 Rn. 36 schützt speziell die informationelle Selbstbestimmung vor einer solchen Reduktion des Einzelnen durch seine soziale Umwelt.

44 Vgl. BVerfG, JZ 2015, 620 zu den durch das allgemeine Persönlichkeitsrecht gezogenen Grenzen von Rechtsfortbildung, konkret eines richterrechtlich geschaffenen Auskunftsanspruchs zur Durchsetzung von Unterhaltsregressansprüchen. (Insbesondere Rn. 50: „Ein Schluss von der gesetzlichen Einräumung eines materiell-rechtlichen Anspruchs auf die Ermächtigung zur Nutzung der notwendigen Mittel zu seiner Durchsetzung ist jedenfalls hier unzulässig“.).

45 BVerfGE 35, 202 (233 und 236 f.).

angesichts von deren leichter Auffindbarkeit mit Hilfe von Suchmaschinen.[46] Auch der Konstituierung der Person durch Erfolgsmedien wird eine zeitliche Grenze gezogen, insofern Minderjährige durch ihre von ökonomischen Erwägungen angeleiteten Eltern nicht „mit erheblichen Schulden in die Volljährigkeit ‚entlassen' werden" dürfen.[47] Die von den Eltern geformte ökonomische Person des Kindes darf dessen spätere Position und Chancen in anderen Lebensbereichen nicht überdeterminieren. Von der Annahme einer ähnlichen Gefahr des überschießenden Einflusses von systemspezifischen Personen ist offenbar auch die Rechtsprechung in Fällen wie „Mephisto" und „Esra" geleitet, in denen eine unzulässige Generalisierung der „ästhetischen Person" hier freilich in sachlicher Hinsicht angenommen wurde.[48] In der Fortbildung des Rechts am eigenen Bild wird schließlich deutlich, wie wenig sich die Entscheidungen der klassischen Konzeption eines interpersonell orientierten Deliktsrechts einfügen lassen, das den persönlichen Missbrauch von Handlungsfreiheit sanktioniert. In sozialer Hinsicht geht es bei der Frage der Geldentschädigung für unerlaubte Bildberichterstattung weder um individuelles Fehlverhalten noch um einen daraus resultierenden individuellen Schaden. Beurteilt wird vielmehr eine mediale Praxis, die ihrerseits unter Bedingungen publizistischen Wettbewerbs entsteht. Dem Gegenstand nach handelt es sich also um eine Art Medienregulierungsrecht. Dem entspricht auf der Seite des Geschädigten, dass der Gedanke der Genugtuung überlagert wird mit einem an der Präventivfunktion ausgerichteten Schadensersatz, durch den ein Marktversagen kompensiert werden soll.[49] Der Verletzte fungiert insofern wie im Wettbewerbsrecht als ein bloßer Agent der Rechtsordnung.

Rekonstruiert man das allgemeine Persönlichkeitsrecht derartig als Recht auf Mitgestaltung von medialen Kommunikationsregeln, so ist seine Funktion eher der *actio injuriarum* des Pandektenrechts als den subjektiven Rechten vergleichbar, von denen jene im Deliktsrecht des BGB verdrängt wurde. Das gilt nicht nur für die bereits von Jhering kritisierte Ausdehnung spezifisch vermögensrechtli-

---

46 Das ist Gegenstand des „Apollonia"-Prozesses, in dem der BGH, GRUR 2013, 200 Rn. 18 und 20 ein Interesse der Öffentlichkeit an der Möglichkeit, vergangene zeitgeschichtliche Ereignisse anhand der unveränderten Originalberichte in den Medien zu recherchieren, auch unter Berücksichtigung der Funktion von Suchmaschinen anerkennt. Über die gegen diese Entscheidung erhobene Verfassungsbeschwerde ist noch nicht entschieden.

47 BVerfG, NJW 1986, 1859 (1860).

48 BVerfGE 30, 173 (198); 119, 1 (30). Der Ansatz des Gerichts, Urbild (reale Person) und Abbild (ästhetische Person bzw. Romanfigur) miteinander zu vergleichen und eine (dem Publikum erkennbare) Ähnlichkeit dem Künstler zuzurechnen, ist freilich hochproblematisch. Vgl. etwa *Lenski*, NVwZ 2008, 281 (283).

49 Vgl. *Beater*, JZ 2004, 889 (892f.), der von einem „Presseordnungsrecht" spricht, das fehlende presserechtliche Sanktionsinstrumente kompensiere.

cher Klagen,[50] welche die eigentlich der Injurienklage zukommende Funktion übernehmen, so dass in der Folge das BGB persönlichkeitsrechtliche Belange nur punktuell rezipieren kann und sich diese überdies einseitig vor dem Vermögensrecht zu legitimieren haben. Es betrifft vor allem auch die Wirkungsweise der Injurienklage, die keineswegs auf Ehrkränkungen beschränkt war,[51] sondern allgemeiner dem Einzelnen die Teilhabe an der Rechtsordnung vermittelte.[52] Indem sie den Mitbürger gegen die öffentliche Infragestellung seiner Rechtsgleichheit schützte, konstituierte sie funktional Rechtspersönlichkeit in ganz unterschiedlichen Hinsichten, bevor diese im BGB zum Zurechnungspunkt von Herrschaftsrechten verkürzt wird.

2 Recht auf informationelle Selbstbestimmung: Konstruktion und Konzeption

Die Problematik einer individualistischen Konzeption des allgemeinen Persönlichkeitsrechts wird besonders deutlich, wenn man einzelne dogmatische Ausdifferenzierungen in den Blick nimmt. Das betrifft insbesondere das „Recht auf informationelle Selbstbestimmung", das seinerseits prägend für die Konzeption des Datenschutzes in Deutschland ist. Es wurde vom BVerfG im „Volkszählungsurteil" aus dem allgemeinen Persönlichkeitsrecht entwickelt. Letzteres umfasse „die aus dem Gedanken der Selbstbestimmung folgende Befugnis des Einzelnen, grundsätzlich selbst zu entscheiden, wann und innerhalb welcher Grenzen persönliche Lebenssachverhalte offenbart werden". Unter den modernen Bedingungen der Datenverarbeitung sei der Einzelne gegen eine „unbegrenzte Erhebung, Speicherung, Verwendung und Weitergabe seiner persönlichen Daten" deswegen durch die Gewährleistung der Befugnis zu schützen, „grundsätzlich selbst über die Preisgabe und Verwendung seiner persönlichen Daten zu bestimmen".[53]

Wenn auf diese Weise das Recht auf informationelle Selbstbestimmung als Konkretisierung des allgemeinen Persönlichkeitsrechts hergeleitet wird, liegt es nahe, dass auch dessen Konzepte und Auslegungsgrundsätze transportiert wer-

---

50 *Jhering*, Jherings Jahrbücher 23 (1885), S. 155 ff.
51 Zum Umfang der sog. *contumelia* vgl. *Mommsen*, Römisches Strafrecht, S. 787 f.
52 Vgl. *Scheyhing*, AcP 158 (1959/60), 503 (505 f.).
53 BVerfGE 65, 1 (43).

den.[54] Prägend für das Persönlichkeitsrecht war lange Zeit die „Sphärentheorie", die dem Einzelnen – durchaus auch räumlich zu begreifende – Sphären der Privatheit zugestand, deren Schutz nach der Nähe zu einem Kernbereich der Person differenziert wurde (Intim-, Privat-, Sozialsphäre). Unabhängig von dem (fraglichen) Wert dieses Modells für andere Zusammenhänge, lassen sich jedoch Daten nicht nach bestimmten Qualitäten bestimmen, die über ihre Sensitivität oder umgekehrt Trivialität entscheiden. Weil Daten vielmehr in unterschiedlichen sozialen Systemen unterschiedlich interpretiert werden, gibt es kein „belangloses" Datum.[55] Entscheidend für die Gefährdung der Persönlichkeit ist allein der Verwendungskontext von Daten.[56] Gerade um der Effektivität des Schutzes von Betroffenen willen erscheinen Versuche als unangemessen, die Zulässigkeit einer Verarbeitung personenbezogener Daten anhand daten- oder sphärenimmanenter Kriterien auf deren Sensitivität hin zu beurteilen.[57]

Auch das Konzept eines Rechtes auf informationelle *Selbst*bestimmung als solches lässt zweifeln, ob es über adäquate Komplexität verfügt, die Gefahren von asymmetrischen Kommunikationschancen in der Gesellschaft – insbesondere die Erzeugung von Personen durch Organisationen mit Informationsmacht – zu erfassen. Nicht nur wird nahegelegt, dass die Betroffenen jederzeit autonom über (durch andere erhobene!) personenbezogene Daten verfügen und deren Verwendungsbedingungen frei festlegen könnten, worauf insbesondere die Gleichrangigkeit von Einwilligung und gesetzlichen Verarbeitungsbedingungen in Art. 6 I DSGVO bzw. § 4 I BDSG a.F. hindeutet.[58] Es verführt auch dazu, den Umgang mit personenbezogenen Daten nur als ein das jeweilige Individuum betreffendes Problem anzusehen, entsprechend den Datenschutz – eben wie den Persönlichkeitsschutz – als Herrschaftsrecht des Einzelnen zu denken und auf diese Weise

---

54 Noch problematischer erscheint es, wenn in einem weiteren Schritt diese nationale Konstruktion weiter übertragen wird auf das autonome europäische Datenschutzgrundrecht in Art. 8 GR-Charta. Vgl. *Marsch*, Das europäische Datenschutzgrundrecht, S. 29 m. w. N.

55 BVerfGE 65, 1 (45).

56 Vgl. *Simitis*, in: Simitis (Hrsg.), BDSG, § 1 Rn. 65. Demgegenüber hält *Rüpke*, in: Rüpke/v. Lewinski/Eckhardt (Hrsg.), Datenschutzrecht, § 3 Rn. 27 ff. die starke Akzentuierung kontextbedingter Interpretationsakte für nicht gerechtfertigt und will stattdessen auf die sprachliche Verfasstheit des Informationsmaterials, den „semantischen Regelgehalt in Rede stehender Einzelangaben" abstellen.

57 Vgl. *Simitis*, in: Simitis (Hrsg.), BDSG, § 1 Rn. 66.

58 Vgl. *Simitis*, in: Simitis (Hrsg.), BDSG, § 1 Rn. 26. – Die normative Auszeichnung der Einwilligung wird freilich im nächsten Schritt sofort wieder durch die Statuierung von gesetzlichen Vorgaben an ihre Wirksamkeit relativiert, wie vor allem die detaillierten Regelungen in der DS-GVO zeigen.

schließlich die gesellschaftliche Dimension dieser subjektiven Rechte nicht hinreichend zu reflektieren.

Eine solche Perspektivierung des Rechts auf informationelle Selbstbestimmung ist nicht zwangsläufig. Das kybernetische Modell der Persönlichkeitsentfaltung, das im Gutachten zu den „Grundfragen des Datenschutzes“ von 1971 verwendet wird und die Gesetzgebung zum BDSG 1977 vorbereitet hat, hebt zu Recht deren reflexiven Charakter hervor. Persönlichkeitsentfaltung wird als abhängig von den Folgen der eigenen Handlung gedacht, die rekursiv in zukünftige Motive und Selektionen einfließen. Handlungsfreiheit kann dann nicht losgelöst von ihrem Kontext betrachtet werden. Die dadurch hervorgerufene Verschiebung des Fokus auf die soziale Umwelt des Handelnden kann von dem individualistischen Modell der Handlungsfreiheit im Recht allerdings nicht angemessen operationalisiert werden. In Verlängerung der Dogmatik zur allgemeinen Handlungsfreiheit aus Art. 2 I GG konstruiert bereits das Gutachten ein „Selbstbestimmungsrecht des Bürgers über sein informationelles Personenmodell“[59] und später das BVerfG das Recht auf informationelle Selbstbestimmung ebenso als Herrschaftsrecht.

Über diese rechtsdogmatische Form darf jedoch der grundrechtliche Datenschutz nicht enggeführt werden, wenn das Gefährdungspotential moderner Datenverarbeitung für den Einzelnen wie für die Gesellschaft erfasst werden soll. Deswegen soll die Konzeption des Datenschutzes von ihrer herrschaftsrechtlichen Konstruktion zu trennen sein.[60] Dann aber tun sich neue Möglichkeiten für eine Re-Konstruktion des konzeptionellen Kerns auf. Dergestalt wird etwa Raum gewonnen für eine objektiv-institutionelle Schutzkonzeption, die es im Unterschied zu einer individualistischen ermögliche, die Verwendungskontexte von Informationen und die an ihre Auswertung geknüpften negativen Folgen angemessen zu berücksichtigen.[61] Es geht beim Datenschutz nicht um das informationelle Selbst, sondern um dessen informationelle Erfassung durch Dritte, also um „informationelle Fremdbestimmung“.[62] Auf dem rechtlichen Prüfstand stehen per-

---

59 Vgl. *Steinmüller* u. a., Grundfragen des Datenschutzes, BT-Drs. 6/3826, 88. Dort heißt es auch, dass „[d]er einzelne also ein Selbstbestimmungsrecht [hat], welche Individualinformationen er unter welchen Umständen an wen abgibt.“

60 Deutlich *Britz*, Informationelle Selbstbestimmung, zwischen rechtswissenschaftlicher Grundsatzkritik und Beharren des Bundesverfassungsgerichts, in: Hoffmann-Riem (Hrsg.), Offene Rechtswissenschaft, S. 582, ihr folgend *Marsch*, Das europäische Datenschutzgrundrecht, S. 101 m. w. N.

61 Vgl. *Albers*, Realizing the Complexity of Data Protection, in: Gutwirth u. a. (Hrsg.), Reloading Data, S. 225.

62 Richtig *v. Lewinski*, Die Matrix des Datenschutzes, S. 40 f.

sonenbezogene Informationsbildungsprozesse, die gesellschaftlich proliferieren und zunehmend für die soziale Konstruktion der Person maßgeblich sind. Der Schutz der Person gegen problematische Zuschreibungen durch die soziale und technische Umwelt kann konzeptionell nicht durch die Gewährleistung eines vorstaatlichen Freiheitsraumes verwirklicht werden, wie überhaupt der von den Freiheitsrechten her bekannte Begriff des Schutzguts inadäquat erscheint.[63] Entsprechend sind personenbezogene Informationsprozesse nicht wie im individualistischen Paradigma als punktuelle Grundrechtseingriffe zu behandeln, die dann jeder für sich am Maßstab des Verhältnismäßigkeitsgrundsatzes zu prüfen sind. Vielmehr dienen die Grundrechte des Rechts auf informationelle Selbstbestimmung (Art. 2 I i.V.m. 1 I GG) und des Datenschutzes (Art. 8 GR-Charta) vor allem dazu, diese Prozesse zu strukturieren und transparent zu gestalten.[64]

Die Verankerung des Datenschutzes im Persönlichkeitsrecht ist zudem nicht alternativlos. Als grundrechtliche Referenz für den Datenschutz unter dem Grundgesetz lassen sich vielmehr auch Art. 5 I, 8 I, 9 I und 10 I GG heranziehen – und damit Kommunikationsgrundrechte, die sich von vornherein gegen eine herrschaftsrechtliche Konzeption sperren, insofern sie objektivrechtlich den Prozess der Kommunikation als solchen schützen und subjektivrechtlich die Freiheit, daran teilzunehmen.[65] Das Recht auf informationelle Selbstbestimmung sei aus dem regulatorischen Konnex dieser Grundrechte abzuleiten, weil sie Teilaspekte der Kommunikationsfähigkeit von Individuen gewährleisteten.[66] Entscheidend ist danach, dass sich informationelle Selbstbestimmung als Bedingung für die kommunikative Kompetenz der Einzelnen darstellt. Sie soll die Chance gewährleisten, am Kommunikationsprozess als Subjekt teilzunehmen und nicht bloß manipulierbares Informationsobjekt zu sein.[67] Auf diese Weise wird das Recht auf informationelle Selbstbestimmung umformatiert von einem Herrschaftsrecht zu einem Teilnahmerecht am Kommunikationsprozess. Weil

---

63 Vgl. *Marsch*, Das europäische Datenschutzgrundrecht, S. 98, der stattdessen von der Schutzkonzeption des Datenschutzgrundrechts spricht, in der Schutzziele mit Schutzbedürfnissen verknüpft werden.

64 Vgl. *Marsch*, Das europäische Datenschutzgrundrecht, S. 112, allerdings unter Verengung auf staatliche Informationshandlungen.

65 Vgl. BVerfGE 57, 295 (319 f.) (unter Hinweis auf BVerfGE 7, 198 [204 f.] – Lüth mit der Weiterführung, dass subjektiv- und objektivrechtliche Elemente einander bedingen und stützen) und BVerfGE 97, 391 (399) (Art. 5 I GG beschränke sich nicht auf den Schutz der einzelnen Äußerung, sondern sichere auch die Voraussetzungen für die Herstellung und Aufrechterhaltung des Kommunikationsprozesses, in den jede Äußerung eingebettet sei). Vgl. auch BVerfG, NJW-RR 2010, 470 Rn. 58 (Art. 5 I GG habe den Schutz des meinungsbildenden Diskussionsprozesses im Sinn).

66 *Simitis*, in: Simitis (Hrsg.), BDSG, § 1 Rn. 34, 40, 47, der zusätzlich noch Art. 13 GG nennt.

67 *Simitis*, in: Simitis (Hrsg.), BDSG, § 1 Rn. 36.

dieser in seiner öffentlich-deliberativen Form seinerseits konstitutiv für eine freiheitliche Demokratie ist, lässt sich ein wechselseitiges Bedingungsverhältnis von informatorischer Selbstbestimmung und politischem Prozess (bzw. von personaler und sozialer Autonomie) folgern: „Ein freiheitlich-demokratisches Gemeinwesen realisiert sich in der Kommunikationsfähigkeit seiner Bürger, genauso wie diese ihre Individualität erst in einer demokratisch strukturierten Gesellschaft entfalten und verwirklichen können.“[68]

Durch die Betrachtung der sozialen Funktion des Rechts auf informationelle Selbstbestimmung wird sichtbar, dass der Umgang mit Daten eben nicht allein aus einer individualistischen Perspektive zu beurteilen ist, sondern „immer zugleich strukturelle Konsequenzen im politisch-gesellschaftlichen Bereich nach sich zieht“.[69]

3 Datenschutzgrundrecht: mittelbarer Persönlichkeitsschutz durch die Rechtsverfassung syntaktischer Prozesse

Die funktionale Interpretation von individuellen Rechten, die den Umgang mit personenbezogenen Daten betreffen, ist freilich nicht auf Bezüge zum politischen System beschränkt. Im Unionsrecht ist Datenverkehr als wirtschaftliche Aktivität aufgefasst und Datenschutz entsprechend als Marktregulierung konzipiert worden. Der Erlass der Datenschutz-Richtlinie 95/46/EG stützte sich ausdrücklich auf die Binnenmarktkompetenz nach Art. 100a EGV. Bereits in ihrem Titel werden Persönlichkeitsschutz und freier Datenverkehr miteinander verknüpft.[70]

---

68 *Simitis*, in: Simitis (Hrsg.), BDSG, § 1 Rn. 38.

69 Vgl. *Simitis*, in: Simitis (Hrsg.), BDSG, Einl. Rn. 30 und § 1 Rn. 31, 38, 40. Tatsächlich wird dieser Zusammenhang im Volkszählungsurteil des BVerfG reflektiert, vgl. BVerfGE 65, 1 (43); „Wer damit rechnet, daß etwa die Teilnahme an einer Versammlung oder einer Bürgerinitiative behördlich registriert wird und daß ihm dadurch Risiken entstehen können, wird möglicherweise auf eine Ausübung seiner entsprechenden Grundrechte (Art. 8, 9 GG) verzichten. Dies würde nicht nur die individuellen Entfaltungschancen des Einzelnen beeinträchtigen, sondern auch das Gemeinwohl, weil Selbstbestimmung eine elementare Funktionsbedingung eines auf Handlungsfähigkeit und Mitwirkungsfähigkeit seiner Bürger begründeten freiheitlichen demokratischen Gemeinwesens ist“.

Vgl. auch BVerfGE 113, 29 (46): „Ein von der Grundrechtsausübung abschreckender Effekt fremden Geheimwissens muss nicht nur im Interesse der betroffenen Einzelnen vermieden werden. Auch das Gemeinwohl wird hierdurch beeinträchtigt, weil Selbstbestimmung eine elementare Funktionsbedingung eines auf Handlungs- und Mitwirkungsfähigkeit seiner Bürger gegründeten freiheitlichen demokratischen Gemeinwesens ist (vgl. BVerfGE 65, 1 [43])“.

70 Vgl. aber auch Erwgr. (3) und (9) Datenschutz-RL. Differenzierend zu den Schutzzwecken des europäischen Datenschutzrechts vgl. *Klement*, JZ 2017, 161 (163).

Auf eine völlig neue normative Grundlage wird der Schutz personenbezogener Daten durch die Schaffung eines speziellen Grundrechts in Art. 8 GR-Charta gestellt, der nicht mehr an partikulare Regelungskontexte gebunden ist und den Datenschutz gleichsam gesellschaftlich allseitig ausbaut. Dadurch emanzipiert das europäische Recht den individuellen Datenschutz nicht nur von den persönlichkeitsrechtlichen Wurzeln, weil das neue Grundrecht eigenständig neben den Schutz des Privatlebens in Art. 7 GR-Charta tritt.[71] Durch die Verankerung des Datenschutzes als Grundrecht auf der Ebene des Primärrechtes wird es in seinem Schutzbereich ebenfalls unabhängig von den zuvor im Sekundärrecht verfolgten Konzepten.[72] Nunmehr müssen sich sekundärrechtliche Akte auf dem Gebiet des Datenschutzes rechtfertigen lassen anhand der Maßstäbe von Art. 8 GR-Charta. Das gilt allen voran für die DSGVO, die sich allein auf Art. 16 AEUV und Art. 8 GR-Charta stützt und dabei im Übrigen – jedenfalls terminologisch – jede Referenz auf den Schutz von Privatheit vermeidet. Diese Verordnung gestaltet das Grundrecht aus Art. 8 GR-Charta in einer Weise aus, die aus Sicht einer abwehrrechtlichen Funktion von Grundrechten fremd erscheinen muss und darüber hinaus – auch insofern ungewöhnlich – den Mitgliedstaaten durch das Instrument einer umfassenden Verordnung jeden eigenen Regelungsspielraum bei der Grundrechtskonkretisierung nimmt.[73] Das erklärt sich zunächst daraus, dass Art. 8 GR-Charta den Grundrechtsverpflichteten ausdrücklich Schutzpflichten auferlegt und sie im Rahmen ihrer Zuständigkeit verpflichtet, auch gegenüber Privaten für einen Schutz personenbezogener Daten zu sorgen.[74] Selbst nach der gängigen Auffassung über die Wirkung von Grundrechten in privaten Rechtsverhältnissen ist daher die Dimension der Drittwirkung dem Datenschutzgrundrecht auf ungewöhnliche Art explizit eingeschrieben.

---

71 Zu einer Ablösung des Art. 8 GR-Charta von Art. 7 GR-Charta vgl. auch Klement, JZ 2017, 161 (169). Das schließt nicht aus, dass die Schutzbereiche beider Grundrechte ineinandergreifen. Vgl. *Bock/Engeler*, DVBl. 2016, 593 (596). Regelmäßig zieht der EuGH beide Grundrechte parallel heran, vgl. *Rüpke*, in: Rüpke/v. Lewinski/Eckhardt (Hrsg.), Datenschutzrecht, § 7 Rn. 32, der daraus freilich vorschnell folgert, dass Art. 8 GR-Charta keinen eigenständigen normativen Gehalt habe.

72 Normhierarchisch nicht ganz klar die Aussage bei *Jarass*, Charta der Grundrechte, Art. 8 Rn. 2: „Der vorher im Sekundärrecht konkretisierte Schutz wird auf die Ebene des Primärrechts gehoben". Damit würde die nunmehr geschaffene primärrechtliche Unabhängigkeit wieder eingezogen.

73 Vgl. *van der Sloot*, International Data Privacy Law 4 (2014), 307 (319) und *van der Sloot*, Legal Fundamentalism: Is Data Protection Really a Fundamental Right?, in: Leenes u. a. (Hrsg.) Data Protection and Privacy: (In)visibilities and Infrastructures, S. 11.

74 Das legt bereits der Wortlaut („Recht auf Schutz") nahe, vgl. *Jarass*, Charta der Grundrechte, Art. 8 Rn. 10.

Noch wichtiger aber ist die Struktur des Schutzes, den Art. 8 GR-Charta vermittelt. Das Grundrecht ist darauf gerichtet, die Rechtmäßigkeit jeglicher Datenverarbeitung zu gewährleisten, unabhängig davon, ob diese von hoheitlicher oder privater Seite erfolgt. Das Grundrecht ist nicht als ein Verbotsrecht von personenbezogener Datenverarbeitung per se gedacht,[75] sondern gewährt ein einklagbares Recht auf Regulierung der Datenverarbeitung anhand bestimmter Voraussetzungen.[76] Daneben schafft Art. 8 II 2 GR-Charta unmittelbar ein eigenes Auskunfts- und Berichtigungsrecht des Einzelnen.[77] Diese mit der autonomen europäischen Regelungsebene neu eröffneten Konstruktionsspielräume blieben ungenutzt, wenn die herrschaftsrechtliche Konstruktion des informationellen Selbstbestimmungsrechts auf Art. 8 GR-Charta übertragen und die Norm als grundsätzliches Verbot der Verarbeitung personenbezogener Daten nebst qualifiziertem Grundrechtsvorbehalt aufgefasst würde.[78] Vorzugswürdig erscheint daher eine Art regulatorisches Verständnis des Datenschutzgrundrechts, wonach die Anforderungen der Art. 8 II und III GR-Charta das Grundrecht konstituieren, und eben nicht als Rechtfertigungsgründe für Eingriffe in ein Herrschaftsrecht über die eigenen Daten aufzufassen sind.[79] Eine solche Sichtweise vermag auch die Drittwirkung von Art. 8 GR-Charta zu begründen, die dem Gefahrenpotential privater Informationshandlungen Rechnung trägt und die der EuGH dem Datenschutzgrundrecht deswegen in mehreren Entscheidungen folgerichtig zuerkannt hat.[80] Denn so wird vermieden, private Datenverarbeitung als grundsätzlich verbotene Aktivität aufzufassen und den Persönlichkeitsschutz in ein prinzipielles

---

75 Nach *Hildebrandt*, Smart Technologies and the End(s) of Law, S. 190 kommt es geradezu umgekehrt zur Berechtigung der Datenverabeiter: „The fundamental right to data protection gives private and public parties a positive right to process personal data, provided this is done in accordance with the rules of data protection law“.

76 Ähnlich *Marsch*, Das europäische Datenschutzgrundrecht, S. 131, der ein „Recht auf eine grundrechtsadäquate Datenschutzgesetzgebung“ annimmt, die Schutzdimension durch diese Formulierung aber auf legislative Akte verengt. Vgl. auch *Bock/Engeler*, DVBl. 2016, 593 (596): Wesensgehalt von Art. 8 GR-Charta sei die Existenz von Regelungen, die eine Datenverarbeitung in einem Umfang regeln, der über die abstrakte Erlaubnis hinausgehe bzw. ein Mindestmaß an Einschränkungen und Begrenzungen der Datenverarbeitung enthalte. – Nach *Jarass*, Charta der Grundrechte, Art. 8 Rn. 2 dürfte die Einklagbarkeit auch Art. 8 III GR-Charta betreffen.

77 Vgl. *Gersdorf*, in: BeckOK InfoMedienR, EU-GRCharta, Art. 8 Rn. 38.

78 So aber das in der deutschen Literatur vorherrschende abwehrrechtliche Verständnis. Dazu *Marsch*, Das europäische Datenschutzgrundrecht, S. 129 m. w. N.

79 Vgl. *Gonzalez Fuster/Gutwirth*, Computer Law and Security Review 29 (2013), 531 (533).

80 Vgl. EuGH, C-275/06, Rn. 66, 68 „Promusicae“; C-468/10 u. 469/10, Rn. 45 „ASNEF“; C-131/12, Rn. 38, 74 „Google Spain“. Zur Drittwirkung vgl. auch *Augsberg*, in: v. der Groeben/Schwarze/Hatje (Hrsg.), Europäisches Unionsrecht, Art. 8 GRC, Rn. 10.

Vorrangverhältnis zur Kommunikationsfreiheit zu bringen.[81] Die konkreten Strukturen des einfachen Datenschutzrechtes mit ihrer Verbindung von Verbotsprinzip und normierten Erlaubnistatbeständen dürfen nicht umstandslos auf die Ebene des Verfassungsrechts gehoben werden, die demgegenüber von der grundsätzlichen normativen Gleichrangigkeit aller gesellschaftlichen Aktivitäten gekennzeichnet ist. Allerdings gelten die regulatorischen Leitlinien des Datenschutzgrundrechts eben auch für privat gesteuerte Informationshandlungen und nicht nur für solche des Staates, wenngleich die Kriterien unterschiedlich zu konkretisieren sind.[82]

Das Proprium des Datenschutzgrundrechts besteht demnach darin, dass es ein Recht auf Schutz des Einzelnen gegenüber Prozessen der Datenverarbeitung formuliert. Die Voraussetzungen für individuelle Persönlichkeit sollen nicht nur auf der semantischen Ebene der Bedeutungsbildung in sozialen Systemen, sondern auch auf der syntaktischen Ebene technologischer Vorgänge gewährleistet werden.[83] Mit Rücksicht auf die Eigenrationalität dieser Prozesse ist das Grundrecht dabei eher auf die Vorgabe prozeduraler als materieller Standards ausgerichtet. Es werden normative Anforderungen an einen impersonalen Vorgang gestellt, der Einfluss auf soziale Bedeutungsbildung in den verschiedensten kommunikativen Zusammenhängen nimmt. Diese Anforderungen können sich in konkreten Einzelrechten resubjektivieren. Das Individuum wird nicht nur durch Abwehrrechte geschützt, sondern gegenüber fremdgesteuerten technologischen Vorgängen auch und gerade dadurch, dass ihm Rechte auf Kenntnis von solchen Verarbeitungen, auf Zugang zu erhobenen personenbezogenen Daten und auf aktive Einflussnahme auf den Umgang mit diesen Daten zustehen.[84] Dogmatisch

---

81 Das ist die Befürchtung von *Masing*, Vorläufige Einschätzung der Google-Entscheidung des EuGH, VerfBlog 14.08.2014, 6 c (abrufbar unter: https://verfassungsblog.de/ribverfg-masing-vorlaeufige-einschaetzung-der-google-entscheidung-des-eugh/) und *Marsch*, Das europäische Datenschutzgrundrecht, S. 257 f.

82 Zu einem Konzept von Grundrechten, das alle Akteure der Rechtserzeugung – staatliche wie private – bindet, dabei aber abgestufte normative Anforderungen stellt vgl. *Wielsch*, Grundrechte als Rechtfertigungsgebote, AcP 213 (213), 718 (753 ff.).

83 Die technologische Ebene wird bereits unmittelbar adressiert durch das vom BVerfG geschaffene „Grundrecht auf Gewährleistung der Vertraulichkeit und Integrität informationstechnischer Systeme“, vgl. BVerfGE 120, 274 (314). In ihm werden Ansätze eines von der Privatsphäre unabhängigen (in der orthodoxen Lesart des Rechts auf informationelle Selbstbestimmung aber gerade abhängigen) Grundrechts auf Datenschutz auch im deutschen Verfassungsrecht gesehen; vgl. *Bock/Engeler*, DVBl. 2016, 593 (597).

84 Vgl. *Albers*, Realizing the Complexity of Data Protection, in: Gutwirth u. a. (Hrsg.), Reloading Data Protection, S. 226 und *Albers*, Umgang mit personenbezogenen Informationen und Daten, in: Hoffmann-Riem/Schmidt-Aßmann/Voßkuhle (Hrsg.), Grundlagen des Verwaltungsrechts, Bd. II, § 22 Rn. 81 (rechtlich gewährleistete Einflusspositionen ergänzten die begrenzten Steuerungswird die Verselbständigung des Datenschutzes vom semantisch orientierten Persönlichkeitsschutz durch die Entwicklung einer Reihe neuartiger Rechte unterstrichen, die auf die Beteiligung von Betroffenen an der Konfiguration von technischen Prozessen zielen, wie etwa das Recht auf Vergessenwerden[85], das Recht auf Datenportabilität[86], das Recht zum Widerspruch gegen automatisierte Entscheidungen einschließlich Profiling[87] zeigen.[88]

Damit verlassen sowohl das Datenschutzgrundrecht wie auch das Recht auf informationelle Selbstbestimmung die traditionelle Dogmatik der Grundrechte. Sie setzen nicht mehr bei einem zu schützenden Rechtsgut an, sondern bei einer Handlung,[89] die eine erhebliche Gefährdung der Rechte Dritter mit sich bringt. Das bricht in doppelter Weise mit der gewohnten Dogmatik subjektiver (Grund-) Rechte: Zum einen wird die Perspektive vom Verletzten verschoben auf den Verletzer. Wie bei dem prozessual rekonstruierten allgemeinen Persönlichkeitsrecht geht es nicht um die nähere Bestimmung eines Schutzbereiches, in dem der Grundrechtsträger seine Freiheit entfalten kann, sondern um die Qualifikation einer Aktivität des Grundrechtsverpflichteten.[90] Zum anderen tritt aber auch dessen eigene Qualität als Hoheitsträger oder Privater in den Hintergrund. Das Datenschutzgrundrecht erstreckt das Rechtmäßigkeitsprinzip implizit auf die private Sphäre,[91] wie sich beispielhaft am Urteil des EuGH in der Sache „Google Spain" zeigt.[92] Dadurch liegt der Fokus des Grundrechts ganz auf den Eigen-

wirkungen der abstrakt-typisierenden gesetzlichen Determination, indem sie den Grundrechtsträgern die (Möglichkeit der) Beteiligung an den konkreten Verarbeitungsabläufen garantierten).

85 Zuerst entwickelt durch den EuGH „Google Spain", dann kodifiziert in Art. 17 DS-GVO.

86 Vgl. Art. 20 DS-GVO.

87 Vgl. zunächst die Regelung in Art. 15 Datenschutz-RL und deren Umsetzung in § 6a BDSG, neuerdings Art. 22 Datenschutz-GVO. Zum prozeduralen Charakter der Regelung vgl. *Scholz*, in: Simitis (Hrsg.), BDSG, § 6a Rn. 3, wonach die Vorschrift verhindern soll, „dass nachteilige Entscheidungen ausschließlich aufgrund von automatisiert erstellten *Persönlichkeitsprofilen* getroffen werden, ohne dass der Betroffene die Möglichkeit hat, die zugrunde liegenden Annahmen und Bewertungsmaßstäbe zu erfahren und gegebenenfalls seine Belange noch rechtzeitig einzubringen". Vgl. auch *v. Lewinski*, in: BeckOK Datenschutzrecht, DS-GVO, Art. 22 Rn. 2: „informationelles „Recht auf faires Verfahren". – Zur Diskussion des Rechtscharakters von Art. 22 vgl. *Martini*, in: Paal/Pauly (Hrsg.), DS-GVO, Art. 22 Rn. 29 (von individueller Geltendmachung unabhängiges Verbot).

88 Vgl. *van der Sloot*, Legal Fundamentalism: Is Data Protection Really a Fundamental Right?, in: Leenes u.a. (Hrsg.) Data Protection and Privacy: (In)visibilities and Infrastructures, S. 9.

89 Vgl. *Marsch*, Das europäische Datenschutzgrundrecht, S. 256.

90 Siehe oben im Text nach Fn. 36.

91 Vgl. *Hildebrandt*, Smart Technologies and the End(s) of Law, S. 190.

92 Eine Drittwirkung des Datenschutzgrundrechts in diesem Fall erkennt *v. Danwitz*, DuD 2015, 581 (584 f.).

schaften des Prozesses der Datenverarbeitung selbst. Der Schutz der Persönlichkeit ergibt sich erst mittelbar daraus, dass dieser die Anforderungen des Grundrechts erfüllt. In dieser Prozessorientierung ist die Wirkungsweise des Datenschutzgrundrechts ähnlich ausgerichtet wie die rechtliche Verfassung sozialer Netzwerke. Hier führen privatrechtliche Kontrollinstrumente vor allem Transparenz bezüglich der privaten Regulierung von Kommunikation herbei und ermächtigen die Nutzer zur Partizipation bei der Konfiguration der Kommunikationsregeln.[93] Auch dem Datenschutzgrundrecht lassen sich Vorgaben für private normative Ordnungen entnehmen: es erfasst die Verarbeitungsregeln von privaten Datenregimen.

III Private Rechte als Teilhaberechte an der Gestaltung sozialer Institutionen

Im räumlich-gegenständlichen Modell subjektiver Rechte ist ein Positivismus sowohl der Subjekte wie der Rechte angelegt. Insbesondere die bürgerliche Rechtskultur tendiert dazu, Rechte auf die Sicherung von „Vermögen" im doppelten Sinne von Haben und Können zu fixieren. Auf der Strecke eines solchen Vermögensrechts bleibt die soziale Konstituierung von Rechtspositionen. Unter dem strukturellen Paradigma von Herrschaftsrechten ist das Recht selbst unvermögend, „Haben-Können und Können-Haben" zu denken.[94] Zugleich mit dem Vermögen wird auch dessen Subjekt im Voraus gesetzt. Hinter der Prämisse eines autonomen Willens verschwinden die Konstitutionsbedingungen von Persönlichkeit. Sie müssen erst mühsam in das Recht geholt werden durch die Entwicklung eines allgemeinen Persönlichkeitsrechts, das seinen dogmatischen Grund in den Menschenrechten findet, dem BGB aber bis heute fremd bleibt.

Seine Operationsweise entzieht sich einer herrschaftsrechtlichen Rekonstruktion und verweist vielmehr auf ein alternatives, relationales Modell von Rechten, nach dem sich Subjekte und Rechte gegenseitig konstituieren. Genauer sind Persönlichkeitsrechte als Rechte auf die Mitgestaltung von sozialen Personen zu verstehen, wie sie durch kommunikative Praxis und Medien konstruiert werden. Zumal unter digitalen Bedingungen ist der Schutzbereich der Persönlichkeit nicht von ihrer medialen Darstellung zu trennen. Entsprechend muss der Gehalt

---

93 Vgl. *Wielsch*, Die Ordnungen der Netzwerke, in: Eifert/Gostomzyk (Hrsg.), Netzwerkrecht, S. 84.

94 Vgl. *Wiethölter*, Recht-Fertigungen eines Gesellschafts-Rechts, in: Joerges (Hrsg.), Rechtsverfassungsrecht, S. 17.

des allgemeinen Persönlichkeitsrechts mit Rücksicht auf die Funktionalität des Mediums bestimmt werden.

Die Relationierung subjektiver Rechte und sozialer Praxis ist freilich nicht auf Persönlichkeitsrechte beschränkt. Auf dem Gebiet der urheberrechtlichen Verwertungsrechte wird etwa der Gehalt des Rechts der öffentlichen Wiedergabe (Art. 3 I Richtlinie 2001/29/EG, § 15 II 1 UrhG) anhand des Handelns der Nutzer bestimmt.[95] Anstatt zu fragen, ob ein Nutzer tatbestandlich festgelegte Handlungen vornimmt, die nur dem Urheber kraft seines Ausschließlichkeitsrechts zustehen, wird – im Wege einer Gesamtbetrachtung mehrerer Kriterien nach Art einer Generalklausel – geprüft, ob der Nutzer Dritten neue Zugangsmöglichkeiten zum geschützten Werk eröffnet hat. Das Recht schützt nicht einen Handlungskreis des Urhebers, sondern verschafft ihm ein Recht an Nutzerhandlungen. Nicht der Eigenwille des Rechtsträgers und der Gehalt des subjektiven Rechts bestimmen dann die soziale Praxis, sondern umgekehrt ist die soziale (Nutzungs-)Praxis bestimmend für den Gehalt des subjektiven Rechts.

Subjektive Rechte müssen nicht als Herrschaftsrechte interpretiert werden. Sie sind nicht ontologisch qualifiziert. Es liegt in der Verantwortung der Rechtswissenschaft, die institutionen-gestaltende Funktion von subjektiven Rechten zu explizieren. Insbesondere ist es auch Aufgabe des Privatrechts, die Normativität privater Rechte im Verhältnis zu der von diesen selbst konstituierten sozialen Praxis zu entwickeln. Die dafür erforderlichen funktionalen Methoden „verbinden nicht Formen, Kausalitäten, Freiheiten, sondern zielen auf Relationen, Programmleistungen, Netzwerke, Selbstläufe".[96] Angesichts der mit ihrer Hilfe gewinnbaren Einsichten dürfen dogmatische Figuren des räumlich-gegenständlichen Rechtsdenkens – wie etwa das Sphären-Modell – nicht unreflektiert tradiert werden. Im Vordergrund der Konkretisierung des Schutzes von subjektiven Rechten über das Deliktsrecht stehen Handlungs- statt Erfolgsunrecht (gerade auch beim negatorischen Rechtsschutz), Risiko-Prävention und Rechtsschutzvermittlung für Dritte. Die hierdurch geschützte Freiheit ist nicht mehr nur auf handelnde Subjekte zu beziehen, sondern auch und gerade auf Prozesse, Produktionen, Organisationen. Solche Freiheit 2.0 ist freilich unter gesamtgesellschaftliche Auflagen zu stellen. Insbesondere können die Träger sozialer Macht zu Maßnahmen der Selbstregulierung verpflichtet werden, um die Rechte der in ihrem eigenen Freiheitsgebrauch von ihnen Abhängigen („abhängig Unabhängige")

95 Zum Folgenden genauer *Wielsch*, Gesellschaftliche Transformation durch subjektive Rechte, in: Fischer-Lescano/Franzki/Horst (Hrsg.), Gegenrechte – Recht jenseits des Subjekts, S. 152ff.

96 Zur Ablösung des „räumlich-gegenständlichen" Rechtsdenkens durch „funktionale Methoden" vgl. *Wiethölter*, Recht-Fertigungen eines Gesellschafts-Rechts, in: Joerges (Hrsg.), Rechtsverfassungsrecht, S. 20.

effektiv zu gewährleisten. Wenn ein Handeln, das die Rechte der einen zu beeinträchtigen droht, zugleich eine freiheitsermöglichende Funktion für Dritte besitzt, muss sich die Aufmerksamkeit des Rechts auf die Entwicklung von Auflagen für die gefährliche Aktivität richten.[97]

Hier liegt der Gewinn eines relationalen Modells von Rechten. Es hebt den Einfluss subjektiver Rechte auf die Gestaltung sozialer Institutionen hervor. Diese können bereits konstitutiv für eine bestimmte Sozialpraxis sein, wie etwa die durch den Vertrag stabilisierte Ordnungsstruktur des einzelnen Tauschaktes zeigt, die vermittels des Wettbewerbs „in den multilateralen Makrokosmos" des Wirtschaftsprozesses übergreift.[98] In diesem Fall wird die Sozialpraxis gleichsam *durch* das subjektive Recht mitverfasst. Demgegenüber können Persönlichkeitsrechte als Rechte *auf* die Rechtsverfassung einer sozialen oder medialen Praxis begriffen werden. Sie fungieren als Teilhaberechte an der Gestaltung privater Ordnungen bzw. sozialer Institutionen. Ein Blick auf klassische „öffentliche" Partizipationsrechte, die auf eine Gestaltung des politischen Systems zielen wie Art. 38 GG oder – nach verbreitetem Verständnis – auch Art. 5 GG verdeutlicht, dass sich diese nicht in einem Recht auf Mitwirkung an bestehenden kollektiven Entscheidungsverfahren erschöpfen, sondern auch auf die Schaffung von Regeln für diese Verfahren oder die Überprüfung von deren Einhaltung gerichtet sind. Aber auch „private" Rechte gestalten den Rahmen ihrer Ausübung mit, insofern sie als Teilnahmerechte an sozialer Regelbildung verstanden werden können. Die öffentliche-rechtliche Betrachtungsweise des Privatrechts, durch die es sich nach den Vorstellungen der ordoliberalen Rechtslehre „mit dem Sozialeffekt privatrechtlicher Institutionen" befassen sollte,[99] muss in der Konsequenz das politische Potenzial privater Rechte mitdenken – die durch sie mögliche Teilhabe an der Gestaltung privater Ordnungen bzw. sozialer Institutionen. Denkt man die Funktionalisierung von Rechten zu Ende, geht es nicht allein darum, im Recht die Normativität der durch die Ausübung von Rechten konstituierten Ordnungen zu berücksichtigen, sondern auch um Einflussnahme auf diese Ordnungen durch die von ihnen Betroffenen. Sobald die Frage nach der Funktion von individuellen Rechten für die soziale Praxis gestellt wird, steht auch die Frage nach der Funktion dieser Praxis für die Rechte (gerade auch der von Dritten) im Raum. Und damit einer Teilnahme der Träger dieser Rechte an der Regelbildung für die Praxis. Subjektive Rechte ermächtigen gleichermaßen zur Konstitution wie zur Transformation von gesellschaftlicher Ordnungsbildung. Insofern private Rechte

97 *Wielsch*, Haftung des Mediums, in: Lomfeld (Hrsg.), Die Fälle der Gesellschaft, S. 149.
98 Formuliert in Anlehnung an *Böhm*, ORDO 3 (1950), XV (LI); *Mestmäcker*, JZ 1964, 441 (443).
99 *Böhm*, Wettbewerb und Monopolkampf, S. 117.

die Änderung des Rechts der Praxis erlauben, fungieren sie als politische Gestaltungsrechte.

Vor diesem Hintergrund erscheint das von einem demokratischen Positivismus entworfene Bild des Auseinandertretens von Autonomie unter den Bedingungen positiven Rechts in eine private und öffentliche Autonomie insofern zu einfach gezeichnet,[100] als letztere auf die Teilhabe allein an staatlicher Regelbildung und erstere auf das Ausfüllen eines durch eben jene Regeln abgesteckten Spielraumes reduziert wird. Unbeachtet bleiben dabei Regelbildungsprozesse jenseits des politischen Systems, die für andere Erscheinungsformen sozialer Rationalität konstitutiv sind. Der Begriff der öffentlichen Autonomie muss entsprechend multipliziert und auf Möglichkeiten der Mitgestaltung auch der Regeln dieser anderen sozialen Institutionen bezogen werden.

Öffentliche Autonomie realisiert sich nicht nur im grundrechtsgleichen Wahlrecht oder in Beiträgen der Meinungsfreiheit zum politischen Diskurs, sondern etwa auch in der kritischen Wahrnehmung der Meinungsfreiheit im Kontext von Wirtschaft, Wissenschaft, Religion (mitsamt den entsprechenden Organisationen wie in Betrieben, in Schule und Hochschule, in der Kirche, in Verbänden) und in der Wahrnehmung von Änderungsrechten der Regeln dieser Institutionen. Von der Schaffung subjektiver privater Rechte zu trennen ist ihre (sozial plurale) Wirklichkeit. Und die Wirklichkeit subjektiver Rechte sind die sozialen Institutionen.

Die dezentrale gesellschaftliche Regelbildung, die vor allem über die Wahrnehmung von Privatautonomie und Freiheitsgrundrechten verläuft, ist trotz ihrer alternativen Formulierung im Verhältnis zum staatlichen Recht nicht etwa defizitär legitimiert. Wenn territoriale politische Differenzierung von globaler epistemischer Differenzierung überlagert wird, dann muss politische Inklusion auf je systemspezifische Inklusion umgedacht werden.[101]

Ein Begriff von politischer Autonomie, der darauf reagiert, müsste insbesondere erlauben, jegliche von privaten Rechten getragene Praxis durch „effektiven Dissens“ in Frage stellen zu können. Dies ist aber nicht nur in politischen Wahlen und Abstimmungen möglich, sondern auch durch Rechte auf Transparenz von privaten Datenregimen, auf alternative Voreinstellungen bei der von ihnen durchgeführten Datenverarbeitung, auf Initiierung der Überprüfung von Klauselwerken am gesetzlichen Leitbild, auf Mitwirkung an der Änderung von Regimeregeln, auf die Rechtsverfassung personenbezogener Kommunikation

100 *Habermas*, Über den internen Zusammenhang von Rechtsstaat und Demokratie (1994), in: Habermas (Hrsg.), Philosophische Texte, Studienausgabe, Bd. 4, S. 145.

101 *Wielsch*, ZfRSoz 38 (2018), 304 (322).

oder auf eine verfahrensförmige Sicherung von Drittrechten durch private Intermediäre. Hierbei handelt es sich nicht um Analogien zur Institutionalisierung von öffentlicher Autonomie durch das Demokratieprinzip im Nationalstaat. Analogiebildung verführt dazu, Ähnlichkeiten für wesentlich zu halten.[102] Vielmehr sind Rechte der Kontrolle von politischer Macht und der Partizipation an politischer Rechtsetzung umzudenken auf andere soziale Kontexte: etwa auf die Kontrolle von digitalen Medien, die sich durch eine eigentümliche Kombination aus technologischer und sozialer – vor allem (daten-)wirtschaftlicher – Rationalität auszeichnen, und entsprechend auf die Teilhabe an der Regelbildung der von ihnen implementierten privaten Datenregime. Der Gedanke der Mitbestimmung der Regeln durch die ihnen Unterworfenen ist also über die politische Autonomie des Bürgers im Staat hinaus zu generalisieren und für Rechtsregime unterschiedlicher Rationalität zu respezifizieren.

Nimmt man das Prinzip des „quod omnes tangit" in seinen geschichtlichen Konkretisierungen funktional in den Blick, führt es offenbar einerseits zum Aufbau von identitätsstiftendem Konsens und ermöglicht andererseits zugleich internen Dissens.[103] Diese beiden komplementären Leistungen sind im politischen System des demokratischen Nationalstaats so institutionalisiert worden, dass sie sich wechselseitig steigern konnten. Unter Bedingungen der Globalisierung, in deren Zuge sich gesellschaftliche Funktionen zunehmend transnational institutionalisieren, löst sich diese Symbiose, da sich auf transnationaler Ebene eine Beteiligung der Einzelnen durch Widerspruch leichter als gemeinschaftliche Konsensbildung institutionalisieren lässt.[104] Bei nicht-staatlicher Regelbildung in unterschiedlichen gesellschaftlichen Funktionsbereichen und Medientypen durch Unternehmen, Verbände, und Netzwerke sind jeweils angemessene Partizipationsmöglichkeiten für Betroffene erst noch zu finden, wobei sicherlich Möglichkeiten der Mitbestimmung durch Dissens eine bedeutsame Rolle zukommt. Gefragt ist eine Art Entdeckungsprozess von Institutionen der rechtsförmigen Teilhabe an der Regelbildung sozialer Praxis. Maßstab für solche Suchprozesse wäre die Frage, wie effektiv alternative Weltkonstruktionen in private Regelungsregime eingeführt werden können, um sie auf diese Weise für Umweltbelange responsiv und letztlich normativ lernfähig zu machen. Das setzt eine

102 *Luhmann*, Soziale Systeme, S. 32.
103 *Teubner*, Der Staat 57 (2018), 1 (7).
104 Dieser Befund führt aus unterschiedlichen Theorie-Richtungen zur Annahme, die Konkretisierung des Demokratieprinzips sei in je eigensinnig ablaufende politische Prozesse auf unterschiedlichen Ebenen aufgefächert, vgl. einerseits *Teubner*, Der Staat 57 (2018), 1 (8) und andererseits *Habermas*, Die postnationale Konstellation und die Zukunft der Demokratie, in: Habermas (Hrsg.), Die postnationale Konstellation, S. 165.

entgegenkommende Reflexionspraxis im Recht selbst voraus. Rechtswissenschaft sollte beginnen, subjektive Rechte auch als politische Teilhaberechte an gesellschaftlicher Ordnungsbildung zu lesen.

Literatur

Albers, M., Realizing the Complexity of Data Protection, in: Gutwirth, S. u.a. (Hrsg.), Reloading Data Protection, Dordrecht u. a. 2014, S. 213–236.

Auer, M., Der privatrechtliche Diskurs der Moderne, Tübingen 2014.

Augsberg, I., „Wer glauben will, muss zahlen“? Erwerb und Aufgabe der Kirchenmitgliedschaft im Spannungsfeld von Kirchenrecht und Religionsverfassungsrecht, Archiv des öffentlichen Rechts 138 (2013), S. 493–535.

Beater, A., Deliktischer Äußerungsschutz als Rechts- und Erkenntnisquelle des Medienrechts, JuristenZeitung 2004, S. 889–893.

Beater, A., Öffentliches, inneres und reproduktives Selbst – Der sachliche Schutzbereich des zivilrechtlichen allgemeinen Persönlichkeitsrechts, JuristenZeitung 2018, S. 213–223.

Bock, K./Engeler, M., Die verfassungsrechtliche Wesensgehaltsgarantie als absolute Schranke im Datenschutzrecht, Deutsches Verwaltungsblatt 2016, S. 593–599.

Böcking, E., Einleitung in die Pandekten des gemeinen Civilrechts, 2. Aufl., Bonn 1853.

Böhm, F., Die Idee des Ordo im Denken Walter Euckens, ORDO 3 1950, XV–LXIV.

Böhm, F., Wettbewerb und Monopolkampf, Freiburg 1933.

Brink, S./Wolff, H. A. (Hrsg.), BeckOK Datenschutzrecht, 31. Aufl., München 2020.

Britz, G., Freie Entfaltung durch Selbstdarstellung, Tübingen 2007.

Britz, G., Informationelle Selbstbestimmung, zwischen rechtswissenschaftlicher Grundsatzkritik und Beharren des Bundesverfassungsgerichts, in: Hoffmann-Riem, W. (Hrsg.), Offene Rechtswissenschaft, Tübingen 2010, S. 561–589.

Coing, H., Das Grundrecht der Menschenwürde, der strafrechtliche Schutz der Menschlichkeit und das Persönlichkeitsrecht des bürgerlichen Rechts, Süddeutsche Juristen-Zeitung 1947, S. 642–646.

Danwitz, T. v., Die Grundrechte auf Achtung der Privatsphäre und auf Schutz personenbezogener Daten, Datenschutz und Datensicherheit 2015, S. 581–585.

Ehmann, H., Das Allgemeine Persönlichkeitsrecht, in: Geiß, K. u. a. (Hrsg.), Festschrift 50 Jahre BGH, Bd. I, Köln u. a. 2000, S. 613–674.

Gersdorf, H./Paal, B. P. (Hrsg.), BeckOK Informations- und Medienrecht, 27. Aufl., München 2020.

Gierke, O. v., Deutsches Privatrecht I, Leipzig 1895.

Goldhammer, M., Geistiges Eigentum und Eigentumstheorie, Tübingen 2012.

Gonzalez Fuster, G./Gutwirth, S., Opening up personal data protection: A conceptual controversy, Computer Law and Security Review 29 (2013), S. 531–539.

Groeben, H. v. der/Schwarze, J./Hatje, A. (Hrsg.), Europäisches Unionsrecht, 7. Aufl., München 2015.

Habermas, J., Die postnationale Konstellation, Frankfurt am Main 1998.

Habermas, J., Faktizität und Geltung, Frankfurt am Main 1992.

Habermas, J., Über den internen Zusammenhang von Rechtsstaat und Demokratie (1994), in: Habermas, J. (Hrsg.), Philosophische Texte, Studienausgabe, Bd. 4, Frankfurt am Main 2009, S. 140–153.
Hellmann, K.-U., Systemtheorie und neue soziale Bewegungen, Opladen 1996.
Hildebrandt, M., Smart Technologies and the End(s) of Law, Cheltenham/Northampton 2015.
Hoffmann-Riem, W./Schmidt-Aßmann, E./Voßkuhle, A. (Hrsg.), Grundlagen des Verwaltungsrechts, Bd. II, 2. Aufl., München 2012.
Jarass, H. D., Charta der Grundrechte, 3. Aufl., München 2016.
Jhering, R. v., Rechtsschutz gegen injuriöse Rechtsverletzungen, Jherings Jahrbücher 23 (1885), S. 155–338.
Kant, I., Metaphysik der Sitten, Rechtslehre, 1797, in: Weischedel, W. (Hrsg.), Bd. IV, Darmstadt 1983, S. 305–634.
Klippel, D., Historische Wurzeln und Funktionen von Immaterialgüter- und Persönlichkeitsrechten im 19. Jahrhundert, Zeitschrift für Neuere Rechtsgeschichte 1982, S. 132–155.
Lenski, S.-C., Grundrechtsschutz zwischen Fiktionalität und Wirklichkeit – Zum „Esra“-Beschluss des BVerfG, Neue Zeitschrift für Verwaltungsrecht 2008, S. 281–284.
Lewinski, K. v., Die Matrix des Datenschutzes, Tübingen 2014.
Locke, J., Two Treatises of Government, London 1690.
Luhmann, N., Frühneuzeitliche Anthropologie, in: Luhmann, N. (Hrsg.), Gesellschaftsstruktur und Semantik, Bd. 1, Frankfurt am Main 1980, S. 162–234.
Luhmann, N., Grundrechte als Institution, Berlin 1965.
Luhmann, N., Individuum, Individualität, Individualismus, in: Luhmann, N. (Hrsg.), Gesellschaftsstruktur und Semantik, Bd. 3, Frankfurt am Main 1989, S. 149–258.
Luhmann, N., Soziale Systeme, Frankfurt am Main 1984.
Macpherson, C. B., Die politische Theorie des Besitzindividualismus, Frankfurt am Main 1962/1967.
Marx, K., Ökonomisch-philosophische Manuskripte aus dem Jahre 1844, in: Marx Engels Werke 40, 2. Aufl., 1990.
Menke, C., Genealogie, Paradoxie, Transformation. Grundelemente einer Kritik der Rechte, in: Fischer-Lescano A./Franzki, H./Horst, J. (Hrsg.), Gegenrechte, Tübingen 2018, S. 13–31.
Marsch, N., Das europäische Datenschutzgrundrecht, Tübingen 2018.
Mestmäcker, E.-J., Über die normative Kraft privatrechtlicher Verträge, JuristenZeitung 1964, S. 441–446.
Mommsen, T., Römisches Strafrecht, Leipzig 1899.
Paal, B. P./Pauly, D. A. (Hrsg.), Datenschutzgrundverordnung Bundesdatenschutzgesetz, 2. Aufl., München 2018.
Rössler, B., Der Wert des Privaten, Frankfurt am Main 2001.
Rost, M., Zur Soziologie des Datenschutzes, Datenschutz und Datensicherheit 2013, S. 85–91.
Rüpke, G., in: Rüpke, G./Lewinski, K. v./Eckhardt, J. (Hrsg.), Datenschutzrecht, München 2018.
Scheyhing, R., Zur Geschichte des Persönlichkeitsrechts im 19. Jahrhundert, Archiv für civilistische Praxis 158 (1959/60), S. 503–525.
Schwab, D., Eigentum, in: Brunner, O./Conze, W./Koselleck, R. (Hrsg.), Geschichtliche Grundbegriffe, Bd. 2, Stuttgart 1975, S. 65–115.
Sheplyakova, T., Klagen als Ausrüstung der „Gegenrechte“, in: Fischer-Lescano A./Franzki, H./Horst, J. (Hrsg.), Gegenrechte, Tübingen 2018, S. 205–226.

Simitis, S. (Hrsg.), Bundesdatenschutzgesetz, 8. Aufl., Baden-Baden 2014.

Sloot, B. van der, Do data protection rules protect the individual and should they? An assessment oft he proposed General Data Protection Regulation, International Data Privacy Law 4 (2014), S. 307–325.

Sloot, B. van der, Legal Fundamentalism: Is Data Protection Really a Fundamental Right?, in: Leenes, R. u. a. (Hrsg.) Data Protection and Privacy: (In)visibilities and Infrastructures, Cham 2017, S. 3–30.

Steinmüller, W. u. a., Grundfragen des Datenschutzes, BT-Drs. 6/3826, S. 34–163.

Stürner, R., Die verlorene Ehre des Bundesbürgers – Bessere Spielregeln für die öffentliche Meinungsbildung?, JuristenZeitung 1994, S. 865–877.

Teubner, G., Quod omnes tangit: Transnationale Verfassungen ohne Demokratie?, Der Staat 57 (2018), S. 1–24.

Wielsch, D., Die Ordnungen der Netzwerke, in: Eifert, M./Gostomzyk, T. (Hrsg.), Netzwerkrecht, Baden-Baden 2018, S. 61–94.

Wielsch, D., Die Vergesellschaftung rechtlicher Grundbegriffe, Zeitschrift für Rechtssoziologie 38 (2018), S. 304–337.

Wielsch, D., Grundrechte als Rechtfertigungsgebote, Archiv für civilistische Praxis 213 (2013), S. 718–759.

Wielsch, D., Haftung des Mediums, in: Lomfeld, B. (Hrsg.), Die Fälle der Gesellschaft, Tübingen 2017, S. 125–149.

Wielsch, D., Gesellschaftliche Transformation durch subjektive Rechte, in: Fischer-Lescano A./Franzki, H./Horst, J. (Hrsg.), Gegenrechte, Tübingen 2018, S. 141–163.

Wiethölter, R., Recht-Fertigungen eines Gesellschafts-Rechts, in: Joerges, C. (Hrsg.), Rechtsverfassungsrecht, Baden-Baden 2003, S. 13–24.

Andreas Funke

Menschenrechte als subjektive Rechte

Ihre Positivierung, Dogmatisierung und Interpretation

Was haben Wasser, das Internet und ein schmerzfreies Leben gemeinsam? Es handelt sich jeweils um den Gegenstand eines Menschenrechts. Genauer gesagt, wird im Rahmen von Kontroversen behauptet, dass es ein Menschenrecht auf diese Dinge gebe. Rechtlich bedeutsam werden diese Behauptungen oft erst dann, wenn sie in die Struktur eines subjektiven Rechts überführt werden können: Wer darf von wem Zugang zu sauberem Trinkwasser verlangen – welchen Inhalt hat das Menschenrecht auf Wasser? Wenn den Insassen von Justizvollzugsanstalten die Nutzung des Internets verwehrt wird, verletzt dies das Menschenrecht der Insassen auf Internet? Haben Patienten mit chronischen Schmerzen ein Recht darauf, Schmerzmittel zu erwerben, die von dem Rest der Gesellschaft als Drogen stigmatisiert werden; gibt es also mit anderen Worten ein Menschenrecht auf ein schmerzfreies Leben?[1]

Menschenrechte werden geradezu selbstverständlich *als* subjektive Rechte verstanden. Deshalb mag es irritieren, wenn diese Eigenschaft – wie in diesem Beitrag – zum Problem gemacht wird. Was sonst als subjektive Rechte sollen Menschenrechte denn sein? Aber für die Erklärung der Natur der Menschenrechte ist das subjektive Element ein ungelöstes Problem. Nach einer verbreiteten Vorstellung haben Menschenrechte einen moralischen wie auch einen rechtlichen Charakter. Die moralische Berechtigung muss dann allerdings auf irgendeine Weise in die rechtliche umschlagen. Den damit verbundenen theoretischen Schwierigkeiten steht der erstaunliche Befund gegenüber, dass die jüngere Praxis der Menschenrechte ihren subjektiven Charakter vernachlässigt. Über beides soll der Beitrag berichten.

1 Zum Recht auf Wasser *Kälin/Künzli*, Universeller Menschenrechtsschutz, Rn. 9.124; die anderen beiden Aspekte haben, soweit ersichtlich, noch nicht Eingang in einschlägige Standarddarstellungen gefunden.

https://doi.org/10.1515/9783110704013-010

I Problemstellung: Menschenrechte zwischen Moral, Recht und Politik

Der gegenwärtige Stand der Evolution der Menschenrechte ist von einer eigentümlichen Spannung gekennzeichnet. Einerseits ist konsentiert, dass sich mit dem Konzept der Menschenrechte elementare Positionen des Einzelnen erfassen und begründen lassen, die von Staaten nicht verletzt werden dürfen. Andererseits handhaben die Praxis der Menschenrechte und der begleitende Diskurs dieses Konzept auf eine Weise, die sich von der konsentierten Grundbestimmung in verschiedenen Hinsichten entfernt. *Jedes* politische Problem kann in menschenrechtliche Kategorien gefasst werden. Menschenrechte sind zur normativen *lingua franca* geworden.[2] Der Erfolg der Menschenrechte wird so allerdings zur Gefahr, weil er eigentlich jenseits ihrer Idee – eben dem Schutz elementarer Interessen – liegt. Diese Spannung ist womöglich im Konzept der Menschenrechte angelegt. Sie kann auf ganz unterschiedliche Weise analysiert werden. Eine Möglichkeit besteht darin, den Zusammenhängen zwischen der moralischen, der politischen und der rechtlichen Dimension der Menschenrechte nachzugehen. Ein Großteil des menschenrechtlichen Diskurses ist damit beschäftigt, diese Dimensionen streng zu trennen. Allerdings verschränken sie sich immer wieder miteinander. Solchen Verschränkungen möchte ich unter zwei Aspekten nachgehen, wobei der erste, die Idee der Positivierung von Menschenrechten (unter II), für den zweiten, die Dogmatisierung der Menschenrechte (unter III), eine vorbereitende Rolle spielt.

Alles hängt davon ab, was unter einem subjektiven Recht verstanden wird. Im Folgenden werden darunter solche in einer Rechtsordnung verankerten begünstigenden Rechtspositionen gefasst, die ein Rechtssubjekt A gegenüber dem Rechtssubjekt B innehat. Normtheoretisch erwächst die Begünstigung aus einer Pflicht, die B gegenüber A hat. Die Begünstigung ist in der Regel mit einer weiteren Position verbunden, nämlich dem Recht, sie vor einem Gericht einzuklagen. Die Einklagbarkeit ist nicht begrifflich mit einem subjektiven öffentlichen Recht verbunden, aber eine in der Praxis häufig anzutreffende Ausgestaltung. Bei Menschenrechten lässt sich die Ausgangslage so fassen, dass A eine natürliche Person ist, B hingegen der Staat. Nicht jedes subjektive Recht ist ein Menschenrecht. Menschenrechte sind solche Rechte, die elementare Interessen und Bedürfnisse schützen. Das Recht auf freie Meinungsäußerung ist ein Menschenrecht.

---

2 Vgl. *Tasioulas*, The Moral Reality of Human Rights, in: Pogge (Hrsg.), Freedom From Poverty as a Human Right, S. 75.

Das Recht auf Wahrung der Abstandflächen, das Grundstückseigentümern in Deutschland nach den Bauordnungen der Länder zusteht, ist in der Terminologie des deutschen Verwaltungsrechts ein subjektives öffentliches Recht, aber es handelt sich nicht um ein Menschenrecht.

II Positivierung

1 Das Differenztheorem: kategorialer Unterschied zwischen moralischen und juridischen Menschenrechten

In der politischen Philosophie sowie in der Rechtsphilosophie ist die Vorstellung verbreitet, die Menschenrechte stünden als moralische Schicht neben dem positiven Recht. Sie müssen dann durch Akte der Positivierung zum Bestandteil der Rechtsordnung – Völkerrecht oder ein nationales Rechtssystem – gemacht werden. Diese Positivierungsidee setzt voraus, es gebe einen kategorialen Unterschied zwischen moralischen und juridischen Menschenrechten. Menschenrechte, so Georg Lohmann, seien entweder vorstaatlicher Natur oder sie seien positiv gesatzt.[3] Die damit verbundene Unterscheidung setzt sich bei der Begründung der beiden Arten von Rechten fort. Ein moralisches Recht ist dann begründet, wenn eine korrespondierende Pflicht moralisch begründet werden könne, während ein legales Recht dann gilt, wenn es Bestandteil einer positiven Rechtsordnung ist, die als ganze Legitimität beanspruchen kann.[4] Aber so schön diese Unterscheidung von moralischen und juridischen Rechten dem ersten Anschein nach ist – sie kann so nicht getroffen werden. Denn Legitimität ist ebenfalls ein moralisches Konzept. Es weist die Geltung einer positiven Rechtsordnung als moralisch begründungsbedürftig aus.[5] Wo aber liegt dann genau der Unterschied zwischen moralischen und juridischen Menschenrechten? Können juridische Menschenrechte als gewissermaßen „nicht-moralisch“ gedacht werden, wenn ihre Begründung doch auf moralische Konzepte verweist? Oder sollte es nur Rechtspositivisten möglich sein, die „Positivierung“ von Menschenrechten widerspruchsfrei zu deuten?

Ich möchte diese Fragen nicht direkt beantworten, sondern den Vorgang der Positivierung genauer betrachten. Nach einer verbreiteten Vorstellung ist dieser

---

3 *Lohmann*, in: Gosepath/Lohmann (Hrsg.), Philosophie der Menschenrechte, S. 65.

4 *Lohmann*, in: Gosepath/Lohmann (Hrsg.), Philosophie der Menschenrechte, S. 66.

5 „Die Beachtung der Menschenrechte ist eine notwendige Bedingung der Legitimität des positiven Rechts.“ (*Alexy*, Die Institutionalisierung der Menschenrechte im demokratischen Verfassungsstaat, in: Gosepath/Lohmann (Hrsg.), Philosophie der Menschenrechte, S. 252).

Vorgang als *Transformation* fassbar. Menschenrechte würden in positives Recht überführt, und zwar, so die damit verbundene Vorstellung, ohne jede Änderung ihres Inhalts, ohne Verlust ihrer moralischen Geltung und unter Beibehaltung ihrer Struktur als subjektive Rechte.[6] Menschenrechte sind mithin auf doppelte Weise an Staaten adressiert. Staaten sind moralisch verpflichtet, Menschenrechte mit rechtlicher Geltung zu versehen; innerhalb dieser rechtlichen Geltung, auf die es juristisch primär ankommen soll, sind die Staaten diejenigen Subjekte, denen gegenüber die Menschenrechte bestehen. Eine Reihe von Schwierigkeiten, die Menschenrechte aufwerfen, dürften damit zusammenhängen, dass wir keine klare Vorstellung davon haben, was diese Positivierungs-Teleologie eigentlich bedeutet.

2 Historische Sondierung

Eine historische Sondierung soll den Anfang machen. Es gibt nach Hannah Arendt kein Menschenrecht außer dem Recht, Rechte zu haben.[7] Diese 1949 wie heute provokante These wird ganz unterschiedlich interpretiert: als fundamentale Menschenrechtskritik, als Formulierung einer grundlegenden menschenrechtlichen Aporie oder auch als moralische Begründung eines Rechts auf Zugehörigkeit.[8] Ich deute sie als Aufweis des Umstandes, dass Menschenrechte ohne eine „Minimalpositivierung" nicht garantiert werden können. Das Recht auf Rechte ist jedenfalls kein Recht im subjektiven Sinne, weil es keinen spezifischen Adressaten hat: Als „Recht jedes Menschen, zur Menschheit zu gehören" (Arendt), richtet es sich eigentlich gegen die Menschheit selbst. Es soll nur eine der von Arendt identifizierten Aporien der Menschenrechte zum Ausdruck bringen: Menschenrechte setzen voraus, dass die Menschen Teil einer Gemeinschaft sind, können aber nicht garantieren, dass diese Voraussetzung erfüllt ist. Auf Aporien kann man sich nicht berufen. Das Recht, Rechte zu haben, weist also alle menschenrechtlichen Forderungen zunächst zurück, nur um dann um so vehementer die Notwendigkeit herauszustellen, dass ein Mensch Mitglied einer Rechtsgemeinschaft sein muss, um Rechte haben zu können. Hieraus lässt sich nicht eine moralische Unterfütterung für den Anspruch generieren, dass jemand Mitglied einer bestimmten politischen Gemeinschaft, Staatsangehöriger eines bestimmten

---

6 *Alexy*, Die Institutionalisierung der Menschenrechte im demokratischen Verfassungsstaat, in: Gosepath/Lohmann (Hrsg.), Philosophie der Menschenrechte, S. 250.

7 *Arendt*, Die Wandlung 4 (1949), 754 (754).

8 Vgl. die Interpretationen in *Goldoni/McCorkindale*, Hannah Arendt and the Law, S. 305 ff.; *DeGooyer* u. a., Vom Recht, Rechte zu haben; weiter *Khurana*, RphZ 3 (2017), 15.

Staates wird. Was Arendt belegt, ist ein Mindestmaß an staatsrechtlichen Normen. Staaten müssen, so kann die These interpretiert werden, Regelungen über die Staatsangehörigkeit schaffen.

Die menschenrechtliche Entwicklung der zweiten Hälfte des 20. Jahrhunderts hat sich weit von Arendts skeptischer Haltung entfernt. Menschenrechte sind umfänglich kodifiziert worden. Innerhalb des Völkerrechts ist die umfängliche Aufnahme in das Vertragsrecht zu nennen, begleitet von einer Anreicherung des gewohnheitsrechtlichen Standards.

Innerstaatlich hat die Positivierung von Menschenrechten eigentlich eine längere Geschichte. Sie ist eng mit der Bändigung monarchischer Gewalt durch Verfassungen verbunden, in die Bürger- und Menschenrechte Eingang fanden. Allerdings sollte man vorsichtig dabei sein, die einschlägigen Ereignisse als einen Vorgang zu interpretieren, der bruchlos von der Vergangenheit in die Gegenwart führt. Die Freiheiten, die in der amerikanischen Bill of Rights oder in der französischen Erklärung der Menschen- und Bürgerrechte aufgestellt wurden, können nicht ohne Weiteres als subjektive Rechte im gegenwärtigen Sinne aufgefasst werden. Wenn Art. 11 der französischen Erklärung der Menschen- und Bürgerrechte von 1789 die Meinungsfreiheit als eines der kostbarsten Menschenrechte verbürgt,[9] hat dies nicht die gleiche Bedeutung, wie wenn Art. 5 des deutschen Grundgesetzes das Recht der Meinungsfreiheit garantiert. Der Sinn menschenrechtlicher Forderungen ist am Beginn der Aufklärung ein anderer als heute, aus einer Reihe von Gründen.[10] Die Forderungen standen in einem anderen politisch-rechtlichen Kontext. Sie waren eng mit der politischen Emanzipation des Bürgertums verknüpft, die später in der demokratischen Verfassungsstaatlichkeit aufgegangen ist. Die ersten aufklärerischen Verfassungen waren nicht Bestandteil gegenständlich und institutionell ausdifferenzierter Rechtsordnungen. Die menschenrechtlichen Forderungen, die in den Verfassungen artikuliert wurden, konnten nicht vor einem Verfassungsgericht eingeklagt werden. Heutzutage sind Menschenrechte als juridische Rechte Bestandteil einer hoch leistungsfähigen Rechtsordnung. Rechtsstaatlichkeit und Demokratie bilden zumindest in bestimmten Teilen des Globus deren Kern. Menschenrechte werden vom Rechtsstab professionell verfertigt, systematisiert, konstruiert. Sie werden *dogmatisiert*, wie noch näher zu erörtern ist (unter III). Die Rechtsordnung stellt Behörden und Gerichte zur Anerkennung, Durchsetzung und nötigenfalls Vollstreckung der

---

9 „Die freie Äußerung von Gedanken und Meinungen ist eines der kostbarsten Menschenrechte: Jeder Bürger kann also frei reden, schreiben und drucken, vorbehaltlich seiner Verantwortlichkeit für den Missbrauch dieser Freiheit in den durch das Gesetz bestimmten Fällen."

10 Dazu mit vielen Zuspitzungen *Moyn*, The Last Utopia, 2010; kritisch *Bielefeldt*, zfm 13 (2019), 157.

Rechte zur Verfügung.[11] Wenn die Menschenrechte dagegen als politische Forderung an die Obrigkeit artikuliert und letztlich teilweise festgeschrieben wurden, dann ging es gar nicht so sehr um rechtliche Beschreibung, Einhegung oder gar rechtsförmliche Aufhebung bestimmter Maßnahmen.[12] Ein spezifischer rechtlicher Modus war mit ihnen (noch) nicht verbunden.

In der jüngeren Geschichte schließlich, d.h. in der zweiten Hälfte des 20. Jahrhunderts, stellt die Festschreibung von Menschenrechten eine Reaktion auf den Totalitarismus und damit verbundene Unrechtserfahrungen dar.[13] Aber auch insoweit sind noch Distanzen zum heutigen Zustand spürbar. Denn es ist nur schwer möglich, diesen historischen Sinn in den technischen Bauformen moderner Rechtsordnungen mitzuführen. Sicherlich speichern Menschenrechte noch an irgendeiner Stelle die Unrechtserfahrung, auf die ihre Artikulation zurückgeht. Aber es ist kaum möglich, diese Erfahrungen permanent präsent zu halten. Nicht jedes Gerichtsverfahren kann im Lichte historischer Unrechtserfahrungen geführt werden. Mit jeder weiteren Legalisierung, die menschenrechtlich motiviert ist, werden neue Kontexte, neue Verwendungsmöglichkeiten geschaffen, womit die Menschenrechte zugleich ein Stück von ihrem historischen Ursprung abrücken.

Die historischen Sinnverschiebungen sind auch daran ablesbar, wie Menschenrechte rechtlich operieren. Als juridische Rechte weisen Menschenrechte eine Eigenschaft auf, die ihrer ursprünglichen politischen Funktion entgegensteht. Moralisch oder politisch dienen Menschenrechte der Kritik des Bestehenden. Sie sind damit in die Zukunft, auf Veränderung gerichtet. Juridisch wirken Menschenrechte hingegen stets auch *affirmativ*. Es muss möglich sein, Menschenrechte zu konkretisieren, sie anzuwenden, über den Umstand ihrer Befolgung zu urteilen. Menschenrechte können beachtet, erfüllt werden. In Berlin wurde im Jahr 2018 in einem Modellversuch den Insassen von Justizvollzugsanstalten Internet zur Verfügung gestellt. Das lässt sich als *Erfüllung* ihres Menschenrechts auf Internet deuten. Dieses affirmative Moment ist vermutlich selbst dann noch anwesend, wenn die Verletzung eines Menschenrechts in rechtlichen Formen festgestellt wird.

---

11 Vgl. zur Rolle der Gerichte *v. Bernstorff*, Menschenrechte als juridische Rechte, in: Reder/Cojocaru (Hrsg.), Zur Praxis der Menschenrechte, S. 18.

12 Vgl. *Pollmann*, Drei Dimensionen des Begriffs der Menschenrechte, in: Pollmann/Lohmann (Hrsg.), Menschenrechte, S. 360.

13 *Menke/Pollmann*, Philosophie der Menschenrechte zur Einführung, S. 18.

3 Möglichkeit und Notwendigkeit einer Transformation

Mit der Positivierungsidee sind einige systematische Probleme verbunden, die nicht einfach zu lösen sind. So muss sie, um die *Möglichkeit* einer Transformation behaupten zu können, den eigentlichen Gegenstand des jeweiligen Menschenrechts vernachlässigen. Warum eigentlich sollen gerade juridische *Rechte* das Ziel der Positivierung sein? An sich müsste es doch aus moralischer Sicht ausreichen, *dass* jeder, auch die Insassen von Haftanstalten, Zugang zum Internet hat, *dass* niemandem der Zugang zu den benötigten Schmerzmitteln verwehrt wird und *dass* jeder über ausreichendes sauberes Trinkwasser verfügt.[14] Im 14. Jahrhundert wollten Franziskanermönche kein *dominium* an Gebrauchsgegenständen, sondern nur ihren „nackten Gebrauch".[15] Ein politisch-gesellschaftlicher Zustand, der ohne Rechte auskommt, entspricht in der Sache den Forderungen der Menschenrechte. Aus der Perspektive der Transformationsthese ist aber wichtig, dass Menschen ein *Recht* auf diese Ressourcen bekommen.[16] Genauer gesagt muss begründet werden, dass die Menschen „eigentlich" schon ein moralisches *Recht* haben, dass dann positivrechtlich gespiegelt werde.

Die Schwierigkeiten setzen sich fort, wenn die *Notwendigkeit* der Transformation von Menschenrechten begründet werden soll. So formuliert Robert Alexy verschiedene Argumente für diese Notwendigkeit. Eines dieser Argumente verdient besondere Aufmerksamkeit. Alexy nennt es das Erkenntnisargument. Es stützt sich auf die Annahme, dass moralische Menschenrechte radikal unterbestimmt sind. Menschenrechte seien abstrakt, sie bedürften der Konkretisierung, die durch positives Recht geleistet werde.[17] Aber das Erkenntnisargument reicht nicht weit genug. Es unterstellt, dass der Gehalt und die Bedeutung eines Menschenrechts mit der Setzung (etwa in der Form eines völkerrechtlichen Vertrages oder der Aufnahme in eine Verfassung) juristisch feststehen. Mit der Setzung ist der Vorgang der Positivierung aber nicht beendet. Auch legale Menschenrechte sind in hohem Maße interpretationsbedürftig. Menschenrechte bedürfen der Konkretisierung und der Anwendung. Selbst ihre Achtung, d. h. die Befolgung der

---

14 Vergleichbare Überlegungen etwa bei *Waldron*, Law and Disagreement, S. 218; *Shue*, Basic Rights, S. 16.

15 Vgl. in diesem Band *Seelmann*, S. 47.

16 Problemstellung mit Lösungsvorschlag (Selbstachtung) bei *Lohmann*, Menschenrechte zwischen Moral und Recht, in: Gosepath/Lohmann (Hrsg.), Philosophie der Menschenrechte, S. 83 ff.: zur Rechtssubjektivität kraft Menschenwürde vgl. *Kirste*, Die Würde des Menschen als Recht auf Anerkennung der Rechtsperson, in: Seelmann (Hrsg.), Menschenrechte, S. 41 (62 ff.).

17 *Alexy*, Die Institutionalisierung der Menschenrechte im demokratischen Verfassungsstaat, in: Gosepath/Lohmann (Hrsg.), Philosophie der Menschenrechte, S. 256.

mit ihnen verknüpften Pflichten, ist auf interpretative Operationen angewiesen. Ob die Verpflichtung von Videoplattformen, zur Sicherung von Urheberrechten Upload-Filter einzurichten, gegen das Recht auf Meinungsfreiheit verstößt, kann nicht einfach so aus Art. 10 EMRK abgelesen werden. Die menschenrechtliche Beurteilung des Verbots der sachgrundlosen Kettenbefristung von Arbeitsverträgen (dazu näher unter III) setzt eine ganze Reihe von argumentativen Prozeduren voraus. Es spricht einiges dafür, dass solche Prozeduren ihrerseits ebenfalls eine moralische Dimension haben. Sofern kollidierende Grundrechte gegeneinander abgewogen werden, stellt sich das Problem, ob Abwägung ein autonomes juristisches Konzept darstellt oder eine moralische Tiefenstruktur hat.[18] Der Grundsatz der Verhältnismäßigkeit kann durchaus, wie in der Literatur vertreten, als Vernünftigkeitsforderung verstanden werden.[19] Die Setzung von Menschenrechten schließt also nicht etwa einen Transformationsvorgang ab, sondern bildet eher einen Markierungspunkt auf einer längeren Strecke.

4 Doppelter oder einfacher Rechtsbegriff?

Diese Überlegungen machen noch einmal deutlich, dass die Positivierungsidee auf bestimmten Prämissen über das Verhältnis von Recht und Moral ruht. Wir sind der Unterscheidung schon im Zusammenhang mit dem Doppelcharakter der Menschenrechte begegnet. Das Vernunft- oder Naturrecht, verstanden als Erkenntnis- und Geltungsgrund für moralische Menschenrechte, soll hierbei dem positiven Recht gegenüberstehen. Offenbar ist der damit verbundene doppelte Begriff des Rechts selbst das Problem. Die so verbreitete Gegenüberstellung von „Naturrecht“ und „positivem Recht“ bedarf der Überprüfung. Das soll an dieser Stelle nicht im Detail geschehen; nur der Befund als solcher ist relevant.[20] Er deutet darauf hin, dass es notwendig ist, über Alternativen zu diesem doppelten Rechtsbegriff nachzudenken: ein einheitlicher, „monistischer“ Rechtsbegriff. Angebote hierfür gibt es. Zu denken ist insbesondere an jene Auffassungen, die das Recht als eine soziale Praxis zu fassen versuchen, die sich selbst, ihre konstitutiven Bedingungen und ihre Fortschreibung permanent interpretiert. Die

18 Vgl. *Enderlein*, Abwägung in Recht und Moral.

19 *Somek*, Menschenrechte und Demokratie, in: Pollmann/Lohmann (Hrsg.), Menschenrechte, S. 367.

20 Näher *Funke*, Abschied von der Positivismus/Nicht-Positivismus-Schablone?, in: Borowski (Hrsg.), Modern German Nonpositivism, S. 19.

Theorien von Jürgen Habermas und Ronald Dworkin würde ich hier einordnen.[21] Für den Bereich der menschenrechtlichen Diskussion ist es dann viel weniger provozierend, wenn man wie etwa Jürgen Habermas den moralischen Charakter von Menschenrechten bestreitet und ihnen allein einen juridischen Charakter zuschreibt.[22] Habermas kennt nur ein Recht, ein Recht als soziale, interpretative Praxis. Die Unterscheidung von positivem Recht auf der einen Seite, Natur- und Vernunftrecht auf der anderen Seite verliert damit an Bedeutung. Ein solcher einheitlicher Rechtsbegriff ist nicht gleichzusetzen mit einer Position, die in Teilen der rechtsphilosophischen Debatte als „Nicht-Positivismus" fungiert.[23] Ein solcher Nicht-Positivismus bewegt sich noch im Denkmuster eines dualistischen Rechtsbegriffs. Er fragt nach einer Verbindung von positivem Recht und Moral (im Sinne von „Naturrecht").[24] Dabei wird vorausgesetzt, es ließe sich zunächst feststellen, was positives Recht ist, und dann müssten Einbrüche des Naturrechts festgestellt werden.

Ein monistischer Rechtsbegriff löst sich von dieser Art des Fragens, womit in letzter Konsequenz die Positivierungsidee ins Wanken gerät (mit allen Vor- und Nachteilen). Der Rechtsbegriff ist von vorneherein nicht ohne eine Bezugnahme auf moralische Konzepte, auf die Rechtsideen, verständlich. Die entsprechende Denkbewegung geht nicht von den Menschenrechten – gleichsam herunter – zum positiven Recht, sondern bleibt im Recht, erfasst aber ausgreifend die das Recht prägenden Ideen. Die soziale Praxis des Rechts wird aus der Teilnehmerperspektive erschlossen, indem die normativen Schichten freigelegt werden, in denen das Recht je schon steht. „Positivierung" von Menschenrechten ist dann nicht der Notbehelf, der benötigt wird, um etwaige Begrenzungen im moralischen Erkenntnisvermögen der Menschen zu kompensieren. Sondern diese Vorgänge der Rechtsetzung und Rechtsanwendung erscheinen als Interpretationen, die in einer Geschichte stehen und mit moralischen Ideen verwoben sind. Menschenrechte sind damit als Idee sinnkonstituierend für „Positivierungen", für Transformationen, in Bezug auf die Setzung wie aber auch für die Anwendung und Konkretisierung von Menschenrechten. Menschenrechte, wie andere moralische Gehalte, umgreifen das positive Recht. Nur um die Institutionalisierung von Menschenrechten über „positive" Akte der Setzung oder Anwendung zu erfassen, kann die moralische Seite dieser Vorgänge zunächst abgeblendet werden.

---

21 *Dworkin*, Law's Empire; *Habermas*, Faktizität und Geltung. Insofern zu Dworkins Theorie näher *Funke*, Die Konstellation der Rechtssicherheit, in: Schuhr (Hrsg.), Rechtssicherheit durch Rechtswissenschaft, 2014, S. 65 ff.

22 *Habermas*, Faktizität und Geltung, S. 136.

23 Vgl. *Alexy*, Ratio Juris 21 (2008), 281 (286 ff.).

24 Siehe die Kritik bei *Dworkin*, Justice for Hedgehogs, S. 400 ff.

III Dogmatisierung

Für die Selbstinterpretation der Menschenrechte im Recht ist es von großer Bedeutung, welche rechtliche Struktur ihnen zugeschrieben wird. Diese Strukturbildung möchte ich im Folgenden als Dogmatisierung erfassen. Dogmatisierung sei dabei sehr umfassend verstanden als eine begrifflich vorgehende Systematisierung, die nicht nur ein Geschäft der Rechtswissenschaft darstellt, sondern auch der Rechtspraxis und von Nachbardisziplinen, insbesondere der Menschenrechtsphilosophie. Es lassen sich im Zusammenhang mit dieser Dogmatisierung einige neuere Tendenzen aufweisen, die erstaunlicherweise den subjektiven Charakter von Menschenrechten auf verschiedene Weise in den Hintergrund treten lassen.

1 Die menschenrechtliche Pflichtentrias

Menschenrechte sind, wie erwähnt, normativ allgegenwärtig. Das hängt auch mit einem bestimmten Aspekt ihrer Dogmatisierung zusammen. Die Rede ist von der Trias der drei menschenrechtlichen Pflichtenarten. Menschenrechte können demnach drei Arten von Verpflichtungen enthalten: Achtungs- bzw. Unterlassungspflichten (*duty to respect*), Schutzpflichten (*duty to protect*) und Gewährleistungspflichten (*duty to fulfil*).[25] Die Trias hat traditionelle Unterscheidungen – Abwehr- und Leistungsrechte, negative und positive Pflicht – abgelöst.[26] Sie verdankt sich philosophischer Vorarbeit, sie wird dem Philosophen Henry Shue zugeschrieben.[27] In der Menschenrechtspraxis und in der völkerrechtlichen sowie philosophischen Doktrin hat sie schnell Anerkennung gefunden. So beziehen sich die beiden Ausschüsse zur Überwachung der Menschenrechtspakte regelmäßig darauf; neuere Konventionen greifen entsprechende Formulierungen auf. Der springende Punkt dieser Trias ist, dass sie nicht mit bestimmten Arten von Rechten korreliert, sondern Anwendbarkeit für alle Arten von Rechten beansprucht. Es lassen sich also etwa die klassischen Bürgerrechte wie die Meinungsfreiheit nicht allein, so als wären sie *nur* Abwehrrechte, dem Bereich der Achtungspflichten zuordnen. Ebenso wenig lassen sich soziale Rechte, wie das Recht auf Wohnen, als Leistungsrechte *nur* den Gewährleistungspflichten zuordnen. Die Trias ist theoretisch auf alle Menschenrechte anwendbar. Jedes

25 Vgl. *Kälin/Künzli*, Universeller Menschenrechtsschutz, Rn. 3.68 ff.
26 Dazu bis heute maßstabsetzend: *Jellinek*, System der subjektiven öffentlichen Rechte.
27 *Shue*, Basic Rights, S. 52.

Menschenrecht kann Pflichten jeder dieser drei Arten begründen. Da nun schon die beiden Pakte von 1966, ergänzt durch die nachfolgenden Verträge, gegenständlich weite Bereiche des menschlichen Lebens abdecken, kann heutzutage eigentlich jedes praktisch-normative Problem als menschenrechtliches Problem formuliert werden, kann jedes normative Postulat in die Gestalt einer menschenrechtlichen Forderung gekleidet werden. In der Trias liegt also ein ungeheures katalytisches Potential, das gewissermaßen dadurch potenziert wird, dass jedes politische Problem sachlich irgendeinem Menschenrecht zugeordnet werden kann.

Ein Großteil der menschenrechtlichen Doktrin und Praxis der Gegenwart ist damit beschäftigt, diese Konstellation aus Rechten und Pflichten auszubuchstabieren. Die Musik spielt dabei nicht so sehr in der Auseinandersetzung mit oder der Bewältigung von Erfahrungen gravierenden Unrechts – Folter, Mord, Vertreibung usw. –, sondern im Detail hochkomplexer sozialer, wirtschaftlicher oder politischer Problemlagen. Das soll an einem Beispiel aus der deutschen Rechtspraxis erläutert werden, dem Verbot der mehrfachen sachgrundlosen Befristung von Arbeitsverträgen nach § 14 Abs. 2 Satz 2 des Teilzeitbefristungsgesetzes. Arbeitsverträge sollen, so die Grundidee dieser Regelung, nach einer gewissen Startzeit unbefristet laufen. Das Bundesverfassungsgericht hatte vor kurzem über die Verfassungsmäßigkeit des Verbotes der sachgrundlosen Befristung zu urteilen.[28] Es beurteilte das gesetzliche Verbot im Ausgangspunkt als Eingriff in die Arbeitsvertragsfreiheit, die durch das Grundrecht der Berufsfreiheit, Art. 12 GG, gewährleistet wird. Insofern war die Achtungsdimension des Grundrechts einschlägig. Im Rahmen der Rechtfertigung des Eingriffs stellte das Gericht dann aber auf die kollidierende Schutzpflicht für Arbeitnehmer ab, die den Staat ebenfalls aus Art. 12 GG treffe. Sodann kehrt das Gericht noch einmal zur Achtungsdimension zurück, nun mit Blick auf das internationale Recht. Aus Art. 8 Abs. 1 EMRK, Achtung des Privatlebens, aus der Europäischen Sozialcharta und aus Art. 6 Abs. 1 des Internationalen Pakts über wirtschaftliche, soziale und kulturelle Rechte (IPwskR), Recht auf Arbeit, würden sich keine weitergehenden Anforderungen ergeben, womit wohl sowohl das Verbot der sachgrundlosen Befristung als auch dessen Rechtfertigung gemeint ist. Im Ergebnis sah das Bundesverfassungsgericht die gesetzliche Regelung als verfassungskonform an.

Das Beispiel zeigt anschaulich, wie stark eine praktische Frage der Gestaltung des Arbeitslebens menschenrechtlich durchdrungen werden kann, unter Beteiligung von zwei der drei menschenrechtlichen Pflichtenarten. Die Trias von Ach-

---

28 BVerfG, Beschluss des Ersten Senats vom 6. Juni 2018, 1 BvL 7/14, 1 BvR 1375/14, NJW 2018, 2542, Rn. 38, 64.

tungs-, Schutz- und Gewährleistungspflichten dient so dazu, den Gehalt der Menschenrechte zu erschließen. An sich ist dabei das Ziel, die Begünstigung, die aus einer menschenrechtlichen Pflicht entsteht, herauszuarbeiten; diese Begünstigung ist der subjektive Sinn dieser Pflicht – eben das jeweilige Menschenrecht. Den vielfältigen Pflichten können also wiederum Begünstigungen in der Form von *Ansprüchen* zugeordnet werden. Aus der Achtungspflicht folgt der Achtungsanspruch des Inhabers des Menschenrechts, aus der Schutzpflicht der Schutzanspruch, aus der Gewährleistungspflicht der Gewährleistungsanspruch. Der Gehalt dieser Ansprüche lässt sich aber nicht rein analytisch entwickeln. Hier öffnen sich Spielräume der Ausgestaltung durch das Recht, in der Begründung wie in der Begrenzung. Dies zeigen die Regelungen etwa in der EMRK zu den Folgen einer Verurteilung oder das innerstaatliche Staatshaftungsrecht. Auch ein Achtungsanspruch kann, um ein unverfängliches Beispiel zu nennen, schlicht verjähren. Es ist jedenfalls nicht menschenrechtswidrig, wenn der Gesetzgeber entsprechende Regelungen trifft. Auch die Einklagbarkeit, die praktisch oft mit einem subjektiven Recht verbunden ist, ist aus analytischer Sicht nur eine weitere Rechtsposition, die vom Recht in der Regel an das Bestehen eines Anspruchs geknüpft wird. Aber dies muss nicht denknotwendig so geschehen und ist zudem gesetzlichen Beschränkungen zugänglich.

Die Pflichten-Trias kann als Grundlage dafür dienen, neue Pflichten und Rechte zu entwickeln. Ein nicht zu unterschätzendes Problem ist dabei, dass die Pflichten sich verselbstständigen und von der individuellen Begünstigung lösen können. Die Menschenrechte bilden dann einen autonomen Grund und Ort für die Begründung von Pflichten.[29] Es ist allerdings sehr schwer, den Punkt des Umschlagens zu markieren. Nur eine sehr feine Linie trennt nämlich die dogmatisch *gerechtfertigte* Aufstellung einer bestimmten Pflicht von einer nicht gerechtfertigten. Unbedenklich ist es, wenn der Antifolterkonvention Schutz- und Gewährleistungspflichten zur Vermeidung von Folter entnommen werden. Die einschlägigen Artikel sind genau so formuliert. So muss nach Art. 2 der Konvention jeder Vertragsstaat „wirksame gesetzgeberische, verwaltungsmässige, gerichtliche oder sonstige Massnahmen [treffen], um Folterungen in allen seiner Hoheitsgewalt unterstehenden Gebieten zu verhindern". Ob aber dem Grundrecht der Berufsfreiheit eine Schutzpflicht für Arbeitnehmer entnommen werden kann, oder ob jedem sozialen Menschenrecht eine Gewährleistungspflicht entnommen werden

29 Die im Text analysierte pflichtenbasierte Menschenrechtskonkretisierung kann nicht gleichgesetzt werden mit der pflichtentheoretischen Konzeption der Menschenrechte, die von Onora O' Neill entwickelt wurde (siehe grundlegend *O'Neill*, Tugend und Gerechtigkeit, S. 161 ff.; im internationalen Kontext *O'Neill*, Justice Across Boundaries, S. 37 ff.). O'Neill geht es darum, die Bestimmung von Menschenrechten an Erfüllungsbedingungen zurückzubinden.

kann, muss autonom jeweils aus diesem Recht begründet werden, rechtfertigt sich aber noch nicht allein aus dem Gedanken, dass Menschenrechte abstrakt mit Hilfe der Pflichten-Trias konzeptualisiert werden können. Die das Recht begrenzende Linie wird hingegen überschritten, wenn die Pflichten-Trias ohne irgendeinen Anknüpfungspunkt auf Menschenrechte angewendet wird.

2 Beispiel: extraterritoriale Wirkung von Menschenrechten

Diese Verselbstständigung der Pflichtendimension kann anhand eines Beispiels diskutiert werden, der extraterritorialen Wirkung von Menschenrechten, die aktuell sicherlich einen Brennpunkt der menschenrechtlichen Debatte bildet. Sie wird etwa relevant– und dabei mit Bezug vor allem auf soziale Rechte – bei der staatlichen Regulierung internationaler Wirtschaftsbeziehungen. Gemeint sind menschenrechtlichen Verpflichtungen, die Staaten für ein Handeln im Ausland oder für Auswirkungen innerstaatlichen Handelns im Ausland haben.

Diese extraterritoriale Wirkung von Menschenrechten spielt eine tragende Rolle in den „Leitprinzipien für Wirtschaft und Menschenrechte“, die der UN-Menschenrechtsrat im Jahr 2011 verabschiedet hat.[30] Sie nehmen ihren Ausgangspunkt in den „bestehenden Verpflichtungen der Staaten, die Menschenrechte und Grundfreiheiten zu achten, zu schützen und zu gewährleisten“. Insbesondere müssen die Staaten Schutz vor Menschenrechtsverletzungen gewähren, die durch Wirtschaftsunternehmen verübt werden, etwa in Lieferketten.[31] Die Unternehmen selbst soll keine *Rechtspflicht* zur Achtung der Menschenrechte treffen, aber gleichwohl sollen sie verantwortlich dafür sein, dass die Menschenrechte respektiert werden. Die Unternehmen haben menschenrechtliche *Sorgfaltspflichten* (*human rights due diligence*). Auf dieser Grundlage haben viele Staaten Nationale Aktionspläne verabschiedet, mit denen die Erfüllung der Sorgfaltspflichten gesteuert und überwacht werden sollen (der aktuelle Aktionsplan der Bundesregierung umfasst den Zeitraum 2016 – 2020).[32] Interessant ist für die Frage der Dogmatisierung der Menschenrechte, dass sich in diesen Prinzipien die Pflichtendimension vor die eigentlichen Berechtigungen schiebt. Staatliche Schutzpflichten und die Sorgfaltspflichten der Unternehmen stehen im

---

30 Abrufbar unter https://www.ohchr.org/documents/publications/GuidingprinciplesBusinesshr_eN.pdf.

31 Siehe *Krajewski* (Hrsg.), Staatliche Schutzpflichten und unternehmerische Verantwortung für Menschenrechte in globalen Lieferketten.

32 Abrufbar unter https://www.auswaertiges-amt.de/de/aussenpolitik/themen/aussenwirtschaft/wirtschaft-und-menschenrechte.

Mittelpunkt. Mit Vorsicht lässt sich eine Entsubjektivierung der Menschenrechte diagnostizieren.

Dies trifft auch auf die *Maastricht Principles on Extraterritorial Obligations of States in the Area of Economic, Social and Cultural Rights* zu, die 2011 von einer Expertengruppe verfasst wurden.[33] Sie beanspruchen, nur den aktuellen Stand des Völkerrechts zusammenzufassen. In 44 Paragrafen werden in konventionsartiger Form Grundsätze formuliert. Der Bezug zu den Menschenrechten bleibt in diesem Projekt nach meinem Eindruck durchaus äußerlich. Zwar ist von Menschenrechten und korrespondierenden Staatenpflichten die Rede (etwa im einleitenden Teil in § 6). Aber der operative Teil des Dokuments entfaltet lediglich Staatenpflichten. Nach § 8 lit. handelt es sich dabei um Verpflichtungen, die auf Handlungen und Unterlassungen eines Staates bezogen sind, die außerhalb oder innerhalb des Territoriums dieses Staates vorgenommen werden und die sich auf das Gebrauchmachen (*enjoyment*) von Menschenrechten außerhalb des staatlichen Territoriums auswirken. Diese Pflichten werden sodann anhand der eben erwähnten Pflichten-Trias weiter entfaltet, und zwar breitflächig, ohne Spezifizierung nach bestimmten wirtschaftlichen, sozialen oder kulturellen Rechten. Die Begründungsanstrengungen sind nicht mehr darauf gerichtet, Ansprüche auf Begünstigungen, also subjektive Rechte, zu belegen. Menschenrechte bilden folglich nur den formalen Ausgangspunkt dazu, Pflichten von Staaten zu begründen.

3 Tendenz zur Entsubjektivierung

Diese Entwicklungen sind nach meinem Eindruck mit der bereits angedeuteten Tendenz zur Entsubjektivierung verbunden, die keine eindeutige Bewertung zulässt.

Insgesamt fällt auf, dass in den genannten Beispielen der subjektive Charakter der Menschenrechte in den Hintergrund tritt. In einer formalen normtheoretischen Betrachtung ist dies durchaus darstellbar, insofern Menschenrechte schlicht als Begünstigungen angesehen werden, die mit gleichsam rechtslogischer Notwendigkeit aus einer extraterritorialen Pflicht erwachsen. Aber der materielle Sinn dieser Begünstigung hat sich verschoben. Die Pflicht besteht nicht um der Begünstigung willen. Menschenrechte gerinnen hier zu objektiven Gütern, zu Werten, zu schützenswerten Dingen, denen wir uns von vorneherein nur noch

---

33 Abrufbar unter https://www.etoconsortium.org/en/main-navigation/library/maastricht-principles/. Dazu *de Schutter* u. a., HRQ 34 (2012), 1084 (1084).

unter dem Aspekt ihrer Schutzbedürftigkeit nähern.[34] Menschenrechte sind in einer solchen Schutzperspektive nicht Rechtspositionen von Subjekten, die von diesen Subjekten geltend gemacht werden, sondern Objekte des staatlichen Schutzes. Die Träger dieser Rechte, die Menschen, verschwinden.

Dies hat zur Folge, dass es nur schwer möglich ist, den für eine *politische Menschenrechtskonzeption* wichtigen Zusammenhang von Autorschaft und Trägerschaft aufrechtzuerhalten. Eine solche Konzeption versucht, auf irgendeine Weise Menschenrechte und Volkssouveränität zusammenzudenken.[35] In der eingängigen Formulierung von Habermas lautet die zentrale theoretische Maßgabe: Die Adressaten des Rechts müssen sich als dessen Urheber verstehen können.[36] Solche Verbindungen sind bei der extraterritorialen Wirkung von Menschenrechten kaum herstellbar. Diejenigen, die aus solchen Verpflichtungen berechtigt werden, bilden die eine Gruppe, die Verpflichteten eine andere Gruppe. Wenn die Träger der Berechtigungen, die aus den Pflichten erwachsen, also Angehörige anderer Staaten, überhaupt in den Blick genommen werden würden, dann wären sie nicht diejenigen, die als Autoren dieser Rechte gedacht werden können. Sie spielen im Übrigen auch ganz praktisch keine Rolle, etwa über partizipative, repräsentative oder konsultative Formen der Einbindung.

Neben dieser Vernachlässigung des politischen Aspekts rufen die extraterritorialen Menschenrechtspflichten ein weiteres Problem hervor. Sie stehen in einer Spannung zur Idee der distributiven Gerechtigkeit. Die extraterritorialen Verpflichtungen sind vor allem auf soziale, wirtschaftliche und kulturelle Rechte gerichtet. Damit betreffen sie die Verteilung von Gütern und Lasten, die auch einer politischen Gestaltung zugänglich sein muss.[37] Eine solche Gestaltung ist ohne Solidaritätspflichten kaum vorstellbar. Es fällt aber schwer, distributive Gerechtigkeit in der extraterritorialen Konstellation angemessen zu situieren. Aus gerechtigkeitstheoretischer Perspektive wäre es zum einen erforderlich, die je nationale Verteilungsgemeinschaft in den Blick zu nehmen, und sodann wäre die Pflichtendiskussion mit Fragen transnationaler Verteilungsgerechtigkeit zu verbinden – was in den einschlägigen Debatten, soweit ersichtlich, nicht geschieht.

---

34 Ähnlich die Einschätzung bei *Khurana*, RphZ 3 (2017), 15 (17).

35 Vgl. mit Blick auf die Menschenrechtsinterpretation *Günther*, Von der gubernativen zur deliberativen Menschenrechtspolitik, in: Haller/Günther/Neumann (Hrsg.), Menschenrechte und Volkssouveränität in Europa, 2011, S. 45 (47 ff.). Zum Ganzen ein Überblick bei *Menke/Pollmann*, Philosophie der Menschenrechte zur Einführung, S. 170 ff.

36 *Habermas*, Faktizität und Geltung, S. 153.

37 Und dies nicht nur als Umverteilung bestehender Güter, sondern bezogen schon auf die Strukturen der Herstellung, vgl. *Forst*, Das Recht auf Rechtfertigung, S. 281.

Aber einen interessanten Effekt der extraterritorialen Wirkung der Menschenrechte darf man nicht übersehen. Im Zusammenhang mit der Möglichkeit der Positivierung von Menschenrechten wurde darauf hingewiesen, dass die philosophische Theoriebildung insoweit eigentlich ein Problem hat (unter II 3). Dieses Problem verliert nunmehr an Bedeutung: Die pflichtenorientierte Konkretisierung lässt wieder die *Sache* in den Vordergrund treten, die vom Recht geschützt wird. Am Beispiel der menschenrechtlichen Sorgfaltspflichten von Unternehmen: Entscheidend ist etwa, *dass* deutsche Unternehmen, die in Bangladesch produzieren, den dortigen Fabrikarbeitern gesunde Arbeitsbedingungen gewährleisten, nicht, ob die Fabrikarbeiter ein *Recht* darauf haben.

IV Fazit

Das Positivierungsdenken unterstellt, Form und Inhalt der Menschenrechte würde schon feststehen, bevor sie in Recht überführt werden. Diese Vorstellung hat sich aus mehreren Gründen als angreifbar erwiesen. Es sollte deutlich gemacht werden, dass „Positivierung“ eine Interpretation der Menschenrechtsidee darstellt, die sich im Vollzug von Akten der Setzung, Anwendung und Befolgung von Menschenrechten zeigt. Bei diesen Prozessen kommt der Dogmatisierung der Menschenrechte, d. h. ihren Strukturierungen, eine nicht zu unterschätzende Rolle zu. Die jüngere Entwicklung deutet darauf hin, dass dabei der Pflichten-Charakter der Menschenrechte in den Vordergrund tritt.

Literatur

Alexy, R., Die Institutionalisierung der Menschenrechte im demokratischen Verfassungsstaat, in: Gosepath, S./Lohmann, G. (Hrsg.), Philosophie der Menschenrechte, Frankfurt am Main 2007, S. 244–264.
Alexy, R., On the Concept and the Nature of Law, Ratio Juris 21 (2008), S. 281–299.
Arendt, H., Es gibt nur ein einziges Menschenrecht, Die Wandlung 4 (1949), S. 754–770.
Bernstorff, J. v., Menschenrechte als juridische Rechte. Eine Skizze, in: Reder, M./Cojocaru, M. D. (Hrsg.), Zur Praxis der Menschenrechte – Formen, Potenziale und Widersprüche, Stuttgart 2015, S. 13–25.
Bielefeldt, H., Moyn's World. Menschenrechtskritik als Orakel, zeitschrift für menschenrechte 13 (2019), S. 157–173.
DeGooyer, S. u. a., Vom Recht, Rechte zu haben, Hamburg 2018.
Dworkin, R., Law's Empire, Cambridge 1986.
Dworkin, R., Justice for Hedgehogs, Cambridge 2011.
Enderlein, W., Abwägung in Recht und Moral, Freiburg im Breisgau 1992.

Forst, R., Das Recht auf Rechtfertigung. Elemente einer konstruktivistischen Theorie der Gerechtigkeit, Frankfurt am Main 2007.
Funke, A., Abschied von der Positivismus/Nicht-Positivismus-Schablone? Zugleich: hermeneutische Potentiale in der Rechtsphilosophie Gustav Radbruchs, in: Borowski, M. (Hrsg.), Modern German Nonpositivism, Tübingen 2019, S. 19–36.
Funke, A., Die Konstellation der Rechtssicherheit. Zwei Thesen des Rechtspositivimus im Lichte pragmatischer Hermeneutik, in: Schuhr, J. C. (Hrsg.), Rechtssicherheit durch Rechtswissenschaft, Tübingen 2014, S. 49–72.
Goldoni, M./McCorkindale, C., Hannah Arendt and the Law, Oxford/Portland 2012.
Günther, K., Von der gubernativen zur deliberativen Menschenrechtspolitik. Die Definition und Fortentwicklung der Menschenrechte als Akt kollektiver Selbstbestimmung, in: Haller, G./Günther, K./Neumann, U. (Hrsg.), Menschenrechte und Volkssouveränität in Europa – Gerichte als Vormund der Demokratie?, Frankfurt am Main 2011, S. 45–60.
Habermas, J., Faktizität und Geltung. Beiträge zur Diskurstheorie des Rechts und des demokratischen Rechtsstaats, 5. Aufl., Frankfurt am Main 1997.
Jellinek, G., System der subjektiven öffentlichen Rechte, 2. Aufl., Tübingen 1905.
Kälin, W./Künzli, J., Universeller Menschenrechtsschutz. Der Schutz des Individuums auf globaler und regionaler Ebene, Basel 2019.
Khurana, T., „Recht auf Rechte“. Zur Naturalisierung und Politisierung subjektiver Rechte nach Arendt, Rechtsphilosophie. Zeitschrift für Grundlagen des Rechts 3 (2017), S. 15–30.
Kirste, S., Die Würde des Menschen als Recht auf Anerkennung der Rechtsperson, in: Seelmann, K. (Hrsg.), Menschenrechte – Begründung – Universalisierbarkeit – Genese, Berlin/Boston 2017, S. 41–68.
Krajewski, M. (Hrsg.), Staatliche Schutzpflichten und unternehmerische Verantwortung für Menschenrechte in globalen Lieferketten, Erlangen 2018.
Lohmann, G., Menschenrechte zwischen Moral und Recht, in: Gosepath, S./Lohmann, G. (Hrsg.), Philosophie der Menschenrechte, Frankfurt am Main 2007, S. 62–95.
Menke, C./Pollmann, A., Philosophie der Menschenrechte zur Einführung, 4. Aufl., Hamburg 2017.
Moyn, S., The Last Utopia. Human Rights in History, Cambridge (Mass.) London 2010.
O'Neill, O., Tugend und Gerechtigkeit. Eine konstruktive Darstellung des praktischen Denkens, Berlin 1996.
O'Neill, O., Justice Across Boundaries. Whose Obligations?, Cambridge 2016.
Pollmann, A., Drei Dimensionen des Begriffs der Menschenrechte: Recht, Moral und Politik, in: Pollmann, A./Lohmann, G. (Hrsg.), Menschenrechte – Ein interdisziplinäres Handbuch, Stuttgart/Weimar 2012, S. 358–363.
Schutter, O. de u. a., Commentary to the Maastricht Principles on Extraterritorial Obligations of States in the Area of Economic, Social and Cultural Rights, Human Rights Quarterly 34 (2012), S. 1084–1169.
Shue, H., Basic Rights. Subsistence, Affluence, and U.S. Foreign Policy, Princeton 1980.
Somek, A., Menschenrechte und Demokratie, in: Pollmann, A./Lohmann, G. (Hrsg.), Menschenrechte – Ein interdisziplinäres Handbuch, Stuttgart/Weimar 2012, S. 363–369.
Tasioulas, J., The Moral Reality of Human Rights, in: Pogge, T. (Hrsg.), Freedom From Poverty as a Human Right – Who Owes What to the Very Poor?, New York 2007, S. 75–102.
Waldron, J., Law and Disagreement, Oxford 1999 (Nachdruck 2004).

Thomas M. Schmidt

Religion als Gegenstand, Grund und Grenze subjektiver Rechte

I Religion als Gegenstand subjektiver Rechte

Religionsfreiheit gehört zu den elementaren subjektiven Rechten. Spätestens seit der Neuzeit besitzt das Recht auf Religionsfreiheit eine zentrale Bedeutung für die Beantwortung der Frage nach dem angemessenen Verhältnis von Religion, Recht und Politik. Die klassische Säkularisierungstheorie[1] verknüpft die Entstehung der modernen Gesellschaft mit der wachsenden Ausdifferenzierung von Religion und Politik; dem Recht auf Religionsfreiheit kommt dabei die Funktion eines paradigmatischen Musters dieses Differenzierungsprozesses zu.[2] So hat Matthias Koenig zufolge die „in der amerikanischen und französischen Revolution gewonnene Freiheit von staatlich verordnetem und zu individuell verantwortetem Glauben ... die Religion aus dem Staat in die bürgerliche Gesellschaft auswandern lassen".[3] Spätestens seit Karl Marx und seinem berühmt-berüchtigten Essay *Zur Judenfrage*[4] ist es ein gängiger Topos der politischen Theorie und Ideengeschichte, dass die Durchsetzung des liberalen Rechts auf individuelle Religionsfreiheit einen Indikator darstellt für die Verlagerung der Religion aus dem Raum des Staates in die Sphäre der bürgerlichen Gesellschaft. Das Recht auf Religionsfreiheit reagiert auf die historische und normative Entwicklung, dass Religion keine politische Macht der Integration mehr darstellt, sondern eine soziokulturelle Macht der Differenz. Religion verlagert sich von der Ebene des Staates und seiner Aufgabe einer politischen Integration in die bürgerliche Gesellschaft, in die Sphäre der Konkurrenz und der Partikularinteressen. Der Staat kann seine integrative Funktion nur noch auf eine Weise erfüllen, die zu den unterschiedlichen Weltanschauungen und Religionen auf Distanz geht und einen fairen Ausgleich der Interessen und Wertvorstellungen herstellt. Die Entstaatlichung und Privati-

1 *Schmidt/Pitschmann* (Hrsg.), Religion und Säkularisierung. Ein interdisziplinäres Handbuch.
2 *König*, Recht auf Religionsfreiheit – ein neuzeitliches Differenzierungsmuster und seine Entstehung, in: Gabriel/Gärtner/Pollack (Hrsg.), Umstrittene Säkularisierung. Soziologische und historische Analysen zur Differenzierung von Religion und Politik.
3 *König*, Recht auf Religionsfreiheit – ein neuzeitliches Differenzierungsmuster und seine Entstehung, in: Gabriel/Gärtner/Pollack (Hrsg.), Umstrittene Säkularisierung. Soziologische und historische Analysen zur Differenzierung von Religion und Politik, S. 293.
4 *Marx*, Zur Judenfrage, Marx Engels Werke, Studienausgabe, Bd. 1.

https://doi.org/10.1515/9783110704013-011

sierung der Religion wird nicht zuletzt empfohlen als angemessene Reaktion auf die zunehmende weltanschauliche Pluralisierung der Gesellschaft und die Angriffe auf die Prinzipien demokratischer Rechtstaatlichkeit durch fundamentalistischen Furor.

Das Recht auf Religionsfreiheit repräsentiert ein Muster der normativ gehaltvollen Differenzierung von Religion und Politik, das sich von anderen Formen unterscheidet. Im Anschluss an Rainer Forst[5] unterscheidet Koenig das im Recht auf Religionsfreiheit enthaltene Differenzierungsmuster von anderen Formen der religiösen Toleranz. Eine erste Form, die „Erlaubnis"-Konzeption von Toleranz, bezieht sich einerseits auf „Formen korporativer Teilautonomie, in deren Genuss (manche) religiöse Gemeinschaften"[6] innerhalb größerer Imperien kamen, andererseits auf „Formen einseitig erklärter Duldung, die (manchen) religiösen Minderheiten als widerrufbares Privileg in den zentralisierten Konfessionsstaaten der frühen Neuzeit gewährt wurde"[7]. Von diesen beiden Grundformen der „Erlaubnis"-Konzeption ist eine Vorstellung von Toleranz als Koexistenz zu unterscheiden, der zufolge nach den Konfessionskriegen „aus gemeinsam geteilten Interessen an Frieden und Ordnung der bestehende Konflikt um religiöse Wahrheit stillgelegt und pragmatisches Zusammenleben eingeübt wird"[8]. Der Versuch, bestimmte weltanschauliche Orientierungen, die nach der Reformation in ihrem kontingenten Wahlcharakter durchschaut sind, mit Mitteln staatlicher Gewalt wieder als allein verbindlichen und ausschließlichen Rahmen zu statuieren, kann nur als ungerechtfertigte Macht, als Gewalt empfunden und praktiziert werden. Die Religionskriege lassen es daher allein schon aus Gründen der Stabilität politischer Ordnung und zur Bewahrung des bürgerlichen Friedens angeraten erscheinen, ein nachreformatorisches Gemeinwesen nicht auf das Fundament einer bestimmten Religion oder Weltanschauung zu gründen.

Aber erst die dritte, von Forst „Respekt"-Konzeption genannte Form von Toleranz, führt zur Etablierung des subjektiven Rechts auf Religionsfreiheit. Die „Respekt"-Konzeption versteht Toleranz nämlich in einem normativ gehaltvollen

---

5 *Forst*, Toleranz im Konflikt. Geschichte, Gehalt und Gegenwart eines umstrittenen Begriffs.
6 *König*, Recht auf Religionsfreiheit – ein neuzeitliches Differenzierungsmuster und seine Entstehung, in: Gabriel/Gärtner/Pollack (Hrsg.), Umstrittene Säkularisierung. Soziologische und historische Analysen zur Differenzierung von Religion und Politik, S. 296.
7 *König*, Recht auf Religionsfreiheit – ein neuzeitliches Differenzierungsmuster und seine Entstehung, in: Gabriel/Gärtner/Pollack (Hrsg.), Umstrittene Säkularisierung. Soziologische und historische Analysen zur Differenzierung von Religion und Politik, S. 296 f.
8 *König*, Recht auf Religionsfreiheit – ein neuzeitliches Differenzierungsmuster und seine Entstehung, in: Gabriel/Gärtner/Pollack (Hrsg.), Umstrittene Säkularisierung. Soziologische und historische Analysen zur Differenzierung von Religion und Politik, S. 297.

Sinn als wechselseitige Achtung aller Staatsbürger mit gleichen Freiheitsrechten. Die auf diese Weise etablierte Religionsfreiheit verkörpert das *libertäre* Prinzip der religiösen Freiheit aller Individuen, das *egalitäre* Prinzip der Gleichheit der Religionen und Konfessionen, und das Prinzip der *Neutralität* im Sinne der Gleichbehandlung von religiösen und nichtreligiösen Überzeugungen. Diese genannten drei Prinzipien repräsentieren die Dimensionen der Religionsfreiheit. So unterschiedlich die konkreten Ausgestaltungen dieser Prinzipien historisch und praktisch ausfallen mögen, das subjektive Recht auf Religionsfreiheit bildet bei all diesen Vermittlungsmodellen von Religion und demokratischer Rechtsordnung den normativen Bezugspunkt.

Das klassische Verständnis von Religionsfreiheit als einem negativen, individuellen Abwehrrecht zum Schutz vor staatlichem Zwang wird gegenwärtig hinterfragt und als einseitig kritisiert. Es wird nicht nur oder überwiegend als negatives Abwehrrecht verstanden, das gleiche Freiheit unter pluralistischen Bedingungen garantieren soll, sondern auch als rechtliches Instrument des Anspruchs auf deutlichere öffentliche Artikulation und Manifestation religiöser Überzeugungen und Rituale. Es ist vor allem die Dimension der Neutralität des Rechts auf Religionsfreiheit, die kritisiert wird. Die Vorstellung der strikten Neutralität der politischen Öffentlichkeit führt dieser Kritik zufolge zu einem überproportionalen Ausschluss religiöser Überzeugungen aus dem Raum der Öffentlichkeit.[9] Zudem scheint die Vielfalt der Lebensentwürfe und Wertorientierungen so weit fortgeschritten, dass der Kompromiss zwischen individueller Autonomie und weltanschaulicher Neutralität des Staates nicht mehr ausreiche. Neben die klassisch liberalen Forderungen nach Freiheit und Gleichheit der Individuen tritt daher die Forderung nach Anerkennung ihrer kulturellen Identität, neben der rechtlichen Garantie der Autonomie des Individuums und der Neutralität des Staates wird die Gewährleistung kultureller Differenz von Gruppen innerhalb der Gesellschaft gefordert. Das klassische liberale Modell von Säkularisierung und vernünftigem Pluralismus erscheint nicht nur deshalb parochial, weil es bestimmte historische Erfahrungen, etwa die europäischen Religionskriege, generalisiert. Das liberale Modell eines vernünftigen Pluralismus erscheint vor allem deshalb kritikwürdig, weil es die Idee einer universalen Vernunft und homogenen Natur des Menschen behauptet, die unabhängig von partikularen Kontexten und Traditionen allgemeine Gültigkeit besitzen soll. Diese Haltung bildet den begrifflichen Hintergrund aktueller religionspolitischer und religionsrechtlicher Auseinandersetzungen, wie dem Streit um das Anbringen von Kruzifixen in

9 Vgl. *Weithman* (Hrsg.), Religion and Contemporary Liberalism; *Eberle*, Religious Conviction in Liberal Politics; *Schmidt/Parker* (Hrsg.), Religion in der pluralistischen Öffentlichkeit.

Klassenzimmern und Behörden, dem Kölner Beschneidungsurteil oder dem Tragen von Kopftüchern als religiösen Symbolen.[10]

II Religion als Grund subjektiver Rechte

Das Plädoyer für die rechtlich garantierte öffentliche und gesellschaftliche Rolle von Religion ist nur ein Aspekt in der komplexen Diskussion um Religionsfreiheit. Religion wird nicht nur als *Gegenstand* subjektiver Freiheitrechte thematisiert, sondern zugleich als *Grund* ihrer Geltung und Rechtfertigung behauptet.[11] Die Geltung subjektiver Rechte in Gestalt von Menschen- und Grundrechten besitzt nach dieser Auffassung eine vorpolitische, religiöse Substanz. Ein demokratischer Rechtsstaat, der den in den Menschenrechten artikulierten normativen Prinzipien verpflichtet ist, erscheint auf Religion als eine vorpolitische Quelle und Stütze seiner Rechtsprinzipien angewiesen. Positionen, die in diesem Sinn von einer unverzichtbaren vorpolitischen Rolle der Religion ausgehen, argumentieren häufig mit dem Hinweis auf den Zusammenhang zwischen Menschenrechten und Menschenwürde. Historische Erfahrungen des Totalitarismus, aber auch zeitdiagnostische Einschätzungen einer scheinbaren säkularen Verflachung und Aushöhlung der liberalen Demokratie, zeigen solchen Auffassungen zufolge, dass die sicherste und zuverlässigste Begründung der Menschenrechte durch das Prinzip der Menschenwürde garantiert wird. Da der Gedanke der Menschenwürde in seiner historischen Genese und systematischen Begründung religiös sei, erweise sich die Religion als unverzichtbare vorpolitische Quelle der Menschenrechte.

Diese Argumentation stützt sich auf die Vorstellung einer mehrfach gestuften vorpolitischen Werteordnung. Menschenrechte sind der Demokratie als normatives Fundament vorgeordnet, die Menschenrechte sind wiederum Ausdruck des Prinzips der Menschenwürde, und die Idee der Menschenwürde ist schließlich religiös begründet im Gedanken der Gottebenbildlichkeit des Menschen. Zu beachten ist, dass der Religion in solchen Argumentationen auf unterschiedliche Weise die Funktion einer unverzichtbaren vorpolitischen Quelle der Menschenrechte zukommt. Ihr werden die Funktionen einer theoretischen Ressource der Begründung der Menschenrechte, der Fundierung gesellschaftlicher Solidarität im demokratischen Verfassungsstaat und der persönlichen Motivation der Bürger zu Verfassungstreue und Rechtsgehorsam zugeschrieben. Religion erfüllt so in

10 Vgl. *El Idrissi*, Der juridische Umgang mit religiöser Fremdheit.

11 Vgl. *Ratzinger*, Was die Welt zusammenhält. Vorpolitische Grundlagen eines freiheitlichen Staates, in: Habermas/Ratzinger (Hrsg.), Dialektik der Säkularisierung, S. 39–60; *Hoye*, Die verborgene Theologie der Säkularität. Das Bild vom Menschen und die Ordnung der Gesellschaft.

mehrfacher Hinsicht die Aufgabe, eine Wertebasis für eine funktionierende, den Menschenrechten verpflichtete Demokratie zu schaffen.

Die Frage, ob die Religion eine unverzichtbare Rolle für die Legitimität und Stabilität einer demokratischen Rechtsordnung spielt, hat ihren paradigmatischen Ausdruck in der berühmten These Ernst-Wolfgang Böckenfördes gefunden, wonach der freiheitliche, säkularisierte Staat von Voraussetzungen lebt, die er selbst nicht garantieren kann.[12] Im Anschluss an Hegel stellt Böckenförde die Frage, „ob nicht auch der säkularisierte weltliche Staat letztlich aus jenen inneren Antrieben und Bindungskräften leben muss, die der religiöse Glaube seiner Bürger vermittelt"[13].

In seinem Disput mit Kardinal Ratzinger über die Dialektik der Säkularisierung[14] hat Jürgen Habermas das von Böckenförde beschriebene Problem als kognitive Frage reformuliert, ob eine zufriedenstellende theoretische Begründung der Prinzipien demokratischer Rechtsstaatlichkeit mit nichtreligiösen bzw. nachmetaphysischen Mitteln überhaupt gelingen kann. In motivationaler Hinsicht artikuliert diese Frage die Besorgnis, dass sich eine funktionierende Demokratie notwendig aus Quellen der ethischen Orientierung speisen muss, die über das rationale Eigeninteresse hinausreichen. In Beantwortung dieser Fragen stellt die von Jürgen Habermas entwickelte diskurstheoretische Begründung des Rechts und des demokratischen Rechtsstaats[15] der naturrechtlich-substantialistischen Begründung subjektiver Freiheitsrechte ein prozeduralistisches Verständnis von Demokratie gegenüber. Die Diskurstheorie der Demokratie kann erklären, wie im demokratischen Verfahren selbst die notwendige Legitimität und rationale Akzeptanz durch Inklusion aller Betroffenen und vernünftige Erwägung aller Perspektiven und Argumente erzeugt werde. Wenn man nämlich das demokratische Verfahren nicht positivistisch versteht – und damit missversteht – sondern als „eine Methode zur Erzeugung von Legitimität aus Legalität begreift"[16], dann ist es nicht nötig, anzunehmen, dass die Geltungsgrundlagen einer vollständig positivierten Verfassungsordnung nur durch den Bezug auf Religion kognitiv abgesichert werden könnten.

---

12 *Böckenförde*, Die Entstehung des Staates als Vorgang der Säkularisation, in: Böckenförde (Hrsg.), Recht, Staat, Freiheit. Studien zur Rechtsphilosophie, Staatstheorie und Verfassungsgeschichte, S. 112.

13 *Böckenförde*, Die Entstehung des Staates als Vorgang der Säkularisation, in: Böckenförde (Hrsg.), Recht, Staat, Freiheit. Studien zur Rechtsphilosophie, Staatstheorie und Verfassungsgeschichte, S. 113.

14 *Habermas/Ratzinger*, Dialektik der Säkularisierung, S. 16.

15 *Habermas*, Faktizität und Geltung.

16 *Habermas/Ratzinger*, Dialektik der Säkularisierung, S. 20.

Die Formel „Erzeugung von Legitimität aus Legalität" formuliert die diskurstheoretische Lösung für das Grundproblem der Begründung des modernen Rechts. Denn in der modernen Theorie des Rechts konkurrieren Habermas zufolge zwei normative Grundprinzipien: die liberale Idee unveräußerlicher subjektiver Rechte und der republikanische Gedanke der Volkssouveränität. Beiden Prinzipien liegt die Idee der Selbstgesetzgebung als zentrales normatives Prinzip der modernen Rechts- und Demokratietheorie zugrunde. Liberalismus und Republikanismus repräsentieren allerdings unterschiedliche Lesarten des Prinzips der Autonomie.

Die liberale Auffassung, die Autonomie primär im Sinne von Selbstbestimmung versteht, wählt subjektive vorpolitische Interessen als normative Ausgangsbedingung ihrer demokratietheoretischen Überlegungen. Subjektive Rechte schützen und legitimieren diese Interessen, der Staat ist dem Schutz und der Gewährleistung dieser Rechte verpflichtet. Die republikanische Auffassung von Demokratie sieht dagegen im kollektiven Willen, der Volkssouveränität, die Quelle der Legitimität. Ein Volk gibt sich autonom die Regeln und Gesetze, denen es folgen will. Dahinter steht ein ethisches Verständnis von Autonomie als Selbstverwirklichung, das den Prozess demokratischer Selbstgesetzgebung als ein gemeinsames Projekt kollektiver Selbstverwirklichung interpretiert.

Die Diskurstheorie des Rechts und der Demokratie will zwischen beiden Prinzipien vermitteln. Rechte besitzen einen intersubjektiven Charakter, Ansprüche werden erst durch reziproke Anerkennung zu Rechten. Der Prozess der Setzung legitimen Rechts besitzt daher eine kommunikative Struktur. Der gemeinsame normative Kern beider Prinzipien, des liberalen Prinzips der subjektiven Rechte und des demokratischen Prinzips der Selbstgesetzgebung, wird am besten durch eine Analyse der Implikationen kommunikativer Vernunft expliziert.

Was Kant als allgemeine, gesetzmäßige Form des guten Willens begreift, wird in der Diskursethik zu einem Prozess gemeinsamer Willensbildung. Nicht nur der allgemeine Wille im Sinne Kants, also die Verallgemeinerung meiner Maxime zu einem allgemeinen Gesetz, sondern der argumentative Austausch mit anderen, die erzielte Übereinkunft, bildet das Kriterium der Allgemeinheit und damit der Gültigkeit einer Norm. Auf diese Weise bezieht die Diskursethik, anders als Kant, auch die praktischen Folgen einer bestimmten Norm in ihre Begründung mit ein. Die Betroffenen müssen die Verallgemeinerung ihrer Maximen in einer wirklich stattfindenden Argumentation durchführen. Welche Konsequenzen sich aus der Befolgung einer Norm für die Betroffenen ergeben, ist für die Begründung der Norm nicht gleichgültig. Eine Norm muss aus der Perspektive der Betroffenen begründet werden können. Das bedeutet, dass die Betroffenen nicht nur angehört werden müssen und dass sie zustimmen können müssen, sondern dass jeder, der die Norm akzeptiert, sich in die Lage der Betroffenen versetzen können muss. Nur in einem öffentlichen Verfahren kann festgestellt werden, ob diese Zustimmung von jedem einzelnen tatsächlich frei und ohne Zwang erfolgt. Allein auf diese Weise ist sichergestellt, dass nur auf der Grundlage von Argumenten, die allen einleuchten, eine Entscheidung getroffen wird, und nicht durch versteckte rhetorische Manipulation oder durch Androhung von Gewalt. Grundbedingung für praktische Diskurse, die über die Gültigkeit von Normen befinden, sind also Öffentlichkeit, Abwesenheit von Zwang, Berücksichtigung der Folgen und Einnahme der Perspektiven der Betroffenen.

Jürgen Habermas[17] und Robert Alexy[18] haben diese normativen Bestimmungen kommunikativer Vernunft demokratietheoretisch angewandt und zu einer Diskurstheorie des Rechts, insbesondere der Menschenrechte und der Demokratie, weiterentwickelt. Danach kann der interne Zusammenhang von Rechtsstaat und Demokratie, die „Gleichursprünglichkeit von Menschenrechten und Volkssouveränität"[19], diskurstheoretisch erklärt werden. Die Quelle der Legitimität des Rechts ist die Volkssouveränität, der Prozess der Selbstgesetzgebung. Dieser Prozess ist aber nur dann diskursiv, wenn er die Bedingungen von Diskursen erfüllt, also geprägt ist durch Herrschaftsfreiheit, Gleichheit und Inklusion aller Betroffenen und die Abwesenheit von Zwang. Die Erfüllung dieser Bedingungen, die Einhaltung der Diskursregeln, wird im politischen Raum nun gerade durch die Grundrechte garantiert. Die Grundrechte spezifizieren somit die Bedingungen des Funktionierens von Volkssouveränität. Die Menschen- und Grundrechte haben also die Funktion, die diskursive Meinungs- und Willensbildung eines souveränen Volkes zu sichern und zu gewährleisten. Nur wenn die kollektive Meinungs- und Willensbildung so geschieht, dass die Grundrechte, also die konstitutiven Regeln des Diskurses, nicht verletzt werden, ist gewährleistet, dass die Volkssouveränität nicht nur Legalität, sondern auch Legitimität produziert. Die Legalität in Form von Grundrechten wird so zum Garanten von Legitimität in Form demokratischer Selbstbestimmung.

Habermas räumt ein, dass Verfahren der Legitimitätserzeugung auf entgegenkommende ethische Mechanismen angewiesen sind, die demokratische Tugenden wie Gemeinwohlorientierung erzeugen können. Solche demokratischen Tugenden sind Resultat der „Sozialisation und der Eingewöhnung in die Praktiken und Denkweisen einer freiheitlichen politischen Kultur"[20]. Daher kann aus diskurstheoretischer Perspektive anerkannt werden, dass Staatsbürgerstatus und

---

17 *Habermas*, Faktizität und Geltung.

18 *Alexy*, Recht, Vernunft, Diskurs. Studien zur Rechtsphilosophie.

19 *Forst*, Die Rechtfertigung der Gerechtigkeit. Rawls' Politischer Liberalismus und Habermas' Diskurstheorie in der Diskussion, in: Brunkhorst/Niesen (Hrsg.), Das Recht der Republik, S. 138.

20 *Habermas/Ratzinger*, Dialektik der Säkularisierung, S. 23.

korrespondierende demokratische Tugenden in eine Zivilgesellschaft eingebettet sind, die aus spontanen vorpolitischen Quellen lebt. Daraus folgt aber nicht, dass der liberale Staat unfähig wäre, „seine motivationalen Voraussetzungen aus eigenen Beständen zu reproduzieren. Die Motive für eine Teilnahme der Bürger an der politischen Meinungs- und Willensbildung zehren gewiss von ethischen Lebensentwürfen und kulturellen Lebensformen, aber wir dürfen nicht übersehen, dass demokratische Praktiken auch eine eigene politische Dynamik entfalten".[21] Diese Dynamik besteht vor allem in der Beteiligung der Bürger am Prozess der politischen Willensbildung. Diese Beteiligung wird durch das geltende Recht im demokratischen Verfassungsstaat garantiert. Gleichzeitig sorgt die uneingeschränkte Beteiligung aller Bürgerinnen und Bürger am politischen Diskurs dafür, dass dieses geltende Recht stets neu interpretiert, kritisiert und modifiziert werden kann. In dem Maße, in dem sich die Bürgerinnen und Bürger an diesem Prozess der kollektiven Willensbildung, der ständigen Verfassungsinterpretation und -gestaltung beteiligt wissen, bildet sich auch ihre Loyalität zu dieser verfassungsmäßigen Ordnung aus. Habermas betont daher, dass aus dem säkularen Charakter des demokratischen Verfassungsstaates nicht folgt, dass diese Art von politischer Ordnung als solche eine interne und notwendige Schwäche besitzt, „die in kognitiver oder motivationaler Hinsicht eine Selbststabilisierung [des politischen Systems; T.S.] gefährdet"[22].

Religionen können sich unter pluralistischen Bedingungen auf Dauer nur reproduzieren, wenn ihnen durch einen neutralen Rechtsstaat Freiheit garantiert wird. Das Recht, Mitglied einer bestimmten religiösen Gemeinschaft zu sein, wird aber dem Individuum als Bürgerin oder Bürger eines Rechtsstaats gewährt. Dieses Recht auf Religionsfreiheit räumt den Individuen dabei nicht nur die private Freiheit ein, ihr religiöses Bekenntnis zu wählen, sondern ermöglicht ihnen zugleich, einen öffentlichen Gebrauch davon zu machen. Legitim ist dieser öffentliche Gebrauch allerdings nur, insofern er die gleiche Freiheit der anderen achtet. Die Grundregeln eines solchen reziproken Respekts werden in der Form subjektiver Rechte artikuliert. In dem Maße, indem diese Regeln verletzt werden, erscheint es in der Tat legitim, den öffentlichen Gebrauch von Religion einzuschränken.

In der diskurstheoretischen Perspektive wird die normative Substanz der subjektiven Rechte genau durch jene Regeln expliziert, die es erlauben, das Verhältnis von Religion, Recht und Politik auf eine gewaltfreie Weise auszutragen. Nur ihre Einhaltung garantiert die gleiche und faire Partizipation und Reprä-

21 *Habermas/Ratzinger*, Dialektik der Säkularisierung, S. 23.
22 *Habermas/Ratzinger*, Dialektik der Säkularisierung, S. 26.

sentation aller, religiöser wie nichtreligiöser, Bürgerinnen und Bürger, im demokratischen Rechtsstaat. Dieser Prozess reproduziert auf diese Weise die Bedingungen, unter denen die Grundrechte Aller garantiert werden und die Würde Aller respektiert wird. Daher darf der offene demokratische Prozess religiöse Überzeugungen auch nicht allein schon deshalb ausschließen, *weil* sie religiös sind. Aber die normative Basis der Rechtfertigung eines öffentlichen Gebrauchs religiöser Überzeugungen kann selbst nicht noch einmal in der exklusiven Sprache einer bestimmten Religion gerechtfertigt werden.

III Religion als Grenze subjektiver Rechte

Das Recht auf Religionsfreiheit stellt ein paradigmatisches Differenzmuster für das Verhältnis von Religion und Recht dar. Es steht in der Spannung von substantiell-naturrechtlichen und prozedural-diskurstheoretischen Rechtfertigungen des Grundes und des Umfanges der Rechtsgeltung. Diese Spannung zwischen den unterschiedlichen Deutungen des Differenzmusters des subjektiven Rechts der Religionsfreiheit kann nun gerade durch theologisch anmutende Rede von der „Heiligkeit des Rechts“ gut charakterisiert und bestimmt werden. Der Ausdruck „Heiligkeit des Rechts“ bezeichnet nämlich einerseits die Auffassung, dass das Recht seine Geltung überpositiven oder vorrechtlichen Grundlagen verdankt, die letztlich aus religiösen Quellen stammt. Das Geltungsprinzip subjektiver Rechte, die Achtung gleicher Freiheit, resultiere aus der gesetzgebenden Autorität des göttlichen Souveräns. Die Rede von der „Heiligkeit des Rechts“ kann andererseits aber auch bedeuten, dass das Recht seine eigene immanente, säkulare Aura besitzt. So haben Kant und Hegel mit der Rede von der „Heiligkeit des Rechts“ den besonderen Charakter der unbedingten Geltung von Rechtsnormen zum Ausdruck gebracht. Kant zufolge „ist in der ganzen Welt nichts so heilig, als das Recht anderer Menschen“, Hegel bestimmt das Recht „als etwas Heiliges überhaupt, weil es das Dasein der selbstbewussten Freiheit ist“. Beide wollen mit der Formel von der Heiligkeit des Rechts gerade die Autonomie normativer Geltung betonen, die ihre Autorität ausschließlich vernünftiger Selbstbestimmung verdankt und nicht von vorreflexiven sakralen Voraussetzungen abhängt. Das Recht ist nicht auf Anderes und Höheres angewiesen, seine Substanz besteht in nichts anderem als in Autonomie, in selbstbezüglicher Freiheit, genau und nur in diesem Sinn ist es „göttlich“ und souverän.

Hegel vertritt nun eine Theorie der sozialen Evolution, in deren Verlauf die Funktion eines sakralen Bewusstseins auf Formen des modernen Rechts übertragen wird. Dieser Prozess wiederholt sich nach der Etablierung des modernen Rechtsstaates als interner Bildungsprozess, der jene staatsbürgerliche Gesinnung produziert, die dem modernen Recht gerade seine Legitimität, Akzeptanz und Stabilität verschafft. Hegels Verhältnisbestimmung der Autonomie des Rechts zur Heiligkeit der Religion operiert mit der Doppelthese von der inhaltlichen Identität von Religion und Philosophie bei Differenz der Form. Nur durch Aufhebung, durch die Transformation in den philosophischen Begriff, erhält der Inhalt der religiösen Vorstellung seine Rechtfertigung. Diese Grundfigur der Hegelschen Religionsphilosophie liegt auch der Bestimmung des Verhältnisses von Religion und Staat in der Rechtsphilosophie zugrunde.

Hegels doppelte Voraussetzung besteht darin, dass er zum einen Religion und Recht dem Inhalt nach als identisch versteht: dieser Inhalt ist der Gedanke der Subjektivität, das Bewusstsein der Freiheit. Das Recht ist das äußere Dasein dieser Freiheit, das auch die innere Freiheit der religiösen Gesinnung schützt. Andererseits besteht zwischen Religion und Vernunftrecht eine fundamentale Differenz der Form. Das religiöse Bewusstsein besitzt die Einsicht in das Wesen der Freiheit nur auf eine vorstellungshafte, an Bilder und Dogmen gebundene Weise, nicht in der freien Form vernünftiger philosophischer Einsicht. Daher muss das religiöse Bewusstsein einen Bildungsprozess durchlaufen, es muss in der Freiheit als der Substanz des modernen Rechtsstaates den Inhalt seiner eigenen Wahrheit erkennen und zugleich anerkennen, dass gerade dieser Staat die Eigentümlichkeit der religiösen Form schützt, indem er Religionsfreiheit rechtlich garantiert.

Dieser Bildungsprozess des religiösen Bewusstseins ist ambivalent und ein riskantes Projekt. Das Heilige kann auch das Wohlgemeinte sein, das sich dem Rechtlichen gegenüberstellt, eine abstrakte, religiös verbrämte Auratisierung subjektiver Gesinnung, die sich gegenüber den Rechtfertigungsanforderungen und Alltagspflichten einer bürgerlichen Sittlichkeit verweigert. Hegel diskutiert am Beispiel der sogenannten evangelischen Räte wie sich das monastische Heiligkeitsideal der Armut, Keuschheit und des Gehorsams am modernen Freiheitsgedanken abarbeitet. Das Recht ist, gerade in seiner Heiligkeit, noch etwas Abstraktes, und steht noch einer substantiellen Heiligkeit, der religiösen Geltungsprätention gegenüber. Erst im Konflikt zwischen der abstrakten Heiligkeit des formalen Rechts und der substantiellen, aber partikularen Heiligkeit der Religion, bildet sich jene bürgerliche Sittlichkeit heraus, die dem modernen Freiheitsrecht in Gestalt der Institutionen Eigentum, Ehe und politische Autonomie eine substantielle Gestalt verleiht. Aber gerade die Ambivalenz dieses Bildungsprozesses ermöglicht eine Theorie der säkularen Rechtsgeltung: eine Konzeption, die an der Autonomie des Rechts festhält, zugleich aber religiösen Überzeugungen einen wohlbestimmten Ort im Rahmen eines autonomen rechtsstaatlichen Systems zuweist.

Um seiner Geltung und Stabilität willen muss das subjektive Recht auch heute auf ähnliche Weise Lernprozesse ermöglichen, gerade angesichts des Faktums des religiösen Pluralismus. Das positive Recht muss aus einer religiösen Perspektive in seiner Eigenständigkeit verstanden und respektiert werden können. Systemtheoretisch gesprochen muss binnentheologisch die Einsicht vollzogen werden, dass die Funktion von Religion nicht in der semantischen Unterfütterung prozeduraler Rechtsbegriffe besteht – die ohne eine solche Unterfütterung angeblich „haltlos" würden – , sondern gerade in der radikalen Entleerung und Entkernung moderner Vernunftbegriffe, die ihre Legitimität und Substanz vollständig aus sich selbst heraus gewinnen. Religiosität ist nicht länger zu verstehen als Bewusstsein der Integration und der partikularen Veranschaulichung des Wesens des Menschen, sondern wird zwangsläufig zum Bewusstsein der Differenz und der Unanschaulichkeit.

Die Lücke zwischen Religion und positivem Recht anderseits ist nämlich gerade nicht inhaltlich zu schließen. Es ist nicht die Aufgabe religiösen Bewusstseins, diese semantische Leere der prozeduralen Vernunft und die funktionale Ausdifferenzierung der modernen Gesellschaft mit ihren autonomen Systemen der Politik, des Rechts, der Wissenschaft und Kunst durch die Bereitstellung eines Integrationsbewusstseins zu kompensieren. Religiöses Bewusstsein ist unter Bedingungen anhaltender Säkularisierung – und das bedeutet anhaltender Differenzierung – gerade Differenzbewusstsein.

Dies kann in einem letzten Schritt im Anschluss an die religionsphilosophische Deutung des positiven Rechts erläutert werden, die Michael Moxter mit Bezug auf Gustav Radbruch entwickelt hat.[23] Radbruch zufolge ist weder die Sphäre des Rechts als ganze abzulehnen, weil das Recht, gemessen an einer vollkommen göttlichen Gerechtigkeit, immer eine Sphäre des strukturellen Unrechts und der Gewalt sein wird, noch werden Recht und Staat mit einem „Abglanz religiöser Bedeutung bestrahlt"[24], wie es in den Augen Radbruchs charakteristisch ist für die katholische Naturrechtskonzeption. Radbruchs dritter Weg beschreibt stattdessen ein Verhältnis von Religion und Recht, in dem das Recht weder destruiert noch geheiligt wird, sondern „gerade in seiner Unhintergehbarkeit als ambivalent oder zweideutig" begriffen wird. Es handelt sich um eine religiöse Perspektive auf die Positivität des Rechts jenseits von abstrakter Negation und überhöhender Affirmation.[25]

---

23 *Moxter*, Über die Idee einer Religionsphilosophie des Rechts. Eine Erinnerung an Gustav Radbruch, in: Nagl-Docekal/Wolfram (Hrsg.), Jenseits der Säkularisierung, S. 71–94.

24 *Radbruch*, Rechtsphilosophie (1914), GA 2, 327 = Studienausgabe [StA], 1999, 94.

25 *Moxter*, Der Mensch im Recht. Anthropologische Dimensionen einer Theologie des Rechts, in: Dalferth/Hunziker (Hrsg.), Seinkönnen. Der Mensch zwischen Möglichkeit und Wirklichkeit (RPT 54); *Moxter*, Religion and the Legal Sphere, in: Brunsveld/Trigg (Hrsg.), Religion in the Public

Es ist nicht Aufgabe der Religion, eine hohe, ewige und überweltliche Form der Gerechtigkeit zu begründen, an der das Recht dann sein Maß zu nehmen hätte und der es zu dienen hätte. Vielmehr wird Religion „bei Radbruch zum kritischen Umgang mit der Positivität des Rechts. Sie wird gerade in dem Maß benötigt, in dem das moderne Rechtsbewusstsein im säkularen Verfassungsstaat mit dem Vorrang der Positivität des Rechts und darum mit unhintergehbarer Faktizität auskommen muss".[26] Das subjektive Recht der Religionsfreiheit schützt den institutionellen Rahmen, in dem Religionen sich aus ihrer Binnenperspektive dieses subjektive Recht in seiner Positivität theologisch aneignen können. Denn unter der „Bedingung der Religionsfreiheit garantiert das Recht nicht nur die Freiheit der Religionsausübung, sondern strahlt auch auf das Binnenleben der Religion aus"[27], etwa in Form der Forderung nach Gleichbehandlung von Frauen und Männern innerhalb der verfassten Religion selbst. Eine solche über sich aufgeklärte Religion sieht ihre Rolle gerade darin, subjektive Rechte wie Religionsfreiheit in ihrer positiven Rechtsform zu stützen und nicht in einer ethischen Substanz oder einem allgemeinen politischen Willen kritisch oder affirmativ aufgehen zu lassen. Das subjektive Recht auf Religionsfreiheit bleibt ein paradigmatischer Fall für die grundsätzliche Debatte über jene Formen der Differenz von Recht und Religion, die einer pluralistischen und demokratischen Gesellschaft angemessen sind.

Literatur

Alexy, R., Recht, Vernunft, Diskurs. Studien zur Rechtsphilosophie, Frankfurt am Main 1995.

Böckenförde, E.-W., Die Entstehung des Staates als Vorgang der Säkularisation, in: Böckenförde, E.-W. (Hrsg.), Recht, Staat, Freiheit. Studien zur Rechtsphilosophie, Staatstheorie und Verfassungsgeschichte, Frankfurt am Main 1991.

Eberle, C. J., Religious Conviction in Liberal Politics, Cambridge 2002.

El Idrissi, A., Der juridische Umgang mit religiöser Fremdheit, Baden-Baden 2018.

Forst, R., Die Rechtfertigung der Gerechtigkeit. Rawls' Politischer Liberalismus und Habermas' Diskurstheorie in der Diskussion, in: Brunkhorst, H./Niesen, P. (Hrsg.), Das Recht der Republik, Frankfurt am Main 1999.

Forst, R., Toleranz im Konflikt. Geschichte, Gehalt und Gegenwart eines umstrittenen Begriffs, Frankfurt am Main 2003.

Sphere. Proceedings of the 2010 Conference of the European Society for Philosophy of Religion (Art Disputandi 5).

26 *Moxter*, Über die Idee einer Religionsphilosophie des Rechts. Eine Erinnerung an Gustav Radbruch, in: Nagl-Docekal/Wolfram (Hrsg.), Jenseits der Säkularisierung, S. 89f.

27 *Moxter*, Über die Idee einer Religionsphilosophie des Rechts. Eine Erinnerung an Gustav Radbruch, in: Nagl-Docekal/Wolfram (Hrsg.), Jenseits der Säkularisierung, S. 91.

Radbruch, G., Rechtsphilosophie (1914), GA 2, 327 = Studienausgabe [StA], Heidelberg 1999.
Habermas, J., Faktizität und Geltung. Beiträge zur Diskurstheorie des Rechts und des demokratischen Rechtsstaats, Frankfurt am Main 1992.
Habermas, J./Ratzinger, J. (Hrsg.), Dialektik der Säkularisierung, Freiburg im Breisgau 2005.
Hoye, W. J., Die verborgene Theologie der Säkularität. Das Bild vom Menschen und die Ordnung der Gesellschaft, Wiesbaden 2018.
König, M., Recht auf Religionsfreiheit – ein neuzeitliches Differenzierungsmuster und seine Entstehung, in: Gabriel, K./Gärtner, C./Pollack, D. (Hrsg.), Umstrittene Säkularisierung. Soziologische und historische Analysen zur Differenzierung von Religion und Politik, Berlin 2012, S. 293–312.
Marx, K., Zur Judenfrage, Marx Engels Werke. Studienausgabe, Bd. 1, Nendeln 1974, S. 31–60.
Moxter, M., Der Mensch im Recht. Anthropologische Dimensionen einer Theologie des Rechts, in: Dalferth, I. U./Hunziker, A. (Hrsg.), Seinkönnen. Der Mensch zwischen Möglichkeit und Wirklichkeit (RPT 54), Tübingen 2011, S. 307–326.
Moxter, M., Über die Idee einer Religionsphilosophie des Rechts. Eine Erinnerung an Gustav Radbruch, in: Nagl-Docekal, H./Wolfram, F. (Hrsg.), Jenseits der Säkularisierung. Religionsphilosophische Studien, Wien 2008, S. 71–94.
Moxter, M., Religion and the Legal Sphere, in: Brunsveld, N./Trigg, R. (Hrsg.), Religion in the Public Sphere. Proceedings of the 2010 Conference of the European Society for Philosophy of Religion (Art Disputandi 5), Utrecht 2011, S. 33–56.
Schmidt, T. M./Pitschmann, A. (Hrsg.), Religion und Säkularisierung. Ein interdisziplinäres Handbuch, Stuttgart 2014.
Schmidt, T. M./Parker, M. (Hrsg.), Religion in der pluralistischen Öffentlichkeit, Würzburg 2008.
Weithman, Paul J. (Hrsg.), Religion and Contemporary Liberalism, Notre Dame 1997.

Benno Zabel

Freiheit und Leben

Die „anthropologische Wende" der Moderne und das Recht

I Faktizität und Geltung

Dass sich das Recht im Kraftfeld von Faktizität und Geltung, Legalität und Legitimität bewegt (und diesem Kraftfeld nicht entfliehen kann), ist immer wieder betont worden, zuletzt in Gestalt der Diskurs- und Demokratietheorie von Jürgen Habermas.[1] Das Recht hochausdifferenzierter Gesellschaften, so Habermas, verknüpft das *Freiheitsversprechen* demokratischer Verfassungen mit einer *Interventions- und Steuerungsmacht*. „Im Geltungsmodus des Rechts verschränkt sich die Faktizität der staatlichen Rechtsdurchsetzung mit der Legitimität begründenden Kraft eines dem Anspruch nach rationalen, weil freiheitsverbürgenden Verfahrens der Rechtsetzung."[2] Das moderne Recht hat nicht nur den Gegensatz von Autonomie und Autorität, Freiheit und Zwang auszumitteln, sondern auch die damit einhergehende Spannung von normativer Orientierungsleistung und gesellschaftlicher Wirklichkeit in sich aufzunehmen. Entscheidend ist dann aber, dass eine Rechtsordnung die Bedürfnisse und Interessen der Subjekte anerkennt und normativ verarbeitet. Habermas glaubt eine solche demokratische Kultur rekonstruieren zu können, weil er das Recht als Vermittler zwischen administrativem System (den Institutionen des Staates, den sog. Staatsgewalten etc.) und Lebenswelt begreift. Das Recht bezeichnet einen *integrativen Faktor*, es gehört

> „als reflexiv gewordene Ordnung zur Gesellschaftskomponente der Lebenswelt. Wie diese sich nur in eins mit Kultur und Persönlichkeitsstrukturen durch den Strom kommunikativen Handelns hindurch reproduziert, so bilden auch Rechtshandlungen das Medium, durch das sich Rechtsinstitutionen gleichzeitig mit den intersubjektiv geteilten Rechtsüberlieferungen und den subjektiven Fähigkeiten der Interpretation und Beachtung von Rechtsregeln reproduzieren".[3]

Anmerkung: Vorüberlegungen finden sich in: *Zabel*, Expressives Recht. Inszenierungen moderner Legitimität, in: Münkler/Stenzel (Hrsg.), Inszenierungen von Recht, S. 51–73 und bei *Zabel*, JZ 2019, 845–853.

1 *Habermas*, Faktizität und Geltung.
2 *Habermas*, Faktizität und Geltung, S. 46.
3 *Habermas*, Faktizität und Geltung, S. 108.

https://doi.org/10.1515/9783110704013-012

Die Pointe dieser Rechtsbegründung besteht also darin, dass sie die Rationalitätspotentiale lebensweltlichen Handelns zur Geltung bringen und zweitens mit dem Recht ein Medium installieren soll, dass die Eigenlogik des administrativen Systems bestehen lässt und dennoch „die demokratische Eindämmung der kolonisierenden Übergriffe der Systemimperative auf lebensweltliche Bereiche" ermöglicht.[4] Die integrative Kraft, die Habermas dem Recht bei der (Selbst-)Organisation der Gesellschaft zugesteht, ist bemerkenswert. Denn damit relativiert er den normativen Eigenwert und d.h. die normative Bedeutung lebensweltlicher Praktiken erheblich (sie verweisen, anders als noch in der *Theorie des kommunikativen Handelns*, lediglich auf Solidaritätsressourcen, die gesellschaftlich mobilisiert werden können[5]). Die faktisch zu beobachtende Interventionsmacht verliert hingegen ihren Entfremdungs- und desintegrativen Charakter, indem sie in das kommunikative Netzwerk funktional ausdifferenzierter Gesellschaften eingebettet wird. Diese Demokratisierung des Rechts wird durch einen schillernden Machtbegriff in Szene gesetzt, der die klassische Staatsgewalt (die kasernierte Macht des Staates[6]) auf einen kommunikativen Machtkreislauf bezieht, damit aber auch die empirischen Antriebe, die Bedürfnisse, Erfahrungen und Interessen der Subjekte gleichsam an eine *machtbasierte Normativität* koppelt.[7] Die Spannung von Faktizität und Geltung löst sich damit mehr oder weniger auf, allerdings um den Preis, dass auch die Eigendynamiken der Macht, die Ideologeme, und zudem die Kräfte und Widersprüche liberaler Gesellschaften zum Verschwinden gebracht werden.

Nun muss man nicht der radikalen Krisendiagnose folgen, die Habermas noch in seiner *Theorie des kommunikativen Handelns* entwickelt hatte,[8] um dennoch zu sehen, dass sich aus dem dort gewählten Deutungsrahmen eine andere (kritische) Perspektive auf das Verhältnis von Staat/ Staatsmacht, Recht und Gesellschaft gewinnen lässt. Die Idee einer Verbindung von rechtsphilosophischer und soziologischer Wirklichkeitsanalyse muss deshalb zweierlei leisten: Zum einen muss sie die Dialektik von Autonomie und Autorität, von Lebenswelt und politischer Ordnung ausbuchstabieren, zum anderen muss sie auf einem Projekt der Entzauberung bestehen, das nicht nur das Recht – die Rechtsform – , sondern auch die Gesellschaft mit ihren kommunikativen und demokratisierenden Prozessen umfasst. Nimmt man darauf Bezug, dann wird deutlich, dass die normative Ordnung des Rechts auf soziale Gravitationskräfte trifft, die durch die

4 *Habermas*, Strukturwandel der Öffentlichkeit, S. 36.
5 So ausdrücklich *Habermas*, Strukturwandel der Öffentlichkeit, S. 36.
6 *Habermas*, Faktizität und Geltung, S. 167.
7 *Habermas*, Faktizität und Geltung, S. 168 ff.
8 *Habermas*, Theorie des kommunikativen Handelns, S. 531, 534 ff. und öfter.

oben diskutierte Demokratie- und Gesellschaftstheorie nur partiell rekonstruiert werden. Recht wird zwar als staatliches Medium der Steuerung und Intervention in Anspruch genommen, um Gesellschaften zu gestalten und setzt insofern eine Vielzahl von Verrechtlichungsprozessen in Gang.[9] Aber das Verhältnis von Recht und Ordnung, Subjekt und Gesellschaft ist wesentlich komplexer. Denn Recht ist jedenfalls auch Projektion und Medium gesellschaftlicher Kämpfe, subjektiver Erfahrungen und gruppenbezogener Interessen, die sich gegen eine *diskursive Mediatisierung* sperren. Das Recht der Moderne vereinigt vielmehr selbst normative und faktische, rationale und a-rationale Dimensionen menschlichen Handelns und Urteilens. Das bedeutet aber auch, dass die freiheitliche Verfassung fragiler ist als es den Anschein hat; und es zeigt ferner, dass die Semantik des Rechts aus verschiedenen Richtungen – und mit unterschiedlichsten Interessen – funktionalisiert oder eben kolonisiert werden kann.

Gerade an liberalen Gesellschaften lässt sich beobachten, wie sich in der politischen Ordnung eine Grundspannung zwischen Faktizität und Geltung eingeschrieben hat, die dann auch an konkreten Phänomenen und Entwicklungen sichtbar wird. Zu sehen ist das besonders an der Art und Weise, wie innerhalb pluraler Selbstverwirklichungsgesellschaften Kohärenz sichergestellt werden soll. Wir können insoweit von einer *Versinnlichung der Legitimitätsanforderungen* sprechen: Individuelle und kollektive Lebensformen werden permanent einem Netzwerk von Regierungs- und Machtformen unterworfen (das, was heute u. a. als Biopolitik bezeichnet wird[10]). Gleichzeitig geht es darum, die involvierten Interessen, Bedürfnisse usw. in Stimmungen zu übersetzen, d. h. öffentlich zu kommunizieren. Nur dann, so scheint es, erreichen sie den Aufmerksamkeitsgrad, der für einen fairen Umgang, für Wertschätzungen und Soldarisierungen notwendig ist.

Recht als Kommunikationsmedium, so die liberale Überzeugung, adressiert Rechte und Pflichten, entdramatisiert Konflikte und stabilisiert ein Friedensprojekt. Dennoch bleibt die Grundspannung bestehen. Denn das Recht gilt heute zwar als *das* normative Orientierungsmedium, auf das sich ein ethisch neutralisiertes Gemeinwesen noch zu einigen bereit ist (auch wenn nicht selten zähneknirschend). Im Gegenzug wird das normative Programm aber gesellschaftsbezogen *naturalisiert*. Das wird vor allem dann deutlich, wenn man sich die psychokulturellen Wirkungen vor Augen führt, die das liberale Recht erzielen soll, man denke nur an das allgegenwärtige Sicherheitsparadigma (als neues Heilsver-

---

9 Zur aktuellen Debatte *Loick*, Juridismus, S. 231 und öfter.

10 Locus classicus *Foucault*, Geschichte der Gouvernementalität II. Geburt der Biopolitik, S. 97 ff. und öfter.

sprechen), an die ausgefeilten Techniken der Angstbewältigung, an die vielfältigen Formen sozialer Disziplinierung oder an das punitive Strafregime.[11] Das Dilemma ist unverkennbar: Ohne diese Steuerungs- und Interventionsmacht kann das Recht kaum auf Akzeptanz hoffen. Nur es ist auch diese Macht, die beständig Norm und Natur, Freiheit und Leben, Recht und Polizei kurzschließt. Damit aber, so die These, gerät das liberale Recht nicht nur in die Gefahr, zum Gewährsmann eines umfassenden *Sorge-Dispositivs* zu werden. Es nimmt in seinen realen Wirkungen (was Habermas auszuschließen suchte) auch pathologisch-regressive Züge an.[12] Die Frage ist deshalb, ob wir ein Recht freier Gesellschaften rekonstruieren können, das das Verhältnis von Faktizität und Geltung, von Freiheit und Leben, Norm und Natur anders bestimmt, das mit an deren Worten die Grundspannung in sich aufnimmt und als reflexives Urteil der Subjekte begreift.

II Das Gesellschaftssubjekt als Bedürfniswesen

1. Um die Grammatik und Funktionsweise des Rechts besser zu verstehen, werden wir eine Antwort nicht auf direktem Wege suchen, sondern uns zunächst der Legitimationsdynamik liberaler Gesellschaften widmen. Als Leitfaden soll uns der Begriff der *Freiheitsermächtigung* dienen. Im Begriff der Freiheitsermächtigung (der, wie wir sehen werden, normative und empirische Perspektiven vereint) bündelt sich bis heute ein Ordnungs- und Gesellschaftsverständnis, das das eigene emanzipatorische Projekt gegen alles bisher Dagewesene abzugrenzen versucht. Die Rede von einer aufgeklärten, jedenfalls aber nachmetaphysischen Moderne (Habermas) bringt das wohl am markantesten zum Ausdruck.[13] Das damit verbundene Narrativ ist allgemein bekannt: Gegen eine Polis- bzw. Sittlichkeitssemantik, die den Einzelnen als festen Teil einer Ordnung, als Adressat eines Schöpfungsplans betrachtete, wird spätestens seit John Locke das *weltgestaltende* Subjekt in Szene gesetzt.[14] Mit dieser Selbstermächtigung des Subjekts geht aber, das ist der entscheidende Punkt, eine insofern gegebene und strategisch einsetzbare *Rechtsmacht* einher. Wir können auch sagen, es ist die Pointe jener Umstellung von Gemeinschaft auf Gesellschaft, von Individuum auf Subjekt,

---

11 *Bauman*, Flüchtige Moderne. Leben in Ungewissheit S. 12ff. und *Castel*, Die Stärkung des Sozialen. Leben im neuen Wohlfahrtsstaat S. 13ff.

12 Zur allgemeinen Gegenwartsdiagnose vgl. die Beiträge, in *Geißelberger* (Hrsg.), Die große Regression. Eine internationale Debatte über die geistige Situation der Zeit.

13 *Habermas*, Der philosophische Diskurs der Moderne, S. 9ff.; *Rawls*, Eine Theorie der Gerechtigkeit; dagegen kritisch *Henrich*, Konzepte, S. 11–43.

14 *Locke*, Zwei Abhandlungen über die Regierung, II, § 44, S. 227ff. und öfter.

dass der Einzelne zum Träger von Rechten, von Ansprüchen und Kompetenzen avanciert, die nicht mehr genetisch aus der (staatlichen) Ordnung heraus begründet werden, sondern dieser *vorausgesetzt* sind.[15] Gerade weil diese Rechte als konkrete, natürliche Eigenschaften des Menschen aufgefasst werden (sie gehören, wie Locke formuliert, zum Wesen des Menschen, insofern er Herr seiner selbst ist[16]), mobilisieren sie Kräfte und Interessen, die die Ordnungen in Bewegung setzen, ja sogar gegen diese in Stellung gebracht werden können.[17] An den seit den bürgerlichen Revolutionen statuierten Eigentums-, Gleichheits- und Teilhaberechten, den Religions- und Gewissensfreiheiten, lässt sich das Strukturprinzip gut ablesen.[18] Ablesen lässt sich daran aber auch die zentrale Legitimationsformel der Moderne: Rechte haben einen *intrinsischen Eigenwert*. Rechte sind also nicht der Reflex einer Pflicht, sondern Pflichten der Reflex eines Rechts. Deshalb ist staatliches Handeln nur dann gerechtfertigt, wenn es diesen Eigenwert und die sich daraus ergebenden Interessen der Subjekte berücksichtigt.[19]

Nun kann das skizzierte Narrativ und die Legitimationsformel der Moderne vielfach diskutiert werden. Diskutieren kann man die Begründung und den daraus abgeleiteten Primat der Rechte, diskutiert werden kann aber auch das prekäre Verhältnis von Recht, Ethik und Politik oder das Dilemma, das dem Staat aus der eigens gewählten Abhängigkeit von den Gesellschaftssubjekten erwächst.[20] Immer scheint es jedoch um die normative Grammatik der politischen und rechtlichen Sprache zu gehen. Eine wichtige Begleiterscheinung des modernen Freiheits- und Gesellschaftsprojekts kommt dabei allerdings nur von Ferne in den Blick. Gemeint ist die *anthropologische Wende*, die sich bereits bei Hobbes und Locke andeutet, die aber seit dem 19. Jahrhundert zunehmend das Rechts- und Freiheitsdenken beeinflusst. Der Verweis auf eine anthropologische Wende soll nicht behaupten, dass die anthropologische Grundausstattung des Menschen in vormodernen Gesellschaften keine Rolle gespielt hätte. Das Gegenteil ist der Fall. Die Leiblichkeit, der Gefühlshaushalt, Empathie, Schmerzen oder Angst waren im

---

15 *Strauss*, Naturrecht und Geschichte, S. 210 ff.; *Luhmann*, Subjektive Rechte, in: Luhmann, Gesellschaftsstruktur und Semantik, Bd. 2, S. 45–104; zur aktuellen Debatte vgl. auch die Übersicht bei *Stepanians* (Hrsg.), Individuelle Rechte.

16 *Locke*, Zwei Abhandlungen über die Regierung, II, § 44, S. 227 ff. und öfter.

17 *Jellinek*, Das System der subjektiven öffentlichen Rechte, S. 41 ff.; *Weber*, Wirtschaft und Gesellschaft, S. 398.

18 *Zabel*, Revolution und modernes Recht. Paradoxien liberaler Staats- und Gesellschaftskonzepte, in: Enders/Kahlo (Hrsg.), Europa nach Napoleon, S. 287–312; zur zeitgenössischen Debatte *Marx*, Zur Judenfrage, in: Marx Engels Werke (MEW), Bd. 1, S. 347–377.

19 *v. der Pfordten*, Rechtsethik, S. 244 ff. und öfter.

20 Zu dieser Debatte siehe *Menke*, Kritik der Rechte, S. 177 ff. und *Böckenförde*, Die Entstehung des Staates als Vorgang der Säkularisation, in: Böckenförde, Recht, Staat, Freiheit, S. 92–114.

Lebensalltag nicht nur präsent, sondern wurden auch in vielfältiger Weise kommuniziert.[21] Gleichzeitig waren die natürlichen Bedürfnisse eingebettet in eine (christliche) Sozialethik, die für eine der Ordnung angemessene Sublimierung und Verarbeitung sorgen sollte. Und selbst dort, wo das Recht in seinen verschiedenen Formen kanonischer oder weltlicher Provenienz ins Spiel kam, blieb es an die Idee einer transzendenten Sinnbegründung gekoppelt.[22] Die anthropologische Wende – oder das, was wir die *Naturalisierung des Selbst* nennen können – ist vor allem eine Chiffre für den Bruch mit den genannten sozialmetaphysischen Voraussetzungen. Dieser Bruch mit den traditionellen Voraussetzungen verändert jedoch das Verhältnis von Subjekt und sozialer Ordnung, Person und Recht massiv (was im Übrigen nicht bedeutet, dass keine „neue" Metaphysik an die Stelle der „alten" getreten wäre; aber das ist hier nicht unser Thema).

2. Sichtbar wird das zuallererst an einer für die aufgeklärte Moderne typischen Ambivalenz, nämlich an der (nominalistischen) Spaltung des Individuums in ein Vernunft- und ein Bedürfniswesen. Das Gesellschaftssubjekt gerät damit in eine geradezu paradoxe Situation: Auf der einen Seite wird es durch die Anerkennung subjektiver Rechte in seiner normativen Position gegenüber der politischen Macht emanzipiert und gestärkt. Auf der anderen Seite wird es durch den Verlust metaphysischer Sinnkonzepte in eine neue Fragilität hineingetrieben. Georg Lukács hat das sehr treffend als „transzendentale Obdachlosigkeit" bezeichnet.[23] Diese transzendentale Obdachlosigkeit hat zur Folge, dass die Möglichkeiten individueller und kollektiver Freiheitsverwirklichung immer offensiver an die Realbedingungen, an die Kontingenzerfahrungen der Akteure gekoppelt werden.[24] Nicht das ewige Leben, vielmehr das endliche und diesseitige Leben beherrscht den subjektiven Erwartungshorizont. Auch deshalb ist die Freiheit nicht mehr nur eine Frage der Transzendenz (oder einer transzendental verstandenen Gottesebenbildlichkeit), sondern auch der Immanenz *erlebter Bedürftigkeit* und *Selbsterhaltungsnotwendigkeit*. Es ist diese Freiheit in der Kontingenz und

---

21 Zum anthropologischen Konzept der Vormoderne siehe etwa *Borst*, Lebensformen im Mittelalter, S. 35 ff. und öfter; *Le Goff/Truong*, Die Geschichte des Körpers im Mittelalter; *Delumeau*, Angst im Abendland. Eine Geschichte kollektiver Ängste im Europa des 14. bis 18. Jahrhunderts, passim.

22 *Prodi*, Eine Geschichte der Gerechtigkeit, S. 115 ff. und öfter.

23 *Lukács*, Die Theorie des Romans, S. 32, 52.

24 *Luhmann*, Kontingenz als Eigenwert der modernen Gesellschaft, in: Luhmann, Beobachtungen der Moderne, S. 93 – 128; *Makropoulos*, Modernität und Kontingenz; zur aktuellen Debatte siehe auch *Reckwitz*, Das Ende der Illusionen. Politik, Ökonomie und Kultur in der Spätmoderne, S. 239 ff.

Immanenz alltäglicher Lebensführung, die bei den Akteuren zu einer Vertrauenskrise geführt hat, d. h. zu einem Bewusstsein der Entfremdung und Verunsicherung gegenüber einer Welt, die sie mit ihrer Ausdifferenzierungen nachhaltig irritiert.[25]

Gleichwohl haben die Gesellschaftssubjekte gelernt, ihre Lebens- und Kommunikationsformen weitgehend innerweltlich zu organisieren. In der gängigen Deutung wird diese Selbstorganisation durch ein Netzwerk von Rollen und Rollenkompetenzen stabilisiert.[26] Darauf beruht auch die bereits skizzierte Legitimationsformel. Die These, die hier verteidigt werden soll, möchte das Bedingungsgefüge zwischen Faktizität und Geltung, zwischen dem *Gesellschafts- als Bedürfnissubjekt* und dem Legitimationsinteresse des Rechts präziser erfassen. Erkennbar werden dann aber die Probleme, die mit diesem Projekt verbunden sind. Denn Legitimation scheint das Recht nur beanspruchen zu können, wenn es die anthropologische Grundverfassung der Rechte und Interessen berücksichtigt. Mit diesem Kalkül wird aber nicht nur die normative Grammatik des Rechts (und des Politischen) neu codiert. Die umfassende Berücksichtigung des menschlichen Daseins im Recht und sämtlicher Ereignisse von lebensweltlicher Bedeutsamkeit ruft vielmehr ein „ästhetisches Regime“ (Jacques Rancière) auf den Plan,[27] das den souveränen Status der Rechte und zugleich das Netzwerk sozialer Rollen relativiert. Sinn und Sinnlichkeit laufen in den Inszenierungen moderner Legitimität ineinander.

III Die Sorge des Rechts

1. Inszenierungen von Legitimität gehören zum Recht, seitdem es Recht gibt. Das gilt für das antike Athen ebenso wie für das hegemoniale Rom, es gilt für die juridische Revolution der Päpste, die daran anschließenden Rezeptionskulturen und für die Ordnungsideen der Gegenwart.[28] Gleichzeitig sind Inszenierungen von Legitimität ohne das soziale und politische Koordinatensystem, in dem sie ver-

---

25 *Böhme*, Humanität und Widerstand, in: Kamper/Wulf (Hrsg.), Anthropologie nach dem Tode des Menschen, S. 250 – 270.

26 *Popitz*, Der Begriff der sozialen Rolle als Element der soziologischen Theorie S. 21 ff.; *Goffman*, Wir alle spielen Theater S. 19 ff.

27 *Rancière*, Das Unvernehmen, S. 33 ff.

28 Einschlägige Untersuchungen finden sich etwa bei *Berman*, Recht und Revolution; *Fögen*, Die Enteignung der Wahrsager. Studien zum kaiserlichen Wissensmonopol in der Spätantike; *Kittler/Vismann*, Vom Griechenland; *Legendre*, Das politische Begehren Gottes; *Villey*, La formation de la pensée juridique moderne; *Vismann*, Das Schöne am Recht.

ortet sind und ohne die speziellen juristischen Ordnungstechniken nicht zu verstehen. Hier zeigen sich dann auch die Unterschiede zwischen den Epochen und somit zwischen konträren Freiheits-, Herrschafts- und Gesellschaftskonzepten. Die entsprechenden Formen, Verfahren und Institutionen des Rechts und der Politik sind insofern immer den gemeinsam geteilten Kohärenzannahmen angepasst. War das für die Griechen das Ethos der gelebten Ordnung und in der späteren Zeit ein sittliches Tugend- und Glaubensverständnis, so sind moderne Demokratien durch einen gänzlich anderen Anspruch gekennzeichnet: Geht es doch darum, die Freiheitsbedingungen der Akteure im Rahmen der Trias von Souveränität, Repräsentation und Gleichheit (vor dem Gesetz) zu moderieren. Nach gängiger Deutung soll auf diesem Wege das private Gesellschafts- mit dem öffentlichen Bürgersubjekt vermittelt werden.[29]

Was wir aber auch gesehen haben, ist, dass das demokratische (und republikanische) Prinzip mit einer „liberalen Dynamik" konfrontiert ist, die der anthropologischen Grundverfassung subjektiver Rechte und Interessen eine zentrale Stellung einräumt, mehr noch, die sich von diesen Rechten und Interessen abhängig macht. Diese Abhängigkeit hat sich dauerhaft in das Rechts- und politische Legitimationshandeln eingeschrieben. Denn Ziel jedes einigermaßen geordneten Gemeinwesens muss es sein, die ethische Hochschätzung der freien Subjekte mit ihrer Bedürftigkeit und ihrem Schutzanspruch in Einklang zu bringen. Die Rechte des Subjekts und der Gesellschaft sind also nicht nur irgendwie zu berücksichtigen, sie sind *effektiv* zu gewähren und folglich *dauerhaft* zu regulieren. Eine höchst interessante Deutung dieser Gemengelage von Selbständigkeit und Bedürftigkeit hatte bereits Emile Durkheim vorgeschlagen: Denn für Durkheim lässt sich diese Schwierigkeit nur beheben,

> „wenn wir das Postulat aufgeben, wonach die Rechte des Individuums mit dem Individuum gegeben sind, und stattdessen davon ausgehen, daß erst der Staat diese Rechte einsetzt. Wir begreifen nun", so Durkheim weiter „daß die Funktionen des Staates sich erweitern, ohne daß deshalb das Individuum eine Schmälerung erführe; und daß der einzelne sich entfaltet, ohne daß der Staat dadurch an Bedeutung verlöre, denn das Individuum wäre in gewisser Weise das Produkt des Staates [...]. Je stärker der Staat, desto größer die Achtung vom dem Individuum"[30].

29 Zur klassischen Deutung einerseits *Rousseau*, Vom Gesellschaftsvertrag S. 16 ff.; andererseits *de Tocqueville*, Der alte Staat und die Revolution S. 15 ff. Zum aktuellen Deutungsrahmen etwa *Möllers*, Demokratie. Zumutungen und Versprechen S. 27 ff.; zur interdisziplinären Debatte *Zabel/Stekeler-Weithofer* (Hrsg.), Philosophie der Republik.
30 *Durkheim*, Physik der Sitten, S. 85.

Durkheims Deutung ist deshalb brisant, weil sie zwei für den traditionellen Liberalismus grundsätzlich widerstreitende Prinzipien miteinander zu verknüpfen sucht: die Achtung vor dem Individuum, also die Steigerung subjektiver Gestaltungsmacht, mit der Steigerung der staatlichen Ordnungsmacht. Durkheim demonstriert mit seiner Deutung, wie die Kopplung von Rechtesicherung und Herrschaftslegitimation im Rechtsstaat zur Geltung kommen kann. Individuum, Recht und Staat bezeichnen Garantiefunktionen einer stabilen sozialen Ordnung. D. h., das Individuum als Inhaber subjektiver Rechte und der Staat als Rechte-Garant sind gleichermaßen „Interessenvertreter" der sozialen Ordnung. Dass auf diese Weise die Rechte, zumindest in ihrer Genese und Begründung, wieder vom Individuum gelöst werden, ist nicht zu übersehen. Aber genau diese Verschiebung markiert sehr deutlich (auch wenn Durkheims Position nicht unbestritten ist), wie sich das Selbstverständnis liberaler Gemeinwesen und ihrer Akteure durch die gesellschaftlichen Ausdifferenzierungsprozesse des 19. und frühen 20. Jahrhunderts verändert.

Rechte und Rechtesicherung werden damit zur großen, vielleicht sogar zu *der* Herausforderung der Moderne. D. h., wenn die Hochschätzung des Subjekts nicht zur Debatte steht, wenn gleichzeitig Bedürftigkeit und Verunsicherung dauerhaft eingehegt werden sollen, dann muss sich dieses Wechselverhältnis von Subjekt und Ordnung, von Freiheit und Regulierung auch im gesamten Rechtsdenken, vor allem aber im realen, auf faktische Wirkungen ausgerichteten Rechtsregime widerspiegeln. Wir erkennen das an einer massiven Aufwertung des positiven Gesetzes und einer darauf abgestimmten Gesetzgebungs- und Rechtsanwendungstätigkeit. Rechtsgewährleistung ist keine Sache, die die Lebenswelt mit einer naturrechtlichen Metaphysik abzugleichen hätte. Recht und Gesetz sollen die gesellschaftlichen Reproduktionstechniken und insbesondere deren Konflikthaftigkeit einhegen. Sie werden deshalb auch nicht als gewachsene Bestandteile der Sozialverhältnisse angesehen, sondern als fungible Instrumente staatlicher Intervention. Juristen sprechen von Verhaltens- und Sanktionsnormen, von Maßnahme-, Ermächtigungs- oder Eingriffsregeln usw. Um diesen Status zu stabilisieren, sind sie zugleich Objekte des positiven Wissens, Resultate einer juristischen Expertokratie und Gegenstände permanenter legislativer Anpassung. Es ist diese säkular-rationale, empirische und auf gesellschaftliche Wirkung bedachte Programmierung des Rechtsregimes, die dem liberalen Gemeinwesen die notwendige Stabilität und damit auch die normative Bindungskraft verleihen soll.

Wir können das auch die *Sorge des Rechts* nennen. Rechtsregime, demokratische Verfassungen und positive Gesetze sollen die Macht der Staatsgewalten garantieren und gleichzeitig begrenzen, im Gegenzug jedoch einen umfassenden Schutz der Subjekte ermöglichen. Das ist schon deshalb zu betonen, weil in der Rechts- und politischen Philosophie ganz im Sinne republikanischer Ideen zwar das Spannungsfeld zwischen subjektivem Schutzbedürfnis, hoheitlicher Eingriffsmacht und Eingriffsbeschränkung diskutiert wird – der Kerngedanke der *rule of law* (etwa bei Pettit oder Skinner) –, selten jedoch der Normhaushalt, seine konkrete Ausgestaltung, die Funktionen und die Formen der Prozeduralisierung zur Debatte stehen.[31] Widmet man sich der Gesetzgebungstätigkeit und den Normarrangements genauer, dann wird schnell sichtbar, dass wir es heute mit einer exorbitanten Zunahme rechtlicher Regulierungen zu tun haben. Es gibt (fast) nichts, das nicht durch die Politik zum Gegenstand des Rechts werden kann,[32] angefangen beim Leben des Einzelnen bis hin zu den großen Bereichen des Sozialen, der Kultur oder der Ökonomie.[33]

Aber der Verweis auf diese Rechtspolitik (die genau genommen eine Politik der Rechte ist) reicht wesentlich weiter: Denn in dieser Form der Regulierung kommt ein Umgang mit Subjekten und Gesellschaften zum Vorschein, der hochkomplex ist, im demokratischen Diskurs jedoch nur selten offengelegt wird. Zeigen lässt sich dieser Umgang an dem Politikbegriff und an dem gewachsenen Politikverständnis selbst. Politik wird heute in der Regel als „Interventionsverwaltung" aufgefasst, wofür *pars pro toto* die Polizei als Behörde und das Polizeirecht als Netzwerk von Normen und Praktiken steht.[34] Diese Deutung von Polizei und Polizeirecht orientiert sich am schon erwähnten Verständnis von Subjekt und Ordnung, von Freiheit und Regulierung, wie es sich nach den bürgerlichen Revolutionen in Gesellschaft, Staat und Verfassung durchgesetzt hat.[35] Der Rechtspolitiker Franz v. Liszt bringt schon Anfang des letzten Jahrhunderts das vorherrschende Denken auf den Punkt:

> „Aus dem Rechtsstaat, dem Nichts-als-Rechtsstaat, der sich nur damit begnügt hat oder begnügen wollte, dem freien Spiel der Kräfte seinen Lauf zu sichern, hat sich im Verlaufe der Jahrzehnte der moderne Verwaltungsstaat entwickelt, der durch bewusste Zwecksetzung in das freie Spiel der Kräfte eingreift, um auf der anderen Seite die Interessen der Gesamtheit gegenüber dem Übermut des Einzelnen wahrzunehmen."[36]

Allerdings verdeckt diese Deutung eine ältere Semantik und eine ältere Praxis, die zunächst eng mit der Kultur des *Ancien Régime* verknüpft war. Danach wurde mit

---

31 Vgl. insoweit *Wiethölter*, Recht in Recht-Fertigungen, S. 101 ff.

32 *Foucault*, Sexualität und Wahrheit, Bd. I: Der Wille zum Wissen, S. 172; *Foucault*, Kritik des Regierens. Schriften zur Politik, S. 91 ff. und öfter.

33 Zur Krisendiagnostik siehe bereits *Habermas*, Der philosophische Diskurs der Moderne, S. 9 ff.

34 Zur Geschichte der Polizei und des Polizeirechts *Preu*, Polizeibegriff und Staatszwecklehre, S. 23 ff.

35 Siehe *Menke/Raimondi* (Hrsg.), Revolution der Menschenrechte.

36 *v. Liszt*, Diskussionsbeitrag, in: Mitteilung der IKV, Bd. 19, S. 376, 377 ff.

der „Policey" eine Funktion und Berechtigung hoheitlicher Macht angesprochen, „die Gesamtheit der Lebensbedingungen" einer Bevölkerung, das Auskommen des Einzelnen und das Wohl der Gesellschaft zu regeln.[37] Policey war insofern immer auch die „gute Policey".[38] Das Interessante und zugleich Ambivalente an dieser Semantik besteht in ihrem *ubiquitären Gestaltungsanspruch*. Subjekte und Gesellschaften werden mit diesem Anspruch nie nur als gegeben hingenommen, sondern ebenso gemacht oder – im Fall der Gesellschaft – neu konfiguriert.[39] Möglich ist das aber nur, wenn man, so Michel Foucault, das polizeiliche Handeln im Alten Reich als ein Regieren mittels verschiedener Techniken der Einwirkung, der Lenkung, der Disziplinierung und mit bestimmten Zielen, der Erhaltung von Ordnung und Sicherheit, der panoptischen Kontrolle, der Daseinssorge usw. begreift (letztlich das, was Foucault ein Dispositiv der Macht nennt).[40] Polizeiliches Regieren bezeichnet dann aber ein gleichermaßen politisches und ästhetisches Regime. Politisch ist dieses Regime (entgegen Rancière), weil es über die begrenzte Vorstellung von einer Interventionsverwaltung hinaus das ganze Feld der menschlichen Angelegenheiten in den Blick nimmt. Ästhetisch ist dieses Regime, weil es Subjekte und Gesellschaften im Kontext ihrer sozialen Seinsweise und d. h. ihr *öffentliches Erscheinen und die Wahrnehmungsformen* erfassen will. Geht es doch um eine bestimmte „Verteilung der Individuen im Raum", um eine „politische Anatomie des Details".[41] Wir könnten dieses Politikverständnis schnell als ein vormodernes, als ein antidemokratisches und antiliberales ad acta legen. Aber Foucault hat gerade mit seinen Studien zur *Gouvernementalität* darauf aufmerksam gemacht, dass diese Semantik der Politik und des Politischen nicht an der Schwelle der Moderne Halt gemacht hat; dass sie vielmehr in den Transformationsprozessen nach 1776 und 1789 in das neue Ordnungsregime überführt wurde.[42] Das irritiert, da das demokratische und liberale Ordnungsnarrativ gerade behauptet, dieses Regime in die Infrastruktur einer Rechte sichernden und Macht begrenzenden Verfassung eingebettet (und insofern neutralisiert) zu haben. Und

---

37 Paradigmatisch *Foucault*, Omnes et singulatim. Zu einer Kritik der politischen Vernunft, in: Vogl (Hrsg.), Gemeinschaften. Positionen der Philosophie des Politischen, S. 86 und *Balke*, Zwischen Polizei und Politik, in: Bedorf/Röttgers (Hrsg.), Das Politische und die Politik, S. 207–234.

38 *Simon*, „Gute Policey". Ordnungsleitbilder und Zielvorstellungen politischen Handelns in der frühen Neuzeit, S. 193 ff.

39 *Castoriadis*, Das Gesellschaftlich-Historische, in: Kamper/Wulf (Hrsg.), Anthropologie nach dem Tode des Menschen, 1994, S. 305–320.

40 *Foucault*, Überwachen und Strafen, S. 178 ff. und öfter.

41 *Foucault*, Überwachen und Strafen, S. 178 ff. und öfter.

42 *Foucault*, Analytik der Macht, S. 148 ff.

das ist durchaus zutreffend, soweit man auf die *Form* des Rechts abstellt, mit der die Rechtsverhältnisse unter Gleichen abgesichert werden sollen.

Auf der anderen Seite wird aber deutlich, dass es der mit der Form des Rechts einhergehende Primat der natürlichen Freiheit, der gegebenen Lebensumstände ist, der eine politisch-polizeiliche Regulierung und damit die liberale Legitimationsdynamik erst ermöglicht. Dieses Legitimationsverständnis ist neu, weil es am Bedürfnissubjekt ansetzt (konkret an den subjektiven Verletzbarkeitserfahrungen, Verunsicherungen und Ängsten), *gleichzeitig* aber den normativ-demokratischen Status des Bürgersubjekts anerkennt. Insofern rekonstruiert das moderne Legitimationsverständnis die erwähnte Spaltung des Individuums als Vernunft- und Bedürfniswesen und ist folglich zweifach codiert: nämlich durch die systemische Verarbeitung von Sinn *und* Sinnlichkeit. Auch wenn das normative Element (des Sinns) als dominantes Legitimationsmotiv formuliert wird, zumal in demokratisch verfassten Gemeinwesen, wird es im öffentlichen und d. h. heute auch im virtuellen Raum von gouvernementalen Praktiken, von Normalisierungsprozeduren u. a., überlagert.[43] So muss auf Verunsicherungen und Ängste nicht nur mit neuen Sicherheitsversprechen, mit neuen Kontrollmechanismen und Schutzverpflichtungen reagiert werden. Entscheidend ist vielmehr, dass diese Sicherheitsversprechen in der Öffentlichkeit wahrnehmbar sind. Sicherheitsversprechen müssen deshalb im Handeln der Institutionen, der gesellschaftlichen und politischen Akteure *repräsentiert*, *kommuniziert* und *symbolisch verstärkt* werden, denken wir nur an die Bewältigung von Straftaten, Terrorakten, Epidemien. Darin drückt sich aus, was Verunsicherungen und Ängste in diesem Diskurs darstellen, nämlich Gefühle, Emotionen, Erfahrungen, die nicht wegzurationalisieren, sondern nur in ein robustes Krisenbewältigungswissen, etwa der Angst- und Gefahrlosigkeit, der Solidarität oder des sozialen Vertrauens, transformierbar sind. Die Öffentlichkeit wird so aber zu einer Bühne, auf der das allgemeine Legitimationsbedürfnis gestillt, Deutungshoheiten inszeniert und Werte evoziert werden.

2. Nirgends haben sich dieses Denken und diese Entwicklung deutlicher eingeschrieben als in der gegenwärtigen Rechtskultur. Das moderne Recht antwortet auf Legitimationsprobleme nicht zuletzt mit einer Ausweitung der *Folgenorientierung*. Folgenorientierung, d. h. konkret, der Bedeutungszuwachs gesellschaftlicher Wirkungen, verweist auf ein ganzes Geflecht von Denk-, Sprach- und Handlungsmustern, die Rechtsordnungen verflüssigen und für Kohärenz*stimmung* sorgen wollen. Eines wird hierbei deutlich: Die klare Unterschei-

---

43 Ein Überblick zur Debatte findet sich bei *Bröckling* u. a. (Hrsg.), Gouvernementalität der Gegenwart.

dung von Faktizität und Geltung (wie sie noch Habermas vor Augen stand) wird unscharf und teilweise zugunsten einer stimmungs- und gefühlsgeleiteten Kommunikation unterlaufen. Eine daran anknüpfende Prognostik überlagert nicht nur die Realität der Lebenswelt, sie beeinflusst auch das Geltungspotential des Normhaushalts. Wir können insofern auch von einem *postfaktischen Recht* sprechen. Das Ergebnis sind permanent neu zu justierende Programme der Verhaltenssteuerung, der Gefahrenantizipation und Risikokontrolle. Das schlägt sich gerade im polizei- und strafrechtlichen Denken wider. Denn, wenn die Erhaltung von Gütern und Werten – von Leben, Leib, Eigentum, der „öffentlichen Ordnung" usw. – das Ziel und die staatliche Pflicht ist, dann sind Rechtsgefährdungen das unbedingt zu Vermeidende. Vermeiden kann man Rechtsverletzungen aber nur, wenn das Gefahrenabschirmungsniveau durch Gesetze ständig optimiert und an das *Verletzbarkeitsbewusstsein* der Akteure, an die Ängste und Verunsicherungen angepasst wird.[44] Diese Anpassung der Gesetze an das Verletzbarkeitsbewusstsein der Akteure, an tatsächliche oder vermeintliche Bedrohungslagen usw. unternehmen Recht und Staat durch eine *Politik der expressiven Norm*.

Diese Politik der expressiven Norm sollte nicht als Randerscheinung liberalen Rechtsdenkens oder nur als psycho-kulturelle Zusatzoption funktionierender Ordnungen marginalisiert werden. Ganz im Gegenteil, es scheint durchaus angemessen, sie als systemkonstitutiv zu bezeichnen. Die Politik der expressiven Norm begreift Freiheits- und Vulnerabilitätserfahrungen, Ängste und Verunsicherungen zuallererst als Codes juridischer Verständigung über die Berechtigung individueller oder kollektiver Ordnungs- und Stabilitätsbedürfnisse. In diesem Sinne spricht etwa Cass Sunstein pointiert von *Gesetzen der Angst*.[45] Einmal mehr wird so aber die spezielle Drift sichtbar, die moderne Rechtsordnungen entwickeln. Ausgehend vom Geltungs- und Schutzanspruch subjektiver Rechte wird eine proliferierende Gesetzgebung in Gang gesetzt (Joseph Vogl),[46] die zwei Funktionsstränge in sich vereint: Zum einen soll die liberale Rechtegarantie verlässlich durchgesetzt werden. Zum anderen geht es darum, mittels disparater (Vor-)Sorgetechniken einen *symbolischen Überschuss* zu stabilisieren,[47] der durch andere Sinnproduzenten, man denke nur an Moral oder Religion, nicht mehr verbindlich kommuniziert werden kann.[48]

---

44 *Zabel*, Die Ordnung des Strafrechts, S. 290 ff., 513 ff.

45 *Sunstein*, Gesetze der Angst, S. 161 ff.; mit etwas anderem Fokus *Shklar*, Liberalismus der Furcht, S. 26 ff.

46 *Vogl*, Souveränitätseffekte; vgl. auch *Menke*, Kritik der Rechte, S. 205.

47 *Ewald*, Der Vorsorgestaat, S. 15 ff.

48 *Bröckling*, Vorbeugen ist besser ... Zur Soziologie der Prävention, Behemot. A Journal on Civilisation 1 (2008), 38 – 48.

Besonders deutlich wird das am *Wert der Rechtssicherheit*, der heute mit einer umfassenden Daseinssorge identifiziert wird. Indem das Recht mit der Aufgabe betraut wird, für rechtesichernde Kohärenzstimmung zu sorgen (besonders auffällig ist das am Umgang mit Verbrechen und Strafen, wie in der alten Bundesrepublik an den RAF-Verfahren und jüngst am NSU-Prozess zu beobachten war; zu denken ist aber auch an die Prozesse, die im Zusammenhang mit der *MeToo*-Bewegung angestoßen wurden[49]), muss es im Gegenzug die Freiheitssphären des Einzelnen neu konfigurieren. Denn die Rechte des Einzelnen, so die liberale Idee, sind nur noch als umfassend abgesicherte etwas wert. Es ist unschwer zu sehen, wie hier gouvernementale Praktiken Besitz von freien Rechtssubjekten ergreifen. Das Subjekt gerät damit aber selbst zur Bühne einer *Regulierung aus Freiheit*,[50] mit anderen Worten, das Recht wird sinnlich, hegemonial und expansiv.

> „[I]m Zeichen von Präventionsgesellschaften, Gefahrenmanagement und Angstkommunikation", so Joseph Vogl, „[hat sich] der Gesellschaftsvertrag neu konstelliert. Er hat sich zu Sicherheitsverträgen verschoben, die auf einem Emissionshandel mit Angstderivaten beruhen und zu punktuellen Abgaben von Rechten (Datenschutz, Fernmeldegeheimnis, Unverletzbarkeit der Wohnung etc.) im Tausch mit Sicherheitsversprechen aufrufen. Das prägt die politische Dimension der Angst. Hier wird die Angstbesetzung von Unsicherheit in die Angstpolitik der Gefahrenabwehr konvertiert, Angstbereitschaft also in das Verlangen verwandelt, sicherer, fürsorglicher regiert zu werden."[51]

Nun ist klar, dass sich eine Gesellschaft, von bestimmten Situationen abgesehen, nicht ständig und flächendeckend über eine wie auch immer codierte Vorsorge- und Angstpolitik definiert. Wir sollten aber sehen, dass diese Vorsorge- und Angstpolitik zu einem elementaren und funktional einsetzbaren Bestandteil liberaler Rechtsordnungen avanciert ist. Gerade im Umgang mit gegenwärtigen Terrorphänomenen, und damit kommen wir noch einmal auf das Strafrecht zu sprechen, wird die Virulenz der liberalen Logik augenscheinlich. Die Bekämpfung von terroristischer Gewalt, wie sie inzwischen auch in westlichen Gesellschaften an der Tagesordnung ist, setzt eine Bekämpfungsgesetzgebung in Gang, die *für die Zukunft* Schlimmeres verhindern und irritierte Gesellschaften beruhigen soll. Gelöst wird dieses Recht immer weiter von traditionellen Zurechnungsvoraussetzungen für Verbrechen. Nicht die (individuelle) Schuld ist die Referenzgröße,

---

49 *Weinhauer* u. a. (Hrsg.), Terrorismus in der Bundesrepublik. Medien, Staat und Subkulturen in den 1970er Jahren; *Liebscher* u. a. (Hrsg.), Den NSU-Komplex analysieren. Aktuelle Perspektiven aus der Wissenschaft; verwiesen sei zudem auf das Weinstein-Verfahren in den USA.

50 *Butler*, Psyche der Macht. Das Subjekt der Unterwerfung, S. 7 ff.

51 *Vogl/Wolf*, Artikel: Angst, in: Scherer/v. Schubert/Aue (Hrsg.), Bibliothek 100 Jahre Gegenwart, S. 42–50.

sondern die radikale Feindschaft, die gefährliche Gefahr. In der Sache geht es um rechtliche Angstbewältigung qua Risikominimierung.[52] Das aber lässt nicht nur die Grenzen zwischen den einzelnen sozialen Rollen, zwischen Rechtspersonen und Moralsubjekten wieder fließend werden. Installiert wird so zugleich ein unabschließbares und sich selbst erfüllendes Projekt (was jedenfalls für ein postfaktisches Recht nicht verwunderlich ist): Denn das strafgesetzlich organisierte *Zuvorkommen* – nichts anderes bedeutet Vorsorge oder Prävention – ist aus der Angstkommunikation, aus einer Politik der expressiven Norm heraus, nicht mehr anzuhalten oder gar zu kritisieren. Wenn der nächste Terrorakt ausbleibt, dann scheint – vorerst jedenfalls – die massive gesetzliche Aufrüstung in Form von staatlichen Eingriffsrechten die richtige (Abschreckungs-)Strategie gewesen zu sein. Wenn es aber zum nächsten Terrorakt kommt, dann war die Terrorbekämpfung durch das Recht noch nicht ausreichend, weitere Präventionsmaßnahmen also erforderlich. David Garland sieht hier eine *Kultur der Kontrolle* am Werke, die liberale Gesellschaften radikal verändert. Im Grunde muss man sogar von einem Paradigma der Angst- und Kontingenzbeherrschung sprechen, das sich als „selbstevident" in das moderne Ordnungsdenken eingeschrieben hat.[53]

IV Liberales Recht und politische Urteilskraft

1. Was bleibt nach dieser rechtssoziologischen Analyse von dem Freiheits- und Legitimationskonzept liberaldemokratischer Gesellschaften? Ein fürsorgendes hegemoniales Recht, das sich am Kreuzungspunkt diverser Machtrelationen und Subjektivierungen bewegt?[54] Und welche Schlüsse können wir daraus für eine rechtsphilosophische Verhältnisbestimmung von Faktizität und Geltung, von Freiheit und Leben ziehen? Versuchen wir nun eine Antwort auf die eingangs gestellte Frage.

Wenn wir beobachten können, dass das Recht paradoxe Wirkungen entfalten muss, um das liberale Freiheitsversprechen verwirklichen zu können, sollten wir dann nicht am liberalen Recht selbst ansetzen, es sogar in Frage stellen? So sieht es die gegenwärtige Rechtskritik.[55] Die damit verknüpfte Idee der Gegenrechte,

---

52 *Agamben/Wolf*, Vom Rechtsstaat zum Sicherheitsstaat, Le Monde v. 23.12.2015.

53 *Garland*, Kultur der Kontrolle. Verbrechensbekämpfung und soziale Ordnung in der Gegenwart, 2008, S. 39 ff. (unter Rückgriff auf die frühe Macht- und Disziplinaranalytik Foucaults).

54 Vorüberlegungen in diesem Sinne finden sich bereits in *Zabel*, Zeitschrift für Ethik und Gesellschaft 2 (2018) (abrufbar unter: https://dx.doi.org/10.18156/eug-2-2018-art-1).

55 *Menke*, Kritik der Rechte, S. 309 ff.; *Loick*, Juridismus, S. 279 ff. und *Fischer-Lescano*, Rechtskraft, S. 61 ff.

eines postjuridischen oder menschlichen Rechts will darauf aufmerksam machen, dass das Recht vor allem zwei Gefahren hervorbringt: einen Verlust sozialer Integrationsfähigkeit und eine Regression normativer Orientierung durch einen nur noch an der Regierbarkeit der Subjekte ausgerichteten Normhaushalt. Mit dieser Perspektive, so die These der Rechtskritik, verlieren aber das Gemeinwesen und ihr Recht den kulturellen Horizont aus dem Blick, der sie umgibt. Sie verstehen ihre eigenen Voraussetzungen – das Ethos – nicht mehr. Gegen diese Regressionstendenzen sollen ein neues Recht und eine Emanzipation der Subjekte helfen, die, um mit Foucault zu sprechen, die Subjektivierungs- und Unterwerfungsprozesse nicht mehr nur hinnehmen und ertragen, sondern in ein *Gestaltungsvermögen aus Freiheit* umwidmen.[56] Einzelheiten sind hier nicht zu diskutieren.[57] Die Quintessenz ist aber klar: Es geht darum, dem Recht eine politische und soziale Dimension – im Sinne Hannah Arendts – einzuverleiben und auf diese Weise neue Bindungs- und Kohärenzkräfte innerhalb eines Gemeinwesens freizusetzen.[58] Wir sollten, so lässt sich zugespitzt formulieren, lebensweltliche und gesellschaftliche Strukturen nicht als „passive Garanten" juridischer Legitimität, sondern als emanzipatorische Ideengeber, als Motoren sozialer Teilhabe verstehen, die ein statisches und selbstgenügsames Recht in Bewegung setzen, es zur Reflexion zwingen.

Diese politische und soziale Öffnung des Rechts ist deshalb attraktiv, weil sie Freiheit, Recht und die Arrangements des Politischen in ein neues direktes Verhältnis zueinander setzt. Die Stabilität eines Gemeinwesens ist eben nicht allein über eine wie auch immer konzipierte Norm*verwaltung* zu erzeugen.[59] Nur inwiefern kann die vorgeschlagene Politisierung des Rechts etwas zum Umgang moderner Gesellschaften mit der anthropologischen Wende, mit den daraus erwachsenen Verunsicherungen, existenziellen Ängsten und allgegenwärtigen Kontingenzen beitragen? Auf den ersten Blick relativ wenig, denn die erwähnte Rechtskritik diskutiert diese Entwicklungen nur am Rande. Wenn aber das Recht und die Rechte mehr sein sollen als *instabile Zonen des Sozialen*, wenn sie also ein lebensweltliches Freiheits- und Gestaltungspotential im Blick haben, dann können sie möglicherweise zu einer Art Reflexionskraft auch im Umgang mit Ver-

56 *Foucault*, Hermeneutik des Subjekts, passim; *Castoriadis*, Gesellschaft als imaginäre Institution, S. 196 ff. und öfter; *Lefort*, Die Frage der Demokratie, in: Rödel (Hrsg.), Autonome Gesellschaft und libertäre Demokratie, S. 281–297 und *Rancière*, Das Unvernehmen, S. 73 ff.

57 Überblick jetzt bei *Fischer-Lescano* u. a. (Hrsg.), Gegenrechte. Recht jenseits des Subjekts.

58 *Arendt*, Die Wandlung 4 (1949), 754–770; *Arendt*, Was ist Politik?, herausgegeben aus dem Nachlass von Ludz, S. 9 ff. und öfter.

59 Zu kritischen Einwänden *Zabel*, Gerechtigkeit und ‚responsive' Demokratie, in: Fischer-Lescano u. a. (Hrsg.), Gegenrechte. Recht jenseits des Subjekts, S. 187–203.

unsicherung, Ängsten und Kontingenz werden.[60] Erinnern wir uns kurz: Wir hatten betont, dass liberal und demokratisch organisierte Gemeinwesen die Anpassung der Gesetze an die „transzendentale Obdachlosigkeit", an die erlebte Bedürftigkeit der Akteure durch eine Politik der expressiven Norm unternehmen. Diese Politik der expressiven Norm begreift Ängste, Verunsicherungen und Kontingenzerfahrungen als Codes öffentlicher, insbesondere juridischer Verständigung über die Berechtigung von Rechtegarantien und Schutzverpflichtungen. Können wir an dieses durchaus ambivalente Konzept anknüpfen, indem wir es kritisch rekonstruieren?

Anknüpfen lässt sich zunächst an den Gedanken rechtslegitimierender Kommunikation.[61] Nur anders als bei Habermas, kann diese Kommunikationskultur nicht auf einen rational beruhigten Diskurs zurückgreifen. Kommunikation bezeichnet vielmehr ein offenes fragiles Sprachspiel, das die Freiheitsniveaus institutioneller und lebensweltlicher Bereiche, aber auch die damit verbundenen Krisen und Konflikte zum Vorschein bringt und einen (temporären) Ausgleich ermöglicht. Daher kann eine solche Kommunikationsform das Recht auch nicht als Stabilitätsfaktor einfach voraussetzen (was nicht ausschließt, dass es dieser Stabilitätsfaktor sein kann). Wie gesehen, ist die Politik der expressiven Norm auch auf eine Versinnlichung der Kohärenzproduktion ausgerichtet und insofern auf die Bedürfnissubjekte bezogen. Dieser Bezug auf die Erfahrungen und die Bedürftigkeit der Gesellschaftsbürger ist als solcher aber weder abzulehnen noch sollte er marginalisiert werden. Die wie auch immer wahrgenommene Leiblichkeit, der Gefühlshaushalt, Empathie, Schmerzen oder eben Ängste gehören zur anthropologischen Grundausstattung jedes Menschen. Sie ist Ausdruck der *condition humaine*. Diese Grundausstattung muss jedes soziale Medium ernst nehmen und in einer für dieses Medium angemessenen Form verarbeiten. Das gilt auch und vor allem für ein Projekt, dem es um eine neue soziale und politische Bestimmung demokratischer Rechtsverfassungen geht. Nur anders als die traditionelle liberale Regulierung der Rechte wird ein solches Projekt die anthropologische Grundausstattung unserer Lebens- und Rechtsformen nicht als eine *natürlich gegebene Voraussetzung der Freiheitskultur* gelten lassen können.[62] Vielmehr bilden in einem auf seine eigene normative Kraft vertrauenden Ordnungskonzept die anthropologische Grundausstattung und das Freiheitswissen der Gesellschaftsbürger zwei Seiten ein und derselben Medaille. Damit soll nicht

---

60 Grundsätzlich zur Logik subjektiver Rechte *Brown*, Die Paradoxien der Rechte ertragen, in: Menke/Raimondi (Hrsg.), Revolution der Menschenechte, S. 454–473.

61 *Habermas*, Faktizität und Geltung, S. 109 ff. und öfter.

62 Vgl. einerseits *Böckenförde*, Recht, Staat, Freiheit, S. 92–114, insb. S. 112 f., andererseits *Menke*, Am Tag der Krise, in: Menke, Am Tag der Krise, S. 113–130.

der Status des Einzelnen und seiner Rechte im *Reich des Geistes*, d.h. in einem demokratischen Gemeinwesen unterminiert werden. Ganz im Gegenteil, insistiert wird allerdings darauf, dass Natur und Geist, Freiheit und Leben nur als dialektische Einheit begriffen werden können. Insofern, so Christoph Menke,

> „besteht die Freiheit der Modernen darin, die Formlosigkeit und Negativität der Natur als Kraft im Geist wirken zu lassen. Denn frei zu sein heißt nicht, die symbolische, normative Ordnung des Geistes gegenüber der Natur aufzubauen und zu erhalten; Freiheit ist nicht normative Ordnung. Sondern frei zu sein heißt, die symbolische, normative Ordnung des Geistes zu errichten *und* sie unterbrechen, suspendieren zu können. Der Prozess der Freiheit ist der Wechsel, das Spiel zwischen Ordnungserrichtung und -vernichtung. Und diese Kraft der Freiheit hat der Geist nicht als seine eigene. Er hat sie nur so, dass er die leere Form der Natur, mit der er beginnt, in sich wiederholt."[63]

Es ist diese Kraft der Freiheit, von der Menke spricht, die wir im Begriff und den Praktiken des *gemeinschaftlichen Urteilens* wiederfinden. Auch in unseren Urteilspraktiken kommt ein Wechselspiel von Natur und Geist, Sinnlichkeit und Sinn zum Tragen, das hier aber die Möglichkeit eines Denkens und Handelns nach Gründen eröffnen soll. Denn Sinnlichkeit, Empfindungen, Gefühle usw. stehen zwar für das natürliche Element des menschlichen Lebens; von dem sich der Mensch aber durch die ihm eigene *Einbildungskraft* distanzieren kann. Nur das, heißt es bei Hannah Arendt,

> „was einen in der Vorstellung berührt, affiziert, und zwar dann, wenn man nicht mehr durch seine unmittelbare Gegenwart affiziert wird [...] nur das läßt sich als richtig oder falsch, wichtig oder irrelevant, schön oder häßlich oder irgendwo in der Mitte zwischen den jeweiligen Polen liegend beurteilen. Erst dann spricht man vom Urteil und nicht mehr vom Geschmack, weil man nun, obwohl noch wie von einer Angelegenheit des Geschmacks affiziert, mittels der Vorstellung den angemessenen Abstand hergestellt hat [...]. Indem man den Gegenstand wegräumt, hat man die Bedingungen für die Unparteilichkeit geschaffen".[64]

Einbildungs- oder Urteilskraft, so können wir sagen, ist eine Tätigkeits- und Reflexionsform, die in den Erfahrungsräumen der Lebenswirklichkeit für eine freie und normativ bewegliche Orientierung sorgt. Dabei sollte Urteilskraft nicht als psychologisches Faktum missverstanden werden: Urteilskompetenz ist nichts, dass wir nur in der Innerlichkeit des Subjekts ausbilden. Gerade in der politischen und rechtlichen Urteilspraxis wird deutlich, dass Urteilen begrifflich und durch

---

63 *Menke*, Die Lücke in der Natur. Die Lehre der Anthropologie, in: Menke, Am Tag der Krise, S. 36f.

64 *Arendt*, Das Urteilen. Texte zu Kants politischer Philosophie, S. 90.

den Gebrauch von Begriffen erfolgt.[65] Möglich ist eine solche Praxis aber nur, weil wir als Urteilende immer schon die *gemeinsame und allgemein kontrollierte Anwendung* von Begriffen voraussetzen. Mit anderen Worten, über Urteilskraft verfügt zwar jedes einzelne kompetente Subjekt, die Bedingungen gelingender Urteile werden aber zuallererst durch die jeweilige *Urteilsgemeinschaft* festgelegt, wie wir sie in unserer Lebenswelt, in unseren gesellschaftlichen Rollen sowie unserem Status erfahren, kontrovers diskutieren und professionalisieren.

2. Bezieht man diese Idee der Urteilskraft, der praktisch-performativen Urteilsgemeinschaft, auf das Selbstkonzept und die Dynamiken liberaler und demokratischer Gemeinwesen, dann wird das damit einhergehende *politische* und *rechtliche* Reflexionspotential erkennbar.[66] Angesprochen ist die Einsicht, dass wir unserer anthropologischen Grundausstattung, unserer Sinnlichkeit, unserem Gefühlshaushalt usw. nicht *unmittelbar* ausgeliefert sind. Das heißt nicht, dass die erlebte Bedürftigkeit der Subjekte, ihr Verletzbarkeitsbewusstsein und ihre Ängste, verleugnet werden sollen. Ein Recht, das das Interesse an den öffentlichen Angelegenheiten des Gemeinwesens zur Geltung bringt, bringt die Sinnlichkeit nicht zum Verschwinden (und sollte das auch gar nicht erst versuchen). Aber es kann einen anderen, differenzierteren Umgang der Akteure mit Vulnerabilität, Angst und Unsicherheit veranlassen. Insofern ist das Recht, ganz im Sinne Dworkins, immer zugleich prinzipienbezogen und einzelfallorientiert. Das betrifft für die konkreten Techniken der Rechtsanwendung vor allem den professionellen Rechtsstab, die Richter*innen, die Anwaltschaft oder die Anklagevertretung.[67]

Letztlich gilt: In den Verfahren der Konfliktbewältigung kann es als solches nicht nur um den Rechtsfrieden gehen; wenngleich nicht bestritten werden soll, dass er ein unerlässliches, vielleicht zentrales Ziel der juristischen Prozeduren darstellt. Mindestens ebenso wichtig dürfte die Anerkennung der Verfahrenssubjekte als Gesellschaftssubjekte sein. Rechte und Pflichten, Schuld und Verantwortung müssen auf den Konflikt- und Verletzungskontext, d. h. die Ideen der

---

65 *Esser*, DZPhil 65 (2017), 975 – 998.

66 Damit verknüpft ist zweifelsohne die Frage nach der Volkssouveränität, nach der institutionellen Kultur moderner demokratischer Gemeinwesen und den insofern sichtbaren Problemen und Verwerfungen. Wir können vorliegend auf die aktuelle Debatte und die daran anschließende Problemanalysen nicht eingehen; vgl. dazu etwa *Colliot-Thélène*, Demokratie ohne Volk, S. 111 ff. und öfter; *Rosanvallon*, Demokratische Legitimität, S. 7 ff. und *Maus*, Über Volkssouveränität. Elemente einer Demokratietheorie, S. 22 ff.

67 Zur Analyse von Techniken als Kulturtechniken des Rechts *Vismann*, Medien der Rechtsprechung; allgemein *Siegert*, Kulturtechnik, in: Maye/Scholz (Hrsg.), Einführung in die Kulturwissenschaft, S. 95 – 118.

Fairness, der (Einzelfall-)Gerechtigkeit usw., bezogen werden. Das ist namentlich für das Strafrecht von Bedeutung. Geht es hier doch darum, das trianguläre Verhältnis zwischen Beschuldigtem/Täter, Opfer und Gesellschaft so auszumitteln, dass die *Normalität des Normativen* wiederhergestellt, dass die Erfahrung der individuellen Rechtsverletzung als Unrecht kommuniziert und allgemein respektiert wird. Das aber lässt sich nur verwirklichen, wenn in den Verfahren der Rechtsprechung die Bindung der Norm an das *soziale und emotionale Vertrauen* der Akteure (und das Problem des Vertrauensverlusts) zur Sprache gebracht und in den Entscheidungen juridisch verarbeitet wird. Das ist für den Schutz von Leib und Leben allemal evident. Es ist aber etwa auch für Verletzungen des Eigentums, der Privatsphäre oder für Angriffe auf die öffentliche Meinungsbildung durchaus einsichtig. Letzteres erfordert auf Seiten des Rechtsstabes erhebliche Verhandlungs- und Konfliktlösungskompetenzen (und ist nicht selten mit Friktionen verbunden).[68] Wie auch immer man im Einzelnen dazu steht, es ist nicht die geringste Leistung freier Urteilskraft.

Jenseits der Rechtsanwendung gilt grundsätzlich: Gerade weil sich die Gesellschaftsmitglieder auch in der Sprache von Angst und Sicherheitsbedürfnissen verständigen und eine staatliche Jurisdiktion in Gestalt von immer neuen Gesetzesvorschlägen darauf reagiert, kann eine reflektierte „Sicherheitskommunikation" in der Öffentlichkeit dazu führen, das Netzwerk aus gesetzlicher Regulierung, gesellschaftlicher Kontrolle und polizeilicher Intervention kritisch zu hinterfragen.[69] Sicherheit ist ein liberales, ein demokratisches und politisches Problem. Für Fragen gesicherter Lebensformen sollte deshalb nicht nur der Staat einzustehen haben, sondern es muss ebenso die Gesellschaft Verantwortung übernehmen. In dieser Perspektive kann ein demokratisches Recht auch die Politik der expressiven Norm neu codieren.[70] Die Expressivität der Normen und des Rechts verweist dann auf ein Kohärenz- und Legitimitätsdenken, das uns als Gesellschafts- und Bedürfnissubjekte mitsamt unserer Sinnlichkeit anerkennt; das uns aber auch daran erinnert, dass es die Kraft der Freiheit ist, die uns überhaupt zu kompetenten Subjekten und Mitgliedern eines Gemeinwesens macht. Freiheit ist deshalb auch nicht mit irgendeinem Freiheitsinteresse gleichzusetzen, Freiheit bedeutet das Aushalten der Spannung von Faktizität und Geltung.

---

68 Zu den (Urteils-)Kompetenzen des Rechtsstabes siehe *Müller-Mall*, Entfaltungen des Rechts im Gefühl, in: Müller-Mall (Hrsg.), Recht fühlen, S. 159 – 175.

69 Vgl. zur immer noch überzeugenden Analyse *Deleuze*, Postskriptum über die Kontrollgesellschaften, in: Deleuze, Unterhandlungen 1972 – 1990, S. 254 – 261.

70 Den Begriff der Expressivität des Rechts anders interpretierend *Fischer-Lescano*, Rechtskraft, S. 66 ff.

Das aber heißt auch, dass Sicherheit (anders als Freiheit) kein Selbstzweck sein kann; und schon gar kein Wert „an sich".[71] Rechtsnormen wie auch die Verfassung sollten zuallererst die *Sicherheit der Freiheit* kommunizieren (und damit auch die hier beschriebene Grundspannung des Rechts).[72] Normen, Gesetze oder ganze Rechtsordnungen dagegen, die zwar vorgeben, für Sicherheit und Ordnung, Angst und Kontingenzbewältigung usw. zu sorgen, die aber bei genauerem Hinsehen nur ein hegemoniales und machtentgrenzendes Interventionskalkül mobilisieren (man denke nur an das immer häufiger eingesetzte Instrument des permanenten Ausnahmezustands nach Terroranschlägen oder Pandemien[73]), widersprechen schon im Kern dem selbstgesetzten Anspruch liberaler Verfassungen. Freiheit und Leben sind keine Gegensätze, die sich gegeneinander ausspielen lassen, sie sind die Sinnbedingungen menschengemachten Rechts.[74]

Literatur

Agamben, G., Ausnahmezustand, Frankfurt am Main 2004.
Agamben, G., Vom Rechtsstaat zum Sicherheitsstaat, Le Monde v. 23.12.2015.
Arendt, H., Das Urteilen. Texte zu Kants politischer Philosophie, übers. v. Ludz, U., München 1985.
Arendt, H., Es gibt nur ein einziges Menschenrecht, Die Wandlung 4 (1949), S. 754–770.
Arendt, H., Was ist Politik?, herausgegeben aus dem Nachlass von Ludz, U., München 1993.
Balke, F., Zwischen Polizei und Politik, in: Bedorf, T./Röttgers, K. (Hrsg.), Das Politische und die Politik, Berlin 2010, S. 207–234.
Bauman, Z., Flüchtige Moderne. Leben in Ungewissheit, Hamburg 2008.
Berman, H., Recht und Revolution, Frankfurt am Main 1991.
Böckenförde, E.-W., Die Entstehung des Staates als Vorgang der Säkularisation, in: Böckenförde, E.-W., Recht, Staat, Freiheit, Frankfurt am Main 1991, S. 92–114.
Böhme, G., Humanität und Widerstand, in: Kamper, D./Wulf, C. (Hrsg.), Anthropologie nach dem Tode des Menschen, Frankfurt am Main 1994, S. 250–270.
Borst, A., Lebensformen im Mittelalter, 4. Aufl., Frankfurt am Main 1987.
Bröckling, U. u. a. (Hrsg.), Gouvernementalität der Gegenwart, Frankfurt am Main 2000.

71 Zur problematischen Dominanz der Wertesemantik (und ihrer Genealogie aus der klassischen *idea tou agathou: Schnädelbach*, Philosophie in Deutschland zwischen 1831–1933, S. 198 ff.
72 Für das Strafrecht zuletzt *Zabel*, Die Ordnung des Strafrechts, S. 699 ff.
73 Auf die spätestens seit *Schmitt*, Politische Theologie, S. 11 ff., und jüngst wieder bei *Agamben*, Ausnahmezustand; angestoßene Debatte zu Grund und Grenzen des Ausnahmezustands kann hier nicht eingegangen werden.
74 Dazu und über den konkreten Kontext hinausgehend *Khurana*, Das Leben der Freiheit, S. 389 ff.

Bröckling, U., Vorbeugen ist besser ... Zur Soziologie der Prävention, Behemot. A Journal on Civilisation, Berlin 2008, S. 38–48.
Brown, W., Die Paradoxien der Rechte ertragen, in: Menke, C./Raimondi, F. (Hrsg.), Revolution der Menschenechte, Berlin 2011, S. 454–473.
Butler, J., Psyche der Macht. Das Subjekt der Unterwerfung, Frankfurt am Main 2001.
Castel, R., Die Stärkung des Sozialen. Leben im neuen Wohlfahrtsstaat, Hamburg 2005.
Castoriadis, C., Das Gesellschaftlich-Historische, in: Kamper, D./Wulf, C. (Hrsg.), Anthropologie nach dem Tode des Menschen, Frankfurt am Main 1994, S. 305–320.
Castoriadis, C., Gesellschaft als imaginäre Institution, Frankfurt am Main 1975.
Colliot-Thélène, C., Demokratie ohne Volk, Hamburg 2011.
Deleuze, G., Postskriptum über die Kontrollgesellschaften, in: Deleuze, G., Unterhandlungen 1972–1990, Frankfurt am Main 1993, S. 254–261.
Delumeau, J., Angst im Abendland. Eine Geschichte kollektiver Ängste im Europa des 14. bis 18. Jahrhunderts, Hamburg 1985.
Durkheim, É., Physik der Sitten, Frankfurt am Main 1991.
Esser, A., Politische Urteilskraft. Zur Aktualität eines traditionellen Begriffs, Deutsche Zeitschrift für Philosophie 65 (2017), S. 975–998.
Ewald, F., Der Vorsorgestaat, Frankfurt am Main 1993.
Fischer-Lescano, A. u. a. (Hrsg.), Gegenrechte. Recht jenseits des Subjekts, Tübingen 2018.
Fischer-Lescano, A., Rechtskraft, Berlin 2013.
Fögen, M.-T., Die Enteignung der Wahrsager. Studien zum kaiserlichen Wissensmonopol in der Spätantike, Frankfurt am Main 1993.
Foucault, M., Analytik der Macht, Frankfurt am Main 2005.
Foucault, M., Hermeneutik des Subjekts, Frankfurt am Main 2004.
Foucault, M., Kritik des Regierens. Schriften zur Politik, Frankfurt am Main 2010.
Foucault, M., Omnes et singulatim. Zu einer Kritik der politischen Vernunft, in: Vogl, J. (Hrsg.), Gemeinschaften. Positionen der Philosophie des Politischen, Frankfurt am Main 1994, S. 65–93.
Foucault, M., Sexualität und Wahrheit, Bd. I: Der Wille zum Wissen, Frankfurt am Main 1977.
Foucault, M., Überwachen und Strafen, Frankfurt am Main 1981.
Foucault, M., Geschichte der Gouvernementalität II. Die Geburt der Biopolitik, Frankfurt am Main 2004.
Garland, D., Kultur der Kontrolle. Verbrechensbekämpfung und soziale Ordnung in der Gegenwart, Frankfurt am Main 2008.
Geißelberger, H. (Hrsg.), Die große Regression. Eine internationale Debatte über die geistige Situation der Zeit, Berlin 2017.
Goffman, E., Wir alle spielen Theater, 7. Aufl., München 1991.
Habermas, J., Der philosophische Diskurs der Moderne, Frankfurt am Main 1985.
Habermas, J., Faktizität und Geltung, Frankfurt am Main 1992.
Habermas, J., Strukturwandel der Öffentlichkeit. Untersuchung zu einer Kategorie der bürgerlichen Gesellschaft, Frankfurt am Main 1990.
Habermas, J., Vorstudien und Ergänzungen zur Theorie des kommunikativen Handelns, 2. Aufl., Frankfurt am Main 1984.
Henrich, D., Konzepte. Essays zur Philosophie der Zeit, Frankfurt am Main 1987.
Jellinek, G., Das System der subjektiven öffentlichen Rechte, 2. Aufl., Tübingen 1905.
Khurana, T., Das Leben der Freiheit, Frankfurt am Main 2017.

Kittler, F./Vismann, C., Vom Griechenland, Berlin 2001.
Le Goff, J./ Truong, N., Die Geschichte des Körpers im Mittelalter, Stuttgart 2007.
Lefort, C., Die Frage der Demokratie, in: Rödel, U. (Hrsg.), Autonome Gesellschaft und libertäre Demokratie, Frankfurt am Main 1990, S. 281–297.
Legendre, P., Das politische Begehren Gottes, Wien 2012.
Liebscher, D. u. a. (Hrsg.), Den NSU-Komplex analysieren. Aktuelle Perspektiven aus der Wissenschaft, Bielefeld 2017.
Liszt, F. v., Diskussionsbeitrag, in: Mitteilung der IKV, Bd. 19, Berlin 1912, S. 376 ff.
Locke, J., Zwei Abhandlungen über die Regierung, Berlin 1977.
Loick, D., Juridismus. Konturen einer kritischen Theorie des Rechts, Berlin 2017.
Luhmann, N., Kontingenz als Eigenwert der modernen Gesellschaft, in: Luhmann, N., Beobachtungen der Moderne, Opladen 1992, S. 93–128.
Luhmann, N., Subjektive Rechte, in: Luhmann, N., Gesellschaftsstruktur und Semantik, Bd. 2, Frankfurt am Main 1981, S. 45–104.
Lukács, G., Die Theorie des Romans, 2. Aufl., Neuwied 1974.
Makropoulos, M., Modernität und Kontingenz, München 1997.
Marx, K., Zur Judenfrage, in: Marx Engels Werke (MEW), Bd. 1, Berlin 1977 ff., S. 347–377.
Maus, I., Über Volkssouveränität. Elemente der Demokratietheorie, Berlin 2011.
Menke, C., Am Tag der Krise, in: Menke, C., Am Tag der Krise, Berlin 2018, S. 113–130.
Menke, C., Die Lücke in der Natur. Die Lehre der Anthropologie, in: Menke, C., Am Tag der Krise, Berlin 2018, S. 25–37.
Menke, C., Kritik der Rechte, Berlin 2015.
Menke, C./Raimondi, F. (Hrsg.), Revolution der Menschenrechte, Berlin 2011.
Möllers, C., Demokratie. Zumutungen und Versprechen, Berlin 2008.
Müller-Mall, S., Entfaltungen des Rechts im Gefühl, in: Müller-Mall S. (Hrsg.), Recht fühlen, Paderborn 2017, S. 159–175.
Pfordten, D. v. der, Rechtsethik, 2. Aufl., München 2011.
Popitz, H., Der Begriff der sozialen Rolle als Element der soziologischen Theorie, 3. Aufl., Tübingen 1972.
Preu, P., Polizeibegriff und Staatszwecklehre, Göttingen 1983.
Prodi, P., Eine Geschichte der Gerechtigkeit, München 2003.
Rancière, J., Das Unvernehmen, Frankfurt am Main 2002.
Rawls, J., Eine Theorie der Gerechtigkeit, Frankfurt am Main 1975.
Reckwitz, A., Das Ende der Illusionen. Politik, Ökonomie und Kultur in der Spätmoderne, Berlin 2019.
Rosanvallon, P., Demokratische Legitimität, Hamburg 2010.
Rousseau, J. J., Vom Gesellschaftsvertrag, Stuttgart 1977 (1762).
Schmitt, C., Politische Theologie, 8. Aufl., Berlin 2004.
Schnädelbach, H., Philosophie in Deutschland zwischen 1831–1933, Frankfurt am Main 1983.
Shklar, J., Liberalismus der Furcht, Berlin 2013.
Siegert, B., Kulturtechnik, in: Maye, H./Scholz, L. (Hrsg.), Einführung in die Kulturwissenschaft, München 2011, S. 95–118.
Simon, T., „Gute Policey". Ordnungsleitbilder und Zielvorstellungen politischen Handelns in der frühen Neuzeit, Frankfurt am Main 2004.
Stepanians, M. (Hrsg.), Individuelle Rechte, Paderborn 2007.
Strauss, L./Boog, H., Naturrecht und Geschichte, Stuttgart 1956.

Sunstein, C., Gesetze der Angst, Frankfurt am Main 2007.
Tocqueville, A. de, Der alte Staat und die Revolution, Hamburg 1969 (1867).
Villey, M., La formation de la pensée juridique moderne, Paris 2003.
Vismann, C., Das Schöne am Recht, Berlin 2007.
Vismann, C., Medien der Rechtsprechung, Frankfurt am Main 2010.
Vogl, J./Wolf, B., Artikel: Angst, in: Scherer, B./v. Schubert, O./Aue, S. (Hrsg.), Bibliothek 100 Jahre Gegenwart, Berlin 2019, S. 42–50.
Vogl, J., Souveränitätseffekte, Zürich 2015.
Weber, M., Wirtschaft und Gesellschaft, 5. revidierte Aufl., Tübingen 1980.
Weinhauer, K u. a. (Hrsg.), Terrorismus in der Bundesrepublik. Medien, Staat und Subkulturen in den 1970er Jahren, Frankfurt am Main 2007.
Wiethölter, R., Recht in Recht-Fertigungen, Berlin 2014.
Zabel, B., Expressives Recht. Inszenierungen moderner Legitimität, in: Münkler, L./Stenzel. M. (Hrsg.), Inszenierung von Recht, Weilerswirst 2019, S. 51–73.
Zabel, B., Postfaktisches Recht?, in: JuristenZeitung 74 (2019), S. 845–853.
Zabel, B., Das Wagnis der Freiheit, Zeitschrift für Ethik und Gesellschaft 2 (2018), S. 1–26.
Zabel, B., Gerechtigkeit und ‚responsive' Demokratie, in: Fischer-Lescano, A. u. a. (Hrsg.), Gegenrechte. Recht jenseits des Subjekts, Tübingen 2018, S. 187–203.
Zabel, B., Revolution und modernes Recht. Paradoxien liberaler Staats- und Gesellschaftskonzepte, in: Enders, C./Kahlo, M. (Hrsg.), Europa nach Napoleon, Münster 2018, S. 287–312.
Zabel, B./Stekeler-Weithofer, P. (Hrsg.), Philosophie der Republik, Tübingen 2018.

Michael Reder

Subjektive Rechte und die Politik der Differenz

Subjektive Rechte gehören zum Kernbestand rechtstaatlich verfasster Gesellschaften. Sie sichern die Freiheit der Bürger*innen und bestimmen gleichzeitig die Grenzen staatlichen Eingriffs in die Handlungssphären des Einzelnen. Viele politische Debatten der vergangenen Jahre zeigen, dass den subjektiven Rechten genau diese zweifache Bedeutung im Selbstverständnis des Gemeinwesens zukommt. Auch die teils kontroversen Diskussionen um subjektive Rechte oder die Aushandlung ihrer Reichweite bzw. möglicher Begrenzungen führen in den Kern moderner Gesellschaften.[1] Es geht dabei vor allem um die Bestimmung der Balance zwischen dem Einzelnen und seinen Handlungsmöglichkeiten einerseits und den Ansprüchen des Gemeinwesens, vertreten durch den Staat, andererseits.

In Zeiten der erneuten (weltweiten) Aufmerksamkeit für Religion weltweit rückt in diesem Zusammenhang auch das Recht auf Religionsfreiheit wieder in das Zentrum gesellschaftlicher Debatten. Dabei wird in vielen politischen Debatten sowohl positive wie negative Religionsfreiheit besonders hervorgehoben: Dieses subjektive Recht sichert einerseits die weltanschauliche Neutralität des liberalen Staates, und ermöglicht andererseits allen Bürger*innen, ihre Religion frei auszuüben. Damit erweist sich die Religionsfreiheit als die bestmögliche Form, mit kulturellen und weltanschaulichen Differenzen in Demokratien politisch umzugehen.

Gleichzeitig zeigen die Debatten der vergangenen Jahre aber auch, dass das Recht auf Religionsfreiheit alles andere als selbstverständlich oder unstrittig wäre. Die Diskussionen um Beschneidung, das Tragen von Kopftüchern oder das Aufhängen von religiösen Symbolen im öffentlichen Raum werden dabei äußerst kontrovers und zumeist sehr emotional geführt. Diese Debatten machen deutlich, dass die Reichweite des Rechts auf Religionsfreiheit nicht unveränderlich gegeben ist, sondern ständig neu in politischen Prozessen verhandelt werden muss. Subjektive Rechte, so ließe sich sagen, sind nicht zeitlos, sondern sie implizieren vielmehr Vorannahmen (z. B. über Religion), die ständig neu zu reflektieren und politisch zu diskutieren sind.

Der Beitrag will sich vor diesem Hintergrund den subjektiven Rechten im Allgemeinen und dem auf Religionsfreiheit im Besonderen widmen. In einem ersten Schritt geht es darum, die erneute Aufmerksamkeit für Religion in Zeiten

1 *Menke*, Kritik der Rechte.

https://doi.org/10.1515/9783110704013-013

der Säkularisierung mit den Grundannahmen eines liberalen Gemeinwesens in Beziehung zu setzen, um die Bedeutung und die Funktion des subjektiven Rechts auf Religionsfreiheit bestimmen zu können (I.). In einem zweiten Schritt werden drei – im weitesten Sinne – philosophische Konzeptionen rekonstruiert, um das Recht auf Religionsfreiheit zu analysieren und kritisch zu diskutieren. Dies ist auf der einen Seite der Ansatz von Jürgen Habermas,[2] der mit dem Theorem der postsäkularen Gesellschaft die Debatte der vergangenen zwanzig Jahre intensiv geprägt hat und der dabei im weitesten Sinne von einem liberal-deliberativen Konzept von Demokratie und Rechten ausgeht und von da aus die soziale und politische Funktion von Religion analysiert. Auf der anderen Seite stehen die Konzeptionen von Talal Asad[3] und Judith Butler,[4] die vor dem Hintergrund einer kritisch-poststrukturalistischen Perspektive nach den Bedingungen und Vorannahmen von subjektiven Rechten fragen, um die politische Dimension der Religionsfreiheit angemessen in den Blick nehmen zu können (II.). Genau diese politische Dimension steht dann in einer systematischen Perspektive im Zentrum des dritten und letzten Teils des Beitrags. Vor dem Hintergrund radikal-demokratischer Ansätze soll gezeigt werden, dass dem subjektiven Recht auf Religionsfreiheit immer auch eine politische Debatte zu Grunde liegt, in der verhandelt wird, was überhaupt unter Religion (ihren Symbolen, Ritualen, Überzeugungen usw.) verstanden wird (III.).

In allen drei Schritten will der Beitrag in systematischer Hinsicht ausleuchten, inwieweit die Reflexion über Religionsfreiheit helfen kann, die Potenziale und Grenzen von subjektiven Rechten insgesamt zu thematisieren. Die zu diskutierende These dabei ist, dass subjektive Rechte vor dem Hintergrund eines liberalen Theorierahmens oftmals als neutrales Ideal gedeutet (und teilweise stilisiert) werden und gleichzeitig der diesen Rechten zugrundeliegende politische Streit über ihre Vorannahmen und Bedingungen zu wenig thematisiert wird. Genau diese Lücke kann das Nachdenken über die Religionsfreiheit aufzeigen und helfen, reflexiv einzuholen.

2 *Habermas*, Glauben und Wissen; *Habermas*, Zwischen Naturalismus und Religion.
3 *Asad*, Free Speech, Blasphemy and Secular Criticism, in: Asad u. a. (Hrsg.), Is critique secular?.
4 *Butler*, The Sensibility of Critique, in: Asad u. a. (Hrsg.), Is critique secular?.

I Säkularisierung und das subjektive Recht auf Religionsfreiheit

Religionsgemeinschaften haben seit jeher Gesellschaften geprägt. Dabei haben zumindest die Weltreligionen eine globale Ausrichtung gehabt und formier(t)en nicht nur den Alltag der Gläubigen, sondern auch das gesellschaftliche Leben. Im 20. Jahrhundert schien sich allerdings diese Entwicklung umzukehren und die Bedeutung der Religionsgemeinschaften im Zuge der Säkularisierung rückläufig zu sein. Zentrale Frage der Diskussion über Säkularisierung war, ob mit voranschreitender Modernisierung, Individualisierung und Demokratisierung Religion individuell wie sozial an Bedeutung verlieren oder sogar aussterben werde.[5]

In den letzten fünfzehn Jahren wurde allerdings von unterschiedlicher Seite aus Kritik an einem starken Säkularisierungsparadigma geübt.[6] Viele Wissenschaftler*innen unterschiedlicher Disziplinen haben eingewendet, dass Religionen zwar in einigen Regionen der Welt an Bedeutung verloren haben mögen, sie aber trotzdem auf unterschiedlichen Ebenen und in vielfältigen Formen eine wichtige Rolle spielen – nicht nur in westlichen Gesellschaften, sondern weltweit.[7] Religion ist nach wie vor ein relevanter Akteur und ein wichtiges gesellschaftliches Thema. Eine zentrale Frage dabei ist allerdings nach wie vor, wo der Ort der Religion sein sollte: Ist sie eher eine Privatsache und damit auf den privaten Raum der einzelnen Bürger*in beschränkt oder kommt ihr auch eine gesellschaftliche und politische Gestaltungsmacht zu.

Will man dieser neuen Aufmerksamkeit gegenüber der Religion gerecht werden, so sind zuerst die gesellschaftlichen und politischen Transformationsbedingungen moderner Gesellschaften in den Blick zu nehmen, die Hintergrund dieser Entwicklung sind. Der Prozess der Moderne bringt nämlich sowohl für Gesellschaften insgesamt als auch für Religionen vielfache Veränderungen mit sich. Funktionale Ausdifferenzierung, Individualisierung und Pluralisierung – all dies sind Strukturmerkmale moderner Gesellschaften, durch die die alleinige Deutungshoheit von Religion zerbrochen ist.[8] Menschen in demokratischen Gesellschaften greifen deshalb immer weniger auf Religion als alleinige Deutung ihres Lebens oder gesellschaftlicher Entwicklungen zurück. Politische Ausgangsbedingung der Moderne in Bezug auf die Religion ist dabei eine in den

5 *Pollack,* Säkularisierung – ein moderner Mythos?.

6 *Casanova,* Religion und Öffentlichkeit. Ein Ost-/Westvergleich, in: Gabriel/Reiter (Hrsg.), Religion und Gesellschaft. Texte zur Religionssoziologie, S. 271–293.

7 *Reder,* Religion in säkularer Gesellschaft.

8 *Pollack,* Säkularisierung – ein moderner Mythos?.

Gesellschaften des Westens, aber auch in vielen anderen Teilen der Welt vollzogene Ablösung der Religion vom Staat.[9] Seit der Französischen Revolution hat sich immer mehr die Idee eines politischen Gemeinwesens durchgesetzt, in dem der Staat als neutrale Instanz konzeptualisiert wird, der die Interessen aller Bürger unabhängig von ihrer Weltanschauung sichert.[10]

Gleichzeitig wird mit dem Aufblühen der bürgerlichen Gesellschaft das subjektive Recht auf Religionsfreiheit immer mehr betont, das allen Bürgern eine freie Religionsausübung zusichert. Dieses subjektive Recht ist damit Ausdruck eines Freiheitsdenkens, das darin besteht, sich individuell für religiöse Überzeugungen entscheiden und diese öffentlich äußern zu können. Religiös-weltanschauliche Neutralität des Staates und individuelle Wahl von Weltanschauungen werden zu den beiden Facetten der Religionsfreiheit als einem zentralen Grundrecht moderner Demokratien. Positive wie negative Religionsfreiheit sind in ihrer wechselseitigen Verwiesenheit Grundsteine der säkularen Gesellschaft, wodurch Religion einerseits ihre enge Verknüpfung zum Staat eingebüßt, andererseits aber einen gesellschaftlichen Entfaltungsspielraum eröffnet bekommen hat. Folglich hat „der Säkularisierungsprozess nicht nur der Politik, sondern auch der Religion einen Freiheitsgewinn beschert".[11] Das, was sich dann als normativer Kern von Säkularisierung herauskristallisiert, ist die Anerkennung dieser Vielfalt und die Forderung nach Toleranz, die durch Religionsfreiheit rechtlich wie politisch abgesichert wird. „Will man eine Essenz von Säkularisierung benennen, dann liegt diese weniger im Verhältnis Religion und Politik als in der Anerkennung pluralistischer Gesellschafts- und Religionsverhältnisse, konkret: in der Akzeptanz negativer Religionsfreiheit und im Postulat individueller Religionswahl. (...) Anders gesagt: der Indikator für das Gelingen religiöser Globalisierung und multireligiöser Gemeinwesen ist die Fähigkeit, Glaubenszweifel, Kritik und Beleidigungen auszuhalten."[12]

Gleichzeitig führt diese Entwicklung dazu, dass in vielen (v. a. westlichen) Gesellschaften institutionell verfasste Religionen an Bedeutung verlieren. Die kritische Haltung gegenüber den Institutionen der christlichen Kirchen und die gegenwärtig nach wie vor steigende Zahl der Kirchenaustritte sind Indizien hierfür. Diese Prozesse der Entkirchlichung gehen in säkularen Gesellschaften einerseits mit einem Rückgang des traditionellen Glaubens und andererseits mit einer Privatisierung der Religion einher. Religiöse Fragen werden im Zuge dessen immer mehr zu Fragen des Einzelnen und damit zu einem Teil des Privaten. Dabei

9 *Graf* (Hrsg.), Politik und Religion.
10 *Bonacker/Reckwitz* (Hrsg.), Kulturen der Moderne.
11 *Fischer*, Die Zukunft einer Provokation, S. 11.
12 *Leggewie*, Von der Politik zur Gesellschaftsberatung, S. 21.

ist die systematische Trennung von privat und öffentlich, die dem liberalen Modell inhärent ist, Voraussetzung dafür, dass die Religion im Privaten verankert werden kann. Liberalismus und Säkularisierung als sich wechselseitig verstärkende Entwicklungen führen letztlich dazu, „dass die Beschränkung der Religion auf die Privatsphäre zu den Strukturmerkmalen gehört, die die Moderne als solche definieren."[13]

In der Entwicklung der Säkularisierung spiegelt sich also deutlich ein liberales Politik- und Rechtsverständnis als Rahmen der Debatte über Religion wider. Dabei ist das Freiheitsdenken des Liberalismus zu allererst eng mit seinem Fokus auf Rechte verbunden. Denn entsprechend liberaler Konzeptionen sind es Rechte, die die Freiheit der Bürger ermöglichen bzw. sichern. Auch das Recht auf Religionsfreiheit schafft Religionen bzw. Gläubigen damit erst den entsprechenden Raum, die eigene Weltanschauung ausleben oder sie in öffentliche Diskussionen einbringen zu können.

Dieser rechtliche Raum bestimmt allerdings gleichzeitig auch, was überhaupt als Religion wahrgenommen und damit dann auch politisch wie rechtlich anerkannt wird. Religionen werden dadurch in einen vorgegebenen Rahmen eingebettet. Denn das (scheinbar neutrale) Recht definiert letztlich, was Religion überhaupt ist, und zwar indem beispielsweise festgelegt wird, was eine legitime religiöse Überzeugung oder Praxis ist, die dann durch das Recht gesichert wird. In vielen aktuellen Debatten wird diese Bedingung des Rechts deutlich: Ist Beschneidung beispielsweise eine legitime und schützenswerte religiöse Praxis? Oder ist das Kopftuchtragen Ausdruck einer religiösen Überzeugung oder ein politisches Statement? Das subjektive Recht ist also nicht nur neutral, sondern impliziert immer auch eine politische Setzung.

Diese einleitenden Überlegungen weisen auf die notwendige Kontingenz des Rechts hin, auch der subjektiven Rechte.[14] Gerade in der Auseinandersetzung mit diesen ist deshalb ein Bewusstsein von den Grenzen und den politischen Ursprüngen des Rechts notwendig. Es geht um eine kritische Reflexion der politischen Definitionsmacht des Rechts und damit um eine Verbindung der rechtlichen und politischen Dimension subjektiver Rechte. Genau dieses Verhältnis wird im folgenden Teil mit Bezug auf aktuelle Debatten der praktischen Philosophie im Zentrum des Beitrages stehen, um in systematischer Hinsicht die politische Dimension der subjektiven Rechte deutlich werden zu lassen.

---

13 *Casanova*, Religion und Öffentlichkeit. Ein Ost-/Westvergleich, in: Gabriel/Reiter (Hrsg.), Religion und Gesellschaft. Texte zur Religionssoziologie, S. 271 (272).

14 *Menke*, Kritik der Rechte.

II Die Bestimmung der Religion durch das Recht: von Habermas bis Butler

Innerhalb der praktischen Philosophie, genauer an den Grenzen zwischen Sozial-, Rechts- und politischer Philosophie, wird seit gut 15 Jahren wieder verstärkt über Religion diskutiert. Dabei geht es zum einen um die gesellschaftliche Bedeutung und Funktion von Religion in Demokratien, zum anderen auch um das Recht auf Religionsfreiheit und seine Umsetzung in multireligiösen und multikulturellen Kontexten. Beide Dimensionen dieser Debatte hängen eng miteinander zusammen.[15]

Im Folgenden werden zwei inhaltlich Pole dieser Debatte rekonstruiert, um die Frage des Beitrags nach Potenzialen, Grenzen und politischen Implikationen subjektiver Rechte in liberalen Gesellschaften am Beispiel der Religionsfreiheit philosophisch auszuleuchten. Dabei steht auf der einen Seite der Ansatz von Jürgen Habermas, der mit seinem Nachdenken über die *postsäkulare Gesellschaft* seit Mitte der 1990er Jahre die Diskussion über die neue Aufmerksamkeit für Religion entscheidend geprägt hat. Entsprechend seiner theoretischen Vorannahmen ist sein Ansatz auf der liberalen bzw. deliberativen Tradition zu verorten, woraus sich auch eine spezifische Deutung subjektiver Rechte (in diesem Fall auf Religionsfreiheit) ergibt (1.). Demgegenüber werden auf der anderen Seite zwei in der diskurstheoretischen Tradition von Michel Foucault angesiedelten Ansätze vorgestellt, und zwar die von Talal Assad und Judith Butler. Mit beiden wird die im vorangegangenen Kapitel skizzierte kritische Perspektive auf die politischen Vorbedingungen bzw. Implikationen des subjektiven Rechts (auf Religionsfreiheit) rekonstruiert (2.).

Ad (1.) Bis in die 1990er Jahre hinein hat sich Habermas mit Überlegungen zur Religion eher zurückgehalten. Dort, wo sich Äußerungen finden, tragen diese zudem meist einen skeptischen Zug gegenüber einer möglichen Rolle von Religionen in demokratisch-rechtsstaatlich verfassten Gesellschaften. Dies hängt mit der Grundintuition der Theorie des kommunikativen Handelns[16]zusammen, in der sich das skizzierte Säkularisierungsparadigma widerspiegelt: In vormodernen Gesellschaften – so die These der *Theorie des kommunikativen Handelns* – hatten Religionen die Funktion, Integration herzustellen. In demokratischen Gesellschaften geht diese Funktion auf die säkulare Vernunft über. Religionen neigen dazu, kommunikatives Handeln zu blockieren und damit den Diskurs in demo-

15 *Reder*, Religion in säkularer Gesellschaft.
16 *Habermas*, Theorie des kommunikativen Handelns.

kratischen Gesellschaften zu unterminieren. Habermas fordert deshalb, dass religiöse Bürger*innen ihre Weltanschauung nicht verabsolutieren dürfen und die Bedingungen des demokratischen Staates vollständig akzeptieren müssen.

Seit gut zwanzig Jahren hat Habermas diese eher skeptische Grundhaltung abgelegt und sich auf neue Weise dem Thema der Religion zu gewendet. Zu denken ist an die viel beachtete Rede bei der Verleihung des Friedenspreises des Deutschen Buchhandels 2001,[17] die Diskussion mit dem früheren Kardinal Ratzinger in der Katholischen Akademie Bayern 2004[18] oder die Debatte an der Hochschule für Philosophie in München 2007.[19]

In der Friedenspreisrede entfaltet Habermas seine neue Perspektive auf Religion in paradigmatischer Weise. Ausgangspunkt ist die Einschätzung, dass die Säkularisierungsthese heute an Erklärungskraft eingebüßt hat. Religion und säkulare Welt stehen in einem Wechselverhältnis zueinander – ja noch mehr: Sie sind in Zeiten einer entgleisenden Moderne auf ein konstruktives Miteinander angewiesen. Hinter dieser Einschätzung steht ein eher skeptischer Blick auf aktuelle (welt-)gesellschaftliche Entwicklungen, beispielsweise auf die ungebremste Dynamik der Weltwirtschaft oder die schwindende Sensibilität für gesellschaftliche Pathologien auf nationalstaatlicher Ebene. Religion kommt nun funktionalistisch insofern als eine moralische Ressource in den Blick, als religiösen Bürger*innen durch sie in besonderer Weise ein Begründungspotenzial für moralische Fragen zur Verfügung steht. Auch die religiöse Sinnstiftungsfunktion ist angesichts der komplexen Fragen moderner Gesellschaften wieder gefragt. Der Begriff ‚postsäkular' fungiert als Kulminationspunkt dieser Argumentation: Moderne Gesellschaften müssen sich auf den Fortbestand von Religionen einstellen; sie können nicht länger unhinterfragt an der Säkularisierungsthese festhalten. Stattdessen können sie aus einem konstruktiven Dialog mit den Religionen einen Gewinn ziehen.

In dem Gespräch mit Kardinal Ratzinger vertieft Habermas diese Überlegungen und streicht noch einmal die Bedeutung der Religion für moderne Demokratien heraus.[20] In Auseinandersetzung mit Böckenfördes Nachdenken über die vorpolitischen Voraussetzungen des säkularen Staates hält Habermas einerseits daran fest, dass sich faire Verfahren nur aus einer säkularen (kommunikativen) Vernunft legitimieren lassen. Andererseits betont er auch, dass Demokratien immer auch auf moralische Haltungen angewiesen sind, die darüber

17 *Habermas*, Glauben und Wissen.
18 *Habermas*, Zwischen Naturalismus und Religion.
19 *Reder/Schmidt* (Hrsg.), Ein Bewusstsein von dem was fehlt.
20 *Habermas*, Zwischen Naturalismus und Religion.

hinausgehen. Religionen bieten eine solche moralische Ressource für moderne Gesellschaften.

Zwar sind auch religiöse Bürger*innen zu einer „Anerkennung des Prinzips der weltanschaulich neutralen Herrschaftsausübung“[21] verpflichtet. Trotzdem darf der liberale Staat aber „die gebotene *institutionelle* Trennung von Religion und Politik nicht in eine unzumutbare *mentale und psychologische* Bürde für seine religiösen Bürger verwandeln“.[22] Das Neutralitätsgebot darf deshalb nicht zu einem Angriff auf deren religiöse Identität werden.[23] Eine derart scharfe Trennung ist außerdem auch aus demokratietheoretischen Gründen bedenklich, denn funktional betrachtet lebt der liberale Staat gerade von der Vielstimmigkeit seiner Bürger*innen und der Artikulationskraft ihrer lebensweltlich verankerten Motivationen zur Beteiligung am Gemeinwesen. Der Staat hat deshalb ein „Interesse an der Freigabe religiöser Stimmen in der politischen Öffentlichkeit sowie an der politischen Teilnahme religiöser Organisationen.“[24]

Notwendig ist dabei allerdings, dass Religionen den semantischen Gehalt ihrer Überzeugungen in eine säkulare Sprache übersetzen, um die Inhalte für alle zugänglich zu machen. Erst wenn Religionen sich auf diesen Übersetzungsprozess einlassen, können sie die skizzierte gesellschaftliche Funktion wahrnehmen. Habermas geht sogar noch einen Schritt weiter, wenn er von den nichtreligiösen Bürger*innen nicht nur eine Offenheit für diese übersetzten Gehalte fordert, sondern gleichzeitig auch an diese die Forderung richtet, die Sprachspiele anderer weltanschaulicher Prägungen (z. B. szientistischer) ebenfalls in einem gesellschaftlichen Diskurs zu übersetzen. „Die religiösen Bürger dürfen sich nur unter dem Übersetzungsvorbehalt in ihrer eigenen Sprache äußern; diese Bürde wird durch die normative Erwartung ausgeglichen, dass sich die säkularen Staatsbürger für einen möglichen Wahrheitsgehalt religiöser Beiträge öffnen und auf Dialoge einlassen, aus denen die religiösen Gründe möglicherweise in der verwandelten Gestalt allgemein zugänglicher Argumente hervorgehen.“[25] Liberale Demokratien können nur gemeinsam die anstehenden gesellschaftlichen Probleme lösen. Dazu ist es sinnvoll und notwendig, dass sich religiöse und säkulare Bürger*innen zumuten, ihre Perspektiven auf die Welt wechselseitig zu erklären und zu übersetzen.

Bei aller Offenheit gegenüber der Religion betont Habermas jedoch immer, das Glaube und Wissen strikt zu unterscheiden seien und Gläubige immer not-

---

21 *Habermas*, Zwischen Naturalismus und Religion, S. 136.
22 *Habermas*, Zwischen Naturalismus und Religion, S. 135.
23 *Reder/Schmidt* (Hrsg.), Ein Bewusstsein von dem was fehlt, S. 34.
24 *Habermas*, Zwischen Naturalismus und Religion, S. 137.
25 *Habermas*, Zwischen Naturalismus und Religion, S. 137 f.

wendig das säkulare Recht des liberalen Gemeinwesens anzuerkennen hätten. Philosophie kann deshalb Religion immer nur als etwas ihr Äußeres verstehen, der Glaube bleibt für die säkular-öffentliche Vernunft – und damit auch für das diskursiv verstandene Recht – immer etwas Opakes.[26]

Welche Erkenntnisse lassen sich aus diesen Überlegungen zur postsäkularen Gesellschaft für die Konzeption der subjektiven Rechte gewinnen? Wichtig erscheinen hierbei die Grundannahmen der Habermasschen Theorie, die auch in den Überlegungen zur Religion erhalten bleiben. Zentral ist sozialphilosophisch betrachtet die Trennung von Glauben und Wissen, die mit einer Trennung der privaten und öffentlichen Sphäre einhergeht (vgl. die Trennung von Moral und Ethik bei Habermas). Während Menschen im privaten Bereich ethisch-existenzielle Fragen individuell beantworten, ist die philosophische Reflexion auf den Bereich der öffentlichen Vernunft, d. h. auf diskursethisch relevante Fragen beschränkt. Diese Beschränkung zeigt sich auch an den Überlegungen zur postsäkularen Gesellschaft, denn auch hier enthält sich die Philosophie und damit die öffentliche Vernunft Äußerungen über die Religion. Sie impliziert gleichzeitig allerdings ein bestimmtes, im Falle von Habermas eher fideistisch geprägtes Verständnis von Religion, ohne dies reflexiv noch einmal einzuholen.[27] Religiöse Überzeugungen können zwar in übersetzter Weise eine Funktion für kontroverse Fragen der entgleisenden Gesellschaft der Moderne haben. Um was es sich bei der Religion im letzten aber handelt, bleibt der Philosophie entzogen und damit im Bereich des Privaten.

In der liberalen bzw. deliberativen Konzeption von Politik und Recht ist also ein bestimmtes Religionsverständnis impliziert, das den Überlegungen zur postsäkularen Gesellschaft gewissermaßen vorausgesetzt wird. Dies zeigt sich auch darin, dass Habermas nur bestimmte Formen religiöser Überzeugungen ernst nehmen will, und zwar diejenigen, die schon von vornherein an ein deliberatives Verständnis des Rechts, das er in *Faktizität und Geltung*[28]grundgelegt hat, anschlussfähig sind. Andere Formen des Religiösen werden von vornherein als ‚undemokratisch' disqualifiziert und exkludiert.[29]

Genau darin zeigt sich die eingangs skizzierte politische Deutungsmacht des Rechts, wodurch Religion auf ein bestimmtes Verständnis eingeschränkt wird. Gleichzeitig wird diese Reduktion nicht mehr eigens reflexiv eingeholt und dem politischen Prozess zugeführt – auch nicht mit den Mitteln des Rechts selbst. Bei aller Betonung der deliberativen Dimension des Politischen erweist sich also auch

26 *Reder/Schmidt* (Hrsg.), Ein Bewusstsein von dem was fehlt.
27 *Reder*, Religion in säkularer Gesellschaft.
28 *Habermas*, Faktizität und Geltung.
29 *Reder/Schmidt* (Hrsg.), Ein Bewusstsein von dem was fehlt.

die Argumentation von Habermas als engführend, insofern sie die politische Debatte darüber, was überhaupt Religion ist und wie sich diese ständig neu verändert, nicht angemessen in den Blick nimmt.

Ad (2.): Die Überlegungen von Asad und Butler setzten sich (teils explizit) von Habermas ab und wollen eine kritische Perspektive auf das Verhältnis von subjektiven Rechten, Religion und Politik eröffnen. Im Kern geht es ihnen um die Frage, wie die politischen Implikationen des Rechts aufgedeckt und einem politischen Diskurs zugeführt werden können.

Asads Argumente sind dabei im Kontext der Kulturanthropologie verordnet, jedoch weisen sie stark philosophische Züge auf, die insbesondere auf die Diskurstheorie von Foucault zurückgehen. In dem Beitrag *Is Critique Secular?*,[30] der der folgenden Rekonstruktion zu Grunde liegt, entfaltet er paradigmatisch seine Überlegungen. Exemplarischer Ausgang seiner Überlegungen ist für ihn dabei das rechtliche Verbot der Blasphemie. Dieses ist seiner Ansicht nach kein neutrales, rechtlich gefasstes Verbot, sondern impliziert immer schon politische Annahmen über die Religion selbst. Dies zeigt sich v. a. an dem impliziten Konzept von religiöser Subjektivität bzw. der inhärenten Unterscheidung von religiös und säkular. Nach Asad definiert nämlich das subjektive Recht auf Religionsfreiheit implizit auch das, was Religion bzw. religiöse Subjektivität (verstanden als Summe individueller religiöser Überzeugungen) überhaupt ist. Genau damit erweist sich das subjektive Recht als politisch.

Das Subjekt der Religionsfreiheit wird dabei vom liberalen Recht als eine souveräne Eigentümer*in religiöser Überzeugungen konzeptualisiert. Die gläubige Bürger*in kann frei über diese entscheiden, so die Hintergrundannahme des subjektiven Rechts auf Religionsfreiheit. Blasphemie ist aus dieser Perspektive eine Verletzung dieses Besitzstandes. Das subjektive Recht der Religionsfreiheit ist deswegen seiner Ansicht nach in liberalen Rechtsordnungen v. a. ein Eigentumsrecht der religiösen Person an ihren Überzeugungen.

Implizit, und dieser Gedanke Asads schließt indirekt an die Kritik der Überlegungen von Habermas an, setzten subjektive Rechte damit eine Unterscheidung von öffentlich und privat voraus. Denn die individuelle Privatsphäre (in diesem Falle der religiösen Überzeugungen) stellt die Grundlage der Freiheit des Subjektes dar. Das subjektive Recht umschreibt und definiert diese Grenzen individueller Freiheit. Auf die Grenzen dieser Freiheit Bezug zu zunehmen, erfordert also stets den Rückbezug auf die Unterscheidung zwischen privat und öffentlich. Genau durch dieses Verständnis wird in liberalen Gesellschaften der soziale Raum

30 *Asad*, Free Speech, Blasphemy and Secular Criticism, in: Asad u. a. (Hrsg.), Is critique secular?.

des religiös Vorstellbaren durch das Recht diskursiv gerahmt und damit letztlich als etwas Privates gedacht.

In einer kulturhistorischen Perspektive führt Asad noch eine weitere Perspektive ein, mit der er diese Produktivität des Rechts kritisch beleuchtet – in diesem Fall weiter gefasst und bezogen auf das subjektive Recht auf Meinungsfreiheit, das strukturell eng mit dem Recht auf Religionsfreiheit verbunden ist. Historisch betrachtet geht seiner Beobachtung nach nämlich die neutrale Redefreiheit mit einer (abwertenden) Distinktion des Bürgertums gegenüber der Vulgärsprache der Arbeiterklasse einher. Die Redefreiheit dient damit politisch betrachtet auch der Herstellung einer Klassendifferenz, obwohl sie sich selbst als ein neutrales subjektives Recht versteht. Darin spiegelt sich nach Asad eine vermachtete Formbestimmung wider, was unter einer ‚freien Rede' verstanden wird.[31]

In eine ähnliche Richtung argumentiert Butler – ebenfalls aus einer diskurstheoretischen bzw. poststrukturalistischen Perspektive.[32] Mit der Frage nach den subjektiven Rechten fokussiert ihrer Ansicht nach die Philosophie auf die diskursiven Grundlagen des Rechts. Indem das Recht etwas schützt (oder verbietet), setzt es daher immer schon etwas voraus, so ihr Argument, das an Asads Überlegungen explizit anschließt. Die zentrale philosophische Frage für Butler ist: Wie kann diese (politische) Voraussetzung überhaupt gerechtfertigt werden und welche demokratietheoretischen Implikationen sind damit verbunden?

Religionsfreiheit, so argumentiert Butler weiter, wird durch eine (selektive) Bestimmung des öffentlichen Raums grundgelegt. Das subjektive Recht impliziert dabei ein Verständnis des Rechtssubjektes als Eigentümer seiner selbst, weswegen die Mohammed-Karikaturen im liberalen Rechtskontext als Blasphemie konzeptualisiert werden ‚mussten'. Es ging dabei nicht um die politischen Im-

---

31 Für die Frage des Beitrages sind auch die Überlegungen von Asad zum Verhältnis von Islam und liberal-säkularen Gesellschaften aufschlussreich (*Asad*, Responses, in: Scott/Hirschkind (Hrsg.), Powers of the Secular Modern; vgl. auch *Pfeifer/Reder*, ZIB 24/2 (2017)). Auch hier argumentiert er, dass hinter der scheinbaren Neutralität von Demokratie und säkularer Rechtsstaatlichkeit ein bestimmtes Verständnis von Religion steht, das gleichzeitig andere Verständnisse – in diesem Fall islamische – tendenziell ausschließt. „Von Religion werde entweder erwartet, dass sie sich auf das Private beschränke oder, wenn sie schon öffentlich werden muss, dass sie auf eigene politische Forderungen verzichte. Säkularismus ist für ihn dann gerade nicht mehr eine Doktrin, die Religion und Politik oder Kirche und Staat zu trennen suche, sondern vielmehr ein Ausdruck souveräner Staatsmacht, ‚Religion' zu definieren, ihr den ihr angemessenen Raum zuzuteilen, das religiöse Leben zu organisieren und Subjekte zu erschaffen, die ihre Loyalität zum Staat zum Ausdruck bringen (...). Denn diese Definitionsakte sind Voraussetzung dafür, überhaupt über die legitime Rolle von Religion in der Gesellschaft sprechen und sie damit in bestimmten Feldern exkludieren zu können." (*Pfeifer/Reder*, ZIB 24/2 (2017), 37 (52)).

32 *Butler*, The Sensibility of Critique, in: Asad u. a. (Hrsg.), Is critique secular?.

plikationen über das, was der Islam ist, oder um die Unterschiede im Religionsverständnis bzw. der Glaubenspraxis selbst, sondern um die Verletzung von bestimmten Freiheits- bzw. Eigentumsrechten. Damit wird nach Butlers Meinung jedoch die zentrale Frage gar nicht gestellt, nämlich die nach dem politischen Umgang mit den verschiedenen religiösen Praktiken. Stattdessen werden die politischen Implikationen des Rechts unhinterfragt angewendet, was den Konflikt eher verschärft als konstruktiv bearbeitet hat.[33]

Radikaldemokratisch geht es in Butlers Perspektive weniger um die Auslegung und Anwendung subjektiver Rechte angesichts der gegenwärtigen Aufmerksamkeit für Religion, sondern vielmehr um einen politischen Streit um das Religionsverständnis selbst, den Habermas *per se* als außerhalb der Philosophie liegend verortet. Politisierungsprozesse über Religion sind nach Butler jedoch gerade in gegenwärtigen Zeiten besonders wichtig. Angesichts vielfältiger Konflikte um Religion sollten liberale Demokratien sich nicht nur dem scheinbar neutralen Recht und seiner Heuristik beugen, sondern den Streit über die Differenzen von Religionen mehr in den Blick nehmen, um genau diese dem Recht selber wieder zuführen zu können. Dies ist entscheidend in einer globalisierten Welt, in der sich die Pluralität von Praktiken und diskursiven Deutungen ständig neu vervielfältigt.[34]

In paradigmatischer Weise kann man diese Butlersche Deutung des (liberalen) Rechts auch an ihren Studien zu Geschlechtlichkeit ablesen.[35] Butler betont in diesen Debatten immer wieder, dass das Recht als Instrument der Gleichberechtigung wichtig ist, jedoch in seiner Bedeutung auch nicht überschätzt werden darf. Denn das, was unter Geschlecht verstanden wird, ist ihrer Ansicht nach immer stark abhängig von hegemonialen Diskursen und Praktiken, weshalb Emanzipation oder Gleichberechtigung immer auch auf grundlegende Diskursverschiebungen und politische Bewusstseinswandel angewiesen sind. Das Recht ist dabei nur ein Hilfsmittel, das zudem immer auch bestimmte Geschlechterbilder impliziert und damit nicht ‚neutral', sondern historisch kontingent ist. Genau deshalb ist ihr Ziel, auch auf der rechtlichen Ebene ‚Verwirrung zu stiften'.[36]

Die Debatte über die Bedeutung des Rechts im Kontext der Gender-Studies, die Alice Schwarzer und Judith Butler gegenwärtig führen, ist beispielhaft hierfür. In dieser Debatte der beiden wurde 2017 zudem das Verhältnis von Recht und

33 *Butler*, The Sensibility of Critique, in: Asad u. a. (Hrsg.), Is critique secular?.

34 *Butler*, The Sensibility of Critique, in: Asad u. a. (Hrsg.), Is critique secular?.

35 *Butler*, Das Unbehagen der Geschlechter.

36 *Butler*, Das Unbehagen der Geschlechter.

Religion explizit aufgenommen,[37] was wiederum instruktiv für das Thema des vorliegenden Beitrages ist. In Schwarzers Perspektive sind Religionen, die Menschenrechte und Religionsfreiheit im strikten ‚westlichen Verständnis' interpretieren, *per se* negativ zu bewerten. Butler betont am Beispiel des Kopftuchs demgegenüber, dass man mit vorschnellen Wertungen über Religion (in diesem Fall: den Islam) aus der Perspektive des vermeintlich universalen Rechts eher zurückhaltend sein sollte. „Even if one stayed within the problematic framework of that universalism, it would be difficult to come up with a coherent and noncontradictory criterium for why transgendered people should be protected against police violence and given every right to appear in public while Muslim women, but neither Christian nor Jewish women who may be engaged in wearing religious insignants, are to be deprived of the right to appear in public in ways that signify their religious affiliation and belonging. If rights can be universalized only for those who abide by secular norms, or who belong to religions that are deemed eligible for protection under the law, then surely the 'universal' has become emptied of meanings, worse, has become an instrument for discrimination, racism, and exclusion“[38]

Für Butler markiert die Forderung nach einer (scheinbar absoluten) Anerkennung subjektiver Rechte die unverrückbare Grenze zwischen Demokratie und Nicht-Demokratie, die sich bei genauerer Analyse aber alles andere als eindeutig zeigt. Wendy Brown formuliert deshalb zugespitzt, dass gegenwärtig der Islam immer mehr als Extremfall des Religiösen und damit als Antipode zur liberalen Demokratie konzeptualisiert wird, ohne danach zu fragen, ob diese Konzeptualisierung überhaupt sinnvoll ist.[39] Butler plädiert deshalb für eine vorurteilsfreie Reflexion der Vielfalt des Religiösen, um der pluralen Lebenswirklichkeit der Menschen und ihren Selbstdeutungen überhaupt gerecht werden zu können.

Asad und Butler setzen sich also beide vom liberal/deliberativen Theorem der postsäkularen Gesellschaft ab. Dieses impliziert eine scheinbar strikte Trennung zwischen säkularer (öffentlicher) Sprache und religiös-privatem Raum. Genau diese Trennung ist ihrer Ansicht nach aber keine rechtlich gegebene, sondern eine politische Setzung, die es ständig neu zu hinterfragen und auszuhandeln bedarf. Hinter den subjektiven Rechten steht also ein politischer Streit über konkurrie-

---

37 *Butler/Harke*, Gender Studies: Die Verleumdung, Die Zeit (32) 2017, abrufbar unter https://www.zeit.de/2017/32/gender-studies-feminismus-emma-beissreflex/komplettansicht; *Schwarzer*, Gender Studies: Der Rufmord, Die Zeit (33) 2017, abrufbar unter https://www.zeit.de/2017/33/gender-studies-judith-butler-emma-rassismus/komplettansicht.

38 *Butler*, Notes Toward a Performative Theory of Assembly, 59.

39 *Brown*, Wir sind jetzt alle Demokraten..., in: Agamben (Hrsg.), Demokratie? Eine Debatte.

rende Auffassungen von Religion und religiösen Überzeugungen, der jenseits des Rechts geführt werden muss.

III Politik der Differenz als Ausgangspunkt subjektiver Rechte

Die vorangegangenen Überlegungen zeigen, dass es bei den kontrovers geführten Diskussionen um Religionsfreiheit nicht nur um die Auslegung eines scheinbar neutralen Rechtes geht. Es geht auch nicht nur um die freie Meinungsäußerung religiöser Bürger*innen oder um ihre angemessene Beteiligung an der politischen Deliberation, sondern um die Deutung des Rechtes selbst. Die subjektiven Rechte, so das Argument, spielen dabei eine besondere Bedeutung und implizieren oftmals politische Setzungen, die in öffentlichen Debatten zu wenig hinterfragt werden. Dies ist ein möglicher Grund, wieso es auch in der Auseinandersetzung mit den Islam oftmals scheinbar um die Verteidigung der Demokratie als Ganzer geht. Dabei wird das liberale Recht dem Islam entgegengesetzt und betont, dass beides nicht in Einklang zu bringen sei. Genau dieses Argument ist jedoch ein politisches, das es zu diskutieren gilt, gerade um die Freiheitsintention des Rechts in konfliktiven Zeiten realisieren zu können.

Um diese politische Dimension von subjektiven Rechten systematisch reflektieren zu können, ist es notwendig, auch die sozial- und politisch-philosophische Dimension der Debatte in den Blick zu nehmen, die im vorangegangenen Kapitel bereits angedeutet wurde. Denn die rechtskritische Perspektive lässt sich erst dann eröffnen und verstehen, wenn auch die korrespondierenden demokratietheoretischen Implikationen angemessen reflektiert werden. Hierzu erweisen sich, dies belegen bereits die Überlegungen zu Asad und Butler, radikale Demokratietheorien als besonders produktiv. Denn diese zeigen, dass jeder rechtlichen Entscheidung immer auch ein politischer Streit zugrunde liegt, der gerade aus einer liberalen bzw. deliberativen Perspektive oftmals zu wenig in den Blick genommen wird. Im Falle der Religion fokussieren Ansätze dieser Traditionen – wie bei Habermas gesehen – auf den säkular-vernünftigen Raum des Öffentlichen, ohne dabei die (Vielfalt der) Religion selbst in den Blick zu nehmen.

Genau ein solches diskursethisch begründetes Verständnis des Politischen bestreiten radikale Demokrat*innen wie Butler, Laclau, Mouffe oder Ranciére. Ihr demokratietheoretischer Fokus liegt demgegenüber auf denen, die von der Demokratie und dem liberalen Recht ausgeschlossen werden und denen es besondere Beachtung zu schenken gilt.[40] „The 'power of the demos' referred to the fact that those who rule are those whose only commonality is that they have no entitlement to govern. Before being the name of a community, the demos is the name of a part of the community: the poor. But the 'poor', precisely, does not designate an economically disadvantaged part of the population, but simply the people who do not count."[41] Dies ist der Ausgangspunkt radikaler Demokratietheorien.

Daran anschließend ist in der Interpretation von Mouffe die Demokratie durch eine paradoxe Natur gekennzeichnet, die vom liberalen Mainstream nicht erfasst wird. Die Paradoxie besteht darin, dass in der Demokratie zwei scheinbar entgegengesetzte Aspekte verbunden werden, und zwar individuelle Freiheit und Gleichheit. Die Spannung zwischen beiden hält sie für unüberwindbar und gleichzeitig für eine zentrale Antriebsfeder der Demokratie. Vor diesem Hintergrund ist das Soziale ihrer Ansicht nach nicht positiv gegeben, sondern zeigt sich stets als eine komplexe Form von Diskursivität.[42] Bedeutung entsteht nicht durch eine Referenz auf die äußere Welt, sondern nur innerhalb gesellschaftlicher und politischer Diskurse. Diskurs ist eine gesellschaftliche Totalität, die sich ständig dynamisch verändert. Aufgrund dieser Dynamik und der Unmöglichkeit, das Soziale auf eine Bedeutung zu fixieren, ist Gesellschaft ihrer Ansicht nach immer prekär und fragil. Deswegen entstehen stets neue Auseinandersetzungen um die Stabilisierung der Diskurse; diese sind das zentrale Merkmal des Politischen.

Mit Rekurs auf die politische Philosophie und Staatstheorie von Carl Schmitt expliziert Mouffe diese Überlegungen.[43] Das zentrale Merkmal des Politischen ist für Schmitt die Unterscheidung zwischen Freund und Feind. Die Gesellschaft ist durch kollektive Identitäten geprägt, die einander notwendig ausschließen und daher bekämpfen. Daran schließt Schmitt eine Kritik des Liberalismus an: Der Liberalismus fokussiere erstens zu sehr auf den Einzelnen und missachte eben jene kollektiven Identitäten und überschätze zweitens das Potenzial zu gesellschaftlichen Einigungen.

Mouffe äußert in ihren Arbeiten eine gewisse Sympathie für dieses Verständnis der Demokratie als Pluralisierung politischer Kämpfe. Sie kritisiert an Schmitt allerdings, dass seine Überlegungen zu einer totalitären Gesellschaftsform neigen. Deswegen plädiert sie für eine Transformation vom Antagonismus zum Agonismus. Statt vom Feind spricht sie vom Gegner, dessen Positionen in Demokratien leidenschaftlich bekämpft werden können. Mit dem Begriff ‚Gegner' bringt sie zum Ausdruck, dass jedem das Recht zugestanden werden sollte, eigene

40 *Butler*, Precarious Life.

41 *Ranciére*, Dissensus on politics and aesthetics, S. 32.

42 *Laclau/Mouffe*, Hegemonie und radikale Demokratie.

43 *Mouffe*, Das demokratische Paradox.

Positionen (auch vehement und emotional) vertreten zu dürfen. Der Gegner ist gewissermaßen ein legitimierter Feind, von dem man zumindest akzeptiert, dass es ihn gibt und er berechtigterweise Teil des politischen Kampfes um Deutungshoheit ist. Mit dieser Konzeption von radikaler Demokratie kritisiert sie nun das liberale Demokratieverständnis. Aus der Sicht von Mouffe betrachten Autor*innen wie Habermas das Politische zu wenig als Arena des öffentlichen Kampfes.[44]

Einen weiteren Kritikpunkt richtet die radikale Demokratietheorie an liberale Autor*innen: Liberale Demokratietheorien vernachlässigen nämlich die Bindung innerhalb einer Gesellschaft. Ähnlich wie Walzer[45] betont die radikal-demokratische Tradition deshalb das Moment der Leidenschaft, die als Motor demokratischer Prozesse interpretiert wird. „Politik hat immer eine Dimension leidenschaftlicher Parteilichkeit (...) Genau das fehlt aber bei der heutigen Glorifizierung der leidenschaftsfreien und unparteiischen Demokratie".[46] Radikale Demokratietheorien kreisen also im Kern um eine grundlegende Kritik des liberalen Vernunftverständnisses. Liberal geprägte Autor*innen implizieren, so die These, ein zwar formales, aber doch starkes Vernunftkonzept, das die gesellschaftliche Pluralität wieder an eine Einheit zurückbinden will. Die Pluralität der gesellschaftlichen Meinungen wird damit (als Unvernünftiges) in das Private abgeschoben. Dies lässt sich exemplarisch an Habermas' Überlegungen zur postsäkularen Gesellschaft aufzeigen, in denen er religiöse Überzeugungen als opak und damit als Teil der privat-ethischen Lebenswelt interpretiert.[47]

Philosophisch nehmen viele Ansätze der radikalen Demokratie in diesem Zusammenhang Bezug auf Derrida. Korrespondierend zu seiner Interpretation der politischen Implikationen des Rechts und seiner Deutung des Rechts als etwas Kommendes[48] beschreibt er auch die Demokratie als eine ‚kommende Demokratie'. Das Kommende bezeichnet die radikale Möglichkeit zur Kritik und Neuformulierung bestehender politischer Verhältnisse. Die Demokratie ist ein Versprechen, das in den gesellschaftlichen Diskursen immer wieder erzeugt und erneuert werden muss. Die Demokratie ist im Kommen in dem Sinn, dass sie niemals ankommen kann,[49] womit die politisch-prozedurale Dimension der Demokratie besonders stark hervorgehoben wird.

Welche Schlussfolgerungen lassen sich aus der Reflexion radikal-demokratischer Konzeptionen für die Frage nach subjektiven Rechten im Allgemeinen und

---

44 *Reder*, ZphF 72/2 (2018), 184 (184).
45 *Walzer*, Vernunft, Politik und Leidenschaft.
46 *Mouffe*, Über das Politische: Wider die kosmopolitische Illusion, S. 40 f.
47 *Reder/Schmidt* (Hrsg.), Ein Bewusstsein von dem was fehlt.
48 *Derrida*, Gesetzeskraft.
49 *Derrida*, Schurken, S. 150 f.

nach der Religionsfreiheit im Besonderen ziehen? Zuerst: Subjekttive Rechte implizieren ein spezifisches Verständnis ihres Gegenstandsbereichs, in diesem Fall der Religion, das oftmals dem politischen Diskurs entzogen bleibt. Damit wird die Neutralität des Rechts unverhältnismäßig überhöht und die politische Dimension, die dem Recht vorausgeht, tendenziell ausgeblendet bzw. zumindest zu gering veranschlagt.

Die Tradition der Kritischen Theorie hat auf diese politische Dimension des Rechts immer wieder hingewiesen. Damit verbunden ist ein kritischer Blick auf ein liberales Verständnis des Rechts und eine mögliche Überzeichnung seiner Neutralität. Zu nennen sind in diesem Zusammenhang die Überlegungen von Walter Benjamin[50] oder auch Jacques Derrida,[51] die beide die Aporien des (liberalen) Rechts in den Blick nehmen und kritisch diskutieren. Sie betonen, dass das Recht keine Übersetzung universaler Normen ist, sondern immer auch eine politische Setzung beinhaltet, die es zu reflektieren gilt. In dieser Perspektive wird betont, dass das Recht immer das Ergebnis politischer Aushandlungen ist und dieser Prozess unabschließbar in die Demokratie und auch das Verständnis des Rechts selbst eingeschrieben ist.[52] Religionsfreiheit ist dann weniger ein neutrales subjektives Recht, als vielmehr ein rechtlicher Rahmen, der notwendig auf den Streit darüber verwiesen ist, wer bestimmen darf, was Religion ist. Sind beispielsweise Beschneidung oder das Kopftuch mit der Religionsfreiheit gedeckt? Diese Fragen beinhalten sowohl eine Bestimmung des Religiösen als auch einen Hinweis auf die Frage, wer über eben dies in einer demokratischen Gesellschaft entscheiden darf.

Zweitens: Religionsfreiheit impliziert einen rechtlichen Rahmen, der nicht gleichermaßen auf alle Religionsgemeinschaften gleich gut anwendbar ist. Das subjektive Recht auf Religionsfreiheit ist Ergebnis einer langen Auseinandersetzung einer Religion, und zwar des Christentums, in bestimmten historischen bzw. politischen Konstellationen westlicher Gesellschaften. Diese Bedingungen führen teilweise heute dazu, dass die Kontextualität sowohl des liberalen Rechts als auch der faktischen Pluralität der Religionen zu wenig beachtet wird. Mouffe weist in ihren Überlegungen beispielsweise auf den westlichen Ursprung der Menschenrechte hin. Auch wenn diese Bedingung nicht gegen die Menschenrechte *per se* spricht, ist dieser Kontext immer auch mitzubedenken, weil sich aus dieser Logik heraus erst der hegemoniale Anspruch der liberalen Menschenrechtsidee erkennen lässt. „Once it is granted that the set of institutions constitutive of liberal

---

50 *Benjamin*, Zur Kritik der Gewalt, in: Benjamin (Hrsg.), Zur Kritik der Gewalt und andere Aufsätze.

51 *Derrida*, Gesetzeskraft.

52 *Derrida*, Schurken.

democracy – with their vocabulary of human rights and their form of secularisation – are the result of a contingent historical articulation in a specific cultural context, there is no reason to see their adoption worldwide as the criterion of political modernity and as a necessary component of democracy".[53] Vor diesem Hintergrund gilt es deshalb zu hinterfragen, ob das Menschenrecht auf Religionsfreiheit zur alleinigen zur Richtschnur für einen weltpolitischen Umgang mit Religionen avancieren sollte, wie das gegenwärtig der Fall zu sein scheint. Natürlich birgt die Religionsfreiheit mit ihrem starken Fokus auf die Freiheit religiöser Überzeugungen bzw. Praxis und dem Neutralitätsgebot für den Staat ein enormes Gestaltungspotenzial – gerade in Konfliktsituationen. Es gilt im Sinne der Radikaldemokrat*innen dabei jedoch immer auch anzufragen, wer mit diesem Verständnis von Religion und Religionsfreiheit politisch zu wenig Gehör findet oder gar ausgeschlossen wird.

Drittens, so lässt sich aus dem vorangegangenen Beispiel der Menschenrechte noch einmal zusammenfassen, führt die zentrale (welt-)gesellschaftliche Betonung eines bestimmten Verständnisses von subjektiven Rechten dazu, dass einzelne religiöse Akteure bzw. Gruppen, wie beispielsweise der Islam, oft zu schnell im Gesamten als Feind des liberalen Rechtes konzeptualisiert werden. Der Islam wird dann heute teilweise *per se* zum Anderen der Demokratie, zu ihrem Antipoden. Und das Recht wird politisch benutzt, um genau diese Einschätzung zu untermauern, was eigentlich der Idee des liberalen Rechts entgegensteht.

Hinter all den Debatten über das subjektive Recht auf Religionsfreiheit steht also nicht die Suche nach einer ‚korrekten' Auslegung des Rechts, sondern ein politischer Streit über die Implikationen des Rechts, so lässt sich mit radikaldemokratischen Ansätzen schlussfolgern. Genau diesen Streit gilt es, wieder mehr in den Mittelpunkt zu rücken. Dies führt nicht zu einer Infragestellung der grundlegenden Zielsetzung subjektiver Rechte, sondern zu einer expliziteren Diskussion um ihre politischen Implikationen. Gerade in einer pluralen globalisierten Welt erscheint dies besonders wichtig.

Das Ziel, so lassen sich die philosophischen Anregungen dieses Beitrages zusammenfassen, wäre es also, sich der politischen Dimension subjektiver Rechte mehr bewusst zu werden. Es geht um die Einsicht, dass subjektive Rechte niemals nur neutral sind, sondern immer auch eine politische Dimension aufweisen. Ihnen liegt ein politischer Kampf um hegemoniale Deutung zu Grunde, den es ernst zu nehmen und deswegen zu rekonstruieren, zu kritisieren und immer wieder neu zu führen gilt. Dabei liegt, so lässt sich mit Butler oder Ranciere formulieren, ein

53 *Mouffe*, Democracy, Human Rights and Cosmopolitanism, in: Douzinas/Gearty (Hrsg.), The Meanings of Rights, S. 186.

besonderes Augenmerk auf den durch die Politik, aber auch durch das Recht Ausgeschlossenen. Eine solche Politisierung des Rechts könnte dazu führen, eine größere Pluralität zuzulassen, sowohl hinsichtlich der Religion als auch des politischen Umgangs mit derselben. Genau dadurch könnte sich der Liberalismus, dem die subjektiven Rechte gewissermaßen als politisches Programm zu Grunde liegen, als wirklich liberal erweisen.

Literatur

Asad, T., Responses, in: Scott, D./Hirschkind, C. (Hrsg.), Powers of the Secular Modern. Talal Asad and His Interlocutors, Stanford 2006, S. 206–242.

Asad, T., Free Speech, Blasphemy and Secular Criticism., in: Asad, T. u. a. (Hrsg.), Is critique secular? Blasphemy, injury, and free speech, Berkeley 2009, S. 20–63.

Benjamin, W., Zur Kritik der Gewalt, in: Benjamin, W. (Hrsg.), Zur Kritik der Gewalt und andere Aufsätze, Frankfurt am Main 1965, S. 29–65.

Bonacker, T./Reckwitz, A. (Hrsg.), Kulturen der Moderne. Soziologische Perspektiven der Gegenwart, Frankfurt am Main 2007.

Brown, W., Wir sind jetzt alle Demokraten..., in: Agamben, G. (Hrsg.), Demokratie? Eine Debatte, Berlin 2012, S. 55–71.

Butler, J., Das Unbehagen der Geschlechter, Frankfurt am Main 2003.

Butler, J., Precarious Life. The Power of Mourning and Violence, London/New York 2004.

Butler, J., The Sensibility of Critique: Response to Asad and Mahmood, in: Asad, T. u. a. (Hrsg.), Is critique secular? blasphemy, injury, and free speech, Berkeley 2009, S. 101–145.

Butler, J., Notes Toward a Performative Theory of Assembly, Cambridge, MA: Harvard University Press 2015.

Casanova, J., Religion und Öffentlichkeit. Ein Ost-/Westvergleich, in: Gabriel, K./Reiter, H.-R. (Hrsg.), Religion und Gesellschaft. Texte zur Religionssoziologie, Paderborn 2004, S. 271–293.

Derrida, J., Gesetzeskraft. Der ‚mystische Grund der Autorität', Frankfurt am Main 1991.

Derrida, J., Schurken. Zwei Essays über die Vernunft, Frankfurt am Main 2003.

Fischer, K., Die Zukunft einer Provokation: Religion im liberalen Staat, Berlin 2009.

Graf, F. W. (Hrsg.), Politik und Religion. Zur Diagnose der Gegenwart, München 2013.

Habermas, J., Theorie des kommunikativen Handelns. Handlungsrationalität und gesellschaftliche Rationalisierung, Frankfurt am Main 1981.

Habermas, J., Faktizität und Geltung. Beiträge zur Diskurstheorie des Rechts und des demokratischen Rechtsstaats, Frankfurt am Main 1992.

Habermas, J., Glauben und Wissen. Ansprachen aus Anlass der Verleihung des Friedenspreises des deutschen Buchhandels, Frankfurt am Main 2001.

Habermas, J., Zwischen Naturalismus und Religion, Frankfurt am Main 2005.

Laclau, E./Mouffe, C., Hegemonie und radikale Demokratie: zur Dekonstruktion des Marxismus, Wien 1991.

Leggewie, C., Von der Politik zur Gesellschaftsberatung: Neue Wege öffentlicher Konsultation, Frankfurt am Main/New York 2007.

Menke, C., Kritik der Rechte, Berlin 2015.

Mouffe, C., Über das Politische: Wider die kosmopolitische Illusion, Frankfurt am Main 2007.
Mouffe, C., Das demokratische Paradox, Wien 2008.
Mouffe, C., Democracy, Human Rights and Cosmopolitanism: An Agonistic Approach, in: Douzinas, C./Gearty, C. (Hrsg.), The Meanings of Rights: The Philosophy and Social Theory of Human Rights, Cambridge 2014, S. 181–192.
Pfeifer, H./Reder, M., „Ich schwöre euch, dieses Land in Syrien ist barakah, Segen pur". Postmodernes Nachdenken über Religion und dā'ish-Bekennervideos, Zeitschrift für Internationale Beziehungen (24/2) 2017, S. 37–67.
Pollack, D., Säkularisierung – ein moderner Mythos? Studien zum religiösen Wandel in Deutschland, Tübingen 2003.
Ranciére, J., Dissensus on politics and aesthetics, London 2010.
Reder, M., Religion in säkularer Gesellschaft. Über die neue Aufmerksamkeit für Religion in der politischen Philosophie, Freiburg im Breisgau 2014.
Reder, M., Demokratie als experimentelle Praxis und radikale Gesellschaftskritik Vergleich pragmatistischer und radikal-demokratischer Impulse für die Demokratietheorie, Zeitschrift für philosophische Forschung 72/2 (2018), S. 184–204.
Reder, M./Schmidt, J. (Hrsg.), Ein Bewusstsein von dem was fehlt. Eine Diskussion mit Jürgen Habermas, Frankfurt am Main 2008.
Walzer, M., Vernunft, Politik und Leidenschaft. Defizite liberaler Theorie, Frankfurt am Main 1999.

Stephan Kirste

Zur Begründung subjektiver öffentlicher Rechte

Zugleich eine Kritik naturalistischer und etatistischer Theorien

I Einleitung

In den Rechtswissenschaften wird das subjektive Recht häufig entweder aus der Perspektive des öffentlichen oder des privaten Rechts untersucht, durch Vorbilder oder Analogien aus dem einen oder anderen Rechtsgebiet zu begründen versucht, sowie ein Vorrang des privaten oder des öffentlichen subjektiven Rechts verteidigt. Auch die interne Differenzierung wird dann durch Idealtypen oder durch „paradigmatische" Rechte oder Prototypen[1] vorgenommen. Die Historizität des Begriffs, die Abhängigkeit seiner dogmatischen Ausprägung von der jeweiligen Rechtsordnung und den jeweiligen Rechtsüberzeugungen soll begründen, dass sich das Institut in einem ständigen Entwicklungsprozess befinde.[2]

Die folgenden Ausführungen wollen sich in rechtstheoretischer Perspektive kritisch mit naturalistischen und etatistischen Theorien in der Begründung subjektiver öffentlicher Rechte auseinandersetzen. Gegenüber diesen soll hier von einem breiteren Rechtsbegriff ausgegangen werden, der auf der Basis eines normativistischen Ansatzes Recht als reflexive Normenordnung oder als normierte Norm versteht. Durch diese Reflexivität ist das Recht ein Werkzeug Idealisierung der Gesellschaft. Man könnte den Ansatz also – wenn das nicht missverstanden wird – als einen „Rechtsidealismus" bezeichnen.

Im Folgenden werde ich naturalistische und etatistische Ansätze der Begründung subjektiver Rechte skizzieren (II). Beide haben erhebliche Auswirkungen auf das Verständnis subjektiv-öffentlicher Rechte. Sodann soll ein reflexiver Rechtsbegriff vorgestellt werden (III.). Subjektive Rechte sind Konkretisierungen dieses Begriffs mit Rücksicht auf Individuen und durch Rechtspersonen (IV.). Subjektiv-öffentliche Rechte wiederum spezifizieren diese in einer allseitig berechtigenden Weise, die zugleich die durch sie legitimierte öffentliche Gewalt verpflichtenden Weise (V.).

1 So etwa *Bauer*, Geschichtliche Grundlagen der Lehre vom subjektiven öffentlichen Recht, S. 102 für die Grundrechte als paradigmatische subjektive öffentliche Rechte.

2 *Bauer*, Geschichtliche Grundlagen der Lehre vom subjektiven öffentlichen Recht, S. 117 f.

https://doi.org/10.1515/9783110704013-014

II Naturalistische und etatistische Theorien subjektiver Rechte

Zwei entgegengesetzte Theorieansätze sind für die Begründung der subjektiven Rechte im Allgemeinen und der subjektiv-öffentlichen Rechte im Besonderen wichtig geworden. Nach der einen Theorie sollen subjektive Rechte die natürliche Freiheit des Menschen schützen. Sie gilt als die eigentliche Freiheit des Menschen und soll dem Menschen als solchem zukommen.[3] Subjektive Rechte schützen sie gegenüber anderen Personen und gegenüber dem Staat. Sie soll hier naturalistische Theorie genannt werden. Unter „naturalistisch" soll eine Theorie verstanden werden, die als Ziel subjektiver öffentlicher Rechte den Schutz der natürlichen menschlichen Freiheit verstehen.[4] Hierher gehören ebenfalls Theorien, die als Zweck den Schutz von natürlichen Interessen ansehen.[5]

Ihr steht die etatistische Theorie gegenüber. Für sie ist Recht staatliches Recht. Danach sind auch subjektive Rechte Gewährleistungen des Staates. Im Grunde sind dann alle subjektiven Rechte subjektiv-öffentliche Rechte.[6] Die öffentliche Gewalt sorgt für die Durchsetzung der Rechte und nur durchsetzbare Rechte sind im eigentlichen Sinn subjektive Rechte.[7] Ihren Inhalt bestimmt der Staat souverän. Als „etatistisch" werden Theorien bezeichnet, die subjektive Rechte im Allgemeinen als Subjektivierung des objektiven staatlichen Rechts

---

3 Dazu Marx treffend: Es gilt der Mensch „wie er Mitglied der bürgerlichen Gesellschaft ist, für den *eigentlichen* Menschen, für den *homme* im Unterschied von dem *citoyen*, weil er der Mensch in seiner sinnlichen individuellen *nächsten* Existenz ist, während der *politische* Mensch nur der abstrahierte, künstliche Mensch ist, der Mensch als eine *allegorische, moralische* Person", *Marx*, Zur Judenfrage, in: Marx Engels Werke, Bd. 1, S. 366.

4 Mit Menke könnte man auch sagen: Dem Schutz des „Eigenwillens", *Menke*, Kritik der Rechte, S. 249.

5 *Bühler*, Die subjektiven öffentlichen Rechte, S. 42f.; vgl. aber später „Subjektives öffentliches Recht ist diejenige Stellung des Untertanen zum Staat, in der er auf Grund eines Rechtsgeschäfts oder eines zwingenden, zum Schutz seiner Individualinteressen erlassenen Rechtssatzes, auf den er sich der Verwaltung gegenüber soll berufen können, vom Staat etwas verlangen kann oder ihm gegenüber etwas tun darf", *Bühler*, Altes und Neues über Begriff und Bedeutung der subjektiven öffentlichen Rechte, in: Bachof (Hrsg.), GS für W. Jellinek, S. 274. Hier stellt er auf den Anspruch „Verlangen" ab. Darin liegt die entscheidende Form des subjektiven Rechts, in die der Inhalt (Interesse) gegossen wird.

6 *Kelsen*, Reine Rechtslehre, S. 140: „ein ,,Anspruch" [liegt, SK] als ein rechtswirksamer Akt nur vor, wenn ein subjektives Recht im technischen Sinne, das heißt die Rechtsmacht eines Individuums vorliegt, die Nichterfüllung einer ihm gegenüber bestehenden Rechtspflicht durch Klage geltend zu machen".

7 In diesem Sinn auch *Kelsen*, Reine Rechtslehre, S. 134.

ansehen. Hobbes kommt dieser idealtypischen Position am nächsten: Freiheit ist dort, wo die Gesetze schweigen.[8] Diese Freiheit ist dann zwar eine natürliche; aber der Umfang ihres Schutzes – und das ist das Entscheidende – steht komplett in der Willkür des Staates.[9] Während die naturalistische Theorie den Zweck subjektiver Rechte als Grundlage ihrer Begründung versteht, stellt die etatistische Theorie die Rechtsform in den Vordergrund ihrer Analyse. Dabei droht der Zweck in den Hintergrund zu treten. Ist jedoch alles Recht staatlich, dann bleibt als Schutzgut nur das vom Staat geschaffene subjektive Recht.

Die naturalistische Theorie vernachlässigt, dass die Art und Weise der Anerkennung von subjektiven Rechten wesentlich für ihren Inhalt ist. Die etatistische Theorie wiederum verkennt, dass die Form subjektiver Rechte selbst Ausdruck von subjektiven Rechten sein kann, wenn etwa privatautonom Rechte und Pflichten ausgehandelt werden oder wenn subjektiv öffentliche Rechte Ausdruck der politischen Autonomie der Bürger sind. Jean-Jacques Rousseau akzeptiert das letztere, doch gehen in seine republikanische Freiheit alle Rechte der Bürger ein. Sie können ihm keine subjektiven Rechte entgegenstellen.

Beide Ansätze können auch verbunden auftreten. Das moderne liberale Naturrecht versucht eine Vermittlung zwischen beiden: Aufgabe des Staates ist es, durch sein Recht vorstaatliche aber rechtlich bindende Freiheiten der Bürger als Menschenrechte zu schützen. Das würde der John Locke folgenden Tradition entsprechen.[10] Diese Sphäre der natürlichen Freiheit – idealtypisch die Religionsfreiheit – ist an sich unbegrenzt.[11] Subjektive Rechte sind dann „vorstaatliche"

---

8 *Hobbes*, Leviathan. Oder Stoff, Form und Gewalt eines kirchlichen und bürgerlichen Staates, S. 221.

9 So auch Schmitt: in den subjektiven Rechten werde „Die Freiheitssphäre des einzelnen ... als etwas vor dem Staat Gegebenes vorausgesetzt". Die Theorie subjektiver Rechte „setzt den einzelnen mit seiner prinzipiell unbegrenzten Freiheitssphäre als gegeben voraus", *Schmitt*, Verfassungslehre, S. 126, 173.

10 Die Kultivierung der Natur erfolgt bei Locke durch den Einzelnen, der hierin dann als Recht vorausgesetzt und geschützt wird. „The labour of his body, and the work of his hands, we may say, are properly his. Whatsoever then he removes out of the state that nature hath provided, and left it in, he hath mixed his labour with, and joined to it something that is his own, and thereby makes it his property. It being by him removed from the common state nature hath placed it in, it hath by this labour something annexed to it, that excludes the common right of other men. For this labour being the unqestionable property of the labourer, no man but he can have a right to what that is once joined to..." (*Locke*, Two Treatises on Government, in: Locke (Hrsg.), Works, S. 354). Dieses Recht ist nicht das Ergebnis eines wechselseitigen Anerkennungsprozesses, sondern der Arbeit des Einzelnen und wird vom Gesellschaftsvertrag als allseitigem Anerkennungsverfahren vorausgesetzt.

11 *Schmitt*, Verfassungslehre, S. 158 f.

und „vorrechtliche“ Rechte.[12] Diese Ansicht verkennt wiederum, dass die konkrete Ausgestaltung das Ergebnis eines diskursiven Prozesses ist, in dem politische Bürger sich wechselseitig ihre Rechte anerkennen.

Es liegt daher nahe, subjektive Rechte als Ergebnisse von Transformationsprozessen zu verstehen. Das soll hier geschehen auf der Grundlage eines Verständnisses des Rechts als Transformation.[13] Hierauf ist zunächst einzugehen.

III Der Begriff des Rechts

Recht wird häufig durch natürliche und nicht normative Begriffselemente definiert. Das kann sicherlich für die Anschlussfähigkeit des Rechtsbegriffs an die Soziologie,[14] Politik und Moral hilfreich sein, nicht jedoch einem eigentlich rechtstheoretischen Erkenntnisinteresse dienen. Hierzu empfiehlt es sich vielmehr, vom Begriff der Norm auszugehen. Normen sind Sollenssätze,[15] die eine Verpflichtung in Form eines Gebots, Verbots oder eine Erlaubnis enthalten.[16]

Häufig wird angenommen, dass die Entstehung von Normen aus einer Entscheidung (Schmitt) oder einem Befehl (Austin) begründet sein soll. Oder es wird behauptet, dass sich das Recht von anderen Normen dadurch unterscheidet, dass es von der Bevölkerung oder den maßgeblichen Gerichten anerkannt oder staatlich durchgesetzt wird. Doch rekonstruieren solche Theorien das moderne Recht nicht mehr angemessen. Die Rechtserzeugung findet vielmehr in Verfahren statt, die ihrerseits durch Gesetzgebungsnormen, Regeln über den Vertragsabschluss

---

12 *Schmitt*, Verfassungslehre, S. 163: „Für einen wissenschaftlich brauchbaren Begriff muß daran festgehalten werden, daß Grundrechte im bürgerlichen Rechtsstaat nur solche Rechte sind, die als *vor-* und *überstaatliche* Rechte gelten können, die der Staat nicht nach Maßgabe seiner Gesetze verleiht, sondern als vor ihm gegeben anerkennt und schützt und in welche er nur in einem prinzipiell meßbaren Umfang und nur in einem geregelten Verfahren eingreifen darf. Diese Grundrechte sind also ihrer Substanz nach keine Rechtsgüter, sondern Sphären der *Freiheit*, aus der sich Rechte, und zwar Abwehrrechte, ergeben“.

13 Näher hierzu auch *Kirste*, Recht als Transformation, in: Brugger/Neumann/Kirste (Hrsg.), Rechtsphilosophie im 21. Jahrhundert, S. 134 ff.

14 Wenn das Recht durch eine bestimmte Kommunikationsform definiert wird, *Luhmann*, Die soziologische Beobachtung des Rechts, in: Hoffmann u. a. (Hrsg.), Würzburger Vorträge zur Rechtsphilosophie, Rechtstheorie und Rechtssoziologie, S. 20: „Zum Rechtssystem gehört mithin nicht nur das Handeln in organisierten oder in professionellen Rollen, das Handeln der Gesetzgeber, der Gerichte und Anwälte, sondern auch jede alltägliche Kommunikation, sofern sie auf Recht Bezug nimmt.“

15 *Kelsen*, Reine Rechtslehre, S. 4 ff.

16 Zu den deontologischen Modi auch *Kirste*, Einführung in die Rechtsphilosophie, S. 119 f. auch zum Folgenden.

oder den Erlass von Verwaltungsmaßnahmen geordnet sind. Das Entsprechende gilt für die Durchsetzung rechtlicher Normen. Sowohl die Durchsetzung des Rechts als auch die Sanktionierung von Rechtsverstößen finden in Verfahren statt, die normiert sind. Selbstjustiz wird auf die wenigen Fälle der Selbsthilfe oder der Notwehr beschränkt; Sanktionen werden in Gerichtsverfahren bestimmt und sind sachlich limitiert. Daher ist es verkürzt, Recht als Norm zu verstehen, die mit (staatlichem) Zwang durchgesetzt werden kann. Entscheidend ist vielmehr, dass Setzung und Durchsetzung des Rechts normiert sind. Es ist nicht maßgeblich, dass das Recht durch irgendeine Entscheidung entstanden ist, sondern dass seine Entstehung normiert ist. Ebensowenig ist entscheidend, dass es durchgesetzt wird, sondern dass, wenn es durchgesetzt wird, diese Durchsetzung normiert ist. Die Normierung bricht mit der Faktizität der Entstehung des Rechts und lässt nur solche Normen als Recht zu, die in bestimmten Verfahren unter Beachtung bestimmter materieller Grenzen erlassen oder vereinbart werden. Diesen Bruch mit der Faktizität der Setzung und Durchsetzung möchte ich „Idealisierung" nennen. So lässt sich der *Rechtsbegriff* definieren: Recht ist eine Norm, deren Setzung und Durchsetzung normiert sind. Zusammengefasst: Recht sind normierte Normen oder ein reflexives Normensystem.

Positiv ist Recht, wenn es tatsächlich gesetzt und durchgesetzt wird. Während zum Rechtsbegriff die Normierung dieser Setzung und Durchsetzung gehört, bedeutet die Positivität die Realisierung des Begriffs des Rechts. Hiervon ist schließlich die *Geltung* des Rechts zu unterscheiden, die eine normative Zuordnung bezeichnet. Recht gilt danach rechtlich, soweit es anderen Rechtsnormen, insbesondere einer Rechtsordnung zugeordnet werden kann. Kann es einem bestimmten Moralsystem zugeordnet werden, gilt es moralisch. Wenn es tatsächlich befolgt wird, also einer sozialen Praxis zugeordnet werden kann, gilt es faktisch oder sozial.[17]

In diese formale Struktur müssen sich nun alle Inhalte des Rechts fügen. Die Freiheit des Einzelnen, tun und lassen zu können, was er will, wird zur rechtlich normierten Freiheit. Was für den Einen zur Beschränkung seiner Freiheit, Macht über andere auszuüben wird, bedeutet für den Anderen den Gewinn einer rechtlich geschützten Freiheit, nicht seiner Macht unterworfen zu sein.[18] Natür-

---

17 *Kirste*, Rechtsbegriff und Rechtsgeltung, in: Quante (Hrsg.), Geschichte, Gesellschaft, Geltung. XXIII. Deutscher Kongress für Philosophie 28. September – 2. Oktober 2014 an der Westfälischen Wilhelms-Universität Münster. Kolloquienbeiträge, S. 659 ff.

18 „Was der Mensch durch den Gesellschaftsvertrag verliert, ist seine natürliche Freiheit und ein unbegrenztes Recht auf alles, wonach ihn gelüstet und was er erreichen kann; was er erhält, ist die bürgerliche Freiheit und das Eigentum an allem, was er besitzt" (*Rousseau*, Vom Gesellschaftsvertrag oder Grundsätze des Staatsrechts, I, 8, S. 22).

liche wird also in rechtliche Freiheit transformiert. Gesellschaftliche Interessen übersetzen sich nicht einfach in das Recht, sondern werden durch die normierten Verfahren und nur unter Beachtung der dafür bestehenden Grenzen in eine Rechtsform gebracht. Das gilt aber auch für moralische und andere Wertüberzeugungen. Auch sie werden nur durch das Nadelöhr dieser Verfahren zu Recht.

Diese reflexive Struktur des Rechts als normierte Norm besteht auf jeder Stufe des Rechtssystems: Auch die Verfahrensnormen, die die Entstehung einer Rechtsnorm ordnen, können wiederum als Normen verstanden werden, die aus einem normierten Verfahren hervorgegangen sind und ggf. in einem normierten Verfahren durchgesetzt werden.[19] Aus diesem Rechtsbegriff ergeben sich nun zwei wichtige Konsequenzen für die nähere Bestimmung des subjektiven öffentlichen Rechts, die hier schon mal festgehalten werden sollen:

Erstens, Recht ist nicht nur staatliches Recht. Normierte Normen können in allen möglichen Prozessen erzeugt werden, in denen sich Parteien auf ein in bestimmter Weise geordnetes Verfahren zur Normentstehung und ein entsprechendes Verfahren zur Normdurchsetzung geeinigt haben. Der hier verwendete Begriff des Rechts ist daher in der Lage, Phänomene des Rechtspluralismus aufzugreifen. Seit Eugen Ehrlich können vier Formen von Rechtspluralismus unterschieden werden: 1. mittelalterlich traditionaler, 2. ethnischer und weltanschaulicher, 3. alternative Rechtssysteme etwa von kriminellen Organisationen und 4. Globalisierter Rechtspluralismus etwa in Gestalt der lex mercatoria oder der lex sportiva. Die Einzelheiten können hier nicht näher ausgeführt werden. Allen Formen des Rechtspluralismus ist aber gemeinsam, dass hier normierte Normensysteme Funktionen des Rechts übernehmen, ohne dass dabei staatliche Stellen beteiligt sind. Solche selbständigen Rechte haben freilich einige Nachteile: Sie sind zumeist nicht allgemeinverbindlich, sondern binden nur die an ihrer Entstehung beteiligten Parteien und die Durchsetzung kann – muss aber nicht, wie beispielsweise die Rechtsdurchsetzung der alternativen Rechtsordnungen in Favelas zeigen – problematisch sein, weil nicht jeder Zugang dazu hat

---

19 Wo dies bei einer Norm nicht mehr der Fall ist, wo sie selbst also zwar ein Verfahren normiert, selbst aber nicht in einem normierten Verfahren entstanden ist, ist sie selbst kein Recht. Da Recht aber als Norm verstanden wird, deren Setzung und Durchsetzung normiert ist und nicht als eine Norm, deren Setzung und Durchsetzung *rechtlich* normiert ist, kann eine solche Norm durchaus die Rechtsqualität vermitteln, auch wenn sie selbst kein Recht ist. Es bedarf daher dafür, dass eine Norm Recht ist, keiner langen Hierarchieketten. Vielmehr genügt eine einfache reflexive Struktur der normierten Norm. In differenzierten Rechtsordnungen wird freilich die Normierung der Rechtsentstehungsnormen bis hin zur Verfassung hierarchisch normiert sein. Das betrifft jedoch die Geltungsfrage und nicht die Frage des Rechtsbegriffs. Letztere kann auf jeder Stufe einer solchen Rechtsordnung und auch hinsichtlich solcher Normstrukturen beantwortet werden, die nicht in ein solch komplexes Normsystem eingeordnet sind.

oder weil sie unverhältnismäßig ist. Problematisch ist insbesondere die rechtliche Geltung dieser verschiedenen Rechtsregime, d.h. ihre Zuordnung zu anderen Rechtsregimen bzw. Rechtsordnungen. Hierin liegt der Vorteil der staatlichen Rechtsordnung, dass sie erstens einen großen Kreis von Rechtssubjekten einbezieht und zweitens über die (rechtlich geordneten) Machtmittel verfügt, die Rechtsdurchsetzung auch garantieren zu können. Häufig werden daher solche alternativen Rechtsordnungen ausdrücklich rezipiert und an das staatliche Recht gebunden oder – wie bei kriminellen Rechtsordnungen – von ihm zurückgewiesen. Dass es dafür auch subjektivrechtliche Gründe gibt, soll später ausgeführt werden.

Zweitens handelt es sich um einen nicht-naturalistischen Rechtsbegriff. Alle natürlichen Elemente erscheinen im Recht nur in transformierter Form: Gewalt, Zwang, Interessen und andere Fakten werden durch die Normierung nur gezielt und nur insoweit ins Recht übernommen, als es mit den dafür einschlägigen Normen vereinbar ist. Recht ist insoweit ein Gegenmodell zu einer Gewaltordnung.

Was bedeutet dies nun für das subjektive öffentliche Recht? Wie angekündigt soll diese Frage als Konkretisierung der oder einiger Elemente des Rechtsbegriffs mit Rücksicht auf die Rechtssubjekte oder als „Subjektivierung" beantwortet werden.

IV Die Subjektivierung des Rechts

Häufig wird das subjektive Recht als eine Norm verstanden, die eine bestimmte Rechtsordnung einem Einzelnen zuweist. Man geht dann bereits konkret vom positiven Recht aus. Daraus folgt dann, dass subjektive Rechte nur auf der Basis einer solchen Rechtsordnung bestehen können. Das mag so sein; theoretisch wird der Ableitungszusammenhang von Rechtsordnung und subjektivem Recht dabei jedoch vorausgesetzt.

Hier soll eine Abstraktionsstufe „höher" angesetzt und das subjektive Recht nicht aus der positiven Rechtsordnung, einem Einzelnen sondern aus dem Begriff des Rechts konstruiert werden. Begrifflich wird das subjektive Recht durch Einfügung subjektiver Elemente in den Rechtsbegriff begründet. Auf diese Weise wird der aus dem 19. Jahrhundert stammende Top-Down-Ansatz in einen Bottom-up-Perspektive gewendet: Es ist nicht mehr „die Rechtsordnung", die „sich des von ihr erlassenen Befehls zu seinen [des Bürgers, SK] Gunsten entäußert; sie hat ihren Befehl zu seinem Befehl gemacht. Das Recht ist sein Recht geworden", wie etwa noch Windscheid meinte.[20] Vielmehr wird es möglich, wechselseitige Befugnisse, die sich Personen in einem von ihnen normierten Verfahren zugestehen, ebenfalls als subjektive Rechte zu verstehen. Das ist hier mit „Subjektivierung des Rechts" gemeint. Erst auf einer weiteren Argumentationsstufe wird dann die Realisierung subjektiver Rechte als ihre Positivierung und Durchsetzung begriffen und die subjektiven öffentlichen Rechte als Spezifizierungen des Begriffs des subjektiven Rechts. Eine weitere Konkretisierungsstufe würde die subjektiven öffentlichen Rechte nach ihrer Hierarchiestufe innerhalb einer Rechtsordnung in Grundrechte und sonstige subjektive öffentliche Rechte, die vom Gesetzgeber oder der Verwaltung eingeräumt werden, unterscheiden.

1 Die Subjektivierung des Rechtsbegriffs

Zunächst sind subjektive Rechte Recht. Sie unterfallen also dem Rechtsbegriff. Vom allgemeinen Rechtsbegriff unterscheiden sie sich durch die Besonderheit, dass seine Elemente auf Subjekte bezogen sind. Das Recht differenziert sich in diesem Rechtsverhältnis durch Bezugnahme auf Subjekte aus.[21] Zugleich erhält der Einzelne einen Status im objektiven Recht, also eine objektive Form. Das „Rechtssubjekt" bezeichnet diese Dialektik des Bezuges des Rechts auf natürliche Individuen und zugleich deren Zuordnung zum objektiven Recht als Subjekte.[22] Das Recht wird subjektiviert, indem sein Sollen auf Subjekte – Berechtigten und Verpflichteten – bezogen wird.[23] Dies ist zunächst eine begriffliche Differenzie-

20 *Windscheid*, Lehrbuch des Pandektenrechts, S. 131.

21 *Savigny*, System des heutigen römischen Rechts, Bd. 1, S. 7: Das „Rechtsverhältniß, von welchem jedes einzelne Recht nur eine besondere, durch Abstraction ausgeschiedene Seite darstellt, so daß selbst das Urtheil über das einzelne Recht nur insofern wahr und überzeugend seyn kann, als es von der Gesammtanschauung des Rechtsverhältnisses ausgeht".

22 *Gans*, Naturrecht und Universalrechtsgeschichte, S. 212: „Dadurch nun, daß das Recht aus seinen objectiven Formen und Gestalten in das Privilegium [nach Gans: Berechtigung einer Einzelheit im Gegensatz zu jus singulare als Berechtigung einer nach allgemeinen Merkmalen bezeichneten Entität, S. K.] übergegangen ist, und sich für den Einzelnen als sein Recht bestimmt hat, hat das Recht andrerseits eben so sehr seine allgemeine Gesetzesform aufgegeben, und sich als Berechtigung des Einzelnen ausgewiesen: es wird so zum Recht des Einzelnen, oder zum Einzelnen als Recht, oder was dasselbe ist – zur *Person*... Die Person wird als das Subject von Rechten definiert, was sie unstreitig ist: aber daß sie noch etwas ganz Anderes sey, nämlich das Umgekehrte – das Recht als Subject, wird gewöhnlich in diesen Definitionen übersehen... Der Uebergang von den Formen des Rechts in die Person, ist aber das Privilegium, – die Stelle, wo in das Gesetz das Moment der Einzelheit hineinscheint, und dasselbe so zur Persönlichkeit erhebt."

23 *Kelsen*, Reine Rechtslehre, 1960, S. 130 f. – Kelsen verbleibt freilich in einem objektivrechtlichen Verständnis des subjektiven Rechts, weil er nicht von einem Rechtsverhältnis ausgeht,

rung, die von den relevanten Subjekten auch gewollt sein muss, um positives Recht zu werden. Der Begriff des subjektiven Rechts setzt – und das ist die Spitze dieser Überlegung – keine objektive Rechtsordnung wie bei Kelsen voraus, sondern eben nur den Begriff des Rechts. Wichtigste Konsequenz dieser Konstruktion wird sein, dass Individuen auch ohne objektive Rechtsordnung wechselseitig Erlaubnisse und Verpflichtungen anerkennen können, die dem Begriff des subjektiven Rechts unterfallen. Solche wechselseitig anerkannten Rechte mögen gegenüber durch eine Rechtsordnung garantierten Rechten und Pflichten Nachteile in der Begründung und Durchsetzung haben; unterfallen aber, wenn die Begriffsmerkmale vorliegen, unter den Begriff des subjektiven Rechts. So wenig eine Norm von der Durchsetzung abhängt, um Recht zu sein, so wenig hängt auch das subjektive Recht davon ab.[24]

Eine objektivistische Sicht vernachlässigt diese Dialektik. Ihr bleibt dann das berechtigte Subjekt bloßes Objekt der Rechtspflicht des Adressaten dieses Rechts (z. B. der Staat). Hans Kelsen nimmt so an, dass nur der Adressat Subjekt ist.[25] Man betreibt entgegen seiner Unterstellung keine Substantialisierung des Subjekts[26] oder ein Überbleibsel des Naturrechts,[27] wenn man annimmt, dass es sich gerade

---

sondern die Rechtsverpflichtung des Pflicht-Adressaten des Rechts als dessen Kern ausmacht. „Dabei ist zu beachten, daß „Subjekt“ in dieser Beziehung nur das verpflichtete, das ist dasjenige Individuum ist, das durch sein Verhalten die Pflicht verletzen oder erfüllen kann; das berechtigte Individuum, das ist dasjenige, dem gegenüber dieses Verhalten stattzufinden hat, ist nur Objekt des Verhaltens, das, als dem verpflichtenden Verhalten korrespondierend, in diesem mitbestimmt ist“ (S. 133). Tatsächlich korrespondieren aber Berechtigung und Verpflichtung in der Einheit des subjektiven Rechts notwendig miteinander, was im privatautonom begründeten subjektiven Recht deutlich wird, aber auch für das subjektiv-öffentliche Recht gilt.

24 Anders aber eben Jellinek, der dann auch subjektives Recht und staatlich gewährtes subjektives Recht gleichsetzen muss, *Jellinek*, System der subjektiven öffentlichen Rechte, S. 82.

25 *Kelsen*, Reine Rechtslehre, S. 134: „wie bereits bemerkt, wenn ein Mensch verpflichtet ist sich einem anderen Menschen gegenüber in bestimmter Weise zu verhalten, ist nur jener, nicht aber dieser Subjekt, nämlich Subjekt einer Pflicht... Der Mensch, dem gegenüber das pflichtgemäße verhalten stattzufinden hat; ist ebenso nur Objekt dieses Verhaltens wie das Tier, die Pflanze oder der leblose Gegenstand dem gegenüber Menschen verpflichtet sind, sich in bestimmter Weise zu verhalten“.

26 So *Kelsen*, Reine Rechtslehre, S. 174: „Der Begriff eines Rechts-Subjektes als des Trägers des subjektiven Rechtes (im Sinne von Berechtigung) ist hier, im Grunde, nur eine andere Wendung dieses Begriffes des subjektiven Rechtes, der im wesentlichen auf das Eigentum zugeschnitten ist. So wie in diesem Begriff des subjektiven Rechtes ist in dem des Rechtssubjektes die Vorstellung eines von der Rechtsordnung unabhängigen Rechtswesens bestimmend, einer Rechtssubjektivität, die das Recht, sei es im Individuum, sei es in gewissen Kollektiven, sozusagen vorfindet, die es nur anzuerkennen hat und notwendigerweise anerkennen muß, wenn es seinen Charakter als ‚Recht‘ nicht verlieren will“.

27 So aber ebenfalls *Kelsen*, Reine Rechtslehre, S. 134.

in der wechselseitigen Anerkennung im Rechtsverhältnis durch das Recht konstituiert. Das objektive Recht wird eben durch seine Differenzierung in beiden Polen des Pflichtenverhältnisses subjektiviert. Keiner von ihnen ist also primär.

Individuen werden rechtlich nicht dadurch geschützt, dass sie ihre Interessen und ihr Wille als Natürliches außerhalb des Rechts verharrt, sondern dass sie sich wechselseitig anerkennen, dadurch ins Recht aufnehmen und so mit Rechten ausstatten, dass sie also zu Rechtspersonen werden. Das subjektive Recht fügt der faktischen Freiheit die rechtliche Anerkennung und damit eine Erweiterung hinzu. Diese Erweiterung ist keineswegs bloß formal, sondern bedeutet auch neue und erweiterte Handlungsmöglichkeiten. Gerade so schützt das Recht nicht nur die Freiheit, sondern ist ihre Ausdruck.

a Das subjektive Recht als Erlaubnis, eine Handlung zu verlangen

Die Norm als Sollenssatz, der eine Erlaubnis, oder eine Verpflichtung in Gestalt eines Verbots oder eines Gebots enthält, wird dadurch konkretisiert, dass der Erlaubnis des Einen die Verpflichtung eines Anderen gegenübersteht. Das subjektive Recht ist die Erlaubnis, von einem Anderen die Erfüllung der Verpflichtung zu verlangen (Anspruch). Beide sind so Subjekte dieses Rechts, also Rechtssubjekte: der Begünstigte der Erlaubnis ebenso wie der Verpflichtete oder Adressat des Rechts.

Das Gegenüberstehen oder Rechtsverhältnis ist wechselseitig: Während es keine Rechte ohne Pflichten gibt, kann es Pflichten auch mit Rücksicht auf andere geben, denen keine Rechte dieses Anderen korrespondieren.[28] Gesetzgebungsaufträge mögen den Staat verpflichten. Ihnen korrespondieren aber keine Rechte des Bürgers. Das subjektive Recht ist also keine Willensmacht, auch keine staatlich eingeräumte,[29] sondern eine wechselseitig oder allseitig durch den Staat anerkannte Erlaubnis des Einzelnen. Das subjektive Recht besteht, insofern eine

28 *Alexy*, Grundrechte als subjektive Rechte und als objektive Normen, in: Recht, Vernunft, Diskurs. Studien zur Rechtsphilosophie, 2007, S. 231; das betont auch *Kelsen*, Allgemeine Theorie der Normen, S. 269: „das subjektive Recht im spezifischen Sinn ist die Rechtsmacht, die Erfüllung einer bestehenden Pflicht geltend zu machen".

29 *Savigny*, System des heutigen römischen Rechts, Bd. 1, S. 331 f.: „Betrachten wir den Rechtszustand, so wie er uns im wirklichen Leben von allen Seiten umgiebt und durchdringt, so erscheint uns darin zunächst die der einzelnen Person zustehende Macht: ein Gebiet, wo ihr Wille herrscht, und, mit unserer Zustimmung, herrscht, und mit unserer Einstimmung herrscht. Diese Macht nennen wir ein Recht dieser Person, gleichbedeutend mit der Befugnis: Manche nennen es das Recht im subjektiven Sinn." *Windscheid*, Lehrbuch des Pandektenrechts, S. 131: „Recht ist eine von der Rechtsordnung verliehene Willensmacht oder Willensherrschaft."

ihm korrespondierende Pflicht und diese, wenn ihr ein Recht korrespondiert: Der Berechtigte hat einen Anspruch auf Erfüllung der Pflicht und der Adressat der Pflicht erfüllt sie nicht um ihrer selbst willen, sondern wegen des Anspruchs.[30]

Auch Erlaubnisse sind also Befähigungsnormen: Normen, die zu rechtlich anerkannten Handlungen befähigen. Wer, wie weit und wie im Recht handeln darf, ist niemals eine Frage der Natur, sondern des Rechts. Ohne Adressat eines Rechts zu sein, kann der Einzelne kein Recht geltend machen, ist er eben – wie Hanna Ahrendt so treffend ausführt[31] – von der Rechtgemeinschaft ausgeschlossen.[32]

Dass ich rechtlich zu etwas befähigt bin, bedeutet nur, dass mein Handeln rechtlich anzuerkennen ist, wenn es aufgrund der Erlaubnis geschieht. Damit ist noch nicht entschieden, ob diese Handlung in der Erfüllung einer Verpflichtung oder geschieht, weil ich etwas im eigenen Interesse will.[33] Sowohl ein gebotenes Tun als auch eine freigestellte Handlung müssen erlaubt sein. Um ein subjektives Recht zu sein, muss also zur Erlaubnis noch hinzutreten, dass die Handlung, die mir erlaubt ist, auch in meine Freiheit gestellt wurde. Das ist nicht der Fall, wenn ich zu ihr verpflichtet bin. Beim subjektiven Recht kann ich also etwas verlangen oder einen Anspruch geltend machen, bin aber nicht verpflichtet dazu.

Erlaubnisse begründen zunächst Ansprüche auf Anerkennung der erlaubten Handlungsweise normieren und ihren Umfang: Der Begünstigte darf verlangen, was sein subjektives Recht enthält aber nicht mehr; der Verpflichtete darf nicht

30 Vgl. *Alexy*, Grundrechte als subjektive Rechte und als objektive Normen, in: Recht, Vernunft, Diskurs. Studien zur Rechtsphilosophie, 2007, S. 230; *Alexy*, Theorie der Grundrechte, S. 171ff. betont die Bedingtheit der Pflicht vom Recht; es gilt aber auch, dass das Recht von der Pflicht dem Berechtigten gegenüber bedingt ist.

31 *Ahrendt*, Die Wandlung 1949, 754 (754f.).

32 Ernst-Rudolf Huber verteidigte diese Position in seinem „Verfassungsrecht des Großdeutschen Reiches“: „Die volksgenössische Rechtsstellung ,,ist die gliedhafte Stellung des Volksgenossen in der lebendigen Ordnung. Diese Rechtsstellung des Volksgenossen ist stets gemeinschaftsbezogen und pflichtgebunden. Sie ist nicht um des Einzelnen willen begründet, sondern um der Gemeinschaft willen...“ Bei gemeinschaftswidrigem Gebrauch der Freiheit kann sie entzogen werden: „Diese Verwirkung ist eine allgemeine Erscheinung der neuen Ordnung... Eine solche Wirkung ist kein Eingriff von außen und oben in ein grundsätzlich unantastbares Recht, sondern sie ist eine Folge, die sich wesensnotwendig aus der Bindung ergibt, die in der gemeinschaftsbezogenen Rechtsstellung von Anfang an enthalten ist“, *Huber*, Verfassungsrecht des Grossdeutschen Reiches, S. 365f.

33 *Alexy*, Theorie der Grundrechte, S. 203: „Allein die Erlaubnis, den Glauben kundzutun, die zusammen mit dem Gebot, dies zu tun, bestehen kann, begründet ebensowenig eine rechtliche Freiheit wie allein die Erlaubnis, den Glauben nicht kundzutun, die sich mit dem Verbot dies zu tun, verträgt. Eine rechtliche Freiheit den Glauben kundzutun, besteht erst dann, aber auch stets dann, wenn es sowohl erlaubt ist, dies zu tun, als auch, dies nicht zu tun.“

handeln, soweit es verboten und soll handeln, soweit es geboten ist. Auch dem Verpflichtungsadressaten des subjektiven Rechts muss die Erfüllung der Verpflichtung erlaubt sein.[34] Da hier die Erlaubnis nicht dem Interesse des Rechtssubjekts, sondern der Erfüllung der Pflicht dient, mag man sie „Befugnis" nennen.[35] Erlaubnisse im eigentlichen Sinn sind Erlaubnisse, zu deren Nutzung keine Pflicht besteht, also Berechtigungen. Das subjektive Recht ist also eine Erlaubnis in diesem eigentlichen Sinn. Durch die Erlaubnis kann der Berechtigte vom Verpflichteten die Erfüllung eines Gebots oder eines Verbots verlangen. Ein subjektives Recht ist also der Anspruch des Berechtigten, vom Adressaten des Anspruchs als dem Verpflichteten, die Erfüllung der Verpflichtung zu verlangen. Oder kürzer: eine dreistellige Relation bei dem der Berechtigte des Rechts (A) von einem Adressaten als dem Verpflichteten (B) eine Handlung (etwas) verlangen kann.[36] Diese Handlung kann dem Inhalt von Normen entsprechend in (I) einem Unterlassen (bei negativen Rechten), (II) einem Tun (einer Leistung bei positiven Rechten). Die Verpflichtung kann in einem Gebot zu Unterlassen/Verbot zu tun (status negativus), in einem Anspruch auf eine Leistung (status positivus) oder in Mitwirkungsbefugnissen bei der Begründung, Interpretation oder Durchsetzung von Rechten und Pflichten sowie dem objektiven Recht bestehen (status activus).[37] Die von Jellinek unterschiedenen Status lassen sich also schon auf begrifflicher Ebene wiederfinden, noch bevor der Staat ins Spiel kommt. Insbesondere der status activus erhält dadurch aber eine andere Ausrichtung, weil er sich auf die aktive Teilhabe nicht am Staat, sondern an Form und Inhalt des Rechts bezieht.

b Die Normierung der Entstehung und Durchsetzung subjektiver Rechte

Die Entstehung und Durchsetzung des verpflichtenden Anspruchs an einen Anderen müssen normiert sein, damit es sich um ein subjektives Recht handelt.[38] Das bedeutet nicht notwendig, dass die Durchsetzung ebenfalls subjektiviert sein

---

34 *La Torre*, Rechtstheorie, 41 (2010), 73 (75).

35 Zu Rechten und Befugnissen auch *Kirste*, Einführung in die Rechtsphilosophie, S. 124 f.

36 *Alexy*, Theorie der Grundrechte, S. 171 f.

37 *Kirste*, Vom Status Subiectionis zum Recht auf Rechtssubjektivität. Die Status-Lehre Georg Jellineks und der normative Individualismus, in: Kähler (Hrsg.), Normativer Individualismus, S. 177 ff.

38 Zu dieser Unterscheidung zwischen Entstehungsrechten und Durchsetzungsrechten vgl. *Windscheid*, Lehrbuch des Pandektenrechts, S. 131.

muss.[39] Möglich ist vielmehr, dass die Durchsetzung des Rechts nicht dem Träger des Rechts sondern einem Anwalt des öffentlichen Interesses oder einem Prozessvertreter überantwortet wird. Notwendig für das Bestehen eines juridischen Rechts ist nur, dass Entstehung und Durchsetzung des subjektiven Rechts normiert sind. Eine vollständige Subjektivierung eines subjektiven Rechts erfolgt freilich dann, wenn das Subjekt einen Anspruch auf Teilhabe an der Rechtsentstehung, der Bestimmung und Interpretation des Rechtsinhalts und an seiner Durchsetzung hat.

Sind Entstehung und Durchsetzung einer Erlaubnis oder eines Anspruchs normiert, dann liegt begrifflich ein subjektives Recht vor, egal ob die Normierung durch das objektive Recht erfolgt oder durch die Rechtssubjekte. Das gilt auch für die aktiven Rechte zur Normierung subjektiver Rechte und Pflichten als auch für ihre Durchsetzung. So wenig der Staat beim Begriff des Rechts einen Rolle spielt, so wenig spielt er sie beim Begriff des subjektiven Rechts.

c Subjektives Recht und Rechtspflicht

Wer die Subjekte sind und worin die Verpflichtungen bestehen, sowie schließlich, wie die Verpflichtung ggf. durchgesetzt wird, ist damit noch nicht entschieden. Aus dem Begriff des Rechts ist nur klar, dass die Entscheidung der Frage, wer Träger des Rechts und wer Begünstigter ist, was der Inhalt des Rechts ist usw. normiert sein muss, damit von Recht gesprochen werden kann. Supererogatorischen Handlungen korrespondiert somit kein subjektives Recht: Wer einer anderen Person hilft, ohne dazu verpflichtet zu sein, begründet kein Recht des Anderen.[40] Auch derjenige, der sich verpflichtet, einer Person zu helfen, ohne hierzu durch eine andere Norm verpflichtet zu sein, hat sicherlich ein Gebot zur Hilfeleistung geschaffen und dem anderen vielleicht auch einen Anspruch darauf gewährt; ein subjektives Recht hat der Begünstigte dadurch aber nicht erworben. Vielmehr könnte eine sittliche oder moralische Verpflichtung geschaffen worden sein. Der Grund, weshalb zwar ein Recht, jedoch kein juridisches Recht begründet wurde, liegt darin, dass es die Kriterien des Rechtsbegriffs nicht erfüllt: Es ist keine normierte Norm.

Derjenige aber, der in einem von beiden dafür oder durch die Rechtsordnung dafür vorgesehenen Verfahren eine Verpflichtung gegenüber einem Anderen eingeht oder der mit dem anderen ein Verfahren zur Durchsetzung der Ver-

---

39 Anders *Kelsen*, Reine Rechtslehre, vgl. o. Fn. 5 u. 6.
40 *Hruschka/Joerden*, ARSP, 73 (1987), 93 (93ff.).

pflichtung vereinbart oder bei der die Rechtsordnung dies vorsieht, geht eine Rechtspflicht ein und begründet einen Anspruch gegenüber einem anderen.

2 Subjektivierungsebene: Die Positivierung der subjektiven Rechte

Bisher wurde nur der Begriff des subjektiven Rechts durch die Konkretisierung des Rechtsbegriffs hinsichtlich der beteiligten Subjekte geklärt. Auf einer weiteren Konkretisierungsstufe lässt sich nun hinsichtlich der Realisierung der Subjektivierung unterscheiden: Sie kann durch die beteiligten Rechtssubjekte selbst oder durch das objektive Recht erfolgen. Hier werden subjektive Rechte verwirklicht.

a Vertragliche Subjektivierung

Würden Menschen auf einer einsamen Insel beschließen, ihre Angelegenheiten nicht durch Gewalt, sondern in bestimmten Verfahren zu regeln, würden sie sich hierbei Ansprüche zugestehen und würden sie für die Durchsetzung dieser Ansprüche bestimmte Verfahren vorsehen, so wären dies subjektive Rechte in dem zuvor bestimmten Sinn. Schon auf dieser Ebene hängen ihre Rechte und Pflichten von dem ab, was sich Personen wechselseitig einräumen. Ohne und außerhalb dieser Möglichkeit würden die Inselbewohner wieder in einen Naturzustand zurücksinken.

Nicht erst auf der Ebene der durch das objektive Recht verliehenen subjektiven Rechte normieren die Bewohner durch das rechtliche Dürfen ein rechtliches Können.[41] Auch diese wechselseitig anerkannten Erlaubnisse fügen der natürlichen Freiheit etwas hinzu, das sie ohne diese Anerkennung nicht hätte. Das natürliche Individuum hat keine rechtliche Freiheit. Erst das subjektive Recht fügt dem Status des Individuums eine rechtliche Freiheit hinzu, die es ohne das Recht nicht besäße.[42] Natürlich kann ich rauchen, ob es erlaubt ist oder nicht.[43] Aber

41 Anders *Jellinek*, System der subjektiven öffentlichen Rechte, S. 45, 47, der dies der objektiven Rechtsordnung vorenthält.

42 Anders bekanntlich *Jellinek*, System der subjektiven öffentlichen Rechte, S. 45 f.: „Wenn die Privatrechtsordnung die wirtschaftlichen Verkehrsverhältnisse regelt, so fügt sie der freien Bewegung des Individuums gegenüber den anderen keineswegs ein neues Moment hinzu. Die Rechtsverhältnisse konnten als Lebensverhältnisse schon längst vorhanden sein, ehe sie einer rechtlichen Normierung unterworfen wurden... Die Rechtsordnung erkennt die betreffenden individuellen Handlungen als erlaubt an, d. h. sie gestattet, dass der individuelle Wille nach ge-

erst durch das subjektive Recht dazu habe ich einen Anspruch auf Anerkennung dieser Freiheit. Rechtliches Dürfen und rechtliches Können fallen zusammen, weil beim Dürfen des subjektiven Rechts die natürliche Handlung in eine rechtlich begründete und beschränkte umgewandelt wird. Ob aber und inwiefern das Reiten im Walde[44] oder der Besuch eines Strandes[45] eine rechtlich relevante Handlung ist, folgt rechtlichen Regelungen (Art. 2 I GG). Als faktisches Subjekt, als Mensch kann ich natürlich am Strand spazieren gehen und kann durch Gewalt daran gehindert werden. Im Rechtssinn gehe ich aber nur am Strand spazieren mit Blick auf eine Norm und darf ich es mit Rücksicht auf das Grundrecht der allgemeinen Handlungsfreiheit.

Das subjektive Recht schafft also nicht einen Freiraum – einen Raum der Freiheit oder ein Gebiet.[46] Solches verräumlichende Denken führt zu einem Naturalismus und verstellt den Blick vor der eigentlichen Verrechtlichung der Freiheit. Das subjektive Recht übersetzt die Freiheit in Rechte, die das Pendent zur lebensweltlichen Freiheit in der Welt des Rechts sind.

b Die Denaturierung der natürlichen Freiheit in den subjektiven Rechten

Durch die Vereinbarung von Rechten und Pflichten und soweit sie reichen, wird die natürliche Freiheit der Menschen denaturiert und in eine rechtliche Freiheit transformiert, wie Rousseau es richtig beschreibt.[47] Es bleibt kein natürlicher Rest des Individuums, den das Recht vorauszusetzen hätte, ohne ihn mit dem Ferment der Normativität zu zersetzen, damit er vom Rechtskörper aufgenommen werden kann.

Im subjektiven Recht stehen sich also Berechtigung und Verpflichtung wechselseitig so gegenüber, dass das berechtigte Subjekt vom verpflichteten Subjekt die Erfüllung der Verpflichtung verlangen kann. Die natürlichen Frei-

---

wissen Richtungen seine natürliche Freiheit gebrauche. Dieses Erlauben erstreckt sich aber nur soweit, als die natürliche Freiheit die Sphäre anderer Individuen zu berühren im Stande ist". Der Unterschied besteht darin, dass Jellinek vorstaatliche Verhältnisse als „Lebensverhältnisse" bezeichnet, während ich sie hier bereits als Rechtsverhältnisse konstruiere.

43 *Alexy*, Theorie der Grundrechte, S. 213 f.

44 BVerfGE 80, S. 137 ff.

45 BVerwG, Urteil vom 13. September 2017 – BVerwG 10 C 7.16.

46 So aber von *Savigny*, System des heutigen römischen Rechts, Bd. 1, S. 7: Subjektives Recht ist „die der einzelnen Person zustehende Macht: ein Gebiet, worin ihr Wille herrscht, und mit unsrer Einstimmung herrscht. Diese Macht nennen wir ein Recht dieser Person, gleichbedeutend mit Befugniß: Manche nennen es ein Recht im subjectiven Sinn".

47 Vgl. oben Fn. 18.

heiten der beiden werden dadurch konkretisiert, dass sie in rechtlich begründete Erlaubnisse transformiert werden. In rechtlich anerkannter Weise frei ist der Berechtigte, soweit ihm die Erlaubnis seines subjektiven Rechts gestattet die Erfüllung der Verpflichtung vom anderen zu verlangen. In rechtlich anerkannter Weise frei ist aber auch der Verpflichtete, seiner Verpflichtung gemäß zu handeln; sie ist ja kein Müssen, sondern ein Sollen. Insofern ist auch seine Befugnis die Anerkennung seiner Freiheit. Weder der Berechtigte noch der Verpflichtete geben ihre Freiheit völlig auf; sie wird nur in rechtliche Freiheit transformiert.

Durch die Transformation der natürlichen in rechtliche Freiheit erhält das natürliche Subjekt seine Handlungsfreiheit in subjektive Rechte geformt zurück. In dieser Form ist sie abgestimmt auf die Rechte anderer und ggf. durch legitime Pflichten und das Gemeinwohl begrenzt.[48] Wenn Marx meint, „daß das Recht des Stärkeren unter andrer Form auch in ihrem „Rechtsstaat" fortlebt";[49] dann verkennt er, dass der Rechtsstaat das Faustrecht nicht einfach umtopft, sondern dass er diesem Recht der Rechtsdurchsetzung einen anderen Nährboden gibt, es zu einem mehr oder weniger klar definierten Anspruch oder einem unter bestimmten Bedingungen, die seine allgemeine Anerkennung sichern, bestehenden Durchsetzungsrecht macht: Die Erde, aus der sich die Pflanze des Rechts nährt, ist ausgetauscht.

Weil Jellinek nicht den Begriff des Rechts vom Begriff des staatlichen Rechts und den Begriff des subjektiven von dem des subjektiven öffentlichen Rechts unterscheidet, fallen für ihn staatsfreie und rechtsfreie Sphäre zusammen.[50] Unterscheidet man beides, wird klar, dass die staatsfreie durchaus eine rechtliche Sphäre sein kann und dass dennoch diese Sphäre eine freiheitliche ist. Der status negativus besteht auf der Grundlage des status subiectionis, der wechselseitigen Anerkennung als Rechts- und Pflichtensubjekte. Er sichert aber dem begünstigten Rechtssubjekt, von der Einwirkung des anderen verschont zu bleiben. Grund, Art und Umfang dieser Freiheit sind rechtsbegründet. Der Einzelne ist ggf. diese rechtliche Ordnung seiner Freiheit selbst frei eingegangen und hält sie nicht vom

48 *Alexy*, Theorie der Grundrechte, S. 204: „Ein Rechtssubjekt a ist also bezüglich einer bestimmten Handlung genau dann nicht rechtlich frei ... , wenn die Unterlassung... oder die Vornahme dieser Handlung ... rechtlich geboten ist".

49 *Marx/Engels*, Das Kapital I. Zur Kritik der politischen Ökonomie, in: Marx Engels Werke, Bd. 23, S. 620.

50 *Jellinek*, System der subjektiven öffentlichen Rechte, S. 87: „Die Herrschaft des Staates ist eine sachlich begrenzte, im Gemeininteresse ausgeübte Herrschaft. Sie ist eine Herrschaft über nicht allseitig Subjizierte, d. h. über Freie. Dem Staatsmitgliede kommt daher ein Status zu, in dem er Herr ist, eine staatsfreie, das Imperium verneinende Sphäre. Es ist die der individuellen Freiheitssphäre, des negativen Status, des status libertatis, in welcher die streng individuellen Zwecke durch die freie Tätigkeit des Individuums ihre Befriedigung finden".

Recht fern, sondern nur von der Einwirkung des anderen. Erst das Vorurteil, Recht und Staat gleichzusetzen, verleitet dazu, die individuelle, im status negativus geschützte Freiheit als eine vorrechtliche anzusehen. Sie ist aber zwar eine vorstaatliche, aber keine vorrechtliche, da sie rechtlich begründet und rechtlich geordnet ist. Ist der status subiectionis ein Status der Unterwerfung des begünstigten und verpflichteten Subjekts unter das Recht, so ist der status negativus auch keiner der Befreiung von dieser Unterwerfung, wie Jellinek meint,[51] sondern einer des Schutzes vor bestimmten Eingriffen in die rechtlich begründete Freiheit: Freiheit vom Anderen. Auch der status positivus bedeutet an dieser Stelle nur die Erweiterung des Rechtskreises durch Leistungen des Anderen, nicht notwendig durch den Staat.

c Subjekte von Rechten und Rechtspersonen

Grundlegend ist dabei, dass sich die Einzelnen als mögliche Subjekte solcher Rechte anerkennen. Kant hat diese Verpflichtung des Einzelnen, als Subjekt mit anderen in Rechtsverhältnisse einzutreten, als Rechtsgebot formuliert: „1) *Sei ein rechtlicher Mensch* (honeste vive). Die *rechtliche Ehrbarkeit* (honestas iuridica) bestehet darin: im Verhältnis zu anderen seinen Wert als den eines Menschen zu behaupten, welche Pflicht durch den Satz ausgedrückt wird: ‚mache dich anderen nicht zum bloßen Mittel, sondern sei für sie zugleich Zweck'".[52] Auch Hegel fordert, dass der Einzelne eine Person in Rechtsverhältnissen sein solle: „sei eine Person und respektiere die anderen als Personen."[53] Nur auf Basis dieser Entscheidung sind weitere Rechte möglich. Ohne ein objektives Recht ist diese Entscheidung freiwillig, vielleicht ein Gebot der Moral aber kein Rechtsgebot, da es nicht normiert ist. Aber Rechtsperson ist der Einzelne schon als Subjekt wechselseitig zugestandener Rechte, nicht erst durch die staatliche Gewährleistung der Rechtsdurchsetzung.[54]

Damit ist zugleich die wechselseitige Unterwerfung unter das Recht ausgesprochen. Insofern spielt nun auch der solchermaßen auf das Recht bezogene

---

51 *Jellinek*, System der subjektiven öffentlichen Rechte, S. 104.

52 *Kant*, Die Metaphysik der Sitten, Erster Teil, metaphysische Anfangsgründe der Rechtslehre. Immanuel Kant Werkausgabe, Bd. 8, in: Weischedel (Hrsg.), S. 344.

53 *Hegel*, Grundlinien der Philosophie des Rechts, § 36 S. 142.

54 So aber *Jellinek*, System der subjektiven öffentlichen Rechte, S. 82: „Der Staat schafft daher die Persönlichkeit. Der Sklave war, ehe der Staat ihn befreite oder doch in beschränktem Sinne als mit Verfügungsgewalt über sein peculium ausgerüstet anerkannte, nicht Person, auch nicht in dem Sinne, dass sie ihm als nicht zur Anerkennung gekommene Qualität anhaftete".

status subiectionis eine Rolle: Er ist der Status der Unterwerfung der beteiligten Subjekte unter das Recht.[55] Diese wechselseitige Anerkennung der Rechtsfähigkeit ist in dieser Situation die Bedingung dafür, dass auch ohne das objektive Recht Rechtsverhältnisse und subjektiven Rechte möglich sind. Wo immer sich Menschen wechselseitig in normierten Verfahren als Subjekte von Rechten und Pflichten anerkennen, anerkennen sie sich als Rechtspersonen. Der Staat wiederum anerkennt dies und unterstellt es seinem Schutz. Zugleich spielen sich nun alle auf dieser Basis begründeten Rechte im Rahmen des Rechts ab. Der status negativus ist also nicht mehr derjenige der Garantie eines rechtsfreien Freiheitsraums, sondern bedeutet eine rechtliche Erlaubnis des Berechtigten und ein Unterlassungsgebot oder ein Verbot des eingreifenden Tuns in diese rechtlich ausgestaltete Sphäre. Die Rechtssubjektivität ist notwendig mit dem subjektiven Recht verbunden. Dennoch kann sie nicht vorausgesetzt werden, wie LaTorre meint.[56] Denn wo sitzt sie, wenn sie vorausgesetzt wird? Jedenfalls nicht im Recht. Denn alles, was im Recht auftaucht, ist normiert.

Diese Subjektivierung durch die beteiligten Subjekte hat freilich handfeste Nachteile. Sie sind etwa nicht allgemeinverbindlich – Dritte müssen sie nicht anerkennen und können von ihnen ausgeschlossen sein. Auch ansonsten können sie diskriminieren. Sie können durch asymmetrische Machtverhältnisse missbraucht werden.[57] Sie können nicht als solche staatlich durchgesetzt werden – auch der Staat muss sie nicht anerkennen. Trotz dieser Nachteile sind sie nicht bedeutungslos. In traditionalen Gesellschaften im internationalen Handelsrecht, im Sportrecht usw. können sie wirksame Rechtssysteme darstellen, die Ordnungsfunktionen bei großer Befolgungsbereitschaft erfüllen. Wegen der Nachteile

---

55 Näher *Kirste*, Vom Status Subiectionis zum Recht auf Rechtssubjektivität. Die Status-Lehre Georg Jellineks und der normative Individualismus, in: Kähler (Hrsg.), Normativer Individualismus, S. 180 f.

56 *La Torre*, Rechtstheorie 41 (2010), 73 (81): „Nun ist vor allem zu bemerken, daß eine Norm einem bestimmten menschlichen Wesen nur dann Rechte und Pflichten überträgt, wenn dieses bereits Rechtssubjekt oder rechtsfähig ist. Die Normen, die Rechte und Pflichte zuerkennen, setzen also die Eigenschaft des Rechtssubjekts bei ihrem Adressaten und damit das Vorhandensein irgendeiner Norm voraus... Demnach sind es nicht die einzelnen Normen in bezug auf Rechte und Pflichten, die das menschliche Wesen mit der Rechtsfähigkeit ausstatten".

57 *Weber*, Wirtschaft und Gesellschaft. Grundriss der verstehenden Soziologie, S. 439 f.: „Eine formell noch so viele 'Freiheitsrechte' und 'Ermächtigungen' verbürgende und darbietende und noch so wenig Gebots- und Verbotsnormen enthaltende Rechtsordnung kann daher in ihrer faktischen Wirkung einer quantitativ und qualitativ sehr bedeutenden Steigerung nicht nur des Zwanges überhaupt, sondern auch einer Steigerung des autoritären Charakters der Zwangsgewalten dienen".

ist es aber häufig sinnvoll, sie an allgemeinverbindliche Rechtsordnungen und Rechtsdurchsetzungsordnungen anzubinden.

Ohne objektives Recht bleibt also nur die Möglichkeit, dass sich die Vertragsparteien wechselseitig als Subjekte ihres Rechtsverhältnisses anerkennen. Die moralische Voraussetzung, dass jeder Mensch rechtsfähig ist, wie sie von Savigny noch ganz selbstverständlich machte,[58] hat sich mit der zunehmenden Technisierung der Begriffe von Rechtssubjekt und Rechtsperson als prekär erwiesen.[59] Jedenfalls bleibt ohne objektives Recht die Transformation dieser Forderung nach Anerkennung jedes Menschen als Rechtssubjekts eine moralische oder auch rechtslogische Forderung, aber keine rechtliche. Kant greift dieses Problem auf und formuliert nicht nur ein Rechtsgebot, sich anderen als Rechtssubjekt anzutragen, sondern auch die Pflicht angesichts der immer drohenden Gefahr der Verletzung dieses Status: *Tritt* (wenn du das letztere nicht vermeiden kannst) in eine Gesellschaft mit andern, in welcher jedem das Seine erhalten werden kann (suum cuique tribue) ... *Tritt* in einen Zustand, worin jedermann das Seine gegen jeden anderen gesichert sein kann‘ (lex iustitiae)“[60]. Es fehlt also in diesem Zustand die *allseitige* Anerkennung der Rechtssubjektivität der Menschen.[61]

V Das subjektive öffentliche Recht

1 Die Subjektivierung durch das öffentliche Recht

Die Subjektivierung der Rechte kann aber auch durch das objektive Recht erfolgen. Die Gewährung oder Anerkennung subjektiver Rechte durch das objektive,

---

58 *Savigny*, System des heutigen römischen Rechts, Bd. 2, S. 2: „Alles Recht ist vorhanden um der sittlichen, jedem einzelnen Menschen inwohnenden Freyheit willen ... Darum muß der ursprüngliche Begriff der Person oder des Rechtssubjects zusammenfallen mit dem Begriff des Menschen, und diese ursprüngliche Identität beider Begriffe läßt sich in folgender Formel ausdrücken: Jeder einzelne Mensch, und nur der einzelne Mensch, ist rechtsfähig.“

59 *Kirste*, Dezentrierung, Überforderung und dialektische Konstruktion der Rechtsperson, in: Bohnert u.a. (Hrsg.), Verfassung – Philosophie – Kirche. FS für Alexander Hollerbach zum 70. Geburtstag, S. 319 ff.; *Altwicker*, Rechtsperson im Rechtspositivismus, in: Gröschner/Lembcke (Hrsg.), Person und Rechtsperson. Zur Ideengeschichte der Personalität, S. 225 ff.

60 *Kant*, Die Metaphysik der Sitten, Erster Teil, metaphysische Anfangsgründe der Rechtslehre. Immanuel Kant Werkausgabe, Bd. 8, in: Weischedel (Hrsg.), S. 344.

61 Insoweit zu Recht auch *Menke*, Kritik der Rechte, S. 314: „Der Sklave oder Knecht, der den Aufstand wagt, fordert nicht seine Rechte ein – als gäbe es diese Form schon –, sondern er fordert, wenn überhaupt, die Rechte; er fordert die Form der Rechte“.

insbesondere öffentliche Recht stellt die Inklusion aller relevanten Personen und deren gleichmäßige Berechtigung sicher. Wie Ronald Dworkin zutreffend schreibt: „The ultimate justification for these rights is that they are necessary to protect equal concern and respect…“[62] Inhaltlich kann die objektive Rechtsordnung die zwischen Privaten ausgehandelten Rechte anerkennen und ihnen die Durchsetzungsmacht einer objektiven insbesondere staatlichen Rechtsordnung gewähren oder sie kann neue Rechte schaffen.[63]

Auf dieser Konkretisierungsstufe spielt dann das Öffentliche eine Rolle. Durch das objektive Recht können bestehende Rechts anerkannt oder neue hinzugefügt werden, die allgemeinverbindlich und mit staatlichen Gerichten durchsetzbar sind. Die Rechtsordnung legt den Umfang der Transformation der natürlichen Freiheit ins Recht fest, fügt ihr etwas hinzu, was sie von Natur aus nicht besitzt oder entzieht es ihr auch wieder.[64] Freiheit kann rechtlich, auch öffentlich-rechtlich fundiert sein, wie etwa die Rundfunkfreiheit der Mitarbeiter des öffentlich-rechtlichen Rundfunks oder derjenigen an öffentlichen Hochschulen zeigt. Auch die Abgrenzungen zwischen den Freiheiten der Bürger, ja des Eingriffs in die Freiheit des Einen zum Schutz der Freiheit des Anderen (Drittwirkung) gestaltet die Freiheitsverhältnisse rechtlich aus. Wie umfangreich die Denaturierung der natürlichen Freiheit durch die subjektiven Rechte ist, zeigt sich daran, wie umfassend das gesamte subjektive Recht dann in Erlaubnisse, Ansprüche usw. ausgestaltet ist.[65] Sie läuft auf einen Status hinaus, im Falle des subjektiven öffentlichen Rechts „eine das Individuum qualifizierende Beziehung zum Staat“.[66]

Wenn subjektive Rechte Subjektivierungen des Rechts durch den Bezug des Sollens seiner Normen auf ein Verpflichtungs- und ein Berechtigungssubjekt sind,

---

62 *Dworkin*, A Matter of Principle, S. 191.

63 *Jellinek*, System der subjektiven öffentlichen Rechte, S. 47: „Die Rechtsordnung kann aber auch der Handlungsfähigkeit des Individuums Etwas hinzufügen, was es von Natur aus nicht besitzt. Sie kann ihm nämlich den Anspruch verleihen, dass gewisse seiner Handlungen von ihr als zu Recht bestehend anerkannt und demgemäss staatlichen Schutzes teilhaftig werden“.

64 So treffend *Jellinek*, System der subjektiven öffentlichen Rechte, S. 45, der allerdings nicht auf den Begriff der Transformation zurückgreift: „Die Rechtsordnung kann sich zum individuellen Willen in mehrfacher Weise verhalten. Sie kann ihm ein bestimmtes Handeln zur Vorschrift machen, also seine natürliche Freiheit einschränken; sie kann seine natürliche Freiheit anerkennen sie kann dieser Handlungsfähigkeit etwas hinzufügen, was sie nicht von Natur aus besitzt; endlich kann sie auch sich weigern, dieses Etwas hinzuzufügen oder es wieder zurücknehmen. Gebieten, Verbieten, Erlauben, Gewähren, Versagen, Entziehen sind die Formen, in welchen die Beziehungen der Rechtsordnung zum Individuum sich bewegen“.

65 *Alexy*, Theorie der Grundrechte, S. 225 f.

66 *Jellinek*, System der subjektiven öffentlichen Rechte, S. 86 f.

und wenn subjektiv-öffentliche Rechte das Rechtsverhältnis zwischen Staat und Einzelnem betreffen,[67] dann setzen sie voraus, dass der Staat selbst ein Rechtssubjekt ist. Man mag seine Rechtspersonalität mit Jellinek als Selbstbindung des Staates[68] oder ihn mit Kelsen als Personifikation seiner Rechtsordnung verstehen. Subjektiv-öffentliche Rechte sind Erlaubnisse des privaten Rechtssubjekts im Verhältnis zum Staat als Rechtssubjekt.[69] Bornhak hatte daher Recht, wenn er sie für unmöglich ansah, so lange der Staat – von ihm bejaht – über der Rechtsordnung steht.[70] So lange dies der Fall ist, kann zwischen dem Staat und dem Einzelnen auch nur ein Gewaltverhältnis bestehen. Das ist einem Rechtsstaat, also einem auf das Recht begründeten und durch es begrenzten Staat aber nicht angemessen.

---

67 *Masing*, § 7 Der Rechtsstatus des Einzelnen im Verwaltungsrecht, in: Hoffmann-Riem/Schmidt-Aßmann/Voßkuhle, Grundlagen des Verwaltungsrechts. Bd. 1. Methoden, Maßstäbe, Aufgaben, Organisation, Rn. 99.

68 Kritisch dazu *Thoma*, HdbDStR II, 1932, S. 608, zit. nach *Bauer*, Geschichtliche Grundlagen der Lehre vom subjektiven öffentlichen Recht, S. 91: „Innerstaatlich also gibt es der souveränen Staatspersönlichkeit als Ganzem gegenüber keine subjektiven Rechte des Staatsuntertanen. Denn wo der angeblich Verpflichtete sich selber entpflichten darf, da wird nicht in der Weise des Rechts gesollt und hat deshalb der Befugte kein Recht".

69 Forsthoff definiert subjektive öffentliche Rechte als „die Schutzfunktion einer dem Einzelnen durch Norm oder Rechtsgeschäft gewährten Rechtsposition ..., das Vermögen, vom Staate oder einem sonstigen Träger öffentlicher Gewalt ein dieser Rechtsposition entsprechendes, konkretes Tun oder Unterlassen verlangen zu können", *Forsthoff*, Lehrbuch des Verwaltungsrechts, S. 186. Bauer fasst zusammen, dass „das subjektive öffentliche Recht eine auf Gesetz oder Rechtsgeschäft beruhende und gegen den Staat gerichtete Rechtsposition des Bürgers darstellt, die inhaltlich auf ein bestimmtes Tun, Dulden oder Unterlassen gerichtet ist", *Bauer*, Geschichtliche Grundlagen der Lehre vom subjektiven öffentlichen Recht, S. 17 f.

70 *Bornhak*, Preußisches Staatsrecht, S. 268 f.: „subjektive Rechte des Individuums gegen den Staat ... sind begrifflich undenkbar ... Wechselseitige Rechte sind nur möglich, wenn beide Faktoren derselben sie beherrschenden Rechtsordnung unterworfen sind. Dies ist hier nicht der Fall. Der Staat als Quelle der Rechtsordnung steht über dem Rechte. Es ist lediglich sein eigener Wille, wenn und soweit er sich der Rechtsordnung unterwirft... Nimmt man die Möglichkeit eines subjektiven Rechts der Untertanen gegen den Staat an, so würde trotzdem der Staat jeden Augenblick in der Lage sein, dieses Recht durch seine Gesetzgebung zu kassieren. ... Steht es aber rechtlich vollständig im Belieben eines Teils, ob er einem gegen ihn geltend gemachten Anspruch genügen will oder nicht, so ist dieser Anspruch kein Recht, es entsteht zwischen beiden Teilen kein bindendes Rechtsverhältnis".

2 Der Schutz des subjektiven öffentlichen Rechts

Das subjektive Recht ist nicht lediglich ein rechtlich geschütztes Interesse sondern gewährt eine Erlaubnis gegenüber dem Staat oder eine Rechtsmacht.[71] Das objektive Recht kann das individuelle Interesse schützen, auch ohne dazu subjektive Rechte einzuräumen.[72] Den meisten objektiven öffentlich-rechtlichen Normen korrespondiert kein Recht des Bürgers: Sie verpflichten den Staat, ohne eine Erlaubnis des Bürgers zu gewähren, vom Staat dieses Verhalten zu verlangen. Was ihnen fehlt, ist die anerkannte Möglichkeit des Begünstigten, sich auf die Norm berufen zu können. Er ist als Interessenträger anerkannt, nicht aber als Berechtigter. Er hat keinen allgemeinen Normbefolgungsanspruch.[73]

Wenn die „Schutznormtheorie" noch eine Funktion hat, dann ist es nicht diejenige, auf natürliche Interessen zu verweisen, sondern diejenige, auf die normative Zuordnung des Interesses zum Einzelnen abzustellen. Nicht das Einzelinteresse macht eine Norm zum subjektiven Recht,[74] sondern das Recht selbst selektiert bestimmte Interessen und die Reichweite solcher Interessen als rechtlich relevant. Gerade auch die Einbeziehung Dritter in subjektivrechtliche Rechtsverhältnisse erfolgt nicht einfach faktisch durch die Betroffenheit. Gerade durch diese Selektion der Interessen durch das Recht findet ihre Denaturierung statt.

3 Unterscheidung der subjektiven öffentlichen Rechte innerhalb der Normenhierarchie

Die Denaturierung natürlicher Interessen zu subjektiven öffentlichen Rechten erfolgt auch durch die Gewichtung dieser Interessen und der damit verbundenen Rechtsmacht. Dies zeigt sich in ihrer hierarchischen Einordnung: Nach der Normenhierarchie der subjektiven Rechte kann dann zwischen Menschenrechten, verfassungsrechtlichen subjektiven Rechten (Grundrechten) und einfachrechtli-

---

71 *Voßkuhle/Kaiser*, JuS 49 (2009), 16 (17): „ein subjektiv-öffentliches Recht" ist „die dem Einzelnen kraft Öffentlichen Rechts zuerkannte Rechtsmacht..., zur Verfolgung eigener Interessen vom Staat ein bestimmtes Verhalten (Tun, Dulden oder Unterlassen) verlangen zu können".

72 *Alexy*, Grundrechte als subjektive Rechte und als objektive Normen, in: Recht, Vernunft, Diskurs. Studien zur Rechtsphilosophie, 2007, S. 236 f.

73 *Voßkuhle/Kaiser*, JuS 49 (2009), 16 (17).

74 So bekanntlich etwa *Jhering*, Geist des römischen Rechts auf den verschiedenen Stufen seiner Entwicklung, Bd. 3, S. 339: „Der Begriff des Rechts beruht auf der rechtlichen Sicherheit des Genusses, Rechte sind rechtlich geschützte Interessen".

chen subjektiven Rechten, die sich aufgrund von Gesetz, Verordnung, Vertrag usw. ergeben unterschieden werden.[75] Entsprechend kommen dann auch die subjektiven Rechte hier als Abwehrrechte gegenüber dem Staat, als Leistungs- und Teilhaberechte an den Staat und als Partizipationsrechte in Betracht. Grund- und Menschenrechte erfüllen die begrifflichen Kriterien von subjektiven öffentlichen Rechten und können nicht als Rechte auf Rechte[76] oder als bloße objektive Verpflichtungen, denen nicht einmal Reflexrechte entsprechen, verstanden werden.[77] Sie sind normierte Rechte, die Ansprüche an die öffentliche Gewalt auf ein Tun oder Unterlassen enthalten oder Erlaubnisse zur Partizipation des Einzelnen an der Setzung und Durchsetzung seiner Rechte und Pflichten. Hinsichtlich der Grundrechte war die Einordnung als subjektive Rechte lange strittig.[78] Vom staatsrechtlichen Positivismus wurden als Normen für die Staatsgewalt,[79] die sie sich selbst gibt, nicht aber als subjektive Rechte verstanden.[80] Sie schützten in Wahrheit nur das, was die Gesetze nicht verböten.[81]

---

75 *Alexy*, Grundrechte als subjektive Rechte und als objektive Normen, in: Recht, Vernunft, Diskurs. Studien zur Rechtsphilosophie, 2007, S. 244. Wobei Unionsrecht und verfassungsrechtliche Grundrechte einfaches Recht „versubjektivieren“ können, *Ramsauer*, Verwaltungsverfahrensgesetz, 13. Aufl., S. 772 f.

76 *Menke*, Kritik der Rechte, S. 236: „Die Grundrechte formulieren ... für verschiedene soziale Bereiche, dass es subjektive Rechte geben soll. Grundrechte deklarieren das Recht auf subjektive Rechte.“

77 *Kelsen*, Reine Rechtslehre, S. 147 f.: „Solange die verfassungsmäßige Garantie der sogenannten Grund- und Freiheitsrechte nichts anderes bedeutet als die hier gekennzeichnete Erschwerung der gesetzlichen Einschränkung dieser ‚Rechte‘, liegen keinerlei Rechte im subjektiven Sinne vor. Keine Reflexrechte, da das ‚Verbot‘ der einschränkenden Gesetzgebung keine Rechtspflicht statuiert; und daher auch keine subjektiven Rechte im technischen Sinne, sofern unter einem solchen Recht die Rechtsmacht verstanden wird, durch Klage die Nichterfüllung einer Rechtspflicht geltend zu machen“.

78 Vgl. soeben Fn. 68 bei *Kelsen*, Reine Rechtslehre.

79 So Paul Laband: Freiheitsrechte oder Grundrechte „sind überhaupt keine Rechte im subjektiven Sinne... Die Freiheitsrechte oder Grundrechte sind Normen für die Staatsgewalt, welche dieselbe sich selbst giebt, sie bilden Schranken für die Machtbefugnisse der Behörden, sie sichern dem Einzelnen seine natürliche Handlungsfreiheit in bestimmtem Umfange, aber sie begründen nicht subjective Rechte der Staatsbürger. Sind keine Rechte, denn sie haben kein Object“, *Laband*, Das Staatsrecht des Deutschen Reiches, S. 134.

80 *Gerber*, Grundzüge eines Systems des deutschen Staatsrechts, S. 32: „aber keinenfalls darf dieser Ausdruck [Grundrechte, S.K.] zu der Annahme verleiten, dass es sich dabei um Rechte im subjectiven Sinne handele, da sie vielmehr durchweg als Rechtssätze, d. h. Sätze des objectiven Rechts erscheinen“.

81 *Anschütz*, Staatsrecht, in: Holtzendorff/Kohler (Hrsg.), Enzyklopädie der Rechtswissenschaft, S. 90: „Die Handlungen, welche Objekte dieser ‚Rechte‘ sein sollen, sind in Wirklichkeit nichts als rechtlich und staatlich vollkommen irrelevante Betätigungen der allgemeinen Handlungsfreiheit

Unterhalb der Verfassung können subjektiv-öffentliche Rechte aber auch durch Gesetz oder auch durch behördliche Erlaubnis verliehen werden.[82]

4 Die subjektivrechtliche Ausgestaltung der Rechtsdurchsetzung

Selbst wenn diese subjektiven öffentlichen Rechte wie ein Teil der völkerrechtlichen Menschenrechte nicht vom Individuum durchsetzbar sind, bleiben sie doch subjektive Rechte, weil zum Rechtsbegriff im Allgemeinen wie zum Begriff des subjektiven Rechts im Besonderen nicht die Durchsetzung gehört, sondern nur erforderlich ist, dass wenn sie durchsetzbar sind, ihre Durchsetzung normiert ist. Die Bindung des Begriffs des subjektiven öffentlichen Rechts an die Faktizität der Durchsetzung ist einer der Gründe für den Etatismus in der Begründung der subjektiven Rechte. Denn über die Durchsetzungsmöglichkeit verfügte ultimativ nur der Staat.[83] Wenn die Durchsetzung durch den Staat begriffsnotwendig zum subjektiven Recht gehören würde, dann könnte es nur öffentliche subjektive Rechte geben. Da aber nach dem oben skizzierten Rechtsbegriff nicht der Zwang das Recht definiert, sondern umgekehrt das Recht festlegt, ob und wenn welcher Zwang und in welchem Umfang angewendet werden darf, ist auch nicht die Faktizität der Durchsetzung entscheidend, sondern, dass wenn die Durchsetzung der subjektiven Rechte – egal durch wen – erfolgt, diese Durchsetzung normiert

des Individuums, jener Freiheit, alles als erlaubt betrachten und tun zu dürfen, was das Gesetz nicht verbietet. Diese Freiheit ist aber kein subjektives öffentliches Recht". Erst im Kollisionsfall entstünden Rechte: „Die ‚Grundrechte' sind ... keine subjektiven Rechte der Staatsbürger auf ein positives Tun ..., überhaupt keine individualisierten Einzelrechte, sondern aus historischen Gründen besonders akzentuierte Anwendungsfälle und Ausflüsse eines allgemeinen subjektiv-öffentlichen Rechts, welches auf ein negatives Verhalten der richterlichen, namentlich aber der verwaltenden Staatsgewalt gerichtet ist und zum Inhalte hat die Unterlassung jedes gesetzlich nicht zugelassenen Eingriffs in die persönliche Freiheit... In diesem Sinne kann man sagen: es gibt keine Grundrechte, sondern nur ein Grundrecht, das Recht auf Unterlassung gesetzwidrigen Zwanges". Wiederum ist Freiheit die natürliche Freiheit.

82 *Kelsen*, Reine Rechtslehre, S. 449.

83 *Jellinek*, System der subjektiven öffentlichen Rechte, S. 10: „Ohne öffentliches Recht kein Privatrecht: ein Satz, der in den folgenden Untersuchungen noch tiefer begründet werden wird, der aber sofort einleuchtet durch die Erwägung, dass eine schützende, nach Rechtsnormen verfahrende, staatliche, also öffentlich-rechtliche Organisation zur Anerkennung, Fortbildung, Gewährung und Verwirklichung alles Rechtes notwendig ist. Ist der Staat aber nicht Träger von Rechten, so ermangelt er der Persönlichkeit, er kann dann auch nach Aussen hin nicht Rechtssubjekt sein. Er ist dann reines Machtsubjekt". Mit der ausdrücklichen Konsequenz, dass „das Völkerrecht zur Unmöglichkeit" wird.

ist. Spricht schon der Rechtsbegriff dagegen, die Durchsetzung als wesentliches Merkmal des subjektiven Rechts zu betrachten, so gilt das auch für die besonderen Kriterien des subjektiven Rechts selbst. Das subjektive Recht erlaubt dem Berechtigten vom Adressaten, ein Tun oder Unterlassen verlangen zu können. Dieser Anspruch ist aber etwas anderes, als die Erlaubnis das Recht gegenüber seiner Verletzung zu behaupten. Schon die Adressaten dieser Durchsetzungsrechte sind unterschiedlich (Verwaltung, Gerichte). Aber auch inhaltlich unterscheiden sie sich: Es sind Arten von subjektiven öffentlichen Rechten, im Wald reiten zu dürfen und gegen eine eventuelle Beschränkung dieses Rechts klagen zu dürfen. Im ersten Fall darf ich reiten; im zweiten Fall klagen. Das Faktum der Durchsetzung vermag also die Qualität des subjektiven öffentlichen Rechts als Norm nicht zu begründen. Jedenfalls bei den Grundrechten sind also selbständige Verfahrensrechte des status activus ausdifferenziert.

In einer unvollkommenen Rechtsordnung mag die Durchsetzung des Rechts in der Hand des Einzelnen liegen. Hier verbleibt noch ein Rest Natur in der Rechtsverfolgung. In einer vollkommenen Rechtsordnung ist sie normiert. Diese Normierung könnte aber auch in einer Verpflichtung des Staates zum Rechtsschutz bestehen. Die Subjektivierung des Rechts ist aber erst vollständig, wenn der Einzelne einen normierten Anspruch auf Einforderung der Durchsetzung besitzt, wenn er also sein subjektives Recht selbst einklagen kann.

5 Die Ausdifferenzierung der subjektiven öffentlichen Rechte in Status

Wie schon erwähnt, können mit Georg Jellinek vier Status öffentlicher subjektiver Rechte unterschieden werden.

a Der status subiectionis der subjektiven öffentlichen Rechte

Zentral für die subjektiven öffentlichen Rechte ist die Inklusion aller Menschen in das Recht. Sie ist freilich nicht aus sich heraus notwendig, sondern bedarf der Normierung. Da auf der zweiten, privaten Realisierungsstufe der subjektiven Rechte noch nicht sichergestellt ist, dass von der Wechselseitigkeit des Rechtsverhältnisses unberücksichtigte Individuen als Rechtssubjekte anerkannt werden, ist ein Recht auf Inklusion erforderlich, sollen Menschen nicht komplett rechtlos gestellt werden können. Es bedarf eines Rechts, das garantiert, dass jedenfalls bestimmte subjektive öffentliche Rechte allen Menschen zukommen. Nur so wird sichergestellt, dass auch zwischen ihnen und dem jeweiligen Staat als juristischer Person[84] öffentliche Rechtsverhältnisse begründet werden können. Notwendig ist also ein Recht auf einen status subjectionis als Basis der übrigen subjektiven Rechte.[85] Dieses Recht, in einer staatlichen Rechtsordnung als Rechtssubjekt anerkannt zu werden, sichert, dass sich Staat und Einzelner nicht in Gewaltverhältnissen, sondern in Rechtsverhältnissen begegnen.[86]

Weil dieser Anspruch, den Einzelnen als Subjekt und nicht als Objekt zu behandeln, in der Moral mit der „Menschenwürde" bezeichnet wird, kann dies auch für das Recht beibehalten werden. Das Recht auf Anerkennung als Subjekt von Rechten und Pflichten ist also die Menschenwürde.[87] Dieses Recht ist für die Begründung von Rechtsverhältnissen elementar und besonders. Durch die Gewährung dieses Rechts entsteht nämlich das Rechtsverhältnis unmittelbar.[88] Während Normen sich ansonsten an ihren Adressaten richten und von ihm die Erfüllung ihrer Verpflichtungen (Gebot, Verbot) verlangen, diese Erfüllung aber nicht selbst herbeiführen, besteht diese Trennung zwischen Normierung und Erfüllung beim Recht auf Anerkennung der Rechtssubjektivität nicht. Rechtssubjekt ist, wer Träger von Rechten und Pflichten ist. Wem also ein Recht zugerechnet wird, der wird dadurch Rechtssubjekt. Die Anerkennung der Rechtssubjektivität wird selbst als Recht garantiert, und zwar als subjektives Recht. Das Besondere der Menschenwürde gegenüber anderen subjektiven öffentlichen Rechten ist, dass sie mit ihrer Statuierung zugleich erfüllt wird: Wenn nämlich Rechtssubjekt ist, wem ein Recht zusteht und wenn jedem Subjekt ein Recht auf Anerkennung als Rechtssubjekt gewährt wird, dann wird eben durch diese Rechtsgewährung auch jedes Subjekt als Rechtssubjekt anerkannt. Verfassungen und Rechterklärungen drücken diese performative Leistung des Rechts durch den Indikativ: „Die Würde des Menschen IST unantastbar" aus. Sie ist es wirklich, weil und wenn das Recht auf Anerkennung als Rechtssubjekt als subjektives Recht auf diese Anerkennung einem jeden Menschen gewährt wird. Die Anerkennung der Rechtssubjektivität wird selbst als Recht garantiert, und zwar als subjektives öffentliches Recht.

---

84 Die Rechtspersönlichkeit des Staates wird somit zur Voraussetzung des subjektiven öffentlichen Rechts, *Bauer*, Geschichtliche Grundlagen der Lehre vom subjektiven öffentlichen Recht, S. 48.

85 Näher hierzu *Kirste*, Vom Status Subiectionis zum Recht auf Rechtssubjektivität. Die Status-Lehre Georg Jellineks und der normative Individualismus, in: Kähler (Hrsg.), Normativer Individualismus, S. 177 ff.

86 *Kirste*, ARSP 101 (2015), S. 474 ff.

87 *Kirste*, Die Würde des Menschen als Recht auf Anerkennung der Rechtsperson, in: Seelmann (Hrsg.), Menschenrechte. Begründung – Universalität – Genese, S. 41–68.

88 Alexy würde davon sprechen, dass eine Position entsteht, *Alexy*, Theorie der Grundrechte, S. 163 f.

Damit entsteht zugleich zwischen dem betreffenden Staat und allen Menschen ein Rechtsverhältnis, aufgrund dessen er die diese betreffenden Angelegenheiten nicht mehr willkürlich oder gewaltsam gestalten darf. Das bedeutet nun nicht, dass alle weiteren Rechte daraus abgeleitet werden könnten; dieses Rechtsverhältnis ist auch nicht ein „Recht auf Rechte", indem es einen Anspruch auf alle möglichen weiteren Rechte begründen würde; es sagt nur, dass der Einzelne ein Recht gegenüber dem Staat besitzt, dass dieser seine Angelegenheiten dem Einzelnen gegenüber nicht gewaltsam, sondern nur rechtsförmig ordnen darf. Die kultivierende Funktion des Rechts, die in seiner Transformation von Faktizität in Normativität besteht, wird also grundsätzlich allen Menschen als Recht garantiert. Der Einzelne wird durch diese Subjektivierung in die Lage versetzt, an der jeweiligen Rechtsordnung – hier dem öffentlichen Recht – als selbstbestimmtes oder in seiner Selbstbestimmungsfähigkeit geschütztes Subjekt partizipieren zu können.

b Der status negativus aufgrund der subjektiven öffentlichen Rechte

Jellinek meinte: „Alle Freiheit ist ... Freiheit von gesetzwidrigem Zwange. Die Subjektion, der passive Status des Individuums ist ein gesetzlich begrenzter."[89] Die naturalistische Vorstellung einer von subjektiven öffentlichen Rechten geschützten rechtsfreien Sphäre der natürlichen Freiheit folgt hier der etatistischen Identifikation von Staat und Recht.

Geht man rechtsstaatlich vom status subiectionis als Status der Unterwerfung sowohl des Einzelnen als auch des Staates unter das Recht aus, so ist auch der negative Status umfassender. Freilich ändert dies nichts daran, dass auch hier die staatliche Einflussnahme beschränkt bleibt. Nur bezieht sie sich nicht auf die natürliche, sondern auf die rechtliche Freiheit. Der status negativus bedeutet hier nun nicht die Ausnahme von der Unterwerfung unter das Recht, sondern den Schutz gegenüber konkreten öffentlichen Pflichten auf der Basis des Rechts. Die geschützte Freiheit ist also zwar eine „vorstaatliche", aber keine vorrechtliche.[90] Der Grund liegt schon im Begriff des subjektiven Rechts begründet: Es ist eine rechtliche Erlaubnis. Die geschützte Freiheit ist mithin immer eine rechtlich begründete und begrenzte Freiheit.

---

89 *Jellinek*, System der subjektiven öffentlichen Rechte, S. 103; auch *Anschütz*, Staatsrecht, in: Holtzendorff/Kohler (Hrsg.), Enzyklopädie der Rechtswissenschaft, S. 90: „Es gibt keine Grundrechte, sondern nur ein Grundrecht, das Recht auf Unterlassung gesetzwidrigen Zwanges".
90 Anders *Alexy*, Theorie der Grundrechte, S. 236 auf der Basis der Jellinekschen Konzeption des status subiectionis.

c Der status positivivus aufgrund der subjektiven öffentlichen Rechte

Stand für den staatsrechtlichen Positivismus das Abwehrrecht vor gesetzwidrigem Zwang im Zentrum des subjektiv-öffentlichen Rechts, so wiesen doch andere daraufhin, dass jedes Recht eine Leistung des Staates darstelle.[91] Dabei wird deutlicher als bei dem grundsätzlich abwehrrechtlichen Verständnis subjektiver öffentlicher Rechte, dass im Rechtsverhältnis des Staates zum Einzelnen durch das subjektive Recht etwas Neues entsteht, auch eine andersartige als natürliche Freiheit geschützt wird. Doch kann von dieser Leistung des subjektiven Rechts durch den Staat die Gewährleistung gewisser Freiheitsvoraussetzungen in der Form von subjektiven Rechten unterschieden werden. Das wird mit dem status positivus gemeint.

Im status positivus gewährt das öffentliche Recht dem Einzelnen Ansprüche auf Leistungen des Staates insbesondere dort, wo er von seiner rechtlich geformten Freiheit im status negativus anders keinen Gebrauch machen kann. Das wird etwa deutlich, wenn das Recht auf ein Existenzminimum dem Einzelnen Ansprüche auf die Voraussetzungen der Teilnahme an der grundrechtlich geschützten Kommunikation gewährt.

Subjektiven öffentliche Rechte sind insofern, Rechte auf Leistungen des Staates: Freiheit durch den Staat. Zu diesen Leistungen gehören nach Jellinek auch diejenigen der Rechtsdurchsetzung.[92] Das umfasst auch die Leistung einer Rechtsschutzmöglichkeit des Einzelnen.

d Der status activus durch der subjektiven öffentlichen Rechte

Das objektive öffentliche Recht kann nicht nur darüber entscheiden, wer materielle subjektive öffentliche Rechte enthält (und muss ggf. dazu verpflichtet werden, sie allen Menschen zu geben); es kann auch Personen davon abhalten, an

---

91 *Bühler*, Die subjektiven öffentlichen Rechte, S. 224: „Subjektives öffentliches Recht ist diejenige rechtliche Stellung des Untertanen zum Staat, in der er auf Grund eines Rechtsgeschäftes oder eines zwingenden, zum Schutz seiner Individualinteressen erlassenen Rechtssatzes, auf den er sich der Verwaltung gegenüber soll berufen können, vom Staat etwas verlangen kann oder ihm gegenüber etwas tun darf".

92 *Jellinek*, System der subjektiven öffentlichen Rechte, S. 121: „Fasst man die formell anerkannten individualisierten rechtlichen Ansprüche, welche aus dem positiven Status entspringen, in eine gemeinsame Formel zusammen, so ergibt sie für den einzelnen die rechtlich geschützte Fähigkeit, positive Leistungen vom Staate zu verlangen, für den Staat die rechtliche Verpflichtung, im Einzelinteresse tätig zu werden".

ihrer Begründung oder Durchsetzung mitzuwirken. Insofern ist dann die Subjektivierung nicht vollständig. Die subjektiven öffentlichen Rechten des status activus eröffnen dem Bürger Beteiligungsrechte an der Entstehung und Durchsetzung seiner Rechte.

Als aktiv sollen hier also alle Rechte bezeichnet werden, die dem Bürger erlauben, sich für die Entstehung, Interpretation und Verteidigung oder Durchsetzung seiner Rechte einzusetzen. Er wird gerade so gegenüber dem Rechtsstaat als Rechtssubjekt geachtet.[93] Der status wird häufig enger verstanden: Es soll hier gerade nicht um die eigenen, sondern nur um die Partizipation an politischen Rechten gehen.[94] Was mit dem Status activus in demokratisch-rechtsstaatlicher Uminterpretation Jellineks gemeint wird, wird von Alexy als etwas anderes – neben dem subjektiven Recht und der Freiheit bezeichnet, nämlich als Kompetenz.[95] Zum Beleg der Unterscheidung zwischen Kompetenz – Setzung von Normen – und Erlaubnis verweist Alexy darauf, dass erlaubte Handlungen häufig keine Rechtsnormen hervorbringen. Dass sie das häufig nicht tun, bedeutet jedoch nicht, dass nicht die erlaubten Handlungen auch in der Hervorbringung von (individuellen oder generellen) Rechtsnormen bestehen können. Alexys Beispiel, dass das Handeln Minderjähriger keine Normen erzeugen *könne* und nicht nur dürfe, setzt einen Begriff des rechtlichen Könnens voraus, wie ihn auch Jellinek verwendet, der aber auf nichts anderes hinausläuft als auf eine Erlaubnis: Ich kann rechtlich das, was erlaubt ist. Es spricht insofern nichts dagegen, die Kompetenz – verstanden als Anspruch Normen zu setzen oder daran zu partizipieren – als eine Gruppe von Erlaubnissen und damit von subjektiven Rechten zu verstehen. In diesem Sinn kann auch der status activus so konzipiert werden, dass er das subjektive öffentliche Recht auf Beteiligung an Begründung und Durchsetzung von Rechten und Pflichten bezeichnet.

Zunächst geht es um ein Recht auf Partizipation. Es ist das Recht, auf Teilnahme an den alle in gleicher Weise betreffenden Gesetzen in gleicher Weise beteiligt zu sein und an anderen öffentlichen Angelegenheiten in der Betroffen-

---

93 Treffend *Masing*, § 7 Der Rechtsstatus des Einzelnen im Verwaltungsrecht, in: Hoffmann-Riem/Schmidt-Aßmann/Voßkuhle (Hrsg.), Grundlagen des Verwaltungsrechts. Bd. 1. Methoden, Maßstäbe, Aufgaben, Organisation, Rn. 53: „Diese verfahrensrechtlichen Gewährleistungen sind eine notwendige Substantialisierung des Freiheitsversprechens und bilden einen spezifischen Ausdruck der Anerkennung des Bürgers als Rechtsperson: Der Einzelne ist gegenüber der Verwaltung nicht Gegenstand, sondern Subjekt in einem Kommunikationsprozess".

94 *Jellinek*, System der subjektiven öffentlichen Rechte, S. 136: „Politische Rechte"; auch *Masing*, § 7 Der Rechtsstatus des Einzelnen im Verwaltungsrecht, in: Hoffmann-Riem/Schmidt-Aßmann/Voßkuhle (Hrsg.), Grundlagen des Verwaltungsrechts. Bd. 1. Methoden, Maßstäbe, Aufgaben, Organisation, Rn. 65.

95 *Alexy*, Theorie der Grundrechte, S. 212.

heit entsprechender Weise mitzuwirken.[96] Die Legitimation der öffentlichen Gewalt leitet sich entsprechend aus dem subjektiven öffentlichen Recht auf Demokratie (insbesondere dem Wahlrecht) als einem Recht auf gleiche Partizipation und dem weiteren Recht auf Partizipation an sonstigen Hoheitsakten, die auch asymmetrisch sein kann. Auf der Durchsetzungsseite sind dies die Klagerechte. Es ist also nicht die Durchsetzbarkeit, die eine Erlaubnis zu einem subjektiven Recht macht, sondern vielmehr sind Durchsetzungsrechte mit anderen subjektiven öffentlichen Rechten zwar verbunden, aber doch eigenständige Rechte. Der status activus umfasst damit auch alle zur Durchsetzung von Rechten bestehenden subjektiven Rechte. Aber auch diejenigen Rechte, die ihm abgesehen von seinem subjektiven Recht zustehen, für das objektive öffentliche Recht tätig zu werden, gehören hierher.

Wenn etwa eine aufgeklärt absolutistischer Monarch, seine Untertanen mit subjektiven Rechten ausstattet, sie aber nicht über diese Ausstattung abstimmen lässt, so ist das objektive Recht hinsichtlich der Entstehung subjektiver Rechte nicht versubjektiviert. Den als unmündig angesehenen Untertanen werden zu ihrem eigenen Besten Rechte gewährt, über die sie nicht als Autoren mitbestimmen dürfen. Da jemandem einen rechtlichen Vorteil ohne oder gegen seinen Willen zu verschaffen, Rechtspaternalismus ist;[97] bedeutet die fehlende Versubjektivierung der Begründung eines subjektiven Rechts Paternalismus. Soll dies vermieden werden, bedarf es eines subjektiven Rechts des Einzelnen, an der Begründung seiner Rechte und Pflichten mitwirken zu können.

Auch die Durchsetzung des subjektiven Rechts ohne oder gegen den Willen des Berechtigten kann paternalistisch sein, weil sie dann nicht versubjektiviert ist. Wer nicht verweigern kann von der rechtlichen Erlaubnis, die in einem subjektiven Recht enthalten ist, Gebrauch zu machen, wird paternalistisch behandelt. Wo z. B. das Recht auf Leben als objektiver Wert betrachtet wird, über das der Einzelne nicht kraft seines (negativen) Rechts auf Leben verfügen darf, wird er als unmündig behandelt.[98] Das stellt einen Rechtspaternalismus dar. Wo er umgekehrt seine subjektiven Rechte nicht in Rechtsverfahren verteidigen darf, fehlt die rechtliche Versubjektivierung der Rechtsdurchsetzung. Hier ist nicht nur der Rechtsstaat unvollständig ausgebildet, sondern auch die Rechtsstruktur nicht vollständig versubjektiviert. Das fehlende Recht auf Mitwirkung an der Durch-

96 *Kirste*, Politische Partizipation und globale Politik – Zur menschenrechtlichen Begründung eines Rechts auf globale Partizipation, in: Ungern-Sternberg/Rainau (Hrsg.), Politische Partizipation. Idee und Wirklichkeit von der Antike bis in die Gegenwart, S. 321, 326 ff.

97 *Kirste*, JZ 66 (2011), 805 (805).

98 *Kirste*, Die Würde des Menschen als Recht auf Anerkennung der Rechtsperson, in: Seelmann (Hrsg.), Menschenrechte. Begründung – Universalität – Genese, S. 38.

setzung seiner subjektiven Rechte, nimmt dem Einzelnen die rechtliche Freiheit bei der Durchsetzung seiner Freiheit und erzeugt einen Interessenkonflikt derjenigen, die dann objektiv für die Durchsetzung der subjektiven Rechte verpflichtet sind, mit ihren anderen Pflichten und Aufgaben.

VI Gründe für die Subjektivierung des objektiven öffentlichen Rechts

Durch die Konkretisierung des öffentlichen Rechts in Form von subjektiven Rechten kommt der Bürger nicht nur in den Genuss von Vergünstigungen (Leistungen, Schutz, Nichtbeeinträchtigung), sondern wird dabei auch als Subjekt dieser Leistungen anerkannt. Der Hauptzweck des subjektiven Rechts ist die Anerkennung und Berechtigung des Subjekts, nicht seine Interessenbefriedigung, die auch anders erfolgen kann. Dieser Zweck ist erst sekundär von Bedeutung.[99] In der Gewährung des subjektiven Rechts liegt seine Anerkennung als Rechtssubjekt und die Begründung eines Rechtsverhältnisses, das an die Stelle eines Almosen gewährenden patriarchalischen oder barmherzigen moralischen Verhältnisses tritt. Das subjektive Recht als Erlaubnis oder Anspruch ist mithin die Form, in die ein bestimmter Interessenschutz gegossen wird.

Doch erschöpft sich das subjektive Recht nicht darin. Es kann zugleich auch im öffentlichen Interesse gewährt werden. Johannes Masing hat dies den „status procuratoris" genannt: „Subjektiv-öffentliche Rechte dienen somit zum einen der Garantie individueller Integrität und Selbstbestimmung wie zum anderen der Mobilisierung des Bürgers für die Durchsetzung bzw. Förderung öffentlicher Interessen, insbesondere der Durchsetzung geltenden Rechts. Ihre Verbürgung sichert nicht nur die Stellung des Einzelnen als bourgeois, sondern auch als citoyen".[100] Ihre Betätigung fügt dann der Legitimität des Staates durch die Leistungen, die er für den Bürger erbringt eine verfahrensmäßige Legitimation hinzu.[101]

---

99 Anders *Bühler*, Die subjektiven öffentlichen Rechte, S. 42 f., der diesen Zusammenhang verkennt: „Dass es der Zweck des subjektiven Rechts, des öffentlichen wie des privaten, ist, die Befriedigung von Individualinteressen zu sichern, braucht hier nicht lange bewiesen zu werden... Den Gegensatz dazu bilden Rechtssätze, die nur allgemeinen Interessen dienen. Es ergibt sich daher die Aufgabe, diese beiden Klassen von Rechtssätzen voneinander zu scheiden."

100 *Masing*, § 7 Der Rechtsstatus des Einzelnen im Verwaltungsrecht, in: Hoffmann-Riem/Schmidt-Aßmann/Voßkuhle, Grundlagen des Verwaltungsrechts. Bd. 1. Methoden, Maßstäbe, Aufgaben, Organisation, Rn. 102.

101 *Kirste*, VVDStRL 77 (2018), 161 (180 f.).

Das subjektive Recht wird dadurch nicht wieder umgewandelt in objektives Recht. Es bleibt privatnützig. Der Einzelne dient im Gebrauch dieses Rechts jedoch zugleich dem öffentlichen Interesse. Der status activus dient so zugleich auch dem rechtlich definierten Gemeinwohl.[102] In seiner Wirkung ist diese Dimension des subjektiven öffentlichen Rechts somit zwischen dem subjektiven Recht im status activus und dem objektiven Recht angesiedelt. Diese Dialektik, mit dem subjektiven Recht zugleich das öffentliche Interesse zu fördern, gilt freilich für jedes subjektive Recht. Wie in jedem Kampf um's Recht – so hatte schon Jhering ausgeführt – geht es schon dem Einzelnen nicht nur darum, eine Sache, die ihm zu Unrecht vorenthalten wurde, zurückzubekommen, eine Leistung zu erhalten, sondern Recht zu bekommen. Indem er für sein eigenes Recht kämpft, kämpft er zugleich dafür, dass die Rechtsbehauptung desjenigen, der Unrecht getan hat, zurückgewiesen und somit zugleich das objektive Recht wiederhergestellt wird.[103]

So ist am Ende nicht nur das subjektive öffentliche Recht vom objektiven öffentlichen Recht, sondern die Realisierung des objektiven öffentlichen Rechts von der aktiven Behauptung des subjektiven abhängig. Wechselseitige subjektive Rechte können zwischen Einzelnen entstehen, wenn sie in bestimmten Verfahren ihre Ansprüche und Pflichten gegeneinander anerkennen und in vereinbarten Verfahren durchsetzen. Ihre natürlichen Freiheiten werden in diesem Umfang in rechtliche transformiert. Dritte bleiben demgegenüber im Naturzustand. Diesen kann nur ein von allen Betroffenen anerkanntes öffentliches Recht in einen Rechtszustand transformieren. Elementar ist dabei das subjektive öffentliche Recht jedes Menschen, in diesen Rechtszustand inkludiert zu werden. Umfassend subjektiviert ist dieser Zustand aber nur dann, wenn auch seine Begründung und Ausgestaltung sowie die Durchsetzung der in ihm geltenden Rechte durch die

---

102 *Kirste*, Die Realisierung von Gemeinwohl durch verselbständigte Verwaltungseinheiten, in: Anderheiden/Brugger/Kirste (Hrsg.), Gemeinwohl in Deutschland, Europa und der Welt, S. 327 ff.

103 *Jhering*, Der Kampf um's Recht, Neudruck herausgegeben und mit einer Einleitung versehen von Klenner, S. 25 f.: So wenig ein Volk um eine Quadratmeile wegen derselben „sondern seiner selbst willen, seiner Ehre und seiner Unabhängigkeit wegen kämpft, so wenig handelt es sich in allen jenen Prozessen, in denen das oben erwähnte schreiende Missverhältniss zwischen dem Werth des Streitobjects und den voraussichtlichen Kosten und sonstigen Opfern Statt findet, um das geringfügige Streitobject, sondern um einen idealen Zweck: um die Behauptung der Person selber und ihres Rechtsgefühles, und ihm gegenüber fallen in den Augen des Berechtigten alle Opfer und Unannehmlichkeiten, die der Prozess in seinem Gefolge haben wird, nicht weiter in's Gewicht – der Zweck lohnt sich für ihn der Mittel. Nicht das Interesse ist es, daß den Verletzten antreibt, den Process zu erheben, sondern der moralische Schmerz über das erlittene Unrecht; nicht darum ist es ihm zu thun, bloss das Objekt wieder zu erlangen – sondern darum, sein Recht zur *Anerkennung* zu bringen."

Beteiligung aller Rechtsunterworfenen gesichert ist. Das subjektive Recht auf freie und gleiche Partizipation an allen gemeinsamen Angelegenheiten vollendet so die Anerkennung des Subjekts im demokratischen Rechtsstaat.[104] Zugleich schließt es die Umwandlung der natürlichen Freiheiten und Interessen in rechtliche ab und ermöglicht, dass der Staat nicht nur um des Menschen da ist und ihn deshalb als Rechtssubjekt achtet, sondern auch auf seinen rechtlichen Willen gegründet ist.

Literatur

Alexy, R., Theorie der Grundrechte, 2. Aufl., Frankfurt am Main 1994.
Alexy, R., Grundrechte als subjektive Rechte und als objektive Normen, in: ders., Recht, Vernunft, Diskurs. Studien zur Rechtsphilosophie, Frankfurt am Main 1995, S. 262–287.
Alexy, R., Grundrechte als subjektive Rechte und als objektive Normen, in: Recht, Vernunft, Diskurs. Studien zur Rechtsphilosophie, Frankfurt am Main 2007, S. 262–287.
Altwicker, T., Rechtsperson im Rechtspositivismus, in: Gröschner, R./Lembcke, O. (Hrsg.), Person und Rechtsperson. Zur Ideengeschichte der Personalität, Tübingen 2015, S. 225–244.
Anschütz, G., Staatsrecht, in: Holtzendorff, F./Kohler, J. (Hrsg.), Enzyklopädie der Rechtswissenschaft, Bd. 4, 7. Aufl., Berlin 1914, S. 1–63.
Arendt, H., Es gibt nur ein einziges Menschenrecht, Die Wandlung 1949, S. 754–770.
Bauer, H., Geschichtliche Grundlagen der Lehre vom subjektiven öffentlichen Recht, Berlin 1986.
Bornhak, C., Preußisches Staatsrecht, Freiburg im Breisgau 1888.
Bühler, O., Die subjektiven öffentlichen Rechte, Berlin/Stuttgart/Leipzig 1914.
Bühler, O., Altes und Neues über Begriff und Bedeutung der subjektiven öffentlichen Rechte, in: Bachof, O. (Hrsg.), Gedächtnisschrift W. Jellinek, München 1955, S. 269–286.
Dworkin, R., A matter of principle, Cambridge Mass. 1985.
Forsthoff, E., Lehrbuch des Verwaltungsrechts: Allgemeiner Teil, 10. Aufl., München 1973.
Gans, E., Naturrecht und Universalrechtsgeschichte, 1. Aufl., Bd. 2, Stuttgart 1981.
Gerber, C. F. v., Grundzüge eines Systems des deutschen Staatsrechts, Leipzig 1865.
Hegel, G. W. F., Grundlinien der Philosophie des Rechts, 4. Aufl., Hamburg 1955.
Hobbes, T., Leviathan. Oder Stoff, Form und Gewalt eines kirchlichen und bürgerlichen Staates, Frankfurt am Main 1984.
Hruschka, J./Joerden, J. C., Supererogation: Vom deontologischen Sechseck zum deontologischen Zehneck. Zugleich ein Beitrag zur strafrechtlichen Grundlagenforschung, Archiv für Rechts- und Sozialphilosophie 73 (1987), S. 93–123.
Huber, E. R., Verfassungsrecht des Grossdeutschen Reiches, 2. Aufl., Hamburg 1939.
Jellinek, G., System der subjektiven öffentlichen Rechte, 2. Aufl., Tübingen 1905.

104 Zum Menschenrecht auf Demokratie Zum Menschenrecht auf Demokratie *Kirste*, Das Menschenrecht auf Demokratie, in: Stekeler-Weithofer/Zabel (Hrsg.), Die Philosophie der Republik, S. 463 ff.

Jhering, R. v., Geist des römischen Rechts auf den verschiedenen Stufen seiner Entwicklung, Bd. 3, Leipzig 1865.
Jhering, R. v., Der Kampf um's Recht, Wien 1872, Neudruck herausgegeben und mit einer Einleitung versehen von Klenner, H., Freiburg/Berlin 1992.
Kant, I., Die Metaphysik der Sitten, Erster Teil, metaphysische Anfangsgründe der Rechtslehre. Immanuel Kant Werkausgabe, Bd. 8, in: Weischedel, W. v. (Hrsg.), Frankfurt/Main 1982, S. 305–499.
Kelsen, H., Reine Rechtslehre, 2. Aufl., Wien 1960.
Kelsen, H., Allgemeine Theorie der Normen, Wien 1979.
Kirste, S., Dezentrierung, Überforderung und dialektische Konstruktion der Rechtsperson, in: Bohnert, J. v. u. a. (Hrsg.), Verfassung – Philosophie – Kirche. Festschrift für Alexander Hollerbach zum 70. Geburtstag, Berlin 2001, S. 319–361.
Kirste, S., Die Realisierung von Gemeinwohl durch verselbständigte Verwaltungseinheiten, in: Anderheiden, M. v./Brugger, W./Kirste, S. (Hrsg.), Gemeinwohl in Deutschland, Europa und der Welt, Baden-Baden 2002, S. 327–390.
Kirste, S., Recht als Transformation, in: Brugger, W. v./Neumann, U./Kirste, S. (Hrsg.), Rechtsphilosophie im 21. Jahrhundert, Frankfurt am Main 2008, S. 134–156.
Kirste, S., Harter und Weicher Rechtspaternalismus unter besonderer Berücksichtigung der Medizinethik, JuristenZeitung 66 (2011), S. 805–814.
Kirste, S., Politische Partizipation und globale Politik – Zur menschenrechtlichen Begründung eines Rechts auf globale Partizipation, in: Ungern-Sternberg, J. v./Rainau, H. v. (Hrsg.), Politische Partizipation. Idee und Wirklichkeit von der Antike bis in die Gegenwart, Bd. 13, Berlin 2013, S. 309–337.
Kirste, S., Vom Status Subiectionis zum Recht auf Rechtssubjektivität. Die Status-Lehre Georg Jellineks und der normative Individualismus, in: Kähler, L. (Hrsg.), Normativer Individualismus, Tübingen 2014, S. 177–203.
Kirste, S., Die Hermeneutik der Personifikation im Recht, Archiv für Rechts- und Sozialphilosophie 101 (2015), S. 473–487.
Kirste, S., Rechtsbegriff und Rechtsgeltung, in: Quante, M. (Hrsg.), Geschichte, Gesellschaft, Geltung. XXIII. Deutscher Kongress für Philosophie 28. September – 2. Oktober 2014 an der Westfälischen Wilhelms-Universität Münster. Kolloquienbeiträge, Hamburg 2016, S. 659–682.
Kirste, S., Die Würde des Menschen als Recht auf Anerkennung der Rechtsperson, in: Seelmann, K. (Hrsg.), Menschenrechte. Begründung – Universalität – Genese, Berlin 2017, S. 41–68.
Kirste, S., The Right to Life as a Right to Self-Determination about one's Life. In: El Reto de Pensar Sobre Los Derechos Fundamentales en América Latina. Actas de las segundas Jornadas Latinoamericanas Sobre Derechos Fundamentales, César Landa Arroyo (Hrsg.), Lima 2017, S. 19–43.
Kirste, S., Arbeitsteilige Herrschaftsausübung im Kontext der Demokratie – Verwaltungsorganisation zwischen Fragmentierung und differenzierter Legitimierung, Veröffentlichungen der Vereinigung der Deutschen Staatsrechtler 77 (2018), S. 161–204.
Kirste, S., Das Menschenrecht auf Demokratie, in: Stekeler-Weithofer, P./Zabel, B. (Hrsg.), Die Philosophie der Republik, Tübingen 2018, S. 463–493.
Kirste, S., Rechtsphilosophie - Einführung, 2. Aufl., Baden-Baden 2020.
La Torre, M., Rechte und rechtstheoretische Ansätze, Rechtstheorie 41 (2010), S. 73–86.

Laband, P., Das Staatsrecht des Deutschen Reiches, 3. Aufl., Freiburg im Breisgau 1895.
Locke, J., Two Treatises on Government, in: Locke, J. (Hrsg.), Works, Bd. 4, 12. Aufl., London 1824, S. 207–485.
Luhmann, N., Die soziologische Beobachtung des Rechts, in: Hoffmann, H. u. a. (Hrsg.), Würzburger Vorträge zur Rechtsphilosophie, Rechtstheorie und Rechtssoziologie, Frankfurt am Main 1986.
Marx, K., Zur Judenfrage, in: Marx Engels Werke, Bd. 1., Berlin 1981, S. 347–377.
Marx, K./Engels, F., Das Kapital I. Zur Kritik der politischen Ökonomie, in: Marx Engels Werke, Bd. 23, Berlin 1962.
Masing, J., § 7 Der Rechtsstatus des Einzelnen im Verwaltungsrecht, in: Hoffmann-Riem, W./Schmidt-Aßmann, E./Voßkuhle, A. (Hrsg.), Grundlagen des Verwaltungsrechts. Bd. 1. Methoden, Maßstäbe, Aufgaben, Organisation, 2. Aufl., München 2012, S. 437–542.
Menke, C., Kritik der Rechte, 1. Aufl., Berlin 2018.
Ramsauer, U., Verwaltungsverfahrensgesetz, 13. Aufl., München 2012.
Rousseau, J.-J., Vom Gesellschaftsvertrag oder Grundsätze des Staatsrechts, Durchges. und bibliogr. erg. Ausg., Stuttgart 1986.
Savigny, F. C. v., System des heutigen römischen Rechts, Bd. 1, Berlin 1840.
Savigny, F. C. v., System des heutigen römischen Rechts, Bd. 2, Berlin 1840.
Schmitt, C., Verfassungslehre, 6. Aufl., Unveränd. Nachdr. d. 1928 erschienenen 1. Aufl., Berlin 1983.
Voßkuhle, A./Kaiser, A.-B., Das subjektiv-öffentliche Recht, Juristische Schulung 49 (2009), S. 6–18.
Weber, M., Wirtschaft und Gesellschaft. Grundriss der verstehenden Soziologie, 5. Aufl., Tübingen 1980.
Windscheid, B. J. H., Lehrbuch des Pandektenrechts, 8. Aufl. unter vergleichender Darstellung des deutschen bürgerlichen Rechts bearbeitet, Frankfurt am Main 1900.

Tim Wihl

Die Politisierung des Legalen

Eine Kritik der „Kritik der Rechte"

Christoph Menkes „Kritik der Rechte" schließt an eine Tradition der Rechtekritik an, die diese Institute seit ihrer Einführung begleitet. Das Eigentümliche seiner Position liegt in der adornitischen Fokussierung auf die *Form* des subjektiven Rechts, die stark am Leitbild des *privaten Ausschluss- und Verfügungsrechts* der deutschen Privatrechtswissenschaft des 19. Jahrhunderts einerseits,[1] an einer *Naturalisierung des Willens* in der angelsächsischen politischen Theorie post Hobbes andererseits orientiert ist.[2] Sehr wenig bezieht sich Menke hingegen auf die genuin politisch-moralische Tradition der Rechte im Gefolge der französischen und amerikanischen Revolutionen[3] – ganz anders als in seinen früheren Veröffentlichungen.[4] Diese Denkbewegung ist insofern konsequent, als es Menke explizit nicht anstrebt, die marxistische Kritik der Menschenrechte zu wiederholen, die aus seiner Sicht eine *inhaltliche* Kritik insbesondere des (egoistischen) Atomismus war. Ging es Marx nicht um eine Kritik der Religion als solche, wollte er nicht das Privateigentum abschaffen? So erscheint Marx' klassische Schrift „Zur Judenfrage" als Kritik mehr der ideologischen Rechtsinhalte der bürgerlichen Gesellschaft mit ihrer künstlichen Abtrennung des abstrakten, atomisierten Menschen vom konkreten Staatsbürger als der juristischen Gestalt, in der diese Trennung sich manifestiert. Diese Deutung ist nicht unumstritten, aber überzeugend und auf der Höhe der Forschung.[5] Dabei behält Menke im Blick, dass Rechte neben der individuellen auch eine soziale Seite haben, indem sie als *soziale Teilhabe-Rechte* gesellschaftliche „Normalisierung" befördern, weniger vielleicht, dass Rechte neben der vereinzelten Willensmacht auch kollektive Interessen durchsetzen sollen.[6]

Angesichts dieser ausgewogenen Konstruktion erstaunt es ein wenig, dass das *dialektische Verhältnis von Form und Inhalt* der Rechte nicht hinreichend stark reflektiert wird. „Vor dem Gehalt, dem Zweck und der Wirkung der Rechte kommt

---

1 *Menke*, Kritik der Rechte, S. 29 ff., 33 („neuzeitliche Totalisierung des Privatrechts"), 55 (ums Eigentum zentriert), 179 ff., 230 ff.

2 *Menke*, Kritik der Rechte, S. 20 ff.

3 *Menke*, Kritik der Rechte, S. 241 ff. Die Grundrechte werden als „Rechte auf subjektive Rechte" verstanden, die soziale Differenzierung nachzeichnen (Luhmann).

4 Insb. *Menke/Raimondi*, Die Revolution der Menschenrechte.

5 *Lacroix/Pranchère*, Le procès des droits de l'homme.

6 *Menke*, Kritik der Rechte, S. 281 ff.

https://doi.org/10.1515/9783110704013-015

ihre Form."[7] Diese Form, sonst nichts, setzt angeblich eine „Politik der Entpolitisierung"[8] ins Werk, die die Welt naturalisiert. Dieser Formprimat mit einem späten Umschlag in ein eher undefiniertes Neues ist gewiss der adornitischen Theorieanlage, also der *negativen* Dialektik, geschuldet.[9]

Es scheint demgegenüber („positiv-dialektisch") plausibler, dass die Funktionsweise des subjektiven Rechts nicht durch eine klare Scheidung von Form und Inhalt erläutert werden kann. Kein Zufall ist, dass Menkes Theorie vor dem Hintergrund eigentumshafter Verfügungsrechte einerseits, sozialer Versorgungsansprüche andererseits entwickelt wird. Die Suggestivkraft der Theorie erwächst nämlich zu einem Großteil aus der Synthese marxistischer mit foucaultianischen Impulsen, transzendiert auf die Ebene der Form. Denn der naturalisierte Einzelwille und die soziale Teilhabe sind in der Tat dann sozialphilosophisch problematisch, wenn sie zu überzogenen Geltungsansprüchen des Einzelnen oder zu Konformismus führen. Hingegen ist kaum nachvollziehbar, warum die „Entpolitisierung der Welt" per se problematisch sein sollte. Diese Prämisse kann ich daher den folgenden Darlegungen auch nicht zugrunde legen, weil „Politik" statt „Polizei", die Einforderung des „Anteils der Anteillosen" gerade unter und mithilfe eines Regimes der Rechte möglich ist. Die Folie für die nachvollziehbaren Problematiken einer „falschen Notwendigkeit" sind das „privatautonom" verstandene Eigentum und der konditionierte Sozialleistungsanspruch – also das politökonomische Fundament der kapitalistischen europäischen Gegenwartsgesellschaft.

Daher erhebt sich sogleich die Frage, ob sich Menkes Überlegungen auf typische Citoyen-Rechte wie kommunikative Freiheiten überhaupt übertragen lassen, die einen nicht minder bedeutsamen Teil der überkommenen bürgerlichen Rechtsordnung bilden. Freilich lässt sich die Kritik des Willensnaturalismus, die ja eine formbezogene sein will, auf Rechte wie die Meinungsfreiheit anwenden, *sofern* diese als *absolutes Verfügungsrecht* über die eigene Stimme verstanden wird, ohne vorgängige sozialmoralische Einbettung.[10] Dann wird abermals deutlich, dass Menkes Kritik sich gar nicht gegen Rechte *an sich* richten kann, wie

---

7 *Menke*, Kritik der Rechte, S. 9 („die These" des Buches).

8 *Menke*, Kritik der Rechte, S. 8.

9 So mündlich Christian Volk in einer Diskussion des vorliegenden Textes.

10 So scheint es Menke in der Tat zu unterstellen (Kritik der Rechte, S. 241 ff.), wenn er „natürliche" Meinungen scharf von politischen Urteilen trennt. Das gibt der juristische Umgang mit der Meinungsfreiheit aber gar nicht her. Es hat eine Rückwirkung auf die Form des Rechts, wenn Meinungsbildung, -äußerung und -austausch inhaltlich rechtlich geschützt sind. Das „Haben" von Gedanken, die allzu protestantisch-deutsche Gedankenfreiheit, mag naturalisiert werden, alles Umstrittene, also rechtlich Bedeutsame an kommunikativer Freiheit dagegen nicht.

auch erklärtermaßen nicht gegen ihre atomisierende *Wirkung*, noch gegen spezifische *Inhalte*, sondern gegen einen bestimmten Form*typus* des Rechts. Dieser *Formtypus des absoluten Verfügungsrechts mit der Kehrseite der Teilhabe an sozialen Leistungen* ist allerdings nicht der einzige, den moderne demokratische Gemeinwesen kennen. Und das hängt wiederum damit zusammen, dass viele Rechts*inhalte* sich in einem solchen Formtypus nicht so überzeugend verarbeiten lassen wie in alternativen Formtypen. Wenn man einsieht, dass Form und Inhalt dialektisch zusammengehören, liegt es nahe, auch nach den *verschiedenen Formtypen* offensichtlich mannigfaltiger Gehalte zu fragen. Daher zeigt dieser Beitrag in zwei Schritten, dass Menkes Kritik der Rechte nur einen ganz bestimmten, wenn auch gewiss verbreiteten Typus der Rechte überhaupt trifft.

Die von Menke festgestellte Entpolitisierung erscheint zudem nur deshalb so dramatisch, weil er von zwei Strängen der Grundlegung der Rechte nur einen im Blick hat. Seine Beobachtungen treffen häufig einen Nerv, insofern sie eine große Teilwirklichkeit – und zugleich ein beliebtes Phantasma – westlicher Gegenwartsgesellschaften durchaus zutreffend analysieren, die man als freiheitstheoretisch vereinseitigten, um Kollektivität kupierten Liberalismus bezeichen könnte. Ihre polemische Wucht beziehen sie jedoch zu einem Gutteil daraus, dass sie den Begründungsstrang der „*Legalisierung des Natürlichen*" überschätzen und deren dialektische Gegenfigur, die *Politisierung des Legalen*, übersehen.

Diese Politisierung des Legalen ist derjenige Begründungsstrang subjektiver Rechte, der Individuen zu kollektiver Selbstbestimmung ermächtigen will. In der Tradition ist er mit Namen wie Jean-Jacques Rousseau und Claude Lefort verbunden, heute ist nicht zuletzt Ingeborg Maus eine unermüdliche Verteidigerin dieser Idee.[11] Subjektive Form ist hier eher in Gegensatz zu autoritärer objektiver Ordnung als zu politischer Sittlichkeit gebracht. Die Verhältnisse werden durch kollektive Rechtsausübung erst zum Tanzen gebracht. Um objektive rechtliche Ordnung zu verändern, bedarf es der subjektiven Inanspruchnahme von Rechten, allerdings gemeinsam und in republikanischer Absicht. Ein „kommunistischer" Zwang zur Beteiligung erwächst daraus nicht, anders als man Menke verstehen könnte.[12] Eigenrechte verändern bei assoziativer Ausübung ihren Charakter und tendieren zu kollektiver Sittlichkeit, ohne aber mit einem Allgemeinen identisch zu werden. Es handelt sich um komplexe Dynamiken der materiellen Interaktion und des ideellen „Rechts, ein anderer zu werden" (Dorothee Sölle). Mehr ist auf Erden gar nicht zu erreichen, jenseits davon wird es unbegreiflich.

---

11 *Maus*, Zur Aufklärung der Demokratietheorie. Dank an Friederike Kuntz für klärende Hinweise.
12 *Menke*, Kritik der Rechte, S. 354 ff.

Menke scheint mit seinem Vorschlag eines „neuen Rechts" Ähnliches im Sinn zu haben. Er möchte im Recht gegen das Recht denken.[13] Allerdings ist sein Vorschlag *entweder* mit einem prozessualisierten Rechteverständnis der Vielfalt von Rechtsformen und von dialektisch mit den Formen verbundenen Inhalten kongruent – einem fortdauernden Neben- und Gegeneinander von Berücksichtigung passiver Individualität bis zur Chance auf aktive kollektive Teilnahme – *oder* er ist komplett leer und löst kein darüber hinaus gehendes, tatsächlich bestehendes soziales Problem.

I Form der Rechte

Wenn Kritik an Rechten geübt wird, berührt das kein Tabu liberaler Gesellschaften. Vielmehr werden Rechte, seit sie in Erklärungen, Verfassungen oder Gesetzen festgehalten sind, auch grundsätzlich infrage gestellt. Der Angriffspunkt variiert dabei, und die Einwände kommen aus politisch verschiedenen Richtungen.

Teils geht es um die *Existenz* der Rechte, also dagegen, dass sie überhaupt da sind und Gegenläufiges verdrängen – namentlich dass sie gegen den politischen Prozess etwas behaupten und festhalten wollen. Ihre Beeinträchtigung des ungestörten Wirkens der politischen Kräfte – in der Demokratie folglich der Mehrheit – stört und regt auf. Sollte die Mehrheit nicht ihren kollektiven Willen bekommen und „durchregieren" können? Es geht um die Effektivität und den Voluntarismus politischer Entscheidungen und in der Demokratie zusätzlich um die Infragestellung des legitimierenden, gleichheitsbasierten Mehrheitsprinzips.

Teils geht es um die individualistische, manche würden zuspitzend sagen: atomistische *Natur* der Rechte, also ihre Haupteigenschaft und -wirksamkeit. Rechte ermächtigen strukturell das Individuum und lösen es damit aus der Gemeinschaft, wobei das Ergebnis pathologische Vereinzelung und Entsolidarisierung sein könnten.

Am häufigsten wird der *Inhalt* einzelner Rechte infrage gestellt, von links vor allem das Eigentum, von rechts etwa kommunikative Freiheiten. Das ist Ausdruck des üblichen demokratischen Streits um die Bedeutung und Gewichtung von Rechten.

---

13 Christian Volk verweist mündlich darauf, dass es dabei strukturell um eine Gestalt des absoluten Geistes geht. Recht soll eben nicht mehr im Gegensatz zur Politik stehen, sondern selbst Politisierung in sich aufheben. Bei Menke leisten das die „Gegenrechte". Allerdings sieht die geltende Rechtsordnung diese Aufhebung in sich selbst bereits vor, vgl. dazu *Wihl*, Aufhebungsrechte.

Von rechts kommt eine davon fundamental verschiedene, tiefer ansetzende Kritiklinie hinzu, die sich am Egalitarismus der Rechte entzündet. Da Rechte strukturell und logisch notwendig egalitär sind, indem sie allen Rechtspersonen gleiche Berücksichtigung garantieren, handelt es sich dann um eine Kritik am untilgbaren, daher ihr *Wesen* bestimmenden Strukturkern der Rechte, ihrem Bau- und Entwicklungsprinzip zugleich.

Eine in der Revolutionsepoche weit verbreitete, post 1945 stark verblasste, jedoch in jüngerer Zeit in manchen Weltgegenden eine gewisse Renaissance erfahrende konservative Position setzt darüber hinaus an der vermeintlichen Abstraktheit, Universalität und Ahistorizität der Rechte an, die diese letztlich zu idealistischem, gar gefährlichem pathetischem Un-*Sinn* machten.[14] Sie seien so etwas wie ungreifbare Angreifer gewordenen Sinns.

Wiederum verschieden von den Existenz-, Natur-, Inhalts-, Wesens- und Sinnkritiken möchte Christoph Menkes *Form*kritik der Rechte sein. Dabei geht es um die Naturalisierung eines subjektiven Willens durch die die einzelne Willensmacht affirmierende Gestalt des Rechts. Das ist keine moralische Absage an den Egoismus, wie Menke betont. Es liegt ihm daran, die kognitive Tatsache, dass wir die Andere zuerst als Trägerin eines von unserem verschiedenen, je vorhandenen Willens ansehen, zu problematisieren. Menschen erscheinen durch den Filter der Rechtspersonalität wie Interessenbündel, deren Interessen die einzelnen Rechte genauer ausbuchstabieren. Es kommt uns dann natürlich vor, dass unsere Gegenüber vom Eigenwillen – nicht vom Egoismus – bestimmt sind. Diese These ist in der Tat stärker als die Formkritik bei Marx. Sie scheint auch über die Menschenrechte hinaus auf subjektive Rechte insgesamt zuzutreffen. Dennoch ist Menkes Beobachtung zwar bemerkenswert fundamental, aber – so meine These – sozial weitaus weniger problematisch, als Menke annehmen dürfte, was allerdings nur unter einer nicht trivialen Bedingung gilt: Rechte dürfen *nicht allein* die Form individueller willentlicher Selbstbehauptung annehmen, sondern müssen in verschiedenen Formen auf einer *Skala von individueller Selbstbehauptung bis zu kollektiver Kooperationsermöglichung* auftreten. Diese Skala ist, was wir nicht zuletzt von Menke lernen können, keine moralische, sondern eine von ästhetisch-sozialen Formen, eine der Wahrnehmungsweisen von Rechten. Demokratische Rechtsordnungen, so eine weitere hier vertretene These, lösen diese Bedingung der *Formvarietät* individueller Rechte jedenfalls überwiegend ideell ein.

---

14 Zu dieser klassischen konterrevolutionären Position, die Menschenrechte machten Tabula rasa mit der Geschichte und Partikularität, die den modernen Konservatismus mit zu begründen half (Edmund Burke), vgl. insb. *Binoche*, Critiques des droits de l'homme, in: Binoche/Cléro (Hrsg.), Bentham contre les droits de l'homme, S. 127 ff.

Letztere These lässt sich bestätigen, wenn wir auf die formale Vielfalt schauen, in welcher Rechte in demokratischen Gemeinwesen auftreten. Dabei lässt sich, in sozialphilosophischen Kategorien, ein *Spektrum von Rechten auf absolute Selbstbehauptung bis hin zu Rechten auf gemeinsame Gestaltung* feststellen. Gleichsam in der Mitte liegt eine Form von Rechten, in der diese permanent als gegeneinander aufgerechnete, *abgewogene* und so auch je schon entschärfte auf den Plan treten. Während erstere Variante klar individualzentriert ist, sind es die beiden anderen deutlich weniger. Entweder entscheidet die Staatsmacht, einschließlich ihrer Gerichtsbarkeit, über die Zuordnung je gemeinschaftsgebundener Willenssphären, die in dieser gegenseitigen Relativierung gerade keine Eigenmacht im strengen, exklusiven Sinne mehr zulassen. Oder Rechte sind ohnehin erst das Produkt kollektiver Gestaltung in der Republik; sie sind von vornherein als „gemeinsame Sache", res publica, angelegt.

Je stärker überdies der egalitäre Charakter der Rechte ins Bewusstsein tritt, desto weniger kann man den Eigenwillen *Gleicher* als naturalisierten *Eigen*willen begreifen. Die Brechung des Eigenwillens in der *Kollektivität* seiner Ausübung, auch hinsichtlich des entgegenkommenden oder weniger entgegenkommenden *Kontextes* der wirklichen Freiheit, verstanden als Verwirklichungspotential der Rechtsausübung, steigert sich in dem Maße, in dem eine republikanische Demokratie der Gleichen besteht. Habermas' Theorem der „Gleichursprünglichkeit" von Demokratie und Rechten[15] muss man gerade so verstehen: als auf Dauer gestellte Dialektik, nicht als Ursprungsbezeichnung. Diese Dialektik umfasst auch die Formebene der Rechte; denn die kollektive Rechtssetzung schafft formal ganz anderes subjektives Recht als die juristisch zulässige individuelle Willensbehauptung „avant la loi" im Sinne eines Hobbesschen naturrechtlichen Selbsterhaltungsrechts, das bei Menke zum Paradigma gerinnt. „To guarantee the treatment of everybody affected as significant for democratic self-determination is the internal democratic meaning of human rights, and vice versa."[16] Mehr noch: Wenn Menke am Schluss seines Buches die marxistische Option umfassender und dadurch aufhebender Politisierung verwirft, in der wir alle „Herren" werden, und stattdessen für die Permanenz des Sklavenaufstandes in einem „neuen Recht" plädiert,[17] rennt er im demokratischen Gemeinwesen weit offene Türen ein. Denn dort sind alle Rechtspersonen oszillierend *zugleich einzel*willensmächtig und an die *gemeinsame* Willensbildung verwiesen, die sich jegliche Naturalisierung von Einzelwillen immer schon verbitten muss. Deshalb ist das „neue Recht" nichts

15 *Habermas*, Faktizität und Geltung, S. 112 ff.
16 *Brunkhorst*, Critical theory of legal revolutions, S. 381.
17 *Menke*, Kritik der Rechte, S. 369 ff.

anderes als das Recht demokratisch *gebrochener* Regime von Einzelwillen, oder es bleibt leer und unverständlich.

Doch auch diese Aussage ist graduell, nicht kategorisch zu verstehen. Kategorisch trifft sie nur in perfekt republikanisch organisierten Demokratien zu. Die Menkesche Dialektik von Einzelwille und Beherrschung ist in den real existierenden Demokratien gradualisiert. Die Formtypen der Rechte auf der *Skala* von libertärer Selbstbehauptung bis zu republikanischer Kooperation sind in Demokratien vielfältig gemischt, treten aber nie völlig ungebrochen auf. Es mag in einigen Staaten der Typus Selbstbehauptung vorherrschen (USA), in anderen der Typus Kooperation (Frankreich). Doch wird jeder dominante Typus auch durch seine beiden Gegentypen beständig (prozessual) herausgefordert.

Es ist jetzt an der Zeit, die drei Formtypen auf der Skala etwas näher zu charakterisieren und ihre Genealogie knapp zu skizzieren. Es handelt sich jeweils um Idealtypen, die sich verfassungskulturell verorten lassen. In ihnen sind normative Hoffnungen der Vergangenheit aufgehoben, die es sich zu retten lohnt – unabgegoltene, nur demokratisch-prozessual einholbare Egalität.

Die hier vorgeschlagene Typenbildung[18] geht auf horizontalen, synchronen und diachronen Rechtskulturvergleich zurück, aus dem systematische Erkenntnisse zu gewinnen sind. Dabei müssen die Typen in Rechnung stellen, dass keineswegs mit der Formulierung in der Verfassung alles gesagt ist, sondern noch andere Akteure Rechte „formen" und „gestalten".

Es schälen sich die drei schon erwähnten Idealtypen heraus, die sich verfassungskulturell verorten lassen und sich vereinfacht folgendermaßen darstellen:

1. als absoluter Typus – insbesondere im angelsächsischen Raum, das heißt: eine Vorliebe für strikte rechtliche Garantie;
2. als abstrakter Typus – vorwiegend in der französischen Verfassungskultur, das heißt: eine Vorliebe für das Rechte ausgestaltende demokratische Gesetz;
3. als relativer Typus – gerne im deutschen Verfassungsraum, also: eine Präferenz für Abwägungslösungen.

Solche Typenbetrachtungen sind nicht neu; sie finden sich – regelmäßig allerdings binär strukturiert – etwa bei Jürgen Habermas oder Dieter Grimm.[19]

---

18 Vgl. näher *Wihl*, Aufhebungsrechte. Der diesem Buch zugrunde liegenden Dissertation sind Passagen der folgenden Ausführungen (1.–4.) zu den drei Formtypen entnommen. Das begriffliche Kriteriengefüge wurde für unsere Zwecke hier gleichwohl etwas vereinfacht.

19 *Habermas*, Strukturwandel der Öffentlichkeit; *Habermas*, Naturrecht und Revolution, in: Habermas (Hrsg.), Theorie und Praxis, S. 89 ff.; *Grimm*, Deutsche Verfassungsgeschichte 1776–1866; *Grimm*, Europäisches Naturrecht und Amerikanische Revolution, Ius Commune III (1970),

1 Der absolute Typus

Der erste Typus hat sich historisch insbesondere im angelsächsischen Raum herausgebildet, in Großbritannien über die USA bis hin zum postkolonialen Nigeria.[20] Dennoch ist der „angelsächsische" Formtyp insbesondere der deutschen Rechtsordnung auch nicht völlig fremd. Sein Paradigma ist wohl das *justizielle Verfahrensgrundrecht*, etwa das Habeas-Corpus-Recht. Es zeichnet sich in der radikalen schematischen Gestalt durch *Partikularität, Konkretion und Absolutheit* aus.

Partikularität bedeutet, dass das Recht einen kleinen, klar umgrenzten Lebensbereich regelt, Konkretion bezeichnet einen hohen Grad an Bestimmtheit, und Absolutheit steht für die Unabwägbarkeit des Rechts.

Der erste Formtypus hat zwei politisch sehr gegensätzliche, in ihrer Haltung zu den Menschenrechten – nicht Bürgerrechten – jedoch konvergierende Verteidiger gefunden: neben Marx, eher beiläufig, aber doch signifikant, auch Edmund Burke, den großen Kritiker des revolutionär-„französischen", abstrakt-republikanischen Formtyps der Rechte.[21]

Es ist in der Forschung seit langem weitgehend anerkannt, dass eine gemeinsame angelsächsische Rechtstradition auch im Verfassungsrecht besteht, und hier insbesondere bei wesentlichen individualrechtlichen Garantien. Das gilt trotz der Besonderheit der Parlamentssouveränität und der Abwesenheit einer geschriebenen Verfassung in England – beide Eigenheiten sind stark zu relativieren. Denn auch das Parlament hält sich an bestimmte Grundsätze der Rule of Law, und individuelle Rechte sind – oft mystifiziert – in alten Dokumenten und Gesetzen niedergelegt. Treffend hat Alan Dershowitz die Besonderheit des übergreifenden „angelsächsischen" Formtyps auf die Formel „Rights from wrongs" gebracht.[22] Darin kommt dessen genuin *reaktive* und *individualistische* Natur zum Ausdruck. Sie entspricht einer vielfach beschriebenen Vorliebe des angelsächsischen Denkens für empirische Zugänge, personifiziert nicht zuletzt durch David Hume.[23]

S. 120 ff.; vgl. auch Habermas' (letztlich gegen den „deutschen" relativen Formtypus gerichtete) spätere Abwägungskritik in: Faktizität und Geltung.

20 Vgl. *Campbell*, The left and rights, S. 116. In der nigerianischen Verfassung von 1963 wird eine starke Konkretion (Spezifität) und Absolutheit angestrebt, indem etwa Schranken des Freiheitsgrundrechts genau aufgelistet werden.

21 *Lacroix/Pranchère*, Le procès des droits de l'homme, S. 94 f.

22 So der Buchtitel seiner kleinen Abhandlung über die Herkunft der Menschenrechte, die leider – nicht untypisch für das hiesige Forschungsfeld – eine spezifische Traditionslinie ungebührlich verallgemeinert.

23 Nur wenig überzeichnend *Oakeshott*, Rationalism in politics.

Insbesondere das Dokument der US Bill of Rights prägt der Geist einer letztlich abwesenden Staatsmacht, gegen die bei punktueller Berührung ebenso spezifische Abwehrrechte existieren – unabhängig davon, ob das wirklich der historische Hintergrund der Normen war.[24] International verallgemeinerungsfähig ist daran zunächst wenig. Die Abwesenheit von Gesellschaft war schon in den USA selbst ein Phantasma; erst recht galt das aber für die länger gewachsenen europäischen Staaten. Insofern ist die historische Komplementarität der beiden Grundrechtsverständnisse der amerikanischen und der französischen Revolution vor allem logisch-strukturell zu wenden: je mehr ein Gemeinwesen sich an Vereinzelung orientiert, desto konkret-individueller wird seine Grundrechtsformulierung; je mehr Sozialität das Denken bestimmt, umso mehr müssen Grundrechte als abstrakt-kollektive Programmnormen instituiert sein. Dazu sogleich. Zunächst wollen wir einen Blick auf das herausragende Individualrecht der US-Verfassung werfen, das sich unserer These auf den ersten Blick entziehen könnte.

Das First Amendment ist deshalb ein Probierstein der hier vorgestellten These vom angelsächsischen Formtyp, weil es weder partikular noch konkret genannt werden kann. Der Sachbereich dieses identitätsstiftenden Kerngrundrechts der USA ist groß, ja umfasst alle Lebensbereiche, in denen Kommunikation überhaupt vorstellbar ist.[25] Der innere Normbereich ist weit und vage, das Recht definiert seine eigenen definitorischen Schranken nicht ernsthaft – können gar physische Gewaltakte Kommunikationscharakter haben?[26] Und doch bleibt die These richtig, wenn man die letztlich in den 1940er Jahren anerkannte weitgehende Absolutheit des Grundrechts, seine fehlende äußere Begrenzung, in Rechnung stellt.

Es ist Hugo Black, der den Höhepunkt der Entwicklung als „philosopher on the bench“, als Richter-Philosoph am US-Supreme Court auf den bleibenden Begriff bringt: „It is my belief that there *are* „absolutes“ in our Bill of Rights, and

24 Vgl. v. a. die antiföderalistische Interpretation bei *Amar*, The Bill of Rights.

25 Oliver Lepsius bezeichnet die Redefreiheit als Modellgrundrecht der USA. Vgl. *Lepsius*, Die Religionsfreiheit als Minderheitenrecht in Deutschland, Frankreich und den USA, S. 321 ff., 342. Lepsius meint das inhaltlich-strukturell und institutionell zugleich: Das First Amendment ist ein Minderheitenrecht, das inhaltlich stark ausgreift und effektiv gerade gegen die Legislative abgesichert ist.

26 Für verbale Gewalt ist das ohnehin schon weitgehend anerkannt; vgl. das gerade mit Blick auf das First Amendment nicht unproblematische Werk von *Butler*, Hass spricht; das als ein Stichwortgeber der höchst ambivalenten „academic safe space“-Bewegung an US-Universitäten gelten kann.

that they were put there on purpose by men who knew what the words meant and meant their prohibitions to be „absolutes."[27]

Wie oft diese Feststellung bekämpft oder auch intellektuell ridikülisiert worden ist, tut nichts zur Sache. Sie treibt lediglich auf die Spitze, was auch die Mehrzahl der Kollegen Blacks bis heute annimmt.[28]

Auch Louis Brandeis, der nicht selten mit der richterlichen Zurückhaltung im Interesse der Ermächtigung neuer demokratischer Mehrheiten liebäugelte, hatte seine Sympathie für eine „absolutistische" Interpretation zahlreicher Amendments nicht verhehlt. So distanzierte er sich in der Dogmatik der Meinungsfreiheit im Nachhinein sogar vom bereits anspruchsvollen „clear and present danger test" und bekundete seine Präferenz für die sehr enge Schranke der War Powers.[29] Und selbst Richter Felix Frankfurter, der Vertreter des Majoritarismus schlechthin, war der Überzeugung, bei allen „well-defined", also hier sog. garantistischen Rechten, insbesondere was procedure anbelangte, sei nichts zu relativieren.[30]

„Im Grundsatz" handelt es sich somit beim US-Amendment um eine Garantie, nicht um ein Prinzip oder ein Abwägungsgut. Nur die garantistische Deutung verträgt sich auch mit der angelsächsischen Variante der grundrechtlich gesicherten Individualität.[31] Die politische Kultur Englands wie der USA, trotz aller Differenzen über die seit Blackstone und orthodox bei Dicey[32] als Kern des englischen Verfassungsrechts verteidigte Parlamentssouveränität, die spätestens seit

---

27 *Black*, The Bill of Rights, 35 N.Y.U. Law Review 865 (1960); vgl. auch *Meiklejohn*, The First Amendment is an absolute, The Supreme Court Review 1961, 245 ff. (demokratisch-funktionale Interpretation der Meinungsfreiheit).

28 Anders *Rensmann*, Wertordnung und Verfassung, S. 144, der aber die Absolutheit des „textualism" Blacks und Douglas' zu Unrecht als Tradeoff zwischen Schutzbereich und Schranken hinstellt – freilich im Einklang mit Smends/Alexys in Deutschland vorherrschender „relativistischer" Abwägungsvorstellung.

29 *Bickel*, The Supreme Court and the idea of progress, S. 26 ff.

30 *Bickel*, The Supreme Court and the idea of progress, S. 32.

31 Daher musste die Rechtsprechung des Warren Court in den USA bald als eine Anomalie erscheinen. Der „broadly-conceived egalitarianism", der die Gesellschaft zu verrechtlichen und so zu rationalisieren suchte, wurde früh abgebrochen und nicht selten rückabgewickelt (vgl. dazu als maßgeblicher Kritiker richterlichen Progressivismus *Bickel*, The Supreme Court and the idea of progress, insb. S. 103 ff. Sein epochenbrechendes Buch schließt mit dem Satz: „For, by right, the idea of progress is common property." [S. 181]). Zentralisierung und Egalisierung durch Grundrechte scheint in der US-Rechtsgeschichte ein singuläres Phänomen der Post-New Deal-Zeit zu bleiben. Das kann man bedauern, und das letzte Wort ist nicht gesprochen. Die strukturellen Hindernisse – gerade des Rechtegarantismus – sind aber enorm.

32 *Dicey*, Introduction to the study of the law of the constitution, S. 3 ff.

den 1990er Jahren verstärkt in Frage steht,[33] de facto aber bereits durch die stark englisch beeinflusste EMRK angetastet war, neigt zu einer Prämierung individueller Unabhängigkeit.[34] Man muss nicht Thoreaus „Walden" als uramerikanischen Typus bemühen; es genügt, das sogar noch die englische Arbeiterbewegung prägende Ziel der Bewahrung negativer, durch für jedermann realistisch erreichbares Eigentum ermöglichter Freiheit[35] als politischen Glutkern angelsächsischer politischer Theorie und Praxis zu erkennen. Diesem politischen Ideal persönlicher Unabhängigkeit von anderen wie vom Staat, das als gesellschaftliches Band idealiter nur die Minimalbedingung der *Reziprozität* akzeptiert, ist das *garantistische Grundrecht* der gemäße Formtyp.

Das gilt umso mehr, wenn man in der Konkurrenz das Leitprinzip angelsächsischer (Markt-) Gesellschaften erblickt und sich dann eine bestimmte Person, Idee oder Handlung „absolut" durchzusetzen hat. Diesem marktlichen Konkurrenz- oder Wettbewerbsgedanken mit seiner Betonung von Rechtssicherheit und Rechtsklarheit entspricht am besten ein „Trumpf"-Modell von Rechten, wie es dann der in Europa oft nur als Rechtsphilosoph kategorisierte, in Wahrheit stets ganz maßgeblich vom US-Verfassungsrecht her denkende Ronald Dworkin auf den Punkt gebracht hat.[36] Der alles abwägende freie Markt benötigt gleichsam starre Rechte als Gegenpol.[37] Sozialphilosophisch problematisch ist daran vieles und kann treffend als Gesellschaftspathologie des „Juridismus" identifiziert werden.[38] Gerade die Free Speech-Garantie des First Amendment scheint derzeit außer Rand und Band, wenn Richter Hate Speech oder Money as Speech unter absoluten Schutz stellen wollen. Kaum trifft diese an Menke anschließende „Juridismus"-Diagnose indes auf den zweiten, abstrakten Formtypus zu.

---

33 *Laws*, Law and democracy, Public Law 1995, 72 ff. einerseits; andererseits *Goldsworthy*, The sovereignty of Parliament.

34 Die juristische Kehrseite sind individuelle „remedies", die nach *Dicey*, Introduction, S. 134, unter der englischen Verfassung „predominant attention" erhalten.

35 Deutlich etwa im Fabianismus.

36 *Dworkin*, Bürgerrechte ernstgenommen; *Dworkin*, Rights as trumps, S. 153 ff.; in der aktuellsten Fassung *Dworkin*, Justice for hedgehogs, S. 329 ff.; ein rein moralphilosophisches Pendant ist *Gewirth*, Are there any absolute rights?, in: Waldron (Hrsg.), Theories of rights, S. 91 ff. (resolut bejaht für „the rights presupposed in the very possibility of a moral community", S. 107).

37 Darauf hat mich Alexander Tischbirek gestoßen.

38 *Loick*, Juridismus.

2 Der abstrakte Typus

Die „französische“ Doktrin zeichnet sich durch eine Privilegierung kollektiver Selbstbestimmung und in der Folge die Vorstellung aus, dass Individualität sich nur in Gemeinschaft mit anderen entwickeln könne. In die deutsche Tradition des Konstitutionalismus wollte sich die französische Doktrin später auch nicht einfügen; denn trotz der oberflächlichen Gemeinsamkeit, eher „objektiven“ als subjektiv-rechtlichen Charakter zu tragen, trennte den deutschen Gesetzesvorbehalt und die französische Grundrechtstradition mehr als sie verband.

Als verfassungsrechtlicher Ausdruck revolutionärer Hoffnungen 1789 in Frankreich oder (kurzzeitig) 1848 in Deutschland – Form gewordene Hoffnung – verhieß der für den abstrakten Typus oft verwandte Begriff „Programm“-Grundrecht gerade nicht einen Aufschub, sondern eine Verlängerung ins Unendliche. Dabei ist eine politisch-pragmatische Komponente – der versprochenen schrittweisen Realisierung eines Rechts[39] – von einer idealistisch-metaphysischen[40] zu trennen: Letztere verspricht ganz im Gegensatz zur ersten, dass sich der Inhalt des Grundrechts niemals vollständig erfüllt haben wird: die *Negation des Futur II.* Eine Aufhebung jedes gegenwärtigen Zustandes zugunsten eines fortschrittlicheren erscheint möglich.[41]

Die kollektive Definition von Freiheiten im Gesetz („Gesetzesakzessorietät“),[42] die ihre Klimax in den Bürgerrechtsgesetzen der III. Republik als Ausfluss der die „loi“ sakralisierenden Menschenrechtserklärung von 1789 erreichte,[43] reflektierte anders als die angelsächsische Linie stets die „Chaînes de la dépendance“. Rousseau hatte kraftvoll formuliert: „Il n'y a donc point de liberté sans lois, ni où quelqu'un est au-dessus des lois (...) En un mot, la liberté suit toujours le sort des lois, elle règne ou périt avec elles; je ne sache rien de plus certain.“[44] Und weiter : „Dans l'état civil, tous les droits sont fixés par la loi.“[45]

Der direkte Einfluss Rousseaus lässt sich in der Menschenrechtserklärung letztlich deutlicher nachweisen als derjenige Lockes in der US-amerikanischen

---

39 *Grimm*, Deutsche Verfassungsgeschichte 1776–1866, S. 132ff.

40 In diesem Sinne etwa Condorcet, vgl. *Henning*, Freiheit, Gleichheit, Entfaltung, S. 319ff.

41 Vgl. auch *Wellmer*, Menschenrechte und Demokratie, in: Gosepath/Lohmann (Hrsg.), Philosophie der Menschenrechte, S. 265ff.

42 Deren Zentralität hat insbesondere Dieter Grimm hervorgehoben, vgl. *Hofmann*, Die Grundrechte 1789–1949–1989, in: Hofmann (Hrsg.), Verfassungsrechtliche Perspektiven, S. 23ff., 34.

43 Knapp: *Raynaud*, La IIIe République et les droits de l'homme, Revue des deux mondes, S. 39ff.

44 *Rousseau*, Lettres écrites de la montagne, 8e lettre, in: Oeuvres complètes, Bd. 8, S. 182.

45 *Rousseau*, Du contrat social, II, 6.

(vgl. dort v.a. das 9th Amendment); der Legizentrismus ist unbestreitbar.[46] „Pour les déclareurs, la Déclaration est en effet le principe des lois, principe en ses deux sens de commencement et de commandement, c'est-à-dire source et borne de la loi."[47] Der Abgeordnete Malouet bezeichnet in einer repräsentativen Äußerung die Rechte als „la lumière et la fin du législateur: car les lois ne sont que le résultat et l' expression des droits et devoirs naturels, civils et politiques."[48] Auch andere Abgeordnete hoben die Funktion geistig-„spiritueller" Anleitung des Gesetzgebers hervor. Neuere Forschungen kommen zudem zum Ergebnis, dass die formale Innovation der französischen Erklärung in der Überführung der stark religiös konnotierten, naturrechtlichen Gestalt des „serment-promesse" in die öffentliche Sphäre liegt.[49]

Entscheidend ist, den revolutionären französischen Gesetzesidealismus nicht mit Grundrechtsskeptizismus zu verwechseln. Die Grundrechte erhalten (rousseauistisch) nur eine spezifische Form. Dieser entsprach institutionell, dass das Vertrauen in die Legislative weitaus größer war als in eine in Verruf geratene Justiz, und das wohl zu Recht.

Schon die Revolution von 1848 war der Anlass einer bewundernswert vertiefenden Diskussion des zweiten, idealistischen Formtyps im Sinne eines „Spiritualismus"; das hing auch mit ihren großen Themen, dem allgemeinen Wahlrecht und den sozialen Rechten, zusammen, deren letztere oft als „droits imparfaits" gedeutet wurden.[50] Victor Considérant formulierte seinerzeit klar: „Tout droit est en quelque sorte un idéal."[51] Ihren Höhepunkt erreichte die Entwicklung aber in den angesprochenen Bürgerrechtsgesetzen der III. Republik,

---

46 Das gilt trotz der wichtigen „heterodoxen" Forschungsergebnisse von *Gauchet*, Die Erklärung der Menschenrechte. Zu historischen Hintergründen des französischen Legizentrismus, der sich insbesondere auch am Code Civil kristallisierte: *Ost*, Le temps du droit, S. 224 ff. Zur maßgeblichen Bedeutung Rousseaus für die Verlegung des Menschenrechts in den Staat und sein Gesetz vgl. *Cassirer*, Die Philosophie der Aufklärung, S. 277.

47 *Jouanjan*, Le principe d'égalité devant la loi en droit allemand, S. 32.

48 Zit. bei *Jouanjan*, Le principe d'égalité devant la loi en droit allemand, S. 32.

49 *Fauré*, Ce que déclarer des droits veut dire, S. 121 („déclaration royale" plus „engagement privé").

50 *Fauré*, Ce que déclarer des droits veut dire, S. 193 ff.

51 Zit. bei *Fauré*, Ce que déclarer des droits veut dire, S. 194 f., Fn. 28. Einen wichtigen Vorläufer findet die idealistisch-teleologische Grundrechtsform, namentlich in ihrer inhaltlichen Affinität mit der Gleichheit, bei Sieyès: *Pasquino*, Sieyès et l'invention de la constitution en France, S. 109 f. Anders als bei Rousseau ist sie bei diesem mit der Repräsentation verknüpft.

etwa zur Presse- oder Versammlungsfreiheit.[52] Jean Jaurès wird damals zum bedeutenden Theoretiker des französischen *Grundrechtsidealismus*.[53]

3 Der relative Typus

Anders als der abstrakte Typus, der republikanische Abhängigkeit und Kooperation „von unten“ in der Form der Rechte reflektiert, formt der relative Typus, wie er für die deutsche Verfassungskultur prägend ist, Individualität in Rechten als hierarchische, durch den Staat „von oben“ organisierte Abhängigkeit aus. Im Gegensatz zum absoluten Typus sind Rechtspersonen hier nicht als sich selbst behauptende Eigenwillensträgerinnen gedacht, die ein natürliches Recht haben, sich gegen andere durchzusetzen, sondern als regulierungsbedürftige Untertanen, die ihren Beritt möglichst nicht überschreiten sollten. Eine nicht allzu fernliegende etatistische Interpretation der kantischen Rechtslehre[54] fängt diesen Gedanken der Platzanweisung, Freiheitssphärentrennung und Risikominderung theoretisch schon recht passend ein.

Rechte erleiden unter dem „deutschen“ Formtyp eine *harmonistische Entschärfung*. Die Individualität, die ein *relativer* Grundrechtstypus widerspiegelt, ist diejenige, die ein interessen- oder „werteausgleichender“, tendenziell autoritär personifizierter Staat approbiert hat.[55] Kontinuierlich scheint ein Versuch, staatlicher Bestimmung entzogene Reservate ursprünglicher Freiheit „in das Konzept eines organischen Staates zu integrieren“,[56] der „Subjekt eines dem Einzelwillen vorgeordneten Gesamtinteresses“[57] sein sollte, wobei sich dieser Staat mitsamt der von ihm „gewährleisteten“ Rechte in seiner Verfassungsgestalt stark wandelt. Der Organismus des grundrechtsgewährleistenden Staates erscheint dabei als

---

52 Letzteres Gesetz von 1907 ist insofern ein kurioser Grenzfall, weil es eine Formulierung verwendet, die global, konkret und vor allem absolut ist (nur ein Satz!). Dennoch handelt es sich um eine Konkretisierung des Art. 11 der Menschenrechtserklärung.

53 *Lacroix/Pranchère*, Le procès des droits de l'homme, S. 20.

54 *Horn*, Nichtideale Normativität, zeigt die Problematik und Grenzen eines solchen Ansatzes ohne (aristotelische) Gütertheorie.

55 Vgl. auch die Kritik von *Habermas*, Faktizität und Geltung, S. 312: Vorrang der Norm gegenüber dem (ethischen, pragmatischen) Telos im Recht geschleift. Funktionalistische Argumente und staatliches Kosten-Nutzen-Kalkül können gegenüber dem Eigensinn der deontologischen Norm die Oberhand gewinnen. Die Richtung der Kritik ist ähnlich wie bei Ridder und hier, aber präsupponiert eine zu starke Annäherung liberalen Rechts an eine universale Moral des „Gerechten“.

56 *Lübbe-Wolff*, Grundrechte als Eingriffsabwehrrechte, S. 83.

57 *Lübbe-Wolff*, Grundrechte als Eingriffsabwehrrechte, S. 84.

„Einheit des Besonderen und des Allgemeinen", in der die Selbstständigkeit der Glieder „in einer höheren Einheit zugleich auch bewahrt" ist.[58]

Als einigermaßen willkürlichen Ausgangspunkt der Genealogie des relativen Typus wähle ich hier Friedrich Julius Stahl, der bereits in der Vormärzzeit den „herrschenden Ton" in Preußen angab und an dem sich bei allen Differenzen später große Teile der preußischen Staatslehre philosophisch orientieren sollten.[59] Den Rechtsstaat charakterisierte Stahl in Abkehr von der Staatszielidee in einer berühmten Formulierung als einen Modus der Herrschaftsausübung, Rechtsstaat bedeute „nicht Ziel und Inhalt des Staates, sondern nur Art und Charakter, dieselben zu verwirklichen".[60] Damit einher geht aber eine Absage an die Begrenzung des Staates auf das „atlantische" revolutionäre, zugleich begrenzende Telos der Verwirklichung (idealtypisch Frankreich) bzw. Garantie (idealtypisch USA) der Rechte seiner Bürger. Stahl ist gleichwohl kein Theoretiker des schrankenlosen Obrigkeitsstaates, sondern einer Einbettung der (insbesondere politisch konservativen) Rechte (wie Eigentum und Ehe) in einen Staat, der auch „sittliche" Ideen umsetzen darf und soll. In seiner hier maßgeblichen Schrift „Die Erklärung der Rechte" von 1837 heißt es in § 144: „Persönlichkeit innerhalb der Staatsordnung", „(...) daß der Staat sie dem Staatsbürger gewährt", „Die Erklärung der Rechte darf die Gerechtsame und Freiheiten des Unterthanen nur als Festsetzungen innerhalb der Staatsordnung verkünden, so daß die anderen Festsetzungen der Verfassung, z. B. über obrigkeitliche Gewalt, Kirche usw. als gleich fundamental neben, ja über ihnen bestehen (...)", „nicht eine Preisgebung des Staates an die Menschen", „darf der Schutz der persönlichen Freiheit nicht so unangemessen seyn, daß dadurch die Gemeinschaftsgüter der Nation gefährdet werden", „Gefahr der Anarchie" etc.[61] – Der Verdacht gegen Opposition und politische Extreme ist dem konservativen Staatsphilosophen deutlich anzumerken, so dass der Staat in seiner Konzeption die individuellen Rechte bei einem Konflikt letztlich überwältigen muss.[62] Stahl bezog folgerichtig gegen eine Prospektivität der Rechte und damit gegen „französischen" Idealismus im Vormärz Stellung.[63]

---

58 *Lübbe-Wolff*, Grundrechte als Eingriffsabwehrrechte, S. 84, Fn. 35.

59 Zur Einordnung *Sobota*, Das Prinzip Rechtsstaat, S. 322, 325.

60 *Stahl*, II/2, 137 f., zit. bei *Kersten*, Friedrich Julius Stahl, in: Grundmann (Hrsg.), Festschrift 200 Jahre Juristische Fakultät HU, S. 205 ff., 210, Fn. 22 m.w.N.

61 Friedrich Julius Stahl, Die Erklärung der Rechte, zit. nach *Augsberg/Unger* (Hrsg.), Basistexte: Grundrechtstheorie, S. 61 ff.

62 Als positivistischer Verteidiger der Obrigkeit, gehorsamen Einwilligung und „Volksgemeinschaft" wird Stahl bei *Marcuse*, Vernunft und Revolution, S. 325 f. charakterisiert.

63 *Schönberger*, État de droit et État conservateur: Friedrich Julius Stahl, in: Institut de Recherches Carré de Malberg (Hrsg.), Figures de l'État de droit. Le Rechtsstaat dans l'histoire

Die Linie Stahls[64] wird nach dem Übergang von der Phase des Naturrechts und der historischen Rechtsschule zum positivistischen Reichsstaatsrecht nach Ansätzen bei Gerber fortgeführt. Prägend für Weimar und noch mehr die Bundesrepublik wird die antipositivistische Schule, insbesondere in Gestalt Rudolf Smends.

Grundrechtstheoretisch führt Smend, der sich positiv auf Stahl bezieht, seine Ideen ausführlicher als im Hauptwerk „Verfassung und Verfassungsrecht" in seinem Staatsrechtslehrerreferat zur Meinungsfreiheit aus, das eine Stärkung der Freiheit von Hochschulordinarien im Vergleich zum Kaiserreich vornimmt, standesunspezifische liberale Rechte (Meinungsfreiheit) aber weiter durch ein *Staatswohl* relativiert.[65] Smend resümiert zur Rolle der Grundrechte sehr deutlich und an den Preußen Stahl gemahnend: „Für die heutigen Grundrechte gilt mit neuem Recht, und stärker als für die des monarchischen Staats der Satz der Menschenrechte, dass diese Rechte nicht Schranken, sondern Verstärkungen des Staats und der Staatsgewalt sein sollen, deren Akte, weil im Rahmen dieser Rechte vollzogen, darum um so wirksamer sein sollen."[66]

Wenn auch weder Stahl noch Smend eine ausgefeilte Abwägungstheorie der Rechte vorlegen, liefern sie doch in einer deutlichen Kontinuitätslinie Argumente für eine *Relativierung* gerade der liberalen und politischen Rechte, zumal anhand von Gemein- oder „Staatswohlinteressen".[67] Darin kommt ein durchgängig starker Etatismus des relativen Formtyps zum Ausdruck.

Konrad Hesse und Peter Häberle[68] nehmen den Faden als Smendianer[69] dann auf und setzen sich unter dem Grundgesetz[70] gegen abwägungsskeptische Sch-

---

intellectuelle et constitutionelle de l'Allemagne, S. 177 ff., 183; dagegen *v. Rönne* („idealistische" Interpretation der preußischen Verfassung von 1850) (ebd.).

64 *Grimm*, Recht und Staat der bürgerlichen Gesellschaft, S. 323.

65 *Smend*, VVDStRL 4 (1928), S. 44 ff.

66 *Smend*, Das Recht der freien Meinungsäußerung, VVDStRL 4 (1927), S. 44 ff., 48.

67 Zu Stahls Theorie politischer Rechte in *Stahl*, Philosophie des Rechts, Bd. II, 2. Abt. (1837), S. 266 vgl. *Böhme*, Politische Rechte des einzelnen in der Naturrechtslehre des 18. Jahrhunderts und in der Staatstheorie des Frühkonstitutionalismus, S. 77.

68 Häberle kritisiert die „Auffassung, die die Gesetzgebung im Vorbehaltsbereich prinzipiell unter dem negativen Aspekt des den Grundrechten Abträglichen betrachtet" (*Lübbe-Wolff*, Grundrechte als Eingriffsabwehrrechte, S. 64). Mit diesem an Kaufmann und Hauriou anschließenden institutionellen Ansatz stellt er sich aber gerade nicht außerhalb des Wert- und Abwägungsdenkens, sondern greift letztlich nur Schmitts „rechtsstaatliches Verteilungsprinzip" an (S. 67). So auch *Lübbe-Wolff*, Grundrechte als Eingriffsabwehrrechte, S. 65 ff. Die Dogmatik von Schutzbereich und Eingriff steht dadurch nicht infrage (S. 68). Die Abgrenzung erfolgt in der Sache gegenüber dem ersten, garantistischen Formtyp (durch das Postulat der Abwägbarkeit) und gegenüber dem dritten, idealistischen Formtyp (durch die Leugnung eines gesetzlich anzustrebenden Idealzustands, so auch *Lübbe-Wolff*, Grundrechte als Eingriffsabwehrrechte, S. 67).

mittianer, vor allem aber gegen die „Ridder-Schule“ (Das Grundgesetz steht „links von der gesellschaftlichen Wirklichkeit“)[71] durch.[72] Diese minoritäre Strömung kritisierte bereits früh die Vorstellung von Sozialität als „notwendiges Übel, das keine eigenständigen Ordnungsprinzipien hat, sondern als ein Chaos kollidierender Individualfreiheiten anzusehen ist, deren Abwägung und Abgrenzung gegeneinander entweder die Aufgabe einer starken staatlichen Autorität ist (...) oder die in dauerhafte Ordnungen zu überführen sind, in denen das Sozialprinzip individueller Selbstentfaltung im Sinne einer prinzipiell unbegrenzten Handlungsfreiheit objektiviert und damit als Strukturprinzip sozialer Ordnungen konzipiert ist.“[73]

Smends Wirkung, die in seinem wichtigsten Schüler Konrad Hesse durch zahlreiche Modifikationen insbesondere Hellerscher[74] und anders soziologisch-politologisch aufgeklärter Provenienz ansonsten kaum mehr zu erkennen war, muss vor allem mit der Abwägungslehre identifiziert werden. In der Rechtsprechung dominiert bis heute die mit der Verhältnismäßigkeit kombinierte Abwägung.[75]

Die „objektive Wertordnung“ als berühmteste Innovation des Bundesverfassungsgerichts – und umstrittene *formal* autoritäre Version *objektiver* Sittlichkeit, gegen die gerade republikanisch-abstrakte *subjektive* Rechte formal emanzipa-

---

69 Vgl. nur *Camilo de Oliveira*, Zur Kritik der Abwägung in der Grundrechtsdogmatik, S. 19, 144 f. zur „genealogischen“ Verbindung von Smend, Häberle und Alexy im „Abwägungs- und Wertdenken“ als Sonderfall des moralischen Diskurses; speziell zu Häberles Smend-Übernahmen S. 154 f.

70 Die Formulierungen im Grundgesetz mögen im Einzelnen stilistischen Grundsätzen folgen. Die „subjektiven“ Überlegungen des Parlamentarischen Rates zu stärkerer Spezifizierung haben die „objektive“ Praxis der Rechtsprechung jedoch kaum zu prägen vermocht, wie sie sich ab 1958 (*Lüth, Apotheken*) durchsetzte.

71 *Ridder*, Die soziale Ordnung des Grundgesetzes, S. 17.

72 *Hesse*, Grundzüge des Verfassungsrechts der Bundesrepublik Deutschland; *Häberle*, Die Wesensgehaltsgarantie des Art. 19 Abs. 2 Grundgesetz. In der Rechtsprechung als „Kollisionstheorie“ auf der Grundlage von irreführend (und eher selten) so bezeichneten „Optimierungsgeboten“. Richard Thoma hatte mit der Optimierung der Wirkungskraft nichts anderes als den Rechtssatzcharakter der Grundrechte bezeichnen wollen, vgl. *Lerche*, Die Verfassung als Quelle von Optimierungsgeboten?, in: Scholz u. a. (Hrsg.), Ausgewählte Abhandlungen, S. 72 ff., 75.

73 *Preuß*, Die Internalisierung des Subjekts, S. 156 f.

74 *Heller*, Staatslehre.

75 Vgl. zur Abwägung grundlegend BVerfGE 7, 198, 209 f. – Lüth (Drittwirkungsfälle). Weitere wesentliche Stationen: BVerfGE 28, 243, 261 – Dienstpflichtverweigerung (Vorbehaltlose Grundrechte); BVerfGE 30, 173, 195 f. – Mephisto (Grundrechtskollisionen). Zur Genealogie *Camilo de Oliveira*, Zur Kritik der Abwägung in der Grundrechtsdogmatik, S. 150, im Anschluss an *Schlink*, Abwägung im Verfassungsrecht, S. 22 f.

torisch wirken – war Türöffner für diese Abwägung und ging auf Weimar zurück, aber nicht auf die „Wertphilosophie“ nach Hartmann oder Scheler,[76] sondern in der Sache auf Smend. Seine Klimax erreicht das Abwägungsdenken schließlich in der sog. Prinzipientheorie Alexys, der für den „deutschen“ Grundrechtsformtypus eine repräsentativere, nicht selten als philosophische Hypostase verkannte Rolle spielt als Dworkin für den „angelsächsischen“.[77] [78] Alexy markiert deshalb den Höhepunkt der Entwicklung des „deutschen“ Formtyps, weil er in der starken affirmativen Bindung an die entwickelte deutsche Verfassungsgerichtsbarkeit zur maximalen Apologie staatlicher Grundrechtsinstitutionalisierung, aber gleichzeitig zu einer moralisierend-relativierenden Verflüssigung aller Grundrechtspositionen vordringt.[79]

4 Zusammenfassung

Wir haben drei Formtypen von Rechten kennengelernt, die durch systematische Gruppierung ermittelt wurden, sich aber idealtypisierend rechtskulturell-topographisch verankern ließen. Ihre ursprüngliche besondere Verwurzelung im angelsächsischen, französischen respektive deutschen Rechtsraum tut ihrer systematischen, dialektischen Komplementarität keinen Abbruch. Die historische Kontextualisierung ist sinnvoll, weil gerade Formtypen von Rechten nicht im luftleeren Raum der Abstraktion gedeihen, sondern in Verfassungskulturen wachsen, die ihrerseits niemals homogen sein können. Die zugrunde liegenden Kriterien ermöglichen eine *verfassungskulturübergreifende* Bestimmung der *formalen* Qualitäten der Entität des individuellen Rechts.[80]

---

76 *Lübbe-Wolff*, Grundrechte als Eingriffsabwehrrechte, S. 283 ff., 289, Fn. 225 m. w. N.

77 Vgl. die eingeräumte Nähe zur Werttheorie der Rechte bei *Alexy*, Theorie der Grundrechte, S. 125 ff.

78 Auf den Widerspruch der Prinzipienbegriffe Alexys und Dworkins weist auch Peter Lerche hin, in: *Lerche*, Die Verfassung als Quelle von Optimierungsgeboten?, S. 79. Gerade in der Definition der Prinzipien als Optimierungsgebote weiche Alexy von Dworkin ab. Die Abweichung ist nicht verwunderlich, insofern Alexy nach idealistischem Einstieg (Kritik daran bei *Lerche*, Die Verfassung als Quelle von Optimierungsgeboten?, S. 81) – Prinzipien als „ideales Sollen“ – auf umfassende Relativierung einschwenkt (in der Sache ebenso *Lerche*, Die Verfassung als Quelle von Optimierungsgeboten?, S. 80 f.), also gleichsam „französisch“ abhebt und „deutsch“ landet, während Dworkin der US-Tradition der garantistischen Form verhaftet ist.

79 Vgl. stellv. *Camilo de Oliveira*, Zur Kritik der Abwägung in der Grundrechtsdogmatik, S. 156 ff. Kritisch zum unbeschränkten (affirmativen) Beschreibungspotential S. 170.

80 Das vorgeschlagene Dreierschema beansprucht eine größere Trennschärfe gegenüber den Gradunterscheidungen der drei Modelle (Gesetzesallgemeinheit, Individualgarantien, Absolut-

Menkes Kritik der Rechte erscheint im Lichte der vorangegangenen Überlegungen als Kritik eines spezifischen Formtyps oder, genauer: Formkontinuumsabschnitts der Rechte, verstanden als Menschenrechte („Rechte auf subjektive Rechte"). Der absolute Typus naturalisiert einen partikularen Willen, ohne dass das mit einem moralischen Egoismusvorwurf verbunden wäre. Er formiert diesen Willen erst, indem er ihn als von Kooperation unabhängig imaginiert. Aber auch der relative Typus impliziert noch Ansätze einer Naturalisierung des Eigenwillens, indem er diesen von vornherein als zu regulierendes, autoritär begrenzbares Risiko fasst. Zwar ist hier stets vorausgesetzt, dass der Wille nicht als einzelner existiert, sondern mit anderen abgeglichen werden muss. Doch bestätigt die notwendige Grenzziehung den Eigenwillen partiell als Innenraum des (Willkür-) Freiheitsterritoriums.

Je weiter man in Richtung des abstrakten Typus geht, desto weniger trifft Menkes Analyse aber zu. Eine republikanische Gemeinschaft der Rechtssetzerinnen verständigt sich über immer erst abstrakt-unbestimmte, ausfüllungsbedürftige naturrechtliche Ideen. Wenn diese auch (verstandesmäßig) als subjektive Rechte gedacht sind, so sind sie doch im Bewusstsein der gegenseitigen Abhängigkeit als von vornherein (begrifflich) gemeinsame Angelegenheit prozessualisiert. Jeder hat das vornehmste demokratische Recht, im gemeinsamen, kollektiven Freiheitsgebrauch *ein Anderer zu werden*. Mehr irdische Emanzipation ist schlechterdings unvorstellbar. Der real existierende Liberalismus ist von diesem in ihm geborgenen Potential angesichts der Prävalenz anderer Formtypen von Rechten oft genug allzu weit entfernt.

Die für zeitgenössische Demokratien kennzeichnende Synthese der verschiedenen Formtypen – bei regionaler Variation – relativiert folglich Menkes Kritik stark. Wie oben angesprochen, ist das nicht zuletzt ein Ausdruck der als dialektische Spannung aufgefassten „Gleichursprünglichkeit" der Rechte in demokratischen Gemeinwesen. Willkürfreiheit ist hier durch demokratische Prozessualisierung versittlicht. Die formal variierenden Rechte sind die juridische Form dieser demokratischen Sittlichkeit.

Sekundäre subjektive Rechte auf der Basis von ordnenden Gesetzen (A schuldet B ein X) beanspruchen hingegen im Gegensatz zu manchen *Menschen*rechtsformen von vornherein keine natürliche Eigenwillkür, sondern nur eine gesetzlich versittlichte. Kein Recht muss sich an diesen Ansprüchen messen lassen, die entgegen Menkes Ansicht in der Tat Reflexe sind, aber nichts reflek-

---

heit, Normativität/Durchsetzbarkeit), wie sie sich bereits in der Literatur finden; aufbereitet bei *Lange*, Grundrechtsbindung des Gesetzgebers, S. 86 ff., 219 ff. Dort etwa zur französischen „conciliation" (S. 486) versus „garanties légales" (S. 488) und zur Frage der Normdichte (S. 244 ff.). Näher zu den Kriterien der Formtypen *Wihl*, Aufhebungsrechte.

tieren.[81] Einen Anspruch, das Recht, von jemandem ein Tun oder Unterlassen zu verlangen, gibt es im demokratischen Gemeinwesen vor einem solchen Gesetz gar nicht – und zwar weder inhaltlich noch formal, sondern höchstens *hypothetisch, als Denkmöglichkeit.* Ob das Gesetz sich an Rechten messen muss oder diese überhaupt gewährt, entscheidet es – abgesehen von den Grund- und Menschenrechten – selbst, wofür die „Schutznormtheorie" des Verwaltungsrechts, aber auch advokatorische Klagerechte eine schöne Veranschaulichung sind. Das ordnende Recht wird nicht durch die Gewährung subjektiver Rechte zum „Recht der Rechte", sondern infolge seiner inneren *Aufhebbarkeit* durch Grund- und Menschenrechte.

II Form und Inhalt der Rechte

Der Formvarianz der Rechte korrespondiert auch eine große inhaltliche Spannbreite. Diese ist hier insofern von Interesse, als das Verhältnis von Rechtsinhalt und -form keines der wechselseitigen Unabhängigkeit ist. Es bestehen vielmehr interessante Affinitäten, die weitere Zweifel an der Reichweite von Menkes Kritik begründen. Es steht nämlich infrage, ob man über die Form des Rechts losgelöst von der *inhaltlichen Art* der vermeintlich[82] naturalisierten Willkürfreiheit etwas Abschließendes sagen kann. Der entscheidende Faktor, der hier ins Spiel kommt, ist die inhärente *Kollektivität* bestimmter Freiheitsvollzüge. Daher lautet die Anfrage an Menke letztlich, welchen Stellenwert Kollektivität in seiner Kritik einnimmt oder ob sich dort nicht trotz gelegentlicher skeptischer Einwürfe gegen „radikaldemokratische" Theorie eine strukturelle Leerstelle auftut. Wenn Kollektivität bereits in die Struktur bestimmter inhaltlicher Typen von Rechten einbeschrieben ist, bleibt diese innere Strukturierung nicht ohne Rückwirkung auf eine vorgeblich am Eigenwillen orientierte Form der besagten Rechte. Diese Art *kollektiver inhaltlicher Gehalt* mancher Rechte tritt zu der bereits oben abgehandelten formalen Verwiesenheit der individuellen Rechte auf republikanisch-*demokratische kollektive Entscheidungen* hinzu, der immer schon vorausgesetzten Läuterung des Einzelwillens im Gemeinwillen der volonté générale. Zwischen beiden besteht, wenig überraschend, wiederum ein enger Zusammenhang, weil gerade inhaltlich kollektive Rechte eine besondere Nähe zum demokratisch-republikanischen (nicht „kommunistischen"!) Prozess aufweisen.

81 *Menke,* Kritik der Rechte, S. 28.
82 Vgl. soeben *Menke,* Kritik der Rechte, S. 28.

Wie für die Form lassen sich für den Inhalt mehrere Typen unterscheiden, die hier aus Platzgründen nicht näher erläutert werden können.[83] Sie reichen auf einem Kontinuum als Abgrenzung von den solitär-eigentumshaften Rechtsinhalten (1.) über die kontingent-intersubjektiv kommunikativen Rechte (2.) bis zu dem „uneigentlichen" Typus der Gleichheitsrechte (3.), der durch notwendige Intersubjektivität besticht.

Hier möchte ich abschließend nur auf den zweiten Typus der kommunikativen Rechte kurz zu sprechen kommen, weil dieser in der sehr reichhaltigen französischen postmarxistischen Debatte über Rechte, die in Menkes Monographie anders als in früheren seiner Äußerungen deutlich zu kurz kommt, die maßgebliche Rolle spielt. Dass sich „autonome Gesellschaft" und „libertäre Demokratie" gegenseitig brauchen, hat die Debatte insbesondere zwischen Cornelius Castoriadis und Claude Lefort gezeigt.[84] Um eine autonome Gesellschaft zu bauen, benötigen Menschen aber assoziative, kommunikative Rechte, die ihnen ungestraftes Anderswerden durch kollektive Einflussnahme auf den demokratischen Prozess der Fortentwicklung dieser Gesellschaft ermöglichen. Das sind, wie schon betont, keine Rechte des natürlichen Eigenwillens (Privatrecht) und keine der normalisierenden sozialen Teilhabe an definierten Leistungen (Sozialrecht) – die beiden von Menke traktierten Varianten. Es sind Rechte, die Gesellschaft als „imaginäre Institution" (Castoriadis) erst konstituieren. Es sind die Rechte des Gemeinwillens: „*öffentliches* Recht".

III Fazit

Menkes „Kritik der Rechte" in formaler Hinsicht trifft einen bestimmten Typus von Rechten, der in liberalen Gesellschaften nicht selten vorkommt und als Ergebnis demokratischer Prozesse weiter vordringen oder zurückweichen kann. Er ist in verschiedenen demokratischen Gemeinwesen unterschiedlich stark verfassungskulturell-historisch verankert. Die Formkritik ist mit der inhaltlichen Kritik an bestimmten Rechten strukturell verbunden, weil zwischen Form und Inhalt wichtige Affinitäten bestehen. Schließlich ist es der gesellschaftlich geformte demokratische Gemeinwille, der Rechte von der Naturalisierung des Einzelwillens befreit und den Menschen im Sinne von Menkes „neuem Recht" ermöglicht, in den politischen Kampf um Gesellschaft einzutreten oder sich ungestört auf sich

83 Ich verweise abermals auf *Wihl*, Aufhebungsrechte.

84 Zum Überblick *Rödel* (Hrsg.), Autonome Gesellschaft und libertäre Demokratie.

selbst zurückzuziehen – mit allen möglicherweise unangenehmen Folgen, die menschliche Kollektivität an individuelle Selbstgenügsamkeit knüpft.

Literatur

Alexy, R., Theorie der Grundrechte, Frankfurt am Main 1985.
Amar, A. R., The Bill of Rights, New Haven 1998.
Augsberg, I./Unger, S. (Hrsg.), Basistexte: Grundrechtstheorie, Baden-Baden 2012.
Bickel, A. M., The Supreme Court and the idea of progress, New York 1970.
Binoche, B., Critiques des droits de l'homme, in: Binoche, B./Cléro, J.-P. (Hrsg.), Bentham contre les droits de l'homme, Paris 2007, S. 127–225.
Black, H., The Bill of Rights, 35 New York University Law Review 865 (1960), S. 865–881.
Böhme, H.-J., Politische Rechte des einzelnen in der Naturrechtslehre des 18. Jahrhunderts und in der Staatstheorie des Frühkonstitutionalismus, Berlin 1993.
Brunkhorst, H., Critical theory of legal revolutions, New York 2014.
Butler, J., Hass spricht, Frankfurt am Main 2006.
Camilo de Oliveira, R., Zur Kritik der Abwägung in der Grundrechtsdogmatik, Berlin 2013.
Campbell, T., The left and rights, London 1983.
Cassirer, E., Die Philosophie der Aufklärung, Hamburg 2007.
Dicey, A. V., Introduction to the study of the law of the constitution, Indianapolis 1982.
Dworkin, R., Bürgerrechte ernstgenommen, Frankfurt am Main 1984.
Dworkin, R., Justice for hedgehogs, Cambridge 2011.
Dworkin, R., Rights as trumps, in: Waldron, J. (Hrsg.), Theories of Rights, Oxford 1984, S. 153–168.
Fauré, C., Ce que déclarer des droits veut dire, Paris 2011.
Gauchet, M., Die Erklärung der Menschenrechte, Reinbek 1991.
Gewirth, A., Are there any absolute rights?, in: Waldron, J. (Hrsg.), Theories of rights, Oxford 1984, S. 91–109.
Goldsworthy, J., The sovereignty of Parliament, Oxford 1999.
Grimm, D., Deutsche Verfassungsgeschichte 1776–1866, Frankfurt am Main 1988.
Grimm, D., Europäisches Naturrecht und Amerikanische Revolution, Ius Commune III 1970, S. 120–151.
Grimm, D., Recht und Staat der bürgerlichen Gesellschaft, Frankfurt am Main 1987.
Häberle, P., Die Wesensgehaltsgarantie des Art. 19 Abs. 2 Grundgesetz, Heidelberg 1962.
Habermas, J., Faktizität und Geltung, Frankfurt am Main 1992.
Habermas, J., Naturrecht und Revolution, in: Habermas, J. (Hrsg.), Theorie und Praxis, Frankfurt am Main 1978, S. 52–88.
Habermas, J., Strukturwandel der Öffentlichkeit, Frankfurt am Main 1990.
Heller, H., Staatslehre, Tübingen 1983.
Henning, C., Freiheit, Gleichheit, Entfaltung, Frankfurt 2015.
Hesse, K., Grundzüge des Verfassungsrechts der Bundesrepublik Deutschland, Heidelberg 1967.
Hofmann, H., Die Grundrechte 1789–1949–1989, in: Hofmann, H. (Hrsg.), Verfassungsrechtliche Perspektiven. Aufsätze aus den Jahren 1980–1994, Tübingen 1995, S. 23–47.

Horn, C., Nichtideale Normativität, Berlin 2014.
Jouanjan, O., Le principe d'égalité devant la loi en droit allemand, Paris 1992.
Kersten, J., Friedrich Julius Stahl (1802 – 1861), in: Grundmann, S. (Hrsg.), Festschrift 200 Jahre Juristische Fakultät HU, Berlin 2010, S. 205 – 299.
Lacroix, J./Pranchère, J.-Y., Le procès des droits de l'homme, Paris 2017.
Lange, F. V., Grundrechtsbindung des Gesetzgebers, Tübingen 2010.
Laws, J., Law and democracy, Public Law 1995.
Lepsius, O., Die Religionsfreiheit als Minderheitenrecht in Deutschland, Frankreich und den USA, Leviathan 2006.
Lerche, P., Die Verfassung als Quelle von Optimierungsgeboten?, in: Scholz, R. u. a. (Hrsg.), Ausgewählte Abhandlungen, Berlin 2004.
Loick, D., Juridismus, Berlin 2017.
Lübbe-Wolff, G., Grundrechte als Eingriffsabwehrrechte, Baden-Baden 1988.
Marcuse, H., Vernunft und Revolution, 5. Aufl., Darmstadt u. a. 1979.
Maus, I., Zur Aufklärung der Demokratietheorie, Frankfurt am Main 1992.
Meiklejohn, A., The First Amendment is an absolute, The Supreme Court Review 1961, S. 245 – 266.
Menke, C., Kritik der Rechte, Berlin 2015.
Menke, C./Raimondi, F., Die Revolution der Menschenrechte, Frankfurt am Main 2011.
Oakeshott, M., Rationalism in politics, Carmel 1991.
Ost, F., Le temps du droit, Paris 1999.
Pasquino, P., Sieyès et l'invention de la constitution en France, Paris 1998.
Preuß, U. K., Die Internalisierung des Subjekts, Frankfurt am Main 1979.
Raynaud, P., La IIIe République et les droits de l'homme, Revue des deux mondes, Februar/März 2018.
Rensmann, T., Wertordnung und Verfassung, Tübingen 2007.
Ridder, H., Die soziale Ordnung des Grundgesetzes, Opladen 1975.
Rödel, U. (Hrsg.), Autonome Gesellschaft und libertäre Demokratie, Frankfurt am Main 1990.
Rousseau, J.-J., Du contrat social, Amsterdam 1762.
Rousseau, J.-J., Lettres écrites de la montagne, 8e lettre, in: Oeuvres complètes, Paris 1832.
Schlink, B., Abwägung im Verfassungsrecht, Berlin 1976.
Schönberger, C., État de droit et État conservateur: Friedrich Julius Stahl, in: Institut de Recherches Carré de Malberg (Hrsg.), Figures de l'État de droit. Le Rechtsstaat dans l'histoire intellectuelle et constitutionelle de l'Allemagne, 1997, S. 177 – 191.
Smend, R., Das Recht der freien Meinungsäußerung, VVDStRL 4 (1927), S. 44 – 74.
Sobota, K., Das Prinzip Rechtsstaat, Tübingen 1997.
Stahl F. J., Philosophie des Rechts, Bd. II, 2. Abt. (1837), Heidelberg 1846.
Wellmer, A., Menschenrechte und Demokratie, in: Gosepath, S./Lohmann, H.-G. (Hrsg.), Philosophie der Menschenrechte, Frankfurt am Main 1998, S. 265 – 291.
Wihl, T., Aufhebungsrechte, Weilerswist 2019.

Saskia Stucki

Menschenrechte für Tiere

Von der theoretischen Begründung zur praktischen Verrechtlichung

Im November 2016 hatte ein argentinisches Gericht über die Habeas Corpus-Klage von Cecilia zu urteilen. Die Klägerin befand sich zu diesem Zeitpunkt schon seit Jahrzehnten in einem kleinen, kargen Käfig eingesperrt. Das Gericht gewährte den beantragten Rechtsschutz und ordnete Cecilias Freilassung an. Soweit nichts Außergewöhnliches – wäre da nicht der Umstand, dass es sich bei der Klägerin nicht etwa um eine misshandelte Frau oder ein missbrauchtes Mädchen handelte, sondern um eine im Zoo von Mendoza gehaltene Schimpansin. Aufgrund eben dieses Umstands handelt es sich um eine bemerkenswerte Entscheidung, mit der – soweit ersichtlich erstmalig – ein Tier als Rechtsperson und als Träger fundamentaler Rechte anerkannt und ihm hierauf gestützt ein genuines Menschenrecht zuerkannt wurde.

Das Urteil markiert damit einen radikalen Bruch mit der vorherrschenden, vernunftrechtlich geprägten Rechtstradition, die Tiere durchgehend dem Bereich der Sachen bzw. Objekte zuordnet. Seit Jahrhunderten reflektiert und perpetuiert das Recht den ideengeschichtlich tief verwurzelten Mensch-Tier-Dualismus, d. h. eine kategorische Unterscheidung zwischen Menschen und anderen Tieren.[1] Dies findet seinen Ausdruck etwa in der traditionellen Ansicht, wonach nur Menschen – als autonome, vernunft- und moralfähige Wesen – Rechtsträger/-innen sein können.[2] Tiere treten im Recht demgegenüber bloß als Sachen bzw. sachähnliche Rechtsobjekte und als Gegenstand von menschlichen Rechten in Erscheinung,

Anmerkung: Der vorliegende Beitrag ist eine überarbeitete und erweiterte Fassung von „Menschenrechte für Tiere: Von der Theorie zur Praxis“, erschienen in: Tierärztliche Umschau 12 (2017), 484 – 488.

1 „Die Idee des Menschen in der europäischen Geschichte drückt sich in der Unterscheidung zum Tier aus. Mit seiner Unvernunft beweisen sie die Menschenwürde. Mit solcher Beharrlichkeit und Einstimmigkeit ist der Gegensatz [...] hergebetet worden, dass er wie wenige Ideen zum Grundbestand der westlichen Anthropologie gehört.“ *Horkheimer/Adorno*, Dialektik der Aufklärung, S. 262; zur Mensch-Tier-Dichotomie grundlegend *Mütherich*, Die soziale Konstruktion des Anderen.

2 Die unstrittige Rechtsfähigkeit von nichtmenschlichen, juristischen Personen wird dabei regelmäßig ausgeblendet. *Naffine*, Modern Law Review 66 (2003), 346 (357), diagnostiziert in diesem Zusammenhang eine „general amnesia about corporations as legal persons“.

https://doi.org/10.1515/9783110704013-016

können gemäß dieser Auffassung aber nicht selbst Rechte innehaben, geschweige denn Grund- oder gar Menschenrechte.

Während die Idee von Tierrechten vor diesem Hintergrund als rechtlich kaum realisierbar schien, gewinnt sie neuerdings – nicht zuletzt aufgrund einiger außergewöhnlicher Pionierurteile wie des eingangs erwähnten – zunehmend an Momentum. Wie im Folgenden aufgezeigt werden soll, beginnt sich mithin die in der normativen Theorie schon seit geraumer Zeit diskutierte Idee von menschenrechtsartigen Tierrechten allmählich auch in der Rechtspraxis zu manifestieren.

I Die Idee von Tierrechten

Die Idee von Tierrechten erfreut sich zunehmender Aufmerksamkeit, ist indes kaum neuartig. Was die Theoriebildung betrifft, so finden sich erste Abhandlungen bereits bei dem britischen Sozialreformer Henry S. Salt (1894) oder dem deutschen Philosophen Leonard Nelson (1932).[3] Erst mit dem Beginn der modernen Tierethik Ende der 1970er Jahre, maßgeblich eingeläutet durch Peter Singers *Animal Liberation* und Tom Regans *The Case for Animal Rights*,[4] beginnt sich die Tierrechtsidee aber umfassender zu entwickeln und zu etablieren. Mittlerweile ist die Tierrechtstheorie durch einen vielfältigen Korpus an moralphilosophischen, politisch-philosophischen und zuweilen auch rechtsphilosophischen Abhandlungen soweit verfeinert und ausdifferenziert worden, dass im Grunde nicht mehr von *der* Tierrechtsidee gesprochen werden kann, sondern verschiedenerlei (konkurrierende oder komplementierende) Tierrechtskonzeptionen nebeneinanderstehen. Dennoch lässt sich eine weitgehend gemeinsame Leitidee herausdestillieren: Im Kern handelt der Begriff der Tierrechte gemeinhin von der Grundidee, dass nicht nur allen Menschen, sondern auch (manchen) nichtmenschlichen Tieren kraft einer natürlichen Eigenschaft (etwa Empfindungsfähigkeit) ohne Weiteres gewisse *fundamentale moralische Rechte* zukommen, welche es aufgrund ihrer Wichtigkeit überdies *politisch* und *rechtlich* zu institutionalisieren gilt.[5]

---

3 *Salt*, Animals' Rights; *Nelson*, Vorlesungen über die Grundlagen der Ethik.

4 *Singer*, Animal Liberation; *Regan*, The Case for Animal Rights.

5 Hierbei ist allerdings eine begriffliche Abgrenzung vonnöten: Wenngleich die Tierrechtsidee typischerweise in erster Linie von fundamentalen Tierrechten handelt, sollte dieser Tierrechtsbegriff i.e.S. von einem Tierrechtsbegriff i.w.S. unterschieden werden, der insbesondere in der anglo-amerikanischen Diskussion anzutreffen ist und zuweilen jedweden Rechtsschutz von Tieren umspannt. Siehe hierzu *Kymlicka/Donaldson*, Rights, S. 320.

Für die Tierrechtsidee kennzeichnend ist zunächst die konzeptionelle *Abgrenzung vom Tierschutz.*[6] Der Tierschutz bezweckt im Allgemeinen die (mehr oder weniger weitreichende) Vermeidung unnötiger Leiden und Schmerzen im Rahmen der vielseitigen Nutzung und Tötung von Tieren durch den Menschen, etwa zu Nahrungs-, Forschungs- und Bekleidungszwecken. Demgegenüber zielt die Tierrechtsidee mittels der Verleihung von Rechten auf die Errichtung eines umfassenderen und robusteren normativen Schutzes von Tieren ab, welcher sich namentlich auch gegen das gegenwärtige, inhärent gewaltförmige Nutzungs- bzw. Ausbeutungsverhältnis wendet.[7] Tierrechte markieren damit zugleich einen Übergang von derzeit bloßen Pflichten des Menschen bzw. objektivrechtlichen Normen zu korrespondierenden subjektivrechtlichen Ansprüchen von Tieren.[8]

Für die Tierrechtsidee kennzeichnend ist ferner die konzeptionelle *Anknüpfung* an die *Naturrechtstradition*, insbesondere die Anlehnung an die *Menschenrechtsidee.*[9] Der naturrechtlich imprägnierte Begriff der Tierrechte konnotiert „angeborene", moralische Rechte von Tieren, die aus deren Natur – ihren Interessen, Fähigkeiten und Vulnerabilitäten – abgeleitet und als „unabhängig von allen institutionellen Strukturen" existierend gedacht werden.[10] Solcherart bedingungslose, universelle[11] Rechte jedes einzelnen (die maßgebliche natürliche Konstitution aufweisenden) Tierindividuums verweisen sodann nicht auf bloß irgendwelche Rechte, sondern typischerweise auf ähnliche bzw. einige derselben fundamentalen Individualrechte, wie sie gemeinhin unter dem Begriff der Menschen- und Grundrechte firmieren, so etwa das Recht auf Leben, körperliche Unversehrtheit und (Bewegungs-)Freiheit.

---

6 Zur Abgrenzung von Tierschutz und Tierrechten überblicksartig *Stucki*, Grundrechte für Tiere, S. 163 ff.; ausführlich *Francione/Garner*, The Animal Rights Debate; *Peters/Stucki/Boscardin* (Hrsg.), Animal Law.

7 Zur institutionalisierten, der etablierten Tiernutzungspraxis immanenten Gewalt an Tieren, siehe *Stucki*, Grundrechte für Tiere, S. 123 ff. und 146 ff.; grundlegend *Buschka/Gutjahr/Sebastian*, Gewalt an Tieren.

8 In diese Richtung Appellationsgericht des Kantons Basel-Stadt (als Verfassungsgericht), Urteil vom 15. Januar 2019, VG.2018.1, E. 4.4, das zutreffend bemerkt, dass mit „der Subjektivierung von Tierrechten [...] eine grundlegend neue Rechtsentwicklung zur Diskussion gestellt [wird]".

9 Exemplarisch für die Einbettung der Tierrechtsidee in die natur- und menschenrechtliche Tradition *Cavalieri*, The Animal Question, S. 143; *Donaldson/Kymlicka*, Zoopolis, S. 22 ff., 44; *Cochrane*, CRISPP 16 (2013), 655 (656).

10 Siehe *Niesen*, Mittelweg 36 23/5 (2014), 45 (48).

11 Komplementär zu diesen universellen Tierrechten werden allerdings auch relationale, gruppen- oder kontextspezifische Tierrechte diskutiert, wie etwa Bürgerrechte für domestizierte Tiere. Siehe hierzu *Donaldson/Kymlicka*, Zoopolis, S. 5 ff., 49 ff.

Schließlich ist hervorzuheben, dass die Tierrechtsidee – wie auch jene der Menschenrechte[12] – eine moralische, politische und rechtliche Dimension aufweist. Tierrechte werden zunächst, was vor dem Hintergrund ihrer moralischen Genese kaum erstaunt, primär als moralische Rechte konzipiert. Solche moralische Rechte vermögen für sich allein indes nur einen schwachen normativen Schutz zu gewähren, dem der für das Recht konstitutive legitime Zwang fehlt.[13] Zumal eine Juridifizierung die Schutzfunktion von moralischen Rechten deutlich potenzieren würde, werden Tierrechte zunehmend auch unter dem Aspekt ihrer politischen und rechtlichen Institutionalisierung und Durchsetzung, mithin als potenzielle juridische Rechte, gedacht.

II Von der theoretischen Begründung…

Die Idee von Tierrechten handelt nach dem Gesagten gemeinhin nicht bloß von irgendwie gearteten Rechten, sondern von menschenrechtsanalogen Grundrechten – daher die etwas plakative Rede von „Menschenrechten für Tiere". Auf den ersten Blick mag die hierdurch provozierte Vorstellung tierlicher Menschenrechte freilich kontraintuitiv oder gar absurd anmuten. *Menschen*rechte sind doch – so indiziert es der Begriff bereits sprachlich – augenscheinlich Rechte des Menschen, d. h. eine spezielle Art von Rechten, die allen (und nur) Menschen *als* Menschen innewohnen. Ein näherer Blick zeigt indes, dass die begriffliche Anbindung der Menschenrechte an den Menschen in erster Linie definitorisch, nicht aber konzeptionell erforderlich ist.[14] Dies soll im Folgenden in der notwendigen Kürze veranschaulicht und die exotische Idee einer Anwendung des Menschenrechtskonzepts auf Tiere so theoretisch unterfüttert und plausibilisiert werden.[15]

---

12 Siehe *Lohmann*, Zur moralischen, juridischen und politischen Dimension der Menschenrechte.

13 Vgl. *Lohmann*, Menschenrechte zwischen Moral und Recht, S. 67.

14 „Für Menschenrechte ist zunächst nur definitorisch, dass sie strikt allen Menschen zukommen. Ob es Gründe gibt, gleichartige Rechte auch Tieren zuzusprechen, ist eine andere Frage". *Wildt*, Menschenrechte und moralische Rechte, S. 136; ferner ist darauf hinzuweisen, dass sich auch private juristische Personen – in gewissem Umfang – auf internationale Menschen- und verfassungsmäßige Grundrechte berufen können (vgl. nur Art. 19 Abs. 3 GG). Siehe hierzu *Stucki*, Grundrechte für Tiere, S. 336 ff.

15 Dass (empfindungsfähige) Tiere grundsätzlich rechtsfähig sein und Grundrechte haben können, wurde an anderer Stelle ausführlich erörtert. Siehe *Stucki*, Grundrechte für Tiere, S. 235 ff., 336 ff.

In der vorherrschenden, naturalistischen Konzeption[16] werden Menschenrechte gemeinhin umschrieben als universelle fundamentale Rechte, die jeder Mensch allein kraft seines Menschseins besitzt. Menschenrechte sind *moralische und juridische Rechte:* Als primär moralische Rechte sind Menschenrechte überpositiv, zugleich aber weitgehend als juridische Rechte institutionalisiert und in internationalen Menschenrechtsverträgen sowie in nationalen Verfassungen als Grundrechte verbürgt. Menschenrechte sind weiter angeborene, *universelle Rechte:* Als solche fließen sie ausnahmslos allen Menschen unabhängig von ihren spezifischen Eigenschaften und kontingenten Lebensumständen von Natur aus zu. Menschenrechte sind ferner *fundamentale Rechte:* Es sind die „inhaltlich wichtigsten Rechte" – der harte „Kern von Minimalrechten" – die dem Schutz von fundamentalen Interessen und Aspekten des menschlichen Lebens dienen.[17] Die Crux liegt schließlich im Strukturmerkmal des Menschenrechte-Habens *„allein aufgrund des Menschseins"*: Begründungstheoretisch verweist diese Formulierung auf eine wesensmäßige Eigenschaft des Menschen, welche für die Existenz von Menschenrechten konstitutiv ist. Dies ist zugleich das exkludierende Moment, in dem sich das für die Menschenrechte charakteristische Merkmal ihrer Universalität („alle Menschen") in Exklusivität („nur Menschen") zu kehren scheint. Eine kohärente Bestimmung dieser essenziell und exklusiv menschlichen Eigenschaft, die demgemäß bei allen und zugleich ausschließlich bei Menschen auftreten soll, gestaltet sich indes schwierig.

Am einfachsten wäre es, direkt auf das *biologische Menschsein* abzustellen. So werden Menschenrechte in praktischer und insbesondere rechtlicher Hinsicht schlicht am biologischen Menschsein ihrer Träger/-innen angeknüpft.[18] Begründungstheoretisch ist der Rückgriff auf die bloße Zugehörigkeit zur menschlichen Spezies allerdings problematisch. Solcherlei biologistische Begründungen setzen sich heutzutage – in Anlehnung an andere Diskriminierungsformen aufgrund bloß biologischer Merkmale, wie Rassismus oder Sexismus – zunehmend dem Vorwurf des „Speziesismus" aus, von dem sie sich kaum mehr rehabilitieren

---

16 Zur Unterscheidung von der klassischen, naturalistischen und der jüngeren, politischen Konzeption der Menschenrechte, siehe *Liao/Etinson*, J. Moral Philos. 9 (2012).

17 *Wildt*, Menschenrechte und moralische Rechte, S. 135; siehe ferner *Alexy*, Die Institutionalisierung der Menschenrechte, S. 251.

18 Siehe z. B. die Präambel der Allgemeinen Erklärung der Menschenrechte, welche schlicht auf die „unveräußerlichen Rechte *aller Mitglieder der Gemeinschaft der Menschen*" rekurriert (Hervorh. d. Verf.).

können.[19] Denn aus moralphilosophischer Sicht ist mittlerweile weitgehend anerkannt, dass die Spezieszugehörigkeit *als solche* moralisch nicht relevant ist.[20]

Von einer direkten Bezugnahme auf die biologische Spezieseigenschaft wird deshalb auch meist abgesehen und stattdessen eine *exzeptionelle Eigenschaft* des Menschen hervorgehoben, welche die (Exklusivität der) Menschenrechte begründen soll.[21] Tragend ist hier also nicht das Menschsein in einem physischen, sondern in einem metaphysischen Sinne. Typischerweise ist es die menschliche Vernunftnatur (und damit zusammenhängende Konzepte wie *agency, personhood*, Menschenwürde oder Moralfähigkeit), welche hierbei als *differentia specifica* identifiziert wird, die den Menschen als rational-autonomen Akteur von der restlichen Natur abhebt.[22] Derartige vernunftrechtliche Begründungstheorien sehen sich allerdings dem Einwand ausgesetzt, dass nicht alle Menschen, so z. B. Kleinkinder oder geistig Schwerbehinderte, die als spezifisch menschlich reklamierte Vernunftfähigkeit durchgehend besitzen („marginal cases"-Argument).[23] Denn soll Vernunftfähigkeit als Grundlage der Menschenrechte dienen, so setzt dies nicht nur für Tiere, sondern auch für vielerlei Menschen einen zu hohen, idealtypisch verengten Maßstab und riskiert damit, die Menschenrechte solcherlei Menschen zu unterminieren. Zwar wird hiergegen zuweilen eingewendet, dass es nicht auf das tatsächliche Vorliegen von Vernunftfähigkeit ankommt, diese Eigenschaft aber jedenfalls typisch ist für die menschliche Spezies oder deren Mitglieder immerhin das Potenzial zur Vernunftfähigkeit haben. Diese Argumente

---

19 „Speziesismus" bezeichnet die Diskriminierung, d. h. die ungerechtfertigte Ungleichbehandlung, von Tieren allein aufgrund (des als moralisch irrelevant erachteten Merkmals) der biologischen Spezieszugehörigkeit. Siehe zum Begriff des Speziesismus *Singer*, Praktische Ethik, S. 98 ff.; vgl. auch *Alexy*, Die Institutionalisierung der Menschenrechte, S. 247.

20 Siehe nur *Feinberg/Baum Levenbook*, Abortion, S. 195 ff.; *McMahan*, The Ethics of Killing, S. 209 ff.; *Rachels*, Created from Animals, S. 173 ff.; *Tooley*, Abortion and Infanticide, S. 61 ff.; *Rippe*, Ethik im außerhumanen Bereich, S. 44, 62; *Leist*, Diskussionen um Leben und Tod, S. 22 („Dass dieses Kriterium [der Spezieszugehörigkeit, Anm. d. Verf.] heute unter Philosophen jede Überzeugungskraft verloren hat, geht vor allem auf die Kritik von Tooley und Singer zurück, die inzwischen fast allgemein akzeptiert wird. Beide [...] haben darauf hingewiesen, dass die Spezieszugehörigkeit *allein* – nämlich unabhängig von den aktuellen Eigenschaften und Fähigkeiten eines individuellen Exemplars der Spezies – moralisch nicht relevant sein kann").

21 Vgl. *Cruft/Liao/Renzo*, The Philosophical Foundations of Human Rights, S. 9: „To avoid the charge of speciesism [...] we should meet the Species Neutrality Requirement. This requirement says that an adequate account of right-holding should provide a criterion that does not in principle exclude any being simply on the basis of their species".

22 So postuliert etwa Art. 1 der Allgemeinen Erklärung der Menschenrechte in paradigmatischer Weise: „Alle Menschen sind frei und gleich an Würde und Rechten geboren. Sie sind mit Vernunft und Gewissen begabt".

23 Zum „marginal cases"-Argument siehe etwa *Pluhar*, Beyond Prejudice, S. 1 ff., 67 ff.

der Spezies-Normalität oder Potenzialität ziehen allerdings die moralphilosophisch ebenso gefestigte Kritik des „qualifizierten Speziesismus" auf sich.[24] Entscheidend ist hierbei, dass sich bisher keine empirisch verifizierbare Eigenschaft, die alle und nur Menschen tatsächlich aufweisen, als moralisch relevante behaupten konnte, die eine entsprechende normative Andersbehandlung von Menschen und Tieren rechtfertigen würde. Angesichts dieser persistierenden Speziesismus-Kritik sehen sich manche zur Schlussfolgerung verleitet, dass konsequenterweise nicht alle, sondern nur vernunftfähige Menschen Menschenrechte hätten.[25] Dies mag zwar innerhalb der vernunftrechtlichen Begründungstheorie logisch stimmig sein, hat aber die stoßende Implikation, dass viele besonders schutzbedürftige Menschen vom Menschenrechtsschutz ausgeschlossen blieben. Eine allein auf Vernunftfähigkeit abstellende Begründungstheorie deckt sich daher kaum mit dem modernen, weitaus diversifizierteren und inklusiveren Menschenrechtsparadigma, dessen Schlüsselmerkmal ist, dass die Menschenrechte *allen* Menschen bedingungslos zustehen (ungeachtet auch individueller geistiger Fähigkeiten) und das nachdrücklich auch „nicht-paradigmatische" Menschen wie etwa Kinder oder geistig Behinderte einschließt.[26]

Neuere Menschenrechtstheorien wenden sich denn auch zunehmend von der Anknüpfung an eine exzeptionelle geistige Qualität des Menschen ab und stützen sich stattdessen auf profanere natürliche Eigenschaften und Kriterien ab, wie etwa Grundinteressen, -bedürfnisse und -befähigungen, Vulnerabilität oder die notwendigen Bedingungen für ein gutes Leben. Hier bestehen aufgrund der evolutionären Kontinuität und natürlichen Gemeinsamkeiten zwischen Menschen und Tieren fruchtbare konzeptionelle Anknüpfungspunkte für Tierrechte.[27] Dies wird deutlich, wenn man sich vor Augen führt, dass Menschenrechte den Menschen nicht nur als *(außergewöhnliches) Vernunftwesen*, sondern auch als *(gewöhnliches) Tier* schützen – als verletzbare, quälbare Kreatur, die Schmerzen,

---

24 Beim qualifizierten Speziesismus wird nicht die biologische Spezieszugehörigkeit als solche, sondern ein damit verknüpftes qualifizierendes Merkmal als moralisch relevant angesehen – allerdings handelt es sich hierbei nicht um ein individuelles, sondern um ein speziesbezogenes Merkmal. Siehe hierzu *McMahan*, The Ethics of Killing, S. 203 ff.; *Rachels*, Created from Animals, S. 184.

25 So etwa *Griffin*, On Human Rights, S. 92 ff.

26 Das Bekenntnis zum Schutz der Menschenrechte von „nicht-paradigmatischen" Menschen findet seinen Ausdruck etwa in der UN-Kinderrechtskonvention (Übereinkommen über die Rechte des Kindes vom 20. November 1989, das mit Ausnahme der USA von allen UN-Mitgliedsstaaten ratifiziert wurde) und der UN-Behindertenrechtskonvention (Übereinkommen über die Rechte von Menschen mit Behinderungen vom 13. Dezember 2006).

27 Siehe *Kymlicka*, Can. J. Philos. 48 (2018), 763 (767 f.).

Leiden, Freude und Trauer erfahren kann und sterblich ist.[28] Zweifellos ist die menschliche Vernunftbegabung für vielerlei Menschenrechte bestimmend, welche spezifisch menschliche Interessen oder Institutionen schützen (zu denken ist etwa an die Meinungs- und Wissenschaftsfreiheit oder Religions- und Ehefreiheit) – aber eben nicht für *alle* Menschenrechte. Auch die körperliche Verletzbarkeit des Menschen gibt Anlass zu Schutz durch Menschenrechte – zu denken ist insbesondere an das Recht auf Leben, das Verbot der Folter, grausamen und inhumanen Behandlung oder das Recht auf körperliche Unversehrtheit. Die in diesem Zusammenhang ausschlaggebende physische Konstitution ist jedoch keineswegs ein Spezifikum *menschlichen* Lebens, sondern ein gemeinsames Merkmal allen *empfindungsfähigen* Lebens. Soweit nun aber Tiere gewisse dieser menschenrechtlich relevanten, mit der Empfindungsfähigkeit zusammenhängenden Interessen, Bedürfnisse, Befähigungen oder Vulnerabilitäten mit Menschen teilen, spricht in konzeptioneller Hinsicht grundsätzlich nichts dagegen, ihnen auch die diese fundamentalen Aspekte jeweils schützenden Rechte zuzusprechen.[29] Denkbare Tiergrundrechte wären auf dieser Basis etwa das Recht auf

---

28 So auch *Ladwig*, Leviathan 35 (2007), 85 (94) („auch als Vernunftwesen sind wir nicht nur Vernunftwesen. Wir sind zugleich leidensfähige Kreaturen").

29 So auch *Cochrane*, CRISPP 16 (2013), 655 (656) und passim; wenngleich die besondere moralische Relevanz von Empfindungsfähigkeit in der tierethischen Diskussion im Allgemeinen weitgehend anerkannt ist, mag dieses Kriterium als Anknüpfungspunkt für fundamentale Rechte problematisch erscheinen. Hervorzuheben ist insbesondere der Einwand Niesens, welcher dem Bemühen, Tierrechte an der Empfindungsfähigkeit festzumachen, eine fehlende Emanzipation von „kontroversen metaphysischen Grundlagen" anlastet. Einerseits habe die Tierrechtstheorie zwar zu Recht die die aufklärerische Philosophie prägende Auffassung widerlegt, „es lasse sich eine angeborene Eigenschaft der Menschheit nachweisen, die alle Menschen, und nur sie, als Personen und damit als Rechtsträger etabliert." Gleichzeitig würde aber durch die Ausdehnung der Grundrechtsträgerschaft auf alle empfindungsfähige Tiere „das Obskure durch noch Obskureres zu erklären gesucht" und mit einer solchen minimalistisch-sentientistischen Position „aus einer natürlichen Eigenschaft außerordentlich weitgehende normative Folgen" abgeleitet (*Niesen*, Mittelweg 36 23/5 (2014), 45 (49)). Allerdings ist zu bemerken, dass die Anbindung gewisser fundamentaler Rechte an die Empfindungsfähigkeit bei einem interessenbasierten Ansatz durchaus plausibel begründbar ist. Zum einen figuriert Empfindungsfähigkeit in der Interessentheorie der Rechte (*interest theory of rights*) im Allgemeinen als bedeutsame Eigenschaft bzw. Schwelle zur Identifizierung von potenziellen Rechtsträger/-innen, insoweit Rechte als rechtlich geschützte Interessen konzeptualisiert werden und Interessenfähigkeit überwiegend am Haben eines Wohlbefindens (und damit an der Empfindungsfähigkeit) festgemacht wird. Die meisten Interessentheorien inkludieren Tiere entsprechend ohne Weiteres in den Kreis der potenziellen, d. h. konzeptionell möglichen Rechtsträger/-innen. Zum anderen ist Leidens- und Empfindungsfähigkeit auch menschenrechtlich relevant, wenn der (weithin vertretenen) Annahme gefolgt wird, dass Menschenrechte fundamentale Interessen des Menschen schützen. Soweit nun gewisse Menschen- bzw. Grundrechte mit der (zunächst, aber eben nicht ausschließlich

Leben, körperliche Unversehrtheit und Bewegungsfreiheit sowie das Verbot der Folter und grausamen Behandlung.[30]

Konzeptionell betrachtet könnte folglich durchaus von einem fließenden Übergang zwischen Menschenrechten und Tierrechten ausgegangen werden, d. h. von einem gemeinsamen Bestand an fundamentalen Rechten, gründend auf vergleichbaren Interessenlagen zwischen Menschen und (anderen) Tieren.[31] Anders gewendet scheinen manche der fundamentalen Rechte, die unter dem Begriff der Menschenrechte firmieren, nicht notwendig *Menschen*-Rechte zu sein – zumindest nicht ausschließlich. Der Begriff „Menschenrechte" ist mithin irreführend, denn in gewissen Aspekten (insbesondere in Bezug auf die körperliche Unversehrtheit und das Leben) sind Menschenrechte moralisch besehen genauso wenig Menschen-Rechte wie die terminologischen Vorgänger der Menschenrechte – die „*rights of man*" oder „*droits de l'homme*" – moralisch besehen bloße Männer-Rechte waren.[32]

III ... zur praktischen Verrechtlichung

Wie schon erwähnt wurde, ist die Tierrechtsidee – wie jene der Menschenrechte – zunächst eine naturrechtliche, die sich auf der Basis von moralischen Ansprüchen der Tiere entfaltet. Zur stärkeren Absicherung, insbesondere für die rechtliche Geltung und effektive, gar zwangsbewehrte Durchsetzung von Tierrechten,

---

menschlichen) Empfindungsfähigkeit zusammenhängende Aspekte zum Schutzinhalt haben, scheint es naheliegend, die Trägerschaft solcher Rechte um Tiere mit vergleichbaren Interessenlagen und Fähigkeiten zu erweitern. Zumal diese fundamentalen Rechte – vor allen Dingen das Recht auf Leben, körperliche Integrität, Bewegungsfreiheit und das Verbot der Folter und grausamen Behandlung – bereits als positivierte Menschen- bzw. Grundrechte bestehen, muss deren Existenz für Tiere nicht gesondert ergründet werden, sondern geht es insofern bloß um eine extensive Anwendung.

30 Zu diesen Tiergrundrechten im Einzelnen *Stucki*, Grundrechte für Tiere, S. 364 ff.

31 Siehe auch *Ladwig*, MRM 2 (2015).

32 „To the extent that the expression ‚human rights' suggests that there is some deep conceptual connection between belonging to the human species and having rights, perhaps it should be retired – just as the phrase ‚the rights of man' has given way to gender-neutral equivalents", *Edmundson*, An Introduction to Rights, S. 158; in eine ähnliche Richtung gibt auch *Alexy*, Die Institutionalisierung der Menschenrechte, S. 247, zu bedenken: „Sollten die besseren Gründe dafür sprechen, zum Beispiel das Recht auf Leben Tieren im gleichen Umfang wie Menschen zu gewähren, wäre das Recht auf Leben als Menschenrecht hinfällig und etwa als ‚Kreaturenrecht' mit erweitertem Trägerkreis neu zu schaffen"; in diese Richtung schlägt *Cochrane*, CRISPP 16 (2013), 655 (656 ff.), entsprechend vor, Menschenrechte als „*sentient rights*" zu rekonzeptualisieren.

ist jedoch eine rechtliche Institutionalisierung, d. h. eine Transformation von moralischen Rechten in juridische Rechte notwendig.[33] Insbesondere was nun diese Juridifizierung, also die Überführung moralischer in juridische Tierrechte betrifft, so mag die Idee von Tierrechten lange überwiegend theoretisch und realitätsfern angemutet haben. Dagegen lässt ein Blick auf die jüngere globale Rechtspraxis vermuten, dass der Prozess der Verrechtlichung von Tierrechten bereits im Entstehen begriffen ist.

Grundsätzlich sind hierbei verschiedene Wege der Verrechtlichung denkbar. Auf legislatorischem Weg könnten Tiergrundrechte etwa in internationalen Verträgen, Tierrechtskonventionen oder Verfassungen verbürgt werden.[34] Zumal eine solche explizite rechtliche Verankerung von Tiergrundrechten derzeit aber noch aussteht, vollzieht sich der Verrechtlichungsprozess bislang nicht über den Gesetzgeber, sondern maßgeblich über die Gerichte. In der Praxis kristallisieren sich namentlich zwei Arten der gerichtlichen Anerkennung von Tierrechten heraus: *(1.)* die Anwendung bestehender Menschen- bzw. Grundrechte auf Tiere oder *(2.)* die Entwicklung von Tiergrundrechten *sui generis* mittels einer subjektivrechtlichen Auslegung bestehender Tierschutzgesetze.

1 Anwendung bestehender Menschenrechte auf Tiere

Tiergrundrechte können in der Rechtsprechung zum einen dadurch entstehen, dass bestehende Menschen- bzw. Grundrechte von Gerichten neu auch auf Tiere angewendet werden. Diesen Weg verfolgen Tierrechtsvertreter/-innen in der Praxis schon seit geraumer Zeit, so etwa mittels der (erfolglosen) Einklagung des Rechts auf ein faires Verfahren (Art. 6 EMRK) für den Schimpansen *Hiasl*[35] oder

33 Sinngemäß *Alexy*, Die Institutionalisierung der Menschenrechte, S. 249 f., 254 ff.; *Lohmann*, Menschenrechte zwischen Moral und Recht, S. 67, 90; *Sandkühler*, Metodo 2 (2014), 19 (19 f.).

34 Eine solche (kantonal-)verfassungsrechtliche Verankerung von Tiergrundrechten wurde etwa im schweizerischen Kanton Basel-Stadt mittels der 2016 lancierten Volksinitiative „Grundrechte für Primaten" angestrebt. Die kantonale Volksinitiative kam 2017 gültig zustande, wurde 2018 aber vom Kantonsparlament für rechtlich unzulässig erklärt. Die hiergegen eingereichte Beschwerde hieß das Basler Verfassungsgericht 2019 gut und erklärte die Volksinitiative für grundsätzlich rechtlich zulässig (Appellationsgericht des Kantons Basel-Stadt [als Verfassungsgericht], Urteil vom 15. Januar 2019, VG.2018.1). Die Volksabstimmung über eine Änderung der Kantonsverfassung im Sinne der Initiative „Grundrechte für Primaten" steht derzeit noch aus (Stand: 21. August 2020).

35 EGMR, *Balluch v Austria*, App no 26180/08 vom 4. Mai 2008; EGMR, *Stibbe v Austria*, App no 26188/08 vom 6. Mai 2008. Die Beschwerden waren wegen Unzuständigkeit *ratione personae* unzulässig.

des Sklavereiverbots (13. Zusatzartikel zur US-Verfassung) für den Schwertwal *Tilikum.*[36] Als bisher praktikabelstes Einfallstor zur gerichtlichen Anerkennung von Tierrechten hervorzuheben ist indes das namentlich in Amerika wiederholt bemühte Habeas Corpus-Verfahren zugunsten von gefangen gehaltenen Tieren, vornehmlich Menschenaffen.

Das archetypische Grundrecht des Habeas Corpus gilt im Allgemeinen als Garant der persönlichen Freiheit vor willkürlicher Inhaftierung und ist weltweit in internationalen Menschenrechtskonventionen[37] und nationalen Grundrechtskatalogen[38] verankert. Das Habeas Corpus-Grundrecht ist zugleich ein Rechtsmittel bzw. Rechtsbehelf, durch den eine inhaftierte Person (gegebenenfalls mittels Rechtsvertretung) die Rechtmäßigkeit ihres Freiheitsentzugs gerichtlich überprüfen lassen und ihre Freilassung beantragen kann. Das neuartige Phänomen tierlicher Habeas Corpus-Klagen wirft für die befassten Gerichte nun zweierlei Rechtsfragenkomplexe auf. Erstens die formelle Vorfrage, ob das klagende Tier überhaupt ein Habeas Corpus-Recht hat bzw. ihm das Habeas Corpus-Verfahren zur Verfügung steht. Dies erfordert wiederum eine Auseinandersetzung mit der allgemeineren Grundfrage, ob Tiere überhaupt Rechte haben können bzw. Rechtspersonen sind. Zweitens muss – soweit die Vorfrage positiv entschieden wurde – die materielle Hauptfrage beurteilt werden, nämlich ob in der konkreten Sache der Freiheitsentzug des Tieres unrechtmäßig und entsprechend eine Freilassung anzuordnen ist.

In den USA hat das *Nonhuman Rights Project* seit 2013 diverse Habeas Corpus-Klagen für Schimpansen und Elefantinnen eingereicht – bisher allerdings ohne Erfolg. Im Präzedenzfall des Schimpansen *Tommy* (2014) entschied ein Appellationsgericht des *New York State Supreme Court* bereits hinsichtlich der Vorfrage, dass ein Schimpanse keine zum Habeas Corpus-Schutz berechtigte Person im Rechtssinne sei. Begründet hat das Gericht dies mit einem (m. E. verfehlten)[39]

---

36 United States District Court Southern District of California, *Tilikum v Sea World*, Nr. 11cv2476 JM(WMC) vom 8. Februar 2012. Das Gericht befand, dass das verfassungsmäßige Sklavereiverbot nur auf Menschen bzw. Personen, nicht aber auf Tiere bzw. Nichtpersonen anwendbar sei und verneinte daher seine sachliche Zuständigkeit.

37 Siehe z. B. Art. 9 des UNO-Zivilpakts (Internationaler Pakt über bürgerliche und politische Rechte vom 16. Dezember 1966) und Art. 5 der Europäischen Menschenrechtskonvention (Europäische Konvention zum Schutz der Menschenrechte und Grundfreiheiten vom 4. November 1950).

38 Siehe z. B. Art. 104 des deutschen Grundgesetzes und Art. 31 der schweizerischen Bundesverfassung.

39 Das vertragstheoretische Reziprozitätserfordernis, die Ansicht also, dass nur Rechte haben kann, wer auch Pflichten wahrnehmen kann, verfehlt die Rechtswirklichkeit, in der auch nicht-verpflichtungsfähige Menschen (etwa Kleinkinder und andere nicht-urteilsfähige Menschen)

vertragstheoretischen Reziprozitätsmaßstab, wonach Rechtspersönlichkeit als Fähigkeit, Rechte *und* Pflichten zu haben, zu verstehen sei. In Anbetracht der mangelnden Fähigkeit von Schimpansen, Rechtspflichten wahrzunehmen, sei es daher unangemessen, ihnen dieselben Rechte wie Menschen zuzusprechen.[40]

In Südamerika mündeten ähnliche Habeas Corpus-Klagen derweil in bislang einzigartigen Urteilen. In Argentinien äußerte ein Gericht 2014 im Fall von *Sandra* – einer Orang-Utan-Dame im Zoo von Buenos Aires – zunächst in grundsätzlicher Weise die Rechtsansicht, dass Tiere Rechte haben und als Rechtssubjekte anerkannt werden sollten.[41] Dieses Obiter Dictum dürfte den Weg bereitet haben für das einleitend bereits erwähnte Urteil im Fall von *Cecilia* (2016) – der Schimpansin im Zoo von Mendoza. Die zuständige Richterin, María Alejandra Mauricio, entschied hinsichtlich der Vorfrage, erstens, dass Tiere nichtmenschliche Rechtspersonen seien, die fundamentale, inhärente und unveräußerliche Rechte (etwa auf Freiheit) besäßen. Zweitens entschied sie, dass der klagenden Schimpansin das Habeas Corpus-Verfahren mangels anderweitiger geeigneter Rechtsbehelfe zur gerichtlichen Überprüfung der Gefangenschaft von Tieren offenstehe. In der Sache selbst gewährte die Richterin den beantragten Habeas Corpus-Schutz und ordnete Cecilias Freilassung aus dem Zoo und ihre Überführung in ein großflächiges Menschenaffenrefugium an, wo Cecilia heute gemeinsam mit anderen Artgenoss/-innen lebt. In ihrer Begründung wendete sich die Richterin ausdrücklich gegen die vorherrschende Rechtsauffassung, wonach Tiere rechtlich als Sachen zu behandeln sind, und entkräftete eine Reihe von Standardeinwänden gegen Tierrechte. Das Argument etwa, dass Tiere aufgrund fehlender Autonomie, Willensfreiheit und Vernunftfähigkeit gar nicht fähig seien, allfällige Rechte wahrzunehmen, wies die Richterin mit dem folgerichtigen Hinweis zurück, dass die Ermangelung dieser Fähigkeiten auch bei urteils- und handlungsunfähigen Menschen nicht dazu führe, dass diese keine Rechte haben oder diese nicht durch rechtliche Vertreter/-innen geltend machen könnten.[42]

---

zweifelsfrei Rechte haben, ohne dass sie Pflichten treffen. Siehe hierzu *Stucki*, Grundrechte für Tiere, S. 273 ff.

40 New York State Supreme Court, Appellate Division, Third Judicial Department, *Tommy v. Lavery*, Nr. 518336 vom 4. Dezember 2014; dieser strikte Reziprozitätsmaßstab wurde in einem späteren Urteil im Rahmen einer *concurring opinion* allerdings angezweifelt und relativiert. Siehe State of New York Court of Appeals, *Tommy v. Lavery* und *Kiko v. Presti*, Nr. 2018268 vom 8. Mai 2018, J. Fahey (concurring).

41 Cámara Federal de Casación Penal Buenos Aires, Nr. CCC 68831/2014/CFC1 vom 18. Dezember 2014.

42 Tercer Juzgado de Garantías Mendoza, Nr. P-72.254/15 vom 3. November 2016.

Im Jahr 2017 hieß ferner auch eine Kammer des Obersten Gerichtshofs von Kolumbien die Habeas Corpus-Beschwerde eines Tieres gut. Hierbei ging es um den im Zoo von Barranquilla gehaltenen Bären *Chucho*. Der zuständige Richter, Luis Armando Tolosa Villabona, hielt zunächst grundsätzlich fest, dass Tiere – wenn sogar leblosen Entitäten wie juristischen Personen Rechtspersönlichkeit und gewisse Grundrechte zuerkannt würden – als rechtlich anerkannte fühlende Lebewesen zweifellos Rechtssubjekte mit gewissen Rechten (allerdings ohne Pflichten)[43] seien. Das Habeas Corpus, bei dem es sich um einen verfassungsmäßigen Rechtsbehelf zur Wahrung der überrechtlichen Garantie der Freiheit der Person handle, hielt der Richter für geeignet, um auch das Freiheitsrecht des Tieres zu sichern. Hierauf gestützt gewährte das Gericht den im Wege der Habeas Corpus-Beschwerde beantragten Rechtsschutz und ordnete Chuchos Freilassung aus dem Zoo und seine Verlegung in ein Naturreservat an, das dem Bären einen angemessenen und würdigen Lebensraum bieten soll.[44]

2 Entwicklung von Tiergrundrechten sui generis

Ein zweiter Weg zur rechtlichen Anerkennung von Tiergrundrechten besteht in der subjektivrechtlichen Neuauslegung bestehender Tierschutznormen. So haben indische Gerichte auf der Grundlage des Art. 51 A(g) der indischen Verfassung (welcher Mitgefühl mit Tieren als Grundpflicht aller Bürger/-innen normiert)[45] in Verbindung mit dem indischen Tierschutzgesetz (*Prevention of Cruelty to Animals Act*) eine bemerkenswerte Rechtsprechung zu den fundamentalen Rechten von Tieren entwickelt.

Bereits im Jahr 2000 machte der *Kerala High Court* einige interessante Aussagen zu Tierrechten: So hielt das Gericht fest, dass es gemäß Art. 51 A(g) der indischen Verfassung nicht nur eine verfassungsmäßige Grundpflicht sei, Tiere mit Mitgefühl zu behandeln, sondern auch deren Rechte anzuerkennen und zu

43 Der Richter forderte in seiner Begründung eine Flexibilisierung der Ansicht, wonach nur Pflichtenträger/-innen auch Rechtsträger/-innen sein könnten, und hielt fest, dass Tiere Rechtssubjekte ohne Pflichten seien.

44 Corte Suprema de Justicia de Colombia, Sala de Casación Civil, Nr. AHC4806–2017 vom 26. Juli 2017; dieses Urteil ist allerdings nicht rechtskräftig und wurde später durch einen anderen Richter des Obersten Gerichtshofs aufgehoben. Siehe Corte Suprema de Justicia de Colombia, Sala de Casación Laboral, Nr. STL12651–2017 vom 16. August 2017; derzeit ist der Fall beim kolumbianischen Verfassungsgericht anhängig.

45 Art. 51 A(g) der indischen Verfassung besagt: „It shall be the duty of every citizen of India ... to have compassion for living creatures".

schützen. Ferner warf das Gericht die Frage auf, warum nur Menschen und nicht auch Tiere Grundrechte haben sollten? Dass Tieren solche Rechte gegenwärtig noch vorenthalten würden, wertete das Gericht als Anachronismus, den es zu überwinden gelte.[46]

Im Jahr 2014 erließ der *Supreme Court of India* ein Grundsatzurteil, in dem es weitreichende (freilich auch einschränkbare) fundamentale Rechte von Tieren anerkannte, so etwa das Recht auf Leben, auf ein würdevolles Dasein und auf Freiheit von Folter und unnötigem Leiden. Dabei extrahierte der *Supreme Court* in einem ersten Schritt eine Reihe von Rechten aus dem geltenden Tierschutzgesetz, indem es – basierend auf der Annahme einer Korrelativität von Rechten und Pflichten[47] – die dort niedergelegten objektiven Menschenpflichten gegenüber Tieren mit korrespondierenden subjektiven Tierrechten gegenüber Menschen korrelierte. In einem zweiten Schritt erhob der *Supreme Court* diese einfachgesetzlich abgeleiteten Rechte im Lichte des Art. 51 A der indischen Verfassung ferner auf den Status von Grundrechten.[48]

Dass diese Grundrechte ferner für allerlei, und nicht etwa nur für besonders menschenähnliche, Tiere gelten, verdeutlichen schließlich zwei Entscheidungen des *Gujarat High Court* und *Delhi High Court*, welche das fundamentale Recht von Vögeln bekräftigten, frei zu fliegen und nicht eingesperrt zu werden.[49]

IV Ausblick

Während die Idee von Tierrechten lange in der Theorie verhaftet blieb, beginnt sie in jüngerer Zeit allmählich praktische Bedeutung zu entfalten und ins Recht vorzustoßen. Die zunächst exotisch anmutende Idee menschenrechtsanaloger Tierrechte lässt sich dabei rechtstheoretisch durchaus auf plausible konzeptionelle Grundlagen stellen und materialisiert sich rechtspraktisch außerdem bereits in ersten Einzelfällen einer richterlichen Anerkennung konkreter Tiergrundrechte.

46 Kerala High Court, *NR Nair and Ors vs Union of India and Ors*, AIR 2000 KER 340 vom 6. Juni 2000.

47 Zum Korrelativitätsaxiom grundlegend *Hohfeld*, Yale L.J. 23 (1913).

48 Supreme Court of India, *Animal Welfare Board of India vs A Nagaraja & Ors*, Nr. 5387 vom 7. Mai 2014.

49 Gujarat High Court, *Abdulkadar vs State*, Nr. SCR.A/1635/2010 vom 12. Mai 2011 („To keep birds in cages would be tantamount to illegal confinement of the birds which is in violation of right of the birds to live in free air / sky. ... It is the fundamental right of the bird to live freely in the open sky"); Delhi High Court, *People for Animals vs Md Mohazzim & Anr*, Nr. CRL MC no 2051/2015 vom 15. Mai 2015 („birds have fundamental rights to fly in the sky and all human beings have no right to keep them in small cages for the purposes of their business or otherwise").

In der bisherigen Tierrechtspraxis erweist sich insbesondere das Habeas Corpus-Verfahren als wirksames Rechtsinstrument, um nicht nur die Rechtmäßigkeit der Gefangenschaft, sondern auch die grundsätzlichere Frage der Rechte von Tieren vor Gerichte zu bringen. Darüber hinaus können aber auch geltende Tierschutzgesetze – als pathozentrisches bzw. biozentrisches Rechtsgebiet ohnehin ein Exotikum in einer traditionell anthropozentrischen Rechtsordnung – als fruchtbarer Nährboden für potenzielle Tierrechte dienen, wie die Rechtsprechung in Indien illustriert.[50]

Wenngleich letztlich die hier diskutierten, derzeit noch singulären Fälle einer gerichtlichen Anerkennung von Tiergrundrechten bloß den ersten Schritt einer langwierigen Verrechtlichung darstellen mögen, kommt dieser Rechtsentwicklung doch eine „beträchtliche symbolische Bedeutung mit Impulswirkung" zu.[51] Mit anderen Worten dürften solcherart Pionierurteile erste Manifestationen eines rechtlichen Paradigmenwechsels markieren und den Formierungsprozess von Tiergrundrechten zugleich entscheidend vorantreiben.

Literatur

Buschka, S./Gutjahr, J./Sebastian, M., Gewalt an Tieren, in: Gudehus, C./Christ, M. (Hrsg.), Gewalt: Ein interdisziplinäres Handbuch, Stuttgart 2013, S. 75–83.

Cavalieri, P., The Animal Question: Why Nonhuman Animals Deserve Human Rights, Oxford/New York 2001.

Cochrane, A., From Human Rights to Sentient Rights, Critical Review of International Social and Political Philosophy 16 (2013), S. 655–675.

Cruft, R./Liao S. M./Renzo, M., The Philosophical Foundations of Human Rights: An Overview, in: Cruft, M./Liao, S. M./Renzo, M. (Hrsg.), Philosophical Foundations of Human Rights, Oxford 2015, S. 1–41.

Donaldson, S./Kymlicka, W., Zoopolis: A Political Theory of Animal Rights, Oxford/New York 2011.

Edmundson, W. A., An Introduction to Rights, 2. Aufl., Cambridge 2012.

Feinberg, J./Baum Levenbook, B., Abortion, in: Regan, T. (Hrsg.), Matters of Life and Death: New Introductory Essays in Moral Philosophy, 3. Aufl., New York 1993, S. 195–234.

Francione, G. L./Garner, R., The Animal Rights Debate: Abolition or Regulation?, New York 2010.

Griffin, J., On Human Rights, Oxford 2008.

50 Zum Subjektivierungspotenzial in geltendem Tierschutzrecht, siehe *Stucki*, Die „tierliche Person" als Tertium datur, S. 288 ff.

51 Appellationsgericht des Kantons Basel-Stadt (als Verfassungsgericht), Urteil vom 15. Januar 2019, VG.2018.1, E. 4.4.

Hohfeld, W. N., Some Fundamental Legal Conceptions as Applied in Judicial Reasoning, Yale Law Journal 23 (1913), S. 16–59.
Horkheimer, M./Adorno, T. W., Dialektik der Aufklärung: Philosophische Fragmente, 16. Aufl., Frankfurt am Main 2006.
Kymlicka, W., Human Rights Without Human Supremacism, Canadian Journal of Philosophy 48 (2018), S. 763–792.
Kymlicka, W./Donaldson S., Rights, in: Gruen, L. (Hrsg.), Critical Terms for Animal Studies, Chicago/London 2018, S. 320–336.
Ladwig, B., Menschenrechte und menschliche Natur: Bausteine zu einer kritischen Theorie der Menschenrechte, Leviathan 35 (2007), S. 85–106.
Ladwig, B., Warum manche Tiere Rechte haben – und wir nicht die einzigen sind, MenschenRechtsMagazin 2 (2015), S. 75–86.
Leist, A., Diskussionen um Leben und Tod, in: Leist, A. (Hrsg.), Um Leben und Tod: Moralische Probleme bei Abtreibung, künstlicher Befruchtung, Euthanasie und Selbstmord, Frankfurt am Main 1990, S. 9–72.
Liao, S. M./Etinson, A., Political and Naturalistic Conceptions of Human Rights: A False Polemic?, Journal of Moral Philosophy 9 (2012), S. 327–352.
Lohmann, G., Menschenrechte zwischen Moral und Recht, in: Gosepath, S./Lohmann, G. (Hrsg.), Philosophie der Menschenrechte, Frankfurt am Main 1998, S. 62–95.
Lohmann, G., Zur moralischen, juridischen und politischen Dimension der Menschenrechte, in: Sandkühler, H. J. (Hrsg.), Recht und Moral, Hamburg 2010, S. 135–150.
McMahan, J., The Ethics of Killing: Problems at the Margins of Life, Oxford/New York 2002.
Mütherich, B., Die soziale Konstruktion des Anderen: Zur soziologischen Frage nach dem Tier, in: Schmitz, F. (Hrsg.), Tierethik: Grundlagentexte, Berlin 2014, S. 445–477.
Naffine, N., Who Are Law's Persons? From Cheshire Cats to Responsible Subjects, Modern Law Review 66 (2003), S. 346–367.
Nelson, L., Vorlesungen über die Grundlagen der Ethik, Zweiter Band: System der philosophischen Ethik und Pädagogik, aus dem Nachlass herausgegeben von Grete Hermann und Minna Specht, Göttingen 1932.
Niesen, P., Kooperation und Unterwerfung: Vorüberlegungen zur politischen Theorie des Mensch/Nutztier-Verhältnisses, Mittelweg 36 – Zeitschrift des Hamburger Instituts für Sozialforschung 23/5 (2014), S. 45–58.
Peters, A./Stucki, S./Boscardin, L. (Hrsg.), Animal Law: Reform or Revolution?, Zürich 2015.
Pluhar, E. B., Beyond Prejudice: The Moral Significance of Human and Nonhuman Animals, Durham/London 1995.
Rachels, J., Created from Animals: The Moral Implications of Darwinism, Oxford/New York 1990.
Regan, T., The Case for Animal Rights, Berkeley 1983.
Rippe, K. P., Ethik im außerhumanen Bereich, Paderborn 2008.
Robert, A., Die Institutionalisierung der Menschenrechte im demokratischen Verfassungsstaat, in: Gosepath, S./Lohmann, G. (Hrsg.), Philosophie der Menschenrechte, Frankfurt am Main 1998, S. 244–264.
Salt, H. S., Animals' Rights: Considered in Relation to Social Progress, New York/London 1894.
Sandkühler, H. J., Menschenwürde und Menschenrechte: Über die Notwendigkeit der Verrechtlichung moralischer Ansprüche, Metodo 2 (2014), S. 19–33.
Singer, P., Animal Liberation: A New Ethics for Our Treatment of Animals, New York 1975.

Singer, P., Praktische Ethik, 3. Aufl., Stuttgart 2013.
Stucki, S., Die „tierliche Person" als Tertium datur: Eine Extrapolation aus aktuellen tierschutzrechtlichen Subjektivierungsansätzen und kritische Reflexion aus feministischer Perspektive, in: Ammann, C./Christensen, B./Engi, L./Michel, M. (Hrsg.), Würde der Kreatur: Ethische und rechtliche Beiträge zu einem umstrittenen Konzept, Zürich 2015, S. 287–326.
Stucki, S., Grundrechte für Tiere: Eine Kritik des geltenden Tierschutzrechts und rechtstheoretische Grundlegung von Tierrechten im Rahmen einer Neupositionierung des Tieres als Rechtssubjekt, Baden-Baden 2016.
Tooley, M., Abortion and Infanticide, Oxford 1983.
Wildt, A., Menschenrechte und moralische Rechte, in: Gosepath, S./Lohmann, G. (Hrsg.), Philosophie der Menschenrechte, Frankfurt am Main 1998, S. 124–145.

Susanne Beck

Über Sinn und Unsinn von Statusfragen

Zu Vor- und Nachteilen der Einführung einer elektronischen Person

> „Robots are moral agents when there is a reasonable level of abstraction under which we must grant that the machine has autonomous intentions and responsibilities. If the robot can be seen as autonomous from many points of view, then the machine is a robust moral agent, possibly approaching or exceeding the moral status of human beings."[1]

Welchen „Status" haben Roboter? Diese Frage hat seit einigen Jahren den Weg von der Science-Fiction-Literatur in die wissenschaftliche Debatte gefunden.[2] Mit obigem Zitat etwa könnten Roboter moralische Agenten sein, wenn ein hinreichender Abstraktionsgrad (ob ihres Verhaltens oder ihrer Gedanken wird nicht näher spezifiziert) garantiert, dass die Maschine autonome Intentionen und Verantwortlichkeit hat. Sollte der Roboter aus hinreichend vielen Blickwinkeln als „autonom" anzusehen sein, könnte sich sein Status in diesem Fall dem des Menschen annähern – oder diesen gar „überschreiten". So fernliegend eine derartige menschenähnliche Autonomie bei Maschinen auch scheinen mag, so undenkbar es derzeit noch ist, dass in nicht einmal 40 Jahren Menschen und Roboter heiraten könnten,[3] ist doch angesichts der vermehrten Teilnahme relativ selbständiger, kaum kontrollierbarer Maschinen am gesellschaftlichen Leben, ihrer zunehmenden Fähigkeiten und vermehrten direkten Interaktion mit Menschen nicht völlig von der Hand zu weisen, dass eine Auseinandersetzung mit der Frage nach ihrem Status bereits jetzt notwendig wird.[4]

Anmerkung: Zweitabdruck des Beitrags aus Hilgendorf (Hrsg.), Robotik und Gesetzgebung, Baden-Baden 2013, S. 239 – 260.

1 *Sullins*, When Is a Robot a Moral Agent?, in: Anderson/Anderson (Hrsg.), Machine Ethics, S. 160.
2 Vgl. etwa die Beiträge in *Anderson/Anderson* (Hrsg.), Machine Ethics und *Wallach/Allen* (Hrsg.), Moral Machines: Teaching Robots Right from Wrong, oder die Werke von *Matthias*, Automaten als Träger von Rechten; *Moravec*, Robot: Mere Machine To Transcendent Mind. Zur deutschen Debatte vgl. exemplarisch die Beiträge in *Beck* (Hrsg.), Jenseits von Mensch und Maschine und *Gruber/Bung/Ziemann* (Hrsg.), Autonome Automaten,.
3 So aber *Levy*, Love and Sex with Robots, S. 22.
4 Die Überlegungen unterliegen, wenn sie sich auf die aktuellen und in nächster Zeit höchst wahrscheinlich durchführbaren Entwicklungen, auch nicht der Gefahr eines „futurologischen Fehlschlusses" (vgl. hierzu *Sturma*, Autonomie. Über Personen, Künstliche Intelligenz und Robotik, in: Christaller/Wehner (Hrsg.), Autonome Maschinen, S. 49).

https://doi.org/10.1515/9783110704013-017

Ein Blick auf die, trotz jahrzehntelanger Debatte weiterhin andauernde, Uneinigkeit über den Status[5] von Embryonen[6] oder Tieren[7] schürt jedoch Zweifel daran, dass eine einseitige Fokussierung auf die Statusfrage zu einer Klärung der zentralen praktischen und theoretischen Probleme der Robotik wesentlich beitragen wird. Deshalb scheint es angebracht, zunächst die Sinnhaftigkeit der Frage nach dem Status einer Entität zu diskutieren. Nur wenn diese bejaht werden kann, sind Überlegungen dazu, ob Roboter bereits jetzt einen moralischen bzw. rechtlichen Status inne haben oder in Zukunft inne haben könnten und wie dieser Status konkret zu beschreiben bzw. auszugestalten ist, überhaupt angebracht.

Im Folgenden wird zunächst ein Überblick über zentrale aktuelle Statusdebatten gegeben. Mit Bezug auf diese werden verschiedene Vor- und Nachteile der Statusfrage analysiert und gegeneinander abgewogen. Grundsätzlich betreffen die meisten dieser Aspekte sowohl den moralischen, als auch den rechtlichen Status.[8] Überdies basiert der rechtliche Status zumindest insoweit auf dem moralischen, als die Ausgestaltung und Bewertung eines Rechtsstatus nur auf Basis sozialmoralischer Überlegungen möglich sind – auch wenn das Recht innerhalb seines Systems grundsätzlich frei in der Schaffung und Ausgestaltung eines bestimmten Rechtsstatus für Entitäten ist, kann dieser entweder an rechtlichen oder sozialmoralischen Kriterien bewertet werden. Aus diesem Grund werden im Folgenden, wenn nicht expliziert differenziert wird, die Argumente gleichermaßen für den moralischen und den rechtlichen Status übertragen. Nur soweit sich erhebliche Unterschiede ergeben, werden diese verdeutlicht. Schließlich werden die Überlegungen auf einen möglichen Rechtsstatus für Roboter übertragen – denn anders als der moralische Status kann dieser vom Gesetzgeber, gegebenenfalls nach Vorbereitung durch die Wissenschaft, aktiv gestaltet werden.

---

5 Zum Konzept des moralischen Status *Düwell*, Moralischer Status, in: Düwell/Hübenthal/Werner (Hrsg.), Handbuch Bioethik, S. 417–423.

6 Vgl. exemplarisch für diese inzwischen unzählige Werke umfassende Debatte die alle wesentlichen Argumente zusammenfassenden Beiträge in *Damschen/Schönecker* (Hrsg.), Der moralische Status menschlicher Embryonen. Pro und contra Spezies-, Kontinuums-, Identitäts- und Potentialitätsargument.

7 Eine Einführung in die Debatte findet sich bei *Flury*, Der moralische Status der Tiere: Henry Salt, Peter Singer und Tom Regan.

8 Auch wenn es einige wichtige Unterschiede gibt (vgl. hierzu die Beiträge in *Klein/Menke* (Hrsg.), Der Mensch als Person und Rechtsperson – Grundlage der Freiheit) stellt sich doch insbesondere die hier diskutierte Frage, inwieweit die Statusfrage sinnvoll ist, für beide Arten des Status gleichermaßen.

I Aktuelle Statusdebatten

In der aktuellen wissenschaftlichen Diskussion der Ethik und der Rechtswissenschaft finden sich, wie bereits erwähnt, Statusdebatten bezüglich folgender Entitäten: Tiere,[9] Embryonen,[10] Juristische Personen (bzw. Personenmehrheiten)[11] sowie, wie bereits erwähnt, vermehrt auch Maschinen.[12] Im Folgenden werden primär die Divergenzen zum moralischen Status dargestellt – ähnliche Debatten finden sich aber auch in der Rechtswissenschaft.

So wird zu Tieren teilweise vertreten, dass sie aus sich heraus keinen moralisch relevanten Status besitzen, wobei einige Vertreter dieser Ansicht zumindest einen indirekten Schutz bejahen – entweder weil dieser Schutz die natürlichen Lebensbedingungen des Menschen erhalte[13] oder in dem Sinne, dass die Grausamkeit, die ein Mensch gegenüber Tieren ausübt, seine moralische Integrität bedroht.[14] Nach den – auf unterschiedlichen Gründen beruhenden – Gegenansichten[15] ist die grundsätzliche moralische Unterscheidung zwischen Menschen

---

9 *Fischer*, Tierstrafen und Tierprozesse – zur sozialen Konstruktion von Rechtssubjekten, 2005; *Fischer*, Differenz, Indifferenz, Gewalt: Die Kategorie „Tier" als Prototyp sozialer Ausschließung, KrimJ 2001, 170–188; *Flury*, Der moralische Status der Tiere: Henry Salt, Peter Singer und Tom Regan; *Regan*, The Case for Animal Rights; *Singer*, Animal Liberation; *Teutsch*, Soziologie und Ethik der Lebewesen. Eine Materialsammlung; *Wiedenmann*, Tiere, Moral und Gesellschaft; vgl. überdies die Beiträge in: *Carter/Charles* (Hrsg.), Humans and Other Animals: Critical Perspectives.

10 Vgl. die Beiträge in *Damschen/Schönecker* (Hrsg.), Der moralische Status menschlicher Embryonen. Pro und contra Spezies-, Kontinuums-, Identitäts- und Potentialitätsargument; *Maio/Just* (Hrsg.), Die Forschung an embryonalen Stammzellen in ethischer und rechtlicher Perspektive; *Dabrock/Ried* (Hrsg.), Therapeutisches Klonen als Herausforderung für die Statusbestimmung des menschlichen Embryos.

11 Vgl. etwa dazu, ob es eine originäre Verantwortlichkeit des Kollektivs gibt oder kollektive Verantwortung sich immer auf individuelle Verantwortlichkeit reduzieren lässt, *French*, Collective and Corporate Responsibility, S. 133 ff.; *May*, The Morality of Groups, S. 73 ff. Es ist zu berücksichtigen, dass juristische Personen aus Praktikabilitätsgründen geschaffen wurden; die Frage nach dem moralischen Status spielte eine sekundäre Rolle. Nur in manchen Punkten nähern sich hier die moralische und rechtliche Statusdebatte an (etwa bei der Frage nach der strafrechtlichen Schuldfähigkeit).

12 Vgl. oben, Fn. 2.

13 Vgl. zum anthropozentrischen Kern von Kants Moralphilosophie etwa *Badura*, Moral für Mensch und Tier, Tierschutzethik im Kontext, S. 32 ff. m.w.N.

14 Vgl. zu diesen Ansätzen *Badura*, Moral für Mensch und Tier, Tierschutzethik im Kontext, S. 37 m.w.N.

15 Zu verschiedenen Ansätzen (bio- und physiozentrisch sowie pathozentrisch) vgl. *Badura*, Moral für Mensch und Tier, Tierschutzethik im Kontext, S. 38 ff. m.w.N.

und Tieren schwer vertretbar – moralische Regeln sollten sich an anderen Kriterien orientieren als an derartigen biologischen Kategorien.[16]

Ähnlich divergierend sind die Ansichten zum Status des Embryos. Während einige Stimmen davon ausgehen, dass er den Status „Person“[17] inne hat,[18] setzt die Gegenansicht ihn insofern letztlich einer Körperzelle, etwa einer Ei- oder Samenzelle, gleich.[19] Einige Stimmen gehen davon aus, dass sich der Status mit Fortschreiten seiner Entwicklung schrittweise dem des Menschen annähert.[20]

Eine weitere Diskussion betrifft die Frage, ob Zusammenschlüsse mehrerer Personen (Kollektive, juristische Personen) als solchen einen Status innehaben. Das positive Recht gibt einigen Kollektiven einen eigenständigen Status (vgl. nur Art. 19 Abs. 3 GG), der sich jedoch vom Status der natürlichen Personen unterscheidet – wie weit diese Unterschiede reichen, ist nicht umfassend geklärt.[21] Ob dieser positivrechtliche Status sich daraus ergibt bzw. zur Folge hat, dass diese Entitäten einen moralischen Status haben, ist ebenfalls umstritten.[22]

---

16 Vgl. zur Leidensfähigkeit *Wolf*, Moralische Verpflichtung gegen Tiere, Zeitschrift für philosophische Forschung, S. 231: „Wenn aber die Gemeinsamkeit, die alle Personen oder Menschen zu Objekten der Moral macht, eine ist, die sie mit den Tieren teilen, muss man dann nicht sagen, dass auch Tiere zu Objekten der Moral gehören?“ Zum moralischen Status von Menschenaffen vgl. etwa die Beiträge in *Cavalier/Singer* (Hrsg.), Menschenrechte für die Großen Menschenaffen! Das Great Ape Projekt.

17 Dass der Begriff weder selbst identifizierend oder erklärend ist, ergibt sich aus den Eigenschaften von Sprache, vgl. hierzu *Quante*, Die Bedeutung des Personenbegriffs für den moralischen Status der Person, in: Klein/Menke (Hrsg.), Der Mensch als Person und Rechtsperson – Grundlage der Freiheit, S. 71.

18 *Honnefelder*, Pro Kontinuumsargument, in: Damschen/Schönecker (Hrsg.), Der moralische Status menschlicher Embryonen. Pro und contra Spezies-, Kontinuums-, Identitäts- und Potentialitätsargument, S. 71 ff.

19 *Singer*, Praktische Ethik, S.197: „Ich schlage deshalb vor, dem Leben eines Fötus keinen größeren Wert zuzubilligen als dem Leben eines nichtmenschlichen Lebewesens auf einer ähnlichen Stufe der Rationalität, des Selbstbewusstseins, der Bewusstheit, der Empfindungsfähigkeit usw.“

20 Vgl hierzu *Birnbacher*, Aussichten eines Klons, in: Ach/Brudermüller/Runtenberg (Hrsg.), Hello Dolly? Über das Klonen, S. 50, *Clausen*, Zelltherapie unter Verwendung adulter Stammzellen oder solcher aus geklonten Embryonen?, in: Maio/Just (Hrsg.), Die Forschung an embryonalen Stammzellen in ethischer und rechtlicher Perspektive, S. 203 m.w.N.

21 Bis heute wird intensiv darüber diskutiert, ob derartige Entitäten sich nach deutschem, am Schuldprinzip orientierten Recht strafbar machen könnten oder ob die Einführung einer derartigen Regelung dessen Systematik widerspräche; vgl. aktuell *Bock*, Criminal Compliance: Strafrechtlich gebotene Aufsicht in Unternehmen – zugleich ein Beitrag zu den Grenzen strafrechtlicher Steuerung der Unternehmensführung, S. 373 ff. m.w.N.

22 Vgl. etwa *Lübbe*, Verantwortung in komplexen kulturellen Prozessen, 1998; *Neuhäuser*, Unternehmen als moralische Akteure.

Relativ neu ist die Debatte über den Status von (autonomen) Maschinen,[23] teilweise in Verbindung mit der Frage nach dem Status von Mensch-Maschinen.[24] Je selbständiger die Entscheidungen der Maschinen werden, je menschenähnlicher sie aussehen und sich verhalten, je bedeutsamer sie für die Funktionsfähigkeit der Gesellschaft werden, desto größer scheint das Bedürfnis zu werden, ihnen Verantwortung, Pflichten, möglicherweise sogar Rechte zuzuschreiben. Einige Stimmen lehnen jedoch derzeit einen wie auch immer gearteten moralischen Status von Maschinen, einige auch für die Zukunft, ab.[25]

All diese Debatten zeigen die erhebliche Bedeutung, die Statusfragen für moralische und rechtliche Diskussionen in der aktuellen Gesellschaft haben. Der zentrale Grund für die Statusüberlegungen ist also typischerweise, dass Regelungen über den Umgang mit diesen Entitäten gesucht werden[26]: „Offenkundig wird die Frage nach dem moralischen Status des menschlichen Embryos in vitro in der Absicht gestellt, dass aus der Antwort auf diese Frage Aufschluss über die Schutzwürdigkeit des Embryos zu erhalten ist und dass dies wiederum erlaubt, Kriterien für den Umgang mit menschlichen Embryonen zu gewinnen."[27]

Die erheblichen, auch nach intensiven Diskussionen nicht auflösbaren Divergenzen bei der Statusbestimmung in all diesen Kontexten lassen aber zugleich vermuten, dass durch die Konzentration der Debatte auf den Status scheinbar nur selten mehr Klarheit gewinnen lässt als bei einer vom Status losgelösten Diskussion über konkrete Regeln zum Umgang mit den Entitäten in diversen Lebensbereichen. Im Gegenteil: Gelegentlich scheint die Statusfrage die Fronten sogar zu verhärten. Deswegen ist es plausibel, diese Fokussierung näher zu beleuchten und ihre Vor- und Nachteile zu diskutieren.

---

23 Vgl. die Nachweise oben, Fn. 2.

24 Wobei das Fortbestehen des Status als natürliche Person bei Menschen, die sich maschinelle Teile einpflanzen lassen, bisher nicht bestritten wird; vgl. *Beck*, Menschenwürde und Mensch-Maschine-Systeme in: Joerden/Hilgendorf/Thiele (Hrsg.), Menschenwürde und Medizin: Ein interdisziplinäres Handbuch, S. 997–1018 m.w.N.

25 Vgl. zum Status von Maschinen im Detail auch unten, VI.

26 Im Recht geht es überdies darum, wie die bestehenden Gesetze, die den Umgang mit einer bestimmten Entität regeln, auszulegen sind.

27 *Honnefelder*, Pro Kontinuumsargument, in: Damschen/Schönecker (Hrsg.), Der moralische Status menschlicher Embryonen. Pro und contra Spezies-, Kontinuums-, Identitäts- und Potentialitätsargument, S. 63.

II Kann man die Statusfrage hinterfragen?

Bevor man dies tut, ist zu diskutieren, ob man die Statusfrage überhaupt hinterfragen kann. Dies ist jedenfalls dann unproblematisch, wenn man davon ausgeht, dass jeder rechtliche und moralische Status immer nur abgeleitet bzw. (von der Gesellschaft) zugeschrieben ist. Denn dann lässt sich ohne Zweifel diskutieren, ob diese Zuschreibung bzw. deren Explizierung in der konkreten Debatte erforderlich und sinnvoll ist. Tatsächlich ist diese Annahme, wie gleich noch erläutert wird, auch Grundlage der folgenden Überlegungen.

Vertritt man dagegen die Ansicht, dass bestimmte Entitäten – in der Regel wird dies für jeden geborenen Menschen angenommen – unbestreitbar einen spezifischen Status haben und dieser aus sich heraus bestimmte Konsequenzen für den Umgang mit ihnen hat,[28] könnte man argumentieren, dass sich die Frage der Notwendigkeit nicht stellt, eben weil sich die Existenz eines Status ohnehin nicht bestreiten lässt. Doch selbst dann bleibt es immer noch zulässig, zu diskutieren, wann es sinnvoll ist, Statusfragen zu stellen.

III Gibt es nur einen moralischen bzw. rechtlichen Status oder mehrere?

Die nächste Frage, die vor der Diskussion des Sinns von Statusfragen beantwortet werden muss, ist, ob es grundsätzlich nur einen moralischen bzw. rechtlichen Status gibt oder mehrere. So ließe sich vertreten, dass es nur den moralischen Status „Person“ gibt,[29] und dass es bei dessen Bestimmung nur darum geht, zwischen moralisch relevant und moralisch irrelevant zu unterscheiden.[30] Hiernach bleibt natürlich möglich, innerhalb dieses Status zu differenzieren, wie mit

---

28 *Honnefelder*, Pro Kontinuumsargument, in: Damschen/Schönecker (Hrsg.), S. 63. Diese Überlegung gilt in ähnlicher Weise für den rechtlichen Status, abhängig davon, ob man annimmt, dass dieser entsprechend schon vorrechtlich existiert oder ob man davon ausgeht, dass er im jeweils geltenden Recht positiv gestaltet wird.

29 „...there is a strong conceptual link between being a person and having full moral status“, *Warren*, Moral status: obligations to persons and other living things, S. 91. Vgl. auch *Tooley*, Abortion and Infanticide, Philosophy and Public Affairs 1972, S. 37: „‘x is a person‘ ... [is] synonymous with the sentence ‚x has a (serious) moral right to life‘“.

30 *Warren*, Moral status: obligations to persons and other living things, S. 92: „Those who believe that only human beings can be persons sometimes deny that it is even logically possible for a nonhuman being to be a person.“

der jeweils fraglichen Person umzugehen ist bzw. welche Pflichten eine konkrete Person hat, ohne dadurch jedoch eine neue Statuskategorie zu eröffnen.

Denkbar wäre aber auch, von verschiedenen Status-Kategorien auszugehen.[31] Diese könnten entweder eine grobe Einteilung vorsehen (natürliche Person, juristische Person, elektronische Person) oder detaillierter ausfallen, also etwa zwischen Minderjährigen und Erwachsenen, zwischen umfassend und nur teilweise Verantwortlichen, zwischen bloßen Inhabern von Rechten und Inhabern von Rechten und Pflichten, etc. differenzieren.

Die Frage, ob eine oder mehrere Kategorien existieren, kann entweder mit Blick auf die tatsächliche Verwendung von Begriffen oder mit Blick auf die Zweckmäßigkeit beantwortet werden. Im Recht ist zumindest mit der Verwendung der Begriffe „natürliche Person" und „juristische Person" eine Einteilung verbunden, die durchaus als unterschiedliche Kategorien verstanden werden könnten – für den rechtlichen Status ergibt sich die Antwort also aus dem derzeitigen Gesetz. Aber auch in moralischen Bewertungen gibt es unterschiedliche Statuskategorien für unterschiedliche Entitäten.[32] Minderjährige etwa sind – und zwar unabhängig von Ansehung der konkreten Person – nicht nur im Recht, sondern auch in moralischer Hinsicht auf andere Art und Weise relevant als Erwachsene.[33] Sowohl im Recht als auch in der Moral werden also Unterschiede gemacht, die auf mehr basieren als Ansehung der konkreten Person und über die bloße Einteilung in „moralisch bzw. rechtlich relevant oder nicht" hinausgehen.

Somit spricht vieles dafür, dass mehrere Status-Kategorien existieren.[34] Dies ist aufgrund der Komplexität der Regelungen im Umgang mit verschiedenen Entitäten auch plausibel. Innerhalb dieser Kategorien können dann zusätzlich weitere Einteilungen hinsichtlich des konkreten Umgangs mit der Entität getroffen werden. Als Kategorien im Recht könnte man etwa natürliche (ggf. menschliche / nicht menschliche) Person, juristische Person oder auch Personenverband, elektronische Person ansehen, als weitere Differenzierungen innerhalb dieser Kategorien kommen in Betracht: verantwortlich / teilweise verantwortlich / nicht verantwortlich; rechtsfähig / beschränkt rechtsfähig / nicht rechtsfähig; schuldfähig / vermindert schuldfähig / nicht schuldfähig.

---

31 *Warren*, Moral status: obligations to persons and other living things, S. 92ff.

32 Exemplarisch zu Regans Differenzierung zwischen „moral agent" und „moral patient" im Rahmen der Tierethik *Gisbertz*, Würde des Menschen – Würde des Tiers? Zum Verhältnis von Mensch und Tier aus der Perspektive der Rechtsphilosophie, HFR 2011, 159.

33 Vgl. etwa zum moralischen Status von Kindern *Giesinger*, Autonomie und Verletzlichkeit: Der moralische Status von Kindern und die Rechtfertigung von Erziehung; zur Grundrechtsinhaberschaft von Minderjährigen vgl. *Roell*, Die Geltung der Grundrechte für Minderjährige.

34 Zum „status" im römischen Recht *Kaser*, Römisches Privatrecht I, S. 271.

IV Woraus ergibt sich der moralische bzw. rechtliche Status?

Schließlich ist vor der Diskussion des Sinns der Statusfrage zu klären, woraus sich der normative Status einer Entität ergibt. Für den moralischen Status gibt es hier zwei Möglichkeiten: die direkte oder die indirekte Konzeptualisierung.[35] Direkte Konzeptualisierung bedeutet, den Status letztlich aus der Entität selbst abzuleiten – Rückhalt kann ein derartiges Vorgehen beispielsweise in der Natur oder in einer bestimmten Religion oder Weltanschauung finden.[36] Auch die Annahme, dass sich die Würde des Menschen bzw. der Status einer Person aus der Moralität, d. h. die aktuelle Fähigkeit zur Selbstbestimmung nach moralischen Grundsätzen und damit letztlich aus seiner Vernunft ergibt, wäre ein – hier natürlich stark vereinfachtes – Beispiel für eine solche Argumentation.[37]

Man kann den moralischen Status aber auch als „Setzung" ansehen, der sich aus der jeweiligen Gesellschaft heraus entwickelt.[38] Auch dieser hat natürlich mit den Eigenschaften der Entität zu tun, da sich die Setzung an ihnen orientiert – nur nicht im Sinne einer universellen Gültigkeit, einer zwingenden Folgerung des Status aus diesen Eigenschaften. Danach ist auch kein zugesprochener Status – oder dessen Unterlassen – aus sich heraus „falsch". Denkbar ist aber Widersprüchlichkeit mit bestehenden moralischen oder rechtlichen Regeln, Ineffizienz derartiger Entscheidungen oder – mit Blick auf gewisse Intuitionen, im Bewusstsein der Begrenztheit derartiger Argumentationen – eine hinreichende

---

35 Vgl. dazu, dass die Zuschreibung eines moralischen Status (aus dem moralische Rechte und ggf. Pflichten hergeleitet werden) grundsätzlich immer normativer Kriterien bedarf, vgl. etwa *Quante*, Die Bedeutung des Personenbegriffs für den moralischen Status der Person, in: *Klein/ Menke* (Hrsg.), Der Mensch als Person und Rechtsperson – Grundlage der Freiheit, S. 71 f. Letztlich ist somit der zentrale Unterschied zwischen direkter und indirekter Konzeptualisierung die Frage, wie „zwingend" das Ergebnis der jeweiligen Begründung ist, ob man die Plausibilität der normativen Kriterien als hinreichend ansieht und ob man davon ausgeht, dass die jeweilige Ethik, auf die man sich stützt, alternativlos ist oder für diesen Aspekt überzeugend.

36 Exemplarisch zur Perspektive der katholischen Kirche vgl. *Schockenhoff*, Lebensbeginn und Menschenwürde – Eine Begründung für die lehramtliche Position der katholischen Kirche, in: Hilpert (Hrsg.), Kriterien biomedizinischer Ethik: Theologische Beiträge zum gesellschaftlichen Diskurs, S. 198 – 228.

37 *Kant*, Grundlegung zur Metaphysik der Sitten, AA IV, S. 428 ff.

38 Letztlich ist die Frage, ob man die hinter der Zuschreibung stehende ethische Theorie als universal gültig und oder „nur" als im jeweiligen historischen und kulturellen Kontext plausibel ansieht. Vgl. zu der Suche nach derartigen Plausibilitätsstandards unter den Bedingungen des Pluralismus *Quante*, Menschenwürde und personale Autonomie.

Plausibilität eines bestimmten Status, basierend auf Analogien und Effizienzerwägungen.

Ohne hier zu versuchen, diesen weltanschaulichen Streit zwischen Universalismus und Relativismus bzw. zwischen Naturrecht und Rechtspositivismus, endgültig aufzulösen, wird im Folgenden davon ausgegangen, dass sowohl ein moralischer als auch ein rechtlicher Status eine Setzung sind. Dies ist zumindest unzweifelhaft historisch der Fall.[39] Da sich bisher keine universellen Gründe, aus denen sich ein Status direkt ableiten lässt, durchgesetzt haben, bleibt nur ein Rückzug auf eine Plausibilitätsargumentation. Dies bedeutet jedoch offensichtlich nicht, dass die Entscheidung über einen bestimmten Status willkürlich getroffen wird, natürlich gibt es hierfür bessere oder schlechtere Gründe.

Die Art und Weise des Herleitens eines rechtlichen Status basiert letztlich auf der hinter der Argumentation stehenden Rechtstheorie. Während für den Rechtspositivismus primär die Setzung durch den Gesetzgeber und deren Einfügung in das bestehende Rechtssystem von Bedeutung ist, würden Vertreter des Naturrechts davon ausgehen, dass der Status bestimmten Entitäten schon vorrechtlich zugeordnet ist und letztlich vom Gesetzgeber nur noch „gefunden" werden muss.[40] Auch insofern wird hier grundsätzlich davon ausgegangen, dass der demokratisch legitimierte Gesetzgeber zur Setzung eines Status berechtigt ist, solange sich dies in das bestehende Rechtssystem einfügt. Dies bedeutet jedoch nicht, dass nicht zusätzlich noch überprüft werden kann, ob der rechtliche Status in plausibler Weise den moralischen Status repräsentiert.

V Ist die Statusfrage nützlich? Für welche Argumentationen?

Nach diesen Vorfragen ist nun darauf einzugehen, ob es sinnvoll ist, die Statusfrage zu stellen. Dabei geht es um ihre Nützlichkeit sowie – wenn man diese

---

39 Vgl. etwa zur historischen Entwicklung des Begriffs der „moralischen Person" *Bachmann*, Der Mensch als Person. Überlegungen zur Geschichte des Begriffs der „moralischen Person" und der Rechtsperson in: Klein/Menke (Hrsg.), Der Mensch als Person und Rechtsperson – Grundlage der Freiheit, S. 109 – 120. Natürlich besagt die Begriffsgeschichte noch nichts darüber, dass sich der tatsächliche Status historisch verändert hat – aber es zeigt sich an der Darstellung doch eine gewisse historische Relativität.

40 Zur Gegenüberstellung von Rechtspositivismus vgl. etwa *Kelsen*, in: Klecatsky/Marcic/Schambeck (Hrsg.), Die Wiener rechtstheoretische Schule. Vgl. zu den verschiedenen Formen des Gegensatzes zwischen Rechtspositivismus und Naturrecht auch *v. der Pfordten*, Rechtsethik, S. 99 ff.

grundsätzlich bejaht – um die Frage, in welchen Diskussionen sie bedeutsam ist. Die Statusfrage steht in Konkurrenz zu singulären, situativen Festlegungen einzelner moralischer und rechtlicher Regelungen zum Umgang mit einer Entität.

1 Vorteile der Statusdebatten

Die Diskussion um einen moralischen oder rechtlichen Status hat im Vergleich zu einer derartigen situativen Regulierung einige Vorteile:

So erleichtert sie die Begründung eines spezifischen Umgangs mit ihr, also etwa der Notwendigkeit, ihr bestimmte Rechte und / oder Pflichten zuzusprechen. Die Ableitung eines spezifischen Status aus bestimmten Eigenschaften und Fähigkeiten erscheint plausibler als die bloße Ausgestaltung einzelner Regelungen – insbesondere wenn insofern auf eine Religion oder Weltanschauung oder die Natur Bezug genommen wird. Religionen können dem Menschen einen bestimmten Status in der Natur sowie gegenüber Gott zuweisen, so dass insofern gerade dieser Status Grundlage weiterer moralischer Regeln sein kann.[41] Auf dieser Basis lassen sich im Rahmen einer Statusdebatte einfacher Analogien bilden als spezifische moralische Regelungen zum Umgang mit einer neuartigen oder bisher nicht als potentielles moralisches Subjekt relevanten Entität zu gestalten. Diese Überlegung kann auch auf moralische Intuitionen, die bei Statusdebatten eine zentrale Rolle spielen, übertragen werden: auch diese scheinen leichter mittels Analogien zu finden. Überdies lassen sich auf Basis von Statusdebatten gewisse bestehende Intuitionen bzw. lange tradierte moralische Regelungen leichter auf andere Entitäten übertragen bzw. auch diese Übertragung verhindern als bei der Diskussion spezifischer Verhaltensregeln.

Das bedeutet nicht, dass sich aus religiösen, naturrechtlichen oder intuitionsbezogenen Überlegungen nicht auch konkrete, statusunabhängige Regeln ableiten ließen – doch ist zumindest nachvollziehbar, warum derartige Prämissen eher darauf abzielen, diese Überlegungen über den Umweg einer Statusfestlegung vorzunehmen. Derartige Begründungen basieren gerade auch darauf, dass bestimmte Rechte und Pflichten aus bestimmten Eigenschaften folgen – aufgrund des jeweils in Anspruch genommenen Argumentationshintergrunds. Aus diesen Eigenschaften ergibt sich aber fast notwendig ein bestimmter Status.

Doch die Statusfrage ist in gewissem Sinne auch für Argumentationen auf Basis der Annahme, bei einem Status handle es sich grundsätzlich um eine Setzung, vorteilhaft. Denn die Überlegungen zu einem Status können durchaus auch

41 Vgl. zur katholischen Perspektive oben, Fn. 36.

Rückschlüsse auf die Praktikabilität, Effizienz und Widerspruchslosigkeit bestimmter moralischer Situationen geben. So erlaubt die Bildung einer Analogie im Rahmen eines Status den Rückgriff auf bereits bestehende, allgemein anerkannte Annahmen über bestimmte Entitäten und nicht mehr hinterfragte moralische und rechtliche Regelungen. Sie ermöglicht, ganze Regelungssysteme auf neue Phänomene zu übertragen und stellt auf diese Weise eine erhebliche Verkürzung der Argumentation dar – im positiven wie im negativen Sinne. Statusdebatten haben also in Bezug auf die Begründung den relativ banalen Vorteil der Bündelung von Argumenten. Statt eine Vielzahl von Begründungen für jedes moralische oder rechtliche Recht, für jede Pflicht, anführen zu müssen, muss „nur" der Status begründet werden – der Rest ergibt sich aus ihm.

Doch auch bezüglich der möglichen Schlussfolgerungen, die aus einem bestimmten Status für die Moral und das Recht gezogen werden, ergeben sich im Vergleich zu der Vorgehensweise, die unabhängig von einem Status jeweils einzelne Regelungen über das richtige Verhalten gegenüber bzw. von einer bestimmten Entität festlegt, einige Vorteile.

So lassen sich, wie bereits bei den Begründungen erwähnt, auf diese Weise moralische und rechtliche Regeln, die für bzw. gegenüber anderen Entitäten bereits allgemein anerkannt sind, grundsätzlich auf die jeweils in der Debatte stehenden Entitäten übertragen. In aller Regel wird dies, gegebenenfalls in Verbindung mit einigen Ausnahmen aufgrund spezifischer Eigenschaften der „neuen" Entitäten, einfacher zu bewältigen sein als die Festlegung eines völlig neuen Systems von Rechten und Pflichten.

Dies hat aus rechtlicher Sicht überdies den Vorteil, dass sich die neuen Regeln relativ unproblematisch in das bestehende Rechtssystem einfügen, während eine völlige Neukonzeptionierung bezüglich einer bestimmten Entität schwerer in bestehende Systematiken einzupassen ist. Als Beispiel hierfür sei die Einführung juristischer Personen genannt.[42] Diese wurden in vielerlei Hinsicht natürlichen Personen gleichgestellt, insofern also deren Status zumindest teilweise übertragen. Natürlich finden sich zahlreiche Besonderheiten beim Umgang mit juristischen Personen – es handelt sich hierbei aber eben Ausnahmen von der grundsätzlichen Gleichstellung und nicht um eine umfassend eigenständige Konzeption, die ohne Zweifel deutlich schwieriger und komplexer wäre.

Das bedeutet nicht, dass nicht auch völlige Neukonzeptionierungen möglich sind – es ist jedoch zunächst überzeugend, dass der Rückgriff auf existierende Systeme, soweit möglich, in aller Regel den hiermit verbundenen massiven Veränderungen vorgezogen wird.

---

42 Vgl. hierzu etwa *Schmoeckel*, Rechtsgeschichte der Wirtschaft, S. 156 ff.

Solange man bestehende Regelungssysteme auf neue oder neu in der Diskussion stehende Entitäten überträgt, wird überdies die Einschätzung der Auswirkungen dieser Regelungen auf die Wirklichkeit erleichtert. Denn hierfür stehen historische Vergleiche bzw. Vergleiche mit Regelungen aus anderen Lebensbereichen zur Verfügung. Ein Beispiel hierfür ist die Argumentation, dass das Nicht-Zusprechen eines Personenstatus gegenüber dem Embryo eine Verrohung der Gesellschaft zur Folge haben könnte, so liegt hier der Vergleich zu historischen Situationen, in denen einem Teil der Menschheit der Personenstatus nicht zu- bzw. aberkannt wurde, nahe.[43] Derartige Vergleiche sind mit Blick auf den Status überzeugender, als wenn insofern auf einzelne Verhaltensweisen Bezug genommen würde.

Ebenfalls eine Rolle spielt der Status bezüglich der aus ihm gezogenen Folgerungen insofern, als zumindest die Möglichkeit besteht, dass die auf diese Weise gebildeten moralischen und rechtlichen Regelungen größere Akzeptanz finden, eben weil sie an bestehende Intuitionen und Traditionen anknüpfen. Das Behandeln einer Entität als Person ist sowohl in der gelebten Moral als auch im bestehenden Recht tief verankert, eingeübt und hat im Alltag nicht mehr hinterfragte, intuitive Verhaltensweisen zur Folge. Die Erweiterung dieses Status könnte dazu führen, dass die neu als Person bezeichnete und behandelte Entität von diesen Intuitionen und eingeübten Handlungen profitiert und in sie einbezogen wird. Dies ist bei neu erschaffenen Regelungen und Konzeptionen, die keinen Status zugrunde legen, nicht möglich.

2 Nachteile der Statusdebatten

Die Statusdebatten haben auch einige erhebliche Nachteile, bzw. bringen einige der gerade als Vorteile gewerteten Aspekte auch Schwierigkeiten mit sich:

So ist etwa mit der Rückbeziehung moralischer bzw. rechtlicher Regelungen auf einen bestimmten Status oft eine Überbetonung naturalistischer Begründungen oder ein in einem weltanschaulich neutralen Staat problematischer Einfluss spezifischer Religionen oder Weltanschauungen verbunden.[44]

Zudem besteht bei der Begründung über den Status die Gefahr, dass sie sich einseitig entweder auf Ähnlichkeiten oder auf Unterschiede zwischen Entitäten

---

43 Zur historischen Dimension des Personenbegriffs im Recht *Hattenhauser*, „Der Mensch als solcher rechtsfähig" – Von der Person zur Rechtsperson, in: Klein/Menke (Hrsg.), Der Mensch als Person und Rechtsperson – Grundlage der Freiheit, S. 40 ff.

44 Zum Neutralitätsgebot vgl. *Huster*, Die ethische Neutralität des Staates – Eine liberale Interpretation der Verfassung.

bzw. auf den Vergleich statt auf die jeweilige Entität in ihrer Besonderheit fokussiert. Eine derartige Begründung basiert typischerweise auf einer Analogie,[45] die notwendigerweise die Übertragung wesensfremder Kategorien auf die jeweilige Entität bedeutet. So wird aufgrund des Versuchs, den Status zu konkretisieren, diskutiert, ob juristische Personen „handeln", „Intentionen haben", „schuldfähig sein" können, ob Tiere „leiden" oder „Selbstbewusstsein" haben. Ähnliche Überlegungen finden sich bereits zu Maschinen.[46] Solange solche Überlegungen nur in dem Sinne geführt werden, ob die Entität in gerade dieses Eigenschaften dem Menschen hinreichend ähnlich ist, um ihr auf dieser Basis einen bestimmten Status zuzusprechen, erfassen sie gerade nicht das besondere Wesen dieser Entitäten, ihrer spezifischen Art zu handeln, zu intendieren, zu leiden, sich selbst zu empfinden – und sich gegebenenfalls zu verantworten. Die moralische und rechtliche Bewertung einer Entität anhand ihrer Ähnlichkeit bzw. Unähnlichkeit mit einer anderen muss zwangsläufig andere, ebenfalls wichtige Aspekte in den Hintergrund drängen und kann ihr nicht umfassend, sondern immer nur in einigen Aspekten gerecht werden. Die Besonderheiten der Entität können auf diesem Weg nur als Ausnahmen vom grundsätzlich aus dieser Analogie gebildeten Status erfasst werden – diese Konstruktion erfasst die Entität jedoch nicht als solche. Dies hängt auch damit zusammen, dass die Zuordnung einer Entität zu einem spezifischen Status das „Trennende" betont, das heißt ihre Abgrenzung von anderen Entitäten, die diesen Status nicht haben.[47]

Diese Begründung eines Status unter Bezugnahme auf die aktuelle moralische und rechtliche Position anderer Entitäten birgt überdies auch immer eine gewisse Starrheit, einen Vergangenheitsbezug. Dies widerspricht in einigen Aspekten gerade aktuellen, bei Bildung dieser Regeln und Intuitionen noch nicht vorhandenen Entwicklungen. Jedenfalls dann, wenn sich die moralischen Intuitionen der tatsächlichen Situation bereits teilweise angepasst haben, kann dies sogar eine verringerte Wirksamkeit der Regelungen zur Folge haben.

---

45 Der Rückgriff auf Analogien ließe sich auch bei der Bildung einzelner Regelungen, die den Umgang mit einer Entität mit Blick auf spezifische Fragen und Lebensbereiche festlegen, nicht umfassend vermeiden – denn auch hierfür ist es notwendig, bereits bekannte Situationen und Probleme heranzuziehen, die möglicherweise auch im Umgang mit dieser Entität auftreten könnten, auf vorhandene Lösungen zurückzugreifen, die sowohl die Ähnlichkeiten als auch die Unterschiede hinreichend erfassen, und sie gegebenenfalls für die besondere Situation entsprechend abzuwandeln. Doch erlaubt dieses Vorgehen ein situativeres Einstellen auf die jeweiligen Umstände, nicht nur auf die Entitäten selbst.

46 Vgl. hierzu sogleich unter VI.

47 Vgl. hierzu *Hattenhauser*, „Der Mensch als solcher rechtsfähig" – Von der Person zur Rechtsperson, in: Klein/Menke (Hrsg.), Der Mensch als Person und Rechtsperson – Grundlage der Freiheit, S. 41.

Auch bei den Folgen der Festlegung eines Status zeigt sich, dass die dargelegten Vorteile dieses Vorgehens auch Schattenseiten haben. So birgt die mit einem Status verbundene Vereinfachung bei der – sich zudem in das bestehende System einfügende – Übertragung moralischer und rechtlicher Regelungen die Gefahr der Übersimplifizierung. Die Übertragung wesensfremder Kategorien ist nicht nur als Begründung problematisch, sie kann auch zur Folge haben, dass nur der Teil des Verhaltens einer Entität oder gegenüber einer Entität reguliert wird, der insofern als relevant angesehen wurde. Andere Verhaltensweisen könnten, obwohl sie vielleicht ebenfalls erhebliche negative Konsequenzen haben, dem Blick der Moral und des Rechts auf diese Weise entgehen – weil sie weder zu hinreichend ähnlichen noch zu hinreichend unterschiedlichen Eigenschaften einen Bezug aufweist. Auch die Übertragung schon vorher wenig plausibler Regelungen droht bei diesem Vorgehen, während die Loslösung vom „status quo" die Gelegenheit zu überzeugenderen Neukonzeptionen bietet. Es werden also überkommene Bestimmungen oder veraltete Kategorien verstärkt statt aufgelöst.

VI Konkretisierung: Zum möglichen Status von Robotern

Die Überlegungen zu Statusdebatten sollen im Weiteren an der Frage, ob Robotern – hiermit sind im Folgenden Maschinen, die einen gewissen, eigenständigen Entscheidungsspielraum haben und im Laufe der Zeit „dazulernen", also ihre Problemlösungen optimieren können[48] gemeint – ein spezifischer rechtlicher Status zugesprochen werden sollte, konkretisiert werden. Die Plausibilität des rechtlichen Status hängt gerade auch davon ab, ob Roboter in der aktuellen Gesellschaft bereits einen bestimmten moralischen Status haben oder haben sollten.

48 Also „Autonome Roboter" im Sinne von physikalischen Maschinen in der realen Welt. Mechatronisch gesehen verfügen autonome Roboter über Sensorik, Programme zur Interpretation der sensorischen Signale, ein Umgebungsmodell, Werkzeugfunktion sowie Ergänzung und Verfeinerung der Werkzeuge und den Umgebungsmodells durch Lernverfahren (vgl. *Schweighofer*, Rechtliche Aspekte der Robotik, in: Christaller (Hrsg.), Robotik, S. 138).

1 Meinungsstand zum Status von Robotern

Erkennt man an, dass es nicht nur einen „Status", sondern verschiedene Arten geben könnte, kommen z. B. folgende Alternativen[49] in Betracht:

Roboter als Werkzeug (≈ Sache, moralisch und rechtlich bloßes Objekt); Roboter als Bote[50] (≈ spezifisch rechtlicher Status); Roboter als Stellvertreter[51] (≈ spezifisch rechtlicher Status[52]); Roboter als indirekter Rechtsinhaber (vergleichbar dem aktuellen Status von Tieren); Roboter mit spezifischen Rechten und Pflichten (vergleichbar dem aktuellen Status von juristischen Personen); Roboter mit umfassenden Rechten und Pflichten (vergleichbar dem aktuellen Status von natürlichen Personen). Vertreten werden fast alle der genannten Alternativen – mit Ausnahme der letztgenannten (zumindest für aktuell existierende Roboter).

Bezüglich der Frage, welche der Alternativen für Roboter in Betracht zu ziehen ist, finden sich beispielsweise folgende Argumentationsstrukturen:

Teilweise wird versucht, die Frage nach dem Status an die Übertragbarkeit menschlicher Kategorien auf Maschinen zu knüpfen, d. h. es wird diskutiert, ob Maschinen „handeln" können, ob sie Autonomie besitzen, die der menschlichen Autonomie hinreichend ähnlich ist, ob sie leidensfähig sind, Intentionen oder Wünsche haben, Selbsterkenntnis entwickeln, etc.[53] Teilweise wird auf derartige Ableitungen dagegen verzichtet und ein Status aus Effizienzüberlegungen abgeleitet, also danach gefragt, ob es nützlich oder gar notwendig ist, Maschinen einen bestimmten Status zuzusprechen.[54] Hierfür wird etwa damit argumentiert, dass dies einfacher ist, als jede Handlung von bzw. gegenüber Robotern einzeln moralisch oder rechtlich zu bewerten. Auch könnte durch das Zusprechen eines bestimmten (rechtlichen) Status auch die moralische Intuition der Gesellschaft in die eine oder andere Richtung verstärkt werden – was durchaus als Argument sowohl für als auch gegen eine derartige Einführung angesehen werden kann.

---

49 Wobei dies nur eine mögliche Einteilung darstellt. Man könnte diese verschiedenen Kategorien ohne Weiteres auch als Unterkategorien ansehen – und als Status-Kategorien etwa nur: Rechtsobjekt, Rechtssubjekt, ggf. möglicherweise auch noch Teilrechtssubjekt; oder aber auch: Sache, juristische Person, natürliche Person.

50 Vgl. für elektronische Agenten *John*, Haftung für künstliche Intelligenz, S. 89.

51 Vgl. für elektronische Agenten *John*, Haftung für künstliche Intelligenz, S. 77; *Gitter*, Softwareagenten im elektronischen Rechtsverkehr, S. 177.

52 Ein anderer spezifischer Status wäre, den Roboter als eine Blanketterklärung ausfüllend anzusehen; auch das wurde bezüglich elektronischen Agenten bereits diskutiert, vgl. *John*, Haftung für künstliche Intelligenz, S. 102; *Wiebe*, Die elektronische Willenserklärung, S. 133.

53 *Matthias*, Automaten als Träger von Rechten, S. 46.

54 *John*, Haftung für künstliche Intelligenz, S. 376 m.w.N.

Diese Argumentationen weisen jedoch einige erhebliche Probleme auf, die vor allem darauf basieren, dass sich menschliche Kategorien eben gerade nicht auf Maschinen übertragen lassen und jeder Versuch, über die Frage, wie „ähnlich" sie dem Menschen in einem Punkt sind, letztlich spekulativ bleiben muss. Diese Überlegungen auf Analogien zu stützen ist, anders etwa als bei Tieren oder auch bei Embryonen, deshalb wenig plausibel, weil diese Entitäten völlig neuartig sind, weil sie keinerlei biologischen Eigenschaften haben, und weil sie vom Menschen selbst programmiert sind. Es lässt sich somit weder auf historisch gewachsene Erfahrungen noch auf sich aus biologischer Ähnlichkeit ergebende plausible Vergleiche (etwa zum Schmerzempfinden) zurückgreifen – und weil der Mensch sie überdies selbst programmiert, wird die Differenzierung zwischen der Maschine vorgegebenem Programm und von ihr selbst entwickelter Wahrnehmung und Kommunikation ebenfalls immer eine Vermutung bleiben. Die Unterstellung, die wir gegenüber anderen Menschen vornehmen, nämlich dass sie zumindest ähnlich wahrnehmen, fühlen, denken, und schlussfolgern wie wir selbst, kann gegenüber Maschinen somit gerade nicht erfolgen. Die für eine Argumentation mit hinreichender Ähnlichkeit erforderlichen internen Eigenschaften von Maschinen können immer nur vermutet, aber niemals bewiesen werden.

Diese Problematik wird verstärkt dadurch, dass die moralischen Intuitionen gegenüber Maschinen verfälscht sind,[55] eine Alltagserfahrung mit derartigen „autonomen" Maschinen dagegen bisher noch kaum vorhanden ist. Auch ist eine Bezugnahme auf Natur oder Religion bzw. Weltanschauung bei der Feststellung des Status von Maschinen offensichtlich erschwert, weil sie in diesen bisher praktisch keine Rolle gespielt haben, es sei denn als determinierter Gegensatz zum willensfreien Menschen.[56]

Gerade dieser Gegensatz könnte durch eine zu starke Konzentration der Debatte auf den Status von Maschinen überstrapaziert werden.[57] Die Verfestigung von Dualismen – etwa dem „Mensch-Maschine-Dualismus" ist angesichts dessen, dass viele Phänomene sich hierdurch nicht umfassend erklären lassen, problematisch. Viele Handlungen erklären sich gerade erst bei der Gesamtbetrachtung des Zusammenwirkens von Mensch und Maschine – betrachtet man etwa das Geschehen „Flug", ist hier weder die Behauptung, der Mensch fliege das Flug-

55 Auch weil sie bisher vor allem im „Science Fiction"-Genre eine Rolle spielten.

56 Dazu, dass sich die aktuellen Maschinen von diesen traditionellen Maschinen deutlich unterscheiden vgl. *Rammert*, Technik in Aktion: Verteiltes Handeln in soziotechnischen Konstellationen, in: Christaller/Wehner (Hrsg.), Autonome Maschinen, S. 293.

57 *Faßler*, Hybridität: welche Realität wie?, in: Christaller/Wehner (Hrsg.), Autonome Maschinen, S. 268 ff.; *Rammert*, Technik in Aktion: Verteiltes Handeln in soziotechnischen Konstellationen, in: Christaller/Wehner (Hrsg.), Autonome Maschinen, S. 291 ff.

zeug, noch die Annahme, das Flugzeug fliege eigentlich selbständig, zutreffend.[58] Vielmehr ist das Geschehen gerade als spezifisches Zusammenwirken zwischen Mensch und relativ „autonomer" Maschine zu beschreiben.

2 Alternativen zur Frage nach dem Status

Es wäre denkbar, eigenständige Regelungen für spezifische Probleme, die sich aufgrund der Veränderung der Maschinen ergeben,[59] zu schaffen – ganz ohne hierfür einen konkreten Status zu entwickeln. Verbunden werden könnte hiermit eine Lockerung des Mensch-Maschine-Dualismus, ein verstärkter Blick auf die Struktur der „Handlungen" statt primär auf die Akteure, und eine darauf basierende Ableitung notwendiger Konsequenzen. Dies würde eine einzelfallbezogene Regulierung in allen Rechtsbereichen und damit eine Anpassung an spezifische Besonderheiten maschineller Handlungen, also größere Genauigkeit bei der Ausgestaltung moralischer und rechtlicher Vorgaben, erlauben. Mit der Einschränkung des Dualismus entsteht die Möglichkeit, auf tatsächliche Geschehnisse statt auf „Idealvorstellungen" – z. B. von Handlungen – zu reagieren.

Zugleich wären einzelfallbezogene Regulierungen in allen Rechtsbereichen ausgesprochen komplex und faktisch nicht zu bewältigen. Eine Vielzahl von Einzeldebatten müssten geführt werden und es wäre schwerer, ein konsistentes Gesamtkonzept zu entwickeln. Schließlich birgt die Abwendung vom Dualismus Mensch-Maschine die Gefahr der Aufweichung zentraler moralischer und rechtlicher Konzepte.[60] Die Fokussierung auf den Menschen und die bewusste Auseinandersetzung damit, welchen Entitäten ein Status zusteht, dient einer gewissen Distanzierung der normativen Systeme von einem zu starken, deontologische Prinzipien aus den Augen verlierenden Pragmatismus. Bloße Einzelfallregelungen ohne Festlegung eines Status sind also nicht umfassend überzeugend.

---

58 *Rammert*, Technik in Aktion: Verteiltes Handeln in soziotechnischen Konstellationen, in: Christaller/Wehner (Hrsg.), Autonome Maschinen, S. 306.

59 Also etwa die Frage der Haftung, der Rechtskraft maschineller Willenserklärungen, eines öffentlichen Roboter-Registers, der Schutz der maschinell gesammelten Daten, etc.

60 Zum dem Recht zugrundeliegenden Menschenbild des autonomen, willensfreien Individuums und dem diesbezüglichen ursprünglichen Zweck des Staates, Gerechtigkeit zu errichten *Vormbaum*, Einführung in die moderne Strafrechtsgeschichte, S. 45 m.w.N.

3 Pragmatische Festlegung eines Sonderstatus

Am plausibelsten erscheint deshalb folgendes Vorgehen: Auf Basis der Annahme, dass ein Status auf einer gesellschaftlichen Setzung basiert, ist zunächst davon auszugehen, dass es nicht grundsätzlich unzulässig ist, bestimmte rechtliche Konzepte wie „Schuld“ und „Verantwortung“ auf Maschinen zu übertragen.[61]

Dies eröffnet die Möglichkeit, einen eigenständigen Rechtsstatus für Maschinen[62] zu konstruieren, der sich an den Status von „Personen“ – natürlichen und juristischen – annähert, unpassende Aspekte jedoch nicht übernimmt. Denkbar wäre die Bezeichnung als „e-Person“ oder „elektronische Person“.[63]

Die Konstruktion eines solchen Status ist nicht nur möglich, sie ist auch bereits jetzt sinnvoll, weil schon heute – und in Zukunft noch verstärkt – Maschinen selbständig im Rechtsverkehr agieren, Verträge abschließen, als Repräsentanten des Nutzers (ggf. auch anderer Beteiligter) auftreten und mit einer gewissen Eigenständigkeit für diese rechtsverbindliche Entscheidungen treffen können. Durch den Begriff „elektronische Person“ wird verdeutlicht, dass zwar einige Aspekte des Status „Person“ übernommen werden – aufgrund des Adjektivs wird jedoch zugleich vermittelt, dass es sich um einen Sonderstatus handelt. Dies basiert auf dem Gedanken, dass nicht primär die Frage der Menschenähnlichkeit von Maschinen im Fokus stehen soll, sondern ihre spezifischen Eigenschaften.

Dadurch können von Beginn an bei der Ausgestaltung des Status der elektronischen Person ihre Besonderheiten berücksichtigt werden – also etwa das Fehlen eines biologischen Körpers und der damit verbundenen Fähigkeiten und Eigenschaften. Sie müssen deshalb etwa nicht vor Schmerzen geschützt werden.

Aus demselben Grund sollte bei der inhaltlichen Ausgestaltung des Status auf „menschliche“ Konzepte (z. B. Handlung, Intelligenz, Autonomie, Schuld, etc.) nur zurückgegriffen werden, soweit dies hierfür unvermeidbar ist, eine gewisse Ähnlichkeit tatsächlich plausibel erscheint, die Übertragung praktikabel ist und das auf Menschen bezogene Konzept dadurch nicht geschwächt zu werden droht.

Im Übrigen gibt es zumindest im Recht einige relativ „neutrale“ Konzepte, deren Übertragung auf Maschinen weniger problematisch ist als bei stark nor-

---

61 *Hilgendorf*, Können Roboter schuldhaft handeln?, in: Beck (Hrsg.), Jenseits von Mensch und Maschine, S. 119 – 132.

62 Vgl. hierzu auch *Teubner*, Elektronische Agenten und grosse Menschenaffen: Zur Ausweitung des Akteursstatus in Recht und Politik, in: Becchi/Graber (Hrsg.), Interdisziplinäre Wege in der juristischen Grundlagenforschung, S.10.

63 Vgl. hierzu etwa die Beiträge in *Schweighofer* (Hrsg.), Auf dem Weg zur ePerson – Aktuelle Fragestellungen der Rechtsinformatik 2001.

mativ aufgeladenen Konzepten. Dies zeigt sich exemplarisch an der Diskussion um juristische Personen: Während die Annahme einer „Haftung" kaum problematisiert wird,[64] wird die Möglichkeit einer „Schuldfähigkeit" dieser Entitäten von vielen Stimmen bestritten.[65] Es erscheint deshalb überzeugend, die Übertragung normativer Kategorien auf Maschinen zumindest vorerst auf diese neutralen, auch bei juristischen Personen allgemein anerkannten Konzeptionen zu beschränken und im Übrigen die weitere Entwicklung der Maschinen – und die dementsprechende Anpassung der gesellschaftlichen Moral – abzuwarten.

Eine mögliche Konkretisierung der elektronischen Person im Recht könnte entsprechend diesen Überlegungen unter anderem folgenden Inhalt haben: Zunächst wäre eine Haftungsmasse zu bilden, das heißt, dass je nach Maschine, also abhängig von der mit ihr verbundenen Gefahr, ihrem Einsatzgebiet, ihrer Autonomie, etc., alle Beteiligten – Programmierer, Hersteller, Verkäufer, Nutzer – anteilig einen bestimmten Betrag bereit stellen müssten, welcher sich gegebenenfalls durch eine Art „Lohn" für die Tätigkeit des Roboters im Laufe der Zeit noch erhöhen könnte. Dieser Betrag sollte als Mindestsumme für Schädigungen durch die Maschine für all diejenigen Schadensfälle zur Verfügung stehen, in denen kein menschliches Fehlverhalten nachgewiesen werden kann, allerdings sicher feststeht, dass der Schaden „vorwerfbar" durch die Maschine hervorgerufen wurde. Eine elektronische Person sollte eigenständig im Rechtsverkehr auftreten können und insofern auch ein Mindestmaß an eigenen Rechten innehaben – etwa prozessuale Rechte für den Fall, dass sie vor Gericht auftreten muss.[66]

Elektronische Personen sollten überdies verpflichtend in einem Register, vergleichbar dem Handelsregister, geführt werden. Welche Eigenschaften dieses Register enthalten muss, ist im Einzelnen zu verhandeln und unter anderem vom Einsatzgebiet abhängig. Es erscheint sinnvoll, überdies eine Art „Registernummer" zuzuteilen, über die sich der jeweils mit der Maschine Agierende, gegebenenfalls auch direkt an der Maschine, über die Eingaben im Register informieren und so das Risiko der Interaktion einschätzen kann.[67]

Die Existenz einer elektronischen Person schließt nicht aus, dass weiterhin die beteiligten natürlichen Personen für eigenes Fehlverhalten haften, soweit ein

64 Dies ergibt sich schon daraus, dass die Figur ja gerade geschaffen wurde, um einen Zugriff des Geschädigten zu erleichtern (bzw. wohl auch, um das Privatvermögen der Beteiligten diesem Zugriff zu entziehen), vgl. zur Einführung juristischer Personen *Schmoeckel*, Rechtsgeschichte der Wirtschaft, S. 156 ff., insb. 162 ff.

65 Vgl. hierzu im Überblick *Eidam*, Straftäter Unternehmen, S. 91 ff. m.w.N.

66 Zur Grundrechtsträgerschaft juristischer Personen vgl. *Remmert*, in: Maunz/Dürig (Hrsg.), Grundgesetz Kommentar, Art. 19 III Rn. 1 ff.; speziell zu den Prozessgrundrechten Rn. 54.

67 Vgl. etwa zur Eintragung der juristischen Person in ein Handelsregister § 33 HGB.

solches nachweisbar ist.[68] Da gerade dies jedoch in vielen Fällen nicht möglich sein wird und zudem, wie erwähnt, Maschinen vermehrt selbst als Vertragspartner o. ä. auftreten werden, erscheint der eigenständige Status einer elektronischen Person trotz der damit verbundenen Nachteile plausibel und praktikabel.

VII Schlussfolgerungen

Die Überlegungen haben gezeigt, dass die Frage nach dem „Status" einer Entität eine gewisse Erleichterung der Diskussion und moralischen und rechtlichen Regulierung bedeuten kann. Sie erlaubt, auf bereits vorhandene Begründungsmuster zurückzugreifen, einige Regeln zum richtigen Umgang mit und Anforderungen an bestimmte Entitäten in Analogie zu schon vorhandenen und erprobten Bestimmungen zu bilden und so Widersprüche mit der aktuellen Systematik zu vermeiden. Überdies ist davon auszugehen, dass Ausweitungen eines bestimmten Status auf neue Entitäten eine starke gesellschaftliche Akzeptanz der mit Blick hierauf neu zu erlassenden Regelungen begründen können.

Doch ist aufgrund der mit der Diskussion um den „Status" verbundenen Verkürzung der Betrachtung und der Gefahr einer nur lückenhaften Erfassung der Entität in all ihren Besonderheiten darauf zu achten, dass die Diskussion sich nicht ausschließlich darauf konzentriert, was eine bestimmte Entität „ist" oder „nicht ist". Nicht nur ist eine bloße Diskussion um Begrifflichkeiten für die Praxis nur von bedingter Relevanz – diese Fokussierung birgt überdies die Gefahr, im Vergleich zu Verharren statt Neues zu erschaffen.

Gerade für neuartige Entitäten ist ein Schwerpunkt der ethischen und rechtswissenschaftlichen Diskussion deshalb auf Herstellung eines eigenständigen Status statt auf bloße Bildung von Analogien zu legen. Insbesondere sollten menschliche Konzepte auf diese Entitäten nur insoweit übertragen werden, als dies für die Schaffung neuer Regelungen zwingend erforderlich ist. Im Übrigen sind – wenn auch regelmäßig durch Vergleich – eigenständige Konzepte zu bilden und darauf basierend konkrete rechtliche und moralische Regeln zu bilden.

Für Roboter könnte dies bedeuten, ihnen zwar den Status „Person" zu verleihen und sie somit als generell moralisch, jedenfalls aber rechtlich relevante Entität einzuordnen, zugleich jedoch durch den Zusatz „elektronisch" deutlich zu machen, dass es sich um eine eigenständige Konzeption handelt, die sich von natürlichen Personen in der Reichweite sowohl ihrer Rechte als auch ihrer

---

68 Vgl. nur exemplarisch zur fortbestehenden Haftung eines GmbH-Geschäftsführers neben oder statt der GmbH für eigenes Fehlverhalten *Meyke*, Die Haftung des GmbH-Geschäftsführers.

Pflichten deutlich unterscheidet. So erscheint es plausibel, dieser Entität ein eigenes – von den Beteiligten eingezahltes – Vermögen mit den entsprechenden Rechten und Pflichten zuzusprechen und dies sowie die Fähigkeiten und Eigenschaften der Maschine in ein Roboterregister einzutragen. Durch die Konstitutierung einer elektronischen Person können nicht nur Nachweisprobleme bei Haftungsfragen bei Schädigungen durch Maschinen gelöst werden, es wird auch ein selbständiges Auftreten dieser Entitäten im Rechtsverkehr ermöglicht.

Literatur

Ach, J./Brudermüller, G./Runtenberg, C., Hello Dolly? Über das Klonen, Frankfurt am Main 1998.

Anderson, L./Anderson, S., Machine Ethics, Cambridge 2011.

Badura, J., Moral für Mensch und Tier, Tierschutzethik im Kontext, München 1999.

Becchi, P./Graber, C., Interdisziplinäre Wege in der juristischen Grundlagenforschung, Zürich 2008.

Beck, S., Jenseits von Mensch und Maschine, Baden-Baden 2012.

Beck, S., Menschenwürde und Mensch-Maschine-Systeme in: Joerden, C./Hilgendorf, E. /Thiele, F. (Hrsg.), Menschenwürde und Medizin: Ein interdisziplinäres Handbuch, Berlin 2013, S. 997 – 1018.

Birnbacher, D., Aussichten eines Klons, in: Ach, J./Brudermüller, G./Runtenberg, C. (Hrsg.), Hello Dolly? Über das Klonen, Frankfurt am Main 1998, S. 46 – 71.

Bock, D., Criminal Compliance: Strafrechtlich gebotene Aufsicht in Unternehmen – zugleich ein Beitrag zu den Grenzen strafrechtlicher Steuerung der Unternehmensführung, Baden-Baden 2011.

Carter, B./Charles, N., Humans and Other Animals: Critical Perspectives, Houndmills 2011.

Cavalier, P./Singer, P., Menschenrechte für die Großen Menschenaffen! Das Great Ape Projekt, München 1994.

Christaller, T., Robotik, Berlin 2001.

Christaller, T./Wehner, J., Autonome Maschinen, Wiesbaden 2003.

Clausen, J., Zelltherapie unter Verwendung adulter Stammzellen oder solcher aus geklonten Embryonen?, in: Maio, G./Just, H. (Hrsg.), Die Forschung an embryonalen Stammzellen in ethischer und rechtlicher Perspektive, Baden-Baden 2003, S. 196 – 213.

Dabrock, P./Ried, J., Therapeutisches Klonen als Herausforderung für die Statusbestimmung des menschlichen Embryos, Paderborn 2005.

Damschen, G./Schönecker, D., Der moralische Status menschlicher Embryonen. Pro und contra Spezies-, Kontinuums-, Identitäts- und Potentialitätsargument, Berlin 2002.

Düwell, M., Moralischer Status, in: Düwell, M./Hübenthal, C./Werner, M. (Hrsg.), Handbuch Bioethik, Stuttgart 2002, S. 417 – 423.

Düwell, M./Hübenthal, C./Werner, M., Handbuch Bioethik, Stuttgart 2002.

Eidam, G., Straftäter Unternehmen, München 1997.

Faßler, M., Hybridität: welche Realität wie?, *in* Christaller, T./Wehner, J. (Hrsg.), Autonome Maschinen, Wiesbaden 2003, S. 268 – 288.

Fischer, M., Differenz, Indifferenz, Gewalt: Die Kategorie „Tier" als Prototyp sozialer Ausschließung, Kriminologisches Journal 2001, S. 170–188.
Fischer, M., Tierstrafen und Tierprozesse – zur sozialen Konstruktion von Rechtssubjekten, Münster 2005.
Flury, A., Der moralische Status der Tiere: Henry Salt, Peter Singer und Tom Regan, Freiburg im Breisgau 1999.
French, P., Collective and Corporate Responsibility, New York 1991.
Giesinger, J., Autonomie und Verletzlichkeit: Der moralische Status von Kindern und die Rechtfertigung von Erziehung, Bielefeld 2007.
Gisbertz, P., Würde des Menschen – Würde des Tiers? Zum Verhältnis von Mensch und Tier aus der Perspektive der Rechtsphilosophie, Humboldt Forum Recht 2011, S. 148–171.
Gitter, R., Softwareagenten im elektronischen Rechtsverkehr, Baden-Baden 2007.
Gruber, M./Bung, J./Ziemann, S., Autonome Automaten, Berlin 2015.
Hattenhauser, C., „Der Mensch als solcher rechtsfähig" – Von der Person zur Rechtsperson, in: Klein, E./Menke, C. (Hrsg.), Der Mensch als Person und Rechtsperson – Grundlage der Freiheit, Berlin 2011, S. 39–67.
Hilgendorf, E., Können Roboter schuldhaft handeln?, in: Beck, S. (Hrsg.), Jenseits von Mensch und Maschine, Baden-Baden 2012, S. 119–132.
Honnefelder, Pro Kontinuumsargument, in: Damschen, G./Schönecker, D. (Hrsg.), Der moralische Status menschlicher Embryonen. Pro und contra Spezies-, Kontinuums-, Identitäts- und Potentialitätsargument, Berlin 2002, S. 61–81.
Huster, S., Die ethische Neutralität des Staates – Eine liberale Interpretation der Verfassung, Tübingen 2002.
Joerden, C./Hilgendorf, E./Thiele, F. (Hrsg.), Menschenwürde und Medizin: Ein interdisziplinäres Handbuch, Berlin 2013.
John, R., Haftung für künstliche Intelligenz, Hamburg 2007.
Kant, I., Grundlegung zur Metaphysik der Sitten, 1785.
Kaser, M., Römisches Privatrecht I, 2. Aufl. München, 1971.
Kelsen, H., in: Klecatsky, H./Marcic, R./Schambeck, H. (Hrsg.), Die Wiener rechtstheoretische Schule, Wien 2010.
Klecatsky, H./Marcic, R./Schambeck, H. (Hrsg.), Die Wiener rechtstheoretische Schule, Wien 2010.
Klein, E./Menke, C., Der Mensch als Person und Rechtsperson – Grundlage der Freiheit, Berlin 2011.
Levy, D., Love and Sex with Robots, New York 2007.
Lübbe, W., Verantwortung in komplexen kulturellen Prozessen, Freiburg im Breisgau 1998.
Lutz-Bachmann, M., Der Mensch als Person. Überlegungen zur Geschichte des Begriffs der „moralischen Person" und der Rechtsperson in: Klein, E./Menke, C. (Hrsg.), Der Mensch als Person und Rechtsperson – Grundlage der Freiheit, Berlin 2011, S. 109–120.
Maio, G./Just, H. Die Forschung an embryonalen Stammzellen in ethischer und rechtlicher Perspektive, Baden-Baden 2003.
Matthias, A., Automaten als Träger von Rechten, Berlin 2008.
Maunz, T./Dürig G. (Hrsg.), Grundgesetz Kommentar, 64. Aufl., München 2012.
May, L., The Morality of Groups, Notre Dame 1987.
Meyke, R., Die Haftung des GmbH-Geschäftsführers, 5. Aufl., Köln 2007.
Moravec H., Robot: Mere Machine To Transcendent Mind, Oxford 1999.

Neuhäuser, C., Unternehmen als moralische Akteure, Berlin 2011.
Pfordten, D. von der, Rechtsethik, München 2001.
Quante, M., Die Bedeutung des Personenbegriffs für den moralischen Status der Person, in: Klein, E./Menke, C. (Hrsg.), Der Mensch als Person und Rechtsperson – Grundlage der Freiheit, Berlin 2011, S. 69–87.
Quante, M., Menschenwürde und personale Autonomie, Hamburg 2010.
Rammert, W., Technik in Aktion: Verteiltes Handeln in soziotechnischen Konstellationen, in: Christaller, T./Wehner, J. (Hrsg.), Autonome Maschinen, Wiesbaden 2003, S. 289–315.
Regan, T., The Case for Animal Rights, Englewood Cliffs 1983.
Roell, M., Die Geltung der Grundrechte für Minderjährige, Berlin 1984.
Schmoeckel, M., Rechtsgeschichte der Wirtschaft, Tübingen 2008.
Schockenhoff, E., Lebensbeginn und Menschenwürde – Eine Begründung für die lehramtliche Position der katholischen Kirche, in: Hilpert, K. (Hrsg.), Kriterien biomedizinischer Ethik: Theologische Beiträge zum gesellschaftlichen Diskurs, Freiburg im Breisgau 2006, S. 198–228.
Schweighofer, E., Auf dem Weg zur ePerson – Aktuelle Fragestellungen der Rechtsinformatik 2001, Wien 2001.
Schweighofer, E., Rechtliche Aspekte der Robotik, in: Christaller, T. (Hrsg.), Robotik. Perspektiven für menschliches Handeln in der zukünftigen Gesellschaft, Berlin 2001, S. 135–172.
Singer, P., Animal Liberation, New York, 1975.
Singer, P., Praktische Ethik, 2. Aufl., Stuttgart 1994.
Sturma, D., Autonomie. Über Personen, Künstliche Intelligenz und Robotik, in: Christaller, T./Wehner, J. (Hrsg.), Autonome Maschinen, Wiesbaden 2003, S. 38–55.
Sullins, J., When Is a Robot a Moral Agent?, in: Anderson, L./Anderson, S. (Hrsg.), Machine Ethics, Cambridge 2011, S. 151–161.
Teubner, G., Elektronische Agenten und grosse Menschenaffen: Zur Ausweitung des Akteursstatus in Recht und Politik, in: Becchi, P./Graber, C. (Hrsg.), Interdisziplinäre Wege in der juristischen Grundlagenforschung, Zürich 2008, S. 1–30.
Teutsch, G., Soziologie und Ethik der Lebewesen. Eine Materialsammlung, Bochum 1975.
Tooley, M., Abortion and Infanticide, Philosophy and Public Affairs, Oxford 1972.
Vormbaum, T., Einführung in die moderne Strafrechtsgeschichte, Berlin 2009.
Wallach, W./Allen, C., Moral Machines: Teaching Robots Right from Wrong, Oxford 2007.
Warren, M., Moral status: obligations to persons and other living things, Oxford 1997, S. 91.
Wiebe, A., Die elektronische Willenserklärung, Tübingen 2002.
Wiedenmann, R., Tiere, Moral und Gesellschaft, Wiesbaden 2008.
Wolf, U., Moralische Verpflichtung gegen Tiere, Zeitschrift für philosophische Forschung 1988, S. 222–246.

Übersicht der Beitragsautoren und -autorinnen

Prof. Dr. Susanne Beck, LL.M. (LSE), Leibnitz Universität Hannover

Prof. Dr. Jochen Bung, Universität Hamburg

Prof. Dr. Andreas Funke, Friedrich-Alexander-Universität Erlangen-Nürnberg

Prof. Dr. Dr. Eric Hilgendorf, Julius-Maximilians-Universität Würzburg

Prof. Dr. Christoph Horn, Rheinische Friedrich-Wilhelms-Universität Bonn

Prof. Dr. Stephan Kirste, Universität Salzburg

Prof. Dr. Georg Lohmann, Otto-von-Guericke-Universität Magdeburg

Prof. Dr. Christoph Menke, Goethe-Universität Frankfurt am Main

Prof. Dr. Michael Reder, Hochschule für Philosophie München

PD Dr. Christian Schmidt, Humboldt Universität zu Berlin

Prof. Dr. Thomas M. Schmidt, Goethe-Universität Frankfurt am Main

Prof. Dr. Kurt Seelmann, Universität Basel

Dr. Saskia Stucki, Max-Planck-Institut für ausländisches öffentliches Recht und Völkerrecht, Heidelberg

Prof. Dr. Dan Wielsch, LL.M. (Berkeley), Universität zu Köln

Dr. Tim Wihl, Humboldt Universität zu Berlin

Prof. Dr. Benno Zabel, Rheinische Friedrich-Wilhelms-Universität Bonn